W0229712

Ralf Kleinfeld
Kommunalpolitik

Grundwissen Politik
Herausgegeben von Ulrich von Alemann,
Roland Czada und Georg Simonis

Band 18

Vorwort

Politik in der Stadt und Gemeinde? Nein, hieß es noch in den ersten Jahrzehnten der Bundesrepublik: Um Politik geht es hier nicht, sondern um Selbstverwaltung, wie auch das Grundgesetz im Art. 28 formuliert. Politik sei nur die „Große" in Bonn und in der Welt da draußen. In Städten und Gemeinden gab es deshalb bis in die sechziger Jahre häufig große Koalitionen und teilweise bis heute eine proportionale Beteiligung auch der großen Oppositionsparteien an Dezernenten- und Beigeordnetenposten.

Seit den siebziger Jahren ist eine drastische Politisierung der Kommunalpolitik eingetreten – und das im doppelten Sinne: Das Bewußtsein ist gewachsen, daß gerade vor Ort grundlegende politische Entscheidungen über die Lebensumstände der Bürgerinnen und Bürger getroffen werden; und dem hat sich auch die Politikwissenschaft verstärkt durch eine Intensivierung kommunalpolitischer Forschung, insbesondere seit den siebziger und achtziger Jahren, angeschlossen.

Von diesem wissenschaftlichen Boom zeugt auch dieser Band. Ausführlich werden zunächst die Entwicklung, die Grundbegriffe, die Grundprobleme und die Perspektiven der kommunalpolitischen Forschung im ersten Teil einführend erörtert. Systematisch werden anschließend zwei zentrale Dimensionen der Kommunalpolitik untersucht: Die institutionelle Form der Gemeindeverfassung anhand der Entwicklung in Nordrhein-Westfalen und den neuen Bundesländern sowie die organisatorische Reorganisation der Gemeindepolitik anhand einiger Reformmodelle und ihrer Praxis. Schließlich wird die Kommunalpolitik in Ostdeutschland als ein paradigmatisches Element der neuerdings sog. „Transitionsforschung" beleuchtet.

Insgesamt ist ein beeindruckendes Kompendium als Kollektivprodukt von Wissenschaftlern der FernUniversität (Ralf Kleinfeld) sowie Studierenden und Absolventen der FernUniversität (Achim Nendza, Ralf Heidemann und Frank Treutler) entstanden, das als neue Erarbeitungsform Innovationskraft besitzt.

Wir hoffen, daß sich dieses vorliegende Arbeitsergebnis im Alltag des Studiums der Politikwissenschaft ebenso bewährt wie bei allen anderen, an Fragen der Kommunalpolitik interessierten Bürgern. Kritik und Verbesserungsvorschläge sind wie immer hoch willkommen.

Hagen im November 1995   Lehrgebiet Politikwissenschaft
                                              Prof. Dr. Ulrich von Alemann

Inhaltsverzeichnis

4   Kommunalpolitik in Ostdeutschland im Übergang
        (Ralf Kleinfeld) 249

Einleitung: Aufbau und Zielsetzung des Bandes

Ralf Kleinfeld

Kommunalpolitik gehört zu den spannendsten und produktivsten Bereichen politikwissenschaftlicher Forschung. Es gibt kaum ein anderes „Politikfeld", das in den letzten drei Jahrzehnten eine so intensive Beschäftigung in demokratietheoretischer, institutioneller, prozeßorientierter, policy-orientierter und politökonomischer Perspektive erfahren hat – und das in vielfältiger Mischung anwendungsbezogener, normativer und theoretisch-analytischer Forschung.

Im Rahmen des kooperativen Föderalismus der Bundesrepublik Deutschland werden den einzelnen gebietskörperschaftlichen Politikebenen von Bund, Ländern, Kommunen gerne spezifische Funktionen zugeordnet. Die lokale Ebene (Umlandverbände, Kreise, kreisangehörige Gemeinden und kreisfreie Städte) wird allgemein als wichtigste Durchführungsebene für öffentliche Aufgaben angesehen. Im Gegensatz zu dieser eher unbestrittenen Funktionszuschreibung gibt es eine anhaltend kontroverse praktisch-politische und wissenschaftliche Diskussion um Fragen der verfassungsrechtlichen Autonomie der Kommunen, ihrer politischen Steuerungsmöglichkeiten sowie der exekutiven Gestaltungsspielräume der örtlichen Ebene. Festzuhalten bleibt als Ausgangsthese, daß im Zuge funktionaler Differenzierung moderner Gesellschaften durch den Ausbau wohlfahrtsstaatlicher Funktionen im Rahmen der Daseinsvorsorge sowie im Kontext des kooperativen Föderalismus der örtlichen Ebene in Deutschland „als Träger von gebündelten Verwaltungsleistungen eine erhebliche Verantwortung für den Output des politisch-administrativen Systems und seiner grundsätzlichen Legitimation innerhalb der Bevölkerung" zukommt (1984: 362).

Themen der Kommunalpolitik erleben daher gerade Mitte der 90er Jahre in Deutschland eine erstaunliche, aber nicht völlig unerwartete Konjunktur. Städte und Gemeinden sind seit jeher der Ort, an dem eine Vielzahl von Entwicklungen zusammenlaufen bzw. teilweise auch konflikthaft zusammenstoßen: verändernde sozioökonomische und soziokulturelle Rahmenbedingungen, räumliche Differenzierungsprozesse und ihre Folgen für die Ressourcenverteilung, normativ-kulturelle Wandlungsprozesse sowie neue Partizipationserwartungen (*Blanke/Benzler* 1991: 22). Die Krise des Sozialstaates und veränderte wirtschaftliche Rahmenbedingungen zeitigen auf der Ebene der Städte und Gemeinden zum Teil dramatische Auswirkungen. Die Aufgaben- und Lastenverteilung im föderativen Bundesstaat zwischen Bund, Ländern und Gemeinden ist politisch umstrittener denn je. Erhebliche Auswirkungen zeigen dabei vor allem die Probleme aus der deutschen Einheit, aber auch die zunehmend bis hinunter auf die kommunale

Ebene spürbaren Folgen des europäischen Integrationsprozesses. Die institutionellen und formalen Grundlagen kommunaler Politik sind ebenso in Bewegung geraten wie die internen Prozesse und Strukturen an der Schnittstelle von kommunaler Politik und Kommunalverwaltung. So hat sich die ehrwürdige Landschaft der deutschen Kommunalverfassungen unter dem Einfluß der Kommunalrechtsentwicklung in den neuen Bundesländern wie unter dem Eindruck der „partizipatorischen Revolution" in den alten Bundesländern (Etablierung von Bürgerinitiativen, Einzug neuer lokaler Wählerinitiativen in die Räte, Ausbau bürgerschaftlicher Mitwirkungsrechte) gegenüber der Situation Anfang der 80er Jahre erheblich verändert, wofür nicht zuletzt die jüngste Kommunalverfassungsreform in Nordrhein-Westfalen ein beredtes Zeugnis ablegen. Und es gibt kaum eine größere Stadtverwaltung, in der zur Zeit nicht die Diskussion neuartiger Steuerungsmodelle in der einen oder anderen Form (Stichwort: Privatisierung, Ressourcedezentralisierung, Kundenorientierung, Tilburger Modell) ganz oben auf der politischen Agenda steht.

Der vorliegende Band baut auf elementaren Kenntnissen der Kommunalpolitik und des politischen Systems der Bundesrepublik auf. Der vorliegende Band bietet einen Überblick über kommunalpolitisch und kommunalwissenschaftlich relevante Entwicklungen der letzten zehn Jahre. Er zeigt zugleich einige wichtige Reformdebatten und neuere kommunalwissenschaftliche Forschungsansätze aus der Perspektive der 90er Jahre auf. Dazu dient auch das Literaturverzeichnis, das sich auf Veröffentlichungen der letzten Jahre konzentriert.

Aufbau des Bandes Der Band wird mit einem Forschungsüberblick eröffnet, der der Frage nachgeht, wie die Kommunen und die Kommunalpolitik in Deutschland im Laufe der letzten vier Jahrzehnte sich als eines der am dynamischsten wachsenden Forschungsfelder der Politikwissenschaft entwickelt hat. Aufgezeigt werden Phasen, Fragen und Konzepte der (politik-)wissenschaftlichen Kommunalpolitik-Forschung und der Zusammenhang zwischen externer Problemlage und fachimmanten Impulsen.

Im zweiten Teil gehen Achim *Nendza* und Ralf *Kleinfeld* zunächst auf aktuelle Veränderungen im Bereich der Kommunalverfassungen ein. Achim *Nendza* ist Absolvent der FernUniversität Hagen und hat seine Magisterarbeit im Lehrgebiet Politikwissenschaft über die Reform der Gemeindeordnung in NRW geschrieben. Exemplarisch wird die im Mai 1994 verabschiedete neue Gemeindeordnung in Nordrhein-Westfalen untersucht, mit der der Verfassungstypus der sog. Norddeutschen Ratsverfassung in Deutschland weiter an Boden verloren hat. Dabei wird zunächst der langwierige und politisch kontroverse Entstehungsprozeß anhand der Standpunkte und Strategien wichtiger Akteure im Verfassungsreformprozeß untersucht. Es folgt ein Ausblick auf den derzeitigen Stand der Entwicklung im Bereich der Kommunalverfassungs-Reform in einzelnen Bundesländern unter Einschluß der Kommunalverfassungen in den neuen Bundesländern. Der Beitrag endet mit einer politikwissenschaftlichen Analyse der Reform der Gemeindeordnungen unter dem Doppelaspekt von Effizienz und Partizipation. Dabei wird auch die Frage aufgeworfen, welchen Erklärungswert in politikwissenschaftlichen Analysen Kommunalverfassungen für den lokalpolitischen Willensbildungs- und Entscheidungsprozeß sowie für den policy-outcome auf kommunaler Ebene zukommen kann.

Der dritte Teil beschäftigt sich mit der derzeit intensiv diskutierten Frage neuer Steuerungsmodelle in deutschen Kommunalverwaltungen, die – unter verschiedenen Vorzeichen und mit zum Teil weit auseinanderliegenden Absichten diskutiert – schon aus der Phase der Erörterung im Expertenkreis herausgetreten und in ein inzwischen weit verzweigtes Experimentierstadium eingetreten ist. Zu den am meisten genannten Stichworten in diesem Zusammenhang gehören das sog. *Tilburger Modell*, mit dem das in einer niederländischen Stadt seit Mitte der 80er Jahre schrittweise eingeführte neuartige Kommunalmanagement- und Verwaltungsmodell bezeichnet wird, das *Modell der dezentralen Ressourcenverantwortung*, für dessen Erarbeitung die Kommunale Gemeinschaftstelle für Verwaltungsvereinfachung des Deutschen Städtetages (KGST) – teilweise als Adaption Tilburger Erfahrungen an deutsche Voraussetzungen – verantwortlich zeichnet, sowie das *Modell des Bürgerladens*, das in der Stadt Hagen in den letzten Jahren mit großer Resonanz erprobt worden ist, und das mit seiner explizit bürger- und mitarbeiterzentrierten Zielsetzung teilweise als Kontrastmodell verstanden werden kann. Aus politikwissenschaftlicher Sicht lassen sich die in allen drei Modellen gemeinsam aufgegriffenen, aber unterschiedlich akzentuierten Aspekte der Bürger-, Kunden-, Management- und Marktorientierung gut mit der klassischen Fragestellung nach dem Spannungsverhältnis von Effizienz und Partizipation lokaler Politik analysieren. Dieser Beitrag stellt insofern eine Novität im Kursprogramm des Lehrgebietes Politikwissenschaft dar, als er unter direkter studentischer Mitwirkung erstellt worden ist. In ihm fließen die Erfahrungen von Gerd *Heidemann* und Frank *Treutler* ein, die beide in der Kommunalverwaltung nordrhein-westfälischer Großstädte tätig sind und sich in unserem Lehrgebiet in einer Magisterarbeit bzw. einer Hausarbeit intensiv mit dem Thema neuer Steuerungsmodelle in der Kommunalverwaltung beschäftigt haben. Die Gesamtredaktion des Beitrages erfolgte durch Ralf *Kleinfeld*, der hier zugleich Ergebnisse einer für das Institut Arbeit und Technik (Gelsenkirchen) im März 1994 erstellten Studie über die „Modernisierung des niederländischen Staates auf der mittleren Verwaltungsebene" unter besonderer Berücksichtigung des „Tilburger Modells" einfließen läßt.

Abschließend wird in einem Beitrag von Ralf *Kleinfeld* die Entwicklung der Kommunen in Ostdeutschland erörtert. Hierzu wird auf der Basis der bisher vorliegenden kommunal- bzw. politikwissenschaftlichen Literatur, die sich mit Problemen und Entwicklungen der Vereinigung seit 1989 beschäftigt, ein Sachstandsbericht zur Situation der Städte und Gemeinden in Ostdeutschland seit der „Wende" erstellt und eine vorläufige Bilanz der Kommunalpolitik in den neuen Bundesländern aufgemacht. Einmal geht es darum, sich noch einmal der Rolle und Stellung der Städte und Gemeinden im politischen System der DDR zu vergewissern, auch um eine Vergleichsbasis zu haben für die Entwicklungen, die sich seit der Wende in den ostdeutschen Kommunen vollzogen haben. Der Schwerpunkt dieses Beitrages liegt zunächst auf einer Darstellung und Erörterung des Um- und Aufbaus kommunalrechtlicher Strukturen sowie der Entwicklung kommunaler Vertretungskörperschaften und Kommunalverwaltungen (also der polity-Perspektive). Es folgt die Analyse der Entwicklung wichtiger lokaler Akteure und ihrer Interaktionen (also der policy-Perspektive). Schließlich soll dieser Beitrag in policy-Perspektive mit der Darstellung des Um- und Aufbaus eines besonders exemplarischen (und bereits gut dokumentierten) Politikfeldes (der kommunalen Sozialpolitik) abgeschlossen werden.

Der vorliegende Band ist erstmals zum Sommersemester 1995 im Hauptstudium des Faches Politikwissenschaft im Rahmen des Magisterstudienganges an der FernUniversität Hagen eingesetzt worden. Gegenüber dem Kurs ist dieser Band textlich unverändert (Redaktionsschluß war Februar 1995), er wurde jedoch um zwei Beiträge anderer Autoren gekürzt, die bereits an anderer Stelle publiziert worden sind.

Für ihre Mithilfe bei der technischen Erstellung des Bandes möchte ich danken: Kerstin *Biermann*, Stefan *Gawrich*, Armin *Matthaei*, Andreas *Reifers*, Ursula *Schürmann*, Ralph *Segert*, Ursula *Struck-Sonnenborn* sowie Thomas *Walter*.

1 Politikwissenschaft und Kommunalpolitik in Deutschland: Ein Forschungsüberblick

Ralf Kleinfeld

1.1 Einleitung

Ziel dieses Überblickes ist es, quasi aus der Vogelperspektive, Entwicklungslinien, Begriffe, Ansätze und Perspektiven der politikwissenschaftlichen Kommunalpolitik-Forschung aufzuzeigen und einige allgemeine Merkmale und Defizite kommunalwissenschaftlicher Forschung zu erörtern. Es ist an dieser Stelle nicht möglich, den Stand der kommunalpolitisch relevanten Forschung auch nur annähernd angemessen wiederzugeben. Dazu ist die inzwischen erreichte thematische Breite der Kommunalwissenschaften zu groß. Der große Umfang dieses Forschungsbereiches hat es aber auch mit sich gebracht, daß die Zahl der Veröffentlichungen mit Orientierungscharakter wächst. Auf derartigen Bilanzen kommunalwissenschaftlicher Forschung – unter anderen sind hier zu nennen der Band von Joachim Jens *Hesse* (1989) zum Stand der Kommunalwissenschaften in Deutschland, das Sonderheft der Politischen Vierteljahresschrift (PVS) aus dem Jahre 1991 von *Blanke* und *Benzler* über „Stadt und Staat", der Sammelband von *Wollmann* und *Heinelt* über „Brennpunkt Stadt" aus dem gleichen Jahr sowie der im Frühjahr 1994 vorgelegte, umfassende Sammelband von *Roth* und *Wollmann* zu „Kommunalpolitik. Politisches Handeln in den Gemeinden" – kann dieser Aufsatz dann auch wesentlich aufbauen.

Der Beitrag zeigt zunächst die Entwicklung des Themas Kommunalpolitik in der Politikwissenschaft und in einigen benachbarten Disziplinen auf. Als Ausgangspunkt dient dabei die These von Hans *See* (1985) über die Kommunalpolitik als „blinden Fleck" der Politikwissenschaften bis in die 60er Jahre. Nach einem kurzen Rückblick über die Entstehung kommunalwissenschaftlicher Forschung bis zu diesem Zeitpunkt wird die Entwicklung des Beitrages der Politik- und Verwaltungswissenschaften zur lokalen Politikforschung bzw. Kommunalwissenschaft nachgezeichnet. Hierzu werden grob drei Phasen unterschieden, die in einem Dekadenrhythmus die Zeit zwischen Mitte der 60er und Mitte der 70er Jahre, Mitte der 70er Jahre bis Mitte der 80er Jahre und schließlich die Zeit seither umfassen. Nach der Genese der kommunalpolitischen Forschung in Deutschland werden in systematischer Form die zentralen Begriffe und Forschungsansätze der politikwissenschaftlichen Beschäftigung mit Städten und Gemeinden vorgestellt. In einem dritten Schritt werden noch einmal die Eigenheiten und Grundfragen der wissenschaftlichen Beschäftigung mit dem Themenbereich lokaler Politik zusammengefaßt. Abschließend sollen anhand einiger aktuell diskutierter Fragestellungen und Themen Perspektiven der weiteren Forschung aufgezeigt werden.

1.2 Genese der lokalen Politikforschung als Gegenstand der Politikwissenschaften

Periodisierungsprobleme

Der Versuch, Forschungserträge zeitlich zu periodisieren, ist insofern problematisch, weil sich wissenschaftliche Entwicklungen nicht zeitlich säuberlich voneinander trennen lassen. Dennoch kommt der Identifizierung verschiedener Phasen in einem Längsschnittprofil eine nützliche heuristische Funktion zu, da hiermit eine erste Orientierung geleistet werden kann. Allerdings müssen breite „Überlappungszonen" um die zeitlichen Zäsuren herum dabei hingenommen werden (*Herlyn* 1989: 359).

Wechselwirkung externer und interner Anstöße

Zugleich kann gerade beim Themenfeld der „lokalen Politikforschung" aufgezeigt werden, daß die Entwicklung des Forschungsbereichs eng mit politischen und sozialen Entwicklungen verknüpft ist. Schon 1950 formulierte Elisabeth *Pfeil* für die Stadtsoziologie: „Die Wissenschaft von der Großstadt entwikkelte sich gleichzeitig mit den Großstädten und wandelte sich mit ihnen" (*Pfeil* 1950: 9). Ähnlich geht *Wollmann* (1991b: 16) davon aus, daß der sozialwissenschaftliche Diskurs, der der Herausbildung von Themen, Ansätzen, Methoden und Orientierungen der lokalen Politikforschung zugrunde liegt, gleichermaßen durch wissenschaftsinterne und -externe Faktoren bestimmt wird. Der Diskurs erhält „externe" Anstöße durch die Interaktionen der Wissenschaft mit dem Umfeld des politisch-administrativen System und wird zum anderen „intern" durch Interaktionen innerhalb des Wissenschaftssystems beeinflußt und gesteuert.

1.2.1 Kommunalpolitik als „blinder Fleck" der Politikwissenschaft?

Ein Blick zurück auf die Anfänge der Beschäftigung mit Kommunalpolitik durch die Politikwissenschaft in Deutschland läßt kritische Beobachter zu der aus heutiger Sicht erstaunlichen Feststellung kommen, daß Kommunalpolitik lange Zeit ein „blinder Fleck" der westdeutschen Politikwissenschaft gewesen ist:

> „Bis in die zweite Hälfte der 60er Jahre wurde Kommunalpolitik von bundesdeutschen Politikwissenschaftlern, und dies unabhängig von ‚Schulen' bzw. politischen ‚Richtungen', entweder überhaupt nicht oder nur ganz am Rande zur Kenntnis genommen" (*See* 1985: 583).

1960 ermittelte der „Verein für Kommunalwissenschaften" in einer Umfrage ein sehr geringes Interesse deutscher Hochschulen am „Forschungsfeld Stadt". In einer 1966 vorgelegten Bilanz der kommunalwissenschaftlichen Forschung (*Haus* 1966) kamen im Gegensatz zu Beiträgen aus anderen Disziplinen die Ausführungen *Ziebills* zum Verhältnis von „Kommunalpolitik und politischer Wissenschaft" nach Ansicht von *Hesse* (1989: 118) über eine allgemeine Kennzeichnung des Forschungsbedarfes nicht hinaus. Als weiteres Beispiel führt Hans *See* die inzwischen klassisch gewordene „Einführung in die Politikwissenschaft" von *Kress/Senghaas* aus dem Jahre 1969 (hier zitiert in der Fischer-Taschenbuchausgabe von 1972) an. In diesem Werk einer sich kritisch verstehenden

18

Politikwissenschaft, wird der Bereich der Kommunalpolitik in einem einzigen Satz gestreift: „Die Problematik der kommunalen Selbstverwaltung bleibt ausgeklammert" (*Blank*, in: *Kress/Senghaas* 1972: 371). *Wolf-Dieter Narr* stellte in dem gleichen Band erklärend fest, daß die „vorschnelle Verengung" des Begriffs des Politischen auf einen zentralen Entscheidungsbereich, nämlich den Staat, die Politikwissenschaft dazu gebracht habe, „die politische Dimension der Gemeindepolitik oder der Verwaltung, die als ‚unpolitisch' verstanden werden, zu mißachten" (in: *Kress/Senghaas* 1972: 23). *Ralf Zoll* (1972: 30) führte dieses eklatante politologische Forschungsdefizit weniger auf den Politikbegriff, sondern eher auf einen Mangel an Nachfrage zurück. Im übrigen klammerten auch die wenigen marxistischen Politikwissenschaftler in der Universitätslandschaft Westdeutschlands jener Tage die Kommunalpolitik weitgehend aus Forschung und Lehre aus.

Das Verhältnis von Protagonisten der deutschen Arbeiterbewegung zur Kommunalpolitik war im übrigen geschichtlich bedingt stark ambivalent. Der Marxsche Staats- und Revolutionsbegriff war weitgehend auf die Produktion als den zentralen Ort der Klassenauseinandersetzungen fixiert. Der einzige Versuch von revolutionären Teilen der Arbeiterbewegung, in Anlehnung an das Vorbild der Pariser Commune des Jahres 1871 marxistische Kommunalpolitik zu praktizieren, fand zwischen 1918 und 1920 in der Niederschlagung der Gründung von Arbeiter- und Soldatenräten (wie z.B. der Münchener Räterepublik) ein blutiges Ende. Demgegenüber war es dem reformistischen und revisionistischen Flügel der deutschen Sozialdemokratie schon im Kaiserreich gelungen, allen Repressionen zum Trotz in die ehemals bürgerliche Domäne der kommunalen Selbstverwaltung einzudringen. Kommunalpolitik wurde geradezu zum Synonym für sozialdemokratische Reformpolitik.

Ambivalentes Verhältnis der Arbeiterbewegung zur Kommunalpolitik

Nach Ansicht von Hans *See*, der eine linkssozialistische Position vertritt, waren die meisten deutschen (bürgerlichen) Politikwissenschaftler bis in die 60er Jahre hinein nicht nur nicht an Fragen der Kommunalpolitik interessiert, sondern – vor dem Hintergrund des damals noch vorherrschenden Politikverständnisses – wurde „vielmehr bestritten oder wenigstens in Zweifel gezogen, daß Kommunalpolitik wirklich als Politik zu betrachten und damit Gegenstand von Forschung und Lehre sei" (*See* 1985: 584). Exemplarisch ist in dieser Hinsicht auch eine besondere Verschränkung der unterschiedlichen wissenschaftlichen Positionen von Autoren konservativer Provenienz: Für Carl *Schmitt* als Apologeten des „starken" Staates ist die Instititution der kommunalen Selbstverwaltung ein bloßes Hindernis für die Durchsetzung des einheitlichen Staatswillens. Demgegenüber versuchten andere prominente konservative Verwaltungsrechtler wie Arnold *Köttgen* die demokratische Substanz der Selbstverwaltung gegen ihre drohende (Partei)Politisierung zu verteidigen und erhoben den Gegensatz zwischen „Gemeinschaft" und „Gesellschaft" zum Definitionsmerkmal für den Inhalt kommunaler Selbstverwaltung. Demnach ist die Gemeinde nicht nur eine politische Instititution, sondern auch eine soziale Einheit, die ihre eigenen Angelegenheiten sozusagen „im Familienkreis" regelt. Dem liegt wiederum die Auffassung zugrunde, daß es gemeinsame und vor allem politisch neutrale lokale Interessen gibt, die allen sozialen und politischen Unterschieden innerhalb der Gemeinde vorgelagert sind und diese überformen (*Häussermann* 1991a: 36). Hiermit korrespondierte die Auffassung, wonach die

Ambivalentes Verhältnis konservativer Positionen zur Kommunalpolitik

19

Kommunen eine weitgehend „unpolitische" Handlungsebene sind, auf der im wesentlichen „unpolitische Sachentscheidungen" getroffen werden (so in kritischer Kommentierung Rolf-Richard *Grauhan* 1972).

Begründungen für den unpolitischen Charakter der Kommunalpolitik

Der Nicht-Thematisierung von Kommunalpolitik in der Politikwissenschaft wurde in Deutschland durch die verfassungsrechtliche Stellung der Gemeinden Vorschub geleistet. Als Körperschaften des öffentlichen Rechts sind die Gemeinden kein Teil der staatlichen Verwaltung, wenngleich ein großer Teil der Staatstätigkeit schon immer von den Kommunen ausgeführt worden ist und die lokalen Gebietskörperschaften gerade auch als größte öffentliche Investoren in Erscheinung treten. Weil die Gemeinden nur „mittelbare Staatsverwaltung" sind, blieb Raum für die Aufrechterhaltung einer gegen die „Politisierung" der Kommunalpolitik gerichteten Selbstverwaltungsideologie. Hier liegt auch die Wurzel für eine Sichtweise, wonach das „Eindringen" der politischen Parteien in die Kommunalpolitik als Pathologie lokaler Demokratie zu bewerten ist. So warnten noch Ende der 60er Jahre die SPD-Bürgermeister der großen Städte vor einer „Ideologisierung" der Kommunalpolitik (vgl. *Rudzio* 1977). Angespielt wird hier auf eine Schrift des einstigen Oberbürgermeisters *Otto Ziebill*, die sich ausdrücklich auf den in der wissenschaftlichen Diskussion von Max *Weber* und Ludwig *Bergsträsser* entwickelten Politikbegriff berief, wonach Politik nicht alle Bereiche menschlichen Lebens umfasse, sondern auf die Leitung des Staates begrenzt sei (*Ziebill* 1972: 65f.).

Kommunalpolitik blieb dem Kommunalrecht überlassen

Als Ergebnis derartiger Auffassungen überließen die Politikwissenschaftler den Themenbereich „Kommunalpolitik" im wesentlichen den Kommunalwissenschaften im engeren Sinne, die als Zweig der Rechtswissenschaft die Kommune und die mit Gemeinde, Gemeindeverband, Selbstverwaltung, Staatsaufsicht, Kommunalreformen zusammenhängenden Probleme primär „normativ", d. h. von der geltenden Rechtsordnung her, und mit juristischen Methoden, untersuchten (*Peters* 1956, Bd. 1: 1ff.). Der begrenzte Radius der kommunalwissenschaftlichen Forschung wurde von dieser selbst erkannt. So hieß es bei *Haus* (1966: 59) in einer frühen Bilanz kommunalwissenschaftlicher Forschung: „Bis heute sind die Verwaltungswissenschaften und insbesondere die Kommunalwissenschaften akademisch ‚heimatlos' geblieben. Zu leisten bleibt die Überwindung der bloßen Kommunalverwaltungslehre." Ähnlich kritisch äußert sich *Hesse* (1989b: 14, FN 2) über das „Handbuch der kommunalen Wissenschaft und Praxis", das in zweiter, völlig neubearbeiteter Auflage (hrsg. von Günter *Püttner*, 6 Bde., Berlin u.a. 1982 bis 1985) vorliegt: Innerhalb der sechs Bände kommen die nicht rechtswissenschaftlichen Kommunalwissenschaften nur in einem einzigen Beitrag explizit zu Wort, während die meisten Beiträge einer traditionellen verwaltungsrechtlichen und administrativ-technischen Ausrichtung verhaftet bleiben.

Begründung der Stadtsoziologie in den 50er Jahren

Neben der rechtswissenschaftlich geprägten Kommunalwissenschaft und weit vor der Entdeckung durch die Politikwissenschaft begründet sich in den 50er Jahren die Stadtsoziologie als eigenständiger Forschungszweig in der Soziologie. Theoretischer Ausgangspunkt bildet René *Königs* Charakterisierung der Gemeinde als „globale Gesellschaft auf lokaler Basis" (*König* 1958). Auf der Grundlage dieses Konzeptes entstehen mehrere – zum Teil groß angelegte – empirische Untersuchungen einzelner Gemeinden, insbesondere Städte, als lokale Einheiten. Den Anfang macht dabei die Studie von Renate *Mayntz* über sozia-

20

le Schichtung und sozialen Wandel in der Industriegemeinde Euskirchen (*Mayntz* 1958; weitere Literaturhinweise bei *Herlyn* 1989: 360). *Herlyn* (1989: 360) sieht die Funktion der meisten dieser Studien vorrangig in der Erprobung der gerade frisch aus den USA importierten Techniken der empirischen Sozialforschung. Im weiteren Verlauf verlagerte sich die Akzentsetzung der Stadtsoziologie von einer „Soziologie der Stadt zur Soziologie des Städtebaus" (*Korte* 1972: 23ff.). Paradigmatisch kommt dieser Trend in dem Untertitel des einflußreichen Buches von *Bahrdt* (Die moderne Großstadt; 1961) „Soziologische Überlegungen zum Städtebau" zum Ausdruck. Derartige stadtsoziologische Untersuchungen erfassen auch politikwissenschaftlich relevante Tatbestände, wie *Oswald* in einer frühen Bilanz dieser Forschung festhält:

> „Das Vereinsleben ist in Gemeinden aller Größenklassen sehr lebhaft ... Allgemein wird ein Desinteresse der Bevölkerung an der Gemeindepolitik festgestellt, trotz der weitverbreiteten Lektüre von Lokalzeitungen und trotz der relativ hohen Wahlbeteiligung ... Alle Untersuchungen deuten darauf hin, daß die überlokale Verflechtung der Gemeinden und die überlokale Orientierung der Bevölkerung zunehmend die lokale Bindung ablöst" (*Oswald* 1966: 577).

1.2.2 Phasen der politikwissenschaftlichen Kommunalpolitik-Forschung

Für die Zeit seit Mitte der 60er Jahre kommen alle Autoren zu der übereinstimmenden Feststellung, daß es eine erhebliche Ausweitung des politikwissenschaftlichen Interesses an den Problemen der Städte und Gemeinden gegeben hat. Diese Umorientierung wird wissenschaftsintern angestoßen durch die Impulse seitens der Studentenbewegung und durch einen erheblichen Ausbau des Faches. Zugleich ist diese Entwicklung selbst wieder eng verbunden mit den gesellschaftspolitischen Veränderungen in der Bundesrepublik seit Mitte der 60er Jahre.

Tendenzen zu einer politischen Sicht der Kommunen lassen sich auch an terminologischen Verschiebungen ablesen (*Rudzio* 1991: 362): An die Stelle des traditionellen Begriffs der „kommunalen Selbstverwaltung" tritt die „Kommunalpolitik", anstatt von kommunaler „Vertretung" oder „Rat" sprechen immer mehr Beobachter vom „Kommunalparlament". Seit Mitte der 70er Jahre gibt es eine anhaltende Debatte über eine stärkere Parlamentarisierung von Kommunalverfassungen, die in den 80er Jahren um die Forderung nach dem Einbau direktdemokratischer Elemente noch erweitert wird. Schließlich verabschiedeten ebenfalls Mitte der 70er Jahre die größeren Parteien erstmals kommunalpolitische Grundsatzprogramme (folgenreich für den gesellschaftlichen Diskurs war nicht zuletzt das von den Jungsozialisten vorgelegte „Kommunalpolitische Programm"). Verstärkt begannen die politischen Parteien seit dieser Zeit die Kommunalpolitik als „Arena parteipolitischer Auseinandersetzung und Profilierung" zu entdecken (*Wollmann* 1991b: 17).

Nach *Hesse* (1989: 118f.) können bis Ende der 80er Jahre mindestens *drei Phasen* einer nunmehr erheblich erweiterten und intensivierten politik- und verwaltungswissenschaftlichen Beschäftigung mit Fragen lokaler Politik unterschieden werden:

> Politisierung der Kommunalpolitik

- In der ersten Phase findet eine *wissenschaftliche Aufbereitung des Politikfeldes „Kommunalpolitik"* statt, wobei zunächst die strukturellen, prozessualen und inhaltlichen Besonderheiten kommunaler Themen herausgearbeitet werden. Zeitbezogen vollzieht sich der Aufbruch einer eigenständigen Beschäftigung der Politikwissenschaft mit Themen der Kommunalpolitik in enger Anlehnung an Erklärungsansätze des Neomarxismus und der kritischen Theorie.
- Es schließt sich eine *Phase der Binnendifferenzierung* an. Die stark von der Studentenbewegung und der Renaissance neomarxistischer Ansätze geprägten Arbeiten der lokalen Politikforschung aus den frühen 70er Jahre werden als zu theorielastig und praxisfern kritisiert. Als Kontrastprogramm findet eine Konzentration kommunalpolitischer Forschung auf einzelne Politiksegmente oder Politiksektoren statt.
- Mitte der 80er Jahre wächst die Kritik an einer „Verzettlung" der lokalen Politikforschung im Gestrüpp zahlloser „policy"-Analysen. Diese Kritik wird getragen von der Renaissance neoinstitutionalistischer Ansätze in der deutschen und internationalen Politikwissenschaft („Bringing the state back in", hieß der programmatische Titel von *Evans et al.* 1985). In dieser Phase gewinnen Plädoyers für eine *Rückbesinnung auf die gesamtstaatliche Rolle und Funktion der Gemeinden* wieder stark an Gewicht.

Vom Blickpunkt eines Beobachters Mitte der 90er Jahre deutet sich eine *vierte, noch nicht abgeschlossene Phase* an. Sie wird bestimmt durch die erheblichen Veränderung der Rahmenbedingungen der Kommunalpolitik in Deutschland als Folge der deutschen Vereinigung und der europäischen Integration. Sie erhält ihre materiellen Akzente durch die erheblichen Problemtatbestände der Städte in ökonomischer, sozialer, ökologischer und kultureller Perspektive, die durch die angespannte Finanzsituation und die Spannungslinien im bundesrepublikanischen Föderalismus zusätzliche politische Brisanz erlangen. Konzeptionell drängen Management- und Steuerungsmodelle der Kommunalverwaltung in den Mittelpunkt der administrativen und fachwissenschaftlichen Diskussion. Der kommunalwissenschaftliche Diskurs erhält dabei durch die prominente Rolle der Beiträge der „Betriebswirtschaftslehre der öffentlichen Verwaltung" einen neuartigen Akzent.

1.2.3 Entwicklung der kommunalwissenschaftlichen Forschung bis Mitte der 60er Jahre

19. Jahrhundert „Kommunalwissenschaften" treten in Deutschland zu Beginn des 19. Jahrhunderts in Erscheinung, als die ersten konkreten Schritte zur Entwicklung eines modernen Staates auch in Deutschland ein wissenschaftliches Interesse an Fragen der kommunalen Selbstverwaltung hervorriefen. Im Mittelpunkt standen zwei Fragen: Welche verfassungsrechtliche Stellung soll der kommunalen Selbstverwaltung im modernen Staat zukommen? Und: Wie lassen sich gemeindliche Aufgaben systematisch erfassen und darstellen? Die Entwicklung eines besonderen kommunalen Verwaltungsrechts ist insbesondere mit den Arbeiten von Rudolf *von Gneist* (1816-1895) verbunden. Für die Beantwortung der

zweiten Fragestellung leistete insbesondere Freiherr *vom Stein* (1815-1879) wichtige Pionierarbeit. Erst nachdem die Steinsche Städteordnung in Preußen, der ähnliche Reformgesetze in anderen deutschen Ländern folgten, die verfassungsmäßigen Grundlagen für eine kommunale Selbstverwaltung geschaffen hatte, kann man in Deutschland von einer eigenständigen wissenschaftlichen Beschäftigung mit der kommunalen Ebene sprechen (*Spiegel* 1994: 52). So entstanden in den 60er Jahren des 19. Jahrhunderts erste städtische Ämter für Statistik, deren familien-, haushalts- und wohnungsstatistische Untersuchungen den Anfang der empirischen Stadtforschung markierten. Von dem 1873 gegründeten „Verein für Socialpolitik" ging die Initiative für eine große Zahl sozialwissenschaftlicher Enqueten aus, die sich ebenfalls mit den Lebensbedingungen in Städten und Gemeinden beschäftigten. Statistik und empirische Sozialforschung entwickelten sich dabei zu Grundlagenwissenschaften kommunaler Sozialpolitik *(Spiegel* (1994: 54).

Vorläufer der „Kommunalwissenschaften" gibt es allerdings schon im 17. und 18. Jahrhundert. So fiel die Finanz- und Wirtschaftsverwaltung in den Gegenstandsbereich der sogenannten Kameralwissenschaften, während die allgemeine Verwaltung zum Bereich der bis weit ins 19. Jahrhundert bezeichneten „Polizeiwissenschaft" gehörte. Beide bezogen sich zunächst ausschließlich auf die staatliche Verwaltung im engeren Sinne. Allerdings wurden die von ihnen entwickelten Verwaltungsgrundsätze später auch für die Kommunalverwaltung übernommen (*Spiegel* 1994: 53).

Untersucht man für diese frühe Periode das Wechselverhältnis von internen und externen Impulsen, fällt auf, „daß lokale Problemstellungen und... die Praxis der Selbstverwaltung ihrer wissenschaftlichen Aufarbeitung und Durchdringung beträchtlich voranschritten" (*Hesse* 1989a: 12).

Das erste Jahrzehnt des 20. Jahrhunderts erlebt eine erste kleinere Konjunkturphase der Kommunalwissenschaften. Im Mittelpunkt stehen „Bemühungen um eine Zusammenschau und institutionelle Festigung des bis dahin Erreichten" (*Spiegel* 1994: 54). Fragen der Stadtentwicklung rückten noch weiter in den Vordergrund. 1903 findet in Dresden eine erste große Städteausstellung statt. Mit neuen Zeitschriften, Sammelbänden und Handbüchern schaffen die Kommunalwissenschaften sich ein erstes eigenständiges Diskussionsforum, dem für die Weiterentwicklung der Kommunalwissenschaften in Deutschland große Bedeutung zugeschrieben wird. Auch kommt es zur Gründung erster eigenständiger Ausbildungseinrichtungen für kommunale Verwaltungsfachleute (1911 Akademie für kommunale Verwaltung in Düsseldorf; 1912 Hochschule für kommunale und soziale Verwaltung an der Städtischen Handelshochschule in Köln). Jahrhundertwende

Die Kommunalwissenschaften in der Zeit der Weimarer Republik werden nach *Hesse* (1989a: 13) durch die zunehmende Dominanz einzeldisziplinärer Sichtweisen in ihrer weiteren Entfaltung eher behindert. Seit den späten 20er Jahren macht sich in den Kommunalwissenschaften zunehmend der Einfluß von Personen und Institutionen spürbar, mit denen der Nationalsozialismus in den Kommunen Fuß fassen sollte (*Spiegel* 1994: 54). An der Berliner Universität wird 1928 das erste „Kommunalwissenschaftliche Institut" gegründet. Ein Jahr nach der nationalsozialistischen Machtergreifung erscheint 1934 der erste Band des „Jahrbuchs für Kommunalwissenschaft". Zwischen 1937 und 1939 werden an den Universitäten Freiburg, Frankfurt und Münster weitere kommunalwissenschaftliche Institute gegründet, deren eigenständiger Status außerhalb der Entwicklungen seit der Weimarer Republik

Rechts- und Staatswissenschaftlichen Fakultäten aber nicht von langer Dauer ist. Bis in die Nachkriegszeit hinein verbleibt den Kommunalwissenschaften vielmehr nur eine Art „Nischenposition" innerhalb der Rechts- und Staatswissenschaften. Erstaunlicherweise blieb das Interesse an den Kommunalwissenschaften auch angesichts der zentralen Bedeutung des Wiederaufbaus der Städte und Gemeinden nach dem Zweiten Weltkrieg durchaus begrenzt. Auch nach 1945 werden interdisziplinäre und fachübergreifende Fragestellungen meist ausgespart. Eine Ausnahme bilden im außeruniversitären Bereich die „Forschungsstellen" des Kommunalwissenschaftlichen Forschungszentrum in Berlin (KWFZ), dessen Träger der 1951 gegründete „Verein zur Pflege kommunalwissenschaftlicher Aufgaben" (heute „Verein für Kommunalwissenschaften") ist, der dem Deutschen Städtetag nahesteht. Aus dem KWFZ geht 1973 das heutige Deutsche Institut für Urbanistik hervor. *Hesse* (1989a: 14) sieht in diesen Instituten eine der „Keimzellen" für das spätere Wachstum kommunalrelevanter Einrichtungen und Forschungsaktivitäten.

1.2.4 Entwicklung der politikwissenschaftlichen Kommunalpolitik-Forschung von Mitte der 60er bis Mitte der 70er Jahre

Vom heutigen Blickwinkel aus erscheinen die sechziger Jahre in den Augen sozialwissenschaftlicher Beobachter „als der harte Kern eines schon früher begonnenen und darüber hinausreichenden *Modernisierungsschubs*, der alle Bereiche des gesellschaftlichen Lebens erfaßt und tief durchdrungen hat" (*Herlyn* 1989: 362). Um die Mitte der 60er Jahre setzten Entwicklungsprozesse ein, als deren Folge sich die Kommunalpolitik als Forschungsgebiet in der Politikwissenschaft rasch zu etablieren beginnt.

Externe Anstöße   *Hesse* (1989a: 14) erklärt diesen rasanten Ausbau der Kommunalwissenschaften primär aus externen Anstößen, d.h. dem wachsenden Handlungs- und Gestaltungsbedarf der politischen Institutionen. Andere Autoren setzten den Akzent eher auf die politisch-kulturellen Veränderungen in der Bundesrepublik und das Interesse an einer Reformpolitik, das mit dem Ende der CDU-Herrschaft erwachte. Dabei rückte die lokale Politik stärker in das Blickfeld von politischen Bewegungen und der mit ihnen verbundenen sozialwissenschaftlichen Forschung. Unzweifelhaft erzeugte das wachsende Planungsbewußtsein in Verwaltung und Politik wichtige externe Impulse für die Entwicklung kommunalpolitischer Forschungen. Es kommt in rascher Folge zur Einrichtung ministerieller, kurze Zeit später vermehrt auch kommunaler Planungsstäbe, Planungsreferate und Planungsabteilungen. Größere Städte bemühen sich selbst um den Auf- und Ausbau eigener Forschungskapazitäten bzw. vergeben in zunehmendem Maße Forschungsaufträge an externe Institute. Allgemein spricht man von einer zunehmenden Verwissenschaftlichung von Planung und Politik in dieser Zeit. Als Folge hiervon kommt es zu einer Professionalisierung und Akademisierung zunächst der Fach-, später auch der allgemeinen Verwaltungen, mit entsprechenden Veränderungen der Sozialisations- und Qualifikationsprofile dieser neuen „Dienstklasse".

Ausbau der Forschungs-
kapazitäten   Kommunalwissenschaftliche Forschung gewinnt innerhalb der praktischen Planung und Politik in Städten und Gemeinden zunehmend an Bedeutung. Das Verhältnis von Kommunalwissenschaften und kommunaler Praxis verändert sich

24

durch diese vermehrte Praxisnachfrage nach Forschungsleistungen nachhaltig. Der vermehrte Bedarf vor allem umsetzungsorientierter Beratung erzeugt bei einer Reihe von universitären und außeruniversitären Instituten eine Spezialisierung auf Fragen der Stadtforschung und der Kommunalberatung. Es entstehen in dieser Zeit zahlreiche wirtschafts- und sozialwissenschaftliche Institute für Stadt- und Regionalforschung. In Berlin wird beim damaligen Kommunalwissenschaftlichen Forschungszentrum eine neue Arbeitsgruppe für Stadtberatung eingerichtet. Dagegen bleibt im universitären Bereich die Einrichtung kommunalwissenschaftlicher Lehrstühle und Institute auf Kiel, Münster und Würzburg sowie auf die Hochschule für Verwaltungswissenschaften in Speyer begrenzt.

Inhaltlich konzentrierte sich die „neue" kommunalwissenschaftliche Forschung zunächst auf die systematische Aufbereitung des Politikfeldes „Stadt" bzw. „Gemeinde (Gemeindeverbände)". Untersuchungs-
schwerpunkte

Die eher gesellschaftstheoretisch und systemstrukturell ansetzenden Arbeiten legten den Schwerpunkt ihrer Analyse auf den „Stellenwert lokaler politischer Ereignisse und Probleme im und für das gesellschaftliche Gesamtsystem" (*Hesse* 1989b: 119). Konsequenterweise wurde die bisher dominierende institutionelle Sichtweise zugunsten einer umfassenderen Analyse „lokaler" Politik aufgegeben (*Grauhan* 1975; *Grauhan/Linder* 1974). Der neue „gesamtgesellschaftliche Analyseansatz" stellte vorwiegend auf den Primat politökonomischer Erklärungen und Interpretationen ab. Im Zuge der von der Studentenbewegung angestoßenen wissenschaftstheoretischen und politischen Auseinandersetzungen gewann dieser „politökonomische Theorieansatz" zeitweilig auch für die lokale Politikforschung erhebliches Gewicht. Politökonomische
Ansätze

Politik auf lokaler Ebene wurde also nicht mehr länger ausschließlich aus der klassischen Selbstverwaltungs-Perspektive thematisiert und als eigenständiges „Subsystem" aufgefaßt. Die Gemeindeebene verlor in den Augen kritischer Sozialwissenschaftler zunehmend ihren staatsrechtlichen Sonderstatus und wurde nunmehr zumeist als „dritte Ebene" gesamtgesellschaftlicher Prozesse im Rahmen einer vertikal und horizontal eng verflochtenen staatlichen Politik analysiert (*Häussermann* 1991a: 40). Claus *Offe* (1975) wollte zwar an der kommunalen Selbstverwaltung als „Institution" festhalten, sah ihren Fortbestand jedoch lediglich noch in einer von den zentralen Politikebenen instrumentalisierten „Puffer- und Filterfunktion" begründet, womit politische Verantwortung verschoben und verdunkelt werden konnte.

Hesse (1989b: 119) konzidiert diesem Ansatz den Verdienst, „kommunalpolitische Fragen aufgewertet und ihre gesellschaftliche wie gesamtstaatliche Bedeutung betont zu haben". Der empirische Ertrag dieser ersten Phase „lokaler Politikforschung" fiel nach Ansicht der meisten Beobachter (z.B. *Häussermann* 1991a: 40) allerdings eher ernüchternd aus, wenngleich die umfangreichen Planungsvorhaben der Kommunen und die sich hieran entzündenden Interessenkonflikte und Auseinandersetzungen in einer Reihe empirischer Fallstudien („München-Studie", „Heidelberg-Studie") niederschlugen.

Ein zweiter Fokus der lokalen Politikforschung, der sich zeitlich und auch teilweise personell mit den zuvor genannten Untersuchungen überlappte, stellte die Analyse kommunaler Willensbildungs- und Entscheidungsprozesse dar. Politikwissenschaftliche Pionierarbeiten auf diesem Gebiet wurden hier von Rolf-Richard *Grauhan* („Oberbürgermeister-Studie" 1970) und Thomas *Ellwein* (Wert- Analyse kommunaler
Willensbildungs- und
Entscheidungsprozesse

25

heim-Studie von Thomas *Ellwein* und Ralf *Zoll* 1968 und 1969, die sich methodisch an die US-amerikanische „community power"-Forschung anlehnte) geleistet. Sie bemühten sich darum, die Diskrepanz zwischen der von Konflikten, Interessenentscheidungen gekennzeichneten kommunalen politischen Wirklichkeit einerseits und der ideologischen Deutung dieser Wirklichkeit als Bereich „unpolitischer Sachentscheidungen" andererseits empirisch sichtbar zu machen und die negativen demokratietheoretischen Konsequenzen dieser Sichtweise aufzuzeigen. In diesen Studien kam in der deutschen politikwissenschaftlichen Kommunalpolitik-Forschung erstmals eine partizipatorische Demokratievorstellung zur Anwendung, die danach fragte, „inwieweit die kommunale Selbstverwaltung politischen Charakter hat und damit auch dem direkten Einfluß der beteiligten Bürger offensteht" (*Ellwein/Zoll* 1974: 8).

Kritischer Impetus der
lokalen Politikforschung

Die dem linken politischen Spektrum zuzurechnenden Vertreter des politökonomischen Analyseansatzes gingen bewußt auf Distanz gegenüber der „offiziellen" Politik und ihren Trägern, einschließlich der sozialliberalen Koalition. Paradigmatisch formulierte Rolf-Richard *Grauhan* in der Einleitung zu der ersten, zweibändigen Bestandsaufnahme der lokalen Politikforschung, daß keiner der Beiträge des Sammelbandes „,den Praxisbezug' in der Weise herzustellen (bestrebt sei, R.K.), wie sonst in der Politikwissenschaft üblich, nämlich als ,Politikberatung' für die amtierenden Häupter (...) Die Versuche zur Entschlüsselung des sozialen Problemgehalts der administrativen Techniken und Taktiken richtet sich eher an jene, die ihre Lasten zu tragen haben" (*Grauhan* 1975b: 11).

Auch stärker verwaltungswissenschaftlich orientierte Politikstudien analysierten den Prozeß der Politikformulierung (*Hesse* 1982) in einer Mischung aus Technokratiekritik, politischer Verwaltungsforschung und demokratie-theoretischem Partizipationsanspruch (so *Hesse* 1989b: 120), allerdings ohne eine vergleichbar grundsätzliche Ablehnung des bestehenden Systems bzw. von Formen der Politikberatung.

Binnenorientierte
Forschungsansätze:
Planungsorganisation &
Planungsinstrumente

Es schlossen sich von letztgenannter Gruppe stärker binnenorientierte, verwaltungswissenschaftliche Studien an, die sich mit Prozessen der Leistungserbringung und Problemverarbeitung gerade in den städtischen Ballungsräumen beschäftigten. In ihnen standen Fragen der Planungsorganisation sowie der geeigneten Planungsinstrumente im Mittelpunkt (*Hesse* 1989a: 15). Der weitreichende wissenschaftliche und politische Anspruch dieser Forschungen zielte auf eine Ersetzung des traditionellen Typus der Auffang- oder Anpassungsplanung durch einen umfassenderen Planungstypus (kommunale Entwicklungsplanung oder Stadtentwicklungsplanung). Gleichzeitig richtete sich der Blick erstmals auch auf Analysen zur Umsetzung entsprechender „Reformpolitiken" (erste Fallstudien beschäftigten sich mit der Verkehrs- und Sanierungspolitik). Der Bezug zur systemstrukturellen lokalen Politikforschung wurde durch die „Untersuchung von Selektivitätsstrukturen und notwendigen Koordinations- wie Konsensprozessen gegenüber den ,Umwelten' des politischen Systems" gewahrt (*Hesse* 1989b: 120).

Trotz der von *Hesse* (1989b: 120) eingeräumten nicht unerheblichen „Verzerrungen" dieser Forschungsperiode erweiterte sich das Spektrum herkömmlicher politik- und verwaltungswissenschaftlicher Untersuchungsansätze zur Kommunalpolitik gerade in der Zeit zwischen 1970 und 1978 erheblich. Mit der Formulierung neuer Forschungsansätze war eine Emanzipation von den bislang dominierenden angelsächsischen Vorbildern verbunden.

26

Retrospektiv können die frühen 70er Jahre als eine Zeit der Umorientierung, Politisierung und Polarisierung, aber auch der Professionalisierung kommunalwissenschaftlicher Forschung angesehen werden. Dabei erweiterte sich die Palette der an Problemen lokaler Politik interessierten Wissenschaftsdisziplinen erheblich:

> „Zu den bislang eher dominanten verwaltungsrechtlichen Untersuchungen traten zunehmend die Beiträge der Wirtschafts- und Sozialwissenschaften, der Planungswissenschaften, der Stadtgeschichte, der (erweiterten) Technikwissenschaften sowie schließlich auch die der Geographie, der Sozialpsychologie, der Medizin und der Ökologie. Sie alle richteten ihr Interesse meist auf Fragen der städtischen Verdichtungsräume; der ländliche Raum gewann erst sehr spät an Aufmerksamkeit" (*Hesse* 1989a: 15).

Als Folge der thematischen Breite neuerer Arbeiten gewinnt bei einer Einschätzung der Kommunalwissenschaften die interdisziplinäre Perspektive die Oberhand. Die Sonderstellung des Kommunalrechts innerhalb der Kommunalwissenschaften wurde somit nachhaltig angetastet. Allerdings blieb die wissenschaftliche Erforschung der Rechtsnatur und der politischen Struktur der Gemeinden und Gemeindeverbände sowie der kommunalen Aufgaben und ihrer Finanzierung weiterhin eine Domäne der kommunalrechtswissenschaftlichen Forschung (*Knemeyer* 1989: 71).

Bis Ende der 60er Jahre fristete in der Bundesrepublik die politische Soziologie der Gemeinde nur ein Schattendasein. Das ändert sich gründlich im Gefolge der Studentenbewegung. Fragen der Analyse lokaler Macht- und Entscheidungsstrukturen geraten in das Zentrum des Forschungsinteresses (*Zoll* 1972). Die Frage: „Wer regiert die Stadt?" gewinnt unter legitimatorischen Aspekten eine unmittelbare gesellschaftspolitische Bedeutung, insofern auf der Ebene der Gemeinde trotz aller Restriktionen und Einbindungen in das politische System die Bewohner hier den politischen Prozeß noch direkt beeinflussen können (*Herlyn* 1989: 371). Teile der Stadtsoziologie und der lokalen Politikforschung wuchsen somit unter dem Eindruck und Einfluß gerade auch der Themen der Studentenbewegung Ende der 60er Jahre aufeinander zu, indem nun auch in der Soziologie „community power" zu einem zeitweilig zentralen Forschungsthema wurde (*Herlyn* 1989: 365f.).

Im Wissenschaftsbereich führte das neu erwachte Interesse an der kommunalen Politik zur Gründung neuer politik- und verwaltungswissenschaftlicher Forschungsgruppen und Ausbildungsschwerpunkte. Innerhalb der Deutschen Vereinigung für Politische Wissenschaft gründete Rolf-Richard *Grauhan* den bis heute äußerst produktiven Arbeitskreis „Lokale Politikforschung", dessen wechselvolle Geschichte vom heutigen Leiter des Arbeitskreises in einem informativen Artikel herausgearbeitet wurde (*Wollmann* 1991b). Um sich von der überkommenen „Gemeindeforschung" und „Kommunalwissenschaft" zu distanzieren und zu emanzipieren, wurde (in Anlehnung an den anglo-amerikanischen Terminus „local politics") die Bezeichnung *lokale Politikforschung* geprägt. Die Wissenschaftlergruppe des als „LoPoFo" apostrophierten Arbeitskreises umfaßte in den Gründungsjahren Politikwissenschaftler (R.-R. *Grauhan*, W. *Väth*, H. *Wollmann* u.a.), Soziologen (W. *Siebel*, H. *Häussermann*, M. *Rodenstein*, R. *Bauer* u.a.) und Architekten/Stadtplaner (A. *Evers*, H. *Fassbinder* u.a.) und belegte damit die schon angesprochene interdisziplinäre Herangehensweise der

Interdisziplinarität der neuen Kommunalpolitik-Forschung

Entwicklung der Stadtsoziologie

Wissenschaftsimmanente Profilierung der lokalen Politikforschung: AK LoPoFo

neuen Stadtforschung. An der Universität Münster leitete Paul *Kevenhörster* die neue „Studiengruppe für lokale Politikforschung". Und im Rahmen des verwaltungswissenschaftlichen „Reform"-Studiengangs wurde an der Universität Konstanz 1972/73 ein Ausbildungsschwerpunkt „Kommunale und regionale Entwicklungspolitik sowie Infrastrukturplanung" eingerichtet.

1.2.5 Entwicklung der politikwissenschaftlichen Kommunalpolitik-Forschung von Mitte der 70er bis Mitte der 80er Jahre

Phase der Binnendifferenzierung

Die Entdeckung des Politikfeldes „Stadt und Gemeinde" bereitete den Weg praxisnaher und politikberatender Forschung während der sich ab Ende der 70er Jahre anschließenden Phase der Binnendifferenzierung vor (*Hesse* 1989b: 121). In der stadt-, kommunal- oder lokalpolitischen Forschung erfolgte zunehmend eine „Herabzonung" der theoretischen Ausgangspunkte und eine partielle Rücknahme der Reichweite des gesellschaftspolitischen Anspruches.

Externe Anstöße

Wichtige „externe" Impulse erfuhr die lokale Politikforschung durch die weitreichenden institutionellen und politischen Veränderungen innerhalb des politisch-administrativen Systems der Bundesrepublik, die zeitlich mit der erstmaligen Regierungsübernahme in Bonn durch die sozial-liberale Koalition zusammenfielen, und später mit dem Regierungswechsel von Brandt zu Schmidt. Es kam zur Gründung neuer bundesstaatlicher Politikinstitutionen. Auf allen Ebenen war ein in der Geschichte der Bundesrepublik bis dato beispielloser Politik- und Planungs-"Schub" zu beobachten. Die hierdurch verstärkten „intergouvernmentalen" Politikverflechtungs- und Handlungsprobleme trugen dazu bei, daß sich die Politikwissenschaft stärker für die „Binnenstrukturen" des bundesstaatlichen Systems zu interessieren begann. Nach dem Abebben der ersten Phase der Reform- und Planungseuphorie kamen Beobachter zu der Feststellung, daß sich politische Planungen und Programmabsichten in der Vollzugsphase gerade auf der lokalen Ebene festliefen und ihre weitgesteckten Ziele verfehlten (*Wollmann* 1991: 21). Hierdurch zogen Fragen der „Implementation" staatlicher Politik und Programme die analytische Aufmerksamkeit empirischer Politikforschung auf sich. Ferner erzeugte das politisch-administrative System einen starken Nachfrageboom für sozialwissenschaftliche Forschung im Rahmen von Beratungstätigkeiten und Forschungsarbeiten im Zusammenhang mit staatlichen Reformvorhaben.

Untersuchungsschwerpunkte:

Dabei verlagerte sich der Schwerpunkt von (makro)theoriegeleiteten, hochaggregierten Fragestellungen auf drei neue Schwerpunkte:

– Politikfeld-Forschung

– die Analyse einzelner Politikfelder (Wirtschaft und Arbeit, Wohnen und Verkehr, soziale Versorgung, Umwelt, Energie) und kommunalpolitisch relevanter Ausschnitte des politischen Systems; das empirische Wissen hinsichtlich der materiellen Dimension lokaler Politik erhöhte sich beträchtlich, auch wenn man nach *Hesse* (1989b: 123) einräumen muß, daß die Politikfeldforschung eine offensichtliche Anfälligkeit für bestimmte Themenkonjunkturen aufwies (Stichworte: neue Wohnungsnot, zweiter Arbeitsmarkt, Süd-Nord-Gefälle, Lokalfunk); zumeist zeichneten sich derartige Politik-

28

feld-Analysen im Umkreis der lokalen Politikfeldforschung durch einen ausdrücklichen „Anwendungsbezug" aus.

- die Analyse einzelner Phasen kommunaler Problemverarbeitung ergänzte bzw. verfeinerte die sektorale bzw. politikfeldorientierte Sichtweise um eine prozessuale Dimension; hierbei diente der sog. policy cycle, dessen analytische Aussagekraft neuerdings stark in Zweifel gezogen wird (vgl. *Heritiér* 1993), zur Unterscheidung einzelner *Phasen politisch-administrativer Problemverarbeitung* (Problemwahrnehmung, Politikformulierung, Programmentwicklung, Programmvollzug bzw. Implementation, Aufgabenkritik und Erfolgskontrolle); Arbeiten der lokalen Politikforschung konzentrierten sich dabei insbesondere auf zwei Stadien des „policy cycles": aufgegriffen wurde zum einen die Implementationsforschung, die sich verstärkt mit der Durchführung und dem Vollzug auch kommunalpolitischer Maßnahmen und Programme beschäftigte (vgl. *Mayntz et al 1978; Mayntz 1980; Wollmann* 1980), sowie zum anderen die Evaluationsforschung, die sich mit Aufgabenkritik und Erfolgskontrolle beschäftigte (vgl. *Hellstern/Wollmann* 1984).

  – „Policy cycle"-Forschung

- die Analyse der Funktion dezentraler Gebietskörperschaften innerhalb der durch neue Formen der Planung und Finanzierung erheblich zugenommenen vertikalen Politikverflechtung im föderativen System der Bundesrepublik (*Scharpf et al.* 1976); der innovative Beitrag dieser Forschungsrichtung lag darin, daß die bislang eher statische, ausschließlich systemstrukturelle Sichtweise des Verhältnisses von Staat und Gemeinden aus der Sicht des Staats- und Verwaltungsrechtes nunmehr um eine dynamische Perspektive *(Benz* 1985) ergänzt wurde; dies geschah durch politikwissenschaftliche Analysen, die ein neues theoretisches und empirisches Licht auf Prozesse der Binnendifferenzierung des politischen Systems warfen; mehrere einschlägige Fallstudien (*Hesse* 1978; *Fürst/Hesse/Richter* 1984) ließen erkennen, daß, im Gegensatz zu der Annahme einseitiger Zentralisierungs- und Dependenz-Hypothesen, die Realität der gebietskörperschaftlichen Beziehungen in der Bundesrepublik komplexer war und angemessen nur durch ein „prozeßorientiertes Verständnis föderalstaatlicher Kommunikation" erfaßt werden konnte (*Hesse* 1989b: 123).

  – Politikverflechtungs-Forschung

Die verstärkte Politikfeldorientierung traf innerhalb der deutschen Politik- und Verwaltungswissenschaft auf ein unterschiedliches Echo. Kritik seitens Vertreter eines eher traditionellen Verständnisses von Politikwissenschaft artikulierte sich auf einem Symposium der Deutschen Vereinigung für Politische Wissenschaft zum Thema „Policy-Forschung in der Bundesrepublik" im November 1984 *(Hartwich* 1985). Einerseits befürchtete man ein zunehmendes theoretisches Defizit und einen Verlust an politikwissenschaftlicher Analysesubstanz als Folge einer bald unüberschaubaren Vielzahl von Fallstudien und den damit einhergehenden Verlust einer auch normativ begründeten Gesamtperspektive. Gerade „klassische" politikwissenschaftliche Themen wie „Macht", „Interessen" sowie politiktheoretisch normative Fragen wie „Gerechtigkeit" und „Freiheit" würden durch die anwendungsfixierte Politikfeldforschung aus dem Auge verloren. Andererseits konnte man in der verstärkten empirisch-analytischen Ausrichtung von Fragestellungen und Untersuchungsansätzen eine Aufnahme der zuvor geäußerten Kritik an theorielastigen und gesellschaftsverändernden Ansätzen der lokalen

Umstrittene Politikfeld-Orientierung

29

Politikforschung sehen, die den Beweis ihrer analytischen Leistungsfähigkeit und überzeugende Forschungserträge weitgehend schuldig blieben (*Wollmann* 1991b: 22). Zudem ging dieser Themen- und Theoriewechsel zwangsläufig mit einer stärkeren Annäherung der Wissenschaft an die „offizielle" kommunalpolitische Praxis einher, was neue Professionalisierungschancen eröffnete.

Umstrittene Politikberatung

Von der Forschungsseite aus wurde auch das Thema „Politikberatung" wieder auf die Agenda gesetzt. Dieser kleine „Paradigmen"-Wechsel konnte die Aufmerksamkeit der kommunalen Akteure in Politik und Verwaltung erregen, wobei die hieraus folgende zunehmende Anerkennung durch die Praxis die (Um-)Orientierung der lokalen Politikforschung noch verstärkte. Das schon aus der kommunalrechtlichen Forschung bekannte Phänomen der Auftragsforschung als finanzielles Rückgrat der Kommunalwissenschaften hielt damit in größerem Maße auch Einzug innerhalb der politik- und verwaltungswissenschaftlichen Kommunalpolitik-Forschung. Diese Entwicklung blieb wissenschaftsintern nicht ohne Probleme: Bis zur allmählichen Austarierung gegenseitiger Eigenheiten und Verantwortlichkeiten verwischte sich mitunter die notwendige Distanz zwischen Wissenschaft und kommunaler Praxis, waren Untersuchungen durch „recht weitgehende Anpassungsprozesse an Auftraggeberinteressen" gekennzeichnet und eine „entsprechende Einschränkung von Erkenntnisleistungen festzustellen" (*Hesse* 1989b: 122). Auch diese Entwicklung rief verständlicherweise die Kritik der Vertreter eines konventionelleren Verständnisses von Politikwissenschaft hervor. Hans-Hermann *Hartwich* beschwor zudem die Gefahr, daß „Politikfeld-Forschung Drittmittel für intensive Forschungsleistungen erhält, während die ‚traditionellen' Felder der Politikwissenschaft weiterhin von den kümmerlichen regulären Forschungsmitteln in den schmaler werdenden Hochschuletats zu zehren haben" (*Hartwich* 1985b: 3).

Ambitionierte Forschungs-Designs

Andererseits erzeugt die eher anwendungsbezogene „policy"-Forschung durch das von ihr mit hervorgerufene Bedürfnis nach Qualifizierung, Professionalisierung und Profilierung der mit ihr befaßten Wissenschaftler einen weiteren wissenschaftsimmanenten Entwicklungsimpuls. Um sich möglichst deutlich von der bis dahin noch immer recht oberflächlichen, „methodisch wie inhaltlich eher dilettantische"(n) Befassung der westdeutschen Politikwissenschaft mit Politik- und Verwaltungsproblemen abgrenzen zu können (*Blanke/Benzler* 1991), sind ihre Untersuchungen so angelegt, daß sie eine möglichst umfassende Berücksichtigung des verfügbaren konzeptionellen und methodischen Analysearsenals, einschließlich einer intimen Kenntnis des speziellen Politikfeldes, dokumentieren.

Entwicklung des AK LoPoFo

Die zuvor beschriebenen Entwicklungen konnte man fast seismographisch auch an der Verschiebung der Diskussions- und Arbeitsschwerpunkte im Arbeitskreis Lokale Politikforschung, dessen Leitung und personelle Zusammensetzung sich veränderte, ablesen: Der politökonomische Analyserahmen trat weitgehend zurück und wurde durch ein binnenstrukturelles, auf Entscheidungs- und Implementationsprozesse innerhalb des politisch-administrativen Systems gerichtetes Erkenntnisinteresse ersetzt. Über die gleichzeitige „Policy"-Orientierung rückte zudem der „Anwendungsbezug" der lokalen Politikforschung in den Mittelpunkt (*Wollmann* 1991b: 20). Ihren Niederschlag fand diese Entwicklung im Sammelband „Politik im Dickicht der Bürokratie. Beiträge zur Implementationsforschung" (*Wollmann* 1980). Im Mittelpunkt stand hier die Überprüfung der empirischen Autonomie und der Handlungsspielräume der Kommunen vor dem Hintergrund der bis dato weitgehend unbestrittenen Zentralisierungs-Hypothese kritischer Sozialwissenschaftler. Man ging nunmehr von der „grundsätzlichen Reformbedürftigkeit, aber auch (beschränkten) Reformfähigkeit der ... kommunalen Praxis" aus und suchte aktiv „den Austausch und die Zusammenarbeit mit den politischen, administrativen und gesellschaftlichen Akteuren der lokalen Ebene" (*Wollmann* 1991b: 23). Diese Wende der lokalen Politikforschung dokumentierte eine Tagung des Arbeitskreises zum Thema „Kommunalpolitische Praxis und lokale Politikforschung", deren Ergebnisse in einem Sammelband von Paul *Kevenhörster* und *Hellmut Wollmann* (1977) nachzulesen sind.

Ende 1981 organisierte der Arbeitskreis Lokale Politikforschung eine weitere Fachtagung zum Thema „Probleme der Stadtpolitik in den 80er Jahren". An ihr nahmen nahezu 400 Teilnehmer aus Wissenschaft und Praxis teil. Die Mehrzahl der über 100 Beiträge ließen sich der „Policy"-Forschung zurechnen. Sie wurden in Arbeitsgruppen diskutiert, die ebenfalls nach Politikfeldern gegliederten waren. Die Ergebnisse der Tagung wurden in einer ganzen Reihe von Publikationen festgehalten (*Hesse/Wollmann* 1983; *Hesse et al.* 1983, *Grottian/Nelles* 1983; *Lölhöffel/Schimanke* 1983; *Evers et al.* 1983 und *Huckel/Ueberhorst* 1983).

Nicht unmittelbar verknüpft mit der Lokalen Politikforschung, beschäftigten sich seit dem Ende der 70er Jahre andere Politikwissenschaftler zunehmend mit Bürgerinitiativen und neuen sozialen Bewegungen, deren Aktionsradius stark auf die lokale Ebene konzentriert war. Der Forschungsertrag dieser Ansätze für die Kommunalwissenschaften ist bis heute allerdings noch nicht systematisch aufgearbeitet worden. In Ansätzen entwickelte sich hier ein neuer, alternativer Politikberatungs-Kreis.

Auch in den siebziger Jahren läßt sich eine Analogie der Themen von Stadtsoziologie und lokaler Politikforschung feststellen. In der Stadtsoziologie ging es dabei um die Frage, wie vor allem die Großstadt den wachsenden Anforderungen der Planungspraxis gerecht werden könnte. In einem Überblick über die Forschungsprobleme und Forschungsergebnisse im Rahmen der Stadtsoziologie der 70er Jahre benennt *Korte* (1986:1f.) drei Entwicklungen, die für diesen Zeitraum typisch sind: Ausweitung und Fundierung des theoretischen Wissens; Zunahme des empirischen Wissens über die Vorgänge der Stadtentwicklung und ihrer Planung; Professionalisierung der universitär ausgebildeten Stadtsoziologen.

Annäherung von Kommunalpolitik- und Stadtsoziologie-Forschung

Bei der zunächst durch die Studentenbewegung „politisierten" Stadtsoziologie kommt es im weiteren Forschungsverlauf zu einer Konkurrenz zwischen einem neo-marxistischen und einem neo-ökologischen Ansatz (*Gans* 1984). Die von marxistischer Gesellschaftsanalyse ausgehende sog. *„New Urban Sociology"* fand besonders im westlichen Ausland eine starke Verbreitung, wurde aber in der Bundesrepublik kaum rezipiert. Eine erfolgreichere Verbreitung fand in der bundesrepublikanischen Stadtforschung der 70er Jahre der neo-ökologische Ansatz. Eine umfassende Bestandsaufnahme dieses Forschungsansatzes, der sich die Analyse der sozialen und räumlichen Organisation der Gesellschaft zum Ziel nimmt, leistet der Band von *Friedrichs* (1977). Für *Friedrichs* tritt die Analyse raumbezogenen Verhaltens an die Stelle einer Stadtsoziologie.

Anfang der 80er Jahre kam der Prozeß der Binnendifferenzierung der lokalen Politikforschung unter dem Einfluß externer wie interner Impulse zu einem gewissen Abschluß. Politisch markierte das Ende der sozial-liberalen Koalition

Abschluß der Binnendifferenzierungs-Phase

31

in Bonn sowie das sich schon seit Mitte der 70er Jahre abzeichnende Ende der Wachstumsphase der Nachkriegswirtschaft und der Expansion staatlichen Handelns den Wendepunkt. Die lokale Politikforschung erlebte die Auswirkungen der neuen Konsolidierungspolitiken im Bereich der öffentlichen Haushalte in Form einer stagnierenden bzw. stark rückläufigen Nachfrage nach wissenschaftlicher Politikberatung. Wissenschaftsintern nahm die Kritik an dem „insbesondere über Fallstudien beförderten Prozeß immer weitergehender analytischer Ausdifferenzierung" zu, der „sich selbst ad absurdum zu führen drohte" (*Hesse* 1989b: 124). Die eine Zeitlang aus dem Blick geratenen institutionalistischen und systemstrukturellen Fragestellungen drängten auf eine Neuorientierung des Forschungsprogramms, wobei die zwischenzeitlich eingetretenen Veränderungen im Bereich der föderalstaatlichen Problemverarbeitung in Deutschland als Ausgangspunkt dienten.

1.2.6 Entwicklung der politikwissenschaftlichen Kommunalpolitik-Forschung von Mitte der 80er bis Mitte der 90er Jahre

Es ist eine eher banale Tatsache, daß die retrospektiven Betrachtungen der Forschungsentwicklung ungesicherter werden, je näher man der Gegenwart kommt, weil inhaltliche Diskussionen noch „laufen" und ihre Ergebnisse nicht immer schon absehbar sind. Zudem ist es als zeitgenössischer Betrachter kaum möglich, zu entscheiden, ob und wann die noch andauernde Etappe abgeschlossen wird und sich eine neue Entwicklungsphase ankündigt.

Externe Anstöße   Mitte der 80er Jahre entwickelte sich in der lokalen Politikforschung ein neuer Diskussionsschwerpunkt, der zugleich eine heute noch andauernde, neue Forschungsphase begründete. Thematisch konzentrieren sich seitdem Forschungsaktivitäten der politikwissenschaftlichen Kommunalpolitik-Forschung wieder verstärkt auf die Aufgaben und Handlungsspielräume von Kommunen und der lokalen Ebene angesichts veränderter politischer, sozio-ökonomischer und ökologischer Rahmenbedingungen. Es geht auf kommunaler Ebene vor allem um eine Bewältigung des ökonomischen, demographischen und soziokulturellen Strukturwandels (Wirtschaftsförderung und Arbeitsmarktpolitik, soziale Versorgung, Kulturpolitik), um veränderte Werthaltungen und Orientierungen (Stadterneuerung, Umweltbewußtsein) sowie um Anpassungs- oder Innovationsprozesse im Bereich der Handlungsvoraussetzungen (Kommunalfinanzen, Reform der Kommunalverfassungen, kommunale Verwaltungsorganisation und Kommunalmanagement).

Ihren externen Impuls erhielt die lokale Politikforschung zum einen durch die wachsenden Belastungen und Herausforderungen der Kommunen als Folge der Beschäftigungskrise, in die die Bundesrepublik wie andere westliche Industriestaaten seit Mitte der 70er Jahre geraten ist. Wichtige Auswirkungen bildeten eine verringerte kommunale Investitionstätigkeit (Rückgang des sozialen Wohnungsbaus, Einschränkung der sozialen Infrastrukturangebote, Einfrieren der Stadterneuerung) und der Übergang von der „Planungseuphorie" der 70er Jahren zu einer anhaltenden „Planungsernüchterung" (*Klages* 1979: 344). Einen anderen wichtigen Impuls beinhaltete die Bedeutungssteigerung ökologischer

Fragen gerade auch auf kommunaler Ebene, die nicht zuletzt von neuen politischen Akteuren wie Bürgerinitiativen und grün-alternativen Parteigruppierungen auf die lokale politische Agenda gesetzt worden waren, deren Themen mehr oder weniger rasch aber auch von den anderen etablierten Akteuren besetzt worden sind.

Hesse (1989b: 124), der selbst mit einem Sammelband zum Thema „Erneuerung der Politik von unten" die Debatte angestoßen und ihr ein vielzitiertes Etikett gegeben hat, bezeichnet die Zeit seit Mitte der 80er Jahre (vor dem Meta-Ereignis der deutschen Vereinigung) als „Phase einer gewissen *Rückbesinnung* der Politik- und Verwaltungswissenschaften *auf die gesamtstaatliche Rolle und Funktion der Gemeinden* (Hervorhebung durch den Autor)".

Phase der Rückbesinnung und Neuorientierung

Wie schon in den anderen Phasen der Entwicklungslinien politikwissenschaftlicher Kommunalpolitik-Forschung spiegelte sich der neuerliche Themen- und Ansatzwechsel auch diesmal innerhalb des Arbeitskreises Lokale Politikforschung wieder bzw. gingen von hier Impulse für die neue, breit angelegte gesellschaftspolitische und wissenschaftliche Debatte über die „Krise des Interventions- und Sozialstaats" und den Folgen und Folgerungen für die lokale Ebene und Kommunalpolitik aus (*Wollmann* 1991b: 25).

Die wissenschaftliche Debatte, an der sich der Arbeitskreis Lokale Politikforschung wiederum mit mehreren Tagungen seit 1984 und mit mehreren Veröffentlichungen (*Blanke et al.* 1986; *Maier/Wollmann* 1986; *Heinelt/Wollmann* 1991; *Blanke/Benzler* 1991; *Roth/Wollmann* 1994) beteiligte, wird von mehreren Diskussionssträngen geprägt, die sich hinsichtlich ihrer Prämissen, Stoßrichtung und Reichweite unterscheiden.

Untersuchungs-Schwerpunkte:

Die ersten Anstöße für eine politikwissenschaftliche Beschäftigung mit der Krise des Sozialstaates entwickelten sich in der Nachbardisziplin der Soziologie. In der Soziologie fand diese Debatte vornehmlich innerhalb der Sektion „Sozialpolitik" der Deutschen Gesellschaft für Soziologie statt. Diskutiert wurde die Veränderung und Neubestimmung kommunaler Sozialpolitik vor dem Hintergrund des prognostizierten „Endes der Arbeitsgesellschaft" und der Folgen für „postindustrielle" bzw. „postmoderne" Lebens- und Beschäftigungsformen (*Krüger/Pankoke* 1985). Die Vertreter dieser Debatte zeigten eine deutliche Affinität für jene gesellschaftlichen Gruppen und Initiativen, die entweder zu den Opfern der „Krise der Arbeitsgesellschaft" – so das Thema des Bamberger Soziologentages 1982 – gehörten, oder die sich als Protagonisten einer alternativen Lebens- und Arbeitsform verstanden (*Evers et al.* 1983). Diese soziologische Debatte fand bei Teilen der Vertreter des AKLoPoFo, die einem links-alternativen Spektrum zugerechnet werden können, nachhaltige Resonanz, und resultierte in einer Diskussion, die in einem Leviathan-Sonderband zum Thema „Die Zweite Stadt" (*Blanke et al.* 1986) festgehalten worden ist.

– Kommunale Effekte der Krise der Arbeitsgesellschaft

Ein zweiter Diskussionsstrang, der innerhalb der Politikwissenschaft seinen Ursprung fand, postuliert eine zunehmende Handlungsschwäche staatlicher Politik gegenüber sich verschärfenden sozio-ökonomischen und ökologischen Problemen, wobei als Ursachen entweder objektive, strukturelle Grenzen des fortgeschrittenen Sozial- und Interventionsstaates oder aber ein subjektives Politikversagen der politischen Leitungsebene(n) angenommen wird. Beide Erklärungsvarianten münden in die Frage, ob die Städte und Gemeinden Adressen bzw. Träger für eine „Erneuerung staatlicher Politik von unten" sein können

– Erneuerung der Politik von unten?

(*Hesse* 1986; *Wollmann* 1986). Politisch betrachtet waren es gerade Vertreter und Anhänger von Sozialdemokratie und Grünen, die als Oppositionsparteien im Bund hofften, den Kommunen und der lokalen Ebene „ein Stück ‚Gegenmacht' gegen das neo-konservative Modernisierungskonzept" (*Bullmann* 1986: 17) zuschreiben zu können (*Wollmann* 1991b: 26). Die weiterhin ungebrochene Attraktivität neuer sozialer Bewegungen für Teile der Politikwissenschaft schlug sich in zahlreichen, zumeist projektorientierten Forschungsaktivitäten nieder, die seit Ende der 80er Jahre im „Forschungsjournal Neue Soziale Bewegung" ein eigenständiges Diskussionsforum erhielten, das sich unter anderem mit den Themen „Großstadt und Soziale Bewegungen" (Heft 4/1990) und Fragen des ländlichen Raums (Power in der Provinz; Heft 4/1991) beschäftigte. Dabei wurde festgestellt, daß das Thema der städtischen Bewegungen eher quer zu den Themen und Arenen des Diskurses im Umfeld der Neuen Sozialen Bewegungen-Forschung angesiedelt ist, insofern städtische Bewegungen sich weder durch neue „issues" noch durch neue Akteure als vielmehr durch den spezifischen Ort der Mobilisierung definieren. Zudem ließ sich eine zunehmende Integration der Aktivitäten von städtischen Bewegungen in den eher „offiziellen" Bereich der Kommunalpolitik (z.B. über Gleichstellungsstellen) beobachten (*Mayer* 1990: 12). Deutliche Verbindungslinien lassen sich in diesem Forschungsfeld gerade auch zu den Fragestellungen der Stadtsoziologie ziehen (New Urban Sociology; neue Urbanität; ökologische Stadterneuerung; *Klein* 1990: 5).

Kommunale Handlungsstrategien und Handlungsspielräume

Die anwendungsorientierte „Policy"-Orientierung der lokalen Politikforschung spielte auch in dieser Phase eine wichtige, den neuen Diskussionsschwerpunkten angepaßte Rolle. Zentrales Thema war hier – vor der Vereinigung – die Frage nach der Erweiterung des sozialpolitischen Handlungsspielraumes der Kommunen. Gefragt wurde nach Handlungsstrategien der Kommunen innerhalb des bestehenden Handlungsrahmens (vorwiegend durch kommunalpolitische Umverteilungsentscheidungen und durch einen effektiveren Einsatz der verfügbaren Handlungsmittel). Dieser Diskussionsschwerpunkt führte zur Veröffentlichung eines Sammelbandes zur „Kommunalen Beschäftigungspolitik" (*Maier/ Wollmann* 1986).

Die mehrjährige Debatte, die zu einer intensiven, auch empirischen Überprüfung der vorgenannten Fragestellungen und Hypothesen führte, erbrachte nach Ansicht von *Wollmann* (1991: 27) im Ergebnis „einen insgesamt eher ernüchternden Befund". Gemeinsamer Tenor aller vorliegenden empirischen Untersuchungen (*Blanke et al.* 1987; *Jaedicke et al.* 1990; *Wollmann* 1990) ist, daß „der Handlungsspielraum der Kommunen nach wie vor entscheidend von externen ökonomischen Entwicklungen und institutionellen (rechtlichen, finanziellen usw.) Rahmenbedingungen gezogen und eingeschränkt" (*Wollmann* 1991b: 27) wird, der sich weitgehend kommunalen Einflußstrategien entzieht.

Diskussion der kommunalen Selbstverwaltung

Ende der 80er Jahre hat auch die weiter oben dargestellte normative Sichtweise der älteren Staats- oder Verwaltungslehre einer nüchternen Sichtweise Platz gemacht. Allerdings macht diese Position aus ihrer Ablehnung des staatlichen und gesellschaftspolitischen Modernisierungsprozesses keinen Hehl und hält noch immer an einer besonderen Qualität der kommunalen Selbstverwaltung fest (z. B. *Unruh* 1989, der sich hier unmittelbar auf *Köttgen* 1931 beruft). In konservativer Sicht erscheinen die Städte in Deutschland seit der Reichsfinanzreform von 1919 zu einem endlosen Kampf um die Wiedergewinnung ihrer

34

„Autonomie" verdammt (*Häussermann* 1991a: 38). Diese Position übersieht nach Ansicht von *Häussermann* (1991a: 39) dabei, daß der Übergang von der autoritären Monarchie zum demokratischen Sozialstaat eine grundlegende Veränderung von Stellung und Funktion der Gemeinden nach sich zog, wobei gerade sozialstaatliche Zielsetzungen eher in einem potentiellen Spannungsverhältnis zu einer weitreichenden kommunalen Autonomie in der Steuererhebung und in der Mittelverwendung stehen.

Keine der politikwissenschaftlichen Positionen nimmt heute für sich in Anspruch, einem rigorosen Zentralismus das Wort zu reden, um etwa die verbliebenen Momente kommunaler Autonomie oder lokaler Autonomieansprüche grundsätzlich in Frage zu stellen. Es finden sich andererseits aber auch kaum Theorieansätze, die in der (kommunalen) Selbstverwaltung ein gesellschaftsweit anwendbares gesellschaftliches und staatliches Aufbauprinzip sehen, wie dies bis in die 70er Jahre hinein noch von gerade von Teilen der Studentenbewegung dem jugoslawischen Sozialismus-Modell zugeschrieben wurde. Überblickt man den aktuellen normativen Diskurs, so sind die „Verteidiger der kommunalen Selbstverwaltung" längst nicht auf das politisch konservative Lager beschränkt. Im Gegenteil: Es überwiegt der Standpunkt in der kommunalpolitischen Forschung – und hier kann man von einem gemeinsamen Nenner aller „Richtungen" sprechen –, die Institution der kommunalen Selbstverwaltung zunächst einmal zu retten bzw. zu verteidigen, auch wenn die Motive dieser Rettungsaktion und die Einschätzung der verbliebenen kommunalen Handlungsspielräume sehr unterschiedlich ausfallen.

Gesteigerter Problemdruck verbunden mit geringer werdenden finanziellen Handlungsspielräumen sowie die Bewältigung der doppelten Herausforderung aus deutscher Vereinigung und sich anbahnender europäischer Integration lassen die Akteure auch auf kommunaler Ebene deutlicher als in „ruhigeren" Wachstumsphasen erkennen, daß Politik Handeln unter den Bedingungen von Unsicherheit ist. Dreierlei wird in letzter Zeit sichtbar: Tradierte Routinen der kommunalen Willensbildung, Leistungserbringung und Problemverarbeitung verlieren ihre Legitimations- und Leistungskraft. Zudem steigen seitens einer selbstbewußter gewordenen Bürgerschaft, seitens der Wirtschaft und anderer Interessengruppen teilweise konfligierende Anforderungen und Ansprüche an die Kommunalpolitik. Eng verbunden mit der allgemeinen Unsicherheit über künftige Entwicklungswege hat gerade auf kommunaler Ebene eine intensive Suche nach einem neuen Selbstverständnis lokaler Politik und Verwaltung begonnen (*Hesse* 1989b: 124). Städte und Gemeinden befinden sich dabei in einer Doppelrolle: Sie fungieren gleichzeitig als Adressat wie als Träger von „Erneuerungs"-Prozessen.

1.2.7 Ausblick

Vergleicht man die Situation der kommunalwissenschaftlichen Forschung zu Beginn der 90er Jahre mit der Ausgangssituation in den 60er Jahren, ist der eingetretene Wandel unverkennbar und vermutlich auch unumkehrbar. Gut zwanzig Jahre nach Erscheinen der „Kommunalwissenschaftlichen Forschung" (1966) spricht *J.J. Hesse* (1989a: 11f.) in seiner Einführung über Kommunalwissenschaften in der BRD nicht nur „von einer 1966 noch für unmöglich gehaltenen Ausweitung des kommunalwissenschaftlichen Schrifttums, sondern auch von einer verstärkten disziplinären Verankerung und zugleich beträchtlichen Anwendungsbezogenheit der Kommunalwissenschaften". Als Indiz gelten ihm dabei die Selbstverständlichkeit, mit der heute Vorlesungen und Seminare zum Kommunalverfassungsrecht, zum kommunalen Finanzwesen und zur Kommunalpolitik zum ständigen Angebot von Universitäten und Fachhochschulen zählen. Auch in der Forschungsförderung hat die kommunalpolitische Forschung festen Fuß gefaßt. Sie ist Gegenstand spezifischer Förderungsprogramme der Deutschen Forschungsgemeinschaft, der Stiftung Volkswagenwerk und der Robert-Bosch-Stiftung. Schließlich läßt sich in dieser Aufzählung auch die große Zahl inner- wie außeruniversitärer Forschungseinrichtungen anführen, die sich inzwischen regelmäßig mit der Beratung kommunaler Institutionen beschäftigen.

In der letzten Dekade hat in der politischen und wissenschaftlichen Diskussion die lokale Politikebene bzw. Kommunalpolitik – trotz der gewaltigen Veränderungen in West- und Osteuropa – weiterhin eine prominente Rolle gespielt. Trotz aller Hinweise auf die eingeschränkten und eher künftig noch knapper werdenden finanziellen Ressourcen der Kommunen und ihre im föderativen Bundesstaat begrenzten (rechtlichen) Kompetenzen sowie trotz wachsender Konkurrenztendenzen zwischen und in den Städten, richtete die Forschungspraxis und die wissenschaftliche Diskussion ihre Hoffnung nach wie vor primär auf die lokale und regionale Ebene, wenn es um Potentiale für „neue" und „innovative" Politik geht. Ob dies eher Ausdruck von Resignation gegenüber den Gestaltungs- und Beeinflussungspotentialen nationaler und europäischer Politik ist oder eher einem bürgernahen Demokratieverständnis entspricht, sei an dieser Stelle dahingestellt.

Darüber hinaus bleibt aber festzuhalten, daß die Kommunalpolitik in der Bundesrepublik in den 90er Jahren stärker in Bewegung geraten ist, als dies viele Beobachter zuvor für möglich gehalten haben. Es ist naheliegend, daß die Entwicklung der Städte und Kommunen in den neuen Bundesländern und die Rückwirkungen der deutschen Einheit auf die westdeutschen Kommunen zu einer Forschungsaufgabe ersten Ranges geworden ist, verbunden mit einem deutlich gestiegenen praxisorientierten Beratungsbedarf. Erste Versuche einer vorläufigen Bestandsaufnahme der kommunalen Entwicklungen in Ostdeutschland sind Gegenstand vieler Tagungen und Forschungsprojekte (vgl. auch die Literaturhinweise im entsprechenden Kapitel in diesem Band sowie die Beiträge in dem Band von *Roth/Wollmann* 1994, die sich in der Mehrzahl darum bemühen, aus westdeutscher Optik für das jeweilige Politik- oder Handlungsfeld die Entwicklung in den fünf neuen Bundesländern anzureißen).

Was kommunale Reformstrategien anbetrifft, so dominieren noch immer Entwicklungen und Akteure in Westdeutschland das Feld. Derzeit scheinen es dabei weniger die oppositionell-alternativen Kräfte zu sein, die diese Entwicklung anstoßen und weitertragen, als vielmehr die „Chefetagen" der Kommunen selbst, das heißt die Gruppe der kommunalen Spitzenmanager und der kommunalen Beratungsinstitutionen, die unter dem Eindruck der gravierenden Finanzkrise der Städte die Art und Weise sowie den Umfang kommunaler Aufgabenwahrnehmung, die Organisation und Arbeitsweise der Kommunalverwaltung sowie des kommunalen Managements als noch weitgehend brachliegendes Feld

36

für Innovationsstrategien entdeckten, für die zudem eine starke betriebswirtschaftliche Orientierung kennzeichnend ist. Gerade auf diese markt- und betriebswirtschaftlichen Herausforderungen scheint die politikwissenschaftliche Kommunalpolitik-Forschung eine adäquate Antwort bis Mitte der 90er Jahre noch nicht gefunden zu haben. Vielmehr drängt sich zur Zeit jedenfalls noch der Eindruck auf, daß in dem hier zum Tragen kommenden Spannungsverhältnis zwischen dem Demokratie- und Effizienzbezug von Kommunalpolitik die Politikwissenschaft noch (oder vielleicht auch: wieder einmal) recht einseitig auf den Pol der normativen, demokratietheoretischen Verteidiger festgelegt zu werden scheint.

1.3 Begriffe und Ansätze politikwissenschaftlicher Kommunalpolitik-Forschung

1.3.1 Politikwissenschaftliche Begriffe in der Kommunalpolitik-Forschung

Wenn Politikwissenschaftler einzelne Politikebenen im politischen System der Bundesrepublik Deutschland unterscheiden, sprechen sie zumeist von Bund, Länder und Gemeinden. Allerdings ist es nicht einfach – über den staats- und verwaltungsrechtlichen Rahmen hinaus – die Beziehungen zwischen zentralen, regionalen und lokalen Gebietskörperschaften für die wissenschaftliche Analyse als eine *politische* Einheit zu definieren (*Blanke/Benzler* 1991: 9). In der Politikwissenschaft werden in diesem Kontext vor allem die Begriffe *Stadtpolitik* und *Lokale Politik* gebraucht, um zu zeigen, daß man über den traditionellen Rahmen der Analyse von *Kommunalpolitik* hinaus strebt, auch wenn dadurch der Forschungsgegenstand abstrakter und konturenärmer wird. Die Begriffe werden zwar jeweils aus einem spezifischen analytischen und konzeptionellen Kontext heraus entwickelt, einmal etabliert, verlieren sie im wissenschaftlichen und journalistischen Sprachgebrauch aber an theoretischer Ladung, so daß sie außerhalb des engeren Zirkels der Stadt-, Lokal- bzw. Kommunalpolitik-Forscher teils synonym, teils durcheinander verwandt werden. Die Folgen dieser Sprachverwirrung sind bei jeder einschlägigen Literaturrecherche spürbar: Für die Erfassung der Literatur, die sich mit Kommunen und Gemeinden beschäftigt, sind etwa bei einer CD-ROM-Suche in der Datenbank SOLIS die Begriffe „Kommunal", „Gemeinde", „Lokal", „Stadt" samt den jeweils dazugehörigen Komposita einzugeben, um auch nur ein annähernd vollständiges Bild zu bekommen, das sich im übrigen durch mehr als 8.000 Eintragungen als nur schwer durch- und überschaubar darstellt.

1.3.2 Klassifizierung politikwissenschaftlicher Ansätze der lokalen Politikforschung

Für eine Klassifizierung der politikwissenschaftlichen Forschung, die sich mit der Analyse von Kommunen und der lokalen Ebene befaßt, können verschiedene Ansätze unterschieden – und mit jeweils einem dazugehörigen „Label"-Namen versehen – werden, die mit unterschiedlichem Ertrag und Einfluß die zuvor beschriebenen Phasen der Forschung seit Mitte der 60er Jahre geprägt haben. Im einzelnen können in Anlehnung an *Blanke/Benzler* (1991: 11) unterschieden werden:

– staatsrechtliche und demokratietheoretische Ansätze (Stichwort „Kommunalpolitik": *Nassmacher/Nassmacher* 1979; *Wehling* 1975, 1989);
– institutionenpolitisch ausgerichtete verwaltungswissenschaftliche Ansätze (Stichwort „Stadtpolitik": *Hesse* 1982, 1986; *Fürst et al.* 1984);
– „policy"-analytische Ansätze (Stichwort „Lokale Politik": *Blanke et al.* 1987; *Wollmann* 1991);
– finanzwissenschaftliche Ansätze („Kommunalfinanzen", *Mäding* 1991; *Rehm* 1991);
– sozialökonomische und -ökologische Ansätze (Stichwort „Regionalökonomie" und „Stadtentwicklungspolitik": *Fürst* 1977; *Friedrichs* 1985);
– soziologisch-zivilisationstheoretische Ansätze (Stichwort „Stadtsoziologie": *Zoll* 1972; *Korte* 1986; *Häussermann/Siebel* 1987; *Friedrichs* 1988) sowie (bei *Blanke/Benzler* noch nicht thematisiert)
– betriebswirtschaftlich bzw. organisationstheoretische Ansätze (Stichwort: „Neue Steuerungsmodelle"; „lean management": *Reichard* 1987; KGSt 1992; *Naschold* 1993; *Reichard* 1994a).

Die politikwissenschaftliche Forschung ist hierbei überwiegend den ersten drei Zugangsweisen zuzuordnen, die eine ausgesprochen sozialwissenschaftliche Herangehensweise bedeuten. Allerdings ist das Bild bei näherem Hinsehen noch komplexer, da autoren- und „schulen"-spezifische Variationen und Mischungen zwischen den oben skizzierten Ansätzen häufig anzutreffen sind. Schließlich gilt, daß mit zunehmender Nähe der politikwissenschaftlichen Forschung zu Fragen kommunalpolitischer Entscheidungs*inhalte* und dem lokalen „policy-output" (*Sharpe/Newton* 1984), zu den gesellschaftlichen und ökonomisch-strukturellen Voraussetzungen, Anstößen und Folgen von Politik (*Hartwich* 1983; *Böhret* 1990) oder zu den im Rahmen der neuen Steuerungsdiskussion diskutierten Fragen sich die Politikwissenschaft zwangsläufig auch den anderen Zugangsweisen öffnen muß.

Gleichzeitig gibt es auch eine enge Nähe der kommunalwissenschaftlichen Beiträge der Politik- und Verwaltungswissenschaften, die weder von den Personen, noch von den Themen, Ansätzen oder Methoden klar voneinander zu trennen sind. Dies beruht nach Ansicht von Joachim Jens *Hesse*, der – ähnlich wie Thomas *Ellwein* oder Carl *Böhret* – diese Symbiose in seiner Person und seinen Arbeiten exemplarisch verkörpert, auf zum Teil „durchaus funktionalen, zum Teil sogar symbiotischen Beziehungen zwischen den Disziplinen" (*Hesse* 1989b: 117), die nicht ohne Einfluß auf die Forschung geblieben sind.

1.3.3 Einzelne Forschungsansätze der politikwissenschaftlichen Kommunalpolitik-Forschung

„Kommunalpolitik" in eher institutionalistischer Perspektive hat als konzeptioneller Ansatz der Politikwissenschaft zum einen vor allem im Bereich der politischen Bildung nach wie vor eine starke Stellung behalten. Kennzeichnend ist – in den vor allem als Einführungen und Überblicksdarstellungen angelegten Bänden (*Nassmacher/Nassmacher* 1979; *Wehling* 1989; *Wehling* 1994) – ein eher empirisch-deskriptives Herangehen, das mit demokratietheoretisch fundierten Aussagen über die Rolle der kommunalen Selbstverwaltung und die Rolle des Bürgers in der Kommunalpolitik verbunden wird. Zentraler Ausgangspunkt dieses Ansatzes ist die Idee der kommunalen Selbstverwaltung, wie sie für Deutschland in Art. 28 Abs. 2 GG kodifiziert worden ist: Die Kommunen als „Träger einer räumlich begrenzten politischen Verwaltung ... sind örtliche Ausprägungen der politischen Gesellschaft, dezentrale Träger politischer Aufgaben und Schauplätze lokalpolitischen Handelns" (*Nassmacher* 1983).

Zum anderen hat der institutionalistische Ansatz in den letzten Jahren gerade in der vergleichenden Politikforschung Anwendung gefunden und dort zu fruchtbaren Erkenntnissen geführt (*Katzenstein* 1987; *Streeck* 1989). Bei einem Vergleich bundesdeutscher Stadtpolitik mit anderen Ländern konnte gerade die Politikverflechtungs- und Förderalismusforschung zeigen, daß die spezifische Verschränkung von politischen, sozialen und ökonomischen Prozessen in Deutschland ein besonderes institutionelles Geflecht hervorgebracht hat, das die politischen Prozesse auf lokaler Ebene nachhaltig prägt (*Häussermann* 1991a). Die kommunale Selbstverwaltung in Deutschland ist Bestandteil dieser Struktur. Nach Ansicht von *Häussermann* (1991a: 48) sind daher weder ihre Entstehung noch ihre Funktionsweise noch ihre Entwicklung im Kontext von globalen Theorien hinreichend erklärbar.

Die im anglo-amerikanischen Bereich stark vertretene „community-power"-Forschung gehört zu den klassischen Ansätzen politikwissenschaftlicher Kommunalpolitik-Forschung. Sie untersucht kommunale Machtstrukturen und Elitebildungsmechanismen und ist stark empirisch orientiert, wobei insbesondere Netzwerkanalysen vorherrschen (z.B. die Netzwerk-Studie über die Eliten in Altneustadt von *Laumann/Pappi 1976;* einen hervorragenden Überblick über den Stand der community-power-Forschung bietet *Knoke* 1990: 115ff.). Ihr Anwendungsradius beschränkt sich in der Regel auf das innergemeindliche Machtsystem (*Schmals/Siewert* 1982; *Gau* 1983). Dabei werden als zentrale Akteure zumeist im lokalen Raum tätige Organisationen und nicht Individuen identifiziert. Wichtigstes Kennzeichen derartiger „community-power"-Strukturen sind multiple Netzwerke, in denen interorganisatorischer Informations- und Ressourcenaustausch eine zentrale Rolle einnimmt. Von ihrer Form her handelt es sich zumeist um eher dezentralisierte als hierarchisch gesteuerte Verhandlungssysteme mit vielfältigen Formen der strategischen Koalitionsbildung, wobei als allgemeines Ziel der beteiligten kollektiven Akteure die Reduktion ihrer Ressourcenabhängigkeit und damit die Vermeidung von Abhängigkeit durch andere Akteure gilt (*Knoke* 1990: 138f.). In Deutschland hat die „Gemeindemacht"-Forschung zwar einen festen Platz in der Stadt- und Gemeindesoziologie erhalten, innerhalb der politikwissenschaftlichen Kommunalpolitik-Forschung nahm sie aber bislang eine eher randständige Position ein. Ob sich im Rahmen der derzeitigen Konjunktur von Netzwerkanalysen in der Politikwissenschaft auch eine Revitalisierung dieses in den USA z.B. relativ dominanten Ansatzes ergibt, kann zum jetzigen Zeitpunkt nicht entschieden werden, zumal Netzwerkanalysen ein aufwendiges Forschungsdesign und die Verfügbarkeit entsprechender Forschungsmittel voraussetzten.

Lokale Politikforschung

Die Lokale Politikforschung akzentuiert ein Forschungsprogramm, das sich sowohl von der eher institutionalistisch geprägten Kommunalpolitik-Forschung wie gegenüber der amerikanischen „community-power"-Forschung emanzipieren will, da es deren analytischen Rahmen als zu eng und ihren „politischen bias" als zu sehr am machtpolitischen Status quo-orientiert begreift. Lokale Politikforschung sollte den Blick nicht nur auf kommunale Politik richten und die lokale nicht auf die kommunale Ebene reduzieren. Programmatisch wurde Mitte der 70er Jahre mit dem Konzept der Lokalen Politikforschung ein Ausbruch „aus dem Ghetto des kommunalpolitischen Systems" anvisiert (*Grauhan* 1975: 12).

Die Lokale Politikforschung fragte aus politisch-ökonomischem und demokratietheoretischem Interesse nach den gesamtgesellschaftlich vermittelten Einflüssen von Wirtschaft und Zentralstaat auf lokale Entscheidungen, nach den derart konstituierten Handlungsspielräumen der Kommunen und als gesellschaftspolitisches Programm schließlich nach dem Maß der Veränderbarkeit der Rahmenbedingungen lokaler Politik (vgl. *Grauhan* 1975; *Grauhan/Lindner* 1974). Lokale Politikforschung thematisiert tendenziell sämtliche Strukturen, Prozesse und Politikinhalte, die auf der „lokalen Ebene" anzutreffen sind.

Für das theoretische Selbstverständnis der Lokalen Politikforschung, in dem von Anfang an unterschiedliche Analyseinteressen und Theoriekonzepte vertreten waren, erlangte zunächst das sog. Agglomerations-Konzept einen bestimmenden Einfluß. Es fokussierte den Forschungsgegenstand lokaler Politikforschung auf das Gebiet der städtischen „Agglomerationen", die als Erscheinungsort umfassender Produktions-, Austausch- und Konsumptionsbeziehungen definiert wurden und analysierte die gesamtgesellschaftlichen und wirtschaftlichen Bestimmungsfaktoren und -prozesse der Agglomerationsentwicklung (so einer der Hauptprotagonisten dieses Konzeptes *Evers* 1975).

Wollmann (1991b: 9f.) merkte allerdings kritisch an, daß die lokale Politikforschung

> „gerade bei der Bestimmung *allgemeiner* Merkmale *ortsgebundener Politik* oder besser: von *Politik in einem physisch-ortsgebundenen und sozialraumbezogenen Interaktionssystem* weitgehend dem staatsrechtlichen Gemeindebegriff gefolgt ist. Dadurch wird dann geradezu zwangsläufig die *Gesamtheit des politischen Systems auf lokaler Ebene* ausgeblendet. Dies hat zur Folge, daß nicht nur örtliche Agenturen von Institutionen wie der Bundesanstalt für Arbeit nicht ins Blickfeld treten, sondern auch politische Prozesse und politische Akteure, die über den Bereich der Kommunalpolitik und den Kreis der in ihr unmittelbar Agierenden hinausgehen."

Demgegenüber plädiert *Wollmann* (1991b: 10) für eine erweiterte Sichtweise der Lokalen Politikforschung, die einen Blick auf die politische Optionen eröffnet, die sich aus „Handlungspotentialen des Gesamtspektrums lokaler Politik" ergeben können. Die Reichweite dieser lokalen Handlungspotentiale beurteilt er insofern grundsätzlich positiv, weil sie sich letztendlich aus der Addition der

Handlungspielräume aller relevanten Akteure herleiten. Verwiesen wird auf einschlägige Untersuchungen zu örtlichen arbeitsmarkt- und sozialpolitischen Aktivitäten (*Heinelt* 1991), die aufgezeigt haben, wie sich ökonomische Rahmenbedingungen örtlich variabel gestalten und zumindest im Detail unterscheiden. Gleiches gilt für institutionelle Regelungen und finanzielle Potentiale. In diesen Aussagen wird eine Annäherung der lokalen Politikforschung an regulationstheoretische und „local state"-Ansätze erkennbar. Schließlich sind auch die Kooperations- und Verhandlungsstrategien lokal relevanter Akteure, die gleichermaßen kommunale Handlungspotentiale und Optionen eröffnen, örtlich variabel (*Benzler/Heinelt* 1991). Hier treffen sich im übrigen die Ansätze der lokalen Politikforschung mit den jüngeren Aussagen der Netzwerk-orientierten „community-power"-Forschung (*Knoke* 1990).

Im Gegensatz zum Konzept der „Stadtpolitik", die über einen relativ genauen analytischen Rahmen verfügt, sieht sich die „Lokale Politikforschung" mit ihrem Forschungsprogramm, das starken konzeptionellen, analytischen und methodischen Wandlungen unterlegen ist und sich sowohl inhaltlich und methodisch verbreitert als auch weiter ausdifferenziert hat, ähnlichen Einwänden ausgesetzt, wie sie gegen die „Policy"-Forschung geäußert wurden. Diese Einwände stellten im Kern auf einen Verlust disziplinärer Identität sowie forschungmäßiger Zersplitterung ab (*Hartwich* 1985). Zu den Problemen des weitgefaßten Begriffs und Anspruchs der Lokalen Politikforschung gehört es auch, daß sie sich damit zwangsläufig auf einem Feld bewegt, das schon vor der Entdeckung durch die Politikwissenschaft von Soziologen, Regionalökonomen, Geographen, Juristen, Architekten als Teilhaber der „Kommunalwissenschaften" besetzt worden war.

Schaut man sich das Ergebnis der fast zwanzigjährigen Bemühungen der Lokalen Politikforschung nach einer Verankerung im „Kernbereich" ihrer eigenen Mutterdisziplin, der Politikwissenschaft, an, so kommt man nach Ansicht von *Blanke/Benzler* (1991: 10, FN 2) eher zu einem ernüchternden Ergebnis:

> „In neueren Überblicksbänden über politikwissenschaftliche Kernbereiche und -themen (*Bandemer/Wewer* 1989; *Beyme/Schmidt* 1990; *Blanke/Wollmann* 1991) kommt sie nur rudimentär oder gar nicht vor oder erscheint im Kontext der Darstellung sektoraler Politikbereiche als eine der Politikebenen, auf denen diese Felder programmiert und implementiert werden (*Beyme* 1986). Auch unter ,Staatstätigkeit' (*Schmidt* 1988) wird die lokale Ebene nicht systematisch erwähnt. Das Lehrbuch von *Ellwein/Hesse* (1987) macht hier eine Ausnahme."

Anders schaut die Situation allerdings aus, wenn man über die Landesgrenzen hinausblickt. In Europa wird gerne auf das Beispiel Großbritannien verwiesen (*Blanke/Benzler* 1991: 10). Dort finden sich nahezu an jeder Universität ein „Local Government Institute" oder eine „Urban Politics Group", wobei die lokale Politikforschung auch in Großbritannien ein von mehreren Disziplinen umkämpftes Gebiet bildet, was Themen, Konzepte und Forschungsgelder anbetrifft.

Ein eher verwaltungswissenschaftlich orientiertes Forschungsprogramm, das durchaus in der Nähe der Lokalen Politikforschung angesiedelt ist, aber stärker an den rechtlich und institutionell vorgegebenen Rahmenbedingungen ansetzt, verfolgt die kommunale Implementations- und Wirkungsforschung (*Wollmann* 1980). Ihr Schwerpunkt ist die prozessuale Dimension von Politik, die im sog. policy cycle (*Jann* 1981; *Brewer/de Leon* 1983) einen oft benutzten analytischen (die neuere Forschung würde dem entgegenhalten: allenfalls heuristischen; vgl.

Implementations- und Wirkungsforschung

41

Heritiér 1993) Leitfaden erhält, mit dem verschiedene Phasen identifiziert werden können, die für den Problemverarbeitungsprozeß des politisch-administrativen Systems von Bedeutung sind (*Schubert* 1991: 69ff.). Ansatzpunkt dieser Forschung sind die Umsetzungsschwierigkeiten staatlicher Politik durch die Verwaltungen auf allen Ebenen des politischen Systems. Dabei werden kommunale Entscheidungs- und Vollzugsprozesse vorwiegend im Spannungsfeld zwischen staatlichen Handlungsanforderungen und Verhaltenserwartungen von Adressatengruppen kommunaler Politik untersucht. Der gesellschaftspolitische Impetus der Implementations- und Wirkungsforschung ist vorab nicht festgelegt. Die Spannweite ersteckt sich von der herrschaftsstabilisierenden Bürokratiewissenschaft über eine kritische, aber systemloyale Verwaltungswissenschaft bis zur systemüberwindenden Reformwissenschaft (*See* 1985: 596).

Stadtpolitik   Das Konzept der Stadtpolitik fand in der Politik- und Verwaltungswissenschaft der BRD seit den frühen 80er Eingang in die Debatte (paradigmatisch: *Hesse* 1982). Es grenzte sich von der politik-ökonomischen, systemtranszendierenden Reichweite des frühen „Lokalen Politik"-Ansatzes ebenso ab wie vom herkömmlichen, normativen Ausgangsmodell der Kommunalpolitik, das sich als „mit der sozioökonomischen und politischen Entwicklung in der Bundesrepublik ... kaum mehr vereinbar" erweise (*Hesse* 1982: 432). Forschungsarbeiten, die sich dem „Stadtpolitik"-Ansatz verpflichtet fühlten, rückten die gebietskörperschaftlich-territoriale Komponente des politischen Systems in den Mittelpunkt des analytischen Interesses. Dabei wurden die Städte und Gemeinden unter einem doppelten Blickwinkel analysiert. Einerseits ging es um die Erfüllung kommunaler Funktion in verschiedenen sektoralen Politikbereichen, andererseits um die Einpassung der Städte und Gemeinden in das System der föderalstaatlichen Politikverflechtung.

Die Begriffe „Stadtpolitik" und „Stadtforschung" werden in den Politik- und Verwaltungswissenschaften – begrifflich eher verwirrend – zumeist auch dann benutzt, wenn es nicht nur um Probleme der städtischen, sondern auch der ländlichen Räume geht. Hiermit sind analytische Verzerrungen und Einseitigkeiten unvermeidbar (*Hesse* 1989b: 118, FN 2), die angesichts des deutlichen Übergewichts der Großstadt-Forschung primär zu Lasten des ländlichen Raums und der sogenannten „Dorfpolitik" gehen, die innerhalb der politikwissenschaftlichen Kommunalpolitik-Forschung bis in die jüngste Zeit hinein eine deutlich geringere Aufmerksamkeit gefunden haben (eine Ausnahme bildet der Band von *Schneider* 1991). Im Gegensatz hierzu hebt *Knemeyer* (1989: 86) hervor, daß die verschiedenen kommunalen Ebenen von der rechtswissenschaftlichen Forschung eher gleichrangig behandelt worden sind. Untersuchungen bezogen sich auf die Stellung der Landkreise, auf das Verhältnis zwischen Gemeinden und Landkreisen sowie auf die Bedeutung der höherstufigen Gemeindeverbände als dritter kommunalen Ebene (Bezirke, Umlandverbände, Landschaftsverbände).

Local governance-Forschung   Im Gegensatz zur deutschen Politikwissenschaft konzentrierten britische Fachvertreter den Gegenstandbereich der Lokalen Politikforschung auf „The Politics of Local Government" (*Stoker* 1988). Bezogen auf die lokale Ebene stehen hierbei Fragestellungen und Konzepte im Mittelpunkt, die für die Bundes- und Landesebene in Deutschland mit Regierungslehre oder Regierungsforschung (*Hartwich/Wewer* 1990ff.) umschrieben werden, wobei in Deutschland in diesem Diskurs die lokale Ebene weitgehend ausgeklammert bleibt. Eine politikwissenschaftliche Analyse des lokalen Regierens kann daher auf keinen eigenen Erfahrungsbestand und auf gesicherte Forschungstraditionen aufbauen. Programmatisch setzt die „local governance"-Forschung voraus, daß die politikwissenschaftliche Kommunalpolitik-Forschung ihren Gegenstand in drei Richtungen erweitert *(Blanke/Benzler* 1991: 12):

–   als Einbindung der lokalen Politik in die föderalstaatliche Politikverflechtung (sowohl im Sinne der „intergovernmental" Beziehungen als des „interorganizational policy-making"; *Scharpf* u. a. 1976; *Rhodes* 1986; *Hesse/Benz* 1990);
–   als (horizontale) Vernetzung verschiedener sektoraler Politikarenen und Politikfelder auf der lokalen Ebene; erforderlich ist hierzu über die kommunalen Institutionen hinaus eine Einbeziehung sowohl der parastaatlichen Akteure („quasigovernmental organizations") als auch verbandlicher und privater Akteure;
–   als strukturelle, räumliche Entwicklungsprozesse („agglomerations"), die historisch gewachsene territoriale und administrative Grenzen durchkreuzen und entspechende politisch-administrativen Anforderungen und Handlungschancen weitgehend obsolet machen.

Im Gegensatz zu traditionellen marxistischen Theorien wird die Regulationstheorie als ein „Systemmodell mit offenen Horizonten" betrachtet, wobei „jede größere Krise eine offene Situation" produziere *(Mayer* 1991: 34f.). Demnach bestimmen zwar geschichtliche Entwicklung und Produktionsbeziehungen strukturelle Handlungskorridore, innerhalb derer es dann jedoch soziale Auseinandersetzungen und konkurrierende politische Konzepte sind, die über „das Resultat der Krise" entscheiden *(Mayer* 1991: 35). Umgemünzt auf die lokale Ebene führt diese konzeptionelle Offenheit zu einer kontingenten und damit variablen Bestimmung der Rolle lokaler Politik. Im Rahmen dieser neueren Variante marxistisch angeleiteter Kapitalismus-Analysen, die in gewisser Weise den oben beschriebenen politökonomischen Ansatz der Lokalen Politikforschung fortführt, wurde besonders stark auf „Bedeutung" des „lokalen Staates" abgestellt *(Mayer* 1991).

Regulationstheorie & „local state"-Theorie

Theoretisch beruht das Konzept, das für sich einen neuen paradigmatischen Zugang zur Interpretation lokaler Politik beansprucht, auf einer Kombination des in Großbritannien entwickelten „local state"-Konzepts *(Duncan* u. a. 1987) und des „Regulationsansatzes" *(Lipietz* 1987), der in einigen westlichen Nachbarländern (Frankreich, Spanien, England) vor allem auch innerhalb der Stadt- und Regionalforschung einigen Einfluß erlangt hat. Dabei ist in diesem Ansatz eine vergleichende Perspektive in dem Sinne strukturell angelegt, daß unterschiedliche nationale Arrangements daraufhin untersucht werden, wie sie jeweils das Grundproblem der Stabilitätssicherung lösen. In der „local state"-Theorie werden die Kommunen nicht mehr als abhängiger funktionaler Teil des politischen Gesamtsystems gesehen. Stattdessen wird auf die „Einzigartigkeit" jeder Kommune aufgrund von lokalen Arbeitsmärkten und kulturellen wie politischen Mustern abgestellt. Die ungleiche Entwicklung des kapitalistischen Systems bedingt ihrer Sichtweise zufolge auch eine ungleiche Politik auf lokaler Ebene und stellt damit „eine systematische Begründung für lokale Politikvarianz und lokale Autonomie" bereit *(Mayer* 1991: 33).

Beide Ansätze grenzen sich insbesondere von der derzeit weit verbreiteten systemfunktionalen Sichtweise der lokalen Ebene ab (*Mayer* 1991: 32), die die lokale Ebene entweder durch zentralstaatliche Vorgaben determiniert sieht (als Ort der kollektiven Konsumption; *Castells* 1983) oder die lokale Ebene primär über ihre in Arbeitsteilung mit der nationalen Ebene zu erbringenden Funktionen erklärt (als Ort reproduktionsorientierter Interessen; *Hesse* 1983; *Fürst et al 1984*). Zwischen beiden Ansätzen besteht ein enger Zusammenhang; Margit *Mayer* versucht aber auch die unterschiedliche Akzentsetzung herauszuarbeiten:

> „Ist der local state-Ansatz bestrebt, eine systematische Begründung für lokale Politikvarianz und lokale Autonomie generell bereitzustellen, so zielt der regulations-orientierte Ansatz eher auf die Bestimmung der historisch spezifischen Rolle lokal-politischer Institutionen in der Krise des Fordismus bzw. bei der Herausbildung neuer, möglicherweise post-fordistischer Regulationsweisen" (*Mayer* 1991: 33).

Postfordistische Kommunalpolitik

Als fordistische Kommunalpolitik bezeichnen Vertreter des Regulationsansatzes in Deutschland die Politik des Ausbaus der städtischen Infrastruktur (Flächensanierung; moderner Wohnungsbau). Folge dieser Politik war eine verstärkte Zonierung des städtischen Raums, die Anhebung von Konsumnormen sowie die Standardisierung von Lebensweisen und Biographien. Seit Mitte der 70er Jahre beschäftigen sich Politikwissenschaftler mit dem Nachweis der sozialen und technischen Grenzen dieses Wachstumsmodells (*Hirsch/Roth* 1986). Gegenüber der fordistischen Phase, der eine Dominanz zentralstaatlicher und großräumiger Politiken zugeschrieben wird, zeichne sich die postfordistische Phase des Kapitalismus durch einen „völlig neuen organisatorischen und regulativen Modus" aus, der „spezifische lokale Problemlösungen notwendig" mache (*Maier* 1991: 39).

Die Krise des fordistischen Regulationsmodells soll durch einer Umrüstung der Akkumulationsstruktur überwunden werden, wobei den neuartigen, flexibleren Produktionsstrukturen auch entsprechende Regulationsformen zur Seite gestellt werden müssen. Differenzierte Handlungsbedarfe und Handlungspotentiale ergeben sich für die Stadtpolitik vor allem aus der Polarisierung in zwei unterschiedliche, aber aufeinander bezogene „dynamische" Wachstumssektoren, die die sozialstrukturelle Zusammensetzung der städtischen Bevölkerungsstruktur bestimmt, sowie aus der neuen Konkurrenz zwischen Städten und Regionen, die sich aufgrund der neuen Arbeitsteilung herausbilden.

In diesem Kontext bilden sich auch die neuen Funktionen des lokalen politischen Systems heraus:

> „Lag der Schwerpunkt der Funktionen lokaler Politik im Fordismus auf dem Vollziehen und Verwalten, Abfedern, Filtern und Kleinarbeiten von zentralstaatlich gesetzter Politik, so erfordern die neuen deregulierten Bedingungen und die neue interregionale Konkurrenzstruktur die Entwicklung eigener unternehmerischer Strategien" (*Maier* 1991: 40).

Die neuen Aufgaben finden sich im wesentlichen in Wirtschaftsförderungsprogrammen, Arbeitsbeschaffungsmaßnahmen, Beschäftigungsinitiativen, Umschulungsprogrammen sowie in Maßnahmen, die auf das Ambiente der Stadt zielen (sog. Festivalisierung der Stadtpolitik). Dabei kommt den Kommunen eine Art Regie-Funktion zu, bei der sie die neue Aufgabe der Initiierung und Stimulierung privater Kapitalakkumulation auf lokaler Ebene einerseits und die Einbeziehung aller relevanten Akteure in möglichst abgestimmtem Vorgehen andererseits organisieren (*Maier* 1991: 41).

44

In gewisser Weise kann das regulationstheoretische „local state"-Konzept auch als Schnittpunkt zwischen lokaler Politik- und sozialer Bewegungsforschung dienen. Das Konzept der Regulationsweisen bezieht explizit intermediäre gesellschaftliche Ebenen (von Familien- und Wohnformen bis zu individuellen Wertorientierungen) in die Analyse kapitalistischer Entwicklungsphasen ein. Damit ergeben sich Schnittpunkte für die Analyse der Entwicklung der Rolle lokaler und sublokaler Institutionen und Bewegungen.

Erste empirische Überprüfungen der Hypothesen der „local state"- und Regulationstheorie kommen jedoch überwiegend zu eher skeptischen Ergebnissen (zur generellen Kritik an diesem Ansatz vgl. *Häussermann* 1991a: 44ff.). Im Gegensatz zur früheren marxistischen Theorie in der Regulationstheorie halten nationale Besonderheiten und historische Spezifika geradezu als Innovationsmerkmal her. Dennoch müßten sich entsprechend dem Postulat einer weltweiten Trendwende vom Fordismus zum Postfordismus im internationalen Vergleich Ähnlichkeiten in den Entwicklung der Beziehungen zwischen zentraler und lokaler Ebene zeigen. Dem widersprechen allerdings aktuelle Forschungsergebnisse (*Pickvance/Preteceille* 1991). Vielmehr sind deutliche Unterschiede in den nationalspezifischen Entwicklungen des Stadt-Staat-Verhältnisses zu beobachten, wenn man hierfür die Dimensionen: finanzielle Kontrolle, Selbständigkeit in der Erfüllung bestimmter Funktionen und die reale Ausgestaltung der Machtbeziehungen zwischen Gemeinden und übergeordneten staatlichen Ebenen als Maßstab nimmt.

Kritiker des „local state"-Ansatzes wie *Häussermann* (1991a: 47) erkennen zwar an, daß in der dezentralen, lokal spezifizierten Durchführung zentral bestimmter Programme einer der Hauptgründe für die Weiterexistenz der kommunalen „Selbstverwaltung" liegt, ohne damit allerdings die Auffassung einer gesteigerten lokalen „Autonomie" zu verbinden. Zudem fragen sie begriffslogisch danach, „mit welchem Erkenntnisgewinn die Kommunen ‚lokaler Staat' genannt werden sollen, wenn damit *gerade nicht* die Konvergenz von lokaler und staatlicher Politik gemeint sein soll (wie noch bei *Cockburn*, die diesen Begriff 1977 geprägt hat)" *(Häussermann* 1991a: 47).

Den „local-state"-Ansatz als theoretischen Bezugsrahmen haben auch *Benzler/Heinelt* (1991) in ihrer empirisch-vergleichenden Studie über lokale Arbeitsmarktpolitik gewählt, die Variationen im Aktivitätsniveau verschiedener Städte messen wollte, die Marginalisierung von Dauerarbeitslosen zu verhindern. Unter den Begriff der „lokalen Politik" fallen für sie *alle* politisch relevanten Akteure in einer bestimmten „Politik-Arena", unabhängig von ihrem formalen oder rechtlichen Status. Sie kommen zu dem Ergebnis, daß die jeweiligen lokalen Akteurskonstellationen, sozio-kulturellen Kontexte und Unterschiede in der Problemstruktur neben institutionellen Bedingungen dazu führen *können*, daß die der lokalen Ebene strukturell vorgegebenen Handlungsspielräume unterschiedlich genutzt werden und dabei lokal unterschiedliche „Variationen oder „Färbungen" erzeugen *(Benzler/Heinelt* 1991: 47 bzw. 367).

1.4 Grundprobleme kommunalwissenschaftlicher Forschung

1.4.1 Einheit oder Vielfalt der Kommunalwissenschaften

Interdisziplinarität als Dauerthema der Kommunalwissenschaft

Aus den vorangehenden Ausführungen dürfte ein Eindruck entstanden sein von der Vielfalt unterschiedlicher Ansätze und Forschungsaktivitäten der politik- und verwaltungswissenschaftlichen Kommunalpolitik-Forschung, zu denen noch die Forschungsleistungen der anderen kommunalwissenschaftlich relevanten Disziplinen dazukommen, deren Darstellung den Rahmen dieses Beitrages hätte sprengen müssen. Die Ergiebigkeit kommunalwissenschaftlicher Forschungen hat allerdings zur Folge, daß die Sichtbarkeit und Transparenz des Ertrages der kommunalwissenschaftlichen Forschung erheblich eingeschränkt ist. Auch stehen die nach wie vor unterschiedlichen und mitunter unverbundenen einzeldisziplinären Zugänge einer besseren Wahrnehmung des gesamten Forschungsfeldes entgegen. Allerdings handelt es sich um kein neues Problem: Die Frage nach der Einheit oder Vielheit der Kommunalwissenschaft(en) hat die Debatte seit Beginn des 19. Jahrhunderts geprägt (*Hesse* 1989a: 12). Der langjährige Streit darüber, ob die zahlreichen Wissenschaften, die sich mit Kommunen und Kommunalverbänden in Deutschland befassen, Unterteile einer eigenständigen Kommunalwissenschaft sind, oder ob die einzeldisziplinären Unterschiede so groß sind, daß man allerhöchstens von einer „Pluralität" der Kommunalwissenschaften sprechen kann, scheint inzwischen zugunsten letzterer Auffassung entschieden (*Spiegel* 1994: 52). Andersherum betrachtet, scheint es damit aus heutiger Sicht auch eher unvermeidlich zu sein, daß sich im Felde der lokalen Politik alle einschlägigen Fachwissenschaften tummeln, vergegenwärtigt man sich allein die Tatsache, daß die lokale Ebene in Deutschland bei der Implementation fast der gesamten Staatstätigkeit beteiligt ist (*Benz* 1984).

Enger und weiter Begriff von Kommunalwissenschaft

Inhalt und Reichweite des Begriffs Kommunalwissenschaften sind also nicht eindeutig festgelegt. Pragmatisch wird gerne zwischen einem engeren und einem weiteren Begriff der Kommunalwissenschaften unterschieden. Der engere Begriff bleibt dann für die Wissenschaftsdisziplinen reserviert, die sich mit der Rechtsstellung, der Verwaltungspraxis und der institutionalisierten politischen Willensbildung innerhalb der Kommunen befassen (also zumeist Teilbereiche von Rechtswissenschaften, Verwaltungswissenschaften, Politikwissenschaft und Finanzwissenschaft). Der weitere Begriff von Kommunalwissenschaft deckt das gesamte Aufgabenspektrum der Kommunen ab und schließt – ohne Anspruch auf Vollständigkeit – die kommunal relevanten Subdisziplinen von Ökonomie und Soziologie, Demographie und Statistik, Städtebau und Landschaftsplanung, Verkehrs- und Ingenieurwissenschaften, neuerdings auch der Ökologie und anderer Umweltwissenschaften, ein. Das gilt gleichermaßen auch für die kommunal-wissenschaftlichen Grundlagendisziplinen Geographie und Geschichte (*Spiegel* 1994: 52).

Im Vordergrund des weiten Begriffs der Kommunalwissenschaften steht bei aller unterschiedlichen Ausprägung in einzelnen Politikbereichen zumeist ein öffentliches Interesse an der Wahrnehmung bestimmter Aufgaben auf lokaler Ebene. Erika *Spiegel* (1994: 12) hat für diesen kommunalen Aufgabenbezug drei

„cluster" unterschieden, die sich in der deutschen Sprache auch in drei typischen Aufgabenbezeichnungen niederschlagen: *„Pflege"* (Wohlfahrts-, Gesundheits-, Denkmal-, Landschaftspflege), *„Hilfe"* (Sozial-, Jugend-, Behindertenhilfe) oder *„Förderung"* (Wirtschafts-, Kultur-, Städtebauförderung). Die gleiche Autorin verweist ferner darauf, daß bei aller Politikfeldorientierung der Kommunalwissenschaften stets auch „policy"-übergreifende Querschnittsaspekte involviert sind, zu denen sie insbesondere die rechtlichen und finanziellen Rahmenbedingungen der Aufgabenwahrnehmung sowie die entsprechenden organisatorischen, personellen und räumlichen Voraussetzungen rechnet (*Spiegel* 1994: 12).

Für die Politikwissenschaft bedeutet dies, daß sie ebenso wenig wie alle anderen Einzeldisziplinen in der Lage ist, sich auf diesem Feld einen exklusiven Platz zu sichern. Zudem darf nicht übersehen werden, daß auch heute noch im Bereich des kommunalen und regionalen Verwaltungspersonals ein weitgehendes „Juristenmonopol" vorherrscht. Aus dieser Not wollen *Blanke/Benzler* (1991: 11) eher eine Tugend machen. Sie sehen die besondere Chance für PolitikwissenschaftlerInnen darin, daß sie sich auf lokaler Ebene – eine professionelle Ausbildung vorausgesetzt – als „Querdenker" profilieren können. Gerade diese Eigenschaft gehört zu den „knappen Gütern" im Personalwesen deutscher Verwaltungen, was die zahllosen Klagen über „Politiksegmentierung" und „Verwaltungsfragmentierung" ebenso belegen wie der derzeit unüberhörbare Ruf nach neuen, unkonventionellen Problemlösungsrezepten. Die Forderung nach Interdisziplinarität wird durch die kommunale Praxis selbst stark angestoßen. Vor dem Hintergrund einer erheblichen Parzellierung und Sektoralisierung lokaler Politik- und Organisationsstrukturen sind die Städte und Gemeinden zunehmend gezwungen, Einzelpläne und Einzelmaßnahmen in fach- und ressortübergreifender Perspektive aufeinander abzustimmen und ihre Wechselwirkungen zu berücksichtigen.

Interdisziplinarität als programmatische Forderung und Marketing-Profil für angehende PolitikwissenschaftlerInnen zu vertreten, ist eine Sache, die inhaltlich-curriculare Ausfüllung, die sich für die politikwissenschaftliche Ausbildung daraus ergibt, eine andere. Auf einen naheliegenden „Fallstrick" verweisen *Blanke/Benzler* (1991: 11) besonders:

> „Aber wie muß ein Politikwissenschaftler dann ‚denken', wenn er/sie ‚quer' liegen soll, ohne in den allfälligen Verdacht des Oppositionswissenschaftlers oder des Dilettanten zu geraten, stattdessen etwa Aufgaben in Planungs-, Koordinierungs- und Beratungsbereichen erfüllen soll?"

Auch ihre vorläufige Antwort auf diese Frage zielt vorrangig auf das Abgehen von der disziplinären Fixierung der kommunalwissenschaftlichen Forschung. Stattdessen empfehlen sie eine disziplinübergreifende sozialwissenschaftliche Zugangsweise zur Analyse lokaler Politik, um auf diesem Weg spezifische politikwissenschaftliche Themen, Ansätze und Methoden zu entwickeln.

1.4.2 Ausgeprägter Anwendungs- und Handlungsbezug der Kommunalpolitik-Forschung

Besonderheiten der Kommunalpolitik als Gegenstand von Forschungs-aktivitäten

Ein weiteres Kennzeichen, das allen kommunalwissenschaftlich relevanten Teildisziplinen gemeinsam ist, stellt der vergleichsweise hohe Anwendungs- und Handlungsbezug kommunalwissenschaftlicher Forschung und Fragestellungen dar. Auch für die politikwissenschaftliche Kommunalpolitik-Forschung gilt deshalb die Aussage, daß sie „weniger an der Fortentwicklung einer ‚reinen Theorie' orientiert als an der Fruchtbarmachung theoretischer Erkenntnisse für die Erfassung, Analyse und Bewertung empirischer Sachverhalte und Problemzusammenhänge" interessiert ist (*Spiegel* 1994: 53). Dieser gemeinsame Bezug wird zusätzlich durch den Umstand erleichtert, daß der Forschungsgegenstand auf eine Gebietskörperschaft konzentriert ist, die sich durch hohe Sichtbarkeit ebenso auszeichnet wie durch ihre räumliche Begrenztheit. Hierdurch werden Wirkungen und Folgen staatlicher Politik ebenso wie gesellschaftliche Entwicklungen wie unter einem Brennglas vergrößert. Gerade für die Politikfeldforschung gilt, daß auf lokaler Ebene die Effekte unterschiedlicher policies in ihrem wechselseitigen Zusammenhang am deutlichsten zu Tage treten und hier auch in ihren Wirkungen auf einzelne Akteure und Adressaten beobachtet werden können. Betrachtet durch die Brille kommunaler Handlungsstrategien heißt dies, daß Wohnungspolitik nicht ohne Berücksichtigung ihrer Folgen für die Sozialpolitik, Wirtschaftspolitik nicht ohne ihre Folgen für die Verkehrspolitik und Kulturpolitik nicht ohne ihre Folgen für die Jugendpolitik betrieben werden kann (*Spiegel* 1994: 53). Gleichermaßen gilt diese Aussage für die Analyse des politischen Entscheidungsprozesses, da auf lokaler Ebene besonders gut beobachtet werden kann, wie politische Abwägungsprozesse schließlich zu welchen politischen Entscheidungen führen und in welcher Weise dabei die Konkurrenz um die besonders knappen kommunalen Haushaltsmittel eine Rolle spielt.

Kein Postulat der Theorielosigkeit

Der starke Handlungs- und Anwendungsbezug bedeutet allerdings keineswegs, daß nunmehr Theorielosigkeit als Grundlage kommunalwissenschaftlicher Forschung postuliert werden soll. Politikwissenschaftliche Kommunalpolitik-Forschung hat weder ausschließlich theoriefern gearbeitet noch darauf verzichtet, eigene theoretische Ansätze (weiterzu)entwickeln. Vielmehr gelten für die kommunal relevante Forschung die gleichen Ansprüche, die von allen Sozialwissenschaften gefordert werden: Rückkoppelung zwischen Theorie und Praxis, Überprüfung theoretischer Ansätze anhand empirischer Untersuchungen, Nutzung empirischer Untersuchungen für die Weiterentwicklung der Theorie (*Spiegel* 1994: 53). Gerade ein derartiges Selbstverständnis der politikwissenschaftlichen Komunalpolitik-Forschung kann diese Forschung vor der Gefahr schützen, sich als reine „Klientel-Forschung" zu verstehen (wie dies im übrigen nicht nur für die lokale Politikforschung, sondern gleichermaßen auch etwa für eine Gewerkschafts-, Bewegungs-, Parteien- und Wirtschaftsforschung gilt), die ihr Forschungsprofil einseitig an den Wünschen und Interessen der fokussierten Zielgruppe, die zugleich den Forschungsgegenstand bildet, ausrichtet.

48

1.4.3 Verhältnis Wissenschaft und Praxis

Die zunehmende Verbindung von kommunaler Wissenschaft und kommunaler Praxis stellt eine der erfreulichsten Entwicklungen der vergangenen Jahrzehnte dar. Dem steht nicht entgegen, daß gelegentlich zu optimistische Vorstellungen von der Reichweite der Kommunalwissenschaften auch einer gewissen Ernüchterung insbesondere auf Seiten der Praxis gewichen sind. Die darin zum Ausdruck kommende Distanz verdeutlicht grundsätzliche und immer wiederkehrende Mißverständnisse.

Zwischen Wissenschaftsbereich und kommunaler Praxis bestehen auch bei dem unverkennbaren Anwendungsbezug kommunalwissenschaftlicher Forschung Wahrnehmungs- und Funktionsunterschiede, die nicht aufhebbar sind, deren Benennung und Inrechnungstellung aber helfen kann, Mißverständnissen und nicht einlösbaren Erwartungen vorzubeugen: Ein erster Unterschied kommt in den Erkenntnisinteressen, Inhalten sowie strukturellen Rahmenbedingungen zum Ausdruck, die für die Ausübung von Wissenschaft und deren Instrumentalisierung in der kommunalen Praxis typisch sind. Das spezifische Verwertungsinteresse an wissenschaftlichen Leistungen erzeugt auf Praxisseite ein spezifisches Nachfrageprofil: Beiträge der kommunalwissenschaftlichen Forschung sollen praktische Problemlösungen anbieten, sollen ferner der von der Praxis formulierten, umsetzungsorientierten Problemdefinition entsprechen, vertrauten Denk- und Handlungsgewohnheiten folgen und schließlich verwertbare Lösungstechnologien bereitstellen (*Hesse* 1989a: 16).

Die Kommunalwissenschaften im weiteren Sinne sind typischerweise zunächst an den inhaltlichen Aspekten eines Problems interessiert, wohingegen es zumeist den Kommunalwissenschaften im engeren Sinne vorbehalten bleibt, sich mit den Instrumenten und Verfahren der Problemlösung zu beschäftigen. Demgegenüber bilden materiell-inhaltliche und strukturelle, rechtliche sowie organisatorische Aspekte für die kommunale Praxis eine untrennbare Einheit. Typischerweise werden hier Probleme, die nicht in den vorgegebenen Rahmen passen, so lange wie es möglich ist, entweder nicht wahrgenommen oder entsprechend uminterpretiert (*Spiegel* 1994: 60).

Das Mißverhältnis zwischen dem eher „positivistisch-normativen" Wissensbedarf der Praxis – die ihre Fragen an die Wissenschaft induktiv formuliert, zeitlich wie örtlich begrenzte Probleme zum Ausgangspunkt nimmt und von den wissenschaftlichen Lösungsvorschlägen zuvorderst Eindeutigkeit und kurzfristige Verfügbarkeit verlangt – und einem eher „hermeneutisch-systematischen" Forschungsangebot der Wissenschaft – die aus einem theoretisch-analytischen Bezugsrahmen heraus in einem deduktiven Prozeß das zu lösende Problem, die Arbeitshypothesen und die geeigneten Methoden entwickelt – kann durch Kommunikations- und Transferprobleme beider „Welten" noch zusätzlich verstärkt werden (so die Argumentation bei *Hesse* 1989a: 16 und *Spiegel* 1994: 60).

Eine weitere Besonderheit des latenten Spannungsverhältnisses zwischen Kommunalwissenschaften und kommunaler Praxis sieht Erika *Spiegel* in der Struktur und Finanzierung kommunalwissenschaftlicher Forschung: Zum einen ist diese Forschung der kommunalen Praxis „oft durch Gutachten, Beratungs- und Forschungsaufträge personell wie finanziell eng verbunden"(*Spiegel* (1994: 59). Aber auch ohne derartige Abhängigkeitsverhältnisse können Friktionen auftreten, wenn Forschungsergebnisse, die nicht den Praxiserwartungen entsprechen, in Schubladen verschwinden oder folgenlos bleiben. Zum anderen sind trotz anerkannter notwendiger Interdisziplinarität die Hochschulen immer noch disziplinär gegliedert. Interdisziplinarität bleibt dabei eher der ad hoc-Forschung vorbehalten. Ansonsten findet auch kommunalwissenschaftliche Forschung aus Finanzierbarkeitserwägungen heraus vorwiegend noch als Qualifizierungsforschung statt (*Spiegel* 1994: 60).

Für die Ausgestaltung des Verhältnisses von Kommunalwissenschaften und kommunaler Praxis mit Blick auf das Verständnis gegenseitiger Rechte und Pflichten ist es schließlich nicht unerheblich, ob das „Monitoring" von Praxisproblemen antizipativ durch die Wissenschaft erfolgen soll, die dann eigenständig darauf zugeschnittene Lösungen entwickeln, oder ob der kommunalen Praxis die Aufgabe zukommen soll, die Fragen zu formulieren und an die Wissenschaften heranzutragen (*Spiegel* 1994: 60).

1.4.4 Verhältnis Wissenschaft und Politik

Das Verhältnis zwischen Kommunalwissenschaften und Kommunalpolitik unterliegt grundsätzlich den gleichen Spannungen wie sie oben für das Verhältnis zwischen Kommunalwissenschaften und kommunaler Praxis aufgezeigt wurden. Allerdings unterscheidet es sich in einem zentralen Punkt: Es gründet sich auf einem strukturellen Gegensatz zwischen wissenschaftlicher Erkenntnis und den Eigenarten politischer Willensbildung in demokratischen Gesellschaften. Zu den konstituierenden Merkmalen einer pluralistischen Demokratie zählt nämlich auch, daß die politische Bewertung und Auswertung wissenschaftlicher Erkenntnisse die Zulässigkeit außerwissenschaftlich begründeter Zielvorstellungen, zum Beispiel strategischer, normativer oder ideologischer Art, einschließt.

Diese grundsätzliche Eigenheit verhinderte aber nicht, daß in der politischen Praxis des politisch-administrativen System der Bundesrepublik Formen wissenschaftlicher Politikberatung seit den 60er Jahren bei Ministerien, Behörden, Parlamenten und Parteien zu einer etablierten, teilweise sogar institutionalisierten Einrichtung geworden sind.

Beitrag der Politikwissenschaft auf dem „Markt" der Kommunalpolitik-Forschung

Fragt man nun in diesem Kontext noch einmal nach der spezifischen Funktion, die hierbei der politikwissenschaftlichen Kommunalpolitik-Forschung zukommt, so plädieren *Blanke/Benzler* (1991: 12) dafür, daß – gerade auch unter dem gewachsenen Konkurrenzdruck seitens der anderen kommunalwissenschaftlichen Disziplinen – die Politikwissenschaft sich der Herausforderung stellen sollte, ihre ureigenen disziplinären Fragen zu verfolgen und „offensiv" in den Markt der Forschungen einzubringen. Zu den „Kernfragen" der Politikwissenschaft, die auch für die kommunalpolitisch relevante Forschung Geltung behalten, zählen nach ihrer Ansicht vor allem Fragen nach

- „der Legitimität politischer Herrschaft und Systeme,
- den realen Konflikt-, Konsens- und Machtbildungsprozessen und ihrer partizipatorischen Qualität,
- der Effizienz, Effektivität und Anpassungsfähigkeit der politischen Institutionen und

– der Gerechtigkeit (equity) politischer Entscheidungen" (*Blanke/Benzler* 1991: 12).

Die Geschichte der politikwissenschaftlichen Kommunalpolitik-Forschung der letzten dreißig Jahre kann vor diesem Hintergrund auch als eine Kette wechselseitiger Lernprozesse interpretiert werden. Zu den Themen, für die der Anwendungsbezug kommunalwissenschaftlicher Forschung und ihre Praxisrelevanz besonders deutlich sichtbar ist, bietet *Hesse* (1989a: 17) eine Reihe von Beispielen:

> „Dies gilt insbesondere für die sehr direkten, handlungsorientierten Kontakte bei der Bewältigung des ökonomischen und soziokulturellen Strukturwandels (etwa in den Bereichen Wirtschaftsförderung und Arbeitsmarktpolitik, soziale Versorgung und Kultur), bei der ‚Umsetzung‘ veränderter Werthaltungen und Orientierungen (etwa in den Bereichen Stadterneuerung, Verkehr, Umweltpolitik) sowie schließlich mit Blick auf Anpassungsprozesse im Bereich der kommunalen Handlungsvoraussetzungen (Kommunalverfassungen, Einnahmenstruktur, Planungsprozesse)."

Zu den Erfahrungstatbeständen gehört auch, daß unterschiedliche Wissenschaften und Wissenschaftler im Rahmen von Politikberatung und Auftragsforschung nicht weniger unterschiedliche Meinungen vertreten als unterschiedliche Verbände und Ministerien (*Spiegel* 1994: 62). Wissenschaft und Politik sind nicht gegenseitig substituierbar. Die Funktion von Wissenschaft in Richtung auf die lokalpolitische Praxis erstreckt sich – sieht man einmal von reinen Legitimationsfunktionen ab – in erster Linie auf die Erarbeitung von Entscheidungshilfen und auf die Präsentation von Entscheidungsalternativen – nicht mehr und auch nicht weniger.

1.4.5 Struktur und Besonderheiten der Forschungslandschaft

Ein Überblick über die Forschungsentwicklung im Bereich der politik-wissenschaftlichen Kommunalpolitik-Forschung gewinnt an Aussagewert, wenn neben der Darstellung der Forschungsentwicklung und der Diskussion von Perspektiven der Forschung auch die Struktur der Forschungslandschaft und ihre Besonderheiten ins Bild gebracht werden, da Form und Modalitäten der Institutionalisierung der Forschung einen nicht unerheblichen Einfluß auf Forschungsschwerpunkte und Forschungsinhalte ausüben (*Knemeyer* 1989: 72).

Schaut man sich in der Retrospektive die Verteilung kommunalwissenschaftlicher Forschungsleistungen über die einzelnen Phasen des „policy cycle"-Modells an, so konzentrieren sich die Beiträge der Wissenschaft für die kommunale Praxis vor allem auf die Konzeptions- und Vorbereitungsphase sowie auf die Durchführungsphase kommunaler Planungs- und Entscheidungsprozesse. Zugenommen hat darüberhinaus die Begleitforschung in der Durchführungsphase für eher innovative oder Modellvorhaben.

Seit der Auswertung der ersten großen Stadtentwicklungsmaßnahmen und -programme gehören *Erfolgskontrollen und Wirkungsanalysen* zum Standardrepertoire politik- und verwaltungswissenschaftlicher Kommunalpolitik-Forschung. Die Wirkungsforschung überprüft den Grad der Zielerreichung sowie die Effektivität und Effizienz der eingesetzten Maßnahmen, Instrumente und Verfahren. Zur Vermeidung der nicht aufhebbaren Schwächen und Verzerrun-

Formen der Kommunalpolitik-Forschung

gen von ex-post-Analysen greift man zunehmend zum Mittel wissenschaftlicher Begleituntersuchungen noch während der Durchführungsphase.

Weitere verbreitete Formen anwendungsbezogener kommunalwissenschaftlicher Forschung sind

- „*wissenschaftliche Gutachten*, wie sie vor allem dann in Auftrag gegeben werden, wenn ein inhaltlich, zeitlich und räumlich begrenztes Problem gelöst werden soll;
- *Forschungsaufträge*, mit deren Hilfe komplexere, mittel- und langfristige Probleme geklärt werden sollen;
- die *Beteiligung von Wissenschaftlern in Beiräten, Ausschüssen und Kommissionen*, wie sie auf Bundes- und Landesebene üblich, im kommunalen Bereich aber fast nur in großen Städten möglich ist;
- die *Anhörung von Wissenschaftlern* im Verlauf der Diskussion wichtiger kommunalpolitischer Projekte und Entscheidungen;
- eine kontinuierliche *wissenschaftliche Beratung* über längere Zeiträume hinweg" (*Spiegel* 1994: 59; Hervorhebung durch R.K.).

Auftragsforschung

Eine Besonderheit kommunalwissenschaftlicher Forschung ist das hohe Gewicht von Auftragsforschung, die fast ausschließlich durch öffentliche Einrichtungen vergeben wird. Damit hängt die Entwicklung kommunalwissenschaftlicher Forschung stark von der Verfügbarkeit entsprechender Haushaltsmittel ab und unterliegt wie diese nicht unerheblichen Konjunkturschwankungen.

Einrichtungen kommunalwissenschaftlicher Forschung

Einige Strukturelemente, die in unterschiedlichem Ausmaß auf alle Einrichtungen, in denen kommunalwissenschaftliche Forschung betrieben wird, zutreffen, hat Erika *Spiegel* in ihrem Überblicksbeitrag zur Kommunalforschung (1994: 56) herausgearbeitet:

- Die unmittelbar auf die Bedürfnisse und Interessen des Bundes, der Länder und der Kommunen zugeschnittene Forschung konzentriert sich vor allem in Bundesanstalten, Landesinstituten sowie in den Gemeinschaftseinrichtungen von Städten und der kommunalen Spitzenverbände (so unterhalten der Deutsche Städtetag seit 1966 und der Landkreistag Nordrhein-Westfalen seit 1981 eigene Forschungsinstitute), deren fachliche Zusammenstellung in aller Regel Vertreter mehrerer Disziplinen umfaßt. Ihre Arbeitsweise ist bei aller Spezialisierung grundsätzlich interdisziplinär. Die Bedeutung dieses Forschungssegmentes ist unübersehbar: Sie sind unmittelbar an der Formulierung und Entwicklung von Forschungsprogrammen der öffentlichen Hand beteiligt, sie wickeln Auftragsforschung ab, nehmen daneben eigenständig Forschungsvorhaben wahr, vergeben weitere Forschungsaufträge und übernehmen die damit in Zusammenhang stehenden Koordinationsaufgaben.
- Als prominentes Beispiel für diese Gruppe mag das *Deutsche Institut für Urbanistik (Difu)* – seit 1973 Nachfolgeeinrichtung des ehemaligen Kommunalwissenschaftlichen Forschungszentrums Berlin – gelten. Seine satzungsmäßige Aufgabe liegt darin, Grundprobleme der Kommunen interdisziplinär zu erforschen, Anstöße zu weiterer Forschung zu geben, methodische Grundlagen für die kommunale Entwicklung zu erarbeiten und zur Verfügung zu stellen, die Ergebnisse eigener und fremder Forschung zu koor-

dinieren, zur praktischen Verwertbarkeit aufzuarbeiten und in die Praxis zu vermitteln (*Siepmann* 1981: 40).

– Neben dem Difu und dem *Freiherr-vom-Stein-Institut* – das ist die wissenschaftliche Forschungsstelle des Landkreistages Nordrhein-Westfalen an der Universität Münster, die die im Vergleich zum Difu enger formulierte Aufgabe hat, kommunal- und staatswissenschaftliche Grundlagenarbeit zu leisten sowie die Verbindung und den Erfahrungsaustausch zwischen Wissenschaft und kommunaler Praxis zu fördern – finden sich vor allem Einrichtungen, die spezielle Funktionen im Bereich der Kommunalberatung wahrnehmen (wie die WIBERA, *Siepmann* 1981: 46f.). Eine besondere Position nimmt hier die *Kommunale Gemeinschaftsstelle für Verwaltungsvereinfachung* (KGSt) ein, deren Ornigramm eines Modellorganisationsplans für die kommunale Ämterstruktur fast alle Einführungen in die Kommunalpolitik übernommen haben und die in letzter Zeit vor allem durch die Entwicklung dezentraler Steuerungsmodelle und die Diskussion um das sog. Tilburger Modell in die Schlagzeilen zumindest der einschlägigen Fachpresse geraten ist. Träger der KGSt sind kommunale Gebietskörperschaften aller Größenklassen und Ebenen (Städte, Gemeinden, Kreise). Sie ist die zentrale Beratungsstelle ihrer Mitglieder und entwickelt in dieser Funktion allgemeine Grundsätze und Regeln für eine wirtschaftlich arbeitende Verwaltung, organisiert den Erfahrungsaustausch und ist auch gutachterlich tätig (*Siepmann 1981*: 39f.).

– Schließlich unterhält mit dem „Institut für Kommunalwissenschaften der Konrad-Adenauer-Stiftung" eine der *kommunalpolitischen Vereinigungen der Parteien* ein eigenes kommunalwissenschaftliches Institut mit auch politikwissenschaftlich relevanten Forschungsaktivitäten (*Borchmann* 1981: 52).

– Auftragsforschung auf Grundlage empirischer Sozialforschung konzentriert sich vorwiegend bei den größeren Instituten, die auf privatwirtschaftlicher Grundlage arbeiten, wodurch sich ihre Abhängigkeit von öffentlichen Forschungsaufträgen reduziert. Da sie Markt- und Meinungsforschung gleichzeitig betreiben, verfügen sie in der Regel über die für größere empirische Untersuchungen erforderlichen organisatorischen, personellen und technischen Ressourcen. Eigenständige Forschung wird in privatwirtschaftlichen Instituten allerdings nur selten betrieben. Ihre flexibleren arbeitsrechtlichen Strukturen (Forschung auf Werkvertragsbasis) ermöglichen die kurzfristige auftragsspezifische Bildung interdisziplinärer Arbeitsgruppen. Eine Sonderstellung in der kommunalwissenschaftlichen Forschung nehmen in dieser Gruppe die größeren ingenieurwissenschaftlichen Institute ein, denen in vielen ihrer Tätigkeitsbereiche aufgrund einer erheblichen Ressourcenausstattung und eines großen Spezialisierungsgrades eine Quasi-Monopolstellung zukommt.

– Die große Zahl kommunalwissenschaftlicher Einzelaufträge und Einzelvorhaben hingegen verteilen sich über die einzelnen Hochschulen und kleineren außeruniversitäre Forschungseinrichtungen. Insbesondere die finanz-, rechts-, verwaltungs- und politikwissenschaftliche Kommunalforschung massiert sich an den Hochschulen. Nicht-öffentliche Drittmittelgeber sind hier eher selten anzutreffen. Die „schmalere" Ressourcenausstattung verhindert zudem meist die Übernahme aufwendiger empirischer Untersuchungen. Die Abhängigkeit von den Interessen der öffentlichen Auftraggeber schlägt sich hier auch in inhaltlichen „Verzerrungen" durch. So sind nach Ansicht von Erika *Spiegel* (1994: 57) gerade politik- und sozialwissenschaftliche Untersuchungen über die Verteilung und Ausübung von Macht in der Bundesrepublik „noch immer mit einem Tabu belegt". Als Gegenbeispiel führt sie die „Community-Power-Forschung" an, die in den USA gang und gäbe ist.

Besonderheiten des Forschungsfeldes Lokalpolitik

Der Gegenstandsbereich politikwissenschaftlicher Kommunalpolitik-Forschung sperrt sich gegen die Einengung in ein „enges Korsett von formal-stringenter Theorie und eindeutigen Hypothesenbildungen für quantitative Analysen" (*Blanke/Benzler* 1991: 26). Hier liegt nicht so sehr ein wissenschaftsimmanentes Defizit vor. Vielmehr ist es Folge der spezifischen Lage der lokalen Ebene als die Schnittstelle, wo die meisten Bürger das politisch-administrative System – unabhängig von der formalen Zuständigkeitsverteilung im föderativen Bundesstaat – mit veränderten Anforderungen zuerst konfrontieren, weil hier das Gros der Leistungen des politischen Systems erbracht oder zumindest am ehesten sichtbar wird.

Zum Abschluß dieses Kapitels soll noch auf zwei methodologische Grundfragen kommunalpolitischer Forschung, nämlich die komparative und die normative Komponente kommunalpolitischer Forschung, eingegangen werden, die mit einigem Recht zu den „ewigen" Problemen der Politikwissenschaft gerechnet werden können.

Komparative Aspekte

Der Vergleich spielt in der Politikwissenschaft immer schon eine große Rolle, wenngleich gegenüber dem Stand der internationalen politikwissenschaftlichen Forschung für die BRD ein noch deutlicher Nachholbedarf festzustellen ist (vgl. als Überblicksdarstellungen *Lehner* 1985; *Beyme* 1988; *Nassmacher* 1991; *Abromeit* 1993). Einen noch relativ jungen Schwerpunkt stellen Ansätze einer regionalen Komparatistik dar (*Jaedicke et al.* 1991; *Benzler/Heinelt* 1991; *Jürgens/Krumbein* 1991; *Blanke et al.* 1992).

Auch für die politikwissenschaftliche Kommunalpolitik-Forschung wird verstärkt eine systematische Ausweitung der komparativen Arbeiten gefordert (*Hesse* 1989b: 133). Vergleichende Untersuchungen der lokalen Politik haben sich dabei mit dem Problem der nahezu unüberwindlich scheinenden Unterschiede zwischen den verschiedenen nationalen und kulturellen Kontexten auseinanderzusetzen. Vermieden werden sollte jedoch, voreilige Schlüsse aus einzelnen Variablen zu ziehen. Stattdessen geht es um ein Einlassen auf die Vielfalt von Variablen, die Vergleiche trotz aller methodischen Bedenken und Schwierigkeiten erst sinnvoll machen (vgl. *Schmidt* 1988). In Abgrenzung vom Forschungsprogramm des „local state"-Ansatzes sehen *Blanke/Benzler* (1991: 27) hier besondere Vorteile des sog. „Problemansatzes" (*Hesse* 1982), der sich mit gleichen oder ähnlichen Problemlagen westlicher Industriegesellschaften und ihrer unterschiedlichen Lösungsversuche (similar problems, different solutions) beschäftigt.

Neben ländervergleichend angelegten Studien steht die Beschäftigung mit systematisch angelegten, intersektoral vergleichenden „Policy"-Studien noch weitgehend aus, für die gerade die lokale Ebene wegen ihres schon beschriebenen „Brennglas-Effektes" besonders geeignet erscheint. Überraschenderweise fällt auch eine Bilanz deutschsprachiger komparativer Arbeiten, die von einem

54

deskriptiv-institutionalistischen Ansatz ausgehen, eher spärlich aus. So sind empirisch unterfütterte, nicht allein die förmlichen kommunalrechtlichen Strukturen parallel beschreibenden und klassifizierenden Arbeiten selbst für die EG-Staaten noch immer ebenso selten (*Wehling* 1994; für die Kreisebene: *Seele* 1991) wie erschöpfende länderspezifische Monografien zu Fragen der Kommunalpolitik und der Stadt-Staat-Beziehungen etwa in den Nachbarländern der Bundesrepublik.

Auch die politikwissenschaftliche Kommunalpolitik-Forschung bleibt angehalten, ihre normativen Grundlagen von Zeit zu Zeit zu überprüfen. Dies scheint in diesen Jahren wieder auf der wissenschaftsimmanenten Agenda zu stehen. Einen starken Impuls enthält die Forschung derzeit zum einen aus den gewaltigen Veränderungen und Transitionsprozessen in Osteuropa. Im Westen wird zunehmend kritisch reflektiert, daß die Politik mit ihrer Konzentration auf Verhandlungs- und Umverteilungslösungen sowie durch die Akzentuierung kleinteiliger und auch kleinräumiger Problemlösungen immer stärker in die Turbulenzen ihrer unsicherer gewordenen Umwelten verstrickt wird (so *Blanke/Benzler* 1991: 27f.). Das bedeutet für die kommunalpolitische Forschung insbesondere eine kritische Überprüfung des Maßstabes der neuzeitlichen Demokratietheorien, auf den auch die kommunale Selbstverwaltung bezogen ist. Das normative Problem liegt darin, daß dieser Maßstab seine Funktion und Legitimation zu verlieren beginnt, „wenn Freiheit *individualistisch*, Gleichheit ‚*produktivistisch*' und Solidarität *punktualistisch* verstanden werden" (*Blanke/Benzler* 1991: 28; Hervorhebungen dort). Als aktuelles Praxisbeispiel für die Konsequenzen dieses neuartigen Dilemmas führen die Autoren die Situation in der Verkehrspolitik („Kollaps der Städte") an.

Eine andere Dimension dieses Problems sehen die gleichen Verfasser im Verzicht auf kommunalrelevante Normen durch die Politikwissenschaft. Verdeutlicht wird dieser Verzicht an einem „Utopiedefizit". So habe das 19. und 20. Jahrhundert keine „Vision der menschlichen Stadt" hinterlassen, wie sie im Mittelalter in der Idee und Bauweise der mittelalterlichen Stadt („la città ideale") als handlungsstiftender Impuls vorhanden war. Mit einem „Utopieverzicht" verzichte die Politikwissenschaft aber zugleich auf jene normativen Impulse, die sie bislang „gegenüber anderen Sozialwissenschaften ebenso kennzeichnet wie problemsensibel oder gar problemanfällig macht" (*Blanke/Benzler* 1991: 28). Ironischerweise könnte man einwenden, daß dieses politikwissenschaftliche „Utopie-Vakuum" durch die derzeitige Renaissance von Leitbilder- und „corporate identity"-Kampagnen mehr als ausgefüllt wird, die man in diesem Licht als marktwirtschaftliche Variante eines „Utopie-Ersatzstoffes" deuten kann.

1.4.6 Ein Blick auf die Forschungsagenda der kommenden Jahre

Hesse (1989b: 130ff.) hat Ende der 80er Jahre versucht, *Aufgaben* zu identifizieren, die sich für die künftige Arbeit der politik- und verwaltungswissenschaftlichen Stadt- und Gemeindeforschung ergeben, wobei er zum einen abstellte auf „Lücken, Einseitigkeiten und Defizite" und zum anderen auf neue Fragestellungen, „die sich aus wissenschaftsinternen wie -externen Entwicklungen und Anforderungen ableiten lassen":

–   Es gibt einen gestiegenen *Bedarf an Gesamtdarstellungen*, die einer vor-
    schnellen Konzentration auf Einzelfragestellungen entgegenwirken sollen.
    Ihr Ziel sieht *Hesse* (1989b: 130) darin, „zusammengehörende Elemente und
    Aspekte von Problemverursachung und Problemlösung als solche zu sehen
    (und, R.K.)... kenntlich zu machen. Als Vorbild nennt er die von einem außen-
    stehenden Betrachter in englischer Sprache vorgelegte Überblicksdarstellung
    zur kommunalen Selbstverwaltung in der Bundesrepublik (*Gunlicks* 1986).
–   Als materielle Schwerpunkte der Stadtforschung ist nach Ansicht von *Hesse*
    (1989b: 131) eine stärkere Hinwendung zu Fragen der *Stellung und Funkti-
    on der Gemeinden im Bundesstaat* geboten. Damit verbunden sind Fragen
    nach der *gesellschaftlichen Integrationsfähigkeit der Gemeinden*. Der For-
    schungsbedarf wird begründet mit delegitimatorischen Prozessen in Ver-
    dichtungsräumen sowie mit drohenden Funktionsverlusten der politischen
    Institutionen allgemein.
–   Für die Kommunalwissenschaften insgesamt regt *Hesse* (1989b: 131) eine
    noch stärkere *interdisziplinär ausgerichtete Stadt- und Gemeindeforschung*
    an. Die immer noch vorherrschenden einzeldisziplinären Zugänge bringen
    unerwünschte Ausgrenzungen mit sich sowie „ungute ‚Marktarrondierun-
    gen‘, spezifische Reputationssysteme und Kartellierungstendenzen“.
–   Innerhalb der politik- und verwaltungswissenschaftlichen Kommunalpolitik-
    Forschung besteht ein *Defizit an historischen, ökonomischen und „kultur-
    wissenschaftlichen“ Analysen* (*Hesse* 1989b: 132). Hierin kann man eine un-
    erwünschte Nebenfolge der Zäsur in der Politikwissenschaft sehen, die Ende
    der 60er Jahre im Gefolge der Auswirkungen der Studentenbewegung einge-
    treten ist, und die in mancherlei Hinsicht zu einer Ausblendung bzw.
    „Verschüttung“ des Erkenntnisinteresses und des Forschungsstandes geführt
    hat, der bereits in den 60er Jahre erreicht worden war.
–   In theoretischer Perspektive fordert *Hesse* (1989b: 132) die *(Wieder-) Ge-
    winnung einer gesellschaftstheoretischen Dimension* der kommunalwissen-
    schaftlichen Forschung. Ihr wird die Funktion zugeschrieben, als „steuern-
    der“ Analyserahmen zu dienen und ein Gegengewicht zu der latenten Gefahr
    einer zu starken Ausrichtung anwendungsbezogener Forschung an Auftrag-
    geber-Interessen zu bilden.
–   Für die *„Binnenwelt“* der Kommunalpolitik sieht *Hesse* (1989b: 132f.) einen
    anhaltenden Untersuchungsbedarf hinsichtlich *lokalpolitischer Prozesse* und
    der *Leistungsfähigkeit kommunaler Institutionen*. Vornehmlich geht es hier
    um die Leistungs-, Integrations- und Legitimationsfähigkeit kommunaler
    Einrichtungen. Zwei aktuelle Schwerpunktthemen der 90er Jahre sind in
    diesem Zusammenhang die neue Dynamik der Kommunalverfassungsdis-
    kussion sowie die derzeit besonders intensiv betriebene betriebswirtschaftli-
    che und managementorientierte Diskussion neuer Steuerungsmodelle.
–   Abschließend verlangt *Hesse* (1989b: 133) die *Stärkung der komparativen
    Komponente* kommunalwissenschaftlicher Forschung, die er für unverzicht-
    bar hält, da bei unterstellter Gleichartigkeit bzw. Vergleichbarkeit der Pro-
    bleme auf lokaler Ebene in den westlichen Industriestaaten komparativ ange-
    legte Studien „zeit- und ressourcenschonende Erkenntnisse erbringen“ kön-
    nen.

Zusätzlich zu den bei *Hesse* genannten Themen, deren Aktualität bis heute ungebrochen scheint – wenngleich gerade der Beschäftigung mit der kommunalen „Binnenwelt" im Rahmen der „Steuerungsdebatte" derzeit ein bis vor kurzem kaum für möglich gehaltenes Gewicht zukommt –, haben aktuelle politische Entwicklungen der letzten fünf Jahre zwei weitere Themen hoch auf die Liste der kommunalpolitischen Forschungsagenda gehievt:

– Die *Folgen der deutschen Einheit* für die kommunale Ebene insgesamt und die erheblichen Anstrengungen, die noch geleistet werden müssen, um die Probleme zu lösen, mit denen gerade die ostdeutschen Städte und Gemeinden zu kämpfen haben sowie die Aufgabe, die noch unerfahrenen Akteure der Kommunalpolitik und -verwaltung in diesem Raum zu stützen und zu stärken, werden vermutlich die Agenda der kommunalwissenschaftlichen Forschung der kommenden Zeit in Deutschland nachhaltig bestimmen. Hier sind anwendungsorientierte Beratungsleistungen in kurz- und mittelfristiger Perspektive ebenso gefordert wie die wissenschaftliche Aufarbeitung der Rolle der lokalen Ebene während der DDR-Zeit und in der ihr folgenden Übergangsepoche. Zudem bietet gerade die völlig neuartige Situation in den ostdeutschen Kommunen auch eine einzigartige Gelegenheit zur Überprüfung der Argumente eines vornehmlich mit Blick auf die westdeutsche Kommunalpolitik entwickelten analytischen und konzeptionellen Bezugsrahmens.
– In ihrer Neuauflage des Standardwerkes „Das Regierungssystem der Bundesrepublik Deutschland" beklagen *Hesse/Ellwein (1993: 76)* schließlich ein erhebliches Defizit in der Reaktion der meisten deutschen Städte und Gemeinden und ihrer Verbände mit Blick auf *die Veränderungen im Rahmen der europäischen Integration* und darauf bezogener neuer Handlungsstrategien. Hier dürfte ebenfalls ein nachhaltiger Bedarf für die kommunalwissenschaftliche Forschung und Beratungspraxis der nächsten Jahre liegen.

1.5 Perspektiven der Forschung

1.5.1 These: Politisierung der Kommunalpolitik (Do parties matter?)

Eine der ersten Debatten der sich neu formierenden politikwissenschaftlichen Kommunalpolitik-Forschung beschäftigte sich mit der These einer „Ausdifferenzierung spezifisch kommunalpolitischer Handlungssysteme aus der lokalen Gesellschaft" (*Rudzio* 1991: 362f.), die vor allem die Entwicklung in Großstädten betraf, während dieser Trend im ländlichen Raum deutlich langsamer und weniger weitreichend erfolgte. Als Indikatoren für eine damit einhergehende „Politisierung" der Kommunalpolitik werden mehrere Entwicklungen genannt (*Rudzio* 1991: 363) :

Demokratietheoretische Fragestellungen

– das *Vordringen der Parteien im kommunalen Bereich*;
– das *Aufkommen der Bürgerinitiativen* seit Anfang der 70er Jahre neben dem übrigen Spektrum örtlicher Vereine und Verbände, die im Unterschied zu

Bürgerinitiativen als „spezifisch kommunalpolitische Interessenvereinigungen" nur „nebenher auch kommunalpolitische Interessen entwickelten und über primär unpolitische Selektionsprozesse potentielles kommunalpolitisches Personal anboten" (*Rudzio* 1991: 364).

– ein *veränderter Politikstil*: Das traditionell im kommunalpolitischen Bereich vorherrschende unpolitische „Harmoniemodell" war mit einer Art konkordanzdemokratischem Politikstil verbunden, für den interne Konfliktregelungen, große Koalitionen und einhellige Ratsbeschlüsse typisch waren. Während sich dieser Politikstil auch heute noch in ländlichen Gemeinden findet – und in vielen Gemeinden Ostdeutschlands derzeit wieder auflebt –, läßt sich besonders in den westdeutschen Großstädten der Übergang zu einem eher *konkurrenzdemokratischen* Politikstil beobachten, der durch öffentliche Austragung politischer Konflikte, klare Mehrheits-Minderheits-konstellationen und einer gewachsenen Rolle der Fraktionen gekennzeichnet werden kann (*Rudzio* 1991: 364).

Auf die damit einhergehende Frage nach den Auswirkungen für den kommunalpolitischen Entscheidungsprozeß, d.h. insbesondere für die Ausgestaltung des Verhältnisses zwischen Rat und Verwaltungsspitze, gab es in der deutschen Politikwissenschaft vornehmlich drei konkurrierende Antworten. Diese können mit der These von der kommunalen *„Politik unter exekutiver Führerschaft"*, der These eines neuen Machtzentrums in Form eines *Kreises einflußreicher „Vorentscheider"* sowie mit der These, daß Unterschiedlichkeiten der Kommunalverfassungen keine relevanten Unterschiede im kommunalpolitischen Entscheidungsprozeß und für den jeweils vorherrschenden Politikstil nach sich ziehen, umschrieben werden. Eine ausführlichere Erörterung dieser Thesen wird an anderer Stelle in diesem Band vorgenommen (vgl. *Kleinfeld/Nendza*).

Policy-bezogene Fragestellung

Bezog sich die bisher beschriebene Debatte eher auf eine demokratietheoretisch-institutionalistische Fragestellung, hat sich unter dem Einfluß der prozeß- und „policy"-orientierten Politikforschung die Debatte über eine „Politisierung" der Kommunalpolitik um eine neue Dimension erweitert. Ausgangspunkt bleibt die Frage, welchen Einfluß die politische Mehrheit und damit vor allem auch die lokalen Parteien auf die Kommunalpolitik haben. Gefragt wird nunmehr aber danach, ob unterschiedliche politische Mehrheiten in den Kommunalparlamenten auch unterschiedliche politische Ergebnisse produzieren, wobei hier unterstellt wird, daß es einen grundsätzlich politisch gestaltbaren Handlungsspielraum der lokalen Ebene gibt (*Häussermann* 1991a: 43). Mit dieser Frage haben sich in den letzten Jahren mehrere empirische Forschungsprojekte beschäftigt. Das Interesse richtete sich methodisch vorrangig auf solche Städte, die nicht von der gleichen Partei geleitet wurden wie im Bund (Eigentlich muß ein derartiges Forschungsdesign aber die doppelte Beziehung zur Bundes- und Landespolitik einbeziehen, da es einen Unterschied macht, ob z.B. während der Phase einer CDU-geführten Bundesregierung eine SPD-regierte Stadt in einem Bundesland mit einer sozialdemokratischen Landesregierung agiert oder einer doppelten Oppositionssituation gegenüber Bund und Land ausgesetzt ist).

Empirische Überprüfungen

Einen aufwendigen quantitativen Test unternahmen *Gabriel u. a.* (1990). Sie kamen zu einem eher skeptischen Urteil hinsichtlich der potentiellen politischen Handlungsspielräume der Kommunen. Ihre Studie verglich die Investitionsausgaben aller Gemeinden in einem Bundesland für solche Ausgabenbereiche, die noch am stärksten einer autonomen kommunalen Handlungssphäre zuzurechnen sind: Kultur, Sport und Erholung sowie Verkehr. Sie kamen aber zu dem Ergebnis, daß die lokale Parteipolitik das Ausgabeverhalten von Gemeinden in diesen Bereichen „allenfalls graduell" (*Gabriel u. a.* 1990: 158f.) beeinflußt. Als wichtigsten Bestimmungsfaktor des Investitionsverhaltens identifizierten sie hingegen die starke Lenkungswirkung von staatlichen Zuschußangeboten.

Andere empirische Studien untersuchten in ähnlicher Absicht Handlungsfelder, in denen die Bundespolitik nach ihrer Auffassung besonders passiv, der örtliche Problemdruck hingegen besonders groß ist. Derartige Studien wurden insbesondere für die Bereiche der Wohnungs-, Sozial- und Arbeitsmarktpolitik durchgeführt. So hat Hellmut *Wollmann* in zwei Studien zur Wohnungs- und Sozialpolitik eine empirische Prüfung seiner in den frühen 80er Jahre aufgestellten These von einer möglichen „Gegenimplementation von unten", die an lokale Spielräume beim Vollzug zentralstaatlicher Programme ansetzt, vorgenommen. Eine erste Studie bezog sich auf die wohnungspolitischen Initiativen aller 66 westdeutschen Großstädte. Gefragt wurde danach, ob sich eine systematische Differenz der Problemorientierung bei SPD- und CDU-regierten Städten nachweisen läßt, wobei von einer Arbeitshypothese ausgegangen wurde, daß „SPD-Dominanz in den Städten mit höheren Anstrengungen im Sozialmietwohnungsbau einher(-geht, R.K.)" (*Grüner u. a.* 1988: 54) Im Ergebnis stellte sich aber nur eine schwache Bestätigung der erwarteten Beziehung ein, wobei zudem der Einfluß von Faktoren wie Wirtschafts- und Finanzkraft oder Ausgabentradition einer Kommune nicht mit berücksichtigt wurde (*Häussermann* 1991a: 43).

Später verglich dieselbe Forschungsgruppe das sozialpolitische Profil von zwei Städten mit vergleichbarer wohnungs- und sozialpolitischer Problemlage, aber unterschiedlichen parteipolitischen Leitungen. Auch diese Studie kam zu eher „widersprüchlichen" Befunden (*Jaedicke u.a.* 1991: 206). Die Hypothese, daß eine SPD-regierte Stadtverwaltung auf eine vergleichbare Problemlage mit stärkerem Engagement und mit ausgeprägterer sozialpolitischer Orientierung reagiere, ließ sich im Rahmen ihrer Untersuchung nicht bestätigen. Tatsächlich konzentrierte sich ein signifikant stärkeres Engagement sowohl der sozialdemokratisch wie der christdemokratisch regierten Stadt vornehmlich auf den Bereich der Wirtschaftsförderung. Die naheliegende Schlußfolgerung (so *Häussermann* 1991a: 43), daß es daher eher die sozio-ökonomischen und institutionellen Rahmenbedingungen sind, die die Konvergenz der Praxis bei divergierenden politischen Positionen erklären, wird von den Autoren aber abgelehnt. Vielmehr konzentrieren sich die Autoren auf die Erklärung der „Rest"-Unterschiede zwischen den beiden Städten. Hier sehen sie dann die Wirkung eines eher indirekten parteipolitischen Effektes, der über das lokale „kulturelle Milieu" vermittelt wird, insofern die Parteien das „lokale Meinungs- und Diskussionsklima" prägen (*Jaedicke u.a.* 1991: 214f.). Diese eher dem Bereich der politischen Kulturforschung zuzurechnende Fragestellung beantwortet aber nach Ansicht von *Häussermann* noch nicht die vorgebene „Do parties matter?"-Frage.

Diese neueren Ergebnisse empirischer Studien führten aus einer „policy"-Perspektive heraus also eher zu einer negativen Antwort auf die Frage nach einer „Politisierung" der Kommunalpolitik durch Parteipolitik und damit zu einer ungewollten Bestätigung des Einflusses institutioneller Faktoren und föderalstaatlicher Abhängigkeiten. Die geringe parteipolitische Differenzierung der Kommunalpolitik in Deutschland ist nach Ansicht von *Häussermann* (1991a: 44) „ein indirekter Hinweis darauf, daß die institutionellen Rahmenbedingungen wenig Spielraum für lokal spezifische Politik lassen", und steht somit auch in einem Spannungsverhältnis zu den Annahmen des „local state"- und des regulationstheoretischen Ansatzes. Zugleich könnte in diesem neuen empirischen Licht auch die in früheren Jahren von politökonomischen Ansätzen eher postulierte, als analysierte Dependenzthese neue Aktualität erlangen.

1.5.2 These: Asymmetrie zwischen Staat und Stadt

Zu den „klassischen" Debatten der politik- und verwaltungswissenschaftlichen Kommunalpolitik-Forschung gehört die Frage nach der Bedeutung der lokalen Ebene im Verhältnis zu den anderen Politikebenen, d.h. Land, Bund und neuerdings auch der europäischen Ebene. Die zahlreichen und variationsreichen Antworten auf diese Frage lassen sich auf einem Kontinuum ansiedeln, dessen Extrempunkte durch folgende Thesen charakterisiert werden können: Nach der einen Auffassung ist die lokale Ebene (mitunter wird hier auch die regionale Ebene hinzugerechnet) „lediglich blindes Vollzugsorgan zentralstaatlicher Vorgaben und willenloser Spielball globaler ökonomischer Entwicklungen" (so die Zuspitzung dieser Position bei *Blanke/Benzler* 1991: 14). Die Gegenposition sieht in der lokalen Ebene gerade den Ort, von dem aus eine „Gegensteuerung gegen nicht-partizipative und sozial nicht verträgliche Entwicklungen in Ökonomie und ‚großer Politik'" ausgehen kann (Ebd. S. 14).

Für viele Autoren stellt die lokale Ebene in Industriestaaten westlichen Typus nicht nur die im gebietskörperschaftlichen Gefüge „unterste" Ebene dar, sondern wird auch im nationalen intergouvernementalen Vergleich – was Ressourcenrahmen sowie politische und administrative Kompetenz anbetrifft – als „schwächste" politische Ebene betrachtet. Eine empirisch gesättigte Überprüfung dieser These einer Asymmetrie zwischen (Zentral-)Staat und Stadt sowie der damit verbundenen Schieflage der „intergovernmental relations" (*Loughlin* 1986; *Grant* 1989) im internationalen Vergleich steht allerdings noch aus. Die These scheint zwar auf so unterschiedlich institutionell verfaßte Länder wie die Bundesrepublik, Großbritannien und Frankreich zuzutreffen, für die skandinavischen Länder oder die Niederlande bedarf das Argument einer besonderen lokalen „Schwäche" aber wohl der Differenzierung. Gleiches gilt im übrigen auch für die Stellung der Verdichtungsräume im Prozeß der deutschen Politikverflechtung (*Fürst/Hesse* 1984).

1.5.3 These: Zentralisierung staatlicher Entscheidungsprozesse

Als Beschreibungs- und Erklärungsfaktor für die vorgenannte Asymmetrie der Stadt-Staat-Beziehungen wird sehr häufig auf eine Zentralisierungsthese zurückgegriffen. Bedingt durch die Renaissance marxistischer Theorien während der Studentenbewegung, erklärten in der ersten Phase politikwissenschaftlicher Kommunalpolitik-Forschung viele Autoren die Zentralisierung staatlicher Entscheidungsprozesse mit klassentheoretischen bzw. politökonomischen Argumenten. Sie sahen darin vornehmlich einen Ausdruck wachsender Staatsintervention zum Zwecke der Vermeidung ökonomischer Krisen, wie er in der korporatistischen „Konzertierten Aktion" auf Bundesebene seinen sichtbarsten Ausdruck fand. Die stärkere Einbindung der Kommunen in die staatliche Finanz- und Investitionspolitik wurde in diesem Rahmen notwendig, weil die Kommunen den Großteil staatlicher Investitionen tätigten und weil „ihr traditionell kameralistisches Haushaltsgebaren sich zu den Anforderungen der keynesianischen Konjunktursteuerung widersprüchlich verhielt" (*Häussermann* 1991a: 41).

Die so vorgetragene Zentralisierungsthese stieß auf Kritik der empirischen Politikwissenschaft (*Baestlein u.a.* 1980). Sie warf der politökonomischen Zentralisierungsthese vor, institutionelle Arrangements mit der politischen Wirklichkeit zu verwechseln bzw. unzulässigerweise in eins zu setzen. Unter Berufung auf die gerade stark die kommunalwissenschaftliche Forschung prägende Implementations- und Wirkungsforschung verwies man auf erhebliche lokale Spielräume bei der Ausführung von Programmen und Gesetzen, die auf Landes- oder Bundesebene beschlossen werden. In diesem Zusammenhang entwickelte z.B. *Wollmann* (1982) die schon oben vorgestellte These einer „Gegenimplementation von unten". Außerdem verwies man mit Blick auf die Praxis der Bundesrepublik darauf, daß in vertikal verflochtenen Politiken regelmäßig auch eine förmliche Beteiligung der Gemeinden bei der Programmentwicklung vorgesehen ist (*Benz/ Heinrich* 1983). Der formalen Einbindung der Kommunen in derartige übergeordnete Programme steht nach dieser Argumentation eine materiell wachsende Abhängigkeit der übergeordneten Politikebenen von der Programmumsetzung durch die Gemeinden selbst entgegen. Diese tendenzielle Aufwertung der lokalen Ebene wird vorrangig im Zusammenhang mit „neuartigen" Problemmaterien gesehen, für die eine auf Routinisierung und Standardisierung abstellende zentralstaatliche Regulierung ungeeignet erscheint (*Hesse* 1982).

1.5.4 These: Aufwertung der lokalen Ebene

Die These einer potentiellen Aufwertung der lokalen Ebene im nationalstaatlichen Politikrahmen gewinnt in der politik- und verwaltungswissenschaftlichen Kommunalpolitik-Diskussion in Deutschland (aber auch international) ab Mitte der 80er Jahre neuen Raum und wird mit unterschiedlicher Akzentsetzung von verschiedenen „Schulen" vertreten. Allgemein werden mehrere Ursachen unterschieden, die dieser Aufwertung zugrundeliegen (*Hesse* 1989b: 125ff.):

– Veränderungen, denen das Parteiensystem der Bundesrepublik seit Ende der 70er Jahre unterworfen war; es gelang in Westdeutschland grün-alternativen Gruppierungen neue politische Themenfelder zu „besetzen" und ihrer Klientel (z.B. soziale Bewegungen) verstärkte öffentliche Aufmerksamkeit zuzuführen; die Erfolge der Grünen im parlamentarischen Raum zwangen die etablierten Parteien zum Einlassen auf die neue politische Konkurrenz.
– Veränderungen und Defizite der Leistungserbringung und Problemverarbeitung im föderativen System der Bundesrepublik, die mit den Stichworten Unregierbarkeit, Politikverflechtung, Verrechtlichung und Bürokratisierung umschrieben worden sind.

61

– Veränderungen im Gefolge des ökonomischen und soziokulturellen Strukturwandels, welche u.a. die kommunalen Institutionen zu erheblichen Veränderungen der Art und des Umfanges ihrer Aufgaben sowie der Routinen und Organisationsmuster ihrer Aufgabenwahrnehmung stellen.

Entsprechend unterschiedlicher gesellschaftspolitischer Affinitäten und Referenzrahmen können in der deutschen Debatte drei Argumentationsstränge unterschieden werden:

– eine der Tradition sozialdemokratischer Reformpolitik verpflichtete These einer „Erneuerung der Politik von Unten" (*Hesse* 1986),
– eine grün-alternativen Positionen nahestehende These von der Rolle der „Kommune als Gegenmacht" (*Bullmann/Gitschmann* 1985) sowie schließlich
– die eher politökonomisch hergeleitete regulationstheoretische These wachsender lokaler Handlungsspielräume im Rahmen der Politik im Postfordismus (*Mayer* 1991), die zu einer Aufwertung des „local state" führen.

Die Begründung für derartige Aufwertungstendenzen der lokalen (und regionalen) Politikebene soll hier zunächst exemplarisch für die Variante einer „Erneuerung der Politik von unten" vorgestellt werden. Erklärungen für eine derartige Aufwertung ergeben sich mit Blick auf Entwicklungen in westlichen Industriestaaten demnach aus drei Faktoren: zum einen aus politisch durchgeführten Dezentralisierungsprojekten wie in Frankreich oder den Niederlanden, zum anderen aus wachsenden Interdependenzen im Bereich der „intergovernmental relations" und schließlich aus dem (wieder) wachsenden Gewicht der territorialen Differenzierung staatlichen Handelns.

Allerdings beziehen sich die hierbei vorgetragenen Argumente nicht ausschließlich und exklusiv auf die lokale Politikebene, sondern auf „dezentrale Institutionen" allgemein (so die Autoren einer vergleichenden Analyse zur „Modernisierung der Staatsorganisation"; *Hesse/Benz* 1990). Überspitzt formuliert, erstreckt sich die Bedeutungssteigerung der lokalen Ebene, die strukturell, prozessual und materiell-inhaltlich begründet werden kann (*Hesse* 1989a), vornehmlich auf ihre Funktionen als Leistungsinstanzen und Vollzugseinrichtungen, während die Aufwertung der regionalen Politikebene stärker auf ihre Funktion als Koordinations- und Steuerungsebene abstellt (*Hesse/Benz* 1990: 234). Faktisch erwächst hieraus ein neuartiges, „nicht-hierarchisches Geflecht von Funktionsbereichen, das durch komplexe Interdependenzbeziehungen zwischen dem ‚Zentrum' und der ‚Peripherie' geprägt ist" (*Hesse/Benz* 1990: 227).

Funktional-
institutionalistische
Begründungen

Eng verbunden mit diesem Ansatz ist die Annahme, daß integrierte Lösungskonzepte sowohl zwischen sektoralen Politikbereichen als auch zwischen gebietskörperschaftlichen Politikebenen sowohl im nationalstaatlichen wie im europäischen Rahmen an Gewicht und Bedeutung gewinnen. In diesem Zusammenhang sprechen *Blanke/Benzler* (1991: 25) von einer Aufwertung lokaler Politik in einem *funktional-institutionellen* Sinn und grenzen sich dabei ab von der von *Heinelt/Wollmann* (1991: 10) aufgestellten These, wonach die Aufwertung der lokalen Ebene vornehmlich in einem „physisch-ortsgebundenen und sozialraumbezogenen" Sinne erfolgt. Das Erscheinungsbild lokaler und staatlicher Politik wird dieser Auffassung zufolge durch die vorwiegend „issue-spezifische" Vernetzung sektoraler Politikbereiche und gebietskörperschaftlicher Politikebenen noch variationsreicher, aber auch komplexer und unübersichtlicher. Um dennoch zu integrierten Problemlösungen zu kommen, müssen auf lokaler Ebene entsprechende intersektorale Informations-, Kommunikations- und Kooperationsstrategien entwickelt werden. Herkömmliche politische oder wissenschaftliche Konzepte, die auf einzelne räumliche und administrative „Einheiten" oder auf bestimmte organisationsförmig verfestigte Interessen abstellen, verlieren demgegenüber an Aussagekraft.

Diese kommunikationszentrierte funktional-institutionelle Betrachtungsweise weist vielfältige Schnittstellen zu Ansätzen auf, bei denen Überlegungen zur Erweiterung lokaler Partizipation im Mittelpunkt stehen. Beide Ansätze gehen weit über das tradierte Konzept der gemeindlichen „Selbstverwaltung" hinaus und lehnen rein „etatistische Zugriffe" als verfehlt ab. Obwohl ihre Begründung und Stoßrichtung eine andere ist, kulminieren beide Ansätze in der Forderung nach Partizipationsformen, die „auch nach der Seite der *Legitimation* die tradierte Arbeitsteilung zwischen privatem und öffentlichem Sektor, zwischen Bürger und Staat verändern" (*Blanke/Benzler* 1991: 25).

Blanke/Benzler (1991: 23) formulierten Anfang der 90er Jahre die Hypothese eines „Problemzyklus" lokaler Politikentwicklung. Demnach würde, zeitlich versetzt, in Abhängigkeit vom sozio-ökonomischen und sozio-kulturellen Wandel die lokale Politik Phasen neuer *Problemartikulationen* durchlaufen, in denen diese Forderungen zunächst als „input" solange gegenüber dem Staat vorgetragen werden, bis in einem wechselseitigen Anpassungsprozeß der Umgang mit ihnen soweit routinisiert ist, daß der Problemdruck entweder nachläßt, umgelenkt wird oder abgebaut werden kann. Im Sinne eines offenen politischen Prozesses steht vorab nicht eindeutig fest, auf welcher gebietskörperschaftlichen Ebene die Hauptlast der Problemverarbeitung liegt. In Anlehnung an die Argumentation von *Hesse/Benz* (1990) sehen die beiden Autoren eine Aufwertung der lokalen und regionalen Politikebene aus ihrer Doppelrolle als potentieller Ort des Widerstandes gegen zentralstaatliche Modernisierung ebenso wie als Keimzelle und Übungsplatz neuer innovativer Politikformen. Stimmt diese Annahme, erscheint es folgerichtig, weder einseitig formulierte Zentralisierungsthesen noch ebenso einseitige Gegenmachtspositionen zum Ausgangspunkt zu nehmen, sondern vielmehr auf Interdependenzen im gesamtstaatlichen und gesellschaftsweiten Rahmen abzustellen.

Ob sich hieraus ein neues Spannungsverhältnis zwischen der lokale Mikro-Ebene und der regionalen Meso-Ebene ergibt, wird in dieser Debatte übrigens zumeist nicht erörtert. Daß dieser Frage eine nicht unerhebliche Praxisrelevanz zukommt, wird z.B. in der Auseinandersetzung zwischen Ländern und Kommunen über die Frage der Besetzung des neuen EG-Regionalausschusses sichtbar. Dabei wirft dieser Konflikt eine weitere nicht unerhebliche Frage auf, die in der Literatur – und in der politischen Praxis der EU-Staaten – stark umstritten ist: Welche Institutionen und Körperschaften werden der lokalen Ebene zugerechnet, wo fängt die regionale Ebene an und wo hört sie – man denke an die Position der Bundesländer – auf? Dies Problem taucht besonders dann auf, wenn in der Argumentation das in den meisten westlichen Ländern anzutreffende komplexe, mehrstufige gebietskörperschaftliche Institutionengefüge auf einen dua-

Marginalien:

Problemzyklus-Hypothese lokaler Politikentwicklung

Exkurs: Regionale Ebene als „black box"

listischen Stadt-Staat-Gegensatz reduziert wird: Sind die Bundesländer dann „Staat", oder sind sie als „regionale Ebene" eher dem Stadt-Pol zugerechnet? Diese Problematik wird um so relevanter, wenn die These von *Hesse* (1989a: 17f.) zutrifft, daß in den meisten westlichen Industriestaaten deutlich geworden ist, daß „der wachsenden Differenzierung von Lebens- und Produktionsprozessen meist nicht mehr zentralstaatlich und standardisiert begegnet werden kann".

Gegenmacht-Hypothese
der lokalen
Politikforschung

Während die oben vorgetragenen Argumente als funktionalistisch begründete, aber institutionenzentrierte Sichtweise mit einem eingebauten demokratietheoretischen bzw. normativen Impetus charakterisiert werden kann, stehen demokratietheoretische und normative Aspekte im Mittelpunkt der alternativen „Gegenmacht"-These. Sie legitimiert ihren Anspruch auf eine Aufwertung der lokalen Demokratie *(Gabriel* 1989) mit dem doppelten Argument einer verbesserten Wirkung der Staatstätigkeit im Sinne der Gerechtigkeit einerseits sowie mit erweiterten Partizipations- und demokratischen Kontrollmöglichkeiten andererseits.

Die politisch-strategischen Implikationen, die dieser These zugrundeliegen, hat *Häussermann* (1991a: 41) wie folgt zusammengefaßt:

> „Angesicht der stabil scheinenden Besetzung zentralstaatlicher Positionen durch die konservativ-liberalen Parteien werden... Reformintentionen linker und alternativer Bewegungen vor allem auf die kommunale Politik gerichtet. Diese Orientierung lebt aus der Erinnerung an die revolutionären Traditionen vorindustrieller Stadtpolitik, in denen sich die bürgerliche Emanzipationsbewegung auf die kommunale Autonomie stützte, und sie lebt aus der Idee, auf der lokalen Ebene könnten sich aus unmittelbaren Betroffenheiten Koalitionen gegen die Tendenz zur Ökonomisierung der Politik ergeben."

Die im Rahmen regulationstheoretischer Ansätze entwickelten Argumente einer zunehmenden Variationsbreite und Bedeutung des „lokalen Staates" für ein postfordistisches Akkumulationsregime schließen relativ eng an Auffassungen im Rahmen der neuen Steuerungsdebatte und der „new public management"-Schule *(Naschold* 1993) an. Angesichts des zwischenzeitlich eingetretenen sozio-ökonomischen und sozio-kulturellen Strukturwandels wird ein Wandel im Selbstverständnis der Kommunalpolitik von einem „Dienstleistungsbetrieb" für die Bevölkerung (so das entsprechende Schlagwort in den 60er Jahren) zum „Konzern Stadt" (so das Schlagwort in Städten wie Tilburg oder Duisburg) postuliert oder gefordert. Der hiermit einhergehende Perspektivenwandel schlägt sich nicht nur in binnenadministrativen Modernisierungskonzepten nieder, sondern auch in einem veränderten Stellenwert einzelner lokaler Handlungsfelder, wobei nach empirisch gestützten Beobachtungen weitgehend unabhängig von den jeweiligen politischen Mehrheitsverhältnissen zumeist die kommunale Wirtschaftsförderung höchste Priorität erhält. Der Vorrang produktionsorientierter Politiken ist für eine öffentliche Verwaltung, die dem Typus des Steuerstaates zugerechnet werden kann, ebensowenig eine Novität wie die Existenz interkommunaler Standortkonkurrenz. Neu ist allerdings das Konzept einer postfordistischen Wirtschaftsförderung selbst, insofern nunmehr die Kooperation unterschiedlicher Akteure auf der lokalen (und regionalen) Ebene als Voraussetzung für den ökonomischen Erfolg der *einzelnen* Akteure gilt *(Häussermann* 1991a: 46). Der genuine Beitrag der lokalen Politik bei der Schaffung derartiger innovativer „Milieus" bleibt allerdings begrenzt und erzeugt die von den Protagonisten dieses Ansatzes in Aussicht gestellte Erhöhung lokaler „Autonomie" im günstigsten

Fall gegenüber übergeordneten Politikebenen. Dem stünde im Erfolgsfalle jedoch eine verstärkte horizontale Abhängigkeit von der Kooperationswilligkeit der lokalen Wirtschaft, Gewerkschaften und auch den involvierten „Bewegungsorganisationen" gegenüber.

Allen drei Varianten, die die These einer Aufwertung der lokalen Ebene vertreten, ist gemein, daß sie aus einer bestimmten gesellschaftspolitischen Perspektive heraus entwickelt worden sind, in der sich wissenschaftlich-analytische Betrachtungsweise und normativ-politische Appelle durchdringen. Sie basieren nach Ansicht der meisten Beobachter zum Teil jedenfalls mehr auf Hoffnungen und Erwartungen als auf pragmatisch-empirischen Analysen entsprechender Handlungskorridore (so *Hesse* 1989b: 129). Allerdings werden aus diesem konsensualen Befund unterschiedliche Therapien abgeleitet. *Häussermann* (1991a: 49) akzentuiert und relativiert in diesem Zusammenhang aus der „Betroffenenperspektive" noch einmal den Stellenwert derartiger politikwissenschaftlicher Analysen:

> „Die Frage nach den Handlungsspielräumen der kommunalen Politik bleibt eines der zentralen Themen der lokalen Politikforschung – nicht nur, weil die bisherige Forschung noch so viele Fragen offen gelassen hat, sondern insbesondere auch deshalb, weil sich im städtischen Raum so viel Engagement um kommunalpolitische Entscheidungen kristallisiert. Wenn es z. B. um lokale Arbeitsmarktpolitik geht, ist jeder Millimeter von Einfluß, der für die Reduzierung von Arbeitslosigkeit oder für die Minderung ihrer Folgen genutzt werden kann, wichtiger als die Frage, ob es sich dabei um die Ausnutzung von strukturellen Handlungsspielräumen oder um das Erzwingen von Aktivitäten handelt, zu denen die Gemeinden ohnehin verpflichtet wären."

1.5.5 These: Neuartige lokale Kooperations- und Verhandlungsformen

Im regulationstheoretischen Ansatz begründet sich die materielle Basis einer „neuen" lokalen Autonomie aus der Dezentralisierung akkumulationsbezogener Entscheidungen. Deren Mannigfaltigkeit führe zu kommunenspezifischen Problemkonstellationen, mit der eine doppelte Differenzierung einhergeht: Es verstärkt sich die tendenzielle Singularität konkreter lokaler Bedingungen, aber es kommt auch zu einem wachsenden interkommunalen Gefälle zwischen konkurrierenden Städten und Regionen (*Mayer* 1991: 43).

Eine der Auswirkungen von Dezentralisierungstendenzen auf lokaler Ebene betrifft die Neugestaltung von Kooperations- und Verhandlungsformen zwischen kommunaler Politik und organisierten Interessen in „harten" und „weichen" Politikbereichen. Derartige Arrangements der Interessenvermittlung können drei unterschiedlichen politischen Logiken folgen:

– Aus der Hochzeit sozialdemokratischer Reformpolitik sind „*konzertierte Aktionen*" bekannt, die meist in „harten" sozio-ökonomischen Politikbereichen angesiedelt sind und als kombinierte Steuerung durch Staat und Verbände „von oben" charakterisiert werden können. Derartige „konzertierte Aktionen" im lokalen und regionalen Raum werden durch öffentliche Vertreter initiiert und finden sich vor allem im Bereich der Wirtschaftsförderung

Konzertierte Aktionen

65

(Teilnehmer: Arbeitsverwaltung, Kommunal- und Regionalkörperschaften, transferrelevante regionale Forschungseinrichtungen; Interessenorganisationen der lokal und regional ansässigen Betriebe und deren Arbeitnehmer). Staatliche Akteure bleiben hier von der bei der lokalen und regionalen Wirtschaft vorhandenen Expertise, was betriebliche und regionale Engpässe, aber auch Potentiale betrifft, abhängig. Zu dieser Variante zählt auch „die Institutionalisierung vielfältiger ,vor Ort'-Konferenzen zur Erhöhung der Treffsicherheit einzelner Fachpolitiken und zur besseren Zielgruppenorientierung spezifischer Fördermaßnahmen" (*Hesse* 1989b: 127).

Regionalkonferenzen — Eine Mittelstellung nehmen neue Formen der Selbstkoordination zwischen staatlichen und privaten Akteuren vom Typus der *„Regionalkonferenzen"* ein, die vorzugsweise im regionalen Rahmen angesiedelt sind und die der „Organisation von Interaktionsprozessen zur Konsensfindung und Akzeptanzgewinnung, und (der, R.K.) Organisation der Kompetenz- und Ressourcenbereitstellung" dienen (*Hesse* 1987: 72). Das so koordinierte kollektive Handeln kann materiell sowohl „harte" wie „weiche" Politikbereiche umfassen. Weitere Beispiele sind die zum Zwecke der Koordination geschaffenen Gremien funktionaler Repräsentation (Umlandverbände, Weiterbildungsverbünde, Transferstellen). Hier entstehen, vermittelt über die in diesen Gremien meist anzutreffenden Beiräte, auch neuartige Kommunikationsstrukturen zwischen Industrie, Gewerkschaften und Gebietskörperschaften (*Mayer* 1991: 47).

Runde Tische — Schließlich haben seit den Reformprozessen in Osteuropa und der „Wende" in der DDR basisdemokratisch angestoßene Formen der Selbstkoordination bzw. einer den Prinzipien der Zivilgesellschaft verpflichteten Interessenvermittlung zwischen staatlichen und bürgerschaftlichen Akteuren an Boden gewonnen, die mit der Metapher der *„Runden Tische"* umschrieben werden. Sie zielen in der Regel ab auf eine „institutionalisierte Repräsentation und Mitwirkung gesellschaftlicher Gruppierungen ohne adäquates Macht- und Sanktionspotential" (*Kleinfeld* 1993: 78). Runde Tische greifen häufig Themen wie Stadtsanierung, Beschäftigungs-/Sozialpolitik, aber auch Gesundheits-, Frauen-, Drogen- oder Ausländerpolitik auf und stützen sich auf Stadtteil-Initiativen und ähnliche Gruppen. Gerade Selbsthilfe-Gruppen und Stadtteilorganisationen sind schon längst nicht mehr auf eine „reine" Gegenmachts-Funktion beschränkt, sondern werden von vielen Kommunen auf ihre Nützlichkeit z.B. im Umgang mit Dauerarbeitslosigkeit, Marginalisierungsproblemen, aber auch zur Beherrschung der Kostenexplosion im Gesundheitswesen geprüft und verstärkt auch in kommunalpolitische Handlungsstrategien eingebunden. Entsprechend ihrer widersprüchlichen Funktionen ist ihr Stellenwert in der politischen und wissenschaftlichen Debatte noch sehr umstritten: „Betrachtet man die Initiativen (wie der Korporatismus-Ansatz) primär unter der Perspektive ihrer Inkorporierung, so sind sie nichts anderes als nützliche Idioten bei der Durchsetzung einer Modernisierungspolitik. Knüpft man dagegen am Regulationsansatz an, rücken sie eher die Frage nach neuen Politikstrukturen und Regulationsmodi ins Zentrum" (*Mayer* 1991: 48).

Idealtypisch können diese neuen Kooperations- und Verhandlungsformen als Pole einer *selektiven* und einer *partizipativen lokalen Politik* aufgefaßt werden:

> „Setzt eine selektive lokale Politik auf eine prosperierende Stadtentwicklung ohne Berücksichtigung der Lebensverhältnisse breiter Bevölkerungsschichten, wobei auch eine Exklusion von gesellschaftlichen Teilhabemöglichkeiten ... in Kauf genommen wird, so ist eine partizipative lokale Politik darauf gerichtet, durch eine möglichst breite Aktivierung von Akteuren eine Stadtentwicklung zu realisieren, die Marginalisierung verhindert oder weitgehend minimiert" (*Heinelt/Mayer*, zit. bei *Blanke/Benzler* 1991: 29, FN 4).

Formen lokaler Interessenvermittlung haben in letzter Zeit besonders die Aufmerksamkeit des regulationstheoretischen Ansatzes erregt. Die Erhöhung des Handlungspotentials der regionalen und lokalen Ebene, die für die Durchsetzung des flexiblen Akkumulationsregimes notwendig ist, wird durch staatliche Politik von oben angestiftet, die eine dezentrale Eigenentwicklung befördert. Hier wird eine Unterstützung des Argumentes der zunehmenden lokalen Singularität gerade darin gesehen, daß sich für diese neuen Gremien keine „typische" Organisationsform herausbildet, sondern daß sie jeweils von den historischen und politischen Vorbedingungen abhängig bleiben (*Mayer* 1991: 47). *Häussermann* (1991a: 46) kritisiert, daß *Mayer* die Vorteile des regulationstheoretischen Ansatzes damit begründet, daß er einen Ausweg aus der „systemfunktionalen Sackgasse" anbietet, in die nach ihrer Meinung alle bisherigen Ansätze der lokalen Politikforschung geraten sind (*Mayer* 1991: 32) und hält ihr und auch dem „local state"-Ansatz vor, daß sie die unterstellte Aufwertung der lokalen Ebene letztlich selbst funktional begründen:

> „Es handelt sich... um die einfache organisationstheoretische Weisheit, daß Entscheidungen, wenn sie innerhalb eines vorgegebenen Rahmens dezentralisiert werden, in der Regel problemadäquater, flexibler und effizienter sind als zentrale. (*Häussermann* 1991a: 47).

1.5.6 These: Zunehmende Ungleichzeitigkeit, Konkurrenz und Polarisierung

Ein gerade seit dem Ende der 80er Jahre verstärkt in der deutschen und internationalen Diskussion auftauchendes Argument, das man als „Polarisierungsthese" umschreiben kann, beschäftigt sich mit der zunehmend ungleichen Entwicklung in verschiedenen räumlichen, gebietskörperschaftlichen und sozialen Konfigurationen (*Duncan/Goodwin* 1988; *Schmals* 1989). Aktuelle Tendenzen scheinen diese Entwicklung noch zu fördern: Zum einen läßt die Labilität der gesellschaftspolitischen und ökonomischen Entwicklung in den ehemals „realsozialistischen" Staaten unkalkulierbare Armutswanderungen befürchten. Zum anderen wird argumentiert, daß die Eskalierung globaler Entwicklungsunterschiede und damit einhergehender Konflikte die reichen Industriestaaten zu einem Zeitpunkt trifft, da innerhalb dieser Staaten selbst die Ungleichheiten zwischen arm und reich wachsen (*Windhoff-Héritier* 1991), regionale und innerstädtische Differenzierungsprozesse zunehmen und es zu einem verschärften Wettbewerb zwischen prosperierenden und stagnierenden Regionen, Städten und innerstädtischen

Stadtregionen nicht mehr nur im nationalen, sondern zunehmend auch im europäischen Maßstab kommt (*Häussermann/Siebel* 1987).

In systemtheoretischer Perspektive lassen sich die unübersehbaren Anzeichen wachsender Ungleichheiten zwischen und innerhalb von Städten und Regionen dahingehend interpretieren, daß hierdurch tendenziell die westlichen Wohlfahrtsstaaten in ihrer historisch gewachsenen Selbstinterpretation von Inklusion und Gleichheit (*Luhmann* 1981) im Kern betroffen sind (*Blanke/Benzler* 1991: 24). Andererseits sollte man auch den kritischen Einwand prüfen (*Hesse* 1982), daß die lokale Politikforschung – auch aufgrund ihrer eigenen Politiknähe – mitunter zu „Dramatisierungen" neigt.

Der regulationstheoretische Ansatz greift ebenfalls die Konkurrenz- und Polarisierungsthese auf: Demnach sind unter Bedingungen verschärfter Konkurrenz zwischen Städten und Regionen bei gleichzeitig zunehmenden zentralstaatlichen Politikrestriktionen die lokalen und regionalen Politikebenen mit neuen Herausforderungen konfrontiert. Diese zeichnen sich durch die Gleichzeitigkeit aus, mit der einerseits die Bereitstellung eines innovativen, wachstumsfördernden Klimas gefordert wird, während sie andererseits unter dem verschärften Druck leerer Haushaltskassen neue Krisenmanagement- und Regulationsformen erfinden müssen, um das neue Akkumulationsregime abzustützen (*Mayer* 1991). Lag der Schwerpunkt der Funktionen lokaler Politik im Fordismus „auf dem Vollziehen und Verwalten, Abfedern, Filtern, und Kleinarbeiten von zentralstaatlich gesetzter Politik, so erfordern die neuen deregulierten Bedingungen und die neue interregionale Konkurrenzstruktur die Entwicklung eigener unternehmerischer Strategien" (*Mayer* 1991: 40). Gerade die über das neue postfordistische Akkumulationsregime vermittelte regionale Konkurrenz zwingt nach dieser Sichtweise auf internationaler Ebene die Kommunen zur Wahrnehmung aktiver Koordinations- und Steuerungsfunktionen, die nur in flexibler Anpassung an örtliche Umstände und den Akteuren lokaler Interessen zu leisten sind (*Mayer* 1991: 42).

1.5.7 These: Entstaatlichung der Politik und Kommunalisierung des Staates

Forderungen nach einem Rückbau der „Reichweite des Staates" wurden in den 80er Jahren nicht nur von marktliberalen Angebotsökonomen und konservativen Politikern erhoben, sondern fanden sich mit gänzlich anderem Vorzeichen auch im Strategiearsenal von Sozialwissenschaftlern, die grün-alternativen Positionen zugerechnet werden können. Die Forderung nach einer „Entstaatlichung" der Politik wurde dabei ergänzt um die Forderung nach dem Aufbau kommunaler „Gegenmacht" (*Bullmann/Gitschmann* 1985: 13). Unterstellt wurde dabei ein ausbaufähiger, eigenständiger kommunaler Handlungsspielraum, für dessen Erweiterung im Sinne einer „Erneuerung der Stadtpolitik" politisch-strategisch neue Bündnisse lokaler Akteure mit örtlichen sozialen Bewegungen vorgeschlagen wurden. Im Mittelpunkt des Interesses stehen bei diesem Ansatz insbesondere die kommunale Wohnungs-, Sozial-, Gesundheits-, Kultur- und Beschäftigungspolitik. Gerade hier erhoffte man sich am ehesten die Etablierung neuer

Formen der Selbstorganisation und des genossenschaftlichen Wirtschaftens. Ob man in der Konzentration derartig kritisch-alternativer Positionen auf die lokale Politikebene eher den resignierenden Rückzug aus der „großen" Politik sehen will oder die zukunftsträchtige Strategie einer Revitalisierung „entstaatlichter" Politik der Zivilgesellschaft auf der Ebene des lokalen Staates mag hier dahingestellt bleiben.

Häussermann (1991a: 42) erinnert daran, daß ähnliche Vorstellungen auch dem neomarxistischen, politökonomischen Ansatz der „lokalen Politikforschung" der frühen 70er Jahre nicht fremd waren (*Preuss* 1973; *Evers* 1975). So hatte schon *Grauhan* eine „Kommunalisierung des Staates" (1978: 230) durch Abkoppelung der lokalen von der staatlichen Ebene (sei es durch Funktionstrennung, sei es durch besondere Institutionen der politischen Willensbildung) vorgeschlagen, für die in (neo)marxistischen Ansätzen fast immer die Marxsche Analyse der „Pariser Kommune" von 1870 als Referenzrahmen gebraucht wurde.

1.5.8 These: Betriebs- und marktwirtschaftliche Optimierung der Steuerungsfähigkeit lokaler (und regionaler) Politik

Die Debatte um die Modernisierung des Staates (*Naschold* 1993) hat inzwischen in vollem Umfang auch die kommunale Ebene erfaßt und – zumindest in der Bundesrepublik – dort auch ihren Schwerpunkt gefunden. Da sich ein eigener Beitrag in diesem Band mit dieser Entwicklung beschäftigt, können die Ausführungen zu diesem Bereich knapp gehalten werden. Die argumentativen Grundlagen dieser Debatte sind auf der Schnittfläche zwischen Managementtheorie, Organisationstheorie und einer Betriebswirtschaftslehre der öffentlichen Verwaltung angesiedelt. Daraus abgeleitete Strategien zielen vornehmlich in zwei Richtungen: Vorgeschlagen werden zum einen in betriebswirtschaftlicher Perspektive institutionelle und verwaltungsinterne Reformen (*Beyer/Brinckmann* 1990; *Reichard* 1994a), mit denen die Effizienz („Wirtschaftlichkeit") der kommunalen Verwaltungen erhöht werden soll. Zum anderen zielen in marktwirtschaftlicher Perspektive diese Strategien auf eine neue Arbeits- und Aufgabenteilung zwischen öffentlichem und privatem Sektor (Public-Private-Partnership) ab, wobei die Reichweite des öffentlichen Sektors zugunsten des marktwirtschaftlichen und privaten Bereichs verringert werden soll. Innerhalb des öffentlichen Sektors sollen nunmehr Privatisierungs- und Rationalisierungsstrategien, unterstützt durch eine „Herabzonung" des Problemverarbeitungsniveaus im Rahmen von Regionalisierungs- und Dezentralisierungsprojekten, die Steuerungsfähigkeit der lokalen und regionalen Politikebene und ihrer Institutionen erhöhen.

1.6 Fazit und Ausblick

Ziel dieses Beitrages war es, Strömungen, Entwicklungen, Debatten, Eigenheiten und Probleme der politikwissenschaftlichen Kommunalpolitik aufzuzeigen. Retrospektiv betrachtet kann eine nachhaltige Überwindung der traditionellen, rein institutionenorientierten Sichtweise der kommunalen Selbstverwaltung und die Überlassung der Bearbeitung kommunalpolitischer Fragestellungen durch die klassische Verwaltungslehre als großer Fortschritt politikwissenschaftlicher Forschung angesehen werden. Die umfassende Thematisierung von Normen, Strukturen, Prozessen und Inhalten lokaler Politik in einer jetzt mehr als drei Jahrzehnte anhaltenen kontroversen Debatte über theoretische Zugänge, analytische Konsequenzen empirisch beobachteter Veränderungen und den daraus abzuleitenden politisch-strategischen Handlungsempfehlungen hat nach übereinstimmender Ansicht der Hauptprotagonisten dieser Debatte die politik- und verwaltungswissenschaftliche Kommunalforschung zu einem besonders produktiven und komplexen Teilgebiet der deutschen Politik- und Verwaltungswissenschaft werden lassen. Aus wissenschaftlicher Perspektive erscheinen der enge Anwendungs- und Auftragsforschungsbezug sowie die politische Nähe von Wissenschaft und Praxis als dauerhaft eingebautes, prekäres Spannungsmoment, das ständig neu auszubalancieren ist, und der inzwischen erreichte Spezialisierungs- und Segmentierungsgrad der Forschung als wissenschaftsimmanentes Strukturproblem.

Zwei niederländische Politikwissenschaftler, *Tops* und *Depla* (1993: 344ff.), haben versucht, die Anfang der 90er Jahre zu beobachtenden Ansätze und Diskussionen zur Modernisierung der lokalen Demokratie in die Leitbilder von der rationalen, repräsentativen und direkten Demokratie zu bündeln. Sie unterscheiden für jedes dieser drei Leitbilder noch einmal zwei Subvarianten:

– *Rationale Demokratie*: Hier steht der politische Prozeß im Mittelpunkt und dienen Effizienz und Effektivität als Maßstab. Zwei Subvarianten werden unterschieden: In der Strukturvariante wird der Entscheidungsprozeß primär als rational erklärbares Produkt betrachtet. Die Aufmerksamkeit konzentriert sich auf die Entwicklung von Methoden und Organisationsformen zur Vorbereitung, Ausführung und Evaluation von Politik (Stichwort: Selbstverwaltung, Kontrakt-Management, Managementrapportagen, Kennzahlen). Zudem geht es um die Erhöhung der Qualität kommunaler Dienstleistungen und die Verstärkung der Kunden-Ansprache von Bürgern. In der Netzwerkvariante wird Politik primär als Interaktionsprozeß betrachtet, an dem eine Vielzahl von Akteuren mit spezifischen Zielen, Interessen, Meinungen und Machtbasen teilnehmen. Wichtigstes Steuermittel innerhalb solcher Netzwerke ist das „management by consensus" (Informationsaustausch, Verstärkung formaler und informeller Kontakte, Verbesserung der Kommunikationsmuster). Letztlich geht es um eine Art „Vergesellschaftung" des politischen Prozesses unter aktiver Beteiligung nicht-staatlicher Akteure (Stadtteilarbeit, Runde Tische, Expertengespräche).

– *Repräsentative Demokratie*: In diesem Leitbild steht die Funktionsweise des Gemeinderates im Mittelpunkt der Aufmerksamkeit. Auch hier lassen sich zwei Varianten unterscheiden: Die erste Subvariante setzt an den internen Funktionen des Gemeinderates in der Kommunalverwaltung an (bessere Informationspolitik, Stärkung der Ausschüsse, Wahl des Bürgermeisters durch den Rat). Die andere Variante setzt an der externen Rolle des Gemeinderats im Verhältnis zur Wählerschaft an. Hier geht es um eine Erleichterung des Zugangs zur lokalen Politik, zur Verbesserung der Repräsentativität der Ratsmitglieder und zur Verstärkung des responsiven Charakters der Kommunalpolitik (öffentliche Anhörungen, Bürgerbeauftragte). Den politischen Parteien kommt in dieser Variante eine Schlüsselrolle zu.

- *Direkte Demokratie*: In diesem Leitbild steht die Position und Rolle des Bürgers und eine Verstärkung seines Einflusses auf die Kommunalpolitik im Mittelpunkt. Auch hier können zwei Varianten unterschieden werden: Die plebiszitäre Variante richtet sich auf die Stimmabgabe des Bürgers und der Verstärkung des Gewichts dieser Stimme in der lokalen Politik (Referendum, Wahl von Stadtteilräten, Direktwahl des Bürgermeisters). Die zweite Variante stellt die Aktivbürgerschaft in den Mittelpunkt, bindet also lokales Engagement nicht mehr allein an Abstimmungen und Wahlen. Das Urteil über bestehende Partizipationsformen fällt kritisch aus und zwar sowohl wegen der geringen Effekte als auch wegen des nur sehr begrenzten Teilnehmerkreises. Stattdessen werden Konzepte von Selbstorganisation und Selbstregulierung favorisiert (Stadtgespräche, Stadtkonferenzen etc.).

Tops und *Depla* (1993: 351) verweisen darauf, daß einige dieser Leitbilder durchaus komplementär sind und sich gegenseitig verstärken, während andere Leitbilder eher in einem Konkurrenz- oder Ausschlußverhältnis stehen (zum Beispiel: partizipative vs. repräsentative Strategien). Derartige Konkurrenzverhältnisse bestehen auch zwischen einzelnen Subvarianten eines Modernisierungs-Leitbildes. Typisch ist zum Beispiel das Spannungsverhältnis zwischen technisch-wissenschaftlicher und politischer Rationalität. So scheinen die Lösungen der Netzwerk-Variante genau jene Probleme hervorzurufen, deren Lösung die Strukturvariante zum Ausgangspunkt nimmt (Verflechtung, wechselseitige Abhängigkeit). Insofern verbleibt bei allen Modernisierung-Leitbildern in der Einschätzung und Bewertung von Problemen und Lösungen immer auch eine nicht weiter auflösbare normative Differenz.

2 Die Reform deutscher Gemeindeverfassungen unter besonderer Berücksichtigung der Entwicklung in Nordrhein-Westfalen und in den neuen Bundesländern

Ralf Kleinfeld und Achim Nendza

2.1 Einleitung

In diesem Beitrag werden aktuelle Reformen der deutschen Gemeindeordnungen dargestellt und erörtert, die seit dem Ende der 80er Jahre das bis dahin scheinbar festgefügte System der vier Grundtypen bundesdeutscher Kommunalverfassungen gehörig durcheinandergeschüttelt und in Bewegung versetzt haben. Zunächst wird exemplarisch die Entstehung der am 17. Oktober 1994 in Kraft getretenen neuen Gemeindeordnung in Nordrhein-Westfalen untersucht. Nordrhein-Westfalen zählte zusammen mit Niedersachsen zu den beiden Flächenstaaten, die am Modell der norddeutschen Ratsverfassung festgehalten hatten, obwohl gerade dieser Kommunalverfassungstyp in den letzten Jahrzehnten am stärksten in die Diskussion geraten war. Darüber hinaus wird ein Überblick über aktuelle Reformentwicklungen in den anderen Ländern der alten Bundesrepublik gegeben, bevor die neuen Gemeindeordnungen in den fünf neuen Bundesländern vorgestellt werden. Dieser Teil wird abgeschlossen mit der Vorstellung eines Ansatzes für eine zeitgemäße Typologie der deutschen Kommunalverfassungssysteme.

In politikwissenschaftlicher Perspektive werden anschließend zentrale Befunde vorgestellt und erörtert, die sich mit der Frage beschäftigen, in welcher Weise gemeinderechtliche Bestimmungen, d.h. die kommunale polity-Dimension, den Entscheidungsprozeß (politics) sowie die Politikresultate auf kommunaler Ebene (policy) bestimmen. Hier geht es also um politologische Arbeiten, die sich mit der Erklärungkraft und Reichweite kommunalverfassungsrechtlich-institutioneller Ansätze zur Erklärung von lokalen Willensbildungs- und Entscheidungssystemen beschäftigen. Für diese Fragestellung sind vergleichende Studien, die kommunale und hier vor allem binnenadministrative Entscheidungsprozesse zum Gegenstand haben, von Bedeutung, vor allem dann, wenn sie eine vergleichende Analyse von Gemeinden in Ländern mit unterschiedlichen Kommunalverfassungen einschließen. Derartige Studien haben in der deutschen Kommunalwissenschaft eine gewisse Tradition: In mehreren einflußreichen Artikeln hat Gerhard *Banner* insbesondere die negativen politischen Wirkungen der Norddeutschen Ratsverfassung vor dem Hintergrund eines Vergleichs mit der Politikgestaltung unter der von ihm als effizienter eingeschätzten Süddeutschen Bürgermeisterverfassung herausgearbeitet. *Derlien* et al. untersuchten bereits 1976 den Zusammenhang zwischen Kommunalverfassung und kommunalem Entscheidungssystem in vier etwa gleichgroßen, mittelstädtischen Gemeinden, die jede einem der vier Gemeindeverfassungs-Typen zuzurechnen waren (Lemgo, Bad Homburg, Bad Kreuznach, Coburg). 1988 untersuchte Uwe *Winkler-Haupt* erneut die Auswirkungen der unterschiedlichen Kommunalverfassungen auf die Steuerungsfähigkeit am Beispiel von vier (anderen) Mittelstädten, von denen jeweils zwei in Nordrhein-Westfalen (Gladbeck und Lünen) und in Baden-Württemberg (Göppingen und Konstanz) lagen. Hiermit war eine empirische Überprüfung der Thesen von Gerhard *Banner* intendiert, ähnlich wie in der 1989 von *Kunz* und *Zapf-Stumm* vorgelegten Studie. Schließlich hat der Rechtspolitologe Rüdiger *Voigt* 1992 versucht, modelltheoretisch nachzuweisen, daß ein und dieselbe Kommunalverfassung (nämlich die bisherige Gemeindeordnung NRW; GO NRW) zu sehr unterschiedlichen Varianten des kommunalpolitischen Entscheidungssystems führen kann. In der Konsequenz bedeutet dies, insbesondere dem Faktor „Politische Kultur" auch im Rahmen von sog. polity-Analysen eine deutlich höhere Aufmerksamkeit zu schenken, als dies aus kommunalrechtlicher Tradition üblich ist.

Aufgaben der Kommunalverfassungen
Kommunalverfassungen legen die grundsätzliche Aufgaben- und Rollenverteilung in den Städten, Gemeinden und Kreisen fest und bestimmen die Architektur der politischen und administrativen Spitze und deren politisch-demokratische Legitimation. Das Grundgesetz sieht in den Gemeinden Selbstverwaltungs-Einheiten im Staat. Ihre Aufgabe liegt darin, eigenverantwortlich und unter Gemeinwohlbezug einen wesentlichen Teil der öffentlichen Angelegenheiten mit den Mitteln der Verwaltung zu erfüllen. Zu den Grundprinzipien demokratisch strukturierter Gemeinwesen gehört, daß Selbstverwaltung und Eigenverantwortlichkeit durch entsprechend demokratisch legitimierte Entscheidungsträger ausgeübt werden. Dies bedeutet in der Konsequenz, daß Entscheidungen von grundlegender Bedeutung und die allgemeine Bestimmung des Verwaltungskurses unter Demokratiegesichtspunkten einer kollegialen Beratung und Entscheidung bedürfen (*Knemeyer* 1994: 87). Demgegenüber sind die übrigen Verwaltungsaufgaben auch im demokratischen Gemeinwesen bürokratisch-effektiv und geschäftsmäßig zu erfüllen, schon allein deshalb, um dem demokratisch legitimierten Kollegialorgan eine wirksame Wahrnehmung seiner genuinen Funktionen überhaupt zu ermöglichen. Trotz aller Projekt- und Team-Konstruktionen sowie den derzeit stark diskutierten Plänen einer dezentralen Ressourcensteuerung und Aufgabenerfüllung findet die Erfüllung routinemäßiger, nicht grundsätzlicher Verwaltungsaufgaben nach wie vor in dann zwar „abgeflachten", dennoch aber weiterhin grundsätzlich hierarchischen Behördenstrukturen statt.

Verfassungsrechtliche Grundlagen
Artikel 28 des Grundgesetzes garantiert in allgemeiner Form die kommunale Selbstverwaltung in der Bundesrepublik und eröffnet mit seiner relativ offenen Formulierung ganz im Sinne einer föderalistischen Ordnung die Schaffung durchaus verschiedener Gestaltungsmöglichkeiten lokaler Demokratie. Diese Handlungskorridore sind von den Landtagen in der Geschichte der Bundesrepublik auch intensiv genutzt worden. Dies hat einerseits damit zu tun, daß in vielen Landesparlamenten der Einfluß kommunaler Vertreter recht hoch ist und Fragen der Städte und Gemeinden innerhalb der Landespolitik insgesamt einen zentralen Stellenwert einnehmen. Andererseits hat es sicherlich auch damit zu tun, daß die Landesgesetzgebung zur Einrichtung der kommunalen Ebene neben den Bereichen der Polizei, des Schulwesens und der Kultur zu den wenigen im

autonomen Gesetzgebungsbereich der Länder verbliebenen Materien zählt, wohingegen die meisten der anderen ursprünglich den Ländern vorbehaltenen Gesetzgebungsbefugnisse inzwischen auf den Bund übergegangen sind. Hierin allein einen Zentralisierungsprozeß zu sehen, wäre im übrigen eine zu einseitige Betrachtung, weil die Länderregierungen an diesem Prozeß zum Teil aktiv mitgewirkt haben. Zum einen blieb von der Übertragung der Gesetzgebungskompetenz ihre starke Stellung in der Ausführungs- und Umsetzungsphase unberührt, zum anderen betraf es zumeist kostenintensive Regelungsmaterien, die die Landeshaushalte entlasteten, und schließlich gelang es den Ländern, sich die Übertragung von Gesetzgebungskompetenzen durch eine sehr viel stärkere Mitwirkung der Länder an der Bundesgesetzgebung über den Bundesrat mehr als kompensieren zu lassen.

Alle in der Bundesrepublik bislang zum Tragen gekommenen Kommunalverfassungstypen fallen innerhalb des von Artikel 28 GG abgedeckten Spielraumes. Aus wissenschaftlicher und staatsrechtlicher Perspektive heraus ist es daher ohne die Hinzuziehung politisch-normativer Maßstäbe gar nicht möglich, eine Antwort auf die Frage nach einer optimalen Gemeindeordnung zu geben. Aus diesem Grund liegt es auch nahe, nicht so sehr nach der „richtigen" Gemeindeordnung zu suchen, und konzentriert sich die Diskussion schwerpunktmäßig eher auf „die Frage nach verfehlten Elementen in der Kommunalverfassung", d.h. auf die Frage, „welche Regelungen vermieden werden müßten und welche andererseits ein hohes Maß an Demokratie und Effizienz verwirklichen können" (*Knemeyer* 1994: 86f.).

2.2 Die rechtlichen Rahmenbedingungen der Kommunalpolitik in der Bundesrepublik

Durch die unterschiedliche Entwicklung der Kommunalverfassungssysteme in den Besatzungszonen nach dem 2. Weltkrieg haben sich – beeinflußt durch die jeweilige Besatzungsmacht – vier Grundtypen von Kommunalverfassungssystemen in der alten Bundesrepublik herausgebildet, die teils an Vorkriegstraditionen anknüpfen (Süddeutsche Ratsverfassung, Magistratsverfassung, Bürgermeisterverfassung), teils aber auch in der deutschen Rechts- und Politiktradition ein Novum darstellen (Norddeutsche Ratsverfassung). Zu unterscheiden sind monistische Kommunalverfassungen, bei denen grundsätzlich alle Zuständigkeiten bei einem Organ liegen, und dualistische, bei denen zwei Organe originäre Zuständigkeiten haben. Ferner werden monokratische und kollegiale Verwaltungsführungen unterschieden; bei den erstgenannten hat ein Organwalter die Führung allein inne, bei den zweitgenannten bildet eine Personenmehrheit das Organ (vgl. ausführlich *Prünte* 1987).

Vier Typen Kommunalverfassung in der alten BRD:

Im Geltungsbereich der Norddeutschen Ratsverfassung, die bis zur Verfassungsreform 1994 in NRW die Bundesländer Nordrhein-Westfalen und Niedersachsen umfaßt, wählt der Rat aus seiner Mitte den Bürgermeister (in kreisfreien Städten: Oberbürgermeister). Dieser ist Vorsitzender des Rates und Repräsentant der Gemeinde nach außen. Darüber hinaus wählt der Rat den Gemeindedirektor

Norddeutsche Ratsverfassung

75

(in kreisangehörigen Städten: Stadtdirektor, in kreisfreien Städten: Oberstadtdirektor), der die Ratsbeschlüsse vorbereitet und ausführt sowie die Verwaltung leitet. Er ist gesetzlicher Vertreter der Gemeinde in Rechts- und Verwaltungsgeschäften. Rat und Bürgermeister werden auf fünf Jahre gewählt, der Gemeindedirektor in NRW auf acht Jahre, in Niedersachsen auf sechs oder zwölf Jahre; vorzeitige Abwahl des Gemeindedirektors ist möglich. Unterschiede zwischen beiden Gemeindeordnungen gibt es hinsichtlich des Eilentscheides (in NRW: der Bürgermeister und ein weiteres Ratsmitglied; in Niedersachsen: einstimmiger Beschluß des Bürgermeisters und des Stadtdirektors); ferner gibt es in Niedersachsen einen Verwaltungsausschuß, der Ratsbeschlüsse vorbereitet und Angelegenheiten entscheidet, die weder eindeutig dem Bürgermeister noch dem Stadtdirektor zugeordnet sind. Die norddeutsche Ratsverfassung ist stark dem klassischen britischen „council-manager"-Modell nachgebildet (*Derlien* 1994: 48).

Süddeutsche Ratsverfassung

Als idealtypisches Gegenstück zur Norddeutschen Ratsverfassung ist gerade in den Schriften von Gerhard *Banner* die Süddeutsche Ratsverfassung herausgestellt worden. Die Süddeutsche Ratsverfassung gilt in Bayern und Baden-Württemberg. Der Rat und der Bürgermeister werden von den Gemeindebürgern gewählt. Beide haben originäre Zuständigkeiten, die nicht übertragen werden können. Der Bürgermeister ist stimmberechtigter Ratsvorsitzender, Verwaltungschef und Vorsitzender aller Ausschüsse. Er bereitet die Sitzungen des Rates und der Ausschüsse vor und führt deren Beschlüsse aus. Eine Abwahl des Bürgermeisters vor Ablauf der Wahlzeit ist nicht möglich. Die Wahlzeit des Rates und des Bürgermeisters beträgt in Bayern sechs Jahre, in Baden-Württemberg die des Rates fünf Jahre, die des Bürgermeisters acht Jahre. Dem Bürgermeister ist durch die Urwahl, durch die Leitung der Verwaltung sowie die Vorsitzendeneigenschaft im Rat und in den Ausschüssen eine starke Stellung eingeräumt worden, die es ihm ermöglicht, Ratsentscheidungen in der Vorbereitungs- und Ausführungsphase wesentlich zu determinieren. Wenn er eine starke Persönlichkeit und in der Bevölkerung beliebt ist, kann er seine Aufgaben relativ unabhängig von der eigenen Partei erfüllen, da er ausschließlich vom Wähler legitimiert ist. Verantwortung wird in diesem System klar zugeordnet, Entscheidungs- und Handlungsfähigkeit sowie Transparenz der Entscheidungsstruktur gelten als klar. *Derlien* (1994: 48) legt für die süddeutsche Bürgermeister-Verfassung den Vergleich zur Präsidialverfassung der USA, d.h. konkret zur amerikanischen „mayor-council"-Verfassung nahe.

Magistratsverfassungen

Die (unechte) Magistratsverfassung gilt in Hessen, Bremerhaven und in den größeren Städten von Rheinland-Pfalz und Schleswig-Holstein. Die Gemeindevertretung (Stadtverordnetenversammlung, Stadtvertretung) wählt sowohl den Vorsitzenden der Vertretung (in Hessen: Stadtverordnetenvorsteher, in Schleswig-Holstein: Bürgermeister oder Stadtpräsident) und den Magistrat, der für die Wahrnehmung der Verwaltungsgeschäfte zuständig ist. Dieser besteht aus dem Bürgermeister, den hauptamtlichen Dezernatsleitern und weiteren ehrenamtlichen Mitgliedern. Die ehrenamtlichen Magistratsmitglieder, die auf vier Jahre gewählt werden, müssen im Magistrat die Mehrheit bilden; sie dürfen in Schleswig-Holstein Ratsmitglieder sein, in Hessen besteht zwischen diesen Funktionen eine Unvereinbarkeit (Inkompatibilität). In Hessen wurden der Bürgermeister und die anderen hauptamtlichen Magistratsmitglieder auf sechs Jahre und in

Schleswig-Holstein – je nach Gemeindesatzung – auf sechs bis zwölf Jahre gewählt. Hauptamtliche Magistratsmitglieder sind mit einer Zweidrittel-Mehrheit der Gemeindevertretung abwählbar.

Als Vorteil dieses Kommunalverfassungssystems wird die Tatsache angesehen, daß sowohl die Vorbereitung von Ratsentscheidungen als auch von Verwaltungseilentscheidungen in die Zuständigkeit von Fachausschüssen der Gemeindevertretung fallen. Als demokratietheoretisch problematisch gelten die unterschiedlichen Amtszeiten der Magistratsmitglieder, insofern bei Kritik an der Politik des Bürgermeisters dessen Partei bei der nächsten Wahl die Mehrheit verlieren kann, der Bürgermeister gleichwohl noch im Amt bleibt.

Die Bürgermeisterverfassung gilt in Rheinland-Pfalz, im Saarland und in den kleineren Gemeinden Schleswig-Holsteins. Es bestehen deutliche Parallelen zur Süddeutschen Ratsverfassung, da auch hier dem Bürgermeister eine starke Stellung eingeräumt wird. Der Bürgermeister leitet die Verwaltung und ist Ratsvorsitzender, jedoch wird er nicht von den Gemeindebürgern, sondern vom Rat gewählt. Er repräsentiert ferner die Gemeinde nach außen. Es gibt aber zwischen den Gemeindeordnungen der drei Bundesländer mit diesem Kommunalverfassungssystem einige markante Unterschiede:

Bürgermeisterverfassung

– In Rheinland-Pfalz und im Saarland leitet der Bürgermeister die Ratsausschüsse selbst oder überträgt den Vorsitz auf unterstellte Beigeordnete.
– Die Amtszeit des hauptamtlichen Bürgermeisters in Rheinland-Pfalz und im Saarland beträgt zehn Jahre, in Schleswig-Holstein sechs bis zwölf Jahre; die Gemeinderäte werden nur auf vier Jahre gewählt.
– Im Saarland hat der Bürgermeister kein Stimmrecht im Rat; in Rheinland-Pfalz muß der Bürgermeister kein gewähltes Ratsmitglied sein.
– In rheinland-pfälzischen Städten mit mehr als zwei hauptamtlichen Beigeordneten ist 1973 ein „Stadtvorstand" eingerichtet worden. Dieser besteht aus dem Bürgermeister und den Beigeordneten (ohne Weisungsrecht des Bürgermeisters) und ist zuständig für die Vorbereitung wichtiger Ratsbeschlüsse, für Eilentscheidungen und für die Zustimmung zur Tagesordnung des Rates.
– In Schleswig-Holstein hat nicht der Bürgermeister den Vorsitz im Rat, sondern der Bürgervorsteher.

Ähnlich wie bei der Süddeutschen Ratsverfassung sind hier Zuständigkeiten und Verantwortlichkeiten klar geregelt; jedoch stellt sich auch hier das Problem, daß der Bürgermeister eine dominierende Stellung hat, wodurch Ratsentscheidungen wesentlich in seinem Sinne determiniert werden können.

Konzentriert man sich auf die Rolle des kommunalen Verwaltungschefs, läßt sich die Spannweite der Kommunalverfassungstypen in der Bundesrepublik als ein Kontinuum darstellen, dessen Endpunkte durch die Modelle der exekutiven Führerschaft und des City Managements gebildet werden.

City Management vs.
Exekutive Führerschaft

Das City-Management-Modell ist durch die Figur des eher unpolitischen „City Managers" charakterisiert. Er verfügt über hohe professionelle Qualitäten, arbeitet aber parteipolitisch neutral der jeweils herrschenden Mehrheit im Rat zu. Der Gemeinderat und die in ihm vertretenen Parteien übernehmen die zentrale politische Rolle. Institutionell bleiben in diesem Modell Rat und Verwaltungschef – vom Wahlvorgang einmal abgesehen – unverbunden.

Das Gegenmodell der exekutiven Führerschaft hat Anfang der 70er Jahre der Politikwissenschaftler *Rolf-Richard Grauhan* insbesondere am Beispiel der Süddeutschen Ratsverfassung herausgearbeitet. Dieses Modell wird durch die Konzentration aller Machtbefugnisse in einer Hand geprägt. Der Bürgermeister fungiert hier als Chef der Gemeindeverwaltung, wohingegen der Rat eher als Beratungsorgan oder lediglich als Akklamationsgremium für die Initiativen des Bürgermeisters dient.

Besatzungsrecht einerseits und Föderalismus andererseits haben also zu einer Vielfalt von Kommunalverfassungssystemen geführt. Diese Vielfalt spiegelt sich im laufenden Diskussionsprozeß über die Reformierung der GO NRW sowie in der Entstehung der Gemeindeordnungen in den neuen Ländern wider.

2.3 Die Reform der Gemeindeordnung NRW

2.3.1 Zweiköpfigkeit und Allzuständigkeit als Merkmale der bisherigen Gemeindeordnung Nordrhein-Westfalens

Strukturmerkmale der bisherigen GO-NRW

Das wichtigste Kennzeichen für die bis Oktober 1994 in 396 Städten und Gemeinden Nordrhein-Westfalens geltende Norddeutsche Ratsverfassung (die folgende Darstellung beruht auf der komprimierten Zusammenfassung bei *Voigt* 1992: 7) war zunächst ihre Zweiköpfigkeit. Ratsvorsitz und Verwaltungsleitung sind auf zwei Personen verteilt, (ehrenamtlicher Bürgermeister und hauptamtlicher Gemeindedirektor). Beide werden vom Gemeinderat gewählt. Der Rat kann aufgrund seiner sog. Allzuständigkeit dem Gemeindedirektor bestimmte Aufgaben übertragen, ihm diese aber auch jederzeit wieder entziehen. Die alte Gemeindeordnung Nordrhein-Westfalen umschrieb die Aufgaben des Gemeindedirektors wie folgt: Er bereitet die Beschlüsse des Rates vor und führt diese unter der Kontrolle des Rates und in Verantwortung diesem gegenüber durch. Theoretisch handelt es sich hier um einen Fall „legislatorischer Programmsteuerung" (*Voigt* 1992: 7).

Im Laufe der Nachkriegszeit hat sich aus dem britischen Vorbild eine eigenständige Kommunalverfassung entwickelt, die in der spezifischen politischen Kultur Nordrhein-Westfalens verankert war. So entwickelte sich der ursprünglich als unpolitisch gedachte Gemeindedirektor zu einem beamteten Politiker, dessen Aufgabe nicht zuletzt auch in der politischen Führung seiner Gemeinde besteht. Die Amtszeit des Gemeindedirektors (bis 1994: acht Jahre) ist nicht an die Legislaturperiode des Rates (fünf Jahre), der ihn wählt, gekoppelt. Seit einer Gesetzesänderung 1979 kann der Rat den Gemeindedirektor allerdings jederzeit – freilich nur mit Zweidrittelmehrheit – abberufen.

Der Gemeindedirektor leitet und verteilt die Geschäfte der Verwaltung, den Geschäftskreis der Beigeordneten kann aber der Rat selbst festlegen. Auch kann der Rat (genauer: die Fraktionen) dafür sorgen, daß nur Personen seines Vertrauens Beigeordnete werden. Diesen kann der Rat zudem auch noch bestimmte Aufgaben zuweisen. Ein Parteienproporz ist auf der Beigeordnetenebene nach der Gemeindeordnung NRW nicht vorgesehen. Zwar sind regelmäßige Beigeordnetenkonferenzen obligatorisch. Ihr Beitrag zur Einheitlichkeit der Verwaltungsführung hängt jedoch von den Mehrheitsverhältnissen im Rat und dem örtlich variierenden Einfluß der Fraktionen auf die Beigeordneten ab. Die Beigeordneten können ihre abweichenden Meinungen in Angelegenheiten ihres Geschäftsbereichs zudem dem Hauptausschuß vortragen.

Die Stellung des Bürgermeisters wurde in Nordrhein-Westfalen im Laufe der Zeit auf Kosten des Rates erheblich aufgewertet, dennoch kommen kritische Beobachter regelmäßig zu der Feststellung, daß das Kompetenzgerangel zwischen Bürgermeister und Stadtdirektor kompetente Persönlichkeiten bisher häufig von einer Rathauskarriere eher abgeschreckt habe (Die Welt v. 5.5.1994: 2). *Voigt* verweist darauf, daß die Tradition der rheinischen Bürgermeisterverfassung in NRW auch nach 1945 eine erhebliche Rolle gespielt hat. Gerade dieser Verfassungstyp hatte in der Weimarer Republik starke Bürgermeisterpersönlichkeiten wie Konrad Adenauer, Robert Lehr u.a. hervorgebracht, die vor allem vielen Oberbürgermeistern der Großstädte parteiübergreifend als Vorbild dienten.

Schließlich hat gerade unter der Norddeutschen Ratsverfassung parallel zur stärkeren Orientierung der Parteien auf lokaler Ebene auch die Bedeutung der Fraktionen im kommunalpolitischen Willens- und Entscheidungsprozeß erheblich zugenommen. Von Einfluß hierauf war nicht zuletzt auch das Wahlsystem. Es hält den Einfluß der Wahlbürger auf die Kandidatenaufstellung und auf die Plazierung dieser Kandidaten auf der Liste sehr gering und sichert so den Einfluß der politischen Parteien auf die Listenzusammenstellung. Diese Machtgrundlage erleichtert es den Fraktionen, ihren Einfluß auf die kommunale Verwaltungsspitze auszudehnen. Das gilt besonders für die Mehrheitsfraktion und ihren Vorsitzenden, denen im kommunalpolitischen Willensbildungs- und Entscheidungsprozeß häufig eine zentrale Schlüsselrolle zukommt. Mit der Zunahme des Gewichtes der politischen Parteien hat sich – vor allem in Großstädten – auch das Selbstverständnis der Ratsmitglieder verändert. Der Rat ist nach der Gemeindeordnung in NRW als allzuständiges Verwaltungsorgan konzipiert. Eine strikte Gewaltenteilung im parlamentarischen Sinne gibt es auf kommunaler Ebene nach dem herrschenden Verfassungsverständnis nicht. Dennoch verstehen sich die Mitglieder des Rates zunehmend als Parlamentarier, deren Rolle dem Bereich einer oft als neutral (d.h. unpolitisch) verstandenen Verwaltung gegenübergestellt wird.

In Nordrhein-Westfalen ist die Entscheidungsstruktur von der Kommunalverfassung aufgrund der doppelköpfigen Verwaltungsspitze nicht eindeutig festgelegt. Stattdessen besteht hier die Tendenz zu einem Führungspluralismus. Dem Verwaltungschef wurde in NRW – anders als in Baden-Württemberg – von der alten Gemeindeordnung keine führende Rolle zugedacht, sondern mindestens eine Teilung dieser Führungsrolle mit anderen Politikern in Aussicht gestellt.

Ein Kommunalverfassungssystem, also ein strukturiertes Geflecht von Normen, muß in der Lage sein, die kommunalen Entscheidungsprozesse so zu kanalisieren und zu steuern, daß die kommunale Aufgabenerfüllung unter Beachtung partizipatorischer Bürger- und Einwohnermitwirkung und effizientem Handeln optimal gewährleistet wird.

Diskussionsschwerpunkte

Seit es die Gemeindeordnung für das Land Nordrhein-Westfalen (GO NRW) gibt (1952), wird eine mehr oder weniger intensive Diskussion über sie geführt.

Zwei Schwerpunkte sind auszumachen. Zum einen ging es immer wieder um die rechtsnormative Umsetzung politischer und administrativ-funktionaler Entscheidungen (z.B. die Einführung der Bezirksverfassung 1975 als Folge der kommunalen Neugliederung und die anschließende Funktionalreform). Seit Ende der 80er Jahre ist die führungsorganisatorische Struktur der nordrhein-westfälischen Gemeinden insgesamt, also insbesondere das Beziehungsgeflecht Rat – Bürgermeister – Gemeindedirektor – Ausschüsse – Verwaltung zur Diskussion gestellt worden.

Zwar argumentieren die Akteure in der Diskussion oft verständlicherweise unter dem Blickwinkel eigener persönlicher Erfahrungen und Betroffenheiten, jedoch konzentriert sich die Hauptkritik darauf, daß die GO NRW an einer latenten Führungsschwäche leide, weil das führungsstrukturelle System an der Spitze der Gemeinde zu unklaren Verantwortlichkeiten, Reibungsverlusten und mangelnder Akzeptanz der unterschiedlichen Funktionen der beiden Akteure in der Bevölkerung geführt habe. Darüber hinaus wird der GO NRW vorgeworfen, daß sie ein Defizit an unmittelbaren Partizipationsmöglichkeiten für die Bürger und Einwohner an kommunalen Entscheidungen habe. Dabei hat sich die Kritik an der GO im wesentlichen auf folgende Punkte konzentriert:

– Die GO sei nicht mehr in der Lage, den heutigen Anforderungen an die Bewältigung kommunalpolitischer Problemlagen gerecht zu werden.
– Politiker beklagen die Überlastung, die Befassung mit vielen weniger wichtigen Dingen, die Informationsübermacht der Verwaltung, die die Entscheidungen vielfach alternativlos vorherbestimme.
– Die Spitzenbeamten in der Kommunalverwaltung hingegen bemängeln eine Diskrepanz zwischen Verantwortung und Stellung im Entscheidungssystem: Einerseits trügen sie für das Funktionieren der Verwaltung die alleinige Verantwortung, andererseits seien sie – von der Absicht des Gesetzgebers und wohl auch vieler Politiker her – „Gehilfen" des Rates, die lediglich dessen Beschlüsse vorzubereiten und auszuführen haben, und das sogar ohne originäre, unentziehbare Zuständigkeiten.
– Die GO leide unter einer latenten Führungsschwäche aufgrund des ungeklärten Verhältnisses an der Nahtstelle zwischen Politik und Verwaltung, was zu ineffizienter Aufgabenwahrnehmung führe.
– Es fehle an unmittelbarer politischer Partizipation für die Bürger bzw. Einwohner der Gemeinden.

Diskutierte Reform-
bestandteile

Die Kritik an der GO stellt also den gemeinsamen Fokus von Kritikpunkten an der Kommunalpolitik dar, die je nach Standort im Gefüge des kommunalpolitischen Systems recht unterschiedlich ansetzt. Als zentrale Fragen haben sich herauskristallisiert:

– Sollen die Funktionen des Bürgermeisters und des Gemeindedirektors zusammengefaßt werden?
– Soll der dann allein existierende Bürgermeister durch unmittelbare Wahl der Bürger der Gemeinde oder durch mittelbare Wahl durch den Rat bestimmt werden?
– Soll es mehr unmittelbare Partizipationsmöglichkeiten der Gemeindebürger (Bürger ist, wer zu den Gemeindewahlen wahlberechtigt ist, also im wesent-

lichen Deutsche über 18 Jahre, die in der Gemeinde wohnen) und Gemeindeeinwohner (Einwohner ist, wer in der Gemeinde wohnt, also – neben den Bürgern – auch Ausländer und Minderjährige) bei kommunalpolitischen Sach- und Personalentscheidungen geben?

Vor diesem allgemeinen Hintergrund sollen nunmehr exemplarisch die Positionen der Akteure, die sich an der laufenden Diskussion um die Reform der GO beteiligt haben, erörtert werden. Aus Gründen einer notwendigen thematischen Begrenzung kann lediglich ansatzweise und exemplarisch der Fokus auf die genannten Fragestellungen gelenkt werden kann. Weitere Überlegungen in der Reformdiskussion (z.B. hauptamtliche Gleichstellungsbeauftragte in den Gemeinden, Ausländer- und Seniorenbeiräte, Umbau der Verwaltung durch neue Steuerungsmodelle, Abschaffung von Genehmigungsvorbehalten im Gemeindehaushaltsrecht) bleiben an dieser Stelle daher außer Betracht. Die Betrachtungen beschränken sich im wesentlichen auf die Gemeinden, lassen sich jedoch grundsätzlich auch auf die Kreise übertragen.

Die Diskussion um die Reform der GO NRW ist als Versuch zu sehen, einen Teil der „polity" im Gesamtstaat, nämlich die normative Struktur, die das Beziehungsgeflecht der Akteure regelt, einer kritischen Überprüfung zu unterziehen und zu verändern. Es geht somit hier weniger um die Untersuchung der Bedingungen für die Entwicklung bestimmter Politikinhalte (policy-Studien), sondern um die Veränderung eines Typus von Kommunalverfassung, also um die kommunale polity. Policy-Elemente werden deutlich, wenn die in der Diskussion behaupteten Defizite der GO NRW und die damit verbundenen Änderungsvorschläge hin zu mehr kommunaler Demokratie und Effizienz diskutiert werden. Die Implementierung dieser Maßstäbe läßt sich als die Vermittlung von Politikinhalten – also von policy-Elementen – ansehen. Auch werden prozessuale Elemente (politics) deutlich, wenn es um die Macht- und Durchsetzungsmöglichkeiten bestimmte Akteure und Akteursgruppen geht.

2.3.2 Warum ist die Gemeindeordnung NRW in der Diskussion?

Die Probleme der kommunalen Aufgabenerfüllung unterliegen einem ständigen Wandel und stellen veränderte Anforderungen an die Kommunalpolitik. Galt es in den 50er und 60er Jahren, im wesentlichen kriegsbedingte Aufbauleistungen zu erbringen, die von einem anhaltenden Wirtschaftswachstum und geringer Arbeitslosigkeit begleitet waren, haben sich die Problemlagen spätestens seit Mitte der 70er Jahre verschoben. Nicht mehr großdimensioniertes Planen und Bauen steht im Vordergrund programmatischer Forderungen, sondern Kleinräumigkeit der Bauweise, Erhaltung von Umwelt und Natur – und das bei massiven, rigiden staatlichen Reglementierungen und zurückgehenden öffentlichen Finanzmitteln. Insgesamt sind dabei vor allem auch die Ansprüche der Bürger an die Qualität – nicht Quantität – kommunaler Aufgabenerfüllung gewachsen. Die Kommunen sollen in der Lage sein, den vielfältigen Problemlagen in den oben beschriebenen Aufgabenfeldern nicht nur durch materielle Leistungen entgegenzutreten, sondern auch konzeptionelle Innovationsleistungen erbringen (z.B. insbesondere im Bereich des Umweltschutzes). Dieses soll natürlich bei Beachtung der demokratischen Beteiligungserfordernisse, weitestgehender Bürgerpartizipation und auch bei größtmöglicher Effizienz geschehen. Die Frage ist, ob diese hohen Ansprüche durch eine Kommunalverfassung erfüllt werden können, von der ihre Kritiker behaupten, sie sei ineffizient, die Praxis der kommunalen Entscheidungsprozesse habe sich von der vorgegebenen Norm entfernt und im übrigen finde Kommunalpolitik oftmals nur in kleinen Zirkeln der „zentralen Akteure" statt.

An Reformen, die die Kommunen betreffen, hat es in NRW, zumindest, was den Gebietsbestand und den Aufgabenvollzug angeht, nicht gemangelt. In den Jahren 1967-1975 wurde eine Gebietsreform durchgeführt, die in keinem anderen Bundesland radikaler war. Die Zahl der Gemeinden wurde von 2365 (1961) auf 396, die Zahl der Kreise von 57 auf 31 dezimiert. Zwar ist auch die GO seit 1952 vielfach geändert bzw. neu gefaßt worden, jedoch blieb dabei eine umfassende Neukonzeption des führungsorganisatorischen Systems aus. Partizipatorische Elemente, die eine unmittelbare Bindungswirkung für Rat und Verwaltung hätten, wurden ebenfalls nicht aufgenommen (zu den Änderungen der GO vgl. näher bei *Richter* 1987: 62ff.).

Neuaufnahme der Diskussion in den 80er Jahren
Durch die drei Funktionalreformgesetze in der Zeit von 1978-1984 wurden den Gemeinden eine Reihe von Aufgaben übertragen, um mehr Orts- und Bürgernähe zu verwirklichen. Jedoch blieb eine grundlegende Organisationsreform aus. Ende 1984 griff *Banner* (1984: 364-372) den Strang um eine grundlegende Reform der GO wieder auf, in dem er Überlegungen über die „Kommunale Steuerung zwischen Gemeindeordnung und Parteipolitik" anstellte.

Erst im Herbst 1987 wurde die Diskussion über die Reform der GO NRW politisch wieder neu entfacht. Der Nordrhein-Westfälische Städte- und Gemeindebund (NWStGB) stellte in seiner Fachzeitschrift „Städte- und Gemeinderat" (StGR) in einem Aufsatz die Frage „Gemeindeordnung in NW – mehr Effektivität und Ehrlichkeit?" *(StGR* 1987: 227ff.). Aktuelle Vorgänge in nordrhein-westfälischen Kommunen werden vom NWStGB wie folgt kommentiert:

> „Während Unbehagen über die Kommunalverfassung in Gesprächen und Tagungen seit Jahren zum normalen Gesprächsstoff gehört, ist jetzt eine Schwelle erreicht, in der die Analyse der Schwachstellen der Gemeindeordnung offiziell im Amt erfolgt, in Ausübung der primär dienstlichen Funktion. Die ohnehin allerorten geführte Diskussion sollte ein offizielles Forum finden."

In der Folgezeit erschienen in der Zeitschrift „Städte- und Gemeinderat" sowie in der Zeitschrift „Demokratische Gemeinde" eine Reihe von Aufsätzen von Hauptverwaltungsbeamten und Ratsmitgliedern zu diesem Thema. Eigentümlich ist, daß die Impulse zu der angemahnten Reform ausschließlich von den Verwaltungschefs ausgingen (*Derlien* 1994: 50)

Der Innenminister des Landes NRW, Herbert *Schnoor*, konnte sich dem so nachdrücklich artikulierten Problemdruck nicht länger verschließen und hielt am 26.9.1987 auf der Landesdelegiertenkonferenz der Sozialdemokratischen Gemeinschaft für Kommunalpolitik eine Rede mit dem beziehungsreichen Titel „Sichert unsere Gemeindeordnung noch den notwendigen Organisationsrahmen für eine wirkungsvolle Kommunalpolitik?" (*Schnoor* 1987: 307ff.). Er stellte folgende Fragen, die er diskutiert wissen wollte:

- Ist unsere kommunale Selbstverwaltung gefährdet?
- Sichert unsere Gemeindeordnung noch den notwendigen Organisationsrahmen für eine wirkungsvolle Kommunalpolitik?
- Die Räte greifen Themen auf, die zwar einen örtlichen Bezug haben und den Bürger erregen und bewegen, die aber zugleich deutlich über den örtlichen Bezug hinausgehen. Bedeutet dies, daß die kommunalen Mandatsträger die Gemeinden als ‚Dritte Ebene unseres Staates' verstehen?
- Kann es sein, daß manche Kommunalpolitiker die örtlichen Räte als kommunales Parlament und nicht als Verwaltungsorgan betrachten, wie dies das Grundgesetz und die Landesverfassung vorgeben. Muß sich deshalb das Verhalten in der Kommunalpolitik einen veränderten rechtlichen Rahmen geben?
- Die Ehrenamtlichkeit ist manchmal nur noch eine Fiktion. Aber sind wir deshalb schon in unseren Städten und Gemeinden auf dem Weg zum Berufspolitiker? Wollen wir eine derartige Entwicklung überhaupt zulassen?
- Muß dies (der Bürgermeister als der von den Bürgern tatsächlich angesehene Chef der Gemeinde, d.V.) den Bürgermeister und die Ratsmitglieder nicht zwangsläufig in einen Konflikt mit der hauptamtlichen Verwaltung bringen? Ist die Vorstellung unserer Gemeindeordnung von dem Politiker ohne Macht und dem unpolitischen Beamten mit Macht nicht von vornherein irreal?
- Wer kann in einer größeren Stadt noch alle Ratsvorlagen lesen? Werden die Kommunalpolitiker nicht mit Papier zugeschüttet? Sind die Debatten in den kommunalen Beratungsgremien noch so spontan, wie sie es waren, als vor vierzig Jahren die Gemeindeordnung eingeführt wurde?"

Der Innenminister als der zuständige Kommunalminister hielt sich – wohl auch angesichts der kontroversen Meinungslage in seiner eigenen Partei, die zugleich die absolute Mehrheit im Lande besaß – mit einer Bewertung sehr bedeckt, kündigte jedoch an, daß er einen Fragenkatalog erarbeiten lassen wolle, um dann umfassend Stellungnahmen einzuholen. Jedoch sei mit einer Entscheidung in der laufenden Legislaturperiode (1985-1990) nicht zu rechnen.

Es liegt nahe, die Gründe für die andauernde Diskussion darin zu sehen, daß der normative Handlungsrahmen, den die GO für das kommunalpolitische Handeln bietet, als zu eng angesehen wird. Darüber hinaus muß jedoch auch angenommen werden, daß die Diskussion von parteipolitischer Seite deshalb in Gang gehalten wurde, um mit einer Änderung der GO eigene, wahltaktische Ziele zu verfolgen.

2.3.3 Die Positionen in der aktuellen Kontroverse

2.3.3.1 Die Landesregierung und der Gang der Gesetzgebung

Aus der bereits angekündigten „Umfrage zu den Bedingungen der Kommunalpolitik in Nordrhein-Westfalen", die der Innenminister im August/September 1988 bei allen Ratsmitgliedern, Mitgliedern der Bezirksvertretungen, Hauptverwaltungsbeamten und Beigeordneten der Gemeinden in NRW abgehalten hatte, um zu erfahren, wie die tatsächlichen Verhältnisse aussehen, die die Arbeit der Mandatsträger und Wahlbeamten bestimmen, wurden keine unmittelbaren Konsequenzen gezogen (vgl. *Innenminister NRW* 1989a). Dieses war auch nicht beabsichtigt; vielmehr diente sie lediglich der Bestandsaufnahme (*Innenminister NRW* 1989b). Als Ergebnis wurde folgendes festgestellt:

- Die meisten Kommunalpolitiker äußern eine hohe Zufriedenheit mit den Beratungsergebnissen in den kommunalen Gremien, sehen sich aber gleichzeitig einer hohen Beanspruchung durch die Mandatstätigkeit ausgesetzt.
- Die meisten Bürger halten den Bürgermeister und nicht den Gemeinde- bzw. Stadtdirektor für den „Chef der Verwaltung"(*Innenminister NRW* 1989b, 1).

Der sozialdemokratische Ministerpräsident Rau kündigte in seiner Regierungserklärung am 15.8.1990 *(Rau* 1990: 54) 1991 eine breite Diskussion über die Änderung der Kommunalverfassung und im Anschluß daran einen Änderungsvorschlag der Landesregierung an. Nach seinen Worten sollte 1991 in NRW das „Jahr der kommunalen Demokratie" werden. Der Innenminister legte im Februar 1991 ein umfassendes Papier über die „Reform der Kommunalverfassung in Nordrhein-Westfalen" *(Innenminister NRW* 1991) vor, mit dem er nach eigener Aussage an die bisherige Diskussion anknüpfen wolle. Ausgehend von den kritischen Äußerungen zum kommunalen Verfassungsrecht, den wesentlichen Ergebnissen der Umfrage zu den Bedingungen der Kommunalpolitik und den Vorstellungen der politischen Parteien und der kommunalen Spitzenverbände formulierte er in zwölf Thesen seine Vorstellungen über die künftigen Strukturen der GO NRW. Auffällig ist dabei, daß der Innenminister dieses Papier als weiteren Diskussionsbeitrag ansah, der noch gewisse Spielräume für alternative Lösungen bieten sollte.

Im Hinblick auf das führungsorganisatorische System und die verstärkte Bürgerpartizipation lauten die vier Hauptthesen wie folgt:

„1. Wir sollten die Handlungsfähigkeit der Kommunalpolitik dadurch stärken, daß wir einen Gemeindevorstand einrichten, in dem Mitglieder des Rates und der hauptamtlichen Verwaltung vertreten sind.
2. Wir sollten die Funktionen des Bürgermeisters und des Hauptverwaltungsbeamten zusammenfassen.
3. Wir sollten die Bedingungen des ehrenamtlichen Mandats verbessern und allen Bürgern eine aktive Beteiligung an der Kommunalpolitik ermöglichen. (...)
6. Wir sollten neue Formen der Bürgerbeteiligung schaffen."(*Innenminister NRW* 1991: 1)

Funktionen des hauptamtlichen Bürgermeisters

Die Funktionen des Bürgermeisters und des Hauptverwaltungsbeamten sollen zusammengefaßt werden, d.h. die Repräsentation des Rates und die Verwaltungsführung sollen in einer Person verankert werden. Der Bürgermeister soll für die Erledigung der „einfachen" Geschäfte der laufenden Verwaltung allein zuständig und verantwortlich sein; diese Angelegenheiten sollen dabei unentziehbar sein. Das Amt des Bürgermeisters soll nicht an formelle Qualifikationsvoraussetzungen geknüpft werden; auch muß der Bürgermeister kein Ratsmitglied sein. Seine Wahlzeit kann acht Jahre betragen, wobei eine kürzere Wahlzeit denkbar ist. Die Frage der Wahl des Bürgermeisters – direkt durch die Gemeindebürger oder durch den Rat – ließ der Innenminister seinerzeit noch offen. Beides hielt er für möglich, allerdings neigte er zur Direktwahl (vgl. *Innenminister NRW* 1991: 62).

Gemeindevorstand

Durch den neu einzuführenden Gemeindevorstand soll dem weithin geäußerten Bedürfnis nach einem Koordinations- und Vorentscheidungsgremium Rechnung getragen werden. Der Gemeindevorstand soll aus Mitgliedern des Rates und der hauptamtlichen Verwaltung bestehen, die die Geschäfte der laufenden Verwaltung erledigen. Der hauptamtliche Bürgermeister soll Vorsitzender des Gemeindevorstands sein und die Beigeordneten sollen Stimmrecht haben. Die

Zusammensetzung des Gemeindevorstands soll nach dem Verhältniswahlsystem erfolgen. Die Aufgaben des Hauptausschusses sollen auf den Gemeindevorstand übergehen. Durch den Gemeindevorstand soll der Informationsfluß zwischen den Fraktionen und der Verwaltung verbessert und beschleunigt werden. Dem Rat obliegt jedoch nach wie vor die Entscheidung über alle „wichtigen Angelegenheiten". Das Prinzip der Ehrenamtlichkeit für die Arbeit im Rat und den Ausschüssen soll beibehalten werden. Allerdings sollen die politischen Gremien durch den Gemeindevorstand entlastet werden.

Eine größere Gruppe von Bürgern bzw. Einwohnern soll das Recht haben, bestimmte Anliegen auf ihre Initiative hin in den kommunalen Gremien aufgrund eines vorherigen Bürgerantrages beraten und entscheiden zu lassen. Bei bestimmten Angelegenheiten, die in der GO enumerativ aufgezählt werden sollten, sei demnach ein Bürgerantrag und der Bürgerentscheid möglich, ähnlich wie es insbesondere in der GO Baden-Württemberg und in der GO Schleswig-Holstein vorgesehen ist. Bürgerantrag

Ohne der Darstellung der nachfolgend skizzierten SPD-Position vorzugreifen, wird hier bereits auf die weitere Entwicklung eingegangen, da der Innenminister als Vertreter der Landesregierung, die von einer absoluten Mehrheit der SPD im Landtag getragen wurde, davon maßgeblich betroffen gewesen ist. Dies gilt insbesondere auch für die Einarbeitung des zwischen 1990 und 1993 einsetzenden radikalen Kurswechsels der SPD-Landespartei in das schon eingeleitete Gesetzgebungsverfahren. Weitere Behandlung des Innenminister-Vorschlages

Im Rahmen des SPD-Landesparteitages 1991 in Hagen wurde das Thema „Reform der Kommunalverfassung" breit diskutiert. Die Diskussion spitzte sich naheliegenderweise auf die Frage zu, ob es bei der „Doppelspitze" Gemeindedirektor/Bürgermeister bleiben oder ob es einen hauptamtlichen Bürgermeister geben soll, der Ratsvorsitzender und Leiter der Verwaltung sein soll. Ferner wurde die Frage Direktwahl des Bürgermeisters oder Beibehaltung der indirekten Wahl durch den Rat diskutiert. Der Innenminister sprach sich für einen hauptamtlichen Bürgermeister und für die Direktwahl durch die Gemeindebürger aus, konnte sich jedoch bei seiner Partei zu jenem Zeitpunkt nicht durchsetzen. Auch die Intervention des NRW-Ministerpräsidenten Johannes Rau (von dem die Rheinische Post berichtet, daß er „zwar die Direktwahl skeptisch beurteilte, allerdings die Abschaffung der Doppelspitze befürworte", RP v. 21.6.1994: 7), der erstmals auf dem Parteitag sich öffentlich für die Reform der Gemeindeordnung im Sinne des Innenminister-Entwurfes aussprach, konnte bei den Delegierten keinen Meinungswandel hervorrufen. Zwar unterstützten die beiden kleineren Bezirke den Vorschlag des Innenministers, dem stand aber die Ablehnung durch die beiden mitgliederstärksten Bezirke gegenüber. Insbesondere die landespolitisch sehr starken Vertreter der SPD im Ruhrgebiet, deren Städte fast ausschließlich von SPD-Mehrheiten dominiert wurden, lehnten zum größten Teil insbesondere die Passagen über die Direktwahl des Bürgermeisters ab. Nach Ansicht des SPD-Fraktionsvorsitzenden im Landtag war damit die Kommunalreform praktisch gescheitert (Rheinische Post v. 21.6.1994). Auch *Derliens* Beitrag über die Reform der deutschen Kommunalverfassungen meldet als NRW-bezogene Zwischenüberschrift noch eine „gescheiterte Reform" (*Derlien* 1994: 49).

Im Februar 1993 hat dann der Innenminister – gegen seine eigenen Präferenzen – im Landtag einen Gesetzentwurf der Landesregierung (*Landesregierung NRW* 1993) eingebracht, der offensichtlich den bis dahin mehrheitsfähigen Gesetzentwurf des Innenministers vom Februar 1993

Meinungsstand widerspiegeln sollte. Im Hinblick auf das führungsorganisatorische System und einer verstärkten Bürgerpartizipation werden von der Landesregierung folgende Vorschläge gemacht:

- Einführung eines Einwohnerantrages, eines Bürgerbegehrens und eines Bürgerentscheides nach dem Vorbild anderer Bundesländer;
- Kontroll- und Informationsrechte des Rates gegenüber der Verwaltung über die bisherigen Regelungen hinaus;
- Erweiterung der Aufgaben und Kompetenzen des Hauptausschusses (in Gemeinden: „Gemeindeausschuß", (GA) in Städten: „Stadtausschuß"): Bindeglied zwischen Rat und Verwaltung, Entlastung des Rates und Stärkung der Handlungsmöglichkeiten des Bürgermeisters und der weiteren Mitglieder des Gemeindeausschusses, Vorbereitung der Ratsbeschlüsse als zukünftige Aufgabe des Gemeindeausschusses, Übertragung von Entscheidungszuständigkeiten des Rates auf den Gemeinde-/Stadtausschuß zur Entlastung der Ratsarbeit;
- Beibehaltung des ehrenamtlichen Bürgermeisters;
- Rückholrecht des GA für einfache Geschäfte der lfd. Verwaltung;
- Einheitlichkeit der Kommunalverfassung für alle Gemeinden.

Weder enthielt der Gesetzentwurf einen Vorschlag zur Zusammenführung der Ämter des Bürgermeisters und des Gemeindedirektors noch einen Vorschlag zur Frage der Direktwahl, was – infolge der Beschlüsse des SPD-Parteitages 1991 – als Beibehaltung des Status quo zu interpretieren ist. Der Entwurf wurde 1993 im Ausschuß für Kommunalpolitik des Landtages diskutiert. Wie zu erwarten, traf der Entwurf auf die entrüstete Kritik vor allem seitens der CDU und der FDP. Beschlossen wurde dieser Entwurf nicht. Er wurde durch die weitere Entwicklung bei den politischen Parteien, insbesondere bei der SPD, überholt. Die SPD vollzog bis Mitte 1993 einen radikalen Kurswechsel (siehe im einzelnen weiter unten) und drängte nunmehr die Landesregierung und besonders das Innenministerium, „ihren bereits in den parlamentarischen Behandlungen befindlichen Gesetzentwurf noch einmal um die zentralen Elemente – Abschaffung der Doppelspitze und Direktwahl des Bürgermeisters – zu ergänzen" (Rheinische Post v. 21.6.1994: 7).

Einerseits setzte sich damit schließlich die Linie des Innenministers doch in wesentlichen Punkten durch, andererseits bedeutete dies aber auch, daß der Gesetzentwurf aus politischen Gründen im Ministerium im Laufe der sich über mehr als sechs Jahre hinziehenden parlamentarischen Bearbeitung mehrfach an den entscheidenden Stellen grundsätzlich geändert werden mußte.

Parlamentarische Beratung der neuen GO

Im Zeitraum März bis Mai 1994 erfolgte die Beratung und Beschlußfassung des in wesentlichen „Kernpunkten" der neuen Linie der Mehrheitspartei angepaßten, völlig veränderten Gesetzentwurfs des Innenministers in der SPD-Fraktion, im Kommunalpolitischen Ausschuß des Landtages und schließlich im Landtag. Diese letzte Phase der Beratung konnte nach dem neuen Parteitagsbeschluß der SPD vom Januar 1994 wegen der absoluten Mehrheit der SPD im Landtag zügig vonstatten gehen, zumal auch die Oppositionsparteien nach ihren vorangegangenen Initiativen allenfalls noch Kritik im Detail und an der Reichweite, aber nicht an der Gesamtrichtung der Reform üben konnten. Obwohl der Gesetzentwurf in den Kernbestimmungen viel eher von den ursprünglich seitens der Opposition geforderten Elementen geprägt war, lehnten CDU, FDP und *Grüne* bei unterschiedlicher Akzentsetzung die neue Gemeindeordnung in der abschließenden Beratung Mitte Mai 1994 gemeinsam ab. Die neue Gemeindeordnung Nordrhein-Westfalen trat einen Tag nach der jüngsten Kommunalwahl im Lande zum 17.10.1994 in Kraft. Somit wurde verhindert, die Direktwahl des Hauptverwaltungsbeamten schon in diesem Jahr vornehmen zu lassen. Das hätte in vielen Städten vor allem die SPD vor die schwierige Kandidatenentscheidung gestellt, ob sie für das neue Amt einen der beiden bisherigen Amtsinhaber der doppelköpfigen Spitze oder einen dritten Kandidat ins Rennen schickt. Dieses durch die neue Gemeindeordnung in Schwung versetzte personalpolitische Karussell dürfte in allen nordrhein-westfälischen Städten zumindest für die nächsten Jahre und im informellen Bereich zum kommunalpolitischen Thema Nummer Eins avancieren.

2.3.3.2 *Die politischen Parteien und deren Fraktionen im Landtag*

Die SPD, die im Landtag von Nordrhein-Westfalen seit 1980 über eine absolute Mehrheit verfügt und bei den Kommunalwahlen im Oktober 1994 zum dritten Mal hintereinander die stärkste politische Kraft im Lande bei Kommunalwahlen geworden ist (SPD: 42,3%, CDU: 40,3%, B'90/Grüne: 10,2%, FDP: 3,8%), hat lange Zeit keine Veranlassung gesehen, die „Doppelspitze" abzuschaffen und eine einheitliche Stadtspitze einzuführen. Bereits auf dem kommunalpolitischen Sonderparteitag 1978 in Leverkusen wurden durch einen entsprechenden Leitantrag im Vorfeld Versuche abgewehrt, die GO in Richtung auf eine Magistrats- oder Stadtvorstandsverfassung zu ändern (vgl. *Richter* 1987). Zwar wurde damals die Einführung des Kollegialprinzips auf Verwaltungsebene, die Herabsetzung der Wahlzeit der kommunalen Wahlbeamten auf sechs Jahre und deren Abwahlmöglichkeit beschlossen, jedoch fanden diese Parteitagsbeschlüsse keine Berücksichtigung in der Änderungsgesetzgebung des Landtages zur GO in 1978/79.

Auch danach hielt man sich in der SPD mit einer „offiziellen" Partei- und Fraktionsmeinung zur Reform der GO zurück. Zwar fand in dem kommunalpolitischen Forum der SPD („Demokratische Gemeinde") seit Ende der 80er Jahre eine breite Diskussion statt, auf landespolitischer und Fraktionsebene sollten jedoch die o.a. Vorschläge des Innenministers *(Innenminister NRW* 1991: 68) abgewartet werden, um danach erst eine breite parteiinterne Diskussion in Gang zu setzen.

Die Landes-SPD nahm entsprechend die Reformvorstellungen des Innenministers vom Februar 1991 zum Anlaß für eine breite innerparteiliche Diskussion auf Landes- und Fraktionsebene. Im Rahmen des 11. ordentlichen Landesparteitages der NRW-SPD am 14. und 15.12.1991 in Hagen konnte sich der Innenminister mit der von ihm favorisierten Zusammenführung der Ämter des Bürgermeisters und des Gemeindedirektors nicht durchsetzen. Es wurde u.a. beschlossen:

– Beibehaltung des ehrenamtlichen, ratsgewählten Bürgermeisters und des Gemeindedirektors als Leiter der Verwaltung;
– Einrichtung eines Stadtausschusses anstelle des Hauptausschusses, bestehend aus Ratsmitgliedern nach den Stärkeverhältnissen der Fraktionen unter

dem Vorsitz des Bürgermeisters. Der Stadtausschuß soll in Angelegenheiten entscheiden, die der Rat nicht unbedingt zu entscheiden braucht, die wegen ihrer kommunalpolitischen Bedeutung aber auch nicht dem Gemeindedirektor überlassen bleiben sollen. Er bereitet die Beschlüsse des Rates vor und überwacht dessen Amtsführung.

– Bürgerbegehren und Bürgerentscheid sind vorzusehen, um die repräsentative Demokratie durch mehr Bürgerbeteiligung neben den bereits bestehenden Formen der Partizipation zu stärken.

Insbesondere die beschlossene Beibehaltung des ehrenamtlichen, ratsgewählten Bürgermeisters einerseits und des Gemeindedirektors als Leiter der Verwaltung andererseits nahm die CDU- und FDP-Opposition im Landtag (siehe unten) zum Anlaß, mit einem Volksbegehren und ggf. einem anschließenden Volksentscheid nach Art. 68 der Landesverfassung NRW zu drohen, um die Abschaffung der „Doppelspitze" und die Direktwahl des Bürgermeisters durchzusetzen. Damit hätte die Opposition im Landtag bei den im Mai 1995 anstehenden Landtagswahlen ein zugkräftiges Wahlkampfthema erhalten. Diese Drohung einerseits, die andauernde innerparteiliche Diskussion und das immer weniger dem Wahlbürger vermittelbare Festhalten an der bisherigen Position andererseits dürften Motive gewesen sein, die die Landes-SPD auf ihrem 12. ordentlichen Parteitag am 15. und 16.1.1994 in Bielefeld veranlaßten, einen radikalen Kurswechsel in der Frage der Gemeindeordnung vorzunehmen und auf einen neuen Beschluß zu drängen. Nunmehr wurde beschlossen:

– Der Bürgermeister ist „erster politischer Verantwortlicher der Kommune" und zugleich Chef der Verwaltung; er übt sein Amt hauptberuflich aus.
– Der Rat legt den Aufgabenbereich des Bürgermeisters fest.
– Der Bürgermeister bildet mit den Beigeordneten den Stadtvorstand. Die Beigeordneten werden vom Rat gewählt. In diesem Gremium hat der Bürgermeister die Richtlinienkompetenz und den Vorsitz.
– Der Bürgermeister wird von den Bürgern unmittelbar gewählt, und zwar zeitgleich mit der Ratswahl. Er ist Ratsmitglied. Nachwahlen während einer laufenden Wahlperiode erfolgen durch den Rat, wobei der Bürgermeister nicht Ratsmitglied sein muß.
– Die erste Direktwahl des Bürgermeisters soll zusammen mit der Kommunalwahl 1999 stattfinden. Übergangsregelungen sollen in der Zeit von 1994-99 einen schonenden Übergang ermöglichen, so daß nicht zu einem Zeitpunkt eine Vielzahl der Hauptgemeindebeamten und Oberkreisdirektoren ausscheiden muß.

Der Parteitag beschloß ferner zu prüfen, ob in kleinen Gemeinden das Amt des Bürgermeisters ehrenamtlich ausgeübt werden kann. Die Beschlüsse hinsichtlich einer verstärkten Bürgerpartizipation blieben grundsätzlich bestehen, allerdings in der Fassung der Änderungsanträge der SPD-Fraktion zum Gesetzentwurf der Landesregierung vom 4.2.1993 (vgl. *SPD-Fraktion im Landtag NRW* 1994).

In der SPD-Landtagsfraktion wurde im Februar 1994 in den genannten Änderungsanträgen ferner festgelegt, daß das Quorum für Vorschläge zur Wahl des Bürgermeisters relativ hoch angesetzt werden soll.

Die Direktwahl der Verwaltungschefs in Gemeinden und Kreisen soll erstmals erst zusammen mit der nächsten, 1999 stattfindenden Kommunalwahl geschehen – ähnlich wie die Regelung in Mecklenburg-Vorpommern. Das lange Hinausschieben der Reform zeigt im übrigen, daß vor allem der SPD in Nordrhein-Westfalen der Abschied von der bisherigen Kommunalordnung schwer gefallen ist. Hier spielt sicher der aus der parteipolitischen Vormachtstellung der SPD in NRW eingegebene Argwohn eine Rolle, ein direkt gewählter Bürgermeister könnte gegenüber dem Rat – und damit gegenüber den Parteien – zu unabhängig und zu mächtig werden. Das kommt auch in der Absicht zum Ausdruck, die Wahlzeit des Hauptverwaltungsbeamten an die des Rates zu binden und so die „unerläßlich enge Zusammenarbeit zwischen dem Bürgermeister und der politischen Mehrheit im Rat zu gewährleisten" (so Ministerpräsident Rau auf dem SPD-Landesparteitag, FAZ vom 17.1.1994).

Angesichts der in NRW anzutreffenden politischen Konstellationen erschien eine weitreichende Reform der Gemeindeordnung somit beinahe unrealisierbar; die SPD fürchtete den von der Fraktion unabhängigen, „auf Zeit gewählten König" (so der Kölner SPD-OB Burger; Kölner Stadt-Anzeiger v. 6.5.1994: 4), zudem hierdurch Positionen wegfallen und zentrale politische Akteure von Ämterverlust bedroht werden. Das es dennoch zu einem raschen Kurswechsel der Landespartei in Richtung einer personalplebiszitären Institution „Direktwahl" gekommen ist, läßt sich vermutlich am besten mit der doppelten Wirkung einer neuartigen parteiinternen personalplebiszitären Institution und dem landespolitisch durch die Opposition erzeugten Druck mit der realplebiszitären Institution „Volksabstimmung" begründen:

Unter dem Druck des von der CDU- und FDP-Opposition im Lande vorbereiteten und am 28.9.1993 offiziell gestarteten Volksbegehrens „Aktion mündige Bürger", für das in einer ersten Aktion bereits mehr als 50.000 Unterschriften gesammelt worden waren (Rheinische Post v. 21.6.1994: 7), sind in NRW in kürzester Zeit viele der gerade von Sozialdemokraten verteidigten „zweigleisigen" Positionen geräumt worden, die noch bis vor kurzem unantastbar schienen. Dazu trugen aber auch Entwicklungen innerhalb der SPD-Bundespartei bei. Nach der in der Öffentlichkeit einmütig als Erfolg bewerteten Entscheidung für Rudolf Scharping als Nachfolger für den von seinem Amt zurückgetretenen Bundesvorsitzenden, Björn Engholm, durch eine erstmals durchgeführte direktdemokratische Befragung der Basis am 13.6.1993, wäre eine weitere Ablehnung derartiger direktdemokratischer Institutionen im kommunalpolitischen Bereich noch schwerer nach Außen zu vermitteln gewesen. Bereits zwei Tage später erklärte wiederum der SPD-Fraktionsvorsitzende Friedhelm *Fahrtmann* in einem Zeitungsinterview: „An der Direktwahl der Bürgermeister führt nun kein Weg mehr vorbei" (Rheinische Post v. 15.6.1993) und signalisierte damit, daß die SPD-Landesregierung dem angekündigten Volksbegehren den Wind aus den Segeln nehmen wollte.

Der unter diesem doppelten Druck stattgefundene Kurswechsel der nordrhein-westfälischen SPD nach jahrzehntelanger Diskussion ist retrospektiv schon fast als dramatisch zu bezeichnen. Allerdings erscheint er in der veränderten politischen „Groß-Wetterlage" Anfang der 90er Jahre beinahe als überfällig, so beiläufig wurde der Beschluß im Sommer 1994 in der Öffentlichkeit zur Kenntnis genommen, nimmt man einmal das Ausmaß der publizistischen Berichterstattung zu diesem Thema in der überregionalen, aber auch in der Regionalpresse zum Maßstab. Zum Zeitpunkt der Verabschiedung der neuen Gemeindeordnung ergab eine repräsentative Umfrage des Forsa-Instituts, daß mehr als 80 Prozent der Befragten die künftige Direktwahl des (Ober-)Bürgermeisters begrüßten. Für eine Abschaffung der kommunalen Doppelspitze sprachen sich in der gleichen Umfrage jedoch nur 52 Prozent der Befragten aus, während immerhin 32 Prozent sie ablehnten (Rheinische Post v. 21.6.1994).

Die CDU   Die CDU-Fraktion im NRW-Landtag hatte als größte Oppositionspartei bereits am 19.2.1990 ein Positionspapier zur Reform der GO *(Linssen* 1990) vorgelegt. Ausgehend von der Mängelanalyse, bei der im wesentlichen der Verlust der Ehrenamtlichkeit des Mandats wegen der großen zeitlichen und inhaltlichen Beanspruchung der Ratsmitglieder und des Bürgermeisters sowie der durch die Bürger nicht verinnerlichte Dualismus zwischen Bürgermeister und Stadtdirektor bemängelt wurde, folgerte die CDU, daß das kommunale Verfassungsrecht mit seiner gegenwärtigen organisatorischen und strukturellen Ausgestaltung nicht den Rahmen für eine effiziente Kommunalpolitik und eine leistungsfähige Verwaltung biete (vgl. *Linssen* 1990: 2). Die CDU hatte deshalb u.a. vorgeschlagen:

–   Beschränkung der Rats- und Ausschußzuständigkeiten auf die politischen Grundsatz- und Leitentscheidungen;
–   Einheitlichkeit der Kommunalverfassung für alle Gemeinden;
–   direkt gewählter Bürgermeister als Vorsitzender des Rates, Chef der Verwaltung und Repräsentant der Gemeinde;
–   Kumulieren und Panaschieren[1] bei der Kommunalwahl durch die Bürger.

Nach einem parteiinternen Diskussionsprozeß begrüßten die Kommunalpolitische Vereinigung (KPV) und die CDU-Landespartei übereinstimmend die Vorstellungen des im Februar 1991 vorgelegten Diskussionspapieres des Innenministers über die Einführung eines Gemeindevorstands, durch den das hauptamtliche (Verwaltungs-)Element und das ehrenamtliche (Mandats-)Element zur gemeinsamen Wahrnehmung von Verwaltungsangelegenheiten verbunden werden (*Kommunalpolitische Vereinigung NRW* 1991). Allerdings wird die Zurückhaltung des Innenministers in der Frage der Urwahl des Bürgermeisters bedauert und als „Angst vor dem mündigen Bürger" bezeichnet, ferner die fehlende Erweiterung des Wahlrechts durch Kumulieren und Panaschieren. Die beabsichtigte Einführung von Bürgerbegehren und Bürgerentscheid wird begrüßt.

Die CDU hat sich von dem ursprünglichen „Linssen-Papier" aus dem Jahre 1990 mit dem „starken Bürgermeister" als politischem Innovationszentrum zu einer eher kollektiven Verwaltungsleitung bewegt. Von dem süddeutschen „Vorbild" wurde teilweise deutlich abgerückt, obwohl auch zentrale Elemente der Süddeutschen Ratsverfassung gefordert werden (Bürgermeister als Verwaltungschef, Bürgerbegehren und Bürgerentscheid). Diese Entwicklung wird auch in der abschließend formulierten „Parteimeinung" zur Frage der Reform der GO NRW deutlich, bei der die zunächst offensichtlich divergierenden Auffassungen der Fraktion und der KPV zusammengeführt wurden. Eckpunkte des „Positions-

---

1   Die Wahlberechtigten haben mehrere Stimmen, die sie in zwei Modi verteilen können:
(a) Kumulieren („anhäufen"): Der Wähler kann einem Kandidaten alle Stimmen geben.
(b) Panaschieren („buntstreifigmachen"): Der Wähler kann seine Stimmen auf verschiedene Kandidaten – einer oder mehrerer Parteien – aufteilen.

papiers der CDU-Landtagsfraktion Nordrhein-Westfalen zur Reform der Kommunalverfassung", formuliert auf der Klausurtagung am 7.5.1991, sind:

- Wahl des Bürgermeisters durch die Bürger und Zusammenführung der Ämter des Bürgermeisters und des Stadt-/Gemeindedirektors; Verwaltungsleitung durch den Bürgermeister bei unentziehbarer Zuständigkeit für alle Geschäfte der laufenden Verwaltung (und nicht nur die „einfachen"); keine formalen Qualifikationen für das Amt des Bürgermeisters;
- Kumulieren und Panaschieren bei den Kommunalwahlen;
- Bürgerantrag und Bürgerentscheid nach baden-württembergischem Vorbild;
- Entscheidungsfreiheit jeder Gemeinde, ob und wieviel Bezirke sie bildet – und zwar unabhängig von der Einwohnerzahl;
- Entfrachtung der Rats- und Ausschußarbeit von Routine- und Detailentscheidungen und Konzentration auf politische Grundsatz- und Leitentscheidungen;
- Möglichkeit der Beteiligung breiter Kreise der Bevölkerung an der kommunalpolitischen Arbeit („Spiegelbildlichkeit" der Zusammensetzung des Rates zur Bevölkerung);
- der Bürgermeister ist Ratsvorsitzender mit Stimmrecht; der Rat bleibt oberstes Verwaltungs- und Kontrollorgan;
- Schaffung eines Stadt- bzw. Gemeindeausschusses als Ersatz für den heutigen Hauptausschuß und als Bindeglied zwischen Rat und Verwaltung mit gesetzlich enumerativ aufgezählten Aufgaben und weiteren Zuständigkeiten, die ihm vom Rat übertragen werden;
- Einheitlichkeit der Kommunalverfassung in allen Städten und Gemeinden sowie eine in die gleiche Richtung zielende Reform der Kreisordnung.

Wie bereits bei der SPD angeführt, wollte die CDU die Volkswahl des Bürgermeisters nach dem Beschluß der Landes-SPD auf ihrem Parteitag im Dezember 1991 durch ein Volksbegehren bzw. Volksentscheid durchsetzen. Ermuntert durch das hessische Ergebnis, wo unter Nutzung der in der Landesverfassung institutionalisierten „Volksabstimmung" die damalige CDU-geführte Landesregierung unter Ministerpräsident Wallmann Ende 1991 die Direktwahl der Hauptverwaltungsbeamten in Städten und Gemeinden eingeführt hatte, kündigten CDU und FDP auch in Nordrhein-Westfalen ein Volksbegehren für die Direktwahl der Bürgermeister und Landräte an. Angesichts der vorherrschenden Stimmung in der Bevölkerung waren sich die Initiatoren relativ sicher, daß der Volksentscheid eine hohe Erfolgschance besaß, zumindest aber die sozialdemokratische Landesregierung stark unter Zugzwang setzen würde.

Nach dem Kurswechsel der SPD auf dem Parteitag im Januar 1994 nahm die CDU die dortigen Beschlüsse zum Anlaß, daran Kritik zu üben. *Leifert*, kommunalpolitischer Sprecher der CDU-Landtagsfraktion, führt in seinem Papier vom 21.1.1994 *(Leifert* 1994) an, daß es der SPD hinsichtlich der Wahl und der Befugnisse des Bürgermeisters nach wie vor darum gehe, Macht und Einfluß der örtlichen Parteifunktionäre zu sichern. Er stellt die wesentlichen Unterschiede zwischen CDU und SPD heraus:

- Die CDU tritt für eine Urwahl des Bürgermeisters nach der Kommunalwahl 1994 ein, während die SPD diese erst 1999 einführen will.

- Die CDU will die Wahl des Bürgermeisters von der Ratswahl (alle 5 Jahre) abkoppeln und ihn für acht Jahre wählen, während demgegenüber die SPD die verbundene Rats- und Bürgermeisterwahl will. *Leifert* sieht den Bürgermeister anderenfalls als „den von der Gnade der Partei abhängigen Listenführer bei der Kommunalwahl" (*Leifert* 1994: 2).
- Die Festlegung des Geschäftskreises der Beigeordneten durch den Rat unterstreicht ihre Abhängigkeit von der Partei.
- Die Möglichkeit, den Bürgermeister im Stadtvorstand zu überstimmen, konterkariert den Willen der Bürger, der durch die Urwahl zum Ausdruck gebracht wurde.

Die CDU legte einen Änderungsantrag zum Gesetzentwurf der Landesregierung vom 4.2.1993 (*CDU-Fraktion* 1994) vor. An bereits bekannte Standpunkte wird dabei angeknüpft.

Wie bereits oben erläutert, konnte sich – vor allem unter Berufung auf die ihrer Ansicht nach zu starke Anbindung des Bürgermeisters an den Rat und vor allem wegen der Koppelung der Wahlperioden der Räte und der Bürgermeister bzw. Landräte – die CDU nicht zu einer Zustimmung zur novellierten Gemeindeordnung durchringen. Dies wurde von der ihr politisch nahestehenden „Rheinischen Post" als „Treppenwitz" kommentiert. So forderte RP-Kommentator Detlev *Hüwel* CDU und FDP am Tag vor der Abstimmung im Landtag ausdrücklich auf, dem Reformpaket die Zustimmung zu geben, damit die SPD sich nicht allein mit diesen „Feder schmücken" könnte (RP vom 5.5.1994: 2).

Die FDP Auch die FDP hat sich bereits frühzeitig mit der Frage einer Reform der GO auseinandergesetzt und mehrere Positionspapiere erarbeitet. Um Wiederholungen zu vermeiden, soll auf gleiche oder ähnlich lautende Kritikpunkte, die letztlich alle um die gleiche Problematik kreisen, im Hinblick auf die o.g. ausführlichen Darlegungen nicht mehr im einzelnen eingegangen werden. Vielmehr sollen die Punkte, auf die die FDP offensichtlich besonderen Wert legt und die parteiintern kontrovers diskutiert worden sind, näher eingegangen werden.

Die Bewertung des Verhältnisses Rat-Verwaltung und Bürgermeister-Gemeindedirektor sowie das nicht institutionell ausgeformte Beziehungsgeflecht der Akteure wird in wesentlichen Zügen ähnlich gesehen wie bei der CDU. Die Folgerungen aus einer weitgehend gleich lautenden Mängelanalyse mündeten ursprünglich auch in teilweise gleiche politische Forderungen. Jedoch ergeben sich später deutliche Abweichungen im Hinblick auf die Bewertung der Vorschläge des Innenministers (Gemeindevorstand). Besondere Betonungen bzw. Abschwächungen ergaben sich in folgenden Punkten:

- mehr Bürgernähe durch Kumulieren und Panaschieren bei der Kommunalwahl; Verteilung der Ratsmandate nach dem mathematischen Proporzverfahren (gemeint ist das Verfahren nach Hare-Niemeyer, das kleine Parteien gegenüber dem d`Hondtschen Höchstzahlverfahren besser stellt); Abschaffung der Fünf-Prozent-Klausel; Bürgerbegehren und Bürgerentscheid; verstärkte Beteiligung und Mitwirkung der Bürger in projektorientierten Maßnahmen; Abschaffung des „Bürgerantrags" und des Beschwerdeausschusses wegen Unwirksamkeit;
- Beschränkung der Regelungen des Kommunalverfassungsrechts auf notwendige Regelungen, insbesondere Gewährleistung eines ausreichenden Min-

derheitenschutzes; Prüfung, ob den Gemeinden ein Wahlrecht zwischen verschiedenen Kommunalverfassungssystemen eingeräumt werden kann;

– Zuordnung der laufenden Geschäfte zum Bereich der Verwaltung, entsprechende Modifizierung des sogenannten Rückholrechts;
– Zusammenführung von Verwaltungsspitze und Ratsvorsitz in der Funktion des Bürgermeisters; dadurch Einbindung der Verwaltungsführung in die politische Verantwortung des Rates;
– Wahl des Bürgermeisters durch den Rat oder die Bürgerschaft; bei Wahl durch den Rat Abschaffung der derzeitigen Listenwahl; Vorsitz des Bürgermeisters im Rat und im Hauptausschuß, ferner in weiteren Ausschüssen;
– institutionalisierte Einbeziehung des Rates in die Vorbereitung und Beschlußausführung der Verwaltung durch Mitarbeit in Beigeordneten-Konferenzen.

Folgende Punkte wurden innerhalb der FDP kontrovers diskutiert (*FDP Arbeitsgruppe „Kommunalpolitisches Wahlprogramm"* 1991: 8-15): Einerseits wird in dem o.g. „*Riemer*-Papier" eine grundlegende Änderung der GO NRW durch Abschaffung der Doppelgleisigkeit gefordert, wobei die Frage geprüft werden soll, ob den Gemeinden nicht ein Wahlrecht zwischen verschiedenen Kommunalverfassungssystemen eingeräumt werden soll. Andererseits wird in einem Denkmodell von *Bentz* (vgl. *FDP Arbeitsgruppe „Kommunalpolitisches Wahlprogramm"* 1991: 12ff.) die Beibehaltung der bestehenden Gemeindeordnung bei gleichzeitiger Durchführung wichtiger Verbesserungen gefordert:

– „Die geltende Gemeindeordnung ist im wesentlichen zu belassen. Das Verhältnis von Rat und Verwaltung muß verbessert werden. (...) Die unter der Gemeindeordnung NW aufgetretenen Probleme wären durch entsprechende Korrekturen zu beseitigen, oder zumindest auf ein erträgliches Maß zu reduzieren.
– Die Geschäfte der laufenden Verwaltung, bei denen es sich vor allem um Pflichtaufgaben nach Weisung handelt, sollten zur ausschließlichen Erledigung dem Hauptverwaltungsbeamten übertragen werden.
– Die Organisationsgewalt sollte ausschließlich bei der Leitung der Verwaltung liegen. Wer die Verantwortung für den reibungslosen Ablauf der Verwaltung trägt, kann sich nicht die Organisation von außen vorschreiben lassen.
– Die Trennung von Ratsvorsitz und Verwaltungsleitung stärkt darüber hinaus die Führungsrolle des Rates. Weil der Bürgermeister die Sitzungen ehrenamtlich leitet, wird die Position des Rates gestärkt. Denn falls der Sitzungsleiter hauptamtlich tätig wäre, gäbe es Autoritätskonflikte im Falle von verwaltungsinternen Meinungsverschiedenheiten." (FDP Arbeitsgruppe „Kommunalpolitisches Wahlprogramm" 1991: 15).

Den Befürwortern der Urwahl eines hauptamtlichen Bürgermeisters wird hier entgegengehalten, daß

– eine Machthäufung beim Bürgermeister mit einer Machteinbuße des Rates verbunden sei,
– bei einer Volkswahl des Bürgermeisters eine besondere berufliche Qualifikation nicht mehr gefordert werden könne und in der Regel die jetzigen Ratsvorsitzenden gewählt würden,
– die Folge davon eine weitere Politisierung der Verwaltung und die Anstellung eines Fachmanns als „Generalsekretär" sei,
– der Trend zum Zwei-Parteien-System begünstigt würde;
– auch bei anderen Kommunalverfassungssystemen Reibungsverluste und Spannungen existierten.

Nach einem parteiinternen Klärungsprozeß über die Position der Partei zur Frage der Kommunalverfassung sind auf dem 44. Ordentlichen Landesparteitag der FDP NRW am 27./28.4.1991 durch den Landesvorstand NRW *„Liberale Thesen zur Änderung bzw. Fortentwicklung der Gemeindeordnung und des Kommunalwahlrechts Nordrhein-Westfalen"* zur Abstimmung gestellt worden (*FDP* 1991). Eckpunkte des Antrages sind:

- Einführung von Kumulieren und Panaschieren;
- Verteilung kommunaler Mandate bei Anwendung des mathematischen Proportionalverfahrens nach Hare/Niemeyer;
- Einführung von Bürgerbegehren und Bürgerentscheid;
- Beschränkung der Regelungen auf das unbedingt notwendige, z.B. die Grundorganisation und notwendige verfahrensrechtliche Regelungen ;
- Konzentration auf gemeindliche Themen bei der Tätigkeit von Rat und Ausschüssen;
- ehrenamtliche Wahrnehmung des Ratsmandats;
- fakultatives Bürgerfragerecht in den Ausschüssen;
- Beschränkung der Arbeit der Rats- und Ausschußmitglieder auf das Wesentliche, rechtlich fundiert durch eine Beschränkung des Rückholrechts;
- Wahlmöglichkeit der Gemeinden zwischen zwei Modellen von Gemeindeverfassung: einerseits die Beibehaltung des jetzigen Dualismus, andererseits der Bürgermeister als Repräsentant der Stadt und Chef der Verwaltung mit oder ohne einem Ratspräsidenten als Ratsvorsitzenden.

Bis auf den letzten Punkt wurde der o.a. Antrag beschlossen. Den Gemeinden soll keine Wahlmöglichkeit hinsichtlich des Kommunalverfassungssystems eingeräumt sein, sondern es soll einen hauptamtlichen Bürgermeister als Chef der Verwaltung geben, der durch Volkswahl ermittelt wird. Allerdings soll er nicht Vorsitzender des Rates sein; diese Funktion soll ein „Präsident der Stadtratsversammlung" ausfüllen.

Die FDP lehnt entschieden die Einführung eines Gemeindevorstands ab. Sie sieht folgende Gefahren:

- Herausbildung von Ratsmitgliedern „erster" (Gemeindevorstandsmitglieder) und „zweiter" Klasse;
- überragende Stellung der großen Fraktionen im Gemeindevorstand, die ihnen nach dem Wählerwillen nicht zukommt;
- de facto würde der Gemeindevorstand oberstes Organ der Gemeinde werden, wobei der Rat zu einem lediglich nachvollziehenden Organ degradiert würde.

Auch die FDP hat sich unmittelbar nach der Veröffentlichung mit dem *Schnoor*-Papier zur Reform der GO auseinandergesetzt. Als besonders problematisch wird die Einrichtung eines Gemeindevorstands angesehen. Ende 1991 legte die FDP-Fraktion einen eigenen Gesetzentwurf zur Reform der Kommunalverfassung vor (*FDP-Landtagsfraktion* 1991a). Hier werden wesentliche Argumente und Vorschläge zur Reform aus der o.a. innerparteilichen Diskussion verarbeitet.

Mit den Beschlüssen der SPD auf dem Landesparteitag im Januar 1994 hat sich die FDP ebenfalls auseinandergesetzt (*FDP-Landtagsfraktion* 1994). Neben Zustimmung zu verschiedenen Punkten wurde Kritik u.a. an der „gespaltenen"

Vertretungsregelung für den Bürgermeister geübt (einerseits Verwaltungsangelegenheiten durch Beigeordnete, im übrigen durch den ratsgewählten stellvertre-
tenden Bürgermeister). Ferner wurde die Verbindung der Bürgermeisterwahl mit
der Ratswahl kritisiert. Die FDP plädiert – wie die CDU – für eine Entkopplung
beider Wahlen, um die Position des Bürgermeisters zu stärken.

Insgesamt ist festzustellen, daß bei der FDP zunächst einmal ihre Stellung
als kleine Partei – sofern sie den Einzug in die Räte schafft – abgesichert werden
soll. Inhaltlich wird der Wille zu mehr Bürgerpartizipation an der gemeindlichen
Willensbildung deutlich. Die Frage der Ausgestaltung der Gemeindespitze
schien anfangs nicht von entscheidender Bedeutung zu sein (vermutlich, weil die
FDP in NRW ohnehin kaum Aussicht hat, in einer Stadt den Bürgermeister zu
stellen). Der Rat soll vielmehr in die administrativen Funktionen einbezogen
werden. Eine „starke Spitze" wird nicht zwingend angestrebt („Ratspräsident"!),
trotz der auch als sinnvoll angesehenen Urwahl des Bürgermeisters. Darüber
hinaus soll das Wahlsystem im Sinne der kleineren Parteien ausgestaltet werden.

Lange Zeit lag lediglich eine umfassende Sammlung von Diskussionsbeiträ- **Die GRÜNEN**
gen „grüner" Mandatsvertreter vor, die die Position zur Frage der Reform der
GO deutlich werden lassen. Die *Grünen* üben bei weitem nicht eine solch massive Kritik an der GO NRW wie die anderen Parteien. *Kelber*, Sprecher der kommunalpolitischen Organisation der „Grünen/Alternativen in den Räten NRW
e.V. (GAR)", (*Kelber* 1988: 102ff.; *Kelber* o.J.: 9-13) sagt sogar, daß er – bei
aller eigenen Kritik an der GO – gerade angesichts der massiven Kritik die GO
NRW schätzen gelernt habe. Er diagnostiziert dagegen eine Kontroverse zwischen kommunaler Effizienz und Demokratie, wobei seiner Ansicht nach zu oft
der Effizienz zu Lasten der Demokratie der Vorzug gegeben werde. *Kelber* sieht
dieses als einen „Trend zur Entdemokratisierung hin zur Autokratie".

Insbesondere *Banner*, der mehr kommunale Effizienz bei der Aufgabenerfüllung durch die Stärkung der einheitlichen Verwaltungs- und Ratsspitze und
durch Rückführung der Ratszuständigkeiten auf die wesentlichen Dinge fordert,
wird von den *Grünen* scharf kritisiert. Die von ihm festgestellte Verschiebung
der Kompetenzen zugunsten der effizienten Verwaltung und zu Lasten der zur
Zeit noch allzuständigen Räte lehnt *Kelber* ab und fordert stattdessen mehr Demokratie und Bürgerbeteiligung. Im einzelnen wird u.a. folgendes gefordert:

> „Abschaffung der 5%-Klausel, weil diese lediglich Parteieinflüsse stärkt und die Mög-
> lichkeit bürgerschaftlicher Selbst- und Mitbestimmung beschneidet; Einführung der
> Möglichkeit des Kumulierens und Panaschierens bei Kommunalwahlen, weil dadurch der
> Einfluß der Wählenden auf die Zusammensetzung der Räte erhöht wird,(...) Direktwahl
> des Bürgermeisters (ob als Teil des Doppelkopfs oder als ‚Chef' sei dahingestellt; (...)
> Verbesserungen der Informationsmöglichkeiten für die Einwohner (‚freedom of informa-
> tion act')" *(Kelber* 1988: 107).

Die *Grünen* haben im Anschluß an die Veröffentlichung des Papiers von NRW-
Innenminister *Schnoor* ein eigenes „Positionspapier zur Reform der Kommunalverfassung in Nordrhein-Westfalen" vorgelegt, auf dem die folgenden Ausführungen im wesentlichen beruhen. Sie setzen sich ebenfalls – wie die FDP – mit
dem von *Schnoor* favorisierten Gemeindevorstand auseinander, der einhellig abgelehnt wird. Ihre Befürchtung ist, daß ein Gemeindevorstand der Effizienzsteigerung im Sinne der kommunalen Spitzenbeamten dient und kleine Fraktionen
durch die vorgesehene Verhältniswahl lediglich mit einer beratenden Stimme an

der Meinungsbildung und Entscheidungsfindung im Gemeindevorstand beteiligt werden.

Auch wenn bei den *Grünen* Sympathien für ein Magistratsmodell deutlich werden, wird Wert auf eine klare Festlegung dessen gelegt, was „wesentliche Dinge" im Sinne der neuen GO sind, die vom Rat behandelt werden müssen. Hintergrund ist die Befürchtung, daß ein ständig professionell arbeitender Gemeindevorstand durch die Steuerung von Informationsflüssen und Entscheidungsprozessen den Rat im gewünschten Sinne determinieren könnte.

Eine deutliche Favorisierung der Urwahl des Bürgermeisters ist bei den *Grünen* in Nordrhein-Westfalen allerdings nicht erkennbar (!). Vielmehr wird die Urwahl wegen des möglichen Drucks aus der Bevölkerung und der eigenen Forderungen nach breiter Bürgerpartizipation – auch unter Hinweis auf den hessischen Volksentscheid, in dem sich über 80% der Wähler(innen) für die Urwahl des Bürgermeisters ausgesprochen haben – für unumgänglich gehalten.

Obwohl ein umfassendes „grünes" Konzept zur Reform der GO bis 1991 nicht vorlag, sind folgende Eckpunkte erkennbar, die unter dem Obersatz „Mehr Demokratie in den Gemeinden!" stehen:

– Reform des Wahlrechts durch die Einführung von Kumulieren und Panaschieren;
– Einführung eines Bürgerantrags mit einem niedrigen Quorum, bei dessen Überschreiten das Ratsplenum den Antrag behandeln muß (es wird dabei nicht ganz deutlich, ob der Petitionscharakter des „Bürgerantrages" nach § 6c GO NRW zugunsten eines aktiven Befassungsgebotes im Sinne des Bürgerantrages in Baden-Württemberg und Schleswig-Holstein geändert werden soll);
– umfassende Akteneinsichtsrechte für alle Stadtverordneten; ggf. auch Vorlage von Minderheitsmeinungen aus der Verwaltung an den Rat.

Obwohl sich die NRW-*Grünen* auf der Landesdelegiertenkonferenz 1991 – abgesehen von der Einführung des Bürgerbegehrens/Bürgerentscheids, besseren Akteneinsichtsrechten usw. – im wesentlichen für die Beibehaltung der geltenden GO aussprachen, forderte eine große Minderheit, darunter federführend die Kölner *Grünen*, die Einführung einer Magistratsverfassung; ferner wurde eine Senatsverfassung für Großstädte favorisiert. Im Zuge der weiteren Entwicklung (Ankündigung eines Volksbegehrens/Volksentscheids über die Frage der Abschaffung der „Doppelspitze" und der Direktwahl des Bürgermeisters, Kurswechsel der SPD), sahen sich auch die NRW-*Grünen* (einschl. deren kommunalpolitische Organisation „GAR") veranlaßt, ihren bisherigen Standpunkt zu überdenken und über eine Zusammenführung der beiden kommunalen Spitzenämter und die Frage der Direktwahl des Bürgermeisters neu nachzudenken.

Die Argumentationsführung und die daraus folgenden sieben Thesen der GAR lauten wie folgt (*Frank* 1993):

„Nach wie vor ist der GAR-Vorstand der Auffassung, daß die Direktwahl eines mit umfassenden Kompetenzen ausgestatteten Bürgermeisters (...) wenig mit der Demokratisierung der Gemeinden zu tun hat, sondern eher volkstribunartigen populistischen Stimmungen in der Bevölkerung nachkommt und in der Realität den Gemeinderat und damit die Position der gewählten Gemeindevertreter schwächt. Insofern hält der GAR-Vorstand die im Dezember 1991 auf dem Landesparteitag beschlossene ablehnende Position der

NRW-GRÜNEN zu diesem Vorschlag als für die kommunale Selbstverwaltung vorteilhafter.

Andererseits fand sich auf dem „grünen" Landesparteitag auch keine Mehrheit für eine strukturelle Änderung der Gemeindeordnung, die eine Verbindung von mehr Bürgerbeteiligung und transparenten Entscheidungswegen mit einer demokratisch legitimierten Gemeindespitze, die aus dem Rat hervorgeht, ermöglicht. Stattdessen wurde im wesentlichen die Beibehaltung des Status quo mehrheitlich beschlossen. Die Schwierigkeit der Vermittlung derartiger „grüner" Positionen kommt in dem Thesenpapier der GAR klar zum Ausdruck:

> „Dem GAR-Vorstand ist bewußt, daß die Ablehnung des nun auch von großen Teilen der SPD verfochtenen Bürgermeister-Urwahl-Modells zwar demokratietheoretisch richtig, aber den nun entstandenen neuen Bedingungen nicht mehr angemessen ist und großen Teilen der Bevölkerung, die in der Urwahl einen Fortschritt für eine demokratische Bürgerbeteiligung sehen, kaum mehr vermittelbar ist.
>
> Deshalb werden die Grünen über eine Revision der bisherigen grünen Position (...), die mehr als die Urwahl umfaßt, diskutieren müssen."

Für diese Diskussion legte der GAR-Vorstand der Grünen in Nordrhein-Westfalen folgende sieben Thesen vor:

„1. Wir sind für die Einführung der Bürgermeister-Urwahl nur in Verbindung mit einer Änderung der kommunalen Verfassungsstruktur, die den Gemeinderat und die kommunale Demokratie stärkt.
2. Die Urwahl muß zusammen mit der Gemeinderatswahl erfolgen und die Bürgermeisterwahlperiode endet mit der des Gemeinderats.
3. Es muß ein Verfahren geben, den Bürgermeister über ein „Mißtrauensvotum" abwählen zu können.
4. Die Verfassungsstruktur ist so zu ändern, daß der Gemeinderat aus seiner Mitte für die Wahlperiode eine Exekutive wählen kann; diese Exekutive kann in NRW in Abhängigkeit von der Gemeindegröße die Form eines Magistrats oder Senats annehmen. Die Allzuständigkeit des Rates muß dabei in wesentlichen Fragen erhalten bleiben.
5. Der direkt gewählte Bürgermeister ist Mitglied dieses als Kollegialorgan verfaßten Magistrats oder Senats und kann somit in diesem auch überstimmt werden. Dieses Kollegialorgan leitet die Gemeindeverwaltung. Die Position des Stadt-, Kreis- oder Gemeindedirektors entfällt.
6. Ob dieses Kollegialorgan nach dem Verhältnis- oder Mehrheitswahlrecht vom Rat gebildet wird, muß geklärt werden. Eine Senatsverfassung für die großen Städte hätte jedenfalls die Bildung einer Stadtregierung, sowie einer klaren Opposition und festen Regierungsmehrheit zur Folge.
7. Mit der Reform der Gemeindeordnung werden endlich die Rahmenbedingungen für eine Reform der Verwaltungsstruktur geschaffen, die wichtige Elemente des ‚Tilburger Modells' beinhalten sollte" (Frank 1993).

Ende 1993 legte die Landtagsfraktion der *Grünen* eine Stellungnahme (*Die Grünen im Landtag NRW* 1993) vor, die die divergierenden Meinungen der Parteiuntergliederungen zusammenzuführen suchte. Als wesentliche Forderungen werden genannt:

- Mehr demokratische Mitbestimmung und Mitverantwortung der Bevölkerung (Beibehaltung des Bürgerantrages, Einführung eines Einwohnerantrages; Möglichkeit eines kommunalen Volksentscheid mit 10-%-Quorum);
- Kumulieren und Panaschieren bei den Kommunalwahlen;

- die Hälfte der Ratsmitglieder sollen Frauen sein;
- Akteneinsichtsrecht für jedes einzelne Ratsmitglied.

Die *Grünen* befürworten weiterhin die kommunale Doppelspitze (!), wollen aber die Macht des Stadtdirektors beschneiden. Sie wollen einen Hauptausschuß schaffen, der den jetzigen Hauptausschuß, den Ältestenrat und die Beigeordnetenkonferenz verknüpft. Die kleinen Fraktionen sollen nicht ausgeschlossen oder benachteiligt werden.

Festzustellen ist, daß die *Grünen* nach wie vor für eine umfassende Anbindung der Verwaltungsspitze an den Rat plädieren. Dem Bürgermeister soll es nicht ermöglicht werden, durch eine zu starke Stellung ein politisches „Eigenleben" zu führen. Darüber hinaus haben die Ausweitung der Bürgerpartizipation, die Rechte des Rates und der Fraktionen, also insgesamt der (basis-) demokratische Aspekt, Vorrang vor Fragen effizienter Verwaltungsführung. Bei der Schlußabstimmung zum Landtag verweigerte die *Grünen*-Fraktion der neuen Gemeindeordnung ihre Zustimmung. Als zusätzliches Argument führte ihre Sprecherin, Bärbel *Höhn*, dort an, daß die geplante verkürzte Amtszeit der neuen Bürgermeister in Verbindung mit der Abschaffung der Verpflichtung zur Bereitschaft einer Kandidatur für eine weitere Legislaturperiode zu erheblich gesteigerten Versorgungsansprüchen führen wird.

2.3.3.3 Die kommunalen Spitzenverbände und sonstigen Interessengruppen

Der Städtetag NRW Bevor den Mitgliedern im Rahmen der Mitgliederversammlung 1990 ein Meinungsbild des Landesvorstandes des Städtetages vorgelegt werden konnte, hatte es innerhalb der Gremien massive Auseinandersetzungen gegeben, insbesondere zwischen den (Ober-) Stadtdirektoren auf der einen Seite und den (Ober-) Bürgermeistern, Fraktionsvorsitzenden und sonstigen Ratsmitgliedern auf der anderen Seite (die Positionen sind festgehalten in folgenden Papieren: Städtetag *NRW* 1988, Städtetag *NRW* 1990).

Die Verwaltungschefs diagnostizierten Reibungsverluste, Steuerungs- und Koordinationsprobleme sowie Ineffizienz. Die Ratsmitglieder bzw. Bürgermeister waren der Auffassung, daß dieses eine sehr einseitige Betrachtungsweise sei. Es wurde eine Arbeitsgruppe, bestehend aus Verwaltungschefs, (Ober-)Bürgermeistern und weiteren Ratsmitgliedern, eingesetzt, die in Abstimmung mit dem Rechts- und Verfassungsausschuß des Städtetages ein Meinungsbild formulierte. Der Landesvorstand des Städtetages NRW beschloß am 24.1.1990, den Schlußbericht der Arbeitsgruppe als seinen Vorschlag zur Reform der GO NRW der Mitgliederversammlung am 14.3.1990 in Bochum zur Beratung zuzuleiten. Eckpunkte des Städtetag-Papiers zur Reform sind dabei:

- der Rat bleibt oberstes Verwaltungsorgan; Beschränkung der Zuständigkeiten auf grundsätzliche Angelegenheiten; Wahlperiode: sechs statt bisher fünf Jahre;
- Urwahl des hauptamtlichen Bürgermeisters als Beamter auf Zeit ohne besondere Zugangsvoraussetzungen;

- der Oberbürgermeister fungiert als Vorsitzender des Rates mit Stimmrecht, Repräsentant der Gemeinde und ihr gesetzlicher Vertreter, wobei er die einfachen Geschäfte der laufenden Verwaltung erledigt;
- der bisherige Hauptausschuß soll durch einen Stadtausschuß ersetzt werden, der über alle Angelegenheiten entscheidet, soweit weder der Rat noch eine Bezirksvertretung oder der Hauptverwaltungsbeamte für die Entscheidung zuständig sind; der Stadtausschuß kann einfache Geschäfte der laufenden Verwaltung an sich ziehen, wobei das bisherige Rückholrecht des Rates auf den Stadtausschuß übertragen wird;
- Besetzung des Stadtausschusses nach dem d'Hondtschen Verhältniswahlrecht; jede Fraktion soll darin vertreten sein; der Oberbürgermeister hat Stimmrecht und ist Vorsitzender des Stadtausschusses; die Beigeordneten gehören dem Stadtausschuß mit beratender Stimme an; die Beratungen des Stadtausschusses sollen grundsätzlich öffentlich sein;
- Wahl der Beigeordneten auf acht Jahre.

Ursprünglich hatte sich die Arbeitsgruppe dafür ausgesprochen, den Oberbürgermeister durch den Rat wählen zu lassen. Nachdem dieser Vorschlag intensive Diskussionen in den Gremien des Städtetages ausgelöst und insbesondere Bedenken des Rechts- und Verfassungsausschusses hervorgerufen hatte, schlug die Arbeitsgruppe dann doch letztlich vor, den Oberbürgermeister direkt wählen zu lassen. Dieser Vorschlag ebenso wie die übrigen hier genannten Reformelemente erwiesen sich jedoch auf der Mitgliederversammlung des Städtetages 1990 als nicht mehrheitsfähig. Insbesondere die „Fraktion der Fraktionsvorsitzenden" innerhalb der SPD-Gruppe (so eine Formulierung von Duisburgs SPD-Oberbürgermeister Josef *Krings*) wandte sich gegen die Vorschläge und brachte dagegen folgenden Antrag ein:

„Der Städtetag NRW nimmt das vom Vorstand des Städtetages erarbeitete Papier zur Kenntnis. Er betrachtet das Papier als Beitrag für die weitere Diskussion auch in den Städten und Parteigremien. Er hält die intensive Beschäftigung mit diesem Thema zu Beginn der nächsten Wahlperiode des Landtages für notwendig, um

1. einen breiten Konsens in der Diskussion herbeizuführen,
2. im Laufe der Wahlperiode eine Reform der Kommunalverfassung zu verabschieden.

Dabei ist es erklärtes Ziel des Städtetages, die Selbstverwaltung der Gemeinden zu stärken. Zu den einzelnen vorgeschlagenen Punkten gibt die Mitgliederversammlung des Städtetages keine Empfehlung" (zit. nach *Zörner* 1990: 55-56).

Dieser Antrag wurde mit großer Mehrheit verabschiedet, nicht aus völliger Übereinstimmung der Vertreter anderer Parteien bzw. Funktionsträger, sondern aus der Einsicht in die Notwendigkeit eines breiten Konsenses in der Diskussion. Dieses der Mitgliederversammlung vorgelegte Papier ist ein Musterbeispiel für einen Kompromiß auf der Ebene des kleinsten gemeinsamen Nenners. Es bringt zugleich die kontroverse und vor allem interessendeterminierte Debatte innerhalb der Gremien in vollem Umfange zum Ausdruck. Auf der einen Seite standen die Ratsmitglieder sowie insbesondere die mächtigen SPD-Fraktionsvorsitzenden der Ruhrgebietsstädte, die bei der Zusammenlegung der kommunalen Spitze in der Person des hauptamtlichen Bürgermeisters ihren Einfluß verringern sehen. Auf der anderen Seite befanden sich die SPD-angehörigen Verwaltungschefs, die die mangelnde Effizienz der Rats- und Ausschußarbeit beklagten. In dem Kompromißpapier soll zwar der Oberbürgermeister durch die Direktwahl mit der höchsten Legitimation ausgestattet werden, aber ihm werden keinerlei originären, d.h. eigene unentziehbare Zuständigkeiten zugestanden. Es bleibt bei einem Rückholrecht des Rates, welches nunmehr vom Stadtausschuß ausgeübt werden kann. Im Ergebnis würden dadurch die bestehenden Probleme nur auf den Stadtausschuß verlagert.

Der Städtetag hat sich mit dem Gesetzentwurf der Landesregierung vom 4.2.1993 auseinandergesetzt und bedauert, daß wesentliche Reformvorschläge des Innenministers aus dem Jahre 1991 nicht aufgegriffen wurden (Stellungnahme des Städtetages NRW vom 9.6.1993 an die Präsidentin des Landtages, O/120-38). Der Städtetag hat sich in dieser Phase darauf beschränkt, zu den wesentlichen Punkten des Gesetzentwurfs teils zustimmend, teils kritisch Stellung zu beziehen.

Ebenfalls nahm der NRW-Städtetag Stellung zu den Beschlüssen des 12. SPD-Landesparteitages im Januar 1994 und zu den SPD- und CDU- Änderungsvorschlägen zum genannten Regierungsentwurf (Stellungnahmen des Städtetages NRW vom 27.1.1994 und 7.3.1994, 0/120-38). Grundsätzlich begrüßt der Städtetag nunmehr auch die Abschaffung der Doppelspitze und die Urwahl des hauptamtlichen Bürgermeisters, der gleichzeitig Vorsitzender des Rates, Chef der Verwaltung und Repräsentant der Stadt ist. Im einzelnen weist der Städtetag noch darauf hin, daß

— bei der Festlegung des Aufgabenbereichs des Bürgermeisters durch den Rat dessen originärer Aufgabenbereich nicht tangiert werden dürfe,
— bei einer verbundenen Rats- und Bürgermeisterwahl beide Wahlzeiten verlängert werden sollten, um geeignete Führungspersönlichkeiten zu finden,
— der Rat sich mit Grundsatzfragen beschäftigen und gleichzeitig von einzelnen Verwaltungsaufgaben entlastet werden solle (Aufgabe des Rückholrechts).

Der Nordrhein-Westfälische Städte- und Gemeindebund

Der NWStGB hat in seiner Hauptausschußsitzung am 28./29.4.1988 in Bad Salzuflen ein Diskussionspapier zur Reform der GO NRW vorgelegt (NWStGB 1988: 234-243). In diesem Papier werden die Eckpunkte der Diskussion und insbesondere die Frage der Einrichtung eines Bindegliedes (Verwaltungsausschuß, Magistrat, hauptamtlicher Bürgermeister) sowie die Kritik und die Gegenkritik daran ausführlich dargelegt. In der Hauptausschußsitzung wurde das Papier leidenschaftlich diskutiert. Die bereits oben skizzierten Problempunkte der GO NRW wurden auch hier in ähnlicher Weise erörtert.

In der Folgezeit befaßte sich der Rechts- und Verfassungsausschuß des NWStGB noch einmal grundsätzlich mit der Frage, inwieweit eine Reform der GO überhaupt notwendig und wünschenswert sei. Ziel war es darüber hinaus, dem Präsidium des NWStGB eine Beschlußempfehlung mit möglichst konkreten Thesen zur Reform vorzulegen. Im Mai 1989 einigte sich der Rechts- und Verfassungsausschuß auf Thesen zur Reform der GO und legte sie dem Präsidium vor, die wenig später von diesem Gremium formell verabschiedet wurden. Die Thesen sind daher als „offizielle" Verbandsmeinung anzusehen. Eckpunkte der Thesen sind u.a. (NWStGB 1989: 230-234):

- Ersetzung der Doppelspitze durch eine einheitliche Spitze mit der Bezeichnung (Ober-)Bürgermeister und einer achtjährigen Amtszeit; Wahl des hauptamtlichen Bürgermeisters durch die Bevölkerung;
- der Bürgermeister wird Vorsitzender des Rates und des Gemeindevorstands; die Übertragung des Vorsitzes in den Ausschüssen bleibt einer Regelung in der Hauptsatzung vorbehalten;
- Einrichtung eines Gemeindevorstands als institutionelles Bindeglied zwischen Rat und Verwaltung, bestehend aus dem Bürgermeister als Vorsitzendem, den hauptamtlichen Beigeordneten und den ehrenamtlichen Gemeindevorstandsmitgliedern; die Zahl der hauptamtlichen Beigeordneten soll die der ehrenamtlichen Gemeindevorstandsmitglieder nicht überschreiten; Beschlußfassung durch Stimmenmehrheit;
- Wahl der hauptamtlichen Beigeordneten durch den Rat für die Dauer von acht Jahren (Abberufungsmöglichkeit mit Zwei-Drittel-Mehrheit), die der ehrenamtlichen Beigeordneten aus der Mitte des Rates nach den Grundsätzen der Verhältniswahl (für die Dauer der Wahlperiode des Rates);
- Zuständigkeit des Gemeinderates für die Beschlußfassung über Angelegenheiten, soweit sich aus der GO nichts anderes ergibt; Übertragungsmöglichkeiten auf den Gemeindevorstand oder auf Ausschüsse (ausgenommen enumerativ aufgezählte Zuständigkeiten);
- Zuständigkeit des Gemeindevorstands für die laufende Verwaltung der Gemeinde, insbesondere für die Vorbereitung und Ausführung der Beschlüsse des Rates;
- Zuständigkeit des Bürgermeisters für die Vorbereitung der Beschlüsse des Gemeindevorstands und ihre Ausführung (Übertragung auf Beigeordnete möglich); ferner u.a. gesetzliche Vertretung der Gemeinde in Rechts- und Verwaltungsgeschäften und Wahrnehmung der einfachen Geschäfte der laufenden Verwaltung mit Rückholrecht des Gemeindevorstands;
- grundsätzliche Öffentlichkeit der Gemeinderats- und Ausschußsitzungen; die Sitzungen des Gemeindevorstands sollen dagegen nichtöffentlich bleiben;

Vorschläge zur weiteren Bürgerbeteiligung (Bürgerbegehren und Bürgerentscheid) und zur Stärkung der Wahlmöglichkeiten bei den Kommunalwahlen (Kumulieren und Panaschieren) sind unter Hinweis auf die noch laufende Diskussion nicht erfolgt; hinsichtlich des Kumulierens und Panaschierens wurde jedoch Zustimmung deutlich.

Der NWStGB begrüßte in einem Präsidiums-Beschluß vom 19.6.1991 die Vorschläge des Innenministers vom Februar 1991 und sprach sich für die Direktwahl des hauptamtlichen Bürgermeisters und für eine einheitliche Kommunalverfassung aus. In der Stellungnahme zum Gesetzentwurf der Landesregierung vom 4.2.1993 (NWStGB 1993) bedauerte der NWStGB, daß der vorgelegte Gesetzentwurf nicht dem vom Verband vorgelegten Vorschlag entsprach. Von einer weiteren grundsätzlichen Erörterung wurde abgesehen. Nochmals spricht sich der NWStGB für die unentziehbare Übertragung der Geschäfte der laufenden Verwaltung auf den Gemeindedirektor aus.

Die NWStGB-Vorschläge zur Reform der GO NRW hatten zunächst eine deutliche Parallele zu denen des Landesvorstands des Städtetages NRW. Einerseits sollte der Bürgermeister zwar durch Urwahl gewählt werden, andererseits sollte er trotz seiner umfassenden demokratischen Legitimation keine unentziehbaren Zuständigkeiten haben, da die Verwaltungsleitung durch den Gemeindevorstand als Kollegialorgan wahrgenommen werden sollte. Einfache Geschäfte der laufenden Verwaltung, die vom Bürgermeister wahrgenommen werden sollten, waren mit dem Vorbehalt eines jederzeitigen Rückholrecht des Gemeindevorstands versehen. Nach der später formulierten Auffassung des NWStGB sollten jedoch die Geschäfte der laufenden Verwaltung dem Gemeindedirektor unentziehbar übertragen werden.

Der Landkreistag NRW Der Landkreistag als Interessenvertretung der Kreise ist durch die Diskussion gleich in zweierlei Hinsicht betroffen: einerseits dadurch, daß die Reformbestrebungen bei der GO entsprechend auch auf die Kreise übertragen werden sollen, andererseits dadurch, daß die Kreise Aufsichtsfunktionen für die kreisangehörigen Städte und Gemeinden haben. Der Kreistag als oberstes Kreisorgan hat nicht übertragbare Zuständigkeiten und ist ansonsten für alle Angelegenheiten zuständig, die ihrer Bedeutung nach einer Kreistagsentscheidung bedürfen oder die er sich vorbehält, allerdings unter dem Vorbehalt anderweitiger Regelung in der Kreisordnung NRW. Der Kreisausschuß ist für alle Angelegenheiten zuständig, die nicht dem Kreistag oder dem Oberkreisdirektor (OKD) obliegen. Der OKD als Verwaltungsbehörde des Kreises und als untere staatliche Verwaltungsbehörde ist zuständig für die Führung der Geschäfte der laufenden Verwaltung und hat weitere, nicht entziehbare Zuständigkeiten. Das Prinzip der Allzuständigkeit der Vertretung – wie auf Gemeindeebene – gibt es auf Kreisebene nicht.

Die Position des Landkreistages NRW wird in einem Beitrag seines geschäftsführenden Vorstandsmitglied *Leidinger* deutlich formuliert (*Leidinger* 1989: 345ff.). *Leidinger* geht in seiner Argumentation von der – unten noch zu thematisierenden – „*Banner*-Kernthese" aus, wonach die GO NRW im Vergleich zu dem Kommunalverfassungssystem in Baden-Württemberg und Bayern erheblich weniger leistungsfähig sei. Die oftmals von der Kritik ins Feld geführten Übergriffe in die Verwaltung durch die politische Ebene weist er unter Hinweis auf die Eingriffspflicht der Kommunalaufsicht zurück. Vielmehr ist der Vertreter des Landkreistages der Auffassung, daß die GO NRW ihre Leistungsfähigkeit eindrucksvoll bewiesen habe. Er begründet dieses mit den Wiederaufbauleistungen und den aufgabenbezogenen Herausforderungen der Kommunen. Nordrhein-Westfalen habe insgesamt gute Erfahrungen mit seinem Verfassungssystem gemacht. Gleichwohl sieht er Ansatzpunkte für eine partielle Reform der Gemeindeordnung. Im Mittelpunkt müsse die Kompetenzzuordnung des kommunalen Verfassungsrechts stehen und nicht so sehr die Frage der „dualen Spitze".

Die Position des Landkreistages NRW geht von einer behutsamen Änderung der GO NRW aus, wobei eher Korrekturen vorgenommen werden sollen, als daß grundlegende Reformen gefordert werden. Primär soll eine Rückführung auf ursprüngliche Zuständigkeiten unter Beachtung der Stellung und Funktion der einzelnen Organe erfolgen.

Bürgermeister und Ratsmitglieder Eine dezidierte Position „der" Bürgermeister und Ratsmitglieder liegt nicht vor. Vielmehr haben sich diese Gruppen innerhalb ihrer Parteien und Fraktionen, der kommunalen Spitzenverbände sowie der Landtagsfraktionen zu Wort gemeldet, da viele kommunale Mandatsträger, insbesondere Bürgermeister und Ober-

102

bürgermeister auch Landtags- oder Bundestagsmandate innehaben. Im übrigen haben sich beide Gruppen an der Diskussion in der Zeitschrift „Städte- und Gemeinderat" in 1987/88 intensiv mit einer Reihe von Einzelbeiträgen beteiligt.

An dem Diskussionsprozeß im nordrhein-westfälischen Städte- und Gemeinderat 1987/88 haben sich eine Reihe von (Ober-) Stadtdirektoren und Beigeordnete beteiligt. Darüber hinaus haben die Oberstadtdirektoren im Rahmen ihrer bereits angesprochenen Zusammenkunft im Städtetag NRW am 17.3.1988 eine Entschließung verfaßt, in der sie aus ihrer Sicht die derzeitigen Abweichungen zwischen Verfassungsnorm und Verfassungswirklichkeit skizzieren. Sie gehen in ihrer Entschließung von folgenden Prämissen aus, die die wesentlichen Mängelpunkte der bestehenden Kommunalverfassung aus ihrer Sicht umfassen:

„1. Mängel im Zusammenwirken zwischen Rat und Verwaltung, fehlende Trennung zwischen Rats- und Verwaltungszuständigkeiten sowie unklare Rollenzuteilungen in der Praxis;
2. Der Rat: Oberstes Verwaltungsorgan oder Kommunalparlament;
3. Wandel des Ratsmandats zum Hauptberuf;
4. Geringe Flexibilität der Ratsgremien durch vorzeitige auch öffentliche Festlegungen in den Fraktionen:
5. Mängel in der jetzigen Ausgestaltung der Bezirksverfassung für kreisfreie Städte;
6. Erschwerung der Ratsarbeit durch überzogenen Minderheitenschutz und gemeindefremde Themen;
7. Auflösung der Verwaltungseinheit auf Gemeindeebene;
8. Mängel im Zusammenwirken von Kommune und Staat."

Trotz dieser Mängelanalyse enthalten sich die Verwaltungschefs eines Vorschlags zur Änderung der GO in ihrem Sinne. Aber auch ohne konkrete Änderungsvorschläge hat das Papier auf der Mitgliederversammlung des Städtetages NRW am 20.4.1988 für sehr kontroverse Diskussionen gesorgt. Ferner haben die Oberstadtdirektoren und Stadtdirektoren der im Städtetag NRW und im NWStGB zusammengefaßten Städte eine ähnliche Mängelanalyse vorgelegt, die im wesentlichen die oben genannten Kritikpunkte enthält.

Der „Verband der Hauptgemeindebeamten und Beigeordneten e.V." hat ein Positionspapier vorgelegt, das neben einer Mängelanalyse eine Reihe konkreter Vorschläge zur Änderung der GO NRW enthält (abgedruckt in *Mombauer* 1988: 144ff.):

– Beschränkung der Ratszuständigkeiten auf wichtige Gemeindeangelegenheiten, verbunden mit einer Aufwertung des Hauptausschusses als Koordinierungsausschuß;
– drastische Senkung der Zahl der Ausschüsse und Abschaffung der Öffentlichkeit der Sitzungen;
– Abschaffung der Bürgerfragestunden, Beschwerdeausschüsse und Ratsbeauftragten (wegen fehlender Bewährung);
– Aufgabe des Rückholrechts des Rates und Umwandlung der einfachen Geschäfte der laufenden Verwaltung in laufende Geschäfte der Verwaltung;
– Zusammenführung der Funktionen des Gemeindedirektors und des Bürgermeisters; der „neue" Bürgermeister soll als hauptamtlicher Beamter auf 12 Jahre durch den Rat gewählt werden;
– der hauptamtliche Bürgermeister und die Beigeordneten (Wahl auf 12 Jahre) müssen die gesetzlich festgelegten fachlichen Anforderungen erfüllen (analog zu § 49 der bisher gültigen GO NRW);

– Verantwortung des hauptamtlichen Bürgermeisters für die gesamte Verwaltung (einschl. Dienstvorgesetzteneigenschaft und Organisationsrecht).

In sämtlichen Stellungnahmen der Hauptverwaltungsbeamten und Beigeordneten wird deutlich, daß bürgerschaftliche Mitwirkung – sei es durch eine direkte oder indirekte Partizipation – im Hintergrund steht, sondern vielmehr die funktionale und effiziente Aufgabenerledigung der Kommualverwaltung im Vordergrund steht. So soll der Rat auf die Wahrnehmung grundlegender Gemeindeangelegenheiten beschränkt werden, während der Verwaltung die Erledigung aller administrativen Aufgaben allein überlassen wird. „Übergriffe" des politischen Raumes sollen also möglichst ausgeschlossen sein.

Dabei will der Verband der nordrhein-westfälischen Verwaltungschefs zwar einerseits die Rolle der Verwaltung deutlich aufgewertet wissen, andererseits lehnt er jedoch eine direkte Legitimation des Bürgermeisters durch die unmittelbare Volkswahl ab und nimmt somit eher die durch eine Ratswahl verbundene erhöhte Abhängigkeit von der Mehrheitsfraktion bzw. -partei in Kauf. Ob durch die Politisierung bei einer Ratswahl des Bürgermeisters der Aspekt der Fachlichkeit überragend bleibt, kann allerdings bezweifelt werden.

2.3.4 Die neue Gemeindeordnung Nordrhein-Westfalen

Einen Tag nach der Kommunalwahl in Nordrhein-Westfalen trat zum 17.10.1994 die neue Kommunalverfassung NRW in Kraft, die am 6. Mai 1994 vom Landtag beschlossen worden war. Die neue Gemeindeordnung NRW enthält 131 Artikel, die gleichzeitig in Kraft getretene neue Kreisordnung 77 Artikel. Zu beiden Gesetzen gehört eine Übergangsregelung, die sich speziell mit dem Wahlmodus in der Übergangszeit zwischen der Amtsdauer bisheriger Amtsträger und neugewählten Amtsträgern bis zum Jahre 1999 beschäftigt, wenn die neuen Wahlbestimmungen bei den kommenden Gemeinde- und Kreiswahlen erstmals flächendeckend Anwendung finden sollen.

2.3.4.1 Der neue hauptamtliche Bürgermeister

Der neue Bürgermeister Die sog. Doppelspitze von Gemeindedirektor und Bürgermeister wird abgeschafft und somit Kompetenz und Verantwortung in der Gemeindeleitung wieder zusammengeführt. Der neue *Bürgermeister* wird hauptamtlich als Chef der Verwaltung und als oberster Repräsentant der Gemeinde fungieren. Er hat den Vorsitz im Rat und im neuen Hauptausschuß. Als Chef der Verwaltung ist er künftig im Regelfall für alle Geschäfte der laufenden Verwaltung zuständig, zudem werden seine Zuständigkeiten für Personalentscheidungen gestärkt. Die Übernahme des Bürgermeisteramtes ist allerdings nicht an formale fachliche und/oder beamtenrechtliche Qualifikationen verbunden, wie dies bislang der Fall war (in kreisfreien Städten mußte entweder der Gemeindedirektor oder ein Beigeordneter die Befähigung zum Richteramt oder zum höheren Verwaltungsdienst besitzen). Kritische Stimmen befürchten, daß der neue Bürgermeister, wenn er kein Verwaltungsfachmann ist, einen Großteil der Amtszeit für die Einarbeitung in die Strukturen der Großstadtverwaltung benötigt und zudem in dieser Zeit versuchen muß, seine innerparteiliche Position für eine neue Kandidatur zu verstärken und sich im Wahlkampf dann um eine ebenso zeitaufwendige „Volks- und Bürgernähe" bemühen (Kölner Stadt-Anzeiger v. 6.5.1994). Der Bürgermeister ist künftig nicht mehr verpflichtet, sich wie der bisherige Hauptverwaltungsbeamte, wenigstens zweimal zur Wiederwahl zu stellen. Die Entscheidung wird zum einen vorstrukturiert durch die für die Kandidatenaufstellung in der Regel zuständigen Gremien (sofern es sich nicht um parteiunabhängige Kandidaten handelt), liegt letztendlich jedoch bei der Wählerschaft. Die ersten „neuen" Bürgermeister in NRW wurden Anfang November in Bochum und Gladbeck vom Rat gewählt. Im ersten Fall handelt es sich um den bisherigen SPD-Landtagsabgeordneten Ernst-Otto Stüber, im Gladbecker Fall um den von CDU, Grünen und einer lokalen Bürgerinitiative gewählten Eckhard Scharthoff (CDU), der dort nach einem SPD-Einbruch bei den letzten Kommunalwahlen überraschend die bisherige SPD-Vorherrschaft ablöste.

Der Bürgermeister als kommunaler Wahlbeamter (mit einem monatlichen Einkommen von rd. 15.000 DM in Großstädten, das damit weiterhin weit unter den Einkommen für Spitzenpositionen etwa als Vorstandssprecher von städtischen Versorgungsunternehmen von bis zu 500.000 DM jährlich liegt; Zahlenangaben nach Kölner Stadt-Anzeiger v. 6.5.1994: 9) wird ab 1999 zu jedem Kommunalwahltermin gleichzeitig mit dem Rat unmittelbar von der Wählerschaft gewählt. Seine Amtszeit von fünf Jahren ist damit die kürzeste aller kommunaler Hauptverwaltungsbeamten in den deutschen Ländern (Handelsblatt v. 5.5.1994: 5). Eine Abberufung des direkt gewählten Bürgermeisters ist nur durch die Bürger selbst möglich. Das Abwahlverfahren ist in § 66 GO NRW geregelt: Zur Einleitung des Verfahrens ist ein von mindestens der Hälfte der gesetzlichen Mitglieder des Rates gestellter Antrag nötig; der Beschluß selbst muß mit Zweidrittelmehrheit in namentlicher Abstimmung gefaßt werden. Die Abwahl des Bürgermeisters erfolgt mit der Mehrheit der abgegebenen gültigen Stimmen der wahlberechtigten Bürger, sofern diese Mehrheit mindestens 25 vom Hundert der Wahlberechtigten beträgt. Scheidet ein Bürgermeister vor Ablauf der Amtsperiode aus seinem Amt aus, begrenzt sich die Amtszeit des in diesem Falle vom Rat zu wählenden Nachfolgers bis zur nächsten Kommunalwahl. Ein vom Rat gewählter (Interim-)Bürgermeister kann auch nur vom Rat abgewählt werden. Die Amtszeit von Rat und Bürgermeister fallen also grundsätzlich zusammen, was damit begründet wird, „daß Rat und Bürgermeister im kommunalen Gefüge eine Einheit bilden und die Verwaltung politisch geführt wird" (*Innenminister* NRW 1994: 5). Von der Koppelung der Wahlen zur Verwaltungsspitze und zum Rat erhofft sich die Landesregierung sowohl die Sicherung einer hohen Wahlbeteiligung bei künftigen Kommunalwahlen als auch eine Erhöhung der demokratischen Legitimation des Bürgermeisters (*Schnoor* 1994: 5; Interview mit „Der Steuerzahler" 6/94).

Der *Rat* bleibt das wichtigste Organ der Gemeinde, was sich in der Beibehaltung der Zuständigkeit für alle Angelegenheiten der Gemeindeverwaltung ausdrückt. Er verfügt nach wie vor über ein weitreichendes Rückholrecht für Entscheidungen, die er auf Ausschüsse oder dem Bürgermeister übertragen hat (§ 41 Abs. 2 und 3). Die Architekten der neuen Gemeindeordnung streben jedoch tendenziell eine Rückführung des Rates aus der Beschäftigung mit Detailfragen und stattdessen eine Konzentration auf politische Grundsatz-Ent-

Der Rat

scheidungen und -Vorgaben an. Eine klare Abgrenzung der Zuständigkeit zwischen Rat und Verwaltung ist aber nicht vorgesehen und kann weiterhin Teil des politischen Kräftespiels innerhalb der Gemeinden ausmachen.

Der Verwaltungsvorstand

Es wird ein neues Gremium, der *Verwaltungsvorstand*, eingerichtet (§ 70 GO NRW), das dem Bürgermeister ein Gremium von Fachleuten zur Seite stellt. Der Verwaltungsvorstand setzt sich zusammen aus dem Bürgermeister, den hauptamtlichen Beigeordneten und dem Kämmerer. Den Vorsitz in diesem Gremium führt der Bürgermeister, der auch über das Letztentscheidungsrecht verfügt. Die Aufgaben des Verwaltungsvorstandes umfassen die Mitwirkung bei den Grundsätzen der Organisation und Verwaltungsführung, bei der Planung von besonderen Verwaltungsaufgaben, bei der Aufstellung des Haushaltsplanes sowie bei grundsätzlichen Fragen der Personalführung und der Personalverwaltung.

2.3.4.2 Erweiterte Mitwirkungsmöglichkeiten der Bürger

Eines der „Verkaufsargumente" der neuen Gemeindeordnung ist die Ausweitung der bürgerschaftlichen Beteiligungs-, Mitwirkungs- und Mitentscheidungsrechte.

Einwohnerantrag

Ein erstes neues Instrument ist der *Einwohnerantrag*. Er gibt allen Einwohnern, die mindestens drei Monaten in der Gemeinde wohnen und das 14. Lebensjahr vollendet haben, die Möglichkeit, den Rat zur Befassung (Beratung und Entscheidung) einer bestimmten Frage zu zwingen. Der Einwohnerantrag ist also nicht an das Wahlmindestalter gebunden und steht auch ausländischen Mitbürgern ohne Wahlrecht offen. Ein Einwohnerantrag ist in kreisangehörigen Gemeinden von mindestens fünf Prozent, höchstens jedoch 4.000 Einwohnern zu stellen, in kreisfreien Städten beträgt die Antragshürde vier Prozent und höchstens 8.000 Einwohner.

Bürgerbegehren

Bürgerbegehren und *Bürgerentscheid* versetzen die Bürger einer Gemeinde in die Lage, Beschlüsse anstelle des Rates zu treffen. Die Gemeindeordnung regelt in § 26 Absatz 5 zunächst einmal in einer langen Liste all jene namentlich genannten Materien, über die ein Bürgerbegehren unzulässig ist:

- Fragen der inneren Organisation der Gemeindeverwaltung, der Rechtsverhältnisse von Rats- und Bezirksvertretungsmitgliedern, Ausschußmitgliedern und der Gemeindebeschäftigten,
- Fragen der Haushaltssatzung, der Wirtschaftspläne der Eigenbetriebe, der kommunalen Abgaben und der privatrechtlichen Entgelte,
- Fragen der Jahresrechnung und des Jahresabschlusses der Eigenbetriebe,
- Angelegenheiten, die im Rahmen eines Planfeststellungsverfahrens oder eines förmlichen Verwaltungsverfahrens mit Öffentlichkeitsbeteiligung oder eines ähnlich gelagerten Zulassungsverfahrens zu entscheiden sind,
- Fragen im Zusammenhang mit Bauleitplänen, Entscheidungen über Rechtsbehelfe und Rechtsstreitigkeiten,
- Angelegenheiten, die nicht in die gesetzliche Zuständigkeit des Rates fallen,
- Angelegenheiten, die entweder gesetzwidrige Ziele verfolgen oder gegen die guten Sitten verstoßen sowie schließlich
- Angelegenheiten, über die innerhalb der letzten zwei Jahre bereits ein Bürgerentscheid durchgeführt worden ist.

Eine „Positivliste" umfaßt die Gemeindeordnung nicht. Der Innenminister führt in der von ihm herausgegebenen Broschüre u.a. Entscheidungen über den Bau von Kindergärten, Jugendzentren sowie über Maßnahmen der Verkehrsberuhigung an (*Innenminister* NRW 1994: 10).

Einen Antrag auf Durchführung eines Bürgerentscheides können nur die Bürger selbst stellen. Das schriftlich einzureichende Begehren muß neben der vorgeschriebenen Zahl von Unterschriften eine Begründung und einen Vorschlag zur Deckung der entstehenden Kosten enthalten. Ein solches Bürgerbegehren müssen mindestens zehn Prozent der Bürger einer Gemeinde beantragen. In Kleinstädten unter 50.000 Einwohner sind dafür mindestens 4.000 Unterschriften nötig, in Großstädten zwischen 100.000 und 250.000 Einwohnern schon 12.000 Unterschriften, in Gemeinden zwischen 250.000 und 500.000 Einwohnern 24.000 Unterschriften und in Großstädten über 500.000 Einwohner schließlich 48.000 Unterschriften. Erst danach wird die Durchführung des Bürgerentscheids eingeleitet, wenn nicht der Rat zwischenzeitlich im Sinne des Bürgerbegehrens entschieden hat. Der Bürgerentscheid, für den innerhalb von drei Monaten die notwendigen Unterschriften gesammelt werden müssen, hat ansonsten die Wirkung eines Ratsbeschlusses, wenn er eine Mehrheit der gültigen Stimmen findet und diese Mehrheit mindestens 25 Prozent der stimmberechtigten Bürger beträgt. Innerhalb einer Frist von zwei Jahren darf ein Bürgerentscheid dann lediglich auf Initiative des Rates durch einen neuen Bürgerbescheid abgeändert werden.

Weitere Mitwirkungsrechte beziehen sich auf die Einrichtung von *Ausländerbeiräten* in Gemeinden mit mindestens 5.000 ausländischen Einwohnern. Die Mitglieder der Ausländerbeiräte werden von den ausländischen Gemeindebewohnern direkt gewählt. Ihre Rechtsstellung entspricht dem der sachkundigen Bürger. Entscheidungen des Ausländerbeirates haben keine bindende Wirkungen, sondern stellen reine Empfehlungen dar.

In allen Gemeinden über 10.000 Einwohner sind schließlich *Gleichstellungsstellen* einzurichten und mit einer hauptamtlichen Gleichstellungsbeauftragten zu besetzen.

Bürgerentscheid

Ausländerbeiräte

Gleichstellungsstellen

2.3.4.3 Verbesserte Rahmenbedingungen für die Mandatstätigkeit

Die neue Gemeindeordnung will die Rahmenbedingungen für das ehrenamtliche Engagement in der Gemeinde absichern und hat in diesem Zusammenhang eine Neuregelung des Freistellungsanspruches vorgenommen. Sie erweitert den Bezugskreis und die Ansprüche der sog. Hausfrauenentschädigung. Darüberhinaus legt die Gemeindeordnung fest, daß die Höhe der Aufwandsentschädigung und der Sitzungsgelder nach Ablauf der Hälfte der Sitzungsperiode der Räte anzupassen sind. Schließlich beschreibt sie erstmals in gesetzlicher Form die Aufgaben und Rechte der Fraktionen in der Gemeindevertretung und gibt ihnen zugleich damit einen Rechtsanspruch auf Zuwendungen für ihre sächlichen und personellen Aufwendungen, die in einer eigenen Anlage zum Haushaltsplan transparent gemacht werden sollen. Die Höhe der Zuwendungen hängt dabei von den finanziellen Möglichkeiten der Gemeinde ab. Hauptamtlichen Fraktionsmitarbeitern wird im übrigen in der neuen Gemeindeordnung ausdrücklich gestattet, für den Rat zu kandidieren.

2.3.4.4 Verbesserte Handlungsbedingungen für die Kommunen

Die Finanzaufsichtsbestimmungen hinsichtlich der haushaltsrechtlichen Vorschriften der Gemeinden sind gelockert worden. Anstelle einer Genehmigungspflicht für die Haushaltssatzung sowie die Aufnahme von Krediten und für Grundstücksgeschäfte tritt eine Anzeigepflicht. Das bisherige, von der Bezirksregierung zu genehmigende Haushaltssicherungskonzept für Gemeinden, die keinen ausgeglichenen Haushalt vorlegen können, bleibt jedoch bestehen. Auch die Organisationsfreiheit der Gemeinden im Bereich der wirtschaftlichen Betätigung bleibt gesichert. Schließlich nimmt die Gemeindeordnung erstmals eine sog. Experimentierklausel auf. Hiermit kann in begrenzten Ausnahmefällen das Innenministerium von organisations- und haushaltsrechtlichen Vorschriften der Gemeindeordnung und der entsprechenden Rechtsverordnungen absehen. Diese Regelung ist vor allem von Bedeutung im Zusammenhang mit der aktuellen Diskussion um die Erprobung neuer Steuerungs- und Organisationsmodelle, die in Teil 5 dieses Kurses noch ausführlich behandelt werden.

2.3.4.5 Übergangsregelungen

Bis zum Beginn der mit der Kommunalwahl 1999 einsetzenden Ratsperiode ist es den Gemeinden freigestellt, ob sie noch bis 1999 einen Gemeindedirektor alter Prägung wählen oder sich bereits vorher auf das neue System des hauptamtlichen Bürgermeisters umstellen. Zu den schwierigen Übergangsproblemen[2] zählt insbesondere die Lösung von Fragen, die mit den erworbenen beamtenrechtlichen Positionen der bereits im Amt befindlichen Gemeindedirektoren zusammenhängen: Wahlbeamte erhalten nach der bisherigen Rechtslage erst nach achtjähriger Amtszeit Anrechte auf eine Pension. Und Wahlbeamte sind wie oben erwähnt zudem verpflichtet, nach einer Amtsperiode erneut zu kandidieren, da ansonsten ihre Pensionsansprüche erlöschen. So verabschiedete der Landtag am 2.2.1994 ein Vorschaltgesetz, das verhindern sollte, daß Kommunen noch unmittelbar vor Verabschiedung der neuen Gemeindeordnung einen neuen Verwaltungschef nach altem Muster wählen und somit versuchen, die Einführung der Reform ins nächste Jahrtausend zu verschieben (Genau dies geschah entgegen der eindringlichen Warnung des Innenministers Ende Januar 1994 in Mönchengladbach und Herten). Journalistische Beobachter kommentierten dieses und andere Planspiele im unmittelbaren Vorfeld der neuen Gemeindeordnung: „Da verwundert es nicht, daß Parteistrategen sich die Köpfe zerbrechen, wie sie verdiente Parteifreunde am besten in Amt und Würden hieven oder halten können, wie ihr Kandidat für die Bürgermeister-Urwahl aufgebaut und der politische Gegenspieler diskreditiert werden kann" (Kölner Stadt-Anzeiger v. 5.5.1994: 4). In jedem Fall sollen aber 1999 die Amtszeiten aller bisherigen Gemeinde- und

---

2 Wegen der komplexen Übergangssituation bis 1999, die zu einer befristeten Parallelität und Verzahnung von altem und neuem Recht führt, sind einige Herausgeber im Bereich des nordrhein-westfälischen Kommunalverfassungsrechtes dazu übergegangen, parallele Textausgaben in gesonderten Bänden vorzulegen; vgl. *Braschos/Hörsting/Fennenkötter* 1994: Kommunalverfassungsrecht Nordrhein-Westfalen (Teil I: Doppelspitze; Teil II: Einheitsspitze). Bonn u.a.

Stadtdirektoren auslaufen, so daß die Übergangsphase zu diesem Zeitpunkt flächendeckend beendet werden kann. Eine frühere Umstellung ist nicht ausgeschlossen, sondern wird im Gegenteil vom Innenminister angeregt und begrüßt (*Innenminister* NRW 1994: 8).

2.3.5 Zusammenfassung der Diskussion um die GO NRW

Die in der nordrhein-westfälischen Diskussion um eine neue Gemeindeordnung vertretenen Positionen zeichnen sich durch eine Heterogenität im Detail, aber auch durch eine Konzentration auf wenige kontrovers zu diskutierende Punkte aus. Bei Ausblendung der Details lassen sich folgende Hauptlinien in den jeweiligen Argumentationen erkennen:

– Im Bereich der *Verwaltungsführung* kreist die Diskussion um die Frage, ob der Chef der Verwaltung relativ autonom politisch wirken kann und lediglich eine Rückbindung an den Wähler durch die unmittelbare Volkswahl erfahren soll (wie in Bayern und Baden-Württemberg), ob er in einer relativ untergeordneten Position verbleiben soll (wie in NRW) oder ob er von anderen zentralen politischen Akteuren in der Gemeinde „eingerahmt" werden soll (wie z.B. in Hessen).
– Ein weiterer Punkt ist die Kontroverse um das *Verhältnis von Demokratie zu Effizienz*. Während einerseits dem Demokratieaspekt deutlich der Vorrang gegeben wird (z.B. durch die *Grünen*), pochen andere auf mehr Effizienz bei der Aufgabenerfüllung (z.B. die Hauptverwaltungsbeamten). Von vielen wird mehr Partizipation des Bürgers bei den Entscheidungen in der Kommunalpolitik gefordert, zum einen durch eine Ausweitung der Möglichkeiten im Wahlrecht (Kumulieren, Panaschieren), zum anderen durch direkte Entscheidung in bestimmten Angelegenheiten (Bürgerantrag und Bürgerentscheid).

Zugespitzt auf wenige Begriffe läßt sich also feststellen, daß die Diskussion um eine Reform der GO NRW im wesentlichen um die Führungsstruktur an der Spitze von Rat und Verwaltung kreist. Daneben wird von einigen Akteuren explizit mehr Demokratie und Partizipation im Sinne einer größtmöglichen Beteiligung der Bürger (und teilweise auch der Einwohner allgemein) gefordert. Übereinstimmend wird eine größere Effizienz bzw. Funktionalität des lokalen politisch-administrativen Systems angemahnt.

Die Vorschläge zur Reformierung der GO NRW sind im Detail ebenfalls sehr vielfältig. Insgesamt liegen die Vorschläge jedoch auf folgender Argumentationslinie:

– Das nordhein-westfälische Kommunalverfassungssystem erfüllt nicht die Funktion eines optimal arbeitenden strukturellen Gefüges von Normen, das die politischen Prozesse und Akteure steuert. Prozesse laufen anders ab, Akteure agieren anders, als wie es intendiert gewesen war. Verfassungsnorm und Verfassungswirklichkeit fallen auseinander.
– Deshalb ist es erforderlich, Verantwortlichkeiten klar zuzuweisen, Beratungs- und Entscheidungswege zu verkürzen und an der Nahtstelle von Politik und Verwaltung eine Koordination herbeizuführen, die ein weitgehend reibungsloses Ineinanderwirken ermöglicht.

– Darüber hinaus soll den Einwohnern – und nicht nur den Bürgern – die Möglichkeit gegeben werden, an politischen Entscheidungsprozessen direkt und unmittelbar teilzunehmen und nicht lediglich vermittelt über den Wahlakt.

Kurz gesagt: Die Begriffstrias *„Demokratie-Partizipation-Effizienz"* und die kommunale *Führungsstruktur* als Plattform zu deren Verwirklichung bestimmen die Diskussion. Dabei ist unverkennbar, daß die verschiedenen Akteure in der Diskussion bei der Formulierung ihrer Positionen auch ihre ureigenen Interessen im Blick haben:

– Die im Lande dominierende SPD fürchtet den „starken" Bürgermeister, der – entkoppelt vom Rat – sich von der parteipolitischen Anbindung lösen könnte. Die SPD war nur unter extern erzeugtem Druck bereit, von der Norddeutschen Ratsverfassung Abstand zu nehmen, kann jedoch in politischen Auseinandersetzungen zukünftig darauf verweisen, daß allein sie die Reform der Gemeindeordnung bei der Verabschiedung im Landtag getragen hat.
– Die CDU, die insbesondere in den „roten" Ruhrgebietstädten seit Jahrzehnten ein Dauerdasein in der „Opposition" führt, sah es als Chance an, einen durch eine unmittelbare Volkswahl zu wählenden Bürgermeisterkandidaten zu präsentieren, der als Persönlichkeit in der Bevölkerung anerkannt und beliebt ist. Sollte er in einer Volkswahl tatsächlich gewählt werden, könnte dieses „Gegengewicht" – trotz eines auch weiterhin SPD-dominierten Rates – deren politische Wirkungsmöglichkeiten gleichwohl erheblich beeinträchtigen. Da der bestehende Gesetzentwurf nicht weit genug in die von ihr vorgeschlagene Richtung ging, lehnte sie die neue Gemeindeordnung in der Schlußabstimmung ab und kündigte für den Fall eines – eher unwahrscheinlichen – Sieges bei der Landtagswahl 1995 eine entsprechende Revision der neuen Gemeindeordnung an.
– Die FDP und die *Grünen* befürchten insbesondere, daß sie bei der Einrichtung eines wie auch immer bezeichneten und besetzten Gemeindevorstandes keine oder nur eine geringe Berücksichtigung finden. Die Frage der Doppelspitze ist für sie zwar auch von Bedeutung, jedoch nicht primär. Beide unterstützten die Forderung nach größerer direkter Bürgerbeteiligung. In der Schlußabstimmung im Landtag lehnten beide Fraktion den Gesetzesentwurf der Mehrheitsfraktion ab.

Auffallend ist, daß viele Politiker, Verwaltungschefs und Beigeordnete in erster Linie vor dem eigenen Erfahrungshorizont und aus der Funktionslogik ihres Amtes in der jeweiligen Gemeinde argumentieren. Daher gehen die unterschiedlichen Meinungen auch quer durch die Parteien. Es gibt keine von Anfang an feststehende Position dieser oder jener Partei, sondern die Meinungsbildung ist ein jahrelanger, konfliktorischer und – wegen der persönlichen Betroffenheiten – in Insiderkreisen mit Leidenschaft geführter Prozeß. Eine Orientierung an politisch-normativen oder ideologischen Leitbildern ist dabei nur subsidiär feststellbar. Vorherrschend ist die Orientierung an der „örtlichen Empirie", verbunden mit taktischen Überlegungen.

110

2.4 Entwicklung der Kommunalverfassungen in den anderen Bundesländern

2.4.1 Überblick

In den neuen Kommunalgesetzen der fünf neuen Bundesländer setzt sich – bei aller Unterschiedlichkeit im Detail – der auch in den alten Bundesländern fest-zustellende Trend zur Direktwahl der Bürgermeister und Landräte fort. Mehr noch ist es nicht zuletzt die einheitliche Entwicklung in Ostdeutschland, die ih-rerseits eine zusätzliche Katalysatorwirkung auf die Reformprozesse in West-deutschland und besonders in den Ländern der Norddeutschen Ratsverfassung ausübt (*Hoffmann* 1994: 621), zumal jetzt die Argumentation nicht mehr allein durch die auch parteipolitisch zementierte Frontstellung „zweigleisige" Nord-deutsche Ratsverfassung vs „eingleisige" Süddeutsche Bürgermeisterverfassung geprägt war, sondern jetzt auch ein Rückgriff auf kommunalpolitische Erfahrun-gen und gesetzgeberische Ergebnisse aus den neuen Bundesländern erfolgen konnte.

2.4.2 Aktuelle Änderungen der Kommunalverfassung in den übrigen alten Bundesländern

Die Revision der nordrhein-westfälischen Gemeindeordnung hat besonders auf Niedersachsen Auswirkungen, das nunmehr als einziges Flächenland noch an der Norddeutschen Ratsverfassung festhält. Jedoch ist auch hier der allgemeine Trend in der Bevölkerung zu mehr „direkter Demokratie" unübersehbar. Auch in Niedersachsen gab und gibt es eine schon jahrzehntelange Kontroverse um diese Kommunalverfassung. Trotz einer ähnlich wie in NRW gelagerten und ähnlich scharfen Kritik, die sich primär aus rechtssystematischen und rechtspolitischen Quellen speiste und sich fast ausschließlich auf den Kreis der unmittelbar Betrof-fenen beschränkte, konnte sich diese Gemeindeordnung nicht zuletzt wegen der politisch starken Gruppe der Oberbürgermeister und Landräte im Landtag bis heute behaupten. Derartige Veränderungswünsche wurden politisch von Mehr-heiten in Parteien und Landtag abgewehrt.

In der neuen politischen „Großwetterlage" (nach der Vereinigung, dem „Fall" Nordrhein-Westfalens und der „kleinen partizipatorischen Revolution" im Westen) ist die Zweigleisigkeit „politisch nicht länger opportun" (*Hoffmann* 1994: 627). Damit ergeben sich auch andere landespolitische Konstellationen: Der CDU-Spitzenkandidat *Wulff* setzte sich im November 1993 auf seinem Lan-desparteitag mit dem Vorschlag durch, die CDU solle sich im Falle eines Wahl-sieges für eine „Volksbefragung" zur Herbeiführung der Direktwahl des haupt-amtlichen Bürgermeisters einsetzen. Im Gegensatz zu den meisten anderen CDU-Landespolitikern gehörte Wulff schon immer zu den Anhängern einer eingleisigen Gemeindeordnung. Auch innerhalb der SPD, die die jüngsten Landtagswahlen für sich entscheiden konnte, ist neue Bewegung in die Dauer-diskussion zum Thema Gemeindeordnung gekommen. Hierzu muß man sich vergegenwärtigen, daß unter den anders gelagerten politischen Mehrheitsverhältnissen in den Städten und Gemeinden Niedersachsens anders als in Nord-rhein-Westfalen immer schon viele sozialdemokratische Spitzenpolitiker die Zweigleisigkeit beseitigen wollten. Nach dem aktuellen Stand der Reformdiskussion sollen ab 1996 die Gemeinde- und Kreisräte selbst über ihre Kommunalverfassung entscheiden können, bevor mit dem übernächsten Kommunalwahltermin (2001) das neue, eingleisige System endgültig und zwingend eingeführt werden soll (*Hoffmann* 1994: 627).

Hessen   Durch die – mit der Landtagswahl am 20.1.1991 verbundene – realplebiszitäre Institution „Volksabstimmung" wurde 1991 in Hessen auf Initiative der damaligen, CDU-geführten Landesregierung *Wallmann*, die desungeachtet die Landtagswahl verlor, die Volkswahl der Hauptverwaltungsbeamten in Städten und Kreisen bei einer Zustimmungsquote von über 80% der Abstimmenden eingeführt. Auf der Basis der Volksabstimmung legte die neue SPD-geführte Regierung eine entsprechende Novelle zur hessischen Gemeindeordnung vor. Hessen hat in ihr die Direktwahl des Bürgermeistes eingeführt, sich zugleich aber für den Beibehalt der Zweiköpfigkeit und des kollegialen Magistrats entschieden; Möglichkeiten des Kumulierens und Panaschierens wurden verworfen (*Derlien* 1994: 48).

Die erstmalige Direktwahl der Hauptverwaltungsbeamten bei den hessischen Kommunalwahlen vom 7.3.1993 ging angesichts der dramatischen Stimmungsverluste für die großen Parteien, der geringen Wahlbeteiligung von nur knapp 72 Prozent (in vielen Städten unter 50%) und dem relativ starken Abschneiden der Republikaner in der überregionalen Öffentlichkeit ein wenig unter. Allgemein wird die Bewährungsprobe der neuen Einrichtung in Hessen als bestanden angesehen, zumindest wurden jedoch keine Forderungen laut, zum alten Zustand zurückzukehren. In einigen Städten ist es zu neuartigen Konstellationen einer unterschiedlichen parteipolitischen Ausrichtung von Verwaltungsspitze und Ratsmehrheit gekommen (Marburg, Kassel und Rüdesheim), die süddeutschen Verhältnissen entspricht. Allerdings hat es auch keine erdrutschartigen Veränderungen gegeben: Es wurden nach Ansicht von *Hoffmann* (1994: 626) durchweg jene „Personen zu Bürgermeistern, Oberbürgermeistern und Landräten gewählt bzw. wiedergewählt..., die wahrscheinlich auch bei der bisherigen indirekten Wahl gewählt worden waren oder wären".

Rheinland-Pfalz   Der Landtag von Rheinland-Pfalz hat die bisherige Rheinische Bürgermeisterverfassung am 9. September 1993 mit großer Mehrheit dahingehend geändert, daß ab 1994 – trotz starker Widerstände aus dem kommunalen Lager – die Bürgermeister und Landräte in Rheinland-Pfalz direkt gewählt werden. Diese Novellierung wurde nach Ansicht von *Hoffmann* (1993: 626) stark vom Ergebnis der hessischen Volksabstimmung beeinflußt.

Schleswig-Holstein   Auch in Schleswig-Holstein steht eine Direktwahl von Bürgermeistern und Landräten in Aussicht. Diese Forderung war in den zurückliegenden Jahren zunächst von CDU und FDP aufgestellt worden, nachdem diese als Folge der Barschel-Affäre in die Oppositionsfunktion gedrängt worden waren. Die im Land regierenden Sozialdemokraten hatten noch im November 1993 auf einem Landes-Parteitag eine Direktwahl abgelehnt, beschlossen aber im Juni 1994 auf einem erneuten Parteitag, sich nunmehr noch die Reformbestrebungen der Kommunalverfassung zu eigen zu machen. Dies dürfte zum einen eine Folgewirkung des Kurswandels in NRW und der Entwicklung in den ostdeutschen Bundeslän-

112

der gewesen sein. Hinzu kam jedoch unter landespolitischen und wahlkampfstrategischen Aspekten die Ankündigung der beiden Oppositionsparteien, eine von der Landesverfassung vorgesehene „Volksinitiative" in dieser Frage einzuleiten. Bei Redaktionsschluß dieses Beitrages war eine Entscheidung in dieser Frage noch nicht getroffen. Kommt, wie zu vermuten steht, diese Änderung zustande, „wäre Schleswig-Holstein das Land, das nach dem Kriege zum zweiten Male eine grundsätzliche Reform der Kommunalverfassung durchführen würde, nachdem sich das Land bereits 1951 als erstes der drei Länder der britischen Besatzungszone von der Zweigleisigkeit verabschiedet hatte" (*Hoffmann* 1994: 626).

Im Saarland schließlich fand ebenfalls eine strittige Debatte über die Einführung der Direktwahl der Bürgermeister und Landräte statt. Auch hier waren die Oppositionsfraktionen CDU und FDP im Landtag die treibende Kraft dieser Debatte, wobei die CDU im September 1993 einen eigenen Gesetzentwurf in den Landtag einbrachte. Die regierende SPD reagierte zunächst unwillig, allerdings berief noch im gleichen Jahr der saarländische Innenminister Läpple eine Kommission „Stärkung der kommunalen Selbstverwaltung" ein, die unter anderem auch die „Auswirkungen der Urwahl" zum Untersuchungsgegenstand hatte. Unter dem Einfluß der schon oben skizzierten politischen Großwetterlage sowie vor dem Hintergrund der landespolitischen Konstellation kam es auch innerhalb der saarländischen SPD zu einer Revision ihrer Position. Inzwischen hat der saarländische Landtag noch vor den Landtagswahlen im Oktober 1994 einstimmig (!) beschlossen, Bürgermeister, Landräte und den Stadtverbandspräsidenten künftig direkt wählen zu lassen.

2.4.3 Entwicklung der Kommunalverfassungen in den neuen Bundesländern

Der Darstellung der Entwicklung in den Städten und Gemeinden Ostdeutschlands seit der Wende widmet sich ein eigenes Kapitel in diesem Band. Hier soll im Vorgriff der späteren Erörterung zum Zwecke der Vergleichbarkeit mit den Reformprozessen im Bereich der Gemeindeordnung NRW und der übrigen alten Bundesländer allein auf einige für den Vergleich mit der Entwicklung in NRW relevante Besonderheiten und Charakterisierungen der Kommunalverfassungen in den neuen Bundesländern abgestellt werden. Einen systematischen Überblick über die neuen Gemeindeordnung bieten insbesondere der zweiteilige Aufsatz von Paul und Franz-J. *Schumacher* in „Stadt- und Gemeinde" (*Schumacher/ Schumacher* 1994: 3ff. und 57ff.) sowie die vergleichenden Ausführungen zur Kommunalrechtsentwicklung in den alten und neuen Bundesländern von Gert *Hoffmann* in „Die Öffentliche Verwaltung" von August 1994, auf die sich die nachfolgenden Ausführungen im wesentlichen stützen können.

2.4.3.1 Akzeptanz der ersten Kommunalverfassung für die DDR nach der Wende in der kommunalen Praxis

Kurz nach der Bildung einer frei gewählten Volkskammer verabschiedete diese am 17. Mai 1990 mit dem „Gesetz über die Selbstverwaltung der Gemeinden und Landkreise in der DDR" eine „Kommunalverfassung". Neu gegenüber der

Entwicklung des Kommunalrechts in Westdeutschland war die Zusammenfassung der Bestimmungen über Kreise und Gemeinden in einem einheitlichen Gesetz ebenso wie die „offiziöse" Kurzbezeichnung *Kommunalverfassung* (KV), die in Westdeutschland unüblich war, um nicht den Eindruck der Existenz einer staatsrechtlich selbständigen dritten Verfassungsebene zu assoziieren.

Inhaltlich kann diese „Kommunalverfassung" der Wende-DDR als eine Kombination aus Elementen der vier verschiedenen westdeutschen Kommunalverfassungstypen angesehen werden, wobei sich in ihr zudem Eigenarten des Wendeprozesses niederschlagen. Daß alle neuen Bundesländer inzwischen neue Kommunalverfassungen erlassen haben, zeigt, daß die alte, unter großem Zeitdruck von der ersten freigewählten Volkskammer verabschiedete Kommunalverfassung der DDR neben Vorzügen auch einige Mängel aufweist.

Entstehungsgang   Auf der 9. Sitzung des zentralen Runden Tisches am 22.1.1990 war der Antrag auf Einleitung einer Verwaltungsreform gestellt worden. Dieser wurde auf der 16. Sitzung vom 12.3.1990 unter dem Stichwort „Verwaltungsreform" wieder aufgegriffen, wobei es sich um die Ausarbeitung eines als Rahmengesetz bezeichneten Entwurfs für eine Kommunalverfassung handelte, der bereits auf die Wiedervereinigung abstellte. Am 2.5.1990 beschloß der Ministerrat der DDR über einen vom Minister für regionale und kommunale Angelegenheiten ausgearbeiteten Entwurf einer Kommunalverfassung, der zwei Tage später der Volkskammer zugeleitet wurde. Die Volkskammer leitete den Entwurf wiederum an den federführenden Ausschuß für Verfassung und Verwaltungsreform weiter, der insgesamt drei Sitzungen für die Beratung des Entwurfes benötigte. Am 17.5.1990 wurde der Entwurf einer DDR-Kommunalverfassung mit leichten Modifikationen, die auf den Widerstand des Haushaltsausschusses gegen Passagen über die ursprünglich vorgesehene Steuerhoheit der Kreise und anderen Finanzausgleichsregelungen zurückgingen, mit verfassungsändernder Zwei-Drittel-Mehrheit angenommen (*Derlien* 1994: 54f.).

Bürgerbeteiligungs-freundliche Orientierung   Die DDR-Kommunalverfassung war bürgerbeteiligungsfreundlich. Dies ist sicherlich auf die Erfahrungen der Wende-Zeit und die Arbeit der „Runden Tische" zurückzuführen. So räumte das kurz nach der Wende zustande gekommene Kommunalwahlgesetz dem Bürger drei Stimmen ein, die er alle einem Kandidaten geben (Kumulieren) oder auf Kandidaten verschiedener Wahlvorschläge verteilen konnte (Panaschieren). Insofern sich die Reihenfolge der bei der Sitzverteilung innerhalb einer Liste zum Zuge kommenden Kandidaten nach der Anzahl der erhaltenen Stimmen richtete, besaßen die ostdeutsche Bürger stärkere Einflußmöglichkeiten auf die Zusammensetzung der Kommunalvertretungen als die Menschen in vielen westdeutschen Bundesländern (*Schumacher/Schumacher* 1994: 3).

Attraktivität des Vorbilds der süddeutschen Ratsverfassung   Im kommunalrechtlichen Vergleich gehörte die DDR-KV insofern zum Typus der Norddeutschen Ratsverfassung, als sie neben dem Hauptverwaltungsbeamten (Bürgermeister, Landrat) einen eigenständigen Vorsitzenden der Gemeindevertretung vorschrieb. Die DDR-KV weist zwar viele Übereinstimmungen mit dem Typus der eingleisigen „süddeutschen" Kommunalverfassung auf, was schon von daher zu erklären ist, daß ostdeutsche wie westdeutschen Experten und Berater sich der „massiven Angriffe auf die dualistischen Systeme Nordrhein-Westfalens und Niedersachsen" (*Knemeyer* 1990: 63) bewußt waren und gerade den Typus der norddeutschen Ratsverfassung nicht in die ohnehin unter

114

hohem Zeitdruck stehende Diskussion mit einbezogen. Die typische Direktwahl des Bürgermeisters fehlte jedoch in der DDR-KV ebenso wie die Zuweisung einiger süddeutscher Kernfunktionen an den Bürgermeister (Vorsitz in der Vertretung oder in den beschließenden Ausschüssen). Auch läßt sich die DDR-KV weder von den Begrifflichkeiten noch von den Vorschriften über die Gemeindespitze her dem Typus der „echten" oder „unechten" Magistratsverfassung zurechnen (*Hoffmann* 1994: 620).

Insofern besaß die Kommunalverfassung der DDR durchaus einen eigenständigen „Mischcharakter". Hierbei wurde der Versuch unternommen, aus den vorliegenden deutschen Gemeindeordnungen einen neuartigen Mischtyp zu destillieren, indem man gleichsam nur die „Schokoladenseiten" der verschiedenen Kommunalverfassungen zusammenfügte. Damit schloß die DDR-Kommunalverfassung im übrigen an Forderungen an, wie sie in Westdeutschland theoretisch immer wieder gefordert oder auch ausgearbeitet worden waren, ohne daß sich dies jedoch bis zu jenem Zeitpunkt bereits in der Ländergesetzgebung niedergeschlagen hatte.

Die für die ehemalige DDR entwickelte Neukonstruktion einer Kommunalverfassung hat sich in den fünf neuen Ländern nicht als Muster für die Ausarbeitung der nach dem Beitritt zur Bundesrepublik notwendig gewordenen neuen länderspezifischen Kommunalverfassungen durchsetzen können. Die DDR-KV wurde in der Praxis der neuen Bundesländer und ihrer Städte und Gemeinden keineswegs durchgängig akzeptiert und besaß schon von daher nur eine eingeschränkte Überlebensfähigkeit. Lediglich Mecklenburg-Vorpommern hat die DDR-KV zur Grundlage der Novellierung der landesspezifischen Gemeindeordnung herangezogen.

Übergangscharakter

Allerdings sollte man sich zumindest in diesem Fall vor der eher kurzschlüssigen Annahme hüten, daß man in dieser Entwicklung ein weiteres typisches Zeichen dafür erblicken kann, daß sich in der ehemaligen DDR nichts Eigenständiges und Spezifisches halten könne. Vielmehr müssen bei der kurzen „Halbwertzeit" dieser Kommunalverfassung vorrangig wohl einige „Besonderheiten" dieser in kürzester Zeit quasi aus dem Boden gestampften Verfassungsregelung in Rechnung gestellt werden (*Hoffmann* 1994: 622):

– Zum einen erschwerten einige Mängel der DDR-KV ihre Handhabung in der Praxis. So führte für den engeren Bereich der Kommunalverfassung der – so in Westdeutschland nicht bekannte – im Grundsatz sehr selbstverwaltungsfreundliche Ansatz, nicht alles gesetzlich zu regeln, sondern viele Regelungsmaterien den Hauptsatzungen und damit der Disposition der lokalen Akteure zu überlassen, zu erheblichen Unsicherheiten und Konflikten in der kommunalen Praxis.

– Dem rechtsdogmatischen Gebäude der DDR-KV blieb stets anzumerken, daß sie eine Mischform aus verschiedenen Kommunalverfassungstypen war, was sich in einigen widersprüchlichen Bestimmungen und Regelungen niederschlug.

– Aus politischen Gründen, womit man die neue Selbständigkeit und die Distanz zur ehemaligen DDR dokumentieren wollte, bestand in allen neuen Ländern der berechtigte Wunsch, gerade die Landeskompetenz auf dem Gebiet des Kommunalrechts – als eine der wenigen autonomen Landesgesetzgebungsrechte – auch mit einer eigenen Kommunalordnung auszuschöpfen.

115

Nach Ansicht von *Hoffmann* (1994: 622) lag aber die Hauptursache für die mit den neuen Gemeindeordnungen in Ostdeutschland sichtbare Abkehr von der DDR-KV in dem „Siegeszug" des süddeutschen Modells, mit seinem eingleisigen und direkt gewählten Hauptverwaltungsbeamten, der auch in Ostdeutschland nicht aufzuhalten war. Der gleiche Verfasser, Regierungspräsident in Dessau und ehemaliger Stadtdirektor einer niedersächsischen Gemeinde, sieht in dieser Entwicklung im übrigen auch ein Indiz dafür, „daß trotz aller Unterschiede in Ost und West bestimmte politische Bewußtseinslagen und Meinungsbildungsprozesse doch ausgesprochen gesamtdeutsch entstehen und verlaufen, und sich hier wie da die aktuelle Stimmung in der politischen Diskussion an den Begriffen ,Bürgernähe', ,Politik- und Parteiverdrossenheit' sowie ,unmittelbarer Demokratie' festmacht" (*Hoffmann* 1994: 622).

2.4.3.2 Die neuen Gemeindeordnungen in den neuen Bundesländern

Inzwischen haben alle fünf ostdeutschen Bundesländer neue Kommunalverfassungsgesetze verabschiedet: Sachsen eine Gemeindeordnung vom 21. April 1993 (SächsGemO – GVBl. S. 301, ber. S. 445) und eine Sächsische Landkreisordnung vom 19. Juli 1993 (SächsLKrO GVBl. S. 577); Thüringen eine Thüringer Gemeinde- und Landkreisordnung vom 16. August 1993 (ThürKO – GVBl. S. 501); Sachsen-Anhalt eine Gemeindeordnung (GO SachsAn) und eine Landkreisordnung (LKrO SachsAn) vom 5. Oktober 1993 (GVBl. S. 568 bzw. 598) und Brandenburg eine Kommunalverfassung vom 15. Oktober 1993 (GVBl. S. 398), bestehend aus einer Gemeindeordnung (Art. 1 – GO Bran), einer Landkreisordnung (Art. 2 – LKrO – AmtsO Bran). In Mecklenburg-Vorpommern hat der Landtag erst am 26.1.1994 über eine neue Kommunalverfassung (EK-Verf MV) – bestehend aus einer Gemeindeordnung, Landkreisordnung, Amtsordnung und Regelungen über kommunale Zusammenarbeit – entschieden (LT-Drs. 1/3645).

Brandenburg Das sozialdemokratisch regierte Land Brandenburg hat sich in den Grundlinien seiner neuen Gemeinde- und Landkreisordnung deutlich an der zu jenem Zeitpunkt gültigen Kreis- und auch Gemeindeordnung des Partnerlandes Nordrhein-Westfalen orientiert. Allerdings gilt dies nicht für das zentrale Merkmal der norddeutschen Ratsverfassung: Die Zweigleisigkeit der kommunalen Verwaltung wurde ebensowenig übernommen wie das in nordrhein-westfälischen Großstädten faktisch zur Anwendung kommende Kollegialprinzip der „Beigeordnetenkonferenz". Insofern griff die GO Brandenburg der aktuellen Kommunalverfassungsreform in NRW vor.

Die Direktwahl der Bürgermeister war innerhalb der damaligen Brandenburger Ampel-Koalition aus SPD, Bündnis 90 und FDP umstritten. Die beiden kleineren Koalitionspartner verlangten die Direktwahl von Bürgermeistern und Landräten, zum einen weil dies in der Verlängerung der Forderungen der Bürgerbewegungen lag, zum andern, weil sich nur so für die kleinen Parteien überhaupt die Chance zur Wahl eines ihrer Kandidaten bot. Die SPD favorisierte die indirekte Wahl, die sie Ende 1992 koalitionsintern für die Landräte durchsetzte. Im Januar 1993 gab es einen weiteren koalitionsinternen Zwischen-Kompromiß, wonach bei den Kommunalwahlen im Dezember des gleichen Jahres in Bürgerentscheiden bestimmt werden sollte, ob Bürgermeister und Landräte direkt oder indirekt gewählt werden sollen. Im März 1993 schließlich kehrte man zu der ursprünglichen Regelung zurück, wonach die Wahl der Landräte grundsätzlich indirekt erfolgt, während die Direktwahl der Bürgermeister in der Kommunalverfassung des Landes festgeschrieben werden sollte (*Derlien* 1994: 56).

In Brandenburg gibt es nunmehr drei Gemeindeorgane (Rat, Bürgermeister, Hauptausschuß bzw. Verwaltungsausschuß). Einmal hält die Gemeindeordnung an dem hauptamtlich gewählten Bürgermeister fest, der eine Doppelfunktion als rechtlicher Vertreter und Repräsentant der Gemeinde hat und nunmehr wie in Süddeutschland auf acht Jahre direkt vom Volk gewählt wird (gegenüber einer Amtsperiode des Rates von fünf Jahren; zwischenzeitliche Abwahl des Bürgermeisters ist aufgrund eines von mindestens 1/4 der Bürger unterstützten Bürgerentscheides möglich; *Derlien* 1994: 57). Zwar ist der Bürgermeister auch stimmberechtigtes Mitglied in der Gemeindevertretung, die aber – anders als in Süddeutschland – einen eigenen Vorsitzenden (mit allerdings im wesentlichen nur sitzungsleitenden Kompetenzen) hat ebenso wie auch die Ausschüsse eigene Vorsitzende kennen. Brandenburg kennt zwar auch einen Hauptausschuß, der inhaltlich aber weniger dem bisherigen NRW-Vorbild als vielmehr dem niedersächsischen Verwaltungsausschuß gleicht, insofern er eigenständige Zuständigkeiten hat, die ihm Organcharakter verleihen. Damit verfügt Brandenburg über eine bisher in Deutschland neuartige Kommunalverfassung im Sinne einer Mischung aus süddeutscher Eingleisigkeit (direktgewählter Bürgermeister) und niedersächsischer „Dreigleisigkeit" (vgl. *Hoffmann* 1994: 623).

Mecklenburg-Vorpommern hat im Januar 1994 als letztes Bundesland in Ostdeutschland seine neue Kommunalordnung fertiggestellt. Dem ging eine lange und kontroverse landes- und kommunalpolitische Debatte voraus. Es ist das einzige der neuen Länder, das an der Bezeichnung „Kommunalverfassung" für eine nach wie vor einheitliche Gemeinde- und Kreisordnung festhält. Damit folgt das Gesetz – wie bereits erwähnt – im Gegensatz zu den anderen Gemeindeordnungen weiterhin der bisherigen DDR-KV und nicht etwa der Gemeindeordnung seines Partnerlandes Schleswig-Holstein. Allerdings wird die aus der DDR-KV übernommene indirekte Wahl der Bürgermeister nur noch vorübergehend gehandhabt. So legt die neue Kommunalverfassung schon jetzt fest, daß ab dem Jahre 1999 die Bürgermeister und Landräte direkt gewählt werden sollen. Die Direktwahl des Hauptverwaltungsbeamten war nicht nur zwischen Regierung und Opposition umstritten, sondern auch zwischen den beiden Regierungsparteien FDP und CDU und innerhalb der Regierung selbst. So drängte insbesondere die FDP auf eine möglichst rasche Einführung der Direktwahlbestimmung und sah der Regierungsentwurf zur neuen KV die Direktwahl abweichend vom Referentenentwurf vor. Wie konfliktreich dieser Punkt in Regierung und Koalition bis zuletzt gewesen ist, zeigt sich dann auch daran, daß dieser Paragraph die Nummer „39a" erhielt, was in einem gerade neu beschlossenen Gesetz eher einen Ausnahmefall darstellt (vgl. *Hoffmann* 1994: 623).

Die Gemeinde- und Kreisordnung in Mecklenburg-Vorpommern hält das Prinzip eines eigenen Vorsitzenden der Gemeindevertretung bei und zeigt auch bei der Zuweisung von Funktionen an den Bürgermeister eine starke Anlehnung an die Bestimmung der DDR-KV. Dies gilt auch für den großen Spielraum, der durch die Hauptsatzung geregelt werden kann (bis hin zur Amtszeit des Bürgermeisters in einem Intervall zwischen 7 und 9 Jahren). Dem Hauptausschuß wird ein eigener Organcharakter weiter vorenthalten.

Mecklenburg-
Vorpommern

117

Ähnlich wie in Brandenburg gab es auch in Sachsen-Anhalt keine Neigung oder Ansätze, die zweigleisigen Elemente der Kommunalordnung des Partnerlandes Niedersachsen zu übernehmen (obgleich es in der kurzen Phase, die der Verabschiedung der DDR-KV nach der Wende voranging, unter Einfluß politischer Kräfte aus Niedersachsen in der örtlichen Praxis vereinzelt zweigleisige Konstruktionen wie etwa die Einrichtung von „Oberkreisdirektoren" gegeben hatte; ähnlich hatte sich der später ins Amt eingezogene Innenminister Perschau, ein Westimport aus Hamburg, zunächst kurzzeitig für eine Übernahme der Norddeutschen Ratsverfassung ausgesprochen; *Derlien* 1994: 58). Die Hauptkontroverse während des Zustandekommens der neuen Gemeindeordnung kreiste aber auch in Sachsen-Anhalt um die Frage, ob man an der indirekten Wahl des Hauptverwaltungsbeamten im Sinne der DDR-KV festhalten oder ob man zu einer Direktwahl des Bürgermeisters und Landrates übergehen sollte.

Die von der CDU und FDP gestellte Landesregierung legte zunächst einen Gesetzentwurf vor, der – unter deutlichem Einfluß des Partnerlandes Niedersachsens – eng an die niedersächsische Gemeindeordnung angelehnt war, aber die Direktwahl des Bürgermeisters als Verwaltungschef einschloß. Die Koalitionsfraktionen selbst legten als Alternative hierzu einen Gesetzentwurf vor, der beinahe wortgleich mit der baden-württembergischen Gemeindeordnung übereinstimmte (*Hoffmann* 1994: 624). Die SPD als bis dato größte Oppositionsfraktion lehnte die Direktwahl der Bürgermeister und Landräte bis zuletzt ab. Die Kontroversen innerhalb der Regierungsfraktionen und der Regierung drehten sich vorrangig um die Frage, „ob das baden-württembergische Modell ‚lupenrein' oder mit ‚Durchmischung' bestimmter Elemente der KV und der niedersächsischen Kommunalverfassung beschlossen werden sollte" (*Hoffmann* 1994: 623). Als Ergebnis der politischen Auseinandersetzung im Koalitionslager zog die Landesregierung ihren Gesetzentwurf zurück. Damit setzte sich der Entwurf der Koalitionsfraktionen als Grundlage der Gesetzesberatung durch und prägt nunmehr auch die neue Kommunalverfassung des Landes. Allerdings gibt es auch hier einige Besonderheiten: So gibt es auch weiterhin für die größeren Gemeinden mit hauptamtlichem Bürgermeister und für die Kreise einen eigenen Vorsitzenden der Gemeinde- bzw. Kreisvertretung aus den Reihen ihrer ehrenamtlichen Mitglieder. Auch kann – anders als in Bayern und Baden-Württemberg, aber ähnlich wie in Hessen – der Bürgermeister in Sachsen-Anhalt von den Bürgern der Gemeinde abgewählt werden, wenn sich für die Abwahl eine Mehrheit der gültigen Stimmen ergibt, sofern diese Mehrheit mindestens 30% der Wahlberechtigten beträgt (§ 61 GO S-A). Die Einleitung des Abwahlverfahrens ist wiederum davon abhängig, daß hierzu ein von mindestens zwei Dritteln der Mitglieder des Gemeinderates getragener Antrag gestellt wird. Der Beschluß hierüber muß mit einer Mehrheit von drei Vierteln des Gemeinderates gefaßt werden. Anders als in Brandenburg wird dem Hauptausschuß bzw. dem Verwaltungsausschuß aber nicht der Rang eines dritten (Kollegial-)Organes eingeräumt. Somit sind zwar die Gemeinde- und die Kreisordnung von Sachsen-Anhalt der baden-württembergischen Kommunalverfassung eng verwandt, aber nicht deckungsgleich.

Sachsen war das erste der neuen Bundesländer, das mit den Arbeiten an einer eigenen Gemeindeordnung begonnen hatte. Noch vor dem Inkrafttreten der DDR-Kommunalverfassung war durch die gemischte Vorbereitungskommission

Baden-Württemberg/Sachsen eine sächsische Arbeitsgruppe „Kommunale Selbstverwaltung" gebildet worden. Hier fanden sich Vertreter aus Parteien, der Bürgerbewegung, den Kommunen, den Bezirksverwaltungsbehörden und Berater aus Baden-Württemberg zusammen. Kurz nach der Konstituierung des Freistaates Sachsen legte im Oktober 1990 diese Arbeitsgruppe einen eigenständigen Entwurf für eine Gemeindeordnung und eine Landkreisordnung vor, der auch insofern schnell vorgelegt werden konnte, als von Anfang unbestritten war, daß die süddeutsche Ratsverfassung als Gemeindeverfassungstyp für Sachsen übernommen werden sollte.

Zu einer darauf vielleicht zu erwartenden schnellen Verabschiedung einer Kommunalverfassung ist es aber auch in Sachsen nicht gekommen. Auch hier entwickelte sich ein längerer Diskussionsbedarf. Politisch wurde zunächst angestrebt, den Zeitpunkt des Inkrafttretens der neuen Gemeindeverfassung mit dem Zeitpunkt der nächsten Kommunalwahlen (Mitte 1994) und einer bis dahin möglichst schon abgeschlossenen Gebietsreform zu verbinden. Allerdings konnte die Verabschiedung der neuen GO des Landes im Landtag dann doch schon am 19.3.1993 erfolgen (*Derlien* 1994: 55). Ähnlich wie in Sachsen-Anhalt lagen den Landtags-Beratungen mehrere Entwürfe der Fraktionen zugrunde. Angesichts der absoluten Mehrheit der CDU spielte hierbei der von der CDU-Fraktion vorgelegte Entwurf, der auch von der FDP unterstützt wurde, die überragende und den späteren Gesetzestext beherrschende Rolle. Der CDU-Entwurf lehnte sich fast vollständig an die süddeutsche Ratsverfassung an. Er entsprach damit den Zielsetzungen der oben erwähnten Arbeitsgruppe des Jahres 1990.

In der vom sächsischen Landtag beschlossenen Gemeindeordnung ist der direkt gewählte Bürgermeister wie in Baden-Württemberg Vorsitzender des Gemeinderates. Er ist allerdings im Gegensatz dazu nicht Vorsitzender der beschließenden Ausschüsse. Es gibt neben dem Gemeinderat und dem Bürgermeister (bzw. Kreistag/Landtag) auch kein weiteres (Kollegial-)Organ oder zumindest koordinierendes Kollegialgremium. Auch in Sachsen kann der Bürgermeister abgewählt werden (§ 51 GO Sachsen). Allerdings kann hier die Abwahl des Bürgermeisters anders als in Sachsen-Anhalt und dem hessischen Vorbild nicht durch die Gemeindevertretung, sondern nur von der Bürgerschaft mittels Bürgerbegehren eingeleitet werden.

Ähnlich wie in Mecklenburg-Vorpommern hält auch Thüringen am DDR-KV-Grundsatz einer einheitlichen Rechtsgrundlage für Gemeinden und Kreise fest, spricht aber nicht länger von einer „Kommunalverfassung", sondern von der Thüringischen Gemeinde- und Landkreisordnung, die im August 1993 verabschiedet wurde. Wesentlicher Protagonist dieser Gemeindordnung war CDU-Innenminister *Schuster*, der zuvor Leiter des kommunalwissenschaftlichen Instituts der Konrad-Adenauer-Stiftung gewesen war. Inhaltlich lehnt sich Thüringen weitgehend an das Modell der süddeutschen Ratsverfassung (konkret: Baden-Württemberg) an, betont aber auch Übereinstimmungen mit der thüringischen Gemeinde- und Kreisordnung aus dem Jahre 1926 (*Derlien* 1994: 57). Abweichend hiervon kann in Thüringen der Gemeinderat zu Beginn seiner Amtszeit allerdings in der Hauptsatzung – in Reminiszenz an die bisherige „Zweiköpfigkeit" und ähnlich wie in Sachsen-Anhalt – festlegen, daß ein vom Gemeinderat gewähltes Gemeinderatsmitglied – und nicht der Bürgermeister – den Vorsitz führt (§ 23 GO Thüringen).

2.4.3.3 Die neuen Gemeindeordnungen in Ostdeutschland im Vergleich

Bürgerentscheid

Alle neuen Bundesländer behalten für die gemeindliche Ebene *Bürgerbegehren* und *Bürgerentscheid* bei. Das Quorum für Bürgerbegehren wird z. T. erhöht (*Hoffmann/Hoffmann* 1994: 3f.). Insgesamt ist festzustellen, daß sich in den Neuregelungen im Vergleich zur Kommunalverfassung der Wende-Zeit eine gewisse Skepsis gegenüber Bürgerentscheiden, die sich bislang zumeist auf Gebietsreformfragen beschränkten, niederschlägt. Dies dürfte allerdings weniger auf eigene negative praktische Erfahrungen zurückzuführen sein.

Thüringen behält im wesentlichen die bisherige Regelung der DDR-KV für Bürgeranträge bei (antragsberechtigt nur Bürger; Antragsquorum: 10 Prozent). Die übrigen neuen Länder erweitern den Kreis der Antragsberechtigten auf die Einwohner und senken das Mindestalter für die Antragsberechtigung ebenso ab wie zum Teil das Quorum für einen zulässigen Einwohnerantrag (fünf Prozent).

Neue Kommunal-wahlgesetze

Alle neuen Bundesländer haben inzwischen neue *Kommunalwahlgesetze* verabschiedet. Sie übernehmen die grundsätzlichen Bestimmungen der nach der Wende verabschiedeten DDR-KV, räumen den Wahlberechtigten also weiterhin drei Stimmen ein, die diese auf verschiedene Bewerber unterschiedlicher Wahlvorschläge verteilen (Panaschieren) und auch auf einen einzigen Bewerber kumulieren können. Gleichzeitig wurde aber in Mecklenburg-Vorpommern und Thüringen eine 5-Prozent-Sperrklausel eingeführt (*Hoffmann/Hoffmann* 1994: 4f.).

Schon die DDR-KV sah eine starke Betonung bürgerschaftlicher Mitwirkung vor. Zudem standen für die Ämter der hauptamtlichen Bürgermeister in der Regel keine fachlich vorgebildeten und erfahrene Personen aus den neuen Bundesländern zur Verfügung. Beide Faktoren erklären mit, warum die ostdeutschen Bundesländer die Urwahl der Bürgermeister und Landräte bevorzugen (*Hoffmann/Hoffmann* 1994: 5). Lediglich Brandenburg sieht im Falle der Landräte generell eine indirekte Wahl durch den Kreistag vor. In Mecklenburg-Vorpommern ist die Direktwahl der Bürgermeister und Landräte erst ab 1999 vorgesehen.

Amtszeit der Gemeindehauptbeamten

Die neuen Gemeindeordnungen in Ostdeutschland sehen eine deutliche Verringerung der Anzahl der Gemeindevertreter, besonders in den großen Städten vor. Die bisherige vierjährige Wahlperiode wird in allen neuen Bundesländern auf fünf Jahre verlängert. Die *Amtszeit der Gemeindehauptbeamten* variiert zwischen sechs und neun Jahre. In allen Gemeindeordnungen sind die Inkompatibilitätsvorschriften ausgedehnt worden, obwohl eine hohe Anzahl von Gemeinden bis jetzt Schwierigkeiten hatte, genügend Bewerber für die Vertretungen zu finden (*Hoffmann/Hoffmann* 1994: 7).

Abwahlverfahren

Brandenburg, Sachsen-Anhalt, Sachsen und Thüringen sehen die vorzeitige Abwahl eines in Urwahl gewählten Bürgermeisters und Landrates vor. Thüringen kennt zusätzlich die Einleitung eines Abwahlverfahrens durch die Gemeindevertretung mit der Mehrheit ihrer gesetzlichen Mitglieder, in Brandenburg mit Zwei-Drittel-Mehrheit. In Brandenburg und Sachsen kommt außerdem den Bürgern das Initiativrecht für ein Abwahlverfahren zu, wenn mindestens 10 Prozent bzw. ein Drittel der Wahlberechtigten einen derartigen Antrag unterstützen.

Ausschüsse

Im Vergleich zur Kommunalverfassung der DDR fällt auf, daß die Zahl und die Befugnisse der beschließenden *Ausschüsse* reduziert wird. Mit Ausnahme von Mecklenburg-Vorpommern, das selbst in Kleinstgemeinden die Bildung ei-

120

nes Finanzausschusses als beratenden Ausschuß vorsieht, verzichten daher alle neuen Bundesländer auf die bisher für alle Gemeinden unabhängig von ihrer Größe vorgesehenen Pflichtausschüsse (*Hoffmann/Hoffmann* 1994: 8).

Alle neuen Bundesländer sehen vor, daß die *Bürgermeister* in den kleineren Gemeinden und Städten ehrenamtlich, in anderen Städten und Gemeinden hauptamtlich tätig sind. Außerdem sehen alle neuen Länder mit Ausnahme von Mecklenburg-Vorpommern, das die Direktwahl der Bürgermeister erst ab 1999 einführen will, vor, daß die Bürgermeister stimmberechtigte Mitglieder der Gemeindevertretung sind und somit Antragsrecht besitzen. In Sachsen und Thüringen ist – entsprechend dem Vorbild der süddeutschen Ratsverfassung – der hauptamtliche, in Urwahl gewählte Bürgermeister in Zukunft Vorsitzender der Gemeindevertretung. Die neuen Regelungen in Brandenburg, Sachsen und Sachsen-Anhalt sehen zudem vor, daß ehrenamtliche Bürgermeister automatisch Vorsitzende der Gemeindevertretung sind. In Sachsen ist der hauptamtliche Bürgermeister Vorsitzender der beschließenden Ausschüsse; für beratende Ausschüsse kann die Hauptsatzung eine abweichende Regelung vorsehen. Auch Sachsen-Anhalt sieht nach kontroverser Diskussion vor, daß der Bürgermeister vorbehaltlich einer anderen durch die Hauptsatzung zu treffenden Regelung Vorsitzender der beschließenden und beratenden Ausschüsse ist. In Thüringen ist der Bürgermeister zwar Mitglied der beschließenden und beratenden Ausschüsse, aber nicht automatisch ihr Vorsitzender. Mecklenburg-Vorpommern, das als beschließenden Ausschuß nur den Hauptausschuß vorsieht, gibt schon vor der Urwahl dem Bürgermeister im Hauptausschuß den Vorsitz mit Stimmrecht. In Brandenburg schließlich ist der Bürgermeister zwar Mitglied des Hauptausschusses, er führt aber nicht den Vorsitz (*Hoffmann/Hoffmann* 1994: 9f.).

Stellung der Bürgermeister

Alle neuen ostdeutschen Gemeindeordnungen sehen vor, daß der hauptamtliche Bürgermeister Leiter der Gemeindeverwaltung, Dienstvorgesetzter der Gemeindebediensteten sowie Zuständiger für die innere Organisation und Geschäftsverteilung und die Umsetzung von Beschlüssen ist. Darüber hinaus findet sich in den neuen Gemeindeordnungen eine nicht unerhebliche Stärkung der Befugnisse der hauptamtlichen (teilweise auch der ehrenamtlichen) Bürgermeister im Vergleich zu den Regelungen der DDR-KV, aber auch zu manchen westdeutschen Bundesländern. So kommt ihnen bei Auftragsangelegenheiten die alleinige Entscheidungskompetenz zu. Für Personalentscheidungen sehen die neuen Bundesländer unterschiedlich ausgestaltete Kompetenzen vor.

Nach der DDR-KV hatte der Bürgermeister regelmäßig mit den Beigeordneten Beratungen durchzuführen. In Großstädten konnte zudem die Stadtverordnetenversammlung dem Oberbürgermeister durch Beschluß fakultativ ein Gremium zuordnen, dem alle Beigeordneten angehörten und das gemeinsam mit dem Oberbürgermeister über alle Angelegenheiten zu entscheiden hatte. Die neuen Gemeindeordnungen schaffen sowohl die Beratungspflicht als auch die Möglichkeit zur Bildung eines Magistrates ab, räumen aber den Beigeordneten teilweise eine beratende Mitgliedschaft in der Gemeindevertretung oder ein Teilnahme- und beschränktes Rederecht an den Sitzungen des Hauptausschusses ein (*Hoffmann/Hoffmann* 1994: 11).

Die neue Kommunalrechtslandschaft in Ostdeutschland trägt im übrigen nicht in jedem Fall zur Übersichtlichkeit und Transparenz bei: So sind die Titel

„Landräte" oder „Bürgermeister" sowie „Kreisausschüsse" oder „Hauptausschüsse" in den Ländern zwar namensgleich, aber mit völlig anderen Zuständigkeiten ausgestattet und teilweise nicht einmal rechtssystematisch wesensverwandt.

2.4.3.4 Beurteilung der neuen Kommunalordnungen

Vorbilder Die Gemeindeordnungen der neuen Länder tragen dazu bei, daß sich innerhalb der föderalistischen Ordnung der Bundesrepublik die Vielfalt der deutschen Kommunalverfassungen noch erhöht – teils mit einigen neuen Akzenten im Rahmen bekannter Lösungen, teils als völlig eigenständige „Neuschöpfungen". Zugleich verschieben sich aber auch die Gewichte zwischen den einzelnen Grundtypen deutscher Kommunalordnungen recht dramatisch. Eindeutiges Vorbild der ostdeutschen Kommunalverfassungen ist das „süddeutsche Modell" (Thüringen, Sachsen und Sachsen-Anhalt). Das gilt nicht nur in Hinblick auf die vorgenannten Länder, sondern in abgeschwächter Form auch für Brandenburg, wohingegen allein Mecklenburg-Vorpommern an der kurzlebigen DDR-KV festhält.

Vorbild-Funktionen Die neuen Kommunalverfassungen der ostdeutschen Länder können möglicherweise eine Katalysator- bzw- Vorbildfunktion für eine Reform der noch verbleibenden Länder mit Elementen der norddeutschen Ratsverfassung sein. Ein solches innovatives Moment sieht *Hoffmann* (1994: 625) etwa „für die Abschwächung der durch die Direktwahl sehr starken Stellung des Bürgermeisters, indem die Vertretung und ihre Ausschüsse eigenständige Vorsitzende haben bzw. haben können." Allerdings muß erst die Praxis in Thüringen und Sachsen-Anhalt erweisen, ob von dieser Option angesichts der durch die Direktwahl gestärkten Legitimation des Bürgermeisters überhaupt Gebrauch gemacht wird.

„Das Ergebnis dieses Prozesses wird Aufschluß darüber geben, wie weit ‚machtbalancierend' diese neuen Kommunalverfassungen sein werden und ob insoweit in Ostdeutschland andere Akzente als in Süddeutschland auch in der kommunalpolitischen Praxis gesetzt werden" (*Hoffmann* 1994: 625).

Zwar kann man bilanzieren, daß durch die Schaffung der neuen Gemeindeordnungen in den fünf ostdeutschen Ländern die Unterschiede hier im Vergleich zur Zeit der Geltungsdauer der DDR-KV sicher zugenommen haben, allerdings ist die Spannweite der beschlossenen Regelungen beträchtlich geringer als in der alten Bundesrepublik. Zudem verfügen alle fünf neuen Gemeindeordnungen unabhängig ihrer sonstigen Unterschiede mit der Institution der Direktwahl des Hauptverwaltungsbeamten über eine wichtige Gemeinsamkeit. Nach Ansicht von *Hoffmann* (1994: 625) wird gerade dieser Umstand die politische Situation in Ostdeutschland nachhaltiger prägen und auch stärker verändern als die meisten anderen oben beschriebenen Veränderungen gegenüber der bisherigen DDR-"Kommunalverfassung".

2.5 Auf dem Weg zu einer neuen Systematik der deutschen Kommunalverfassungslandschaft?

Die kommunale Verfassungslandschaft in der Bundesrepublik Deutschland hat mit der Verabschiedung neuer Kommunalordnungen in den ostdeutschen Bundesländern und durch die bedeutsamen Korrekturen im Kommunalrecht einiger westdeutscher Bundesländer (prototypisch: die neue GO NRW) gerade in den letzten beiden Jahren eine wesentlich andere Gestalt angenommen. Dies betrifft vor allem die Verschiebung der Gewichte zwischen den vier Haupttypen von Kommunalverfassungen. Zunächst ist *Derlien* (1994) zuzustimmen, daß die zentralen strukturellen Merkmale der einzelnen Verfassungstypen nicht grundlegend verändert und auch nicht rekombiniert wurden, „um zusätzliche Typen aus diesen Strukturalternativen zu bilden" (*Derlien* 1994: 47). Zentrales Unterscheidungsmerkmal in allen neuen Gemeindeordnungen ist vielmehr die Stellung der kommunalen Volksvertretung und in diesem Zusammenhang die Frage nach dem Fehlen oder Vorhandensein eines zweiten Kommunalorgans sowie seiner demokratischen Legitimation, seiner Befugnisse und seiner Beziehungen zur Volksvertretung.

Allerdings scheint damit – angesichts der Verlagerung von Entscheidungsbefugnissen zugunsten der Hauptverwaltungsbeamten sowie deren inzwischen fast uneingeschränkt erfolgenden Direktwahl – doch der Zeitpunkt erreicht zu sein, um Überlegungen anzustellen, ob die klassische Typologie der vier Kommunalverfassungssysteme noch sinnvoll bleibt bzw. ob nicht die aktuellen Mutationen innerhalb der Gemeinde- und Kreisordnungen nach neuen Ordnungs- bzw. Abgrenzungskriterien verlangen, insofern die historischen Vorbilder zum Teil nur noch rudimentär erhalten geblieben sind. Einen solchen Typologisierungsversuch hat – kurz vor der Verabschiedung der neuen NRW-Gemeindeordnung – in jüngster Zeit Hans-Joachim *Stargardt*, Fachhochschullehrer in Wiesbaden, in einem Aufsatz der Zeitschrift „Deutsche Verwaltungspraxis (DVP)" unternommen (*Stargardt* 1994b: 271).

Stargardt skizziert zunächst die historische Entwicklung des deutschen Kommunalverfassungsrechts. Er benennt in diesem Zusammenhang drei Grundkonstanten: (1) Ausgangspunkt ist für ihn die Erkenntnis, daß in Deutschland die Gemeindeverfassungssysteme den Entwicklunglinien der allgemeinen deutschen Verfassungsgeschichte folgen. (2) Ein zweites gemeinsames Merkmal aller nach 1945 in der Bundesrepublik geschaffenen Kommunalverfassungen ist, daß diese auch bei einem Einbezug direktdemokratischer Elemente wesentlich auf dem Leitbild der mittelbaren Volksherrschaft aufbauen. (3) Eine dritte Grundkonstante ist schließlich die gewachsene Vielfalt eigenständiger Kommunalverfassungen. So blieb die einheitliche „Deutsche Gemeindeordnung" von 1935, die vom nationalsozialistischen Gedankengut geprägt war, eher von nur episodenhafter Bedeutung. Auch vereinzelt nach 1945 unternommene Versuche in Richtung auf ein vereinheitlichtes deutsches Kommunalverfassungssystem scheiterten nicht nur am Widerstand der Besatzungsmächte, sondern vor allem auch am traditionsbewußten und interessenbezogenen Festhalten der Bundesländer. Grundsätzlich liegt es nach einer Entscheidung des Bundesverfassungsgerichtes (BVerfGE 7, 155, (168)) „im Rahmen der gesetzlichen Gestaltungsfreiheit, die organisati-

Grundmerkmale deutscher Kommunalverfassungen

123

onsrechtliche Stellung der leitenden Gemeinde- und Kreisbeamten stärker zu verselbständigen und als eine den Gemeindevertretungen und Kreistagen gleichwertige Organfunktion auszubauen, oder aber eine organisationsrechtliche Vorherrschaft der Vertretungskörperschaften mit starken politischen Einwirkungsbefugnissen auf die Gemeinde- und Kreisvorstände zu begründen".

Weiterentwicklung der Gemeindeverfassungssysteme

Bis in die 70er Jahre hinein wurde eine stärkere Betonung des demokratischen Prinzips gegenüber der hauptamtlichen Einwirkung auf die kommunale Selbstverwaltung nur zaghaft gefordert und mit der Stärkung der ehrenamtlichen und politischen Elemente bürgerschaftlicher Partizipation begründet. Einen sehr viel weitergehenden Schritt in diese Richtung bedeuteten erst die in den 80er Jahren auf Gemeindeebene eingeführten Formen unmittelbarer Bürgerbeteiligung z.B. in Gestalt des *Bürgerentscheids*. Hier bereits wirkte die Süddeutsche Bürgermeisterverfassung als allgemeines Vorbild.

Wie gezeigt wurde, erbrachte erst das Zusammenwirken von mehreren Faktoren in jüngster Zeit einen historisch neuartigen Vereinheitlichungstrend mit einem dominierenden Strukturtypus (Süddeutsche Bürgermeisterverfassung), der wie *Derlien* (1994: 59f.) zeigen konnte, allerdings auch eigentümliche neue Differenzierungsmuster hervorbringt:

- die Direktwahl des Bürgermeisters wird mehr und mehr zur Regellösung und ist nicht länger mehr ausschließlich an die Einköpfigkeit der Verwaltung gebunden;
- die Frage nach einer bestimmten Kompetenzverteilung zwischen Verwaltungschef, Rat und einem eventuellen dritten Gremium ist nicht länger an einen bestimmten Wahlmodus gebunden ebensowenig wie eine monokratische Verwaltungsführung an die Direktwahl des Bürgermeisters;
- erstmals wurden in zwei ostdeutschen Ländern auch für den direktgewählten Bürgermeister vorzeitige Abwahlregelungen eingeführt;
- direktdemokratische Partizipationsformen sind in den deutschen Gemeindeordnungen auf dem Vormarsch, aber es besteht kein eindeutiger Zusammenhang zwischen Direktwahl des Bürgermeisters und Bürgerentscheid;
- erstmals im deutschen Kommunalverfassungsrecht finden sich in Regelungen einzelner neuer Gemeindeordnungen Abstufungen nach Gemeinde-Größenklassen.

Die Variationen der neuen Gemeindeordnungen lassen zwei Regelmäßigkeiten erkennen:

- Die Novellierungen konzentrieren sich – neben dem partizipatorischen Element – vor allem auf die Themen: Direktwahl des Verwaltungschefs, Einköpfigkeit der Verwaltung, Dualismus und monokratische Verwaltungsleitung, d.h. *„es geht primär um die Stellung des Verwaltungschefs"* (*Derlien* 1994: 60; Auszeichungen im Orignal);
- Die Novellierungen kennen eine starke parteipolitische Kontroverse im Hintergrund, wobei sich die Präferenz der Parteien für oder gegen einen einköpfigen, direkt gewählten Bürgermeister als wichtigste Trennunglinie erwiesen hat: „die SPD hat, wo immer sie regiert, offenbar eine Präferenz für monistische Systeme, die auf eine Parlamentarisierung der Kommunalpolitik... hinauslaufen, während die CDU eine Präferenz für exekutive Führer-

schaft hat. Es ließe sich wohl nachweisen, daß mit beiden Leitideen auch eng die Konzeptionen von Gemeinde als Kommunalpolitik oder als Kommunalverwaltung zusammenhängen" (*Derlien* 1994: 66).

Mit Ausnahme des am Anfang dieser Entwicklung stehenden Sonderfalles Hessen (wo eine CDU-geführte Landesregierung vergeblich hoffte, damit eine drohende Wahlniederlage abzuwenden) waren es vornehmlich CDU- und FDP-geführte Oppositionsfraktionen, die – aus naheliegenden wahlstrategischen Motiven heraus – sozialdemokratisch geführten Landesregierungen mit der Drohung realplebiszitärer Volksbegehren die direktdemokratische Bestellung der Hauptverwaltungsbeamten in Gemeinden und Kreisen abrangen, wobei innerparteiliche Entwicklungen auf Bundesebene (basisdemokratische Bestimmung des SPD-Vorsitzenden 1993) der SPD diesen Schwenk erleichterten. Dies ist eine Leistung, die im übrigen den viel stärker basisdemokratisch orientierten alternativ-grünen Strömungen, Bürgerinitiativen und freien Wählervereinigungen alleine kaum jemals gelungen wäre. Ob sich die parteipolitischen Kalküle, die in jedem Falle auch den Reformen der Kommunalverfassungen zugrunde liegen, im Sinne der jeweiligen Akteure erfüllen, läßt sich zum jetzigen Zeitpunkt empirisch noch nicht ausreichend abgesichert beurteilen, wiewohl erste Resultate nahelegen, daß es hierdurch nicht zu erdrutschartigen Verschiebungen im Parteiengefüge kommt. Einen weiteren Impuls in Richtung auf eine Vereinheitlichung der rahmenrechtlichen Vorgaben der Kommunalverfassung könnte es in mittelfristiger Perspektive durch die weitere Entwicklung der Europäischen Integration in Richtung auf einen europäischen Bundesstaat geben. Noch allerdings klammern sowohl die Europacharta der kommunalen Selbstverwaltung als auch das Grundgesetz die Frage einer Rahmenordnung für die innere Kommunalverfassung zugunsten regionaler bzw. förderativer Vielfalt bewußt aus.

Um zu einer Strukturierung der deutschen Kommunalverfassungssysteme zu gelangen, geht (*Stargardt* 1994a) auf die schon zu Beginn der Weimarer Republik anzutreffende Unterscheidung in *Einkörpersysteme* und *Zweikörpersysteme* zurück, auf deren Basis er zu einer Typologie folgender Grundsysteme deutscher Kommunalverfassungen kommt:

Preußische Systeme

– *Magistratsverfassungen*:
Altpreußische, schleswig-holsteinische, hannoversche Magistratsverfassung (= *Zweikörpersysteme*)
Rheinische Bürgermeisterverfassung (= *Einkörpersystem*)

Außerpreußische Systeme

Bayerisch-württembergisches, hessisches und thüringisches System (= *Einkörpersysteme*).

Der aktuelle Trend der Entwicklung im Bereich der deutschen Gemeinde- und Kreisordnungen folgt (nicht nur in den neuen Bundesländern) relativ eng dem Vorbild der sog. *süddeutschen Ratsverfassungen*. Insofern diese für sich selbst das Merkmal der Zweiorganigkeit in Anspruch nehmen, schlägt *Stargardt* (1994a) vor, sie zutreffender als *süddeutsche Bürgermeisterverfassungen* einzustufen.

Typologie der Grundsysteme deutscher Kommunalverfassungen

Die aktuelle kommunale Verfassungslandschaft sowie der derzeitige Diskussionsstand zu aktuellen Reformvorstellungen läßt sich nach *Stargardt* (1994a: 276ff.) idealtypisch wie folgt ordnen:

- *die Ratsverfassungen, die* alle Entscheidungen bei der Volksvertretung bündeln und die neben der Volksvertretung kein zweites Hauptorgan vorsehen (bisher: Niedersachsen und Nordrhein-Westfalen):
    - *Ratsverfassungen mit einheitlicher Verwaltungsspitze*: Diese kann im Falle ihrer Direktwahl in die Volksvertretung integriert oder auch aus ihr ausgegliedert sein. Im Falle nur mittelbarer Wahl muß sie jedoch wegen des in Art. 28 Abs. 1 Satz 2 GG begründeten Demokratiegebotes ausgegliedert sein;
    - *Ratsverfassungen mit doppelter Verwaltungsspitze*, deren eine (die „quasi-ehrenamtliche") mit dem politischen Mandat verbunden wird und damit in die Volksvertretung integriert ist; während die andere, hauptamtliche Spitze aus der Volksvertretung ausgegliedert bleibt.

Beide Formen von Ratsverfassungen können über einen *Verwaltungsausschuß* verfügen, der aus der Mitte der Volksvertretung (nämlich in Person der/des Ratsvorsitzenden und sog. Beigeordneter) gebildet wird. In ihm sitzen die Gemeinde-, (Ober-)Stadt- bzw. (Ober-)Kreisdirektor(inn)en und neben ihnen, je nach der in der Hauptsatzung getroffenen Regelung, weitere Wahlbeamt(inn)en mit allerdings nur beratender Stimme. Die niedersächsische Kommunalordnung kennt ein derartiges Hilfsorgan mit dem Verwaltungs- bzw. Kreisausschuß schon länger. In Nordrhein-Westfalen war ein solches Gremium nur für die Kreisebene vorgesehen, wird jedoch in NRW in Gestalt des Gemeinde- bzw. Stadtausschusses künftig die erweiterten Aufgaben des bisherigen Hauptausschusses als Bindeglied zwischen Rat und Verwaltung übernehmen.

- *Zweiorganische Gemeindeverfassungen* legen nur die wichtigen Angelegenheiten in die Zuständigkeit der Volksvertretung und schaffen für die laufende Verwaltung ausdrücklich oder doch faktisch ein *zweites Hauptorgan* als weiteres Entscheidungsorgan und als eigenständige Verwaltungsbehörde. Insofern ist es auch üblich, diese Gemeindeordnungen nach ihrem zweiten Organ zu benennen (*Bürgermeister- und Magistratsverfassungen*). Zweiorganische Gemeindeordnungen waren bislang in der alten Bundesrepublik, außer in Niedersachsen und in Nordrhein-Westfalen, in allen übrigen Flächenländern anzutreffen:
    - Die *Bürgermeister-Verfassungen* sehen als zweites Hauptorgan eine natürliche Person vor (Bürgermeister). Sie setzen eine geschichtliche, teilweise bis ins Mittelalter reichende Tradition fort. Dies gilt nach 1945 insbesondere für Baden-Württemberg und Bayern (als sog. *süddeutsche Ratsverfassungen*) und in Rheinland-Pfalz, im Saarland, in den Landgemeinden Schleswig-Holsteins (in den Städten gilt dort die Magistratsverfassung) und (bis zur Gebietsreform) auch in den ehrenamtlich verwalteten Landgemeinden Hessens (als *rheinische* oder *unechte* Bürgermeisterverfassungen). Sie unterscheiden sich u. a. durch die Art der demokratischen Legitimation der (Ober-)Bürgermeister (Volks- oder mittelbare Wahlen) sowie durch ihre Rechtsstellung in der Volksvertretung

(stimmberechtigtes oder nur Vorsitz führendes Mitglied mit beratender Stimme).

- Die (unechten) *Magistratsverfassungen* sehen als zweites Hauptorgan eine *organbildende Personengesamtheit* und damit eine *kollegiale* Verwaltungs*behörde* vor: den Gemeindevorstand, Magistrat bzw. den (nicht mit dem auch in Rats- und Bürgermeisterverfassungen vorgesehenen Verwaltungs*ausschuß* gleichen Namens zu verwechselnden) Kreisausschuß. Sie gelten in Hessen, in der Stadt Bremerhaven und in Städten Schleswig-Holsteins.

Nach dem Prinzip der länderbezogenen Homogenität der Kommunalverfassungen finden Kommunalverfassungsformen ihre strukturelle Entsprechung auch in den Kreisen sowie in den nach Landesrecht vorgesehenen anderen kommunalen Körperschaften (Landschafts-, Stadt-, Umland- oder Zweckverbände, Verwaltungsgemeinschaften).

Worin liegt nun der strukturprägende systematische Unterschied zwischen Ratsverfassungen und zweiorganigen Gemeindeordnungen begründet? Da es sich in verfassungsrechtlicher Systematik grundsätzlich verbietet, bei Städten, Gemeinden und bei Kreisen zwischen einem „Legislativorgan" und einem „Exekutivorgan" zu unterscheiden – kommunale Gebietskörperschaften verfügen im engeren Sinne über keine eigene Staatlichkeit, und als Selbst*verwaltungsträger* sind sie der Exekutive zuzuordnen – schlägt *Stargardt* (1994a: 277) eine grundsätzliche Unterscheidung entlang der Trennungslinie zwischen funktionentrennenden und funktionenbündelnden Kommunalordnungen vor.

Stargardt (1994a: 271) spricht von „funktionentrennenden Kommunalordnungen" wenn insbesondere folgende fünf Bestimmungsmerkmale erfüllt sind:

Funktionentrennende Kommunalordnungen

1. Es existiert eine *organschaftliche* Funktionstrennung in Form von zwei Hauptorganen mit einem gesetzlich geregelten, durch das andere Organ nicht entziehbaren Aufgabenkreis.
2. Es existiert eine *gegenständliche* Funktionstrennung in der Form, daß die grundlegenden, politisch wichtigen Entscheidungen in die Zuständigkeit der Volksvertretung fallen, während die Entscheidungen der selbstverantwortlichen laufenden Verwaltung zum Kompetenzbereich der kollegial oder monokratisch gestalteten Verwaltungsbehörde gehören.
3. Es existiert eine *personelle* Funktionstrennung in der Form, daß zwischen Verwaltungsamt und politischem *Mandat* unterschieden wird und zwischen beiden ein Unvereinbarkeitsprinzip (Inkompatibilität) gilt. Zudem wird die Verwaltungsspitze aus der Volksvertretung ausgegliedert (die Vorsitzendenauswahl findet auf parlamentarischem Wege statt und führt tendenziell zu einer Stärkung der Rechtsstellung des Ratsvorsitzenden gegenüber der hauptamtlichen Verwaltungsspitze).
4. Es existiert ein System wechselseitiger und vielgestaltiger Überwachungs- und *Kontrollpflichten*, die das Prinzip der Funktionstrennung im Interesse effektiver und effizienter Selbstverwaltung absichern. Flankiert wird dieses System durch Formen interner Rechts- und Amtspflichtenkontrolle bis hin zur Möglichkeit des verwaltungsgerichtlichen Rechtsschutzes bei Organstreitverfahren.

5. Es existiert eine *zeitliche* Funktionstrennung in der Form voneinander abweichender, d.h. asynchroner Wahl- und Amtszeiten. Zusätzlich besteht die Möglichkeit, Amtsträger auf demokratischem Wege abzuwählen.

Die Strukturelemente *funktiontrennender dualistischer* Kommunalverfassungen zusammenfassend, kommt *Stargardt* (1994a: 277) zu der Schlußfolgerung, daß gerade dieser Typus in betonter Weise auf eine Machtbalance zwischen Politik und Verwaltung angelegt ist.

Funktionenbündelnde Kommunalverfassungen

Die Bestimmungsmerkmale für *funktionenbündelnde monistische* Kommunalverfassungen ergeben sich aus einer spiegelbildlichen Betrachtungsweise der oben genannten Merkmale: Mit dem Fehlen bzw. der Aufgabe von einem, mehreren oder allen der oben genannten Bestimmungsmerkmale funktionentrennender Kommunalverfassungen nähert man sich schrittweise dem Modell der funktionenbündelnden monistischen Kommunalverfassung weiter an:

- Bei einorganischen Ratsverfassungen sind die Entscheidungsbefugnisse grundsätzlich und typischerweise bei der kommunalen Volksvertretung gebündelt.
- Es findet eine Verquickung von Amt und Mandat statt. Diese wird unter Betonung der Einheitlichkeit von Politik und Verwaltung personifiziert durch die in die kommunale Volksvertretung *integrierte Verwaltungsspitze* (Betonung der Bürokratie) und/oder begründet mit der Allzuständigkeit der kommunalen Volksvertretung in allen Gemeindeangelegenheiten (Betonung der Demokratie).

Diese idealtypische Gegenüberstellung ermöglicht also eine Reduktion der Gemeindeverfassungsordnungen auf zwei Grundtypen mit jeweils zwei Untervarianten und ist grundsätzlich auf alle 16 Gemeindeordnungen anwendbar. Allerdings betont *Stargardt* (1994a: 271) in seinen abschließenden Ausführungen zurecht, daß diese Unterscheidung eher eine ordnungsrelevante als dogmatische Bedeutung hat. So sind beide Grundtypen in der Praxis gezwungen, die ihnen fehlenden Elemente zumindest funktional auszubilden (Arbeitsteilung zwischen Politik und Verwaltung sowie zwischen Vollzug, Überwachung und Kontrolle in der funktionenbündelnden Variante; Stärkung des obersten Kommunalorgans aus verfassungsrechtlichen und demokratischen Erwägungen heraus in funktionstrennenden. Kommunalverfassungen).

2.6 Ansätze für eine politikwissenschaftliche Analyse kommunaler Verfassungsstrukturen und ihrer Reform

Nach diesem Überblick über aktuelle Entwicklungstendenzen im Bereich der deutschen Kommunalverfassungen soll der Beitrag mit einer Vorstellung und Erörterung verschiedener politikwissenschaftlicher Analyse-Ansätze zu kommunalen Verfassungsstrukturen und darauf abzielender Reformmaßnahmen abgeschlossen werden. Zunächst wird eingegangen auf einige typische Merkmale des Politikbegriffs und Politikverständnisses, wie es gerade in der kommunalrechtlichen Literatur häufig anzutreffen ist. Die Darstellung der politikwissenschaftli-

128

chen Ansätze zentriert sich um die „klassische" politologische Fragestellung nach dem *Spannungsverhältnis von Demokratie und Effizienz*, hier zugespitzt auf die Frage nach den Struktur- und Wirkungsprinzipien deutscher Kommunalwissenschaften. Diese Darstellung erfolgt anhand einiger ausgewählter Arbeiten, die sich zudem thematisch um die Reform der Gemeindeordnung in Nordrhein-Westfalen (meist im Kontrast zur Süddeutschen Bürgermeisterverfassung) gruppiert haben. Ausgangspunkt bilden die Thesen von Gerhard *Banner* zur leistungsbezogenen Überlegenheit des Süddeutschen Systems, die weit über Nordrhein-Westfalen hinaus starke Resonanz gefunden haben.

2.6.1 Politikbegriff und Politikverständnis in der deutschen Kommunalrechtstradition

Aufbauend auf den verfassungsrechtlichen Konstruktionsprinzipien der deutschen Gemeindeverfassungen und der Tradition der deutschen Selbstverwaltung hat sich im Bereich der Kommunalwissenschaft und des Kommunalrechts ein relativ einheitliches Bild von der Kommunalpolitik basierend auf einem spezifischen Politikverständnis herausgebildet, das erst seit den frühen 70er Jahren durch die politik- und verwaltungswissenschaftliche Kommunalpolitikforschung in kritischer Perspektive thematisiert und mitunter auch in Frage gestellt worden ist. Die Grundzüge dieses Einfluß- und folgenreichen Politikbegriffs sollen exemplarisch vorgestellt werden anhand einiger Ausführungen des Würzburger Kommunalrechtlers Franz-Ludwig *Knemeyer*, wobei diese Positionen dem „Standardrepertoire" der Kommunalrechtswissenschaft zuzurechnen sind und sich exponiert z.B. auch in den besonders klar formulierten Thesen von Gerhard *Banner* finden.

– Das Gewaltenteilungsprinzip gilt für die kommunale Ebene nur eingeschränkt, insofern „Rat und Verwaltung in einem Boot sitzen und – wenn auch mit verschiedenen Rollen und verschiedenen Mitteln und Handlungsformen – einem Ziel zustreben" (*Knemeyer* 1994: 87).

– Das Ziel der Kommunalpolitik ist eindeutig gemeinwohlbezogen. Dieser Zielbestimmung hat sich auch das eingeschränkte Gewaltenprinzip unterzuordnen:

   „Das Gespann Gemeindeverwaltung muß so konstruiert sein, daß die Pferde, nämlich Rat und Verwaltung, es nur in eine Richtung ziehen können, nämlich in Richtung Gemeinwohl" (*Knemeyer* 1994: 87).

– Eine Parlamentarisierung oder Politisierung der Kommunalpolitik wird abgelehnt:

   „Es bedarf also in jedem Fall des vertrauensvollen Zusammenwirkens beider Organe, nicht aber der Herausstellung von Gegenpositionen, wie dies u. a. durch eine wachsende Parlamentarisierung der Räte und die Diskussion von Stadtregierungsmodellen gekennzeichnet ist" (*Knemeyer* 1994: 88).

– Die Besonderheit der kommunalen Ebene soll in der Architektur der lokalen Spitze institutionalisiert und exemplarisch sichtbar gemacht werden:

   „Ein solches Zusammenwirken zwischen Rat und Verwaltung ist am ehesten durch eine Zusammenführung beider Gremien in der Spitze zu erreichen. Die Personalunion zwischen Ratsvorsitzendem und Leiter der Verwaltung stellt das wirksamste Mittel zur Vereinheitlichung und Verknüpfung dar. Dabei ist das süddeutsche System von Rat und Verwaltung unter der einheitlichen Leitung des Bürgermeisters gut austariert" (*Knemeyer* 1994: 88).

– Es wird von einer eindeutigen, klar abgrenzbaren Aufgabentrennung zwischen Politik und Verwaltung nicht nur als Zielpunkt, sondern auch als Ausgangspunkt für die Gestaltung der kommunalen Verwaltungsstrukturen ausgegangen. In dieser Verantwortung kommt dem Rat zwar die höchste Stellung zu, er wird aber ausschließlich auf die Bestimmung der Grundlinien der Politik festgelegt. Eine andere oder gar von der Politik selbst zu bestimmende Aufgabenbestimmung wird modellmäßig ausgeschlossen. Die Verwaltung wird dabei dann zwar einerseits auf den Ausführungsbereich begrenzt, in der Art der Erledigung und der Implementation beschlossener Grundlinien soll sie jedoch weitgehend frei bleiben:

> „Schließlich kann der Bürgermeister gerade wegen seiner umfassenden Kompetenzen dem Gemeinderat viel Kleinarbeit abnehmen. So vermag der Rat wichtige Zeit einzusparen, um sich auf die eigentlichen grundsätzlichen Entscheidungen zu konzentrieren... Gerade das hier Angesprochene erscheint als Kernproblem einer ausgewogenen Gemeindeverfassung, hören wir doch allenthalben Klagen über eine Erstickung der Ratsarbeit in ‚Kleinvieh-Zuständigkeiten' – wie Frido Wagener es in seiner bildhaft deftigen Sprache auszudrücken pflegte. Es bleibt dabei unbeachtlich, ob die Räte damit von außen überbürdet wurden oder ob sie sich selbst diese Lasten aufgeladen haben" (*Knemeyer* 1994: 88).

– Auf die Ausgestaltung der kommunalen Verwaltungsspitze wird besonders großer Wert gelegt: Sie soll politisch stark sein, demokratisch unmittelbar legitimiert und über eine eigene Organstellung verfügen. Zugleich sollen die kommunalen Spitzenpositionen attraktiv gestaltete Arbeitsplätze sein:

> „Sieht man die politische Steuerung des Gemeindewohls als Hauptaufgabe des Rates und konstatiert man die Notwendigkeit einer Stärkung dieser Funktion, so muß man gleichzeitig eine starke Stellung seiner Leitung fordern. Damit die Verwaltung in Eigenständigkeit eine Vielzahl der Aufgaben, die den Rat von seiner Steuerungsfunktion abhalten, übernehmen kann, bedarf die Verwaltungsspitze der eigenen Organstellung; beide Organe müssen in ihren Positionen und ihrer Mächtigkeit ausgewogen und zudem in der Spitze miteinander verknüpft sein.(...) Verbindet man beide Positionen, so muß die Spitze politisch besetzt sein. Nur sie hat die entsprechende Durchsetzungsfähigkeit. Eine rein administrative Kommunalverwaltung und eine unpolitische Beamtenspitze sind irreal.(...) Schließlich muß diese Position allein ihrer Bedeutung wegen besonders attraktiv sein" (*Knemeyer* 1994: 88).

– Schließlich wird eine starke Position des Bürgermeisters und seine besondere Legitimation durch eine demokratische Urwahl als Voraussetzung dafür gesehen, den Einfluß der Parteien und Fraktionen in der Kommunalpolitik zurückzudrängen bzw. zu schwächen:

> „Gerade die Machtfülle und der damit verbundene weite Gestaltungsraum des süddeutschen Bürgermeisters machen das Amt attraktiv für starke Persönlichkeiten, die einfallsreich, unkonventionell, unabhängig im Denken und durchsetzungsfähig sind. Eine derartige Position ist primär über die Urwahl des Bürgermeisters zu erreichen. Gerade auf diese Weise wird er als politischer Repräsentant und integrierende Persönlichkeit der gesamten Bürgerschaft angesehen. Er ist auch nicht an einer parteipolitisch ausgerichteten Kommunalpolitik interessiert. Der urgewählte Bürgermeister ist am ehesten imstan-

de, parteipolitische Blockaden aufzubrechen und somit verwaltungsentsprechend die Einheit zu garantieren" (*Knemeyer* 1994: 88).

Prototypisch ist hierfür auch die Kritik an der Norddeutschen Ratsverfassung. Sie wird meist durch die Annahme geprägt, daß dieser Kommunalverfassungstyp mit seiner dualistischen Entscheidungsstruktur modernen Anforderungen an die lokale Politiksteuerung nicht länger gerecht werde. Es wird davon ausgegangen, daß die formale die informelle Struktur determiniert und somit die Entscheidungsstruktur einer Gemeinde im wesentlichen von den rechtlichen Rahmenbedingungen abhängt. Zugleich wird häufig unterschwellig angedeutet, daß ein allzu starker Einfluß der Vertretungskörperschaft und insbesondere der in ihr vertretenen Parteien von Übel sei und daher möglichst vermieden werden müsse. Schließlich wird bei den meisten Reformvorstellungen, die diesem Leitbild folgen, davon ausgegangen, daß bei unveränderter politischer Kultur eine weitgehende Übernahme der Süddeutschen Ratsverfassung nach baden-württembergischem Modell die besten Voraussetzungen für eine Lösung der bestehenden Steuerungsprobleme auch in Nordrhein-Westfalen schaffen kann (*Voigt* 1992: 4).

Ein derartiges Politikverständnis hat nicht nur die Diskussion um die Neugestaltung der kommunalen Verfassungslandschaft in den letzten Jahren stark geprägt, sondern liegt im übrigen mit fast gleichem Wortlaut und Tenor auch der aktuell geführten Steuerungsdiskussion zugrunde (vgl. den Beitrag von *Kleinfeld/Heidemann/Treutler* in diesem Band).

2.6.2 Spannungsverhältnis zwischen kommunaler Demokratie und Effizienz der Kommunalverwaltung: Die Thesen von Gerhard Banner

An der Diskussion um die Reform der Kommunalverfassung in NRW haben sich eine Reihe von Politik-, Sozial- und Verwaltungswissenschaftlern beteiligt (vgl. *Frey* 1989a: 17ff.; *Frey* 1989b: 121ff.; *Wehling* 1983: 74ff.; *Wehling* 1986: 84ff.; *Ehlers* 1991). Das Beziehungsgeflecht im führungsorganisatorischen System ist dabei immer wieder Untersuchungsgegenstand. Da hierbei auch das Spannungsverhältnis von kommunaler Demokratie einerseits (also Bürger-/Einwohnerpartizipation an Entscheidungen in Personal- und Sachfragen, verbunden mit einem starken politikfähigen Rat) und Effizienz andererseits (also sachrationale Aufgabenerfüllung bei erheblichem Gestaltungsspielraum der Verwaltung) deutlich wird, soll hier exemplarisch die Argumentation von Gerhard *Banner*, dem ehemaligen SPD-Beigeordneten von Duisburg und langjährigem einflußreichen Leiter der Kommunalen Gemeinschaftsssstelle für Verwaltungvereinfachung in Köln, zunächst dargestellt und später einer erweiterten Analyse unterzogen werden. *Banner* gilt als schärfster Kritiker der Norddeutschen Ratsverfassung, zu der auch die GO NRW gehört. Als Vorstand der KGSt kann er die kommunalpolitischen und administrativen Problemlagen in den Gemeinden sowohl von „praktischer" als auch von (verwaltungs-) wissenschaftlicher Seite beleuchten. Eine Auseinandersetzung mit den Positionen *Banner*s aus den 80er Jahren ist auch aktuell von politologischem Interesse, wenn man sie mit der Argumentation verknüpft, die derzeit unter dem Stichwort „neue Steuerungsmodel-

Spannungsverhältnis:
Kommunale Demokratie
– Effizienz der
Kommunalverwaltung

le" vorgetragen wird, an deren Ausformulierung wiederum die KGSt und ihr bisheriger Vorsitzender, Gerhard *Banner*, ganz entscheidend beteiligt sind (vgl. den Beitrag von *Kleinfeld*, *Heidemann* und *Treutler* in diesem Band).

Banners Maßstab für seine in Hypothesenform vorgetragenen Argumente (vgl. *Banner* 1972: 162-180; *ders.* 1982: 26-47; *ders.* 1983: 163-166; *ders.* 1984: 364-372; auf den letztgenannten Aufsatz wird im folgenden wesentlich abgestellt) ist die Haushaltssteuerung in den Gemeinden, insbesondere im Gebiet der Norddeutschen Ratsverfassung im Vergleich zur Süddeutschen Ratsverfassung. *Banner* (1984: 364) sieht die Haushaltssteuerung als „das Kernstück der kommunalen Steuerungsaufgabe", von der das Überleben der kommunalen Selbstverwaltung letztlich abhängt.

Ausgangspunkt war für ihn in den 80er Jahren, d.h. vor der deutschen Vereinigung, das anhaltende Nord-Süd-Gefälle der Kommunalfinanzen, das wesentlich zu ungunsten der norddeutschen im Vergleich zu den süddeutschen Bundesländern ausfällt. Dieses läßt sich zum einen auf exogene Faktoren (Wirtschaftsstruktur usw.), zum anderen aber auch auf endogene Faktoren zurückführen. Zu letzteren zählt er insbesondere das überzogene Ausgabeverhalten in den Gemeinden. Ein derartiges Ausgabeverhalten wird seiner Ansicht zufolge durch die führungsorganisatorischen Regelungen – also dem Kommunalverfassungssystem – zumindest teilweise determiniert.

Banner unterscheidet zwei Arten von Politikern in den Gemeinden, die Fachpolitiker und die Steuerungspolitiker. Fachpolitiker, zu denen er auch die Beamten in den Fachverwaltungen zählt, sind die Politiker, die sich in bestimmten Fachgebieten engagieren, während die Steuerungspolitiker Querschnitts- und Steuerungsaufgaben wahrnehmen (Tätigkeitsfelder sind zum einen die jeweiligen Fachausschüsse, zum anderen die Steuerungsausschüsse, wie z.B. der Haupt- und Finanzausschuß).

Politiker streben vorwiegend in die Fachausschüsse, wo sie beabsichtigen, zunächst möglichst große Haushaltsmittel an sich zu binden, um konkrete und in aller Regel kostenintensive Vorhaben in die Tat umzusetzen. Unterstützt werden sie dabei von den entsprechenden Beamten in den Fachverwaltungen. Eine ausgeprägte Fachpolitik fördert die Karriere: bei den gewählten Politikern empfiehlt man sich für „höhere administrative Aufgaben". Steuerungspolitiker gelten hingegen sehr schnell als „Bremser", da ihnen durch ihre Tätigkeit in den entsprechenden Ausschüssen der Haushaltsausgleich näher liegt, was nicht selten mit Einsparungen verbunden ist.

Damit der Haushalt nicht überansprucht wird, ist es daher nach *Banner* notwendig, Fachpolitik und Steuerungspolitik im Gleichgewicht zu halten. Er sieht dabei die größte Erklärungskraft für das örtliche haushaltspolitische Geschehen in drei Dimensionen:

– Durchschlagskraft der Fachpolitik,
– parteipolitische Aufladung der Entscheidungen,
– Eigengewicht des zentralen Politikers.

Seine zentrale These lautet:

„Die Chance, den Haushalt auf ‚Gleichgewichtskurs' zu halten, ist umso günstiger, je mehr die führungsorganisatorischen Regelungen der jeweiligen Gemeindeordnung dazu beitragen, die Durchschlagskraft der Fachpolitik und die parteipolitische Aufladung von

132

Entscheidungen gering zu halten bzw. das Eigengewicht des zentralen Politikers zu erhöhen." *(Banner 1984: 366)*

Die Durchschlagskraft der Fachpolitik hängt auf der Seite der fachpolitischen Ausgabewünsche vor allem von der Zahl und dem Gewicht der fachpolitischen Initiativzentren sowie auf der Seite der steuerungspolitischen Filter von der Stärke der „Steuerungsausschüsse" ab. Als „fachpolitische Initiativzentren" sieht *Banner* vor allem die Fachämter, die Fachdezernate und die Fachausschüsse an, denen daran gelegen ist, finanzielle Ressourcen an sich zu binden und eine kostenintensive Fachpolitik zu betreiben. Bei einer Reduzierung der Facheinheiten nimmt das Gewicht der Steuerungseinheiten zu; die Zahl der Dezernate und der Fachausschüsse ist in NRW deutlich höher als z.B. in Baden-Württemberg und Bayern.

Tendenziell sieht *Banner* ein zunehmendes Gewicht der Fachdezernate bei kollegialer gegenüber der monokratischen Verwaltungsleitung und ein zunehmendes Gewicht der Fachausschüsse beim Fehlen eines zentralen Steuerungsausschusses wie in NRW, während bei hauptamtlicher Leitung der Ausschüsse – wie in Baden-Württemberg und Bayern – die Steuerung als unproblematisch angesehen wird. Durch das Fehlen eines Steuerungsausschusses in NRW schlägt die Autonomie- und Ausgabenneigung der Fachausschüsse voll durch und findet oft „ungefiltert" Eingang in den Haushaltsplan.

Die Parteipolitik sieht *Banner* als den wichtigsten Schlüssel zum Verständnis des Geschehens im kommunalen Haushaltssystem an. Parteipolitische Aufladung der örtlichen Entscheidungen hängt dabei zum einen von der parteipolitischen Grundkombination, zum anderen von dem Aktivitätstypus der Fraktionen und der hinter ihnen stehenden Parteien ab. Während Koalitionen und absolute Mehrheiten beide ausgabensteigernd wirken (der „Preis" der Mehrheitsbeschaffung ist oft das Eingehen auf fachpolitische Wünsche; die Durchsetzung fachorientierter, teilfraktioneller Interessen fordert als „Preis" das Eingehen auf die Wünsche anderer teilfraktioneller Interessen), kann bei wechselnden Mehrheiten, wie sie in Baden-Württemberg üblich sind, der Bürgermeister bei der Auswahl der Mehrheiten stärker „haushaltspolitisch steuerungsbewußt" handeln. Andererseits kann ein Dissens zwischen dem Bürgermeister und „seiner" Fraktion aber auch negative Folgen für den Haushalt haben. Der ratsgewählte Bürgermeister muß dagegen mehr auf Stimmungen in der eigenen Fraktion achten.

Im Bereich der Fraktions- und Parteiaktivitäten sieht *Banner* insbesondere in der Parteibuch-Personalpolitik und in den „Basis-Fachkoalitionen" Gefahren für die Haushalte. Die höhere parteipolitische Aufladung der Entscheidungen und die ausgeprägteren Fraktionsaktivitäten in den Kommunen mit ratsgewähltem Bürgermeister schlagen wegen der durchgreifenden Politisierung des Verwaltungspersonals politisch durch und erhöhen die Personalkosten. Die „Basis-Fachkoalitionen" sind aus Mitarbeitern der Verwaltung und der Fraktionen bestehende Facharbeitskreise, die Fachfragen bearbeiten und dadurch teure politische Entscheidungen antizipieren können, wenn an der politischen und administrativen Spitze nicht gegengesteuert wird. Wegen der geringen parteipolitischen Aufladung sieht *Banner* in Bayern und Baden-Württemberg die besten Chancen für das Gleichgewicht des Haushalts. Er diagnostiziert folgende Dialektik:

„Gemeindeordnungen, die der Fach- und Parteipolitik am meisten Spielraum geben, verbessern scheinbar die Durchsetzungschancen der Fraktionen gegenüber der Verwaltung. In Wirklichkeit verbessern sie die Chance der beamteten Fachpolitiker, die Fraktionen in ihrem Sinn zu manipulieren – mit dem Risiko, daß der Haushalt blockiert wird und die Mandatsträger jede kommunalpolitische Handlungsfähigkeit verlieren" *(Banner* 1984: 370).

Strategisch bedeutende Figur des zentralen Politikers

Banner sieht in dem „Eigengewicht des zentralen Politikers" ein stabilisierendes Gegengewicht zu ausufernder Fachpolitik. Diesen Politiker definiert er als die „Person mit der größten örtlichen Politikfähigkeit", wobei für ihn nur der Chef der Verwaltung in Frage kommt. Seine Politikfähigkeit setzt sich dabei aus den Elementen „Stellung im Vorentscheidersystem", „Kontrolle der Grenzgänger", „Einfluß auf Themen und Konzepte" und „Mehrheitsfähigkeit" zusammen. Nach dem Grad der Politikfähigkeit läßt sich eine „Typologie der zentralen Politiker" bilden.

Typologie der zentralen Politiker:

– Vorentscheider

Zu den „Vorentscheidern" zählt *Banner* zumindest den Verwaltungschef und den Ratsvorsitzenden sowie die Vorsitzenden der einflußreichen Fraktionen, manchmal auch noch weitere einflußreiche Politiker und Beamte. Diese stellen die politischen Weichen und regeln die Konflikte, wobei das Eigengewicht des zentralen Politikers wesentlich seine Stellung im Kreis der Vorentscheider bestimmt. In Baden-Württemberg und Bayern ist der Bürgermeister aufgrund seiner politischen Initiativfunktion der zentrale Vorentscheider, während in NRW und Niedersachsen der Verwaltungschef kein eigenes politisches Gewicht hat und somit viele politische Dinge an ihm vorbeilaufen. Die politische Initiativfunktion wie die damit verbundene zentrale Vorentscheiderposition beinhalten die Fähigkeit, haushaltspolitische Vorklärungen wesentlich zu determinieren.

– Grenzgänger

„Grenzgänger" sind Produkte des notwendigen Verflechtungsbedarfs zwischen Rat und Verwaltung. Sie kontrollieren die Schnittstellen zwischen Rat und Verwaltung und haben Autorität und Einfluß sowohl im Rat als auch in der Verwaltung. Das versetzt sie in die Lage, Entscheidungsprozesse wesentlich mitzubestimmen und läßt sie dadurch an politischer Statur gewinnen. Sie können sowohl aus dem Rat als auch aus der Verwaltung kommen. Da Vorentscheider sich meist aus erfahrenen Grenzgängern rekrutieren, sind an der Spitze Grenzgänger und Vorentscheider personengleich. Dieses begünstigt den volksgewählten Bürgermeister, da er die Zentralfigur in Rat und Verwaltung ist. In einem zweigleisigen Kommunalverfassungssystem (Nordrhein-Westfalen und Niedersachsen) schwächt das fehlende politische Gewicht des Verwaltungschefs diesen auch bei der Leitung der Verwaltung, was u.a. auch dazu führen kann, daß sich die Dezernenten eher an die Fraktionen anlehnen.

Drei Typen des zentralen Politikers

Der Einfluß auf Themen und Konzepte ist naturgemäß dem Bürgermeister in Süddeutschland durch sein Wahlprogramm eher möglich als dem Verwaltungschef in Nordrhein-Westfalen und Niedersachsen, der sich einer ausgeprägten Ratsautonomie gegenübersieht. *Banner* unterscheidet drei Typen des zentralen Politikers:

– den „*natürlich zentralen Politiker*" (Bürgermeister in Baden-Württemberg und Bayern als verläßlichen Stabilisator der Haushaltspolitik);
– den „*logisch zentralen Politiker*" (Bürgermeister im Bereich der Magistrats- und Bürgermeisterverfassung, da er dort die besten Chancen hat, der zentrale Politiker zu werden);

134

– den *„verkannten Politiker"* (weder der Verwaltungschef noch der Bürgermeister sind die zentralen Politiker, obwohl sie Politiker sind, jedoch fehlt
dem einen die Anerkennung als Politiker, dem anderen der wirksame Zugriff
auf die Verwaltung). Die erste Position in der Gemeinde ist daher in Nordrhein-Westfalen zwischen dem Verwaltungschef, dem Ratsvorsitzenden und
möglicherweise dem Führer der einflußreichsten Fraktion latent umstritten.

Eine Neigung zum Führungszerfall zeigte sich laut *Banner* besonders in Nordrhein-Westfalen, da es dort bislang noch nicht einmal einen Verwaltungsausschuß gibt, der eine gewisse Stabilisierungsfunktion übernehmen könnte.

Banner hat neben dem Bereich der Haushaltspolitik auch die Personalpolitik
und die Bürgerpolitik in Nordrhein-Westfalen und Baden-Württemberg verglichen. Auch hier sieht er die Süddeutsche Ratsverfassung als überlegen an. Im
Bereich der *Personalpolitik* stellt er auf die notwendige parteipolitische Ausrichtung des Bürgermeisters in Nordrhein-Westfalen ab, während in Baden-Württemberg die Qualifikation des Bürgermeisters für sein Amt besonders hoch ist.
Es handelt sich durchweg um Verwaltungsfachleute, nicht um Parteipolitiker.

Im Bereich der *Bürgerpolitik* stellt *Banner* in Nordrhein-Westalen auf die
größere Abhängigkeit der Ratsmitglieder (Listenwahl, Aufstellung der Listen
durch die Parteien usw.) und des Verwaltungschefs (Wahl durch den Rat bzw.
die Mehrheitsfraktion) von der jeweiligen Partei ab. Dies führt eher zur Binnenorientierung der Politiker bzw. des Verwaltungschefs auf die eigene Fraktion
bzw. Partei. In Baden-Württemberg kann der Wähler dagegen durch Kumulieren
und Panaschieren die persönliche Komponente der Wahl viel deutlicher werden
lassen. Er kann Listen verändern und Stimmen häufen und somit den Ratsvertreter seiner Wahl wählen. Hinzu kommt die Volkswahl des Bürgermeisters. Beides
bindet sowohl die Ratsmitglieder als auch den Bürgermeister an den notwendigen Bürgerkontakt und zumindest nicht in erster Linie an die Partei.

Es wird deutlich, daß *Banner* dem Aspekt der Effizienz Vorrang einräumt,
damit durch die Funktionalität des Kommunalverfassungssystems eine optimale
Aufgabenerfüllung möglich wird, wobei er allerdings unmittelbare partizipatorische Elemente nicht als Widerspruch hierzu ansieht.

*Vergleich von Personal-
und Bürgerpolitik in
NRW und BW*

2.6.3 Mehr Demokratie durch verstärkte Partizipation an Entscheidungen?

2.6.3.1 Mögliche Formen unmittelbarer partizipatorischer Bürgermitwirkung auf Gemeindeebene

Politische Partizipation meint die politische Beteiligung der Mitglieder eines
politischen Systems an den personellen und sachlichen Entscheidungen über den
engen Kreis der Eliten hinaus (vgl. *Barnes* u.a. 1979). Ulrich *Lohmar* (1975: 59)
zählte die Möglichkeit der Partizipation zu den sieben grundlegenden Strukturmerkmalen einer „sich demokratisierenden Gesellschaft", die zusammen mit
„Chancengleichheit, Transparenz, Kontrolle, Mandat auf Zeit, Alternativen und
Minderheiten" ein komplexes und miteinander verwobenes Zielbündel bilde.

*Elemente politischer
Partizipation im poli-
tischen System der BRD*

135

Das Grundgesetz hat sich in Art. 20 Abs. 2 und 28 Abs. 1 sowohl für die staatliche Ebene als auch für die kommunale Ebene im Grundsatz für das Prinzip der Repräsentation ausgesprochen. In den Landesverfassungen wurde dem prinzipiell gefolgt. Das heißt, die Wahlbürger wählen in mehrjährigen Abständen Kandidaten, die von Parteien – und auf kommunaler Ebene – von Wählervereinigungen aufgestellt worden sind. Diese nehmen dann stellvertretend für die Bürger deren politische Belange in den gewählten Organen wahr.

Elemente der unmittelbaren Partizipation, d.h. Personal- und Sachentscheidungen durch einen unmittelbaren Wahl- oder Abstimmungsakt der Wahlbürger, sind selten. Auf *bundesstaatlicher Ebene* gibt es ein solches Element – abgesehen von der Neugliederung des Bundesgebietes (Art 29, 118 GG) – nicht. In den *Ländern* gibt es in den meisten Verfassungen die Möglichkeit des Volksbegehrens und des Volksentscheids (z.B. nach Art. 68 Landesverfassung NRW).

Drei Formen lokaler bürgerschaftlicher Partizpation

Auf *kommunaler Ebene* gibt es im wesentlichen drei Elemente unmittelbarer bürgerschaftlicher Partizipation, die in der Reformdiskussion der „alten Bundesrepublik" oft als politische Forderungen erhoben werden:

- den Bürgerentscheid, den es bis 1989 nur in Baden-Württemberg gab;
- die direkte Volkswahl des Bürgermeisters, die es bis 1989 außer in Baden-Württemberg nur noch in Bayern gab;
- die Möglichkeit des Kumulierens und des Panaschierens (der Wähler kann einem Bewerber mehrere Stimmen geben bzw. er kann innerhalb der ihm zustehenden Stimmenzahl seine Stimme auf Bewerber aus verschiedenen Wahlvorschlägen verteilen); neben Baden-Württemberg und Bayern sahen bis 1989 auch die Gemeindeordnungen in Rheinland-Pfalz und Niedersachsen diese Möglichkeit vor.

In der Vergangenheit war als empirisches Gegenargument das nur verhaltene Interesse genannt worden, auf das die bestehenden direktdemokratischen Formen auf lokaler Ebene beim Bürger gestoßen seien. Inzwischen ist dieses Argument kaum mehr aufrechtzuerhalten, da die unmittelbaren Einwirkungsmöglichkeiten der Bürger „lebendiges Interesse und aktive Teilhabe in der wahlberechtigten Bevölkerung gefunden" (*Stargardt* 1994b: 410) haben. In der „neuen" Bundesrepublik sind auf kommunaler Ebene schon vor der Reform in NRW Bürgerbescheid und Bürgerbegehren in 9 der 13 Flächenländer gesetzlich eingeführt worden (vgl. als Überblick *Stargardt* 1994b). Der entscheidende Einstellungswandel zugunsten der lange Zeit eher verpönten direkten Partizipationsformen fand erst seit Ende der 80er Jahre statt. Überspitzt formuliert lassen sich drei Träger bzw. Quellen für diesen Wandel unterscheiden: Bürgerinitiativen und neue soziale Bewegungen in der alten Bundesrepublik, die Bürgerbewegungen in der Wende-DDR sowie eine wachsende Neigung zu Parteienverdrossenheit und Neopopulismus als gesamtdeutsche Befindlichkeit. Bürgerbegehren, Bürgerentscheid und die direkte Volkswahl des Bürgermeisters sind als Elemente unmittelbarer Partizipation in NRW durch die Änderung der GO im Oktober 1994 eingeführt worden. Kumulieren und Panaschieren ist hier nicht vorgesehen.

Der Fokus soll im folgenden auf das Bürgerbegehren und den Bürgerentscheid gelenkt werden, weil es hierbei im Kontext mit der Frage der Effizienz einer Kommunalverfassung in Abhängigkeit von dessen führungsorganisatorischem System um die Entscheidung von Sachfragen in der Kommune geht. Um

136

das Gesamtverständnis der Problematik unmittelbarer, partizipatorischer Elemente zu fördern, wird jedoch auch kurz die direkte Volkswahl des Bürgermeisters und das Kumulieren und Panaschieren bei den Kommunalwahlen thematisiert.

In Zeiten einer zunehmenden Parteien- und Politikverdrossenheit und einer zunehmenden Distanz zu den politisch-administrativen Akteuren und Instanzen wird die direkte Wahl des Bürgermeisters als eine Möglichkeit betrachtet, die Distanz zwischen dem zentralen politischen Akteur in der Gemeinde und dem (Wahl-) Volk zu verringern. Die unmittelbare Wahl verschafft dem Bürgermeister eine eigenständige demokratische Legitimation und ein besonderes Gewicht (vgl. in diesem Sinne für viele: von *Arnim* 1990: 85ff.). Der volksgewählte Bürgermeister ist eine politische Größe in der Gemeinde. Er kann durch sein „Eigengewicht" relativ unabhängig von der jeweiligen Konstellation im Rat politisch wirken. Voraussetzung ist allerdings, daß die Kommunalverfassung diesem Eigengewicht durch die Übertragung entsprechender Kompetenzen und Aufgaben Rechnung trägt. Hierzu gehören u.a. die durch den Rat unentziehbare Zuständigkeit für die Geschäfte der laufenden Verwaltung, die hauptamtliche Verwaltungsleitungskompetenz sowie ggfls. auch der Ratsvorsitz und der Vorsitz in den Ausschüssen. Direktwahl des Bürgermeisters

Die „Einrahmung" des Bürgermeisters in einen Gemeindevorstand (ob mit oder ohne Ratsmitgliedern als ehrenamtlichen Mitglieder neben den Beigeordneten) ist nur dann als systemkongruent mit dem politischen Eigengewicht des Bürgermeisters anzusehen, wenn sich die Funktion des Gemeindevorstands auf Koordinations- und Abstimmungsaufgaben zwischen Rat und Verwaltung beschränkt. Es vertrüge sich nicht mit der Stellung des Bürgermeisters und der korrespondierenden Erwartungshaltung der Bürger an ihn, wenn er lediglich eine Art „primus inter pares" in einem quasi kollegialen Leitungsgremium wäre, das rechtlich und faktisch nur in seiner Gesamtheit Gestaltungsmacht hätte. Gleichwohl würde aber der Bürgermeister nach außen von ihn wählenden Bürger mit den Entscheidungen dieses Gremiums bzw. den darauf aufbauenden Ratsentscheidungen identifiziert. Dieses gilt auch für den Rückholvorbehalt für Geschäfte der laufenden Verwaltung zugunsten des Rates bzw. des Gemeindevorstands. Demokratietheoretisch betrachtet gäbe es in einem solchen Fall eine Diskrepanz zwischen der Legitimationsbeschaffung durch direkte Volkswahl und der hierdurch erwarteten Gestaltungs- und Vollzugsmacht einerseits und dem tatsächlichen Gestaltungspotential andererseits. Diese Gefahr besteht bei der neuen Regelung in NRW.

Die Beibehaltung der Allzuständigkeit des Rates, das Rückholrecht für die Geschäfte der laufenden Verwaltung, die Einbindung in den Verwaltungsvorstand, wobei das Letztentscheidungsrecht der Bürgermeister bei Meinungsverschiedenheiten hat, und die Festlegung des Geschäftskreises des Bürgermeisters durch den Rat haben eine starke Parteiorientierung des Bürgermeisters zur Folge, weniger eine Bürgerorientierung, wie sie aufgrund der beabsichtigten Volkswahl angebracht wäre.

Durch die Einführung von Kumulieren und Panaschieren bei Kommunalwahlen können den Bürgern größere Einflußmöglichkeiten auf die Zusammensetzung des Rates gegeben werden. Durch das bisherige System der starren Listenwahl, bei der der Bürger lediglich eine vorgeschlagene Parteiliste annehmen Kumulieren und Panaschieren

oder ablehnen kann, bestimmt der Wähler lediglich die Größe der Ratsfraktionen, nicht jedoch ihre personelle Zusammensetzung. Im Ergebnis wird der ge-
staltende Einfluß der Wähler zurückgedrängt (vgl. von *Arnim* 1990: 96). Durch
einen Einfluß des Wählers auf die personelle Zusammensetzung wäre also eine
verstärkte Bürgermitwirkung möglich. Der Bürger könnte sich diejenigen
Ratsmitglieder, denen er die Wahrnehmung eines Ratsmandats zutraut, gezielt
aussuchen. Deshalb würde es sich für die Ratsmitglieder „lohnen", intensiven
Bürgerkontakt zu halten. Die bisher dominierende Binnenorientierung auf die
eigene Partei, der das Ratsmitglied primär über die Plazierung auf der Wahlliste
den Einzug in den Rat verdankt, würde sich wandeln zugunsten einer primären
Bürgerorientierung.

Die Folge der gestiegenen Einflußmöglichkeiten des Bürgers auf die Zusammensetzung des Rates und die korrespondierende Bürgerorientierung der Ratsmitglieder wäre im Idealfalle eine größere Anteilnahme der Bürger am kommunalen Geschehen und eine größere Identifikation mit dem politisch-administrativen System der Gemeinde (eingehend hierzu: von *Arnim* 1990: 85ff.).

2.6.3.2 Bürgerantrag und Bürgerentscheid als Reformforderungen

Die bisherige GO NRW bot den Bürgern in den Gemeinden nicht die Möglichkeit, bestimmte Gemeindeangelegenheiten mit verbindlicher Kraft direkt zu entscheiden. Dieses wurde im Rahmen der Reformdiskussion als Mangel angesehen, und es wurde dabei von mehreren Seiten der Bürgerantrag und der Bürgerentscheid gefordert (vgl. z.B. *Riemer* 1988: 17; *Banner* 1982: 56ff.; von *Arnim*
1990). Insbesondere die Regelung der Gemeindeordnung Baden-Württemberg
wird in aller Regel als „Vorbild" angeführt. In dem Gesetzentwurf der Landesregierung vom 4.2.1993 und den Änderungsanträgen der SPD-Fraktion wurde
dann vorgesehen, einen Einwohnerantrag, das Bürgerbegehren und den Bürgerentscheid einzuführen.

Ohne an dieser Stelle auf die begrifflichen Unterschiede zum „Bürgerantrag" in verschiedenen Gemeindeordnungen im einzelnen einzugehen (vgl. hierzu näher *Deubert* 1987: 26ff.), soll hier die häufig als „vorbildlich" verstandene
Regelung in der GO BW unter dem Aspekt direkter Bürgerpartizipation erörtert
werden. Da die neue GO NRW gerade erst eingeführt worden ist, und weder
Praxiserfahrungen noch wissenschaftliche Kommentare vorliegen, läßt sie sich
zum Zeitpunkt der Manuskripterstellung noch nicht abschließend bewerten.

Bürgerantrag   Auf den begrifflich gleichlautenden „Bürgerantrag" nach § 6c der alten und
§ 24 der neuen GO NRW, der aber lediglich ein Petitionsrecht ohne echte Mit-
bestimmungsmöglichkeit ist, wird nicht näher eingegangen. Der „echte" Bürgerantrag hat seinen normativen Niederschlag in § 20b GO BW gefunden, wonach die Bürgerschaft beantragen kann, „daß der Gemeinderat eine bestimmte
Angelegenheit behandelt (Bürgerantrag)". Diese Regelung ist mit dem neuen
Einwohnerantrag in NRW vergleichbar. Darüber hinaus ist in Baden-Württemberg die Behandlung der Frage auch in einem beschließenden Ausschuß möglich
(vgl. *Kunze/Bronner/Katz/v. Rotberg* 1989, § 20 b, Rdnr. 13). In NRW kann in
kreisfreien Städten der Einwohnerantrag auch an eine Bezirksvertretung gerichtet werden, wenn es sich um eine Angelegenheit handelt, für welche die Bezirksvertretung zuständig ist.

138

Der Gesetzgeber hat in mehreren Gemeindeordnungen, in denen das Institut des Bürgerantrages geregelt ist, darauf geachtet, daß besondere *Unterschriftenerfordernisse* erfüllt sind. In Baden-Württemberg muß der Bürgerantrag u.a. hinreichend bestimmt sein und eine Begründung enthalten, wobei er ferner von 30% der erforderlichen Anzahl von Bürgern unterzeichnet sein muß. Ähnliches gilt nunmehr auch in NRW; der Einwohnerantrag muß in kreisangehörigen Gemeinden von mindestens 5% der Einwohner, höchstens jedoch von 4.000 Einwohnern bzw. in kreisfreien Städten von mindestens 4% der Einwohner, höchstens jedoch 8.000 Einwohnern unterzeichnet sein.

Daneben besteht jedoch in Baden-Württemberg auch die Möglichkeit für die Bürger, die Befassung des Rates mit einer Angelegenheit nach § 20 IV GO BW zu erreichen, wonach „die Vorschläge und Anregungen der Bürgerversammlung (...) innerhalb einer Frist von drei Monaten von dem für die Angelegenheit zuständigen Organ der Gemeinde behandelt werden" sollen. Eine ähnliche Regelung gibt es auch in Bayern. Für die Bürger einer Gemeinde in Baden-Württemberg besteht also die prinzipielle Möglichkeit, den Rat der Gemeinde zu veranlassen, sich mit einer Angelegenheit zu befassen, wenn die erforderliche Anzahl der Unterschriften zustande kommt. Über die Art der Befassung (also z.B. lediglich eine kurze Erörterung, eine Verweisung an die Ausschüsse, ein Beschluß) und über das mögliche Ergebnis wird nichts ausgesagt.

Nach der neuen GO-NRW stellt der Rat unverzüglich fest, ob der Einwohnerantrag zulässig ist. Er hat unverzüglich darüber zu beraten und zu entscheiden, spätestens innerhalb von vier Monaten nach seinem Eingang. Den Vertretern des Einwohnerantrages soll Gelegenheit gegeben werden, den Antrag in der Ratssitzung zu erläutern.

Zwar wird das Repräsentationsprinzip durch eine solche Regelung insoweit eingeschränkt, als daß den Repräsentanten eine Befassung mit einer bestimmten Angelegenheit „aufgezwungen" werden kann, jedoch ist der Rat in seinem Entscheidungsprozeß weiterhin autonom; die Entscheidung als solche wird formal durch den Bürgerantrag nicht determiniert, de facto sicherlich schon. Die Regelung des § 21 GO BW bzw. § 26 GO-NRW ist schon wesentlich weitreichender, da hier ein Entscheid der Bürger einen Ratsbeschluß ersetzt bzw. die Qualität eines solchen hat. *Deubert* drückt die Bedeutung des Bürgerentscheids wie folgt aus:

> „Der Bürgerentscheid ist wohl das ‚schärfste Schwert', das eine GO den Bürgern beim ‚Kampf' um das Gemeinwohl auf gemeindlicher Ebene in die Hand geben kann: Die Bürger stimmen mit Entscheidungskraft über bestimmte kommunale Angelegenheiten ab" *(Deubert* 1987: 28).

Die Entscheidung über eine bestimmte Angelegenheit durch die Bürger kann durch vorherigen Gemeinderatsbeschluß (Bürgerentscheid) oder durch den Willen der Bürger der Gemeinde direkt erfolgen (Bürgerbegehren mit anschließendem Bürgerentscheid). In NRW ist dagegen vorgesehen, daß die Bürger beantragen können (Bürgerbegehren), daß sie an Stelle des Rates über eine wichtige Angelegenheit der Gemeinde selbst entscheiden (Bürgerentscheid).

Auf Seiten des Rates ist in Baden-Württemberg lediglich eine qualifizierte Mehrheit von zwei Dritteln der gesetzlichen Mitgliederzahl des Rates erforderlich, während beim Bürgerbegehren noch eine Reihe weiterer hoher Hürden aufgestellt werden, die überwunden werden müssen, damit es überhaupt zum Bürgerentscheid kommt (Drei-Jahres-Zeitraum nach § 21; Vier-Wochen-Frist des § 21 III 3; Deckungsvorschlag; Antragsquorum; der Rat hat die Möglichkeit, das Bürgerbegehren für unzulässig zu erklären; Mehrheitsquorum von 30 Prozent)

Allerdings ist die Qualität eines erfolgreichen Bürgerentscheides („Wirkung eines endgültigen Beschlusses des Gemeinderates") als sehr hoch anzusehen, da dieser einem Beschluß des höchsten Repräsentativorgans der Gemeinde gleichgesetzt wird.

Restriktiv geregelter Zuständigkeitsbereich von Bürgerentscheiden in Baden-Württemberg

Kernpunkt ist die Frage, welche Angelegenheiten vom Bürgerentscheid ausgeschlossen sind. Es fällt in Baden-Württemberg auf, daß es sich bei den ausdrücklich genannten „wichtigen Angelegenheiten im Zusammenhang mit Gebietsreformen bzw. Gemeindegrenzfragen" um solche handelt, die nicht die aktuelle Interessen- und Bedürfnislage der Bürger bei konkreten kommunalen Detailfragen berühren. Lediglich die Regelung des § 21 I 2 Nr. 1 GO BW über die gemeindlichen Einrichtungen, also z.B. die Errichtung eines Schwimmbades, einer Turnhalle oder einer Bücherei, kann die unmittelbare Interessenlage der Bürger im Hinblick auf die Angebotsqualität der Infrastruktur in der Gemeinde berühren. Es hängt vom politischen Willen und Profil der Ratsmitglieder ab, welche weiteren Angelegenheiten sie durch Hauptsatzung als weitere wichtige Gemeindeangelegenheiten ansehen.

Bei den ausdrücklich ausgeschlossenen Anliegen für einen Bürgerentscheid bleiben im wesentlichen die staatlich vorgegebenen und die rechtlich nicht zur Disposition stehenden Angelegenheiten außer Betracht, ferner die originären Zuständigkeiten des Bürgermeisters, also die Verwaltungsführung einschließlich der inneren Organisation. Problematisch erscheint die Ziffer 4 des § 21 II GO BW, wonach u.a. die Haushaltssatzung – also auch der Haushaltsplan als Anlage zur Haushaltssatzung –, die Gemeindeabgaben und die Tarife der Versorgungs- und Verkehrsbetriebe außer Betracht bleiben. Der Haushaltsplan enthält „in Zahlen gegossene Politik", da hier die Mehrheitsfraktion bzw. Koalition ihr politisches Programm durch die Schwerpunktsetzung bei den Ausgaben umsetzen kann – soweit dieses die „freie Spitze", also die für den Rat frei disponible Finanzmasse, erlaubt.

Zwar läßt sich einwenden, daß der Wähler bei der Kommunalwahl über das politische Programm der Ratsmehrheit positiv entschieden habe und deshalb ein Bürgerentscheid nicht systemgerecht sei, aber dieser Einwand wäre nur rechtstheoretischer Natur. Denn gerade in der Schwerpunktsetzung im Haushaltsplan zeigt sich oft der „wahre Wille" der Ratsmehrheit bei der Durchführung kommunaler Aufgaben. Ein kategorischer Ausschluß der gesamten Haushaltssatzung vom Bürgerentscheid erscheint in dieser Hinsicht nicht sachgerecht.

Auch der mögliche Hinweis auf die öffentliche Auslegung des Entwurfs der Haushaltssatzung im Rahmen des Aufstellungsverfahrens, verbunden mit der Möglichkeit des einzelnen Einwohners oder Abgabepflichtigen, innerhalb von sieben Tagen Einwendungen zu erheben, kann nicht gegen die prinzipielle Einbeziehung in einen Bürgerentscheid sprechen, da – wenn überhaupt – nur einzelne Einwohner Einwendungen erheben und die Organisation eines Massenprotests innerhalb weniger Tage nicht möglich ist. Es sollten sicherlich nur sehr zentrale Angelegenheiten in einen Bürgerentscheid einbezogen werden, z.B. der Kauf oder Verkauf von Gemeindevermögen, das eine festzusetzende Wertgrenze überschreitet, da durch solche Entscheidungen spätere Politikinhalte präjudiziert werden. Aus dem politischen Raum hat sich in NRW lediglich der *Grünen-*

Politiker *Kelber* (GAR) dafür ausgesprochen, Fragen des kommunalen Haushalts zum Gegenstand eines Bürgerentscheides machen zu können.

Bei den Gemeindeabgaben wäre es denkbar, die in den Räten sehr kontrovers diskutierten Realsteuerhebesätze durch Ratsbeschluß einem Bürgerentscheid zu unterwerfen, wenn die politische Auseinandersetzung eine Einigung im Wege des Kompromisses unmöglich macht oder auch bei einem Mehrheitsbeschluß ein massiver Widerstand in der Bürgerschaft denkbar ist. Ebenso könnte auch an privatrechtliche Nutzungsentgelte bzw. öffentlich-rechtliche Benutzungsgebühren für öffentliche Einrichtungen gedacht werden oder an Verkehrs- oder Versorgungstarife. Auch wäre es denkbar, einen im Rat aufgetretenen Zielkonflikt durch einen Bürgerentscheid zu entscheiden, wobei die Alternativen zur Auswahl gestellt würden, also z.B. entweder die Ausweitung der Bücherei oder der Ausbau des Schwimmbades.

Tabelle 1: Kommunale Referenden und Plebiszite auf Gemeindeebene

Land/Form	Initiativ Quorum [1] V = Volk VV = Volksvertretung	Gegenstand[2] P = PositivL N = NegativL A = Angel. d.V.V.	Weitere Zulässigkeitsbedingungen [3]	Entscheidungs- Quorum [4]
Baden-Württemberg				
– Bürgerbegehren	V15%/3000	A – P[5] – N	S-B-F	30%
– Bürgerentscheid	VV 2/3	wie vor[6]	keine	
Brandenburg				
– Bürgerbegehren	V 10%	A – P[6] – N	S-B-F	25%
– Bürgerentscheid	VV > 1/2	wie vor[7]	keine	
Hessen				
– Bürgerbegehren	V 10%	A – N	S-B-F	
– Bürgerentscheid				25%
Mecklenburg-Vorpo.				
– Bürgerbegehren	V 10%[7]	A – P – N[8]	S-B-F	25%
– Bürgerentscheid	VV > 1/2	wie vor	keine	
Nordrhein-Westfalen				
– Bürgerbegehren	V 10[12]	A – N	S-B-F	
– Bürgerentscheid		wie vor		25%
Rheinland-Pfalz				
– Bürgerbegehren	V 15%	A – 5P-N	S-B-F	
– Bürgerentscheid				30%
Sachsen				
– Bürgerbegehren	V 15%[9]	A – N	S-B-F	
– Bürgerentscheid	VV 2/3	wie vor	keine	25%
Sachsen-Anhalt				
– Bürgerbegehren	V 15%.3.000	A – P – N[10]	S-B-F	
– Bürgerentscheid	VV 2/3	wie vor	keine	30%
Schleswig-Holstein				
– Bürgerbegehren	V 10%	A – P	S-B-F[11]	
– Bürgerentscheid				25%

Quelle: Stargardt 1994: 271; Angaben für NRW: eigene Ergänzungen

1) V=Volk, VV=Volksvertretung;%-Angaben beziehen sich auf die Zahl der Wahlberechtigten, andere Verhältniszahlen auf die Mitgliederzahl der Gemeindevertretung (VV); absolute Zahlenangaben geben die Obergrenze für die Zahl der Unterschriften, im Zweifelsfall für Gemeinden bis 50.000 E. an.

2) Gegenstand sind stets nur Angelegenheiten des eigenen Wirkungskreises (Selbstverwaltungsaufgaben).

3) S=schriftlicher Antrag, B=Begründung, F=Kostendeckungs-/Finanzierungsvorschlag; über die Zulässigkeit entscheidet, soweit nicht anders vermerkt, (allein) die Volksvertretung.

4) Kumulativ zu dem erreichten Mehrheitsvotum zu erfüllendes Mindestquorum in % der Stimmberechtigten; im Falle der Nichterfüllung der Mehrheitserfordernisse muß der Gemeinderat entscheiden.
5) Durch Hauptsatzung erweiterungsfähige Positivliste.
6) In Städten mit mehr als 100.000 E. mindestens 7.500 BürgerInnen.
7) Über die Zulässigkeit entscheidet die Gemeindevertretung im Benehmen mit der Rechtsaufsichtsbehörde.
8) In größeren Gemeinden gilt abweichend von dem Prozentsatz ein niedrigeres Quorum.
9) Durch Hauptsatzung kann ein niedrigeres Quorum festgelegt werden, jedoch nicht weniger als 5%.
10) Durch Hauptsatzung um weitere wichtige Angelegenheiten erweiterbar.
11) Über die Zulässigkeit entscheidet die Kommunalaufsichtsbehörde.
12) Die Mindestzahl der Unterschriften variiert von 4.000 (bis 50.000 E.) und 48.000 (über 500.000 E.).

Auch von *Arnim* hat sich für eine Erweiterung der Regelungen ausgesprochen, die in Baden-Württemberg einem Bürgerentscheid unterstellt werden könnten (vgl. von *Arnim* 1990: 93). Im wesentlichen spricht er sich für eine Ausweitung des Positiv- und Einschränkung des Negativkatalogs für mögliche Gegenstände des Bürgerentscheids aus, wobei das Gemeindevolk selbst darüber entscheiden soll, was es als eine „wichtige Angelegenheit" ansieht. Auch kommunale Abgaben könnten durchaus einbezogen werden. Er schlägt vor, das Quorum der für einen erfolgreichen Bürgerentscheid erforderlichen Zustimmung auf unter 30% der Wahlberechtigten herabzusetzen. Ferner spricht sich von *Arnim* für eine Übertragung der Entscheidung über die Zulässigkeit eines Bürgerbegehrens auf die Rechtsaufsichtsbehörde aus, da von ihr mehr Distanz erwartet werden könne als vom „betroffenen" Gemeinderat.

Bürgerentscheid in der neuen GO NRW

Diese kritischen Anmerkungen gelten im Grundsatz auch für die neue Regelung in NRW. Zu begrüßen ist, daß der Begriff einer „wichtigen Gemeindeangelegenheit" nicht positiv-rechtlich – und daher abschließend – definiert werden soll. Jedoch ist der umfangreiche „Negativkatalog" in NRW in weiten Teilen mit dem in Baden-Württemberg identisch. Auch hier sollen u.a. die Haushaltssatzung einschließlich der Wirtschaftspläne der Eigenbetriebe und die kommunalen Abgaben bzw. Entgelte von einem Bürgerentscheid ausgeschlossen werden.

Das Zustimmungsquorum beträgt in NRW 25%, was jedoch insbesondere in Großstädten, wo in der Regel die Distanz der Bürger zum kommunalpolitischen Geschehen und seinen Akteuren und Instanzen größer und daher die Mobilisierungsfähigkeit geringer ist, zu einem oftmaligen Scheitern des Bürgerentscheids führen kann, selbst dann, wenn die Mehrheit der Abstimmenden deutlich ist (*Beilharz* 1981; auch *Wehling* 1989b: 112).

Bürgerfreundlich erscheint die Regelung, wonach in kreisfreien Städten Bürgerbegehren und Bürgerentscheid in einem Stadtbezirk durchgeführt werden können, wenn es sich um einen Angelegenheit handelt, für welche die Bezirksvertretung zuständig ist. Hierdurch könnte der o.a. Befürchtung entgegengewirkt werden, daß in Großstädten die Mobilisierungsfähigkeit geringer ist, wenn sich das Bürgerbegehren/der Bürgerentscheid lediglich auf einen Stadtbezirk beschränkt.

Zusammenfassung: Bürgerantrag und Bürgerentscheid als Formen lokaler direkter Demokratie

Zusammenfassend ist zu sagen, daß der Bürgerantrag und der Bürgerentscheid im Grundsatz wirksame und begrüßenswerte Formen direkter Demokratie auf kommunaler Ebene darstellen, da hierdurch die Bürger die Möglichkeit haben, aktiv – und nicht nur über den Wahlakt – in kommunalpolitischen Einzelfragen ihre Auffassung zu artikulieren und Entscheidungen zu treffen. Formen der unmittelbaren Demokratie fördern die Grundvoraussetzungen einer beteiligungsfreundlichen Kommunalverfassung: Schaffung von Transparenz, Förderung von Minderheiten sowie Erleichterung von Initiativen (*Stargardt* 1994b: 409). Daß dabei das Repräsentationsprinzip ebenso wie die Sicherung der kommunalen Selbstverwaltung und lokalen Autonomie im Grundsatz unangetastet bleiben müssen, steht außer Frage, da beide Prinzipien im demokratischen Gemeinweisen ohne echte Alternative sind. Allerdings stoßen direkte Partizipationsmöglichkeiten „oft noch auf den Widerstand der Gemeindeparlamente sowie kommunaler Spitzenverbände und haben auf Kreisebene bislang keinen Eingang gefunden" (*Stargardt* 1994b: 410).

Dem möglichen Einwand, durch Bürgerentscheide in wichtigen Fragen könnte diffusen Stimmungslagen, welche die Entscheidungen determinieren, Vorschub geleistet werden, ist entgegenzuhalten, daß auch die Entscheidungen in den Räten nicht immer von rational-abwägenden Gedankengängen beherrscht sind, sondern durchaus auch von Interessenpositionen. Im Rahmen der vor einem Bürgerentscheid stattfindenden öffentlichen Diskussion haben die Gegner der potentiellen Mehrheit im Bürgerentscheid genug Möglichkeiten, die Bevölkerung auf eventuelle Konsequenzen ihrer Entscheidung hinzuweisen, so daß eine gewisse Rationalität beim Entscheidungsprozeß gewahrt wäre. Entscheidend ist aber insbesondere, daß durch vermehrt stattfindende Plebiszite die Distanz zwischen dem politisch-administrativen System mit seinen Akteuren und Instanzen und den Bürgern bzw. Einwohnern zumindest verringert werden könnte. Das Bürgerbegehren/der Bürgerentscheid nach der GO BW ist allerdings kein „Vorbild", da der Entscheidungsrahmen zu eng ist und die Hürden zu hoch sind.

Interessanterweise bleibt festzuhalten, daß die Drohung mit dem Einsatz direktdemokratischer Instrumente auf der Landesebene durch die politische Opposition in NRW dazu geführt hat, daß schließlich stärker direktdemokratische Beteiligungsrechte der Bürger auf kommunaler Ebene beschlossen wurden. Insofern ist die verbreitete These vom geringen Gewicht direktdemokratischer Partizipationsinstrumente in der BRD vor dem Hintergrund dieser kommunal- und landesrechtlichen Entwicklung zumindest ein Stück weit zu relativieren.

2.6.4 Die Forderung nach mehr Effizienz kommunalen Handelns

Frey hat die grundlegende Frage gestellt, „ob und in welcher Weise das offensichtlich gestörte Spannungsverhältnis zwischen Demokratie und Effizienz ‚geheilt' werden kann" (*Frey* 1989b: 25). Dieses Spannungsverhältnis resultiert aus der Vorstellung, daß eine weitergehende Demokratisierung (wie immer diese im einzelnen aussehen mag) tendenziell einen Verlust an Effizienz des politisch-administrativen Prozesses, also letztlich der Politik- und Verwaltungsleistungen, zur Folge hat. Insbesondere *Banner* hat, wie gezeigt, mit seinen Thesen das Effizienzpostulat als notwendige Voraussetzung für Demokratie formuliert (vgl. *Banner* 1982: 364-372; *Banner* 1983: 50-56; *Banner* 1985: 423-440; *Banner* 1986: 201-223). Er benutzt beim Leistungsvergleich der Kommunalverfassungen hierfür den selbstgewählten Maßstab „Selbstverwaltungsleistung", den er ableitet „aus der in den Verfassungen und Gemeindeordnungen normierten Idee der bürgerschaftlichen Selbstverwaltung, deren Ziel das Wohl der Kommune und ihrer Bürger und nicht das Interesse von Funktionsträgern oder Parteien ist"

Maßstab: Selbstverwaltungsleistung

(Banner 1982: 41). Nach Ansicht von *Derlien* (1994: 63) hat *Banner* auf diese Weise versucht, seine früheren im fiskalpolitischen Kontext erstellten Studien, die von einem einseitig auf Wirtschaftlichkeit (noch konkreter: auf Sparsamkeit) geprägten Wertmaßstab geprägt waren, stärker auszubalancieren. Als die beiden Hauptelemente seines erweiterten Maßstabes unterscheidet er die „Richtigkeit der Entscheidungen" und die „Bürgerorientierung":

> „Versagt eine Kommunalverfassung nämlich vor der Aufgabe, ein hohes Maß an Richtigkeit der örtlichen Entscheidungen zu fördern, dann wandert die Entscheidungsverantwortung an den Staat ab und die Selbstverwaltung gerät in Existenzgefahr" *(Banner* 1982: 41).

Für *Banner* bleibt jedoch nach wie vor die Haushaltspolitik der erste Effizienzmaßstab (zur Problematisierung der Logik von Effizienzurteilen und ihrer versteckten Bindung an substantielle, werthaft besetzte Politikvorstellungen vgl. *Derlien* 1994: 64f.), den er wie folgt im Hinblick auf seinen normativen Ausgangspunkt formuliert:

> „Nur bei ausgeglichenem Etat verfügt die Kommune über die Handlungsspielräume, die sie braucht, um ihr Selbstverwaltungsrecht inhaltlich auszufüllen. Wird der Etat nachhaltig defizitär, fressen die Zinsen und Tilgungen die Spielräume für Kommunalpolitik auf. Die örtlichen Akteure können die politischen Prioritäten dann nicht mehr autonom setzen. Die Kommunalpolitik gerät unter das Diktat der leeren Kassen und das Kommando des Staates. Was das bedeutet, läßt sich derzeit in zahlreichen west- und norddeutschen Städten beobachten. Der Haushaltsausgleich darf daher keine lästige formale Pflicht, er muß primäres kommunalpolitisches Ziel sein" *(Banner* 1982: 44).

Daneben sieht *Banner* im Rahmen der Selbstverwaltungsleistung einer Gemeinde die Personalpolitik und die Bürgerorientierung als weitere Bestimmungsgrößen für die Selbstverwaltungsleistung an, wobei die GO BW der GO NRW seiner Auffassung nach in allen Punkten überlegen ist *(Banner* 1982: 49ff.). *Banner* sieht in diesen Fixpunkten Haushaltspolitik – Personalpolitik – Bürgerorientierung die zentralen Effizienzdeterminanten für eine erfolgreiche Selbstverwaltungsleistung.

2.6.5 Empirische Überprüfung der Banner-Thesen

Die *Derlien*-Studie (1976) Grundlage für die Einbeziehung des politischen Entscheidungsprozesses in das Erkenntnisinteresse war eine bereits in den 70er Jahren durchgeführte Untersuchung von *Derlien* u.a (1976). *Derlien* hatte den politischen Willensbildungs- und Entscheidungsprozeß in vier Mittelstädten mit unterschiedlichem Kommunalverfassungssystem analysiert. Im Vergleich der vier Gemeinden zeigte sich folgendes Grundmuster als Ergebnis ihrer Untersuchung:

– „Die Administration ist aufgrund ihres Informationsvorsprunges den Fraktionen und den parlamentarischen Gremien bei der Initiierung und Vorbereitung von Beschlüssen der Stadtvertretung generell überlegen;
– die monokratische Verwaltungsführung nähert sich mit wachsender Politisierung der Dezernentenebene faktisch dem Modell einer kollegialen Leitung an;
– dies ist bedingt durch den Rückhalt der Wahlbeamten in ihren Fraktionen, ermöglicht den Fraktionen aber auch, über die Wahlbeamten einen sekundären Kontrollmechanismus der Vorbereitungstätigkeit aufzubauen;

144

–   die Aktivitäten der Stadtvertretung konzentrieren sich auf die Ausschußphase, wobei es ihr gelingt, die Vorlagen der Administration zum Teil noch zu verändern;
–   die Diskussion und Auswahl von Alternativen erfolgt jedoch schon weitgehend innerhalb der Verwaltung, wobei die großen Fraktionen zumindest über ihre ‚Vorentscheider‘ beteiligt sind;
–   mit der Verlagerung der parlamentarischen Arbeit in die Ausschüsse ergibt sich eine Fragmentierung des Plenums und es entsteht eine Tendenz zur Oligarchisierung der parlamentarischen Phase des Entscheidungsprozesses im Kreise der Fraktionsvorsitzenden und des Vorsitzenden der Stadtvertretung, durch die besonders den Hauptausschüssen, in denen diese Akteure regelmäßig vertreten sind, eine starke Filterfunktion gegenüber dem Plenum zufällt;
–   schließlich erleidet damit das Plenum einen Funktionsverlust, der sich im Abstimmungsverhalten und den marginalen Veränderungsquoten von Vorlagen ausdrückt;
–   insbesondere den kleinen Fraktionen bleibt deshalb nur geringer Einfluß, da sie in der Regel auch von wichtigen Positionen in Verwaltung und Ausschüssen ausgeschlossen sind“ *(Derlien* 1976: 116).

Derlien kam zu der wesentlichen Feststellung, daß die zuvor beschriebenen Merkmale des kommunalen Entscheidungsprozesses – unabhängig von den jeweiligen Verfassungsstrukturen – in allen vier Gemeinden mehr oder weniger stark ausgeprägt zu finden waren. Der Einfluß der einzelnen Kommunalverfassungen bestand lediglich in einer Betonung oder Abschwächung dieser Muster. Die Machtverteilung zwischen Administration und Stadtvertretung oder innerhalb der einzelnen Subsysteme wurde durch die Verfassungsunterschiede aber gerade nicht wesentlich bestimmt *(Derlien* 1976: 116-117).

Der Unterschied zwischen Norddeutscher und Süddeutscher Ratsverfassung ist nach Ansicht von *Derlien* daher eher ein gradueller (gesprochen wird in diesem Zusammenhang von sog. modifizierten Auswirkungen verfassungsstruktureller Charakteristika):

„Die ‚Zweiköpfigkeit‘ in der norddeutschen Ratsverfassung (Nordrhein-Westfalen) führt lediglich zu einer ‚größeren Einflußmöglichkeit‘ des Rates gegenüber der Verwaltung im Vergleich zu ‚einköpfigen‘ Verfassungstypen, wie man sie in Baden-Württemberg antrifft.“ *(Derlien* 1976: 116ff.).

Der empirischen Überprüfung der *Banner*-Thesen haben sich in den letzten Jahren insbesondere *Winkler/Haupt* (1988; 1989) und *Kunz/Zapf-Schramm* (1989: 161ff.) angenommen. *Winkler-Haupt* hat die zentralen Thesen von *Banner* sowie weitere Plausibilitätsurteile einem empirischen Test unterzogen, wobei der Autor in jeweils zwei Mittelstädten in Baden-Württemberg und Nordrhein-Westfalen seine Untersuchungen durchführte (zum allgemeinen Problem der Vergleichsbasis in organisationstheoretischer Perspektive vgl. *Derlien* 1994: 66f.). Sein Erkenntnisinteresse war dabei wie folgt:

Die *Winkler-Haupt-* Untersuchung (1988)

–   „Beeinflussen unterschiedliche kommunalverfassungsstrukturelle Faktoren das Rollenverhalten der Akteure im Prozeß kommunaler Sparpolitik und im Politischen Willensbildungsprozeß in unterschiedlichem Maße?
–   Besteht ein Zusammenhang zwischen dem Funktionalitätsgrad der jeweiligen Kommunalverfassung für Haushaltssteuerungsprozesse und der Entwicklung der Haushaltseckwerte ‚vor Ort‘?
–   Ist die in Baden-Württemberg anzutreffende Zusammenfassung der führungsorganisatorischen Funktionen in einer Person (Oberbürgermeister als direkt gewählter Verwaltungschef, Ratsvorsitzender, Repräsentant nach außen und Ausschußvorsitzender) funktional im Sinne reibungsfreier Politikabläufe und einer erfolgreichen Sparpolitik?

– Ist die in Nordrhein-Westfalen anzutreffende Verteilung der führungsorganisatorischen Funktionen auf mehrere Personen/Personengruppen (Stadtdirektor als vom Rat gewählter Verwaltungschef, Bürgermeister als indirekt gewählter Ratsvorsitzender und Repräsentant nach außen, Räte als Ausschußvorsitzende) funktional im Sinne reibungsfreier Politikabläufe und einer erfolgreichen Sparpolitik?" *(Winkler-Haupt* 1989: 144-145).

Winkler-Haupt geht bei einer Gegenüberstellung der Befunde von *Derlien* im Vergleich zu den *Banner*-Thesen von der Hypothese aus, daß – wenn beide Recht haben sollten – dies bedeuten würde, „daß die Unterschiedlichkeit verfassungsstruktureller Faktoren im ‚Teilbereich Sparpolitik' (den *Banner* vorwiegend betrachtete – im Gegensatz zu *Derlien* u.a., die den gesamten Entscheidungsprozeß beleuchteten, d.V.) stärker als im gesamten kommunalen Entscheidungs- bzw. Willensbildungsprozeß zum Tragen kommt" *(Winkler-Haupt* 1989: 146).

Relativierung verfassungsstruktureller Unterschiede

Zur Überprüfung dieser Hypothese untersuchte *Winkler-Haupt* je zwei Städte in Baden-Württemberg und Nordrhein-Westfalen. Ohne auf die Untersuchungsdetails einzugehen *(Winkler-Haupt* 1989: 146ff.), kommt er im Hinblick auf den politischen Willensbildungs- und Entscheidungsprozeß in den vier untersuchten Städten in Baden-Württemberg und Nordrhein-Westfalen zu folgenden Ergebnissen *(Winkler-Haupt* 1989: 150ff.):

– Die Oberbürgermeister in Baden-Württemberg waren parteilose Akteure ohne „Hausmacht", mit eher „defensiven" Amtsführungsstrategien, so daß sie nicht die Rolle des zentralen Politikers ausfüllten, sondern lediglich Bestandteil einer Gruppe von Vorentscheidern waren. Dieses widerspricht *Banner*, der den Oberbürgermeister immer als den „natürlich zentralen Politiker" ansieht.
– Beide baden-württembergischen Oberbürgermeister brauchen die Beigeordneten („Grenzgänger") nicht zu kontrollieren, da sie in deren Sinne handeln, indem sie in den politischen Gremien Mehrheiten verschaffen.
– Zutreffend ist die These *Banner*s, wonach der Stadtdirektor in NRW der „verkannte" Politiker ist, der nicht die Rolle des zentralen Politikers einnehmen kann, da seine Position zu schwach ist; er ist lediglich einer von mehreren Vorentscheidern.
– Die Beigeordneten in NRW verfügen über eine niedrige Vermittlungs- und Konfliktfähigkeit; sie sind daher weder Vorentscheider noch zentrale Politiker und müssen sich an „ihre" Fraktion im Rat anlehnen.
– Die Ausschußvorsitzenden (in Baden-Württemberg de facto die Beigeordneten) nehmen in Baden-Württemberg und NRW Schlüsselpositionen ein.
– Die Politikabläufe in den beiden untersuchten nordrhein-westfälischen Städten verliefen reibungsfrei und harmonisch, obwohl die befragten Akteure (Bürgermeister und Stadtdirektor) auf das in der Kommunalverfassung angelegte Spannungsverhältnis hingewiesen haben und dieses auch aus eigener Praxis kannten.
– Der umfassenden Definition *Banner*s eines „zentralen Politikers" entsprach nur der Vorsitzende der Mehrheitsfraktion in einer der beiden nordrhein-westfälischen Städte.

Als Fazit seiner Untersuchung hält *Winkler-Haupt* fest:

„Dem Untersuchungsergebnis entsprechend, daß sich die verfassungsstrukturellen Faktoren der beiden Kommunalverfassungen als funktional i.S. reibungsfreier Politikabläufe erwiesen haben (Stichwort: identisches Politikergebnis), fand die These von *Derlien* u.a.

146

hier weitgehende Bestätigung, wonach den unterschiedlichen verfassungsstrukturellen Faktoren im Politischen Willensbildungsprozeß nicht die Bedeutung zukommt, die man angesichts der ‚rigorosen' Behauptungen *Banners* hätte erwarten können. So hat sich gezeigt, daß dem Oberbürgermeister nicht automatisch die Rolle des zentralen Politikers zufällt und die Zweiköpfigkeit der NW GO nicht zwangsläufig einen „Konfliktherd" darstellt. Andererseits macht das Beispiel der jeweiligen Stellung der Beigeordneten deutlich, daß abweichend von *Derlien* u.a. unterschiedliche verfassungsstrukturelle Charakteristika mehr als nur sogenannte modifizierende Auswirkungen nach sich ziehen können: Während die Beigeordneten in Baden-Württemberg eine Schlüsselstellung innehaben, sind sie in Nordrhein-Westfalen zu ‚Hilfskräften' der Räte ‚degradiert'," *(Winkler-Haupt* 1989: 154).

Gegenüber dieser Relativierung der Bedeutung kommunalverfassungsrechtlicher Faktoren für den kommunalpolitischen Willens- und Entscheidungsprozeß insgesamt, kommt *Winkler-Haupt* für den engeren Bereich der kommunalen Spar- und Haushaltspolitik zu einem anderen Ergebnis, das im Vergleich zwischen Baden-Württemberg und NRW stärker an die Thesen von *Banner* anschließt:

Sonderfall kommunaler Sparpolitik

– Die Oberbürgermeister in den baden-württembergischen Städten werden hier – im Gegensatz zum politischen Willensbildungsprozeß allgemein – zu den „zentralen Politikern" bzw. „Vorentscheidern". Es war die Kombination aus Parteilosigkeit und Direktwahl/Repräsentation nach außen, die es beiden Akteuren sehr erleichtert hat, sparpolitische Initiativen zu ergreifen, durchzusetzen und auf lange Sicht hin zu verfolgen. Der Oberbürgermeister ist in Baden-Württemberg also im Bereich der Sparpolitik zumindestens der zentrale Steuerungspolitiker kraft Amtes im Sinne von *Banner*.
– Durch die Verteilung der sogenannten führungsorganisatorischen Funktionen auf mehrere Personen bzw. Personengruppen in NRW („Elitenpluralismus") kann der Stadtdirektor in diesem Politikbereich nicht die Rolle des „zentralen Politikers" kraft Amtes übernehmen; seine Position ist zu schwach. Die *Banner*-These („verkannter Steuerungspolitiker") trifft auch hier zu.
– Sparpolitische Maßnahmen werden in NRW zum einen durch das Überwiegen des reinen Fachpolitikers, insbesondere der Ausschußvorsitzenden, verhindert, zum anderen durch das Fehlen des zentralen Steuerungspolitikers. Bestenfalls durch besondere Umstände vermag sich in NRW jemand dazu aufzuschwingen *(Winkler-Haupt* 1989: 155-157).

Als Fazit seines haushaltspolitischen Vergleiches hält *Winkler-Haupt* fest:

„In Nordrhein-Westfalen wird durch die führungsorganisatorischen Regelungen der NWGO die Durchschlagskraft der Fachpolitik bzw. der Fachpolitiker erhöht, während die Süddeutsche Ratsverfassung (BWGO) dafür Sorge trägt, daß Vertreter von Steuerungsinteressen wie der Oberbürgermeister a priori über ein starkes Gewicht im Prozeß kommunaler Sparpolitik verfügen. Dementsprechend fiel es in beiden süddeutschen Mittelstädten nicht schwer, im Untersuchungszeitraum keine Gefahr für einen Haushaltsausgleich aufkommen zu lassen und mit anfallenden Haushaltsproblemen fertig zu werden" *(Winkler-Haupt* 1989: 157).

Insgesamt konstatiert *Winkler-Haupt*, daß – der eingangs geäußerten Vermutung entsprechend – sowohl die Thesen von *Banner* als auch die von *Derlien* u.a. im wesentlichen zutreffen. Dies liegt darin begründet, daß die verfassungsstrukturellen Unterschiede im Teilbereich ‚Sparpolitik' stärker zum Tragen kommen als im Entscheidungs- bzw. Willensbildungsprozeß insgesamt *(Winkler-Haupt* 1989:

158). Rollenverhalten der Akteure und das Politikergebnis werden durch die Gemeindeordnung in der Sparpolitik also stärker beeinflußt als andere Entscheidungsprozesse.

Derlien (1994: 70) benennt aber auch eine gravierende „Design-Schwäche" der Untersuchung von *Winkler-Haupt*:

> „*Winkler-Haupt* hat – aus unerfindlichen Gründen – bewußt in Baden-Württemberg Gemeinden mit parteipolitisch fragmentierten Räten... und ohne absolute Mehrheit einer Fraktion, aber mit der CDU als jeweils stärkster Fraktion ausgesucht. Für Nordrhein-Westfalen hingegen untersuchte er Gemeinden mit absoluter SPD-Mehrheit. Damit hat er den politischen Kontext nicht konstant gehalten, sondern ihn simultan mit der Kommunalverfassung variiert. Dies mußte zu einer Nivellierung der Unterschiede führen, da infolge der Mehrheitsverhältnisse in Nordrhein-Westfalen eine politische Zentralisierung und in Baden-Württemberg eine Fragmentierung angelegt war. Die logisch im Design zu berücksichtigenden Felder a) Baden-Württemberg/absolute Mehrheit und b) Nordrhein-Westfalen/Koalition wurden nicht untersucht."

Die *Kunz-Zapf-Schramm*-Studie (1989): Steuerungshypothese

Auch *Kunz* und *Zapf-Schramm* unterziehen die *Banner*-Thesen einem empirischen Test, der dessen Thesen nicht nur modifiziert, sondern falsifizieren soll. Sie tun dies im Wege einer quantitativ-vergleichenden Analyse im Sinne der *Policy-Output*-Forschung *(Kunz/Zapf-Schramm* 1989: 161ff.). Sie fassen die *Banner*-Thesen unter steuerungstheoretischer Perspektive wie folgt zusammen:

> „Bei einer Gruppierung der bundesdeutschen Gemeinden und Städte nach dem vorherrschenden kommunalen Verfassungstyp müßte sich die Haushaltslage von der Süddeutschen Ratsverfassung über die Magistrats- oder Bürgermeisterverfassung bis hin zur norddeutschen Ratsverfassung kontinuierlich verschlechtern und zwar ungeachtet ökonomischer und sonstiger Einflußgrößen auf das kommunale Budget" *(Kunz/Zapf-Schramm* 1989: 161-162).

Untersuchungseinheiten waren alle 87 kreisfreien Städte in der (Alt-) Bundesrepublik (1985) mit Ausnahme der Stadtstaaten. Die Autoren widmen der Frage breiten Raum, wie die normativ-wertenden Begriffe, die *Banner* verwendet („krisenhafte Haushaltsentwicklung", „tiefgreifend gestörtes Haushaltsungleichgewicht", „unkontrolliertes Wuchern") operationalisiert werden können, wobei sie die finanzielle Leistungsfähigkeit der Gemeinde als abhängige Variable ansehen und verschiedene Indikatoren anführen, die die abhängige Variable determinieren können (z.B. auf die Einwohnerzahl einer Gemeinde bezogene Pro-Kopf-Werte, Quoten-Indikatoren usw.; vgl. näher hierzu *Kunz/Zapf-Schramm* 1989: 164ff.). Ihre empirische Überprüfung der *Banner*-Thesen kommt zu folgenden Ergebnisse (vgl. *Kunz/Zapf-Schramm* 1989: 177ff.):

– Bei den Indikatoren des gemeindlichen Finanzierungsspielraums – sprich dem Haushaltsausgleich im Sinne von *Banner* – müßten sich gemäß der Steuerungshypothese deutliche Unterschiede zwischen den Gemeinden mit unterschiedlichen Kommunalverfassungssystemen herausstellen. Dieses ist jedoch nicht der Fall. Die Struktur der Kommunalverfassung scheint somit keine erklärende Variable für die finanzielle Leistungsfähigkeit zu sein. NRW schneidet hier nicht schlechter ab als die anderen Bundesländer mit ihren Kommunalverfassungssystemen.

– Auch bei der Verschuldung und den Zinsausgaben sind nicht die Städte mit der Norddeutschen Ratsverfassung am stärksten verschuldet und haben die höchsten Zinsausgaben zu leisten, sondern die Städte, die eine Magistrats-

148

oder Bürgermeisterverfassung haben. Allerdings trifft die These *Banner*s insoweit zu, als Baden-Württemberg und Bayern mit großem Abstand am günstigsten dastehen. Dies veranlaßt *Kunz/Zapf-Schramm* (1989: 180) zu folgender Aussage: „Die Süddeutsche Ratsverfassung bietet bessere Möglichkeiten, das Verschuldungsniveau niedrig zu halten, als alle anderen Gemeindeordnungen."

– Zutreffend hingegen ist die „Steuerungshypothese" *Banner*s im Bereich der gemeindlichen Investitionen: Die Städte mit Süddeutscher Ratsverfassung investieren sowohl pro Kopf der Bevölkerung als auch im Hinblick auf die Gesamtausgaben am meisten, die Städte mit Norddeutscher Ratsverfassung dagegen deutlich am wenigsten, die Städte mit Magistrats- oder Bürgermeisterverfassung liegen zwischen den Extremen. Geht man jedoch von der bivariaten zur multivariaten Analyse über (bei der bivariaten Analyse sind der Einfluß der Wirtschaftslage, das örtliche Ausgabenprofil und die lokale Parteipolitik vernachlässigt worden), so zeigt sich, daß *Banner*s Plausibilitätsurteile hinsichtlich der Investitionen einer multivariaten Analyse nicht standhalten.

Als Ergebnis fassen daher *Kunz/Zapf-Schramm* zusammen: „An keinem der gewählten Indikatorenkomplexe bestätigt sich Banners These über den Einfluß der Gemeindeverfassung auf die finanzielle Situation der Gemeinden überzeugend (...) Die Gemeindeverfassung hat keinen maßgebenden Einfluß auf die finanzielle Leistungsfähigkeit einer Gemeinde." *(Kunz/Zapf-Schramm* 1989: 181). Sie betrachten daher bis zum schlüssigen Nachweis des Gegenteils die *Banner*-These als vorläufig widerlegt und halten im Gegenteil die sozio-ökonomischen Randbedingungen für die Bestimmung des Finanzierungsspielraums der Gemeinden für sehr viel entscheidender als die jeweilige Verfassungsstruktur *(Derlien* 1994: 70). Zu einem ähnlichen Ergebnis kamen auch *Gabriel* u.a. 1990 in Bezug auf den Einfluß der parteipolitischen Zusammenstellung der regierenden Mehrheit in einer Kommune.

2.6.6 Grenzen der Reichweite institutioneller Ansätze zur Erklärung lokaler Entscheidungssysteme

Rüdiger *Voigt* (1992: 6) schlägt in einem Aufsatz über „Kommunalpolitik zwischen exekutiver Führerschaft und legislatorischer Programmsteuerung" aus dem Jahre 1992 vor, Untersuchungen zur lokalen Politiksteuerung ein *Steuerungskonzept mittlerer Abstraktion* zugrundezulegen, das auf einem Netzwerkansatz beruht. Er versteht dabei unter Steuerung einen kommunikativen Prozeß, „in dem ein (zentraler) Akteur versucht, auf die anderen Akteure einzuwirken. Wer als ‚Sieger' hervorgeht, also mehr oder weniger erfolgreich die andere Seite beeinflußt hat, steht weder von vornherein fest, noch wird dies positiv oder negativ bewertet" *(Voigt* 1992: 6). Diese zentralen Akteure bilden ein *Netzwerk* mit unterschiedlich großen Machtpotentialen. Die Ermittlung der zentralen Akteure erfolgt primär aufgrund ihrer formalen Position im kommunalen Entscheidungssystem, ihr Machtpotential ist allerdings immer nur empirisch zu ermitteln. Jenseits der formalen Autorität bestimmten vor allem „Informationsverfügung, Bar-

Die *Voigt*-Studie: Variabilität verfassungsrechtlicher Vorgaben

gaining-Power aufgrund der Verfügung über materielle Ressourcen und politische Mehrheiten sowie charismatisch verwurzelte Einflußmöglichkeiten, die in Persönlichkeit oder Stil des Führungspersonals liegen" die konkreten Machtbasen. „Insofern sind Struktur-Prozeß-Kausalitäten oder gar deren Auswirkungen auf den Output eines Systems prinzipiell unbestimmt" (*Derlien* 1994. 71).

Die formale Entscheidungsstruktur einer Gemeinde wird im wesentlichen von der Gemeindeordnung festgelegt. Zu ihrer Beschreibung und Analyse können vor allem vier zentrale Strukturmerkmale herangezogen werden (*Voigt* 1992: 7):

– Verteilung von Kompetenzen,
– Art der Verwaltung,
– Verbindung oder Trennung der Funktionen des Verwaltungschefs und des Ratsvorsitzenden,
– Wahlmodus des Verwaltungschefs.

Führungspluralismus als Kennzeichen der GO NRW

Voigts Analyse zur Kommunalpolitik in Nordrhein-Westfalen auf der Basis der bis 1994 geltenden Norddeutschen Ratsverfassung kommt zu dem Fazit, daß hinsichtlich des Machtpotentials der Vorentscheidergruppe, d.h. der zentralen Politiker einer Gemeinde, ein Trend zum Führungspluralismus zu beobachten ist, daß also die Kommunalverfassung die kommunale Entscheidungsstruktur nicht schon determiniert. Die Führungsrolle kommt nicht automatisch dem Verwaltungschef zu, häufig muß er sich diese Rolle mit anderen Akteuren teilen (*Voigt* 1992: 9).

Solange Rat und Verwaltungschef beide noch nicht lange im Amt sind, trifft man häufig zunächst ein labiles Machtgleichgewicht an. Zu den lokalpolitischen Hauptakteuren aus der Gruppe der sog. Vorentscheider gehören dann auf der Verwaltungsseite neben dem Hauptverwaltungsbeamten auch die Beigeordneten und wichtige Dezernenten, wohingegen auf der Ratsseite neben dem Bürgermeister vor allem die Vorsitzenden der großen Fraktionen sowie mitunter auch die Vorsitzenden der wichtigsten Ausschüsse zu den Hauptakteuren zählen. In Abhängigkeit von den lokalen und regionalen Besonderheiten der politischen Kultur tendiert dieses labile Machtgleichgewicht im Zeitverlauf dazu, sich in ein zentralisiertes Entscheidungssystem zu verwandeln, sofern es einem der Hauptakteure gelingt, die Rolle des „zentralen Politikers" zu besetzen. Die besten Voraussetzungen hierfür haben neben dem Gemeindedirektor vor allem der Bürgermeister und der Chef der Mehrheitsfraktion (*Voigt* 1992: 9). So hat z.B. der Vorsitzende einer Fraktion, die über eine sichere Ratsmehrheit verfügt, normalerweise einen größeren Einfluß auf die Verwaltung, als beispielsweise die Vorsitzenden der Oppositionsfraktionen oder der Vorsitzende einer Ratsfraktion, die sich in einer politischen Pattsituation befindet. Zugleich stellt der Rückhalt in Partei und Fraktion eine wichtige Ressource für die einzelnen zentralen Akteure dar. Eine ähnlich wichtige Bedeutung kommt den Möglichkeiten des zentralen Akteurs zu, auf die Ressourcen anderer politischer Ebenen und anderer gesellschaftspolitische Organisationen zugreifen zu können.

Drei Varianten des NRW-Entscheidungssystems:

Rüdiger *Voigt* unterscheidet auf der Basis der vorliegenden empirischen Studien zum lokalpolitischen Entscheidungssystem in NRW und der daraus resultierenden Machtpotentiale der zentralen Akteure modelltheoretisch drei Varianten, die alle unter der gleichen Gemeindeordnung entstehen konnten (*Voigt* 1992: 10f.):

150

Vor allem in Kleinstädten und Gemeinden des ländlichen Raumes kommt häufig dem Gemeindedirektor die Führungsrolle inne. Hier nähert sich die NRW-Situation dem Modell exekutiver Führerschaft baden-württembergischer Prägung: Ein „starker" Gemeindedirektor dominiert mit Hilfe der Mehrheitsfraktion, in der er zugleich eine führende Rolle spielt, den Rat. Zugleich verfügt der Verwaltungschef über eine enge und unmittelbare Verbindung zu den lokalen gesellschaftlichen Organisationen sowie zur örtlichen Wirtschaft. Bürgermeister und Vorsitzender der Mehrheitsfraktion spielen in dieser Konstellation nur eine vergleichsweise untergeordnete Rolle. *Voigt* schreibt dieser Variante zugleich eine hohe Effizienz der Verwaltung zu (*Voigt* 1992: 10).

– Variante 1:
Modell der exekutiven Führerschaft

Als zweite Variante unterscheidet *Voigt* (1992: 10) die Konstellation, in der der Bürgermeister zum zentralen Steuerungspolitiker wird. Dies Situation ist unter nordrhein-westfälischen Bedingungen in zwei Fällen möglich. Erstens, wenn es sich um einen Bürgermeister in einer Großstadt mit SPD-Mehrheit handelt, der zugleich SPD-Landtagsabgeordneter ist und über gute Verbindungen zur Landesregierung verfügt. Unter den derzeit gegebenen Mehrheitsverhältnissen in Bund und Land ist diese Variante zweitens in einer Stadt mit CDU-Mehrheit dann möglich, wenn der Bürgermeister zugleich Mitglied in der CDU/CSU-Fraktion des Bundestages ist und über gute Verbindungen zur Bundesregierung verfügt. Unabhängig von der parteipolitischen „Farbe" des Bürgermeisters setzt diese Konstellation weiterhin voraus, daß der Bürgermeister über eine große Popularität bei der Bevölkerung verfügt und einen starken Rückhalt in der örtlichen Parteiorganisation und Fraktion hat.

– Variante 2:
Gemäßigter Populismus

Erst die dritte Variante entspricht der Situation, die von Kritikern der norddeutschen Ratsverfassung immer wieder als typisch beschrieben wird. Hier ist der Vorsitzende der stärksten Ratsfraktion zum zentralen Steuerungspolitiker geworden. Die beiden letztgenannten Varianten sind vorzugsweise in Großstädten anzutreffen, die eine stark fragmentierte Parteienstruktur kennen. Zumeist handelt es sich um Fraktionsvorsitzende, die selbst (und nicht der Bürgermeister) Landtags- bzw. Bundestagsabgeordnete sind und so die Unterstützung einer anderen politischen Ebene in die Waagschale werfen können. Zudem setzt diese Konstellation eine klare politische Mehrheit der entsprechenden Ratsfraktion voraus. Bei dieser Variante der Fraktions- bzw. Parteienvorherrschaft stellt der Fraktionsvorsitzende sicher, daß vorzugsweise Beigeordnete und Dezernenten vom Rat gewählt werden, deren Loyalität in kritischen Entscheidungssituationen eher der Mehrheitsfraktion als dem Oberstadtdirektor gegenüber gilt (*Voigt* 1992: 10).

– Variante 3:
Partei- und Fraktionsherrschaft

Rüdiger *Voigt* kommt daher zu der Schlußfolgerung, daß dieselbe Kommunalverfassung – hier die nordrhein-westfälische Gemeindeordnung – ganz unterschiedliche Entscheidungsstrukturen hervorbringen kann. Er lenkt die Aufmerksamkeit darauf, daß neben institutionellen Faktoren „vor allem lokale Besonderheiten der politischen Kultur für die Ausgestaltung der jeweiligen Entscheidungsstrukturen maßgeblich sind" (*Voigt* 1992: 11). Hierbei kommt vor allem der Rolle, die die politischen Parteien spielen, eine besondere Bedeutung zu:

> „Ist ihre Bedeutung gering, dann sind die Chancen für den Verwaltungschef besonders hoch, sich zum zentralen Steuerungspoltiker aufzuschwingen. Das wird zusätzlich erleichtert, wenn die Konsensbereitschaft im Rat groß ist. (...)

Sobald jedoch der Bürgermeister oder der Chef der Mehrheitsfraktion Unterstützung von anderen politischen Ebenen mobilisieren kann, bzw. die Parteien eine ausschlaggebende Rolle in der Stadt spielen, verändert sich dieses Bild z. T. nachhaltig" (*Voigt* 1992: 11).

Zugleich richtet sich *Voigt*s Kritik implizit und explizit auch gegen die Thesen von Gerhard *Banner*, ohne daß er damit gleichzeitig die Notwendigkeit von Reformforderungen bestreitet:

„Der undifferenzierte Vorwurf, die nordrhein-westfälische Gemeindeordnung verhindere eine sinnvolle Politiksteuerung auf lokaler Ebene, ist weitgehend überzogen und stellenweise sogar ganz unberechtigt. (...)
Andere Forderungen sind hingegen durchaus bedenkenswert: Daß der Rat stärker die Aufgabe als Steuerungs- und Kontrollorgan für die wichtigsten Gemeindeangelegenheiten und die allgemeinen Grundsätze der Verwaltungsführung übernehmen sollte, statt sich in jedes Detail der Verwaltungsarbeit einzumischen, erscheint gerade auch unter dem Gesichtspunkt einer Aufrechterhaltung der Ehrenamtlichkeit der Ratsmitglieder als sinnvoll." (*Voigt* 1992: 11)

2.7 Zusammenfassung

Grundgesetz und Landesverfassungen garantieren das kommunale Selbstverwaltungsrecht, d. h. die eigenverantwortliche Erledigung aller Angelegenheiten der örtlichen Gemeinschaft im Rahmen der Gesetze. So sind nach der nordrhein-westfälischen Gemeindeordnung die Gemeinden „die Grundlage des demokratischen Staatsaufbaus". Diesem Anspruch auf Selbstbestimmung und Eigenverantwortlichkeit der Gemeinden stehen jedoch ökonomische, fiskalische, rechtliche und politische Rahmenbedingungen entgegen, die eine Selbständigkeit der Kommunen im Sinne von Autonomie einschränken bzw. ausschließen. Die Kommunen sind abhängig von der wirtschaftlichen Entwicklung, von der Finanzverteilung in Bund und Land, von der Kompetenzzuweisung und von der Kommunalfreundlichkeit der politischen Körperschaften (Parlament, Regierung, Verwaltung) im Rahmen der Politikverflechtung. Die in diesem Beitrag behandelte Frage ist, ob die Ursache solcher Probleme in der formalen Entscheidungsstruktur liegen könnte, die von einer bestimmten Gemeindeordnung festgelegt wird, und sich somit durch eine Reform dieser Strukturen nachhaltig beeinflussen läßt.

Während sich die Kritik an der Norddeutschen Ratsverfassung in den vergangenen Jahrzehnten – ähnlich wie bei den Ländern anderer Kommunalverfassungstyps – vor allem gegen die Machtfülle des Hauptverwaltungsbeamten und die Ohnmacht des Rates richtete, stehen heute die Machtlosigkeit des Verwaltungschefs und die Übermacht der Fraktionen im Rat, insbesondere der Mehrheitsfraktion, im Zentrum der Kritik. War das Politikverständnis der einen Seite stärker am Gedanken der Partizipation orientiert, so ist das der anderen Seite im wesentlichen auf Verwaltungseffizienz gerichtet. Damit wird – wenn auch auf einer anderen Argumentationsebene – die alte Debatte um die Regierbarkeit unserer Städte wieder aufgenommen.

Die Norddeutsche Ratsverfassung ist in den letzten Jahren besonders intensiv in Nordrhein-Westfalen in Frage gestellt worden. Reformanläufe zugunsten von einer Führungsspitze und deren Direktwahl sind immer wieder gescheitert, da mit der Doppelköpfigkeit Machtpositionen verbunden sind. Mit Einführung der Einköpfigkeit wird eine Position wegfallen; die Volkswahl kann die Bedeutung der Ratsfraktionen und vor allem des Vorsitzenden der Mehrheitsfraktion (als des gelegentlichen Königmachers) senken. Auf ihrem Bielefelder Parteitag im Januar 1994 beschlossen die nordrhein-westfälischen Sozialdemokraten, die im Düsseldorfer Landtag mit absoluter Mehrheit regieren, die Doppelspitze abzuschaffen und ab der Kommunalwahl 1999, die dann hauptamtlichen Bürgermeister und Landräte direkt zu wählen. Die neue nordrhein-westfälische Gemeindeordnung ist zum 17. Oktober 1994 in Kraft getreten und bildet den vorläufigen Schlußstein einer in den letzten drei Jahren rasanten Veränderung des bis dato recht stabilen Systems der deutschen Kommunalverfassungen, die recht eindeutig in Richtung einer Annäherung an das süddeutsche Modell, wenngleich mit einigen Modifikationen, weist. Daher scheint eine Neubestimmung der Typologie der deutschen Gemeindeordnungen anzustehen, zu der die Unterteilung von *Stargardt* in funktionentrennende und funktionenbildende Kommunalverfassungen einen interessanten Ansatzpunkt bietet.

Die *Banner*-Thesen von der Überlegenheit des süddeutschen Kommunalverfassungssystems besitzen also eine eindeutige tagespolitische Aktualität, obwohl sie bereits in den den frühen 80er Jahren formuliert wurden und aktuell durch die neue Steuerungsdebatte (Stichwort: dezentrale Steuerungsmodelle, Tilburger Modell) stark überlagert werden. Die Darstellung der Versuche, die *Banner*-Thesen (vorläufig) zu verifizieren oder zu falsifizieren, zeigt, wie problematisch dieses Ansinnen ist: *Winkler-Haupt* bestätigt im wesentlichen die Thesen und modifiziert sie, während *Kunz/Zapf-Schramm* die Thesen als (vorläufig) widerlegt betrachten, je nachdem, welches Untersuchungsdesign gewählt wird. *Voigt* schließlich bestreitet die Relevanz der verfassungsrechtlichen Vorgaben für eine Determinierung eines bestimmten kommunalpolitischen Entscheidungs- und Steuerungssystems. Versucht man, die „essentials" aus den Bemühungen der Autoren zu gewinnen, so läßt sich folgendes feststellen:

- Die Struktur der Kommunalverfassung prägt zwar sowohl die *politics* als auch die *policies*, jedoch nicht absolut in dem Sinne, daß in jeder Gemeinde die Rollenverteilung nach *Banner* gegeben ist, sondern eher relativ bzw. tendenziell. Zwar ist eine grundsätzliche Übereinstimmung entweder vorhanden oder zumindest denkbar, aber die örtlichen strukturellen Verhältnisse und die Harmonie- oder Konfliktfähigkeit der einzelnen Akteure überlagern das Normenarrangement der jeweiligen Kommunalverfassung. Insofern kommen Faktoren der „politischen Kultur" auch für die Analyse der verfassungsrechtlichen Wirkungen eine nicht zu unterschätzende Bedeutung zu.
- Die Formulierung eines „absoluten" Effizienz- oder Demokratiekriteriums für die Bewertung des politisch-administrativen Prozesses in den Gemeinden ist nicht möglich bzw. von politisch-normativen Wertungsmaßstäben bestimmt. Diese Wertungsmaßstäbe determinieren das Ergebnis des selbstgewählten Effizienz- bzw. Demokratiekriteriums.

2.8 Ausblick

Auf bundesstaatlicher Ebene dürften weitere Wünsche nach real- oder personal-plebiszitären Institutionen nicht die erforderliche Zwei-Drittel-Mehrheit finden, wie die Ergebnisse der gemeinsamen Verfassungskommission gezeigt haben. In den Landesverfassungen wird es vermutlich bei den bisherigen realplebiszitären Einrichtungen bzw. deren gerade erst neuen Einführung (Niedersachsen; neue Bundesländer) bleiben. Unaufhaltsam jedoch scheint seit kurzem der Zug zur Volkswahl der Bürgermeister und Landräte.

In Niedersachsen ist die norddeutsche Ratsverfassung noch nicht sicher abgeschafft. Allerdings ist es jetzt eher unwahrscheinlich, daß sich dieses umstrittene System nach einer Änderung in Nordrhein-Westfalen und der Einführung der Direktwahl in seinen östlichen Nachbarländern behaupten kann. Dabei wird diesem System nicht der seit 40 Jahren kritisierte, konfliktträchtige „Dualismus" von Bürgermeister und Stadtdirektor zum Verhängnis – das eigentliche Problem der norddeutschen Ratsverfassung -, sondern der politisch nicht mehr aufzuhaltende Wunsch nach der Volkswahl des Stadtoberhauptes. Damit verändert sich aber der Charakter der Kommunalverfassung völlig. Denn die Volkswahl ist systemprägender bzw. systemsprengender als alle anderen Modalitäten in ihr. Sie verleiht dem Amtsinhaber eine andere Legitimation, Durchsetzungskraft, Integrationsfähigkeit und Unabhängigkeit. Deshalb haben sich auch Ideen nicht durchsetzen können, die niedersächsisch/nordrhein-westfälische Zweigleisigkeit – quasi systemerhaltend „einfach" durch die Direktwahl der (ehrenamtlichen!) Bürgermeister/Oberbürgermeister zu „ergänzen". Denn in diesem Fall müßte ein direktgewählter Bürgermeister angesichts der aus dem Wahlvorgang hervorgerufenen Wirkungen und der Erwartungen der Bürger dann auch an den „Schalthebeln der Macht" sitzen, also auch Verwaltungschef sein.

Obgleich die Zweigleisigkeit aufgrund geringerer parteipolitischer Auflagung in der Kommunalpolitik und anders strukturierter Hauptverwaltungsbeamter in den ländlichen Gemeinden lange nicht so umstritten und spannungsreich wie in den Städten war, wird sich auch dort der Zug zur Eingleisigkeit nicht mehr aufhalten lassen. Möglicherweise hätten sich differenzierende Kommunalverfassungen noch vor einigen Jahren durchsetzen lassen. Diejenigen, die damals so starr an der „Einheitsverfassung" für Städte, Gemeinden und Kreise festgehalten haben, werden sicherlich heute der verpaßten Chance nachtrauern, die Zweigleisigkeit nicht wenigstens für den ländlichen Raum „gerettet" zu haben.

Nun müßte aus alledem für Nordrhein-Westfalen und Niedersachsen nicht naturnotwendig eine vollständige Übernahme des süddeutschen Modells unter Bruch der 45 Jahre eigenen Kommunalverfassung bzw. noch älterer kommunalrechtlicher Traditionen erfolgen. Vielmehr bieten sich Lösungen wie in Sachsen-Anhalt oder vor allem wie in Brandenburg an. Dieses gilt zum einen für einen (weiterhin) eigenständigen, ehrenamtlichen Vorsitzenden der Vertretung. In Schleswig-Holstein erleichterte dieses seinerzeit die Abkehr vom britischen System ebenso wie jetzt in einigen ostdeutschen Ländern die Einführung der Volkswahl der Bürgermeister.

Zum anderen sollte nicht nur Niedersachsen erwägen, den Verwaltungsausschuß beizubehalten, sondern auch in Nordrhein-Westfalen könnte man ihn anstelle des Hauptausschusses zu einem echten Organ wie in Brandenburg aufwerten. Die Besonderheit des niedersächsischen Verwaltungsausschusses, der analog den Kräfteverhältnissen im Rat allein aus ehrenamtlichen Ratsträgern zusammengesetzt ist, macht die Wahrnehmung bestimmter Aufgaben aus, die in anderen Kommunalverfassungstypen dem Gemeindevorstand obliegen. Da er nicht-öffentlich tagt, ergibt sich hier im Gegensatz zu Fachausschüssen und dem Rat die gute und gern genutzte Gelegenheit eines sachlichen Dialoges zwischen Rat und Verwaltung zum konstruktiven Zusammenführen unterschiedlicher Interessen.

Die nicht unbeachtlichen Einwände gegen eine Verbindung von süddeutscher Eingleisigkeit und (hessischer) Magistratsverfassung, hier würde der volksgewählte Verwaltungschef in ein kollegiales Verwaltungsführungsorgan (Gemeindevorstand) systemwidrig eingebunden, greifen im Falle des hier analog zu Brandenburg vorgeschlagenen Modells nicht. Wie erwähnt, ist im Gegensatz zum Magistrat der niedersächsische Verwaltungsausschuß (brandenburgische Hauptausschuß) ja nicht die kollegiale Verwaltungsleitung bzw. Verwaltungsspitze. Die Möglichkeiten des volksgewählten Bürgermeisters, die Vorstellungen seines „Wahlprogrammes" von der Spitze der Verwaltung her mit dem Verwaltungsapparat auch konsequent umzusetzen, würden also nicht beschnitten. Dieses „dreigleisige System" würde ein gut abgewogenes System der „Machtbalance" darstellen und im Vorfeld einer Novellierung der norddeutschen Ratsverfassung viele Befürchtungen der Gegner des süddeutschen Systems – hier würde in einer Person eine unerwünschte Machtfülle konzentriert und die ganze Kommunalverfassung sei lediglich auf die Person des Bürgermeister zugeschnitten – entkräften.

Im übrigen wird man von jetzt ab in Brandenburg beobachten können, wie ein solches System funktioniert und zu welchen praktischen Ergebnissen es in der Kommunalpolitik führt. Käme es schließlich so, wäre dieses eine nicht uninteressante, politisch-historische Trendumkehr: Dann wäre nämlich nach einem Zeitabschnitt vielfacher Übernahme von Gesetzen des jeweiligen westlichen Partnerlandes erstmalig ein fundamentaler Gesetzestransfer in umgekehrter Richtung erfolgt. Dieses könnte durchaus Anstoßwirkungen haben, auch auf anderen Gebieten Erfahrungen und Ergebnisse aus den neuen Bundesländern in die alten zu transportieren.

Optimale Verwirklichung von Demokratie und Partizipation ist nur möglich bei effizientem verwaltungsmäßigen und politischen Handeln. Dieses wird im Grundsatz von kaum jemanden ernsthaft bestritten. Schwierig wird es allerdings, wenn bestimmt werden muß, was diese Effizienz ausmacht und wie sie verwirklicht werden soll. Die Meinungen von Ratsvertretern, die auf bessere Information durch die Verwaltung in Form des Aufzeigens von Alternativen drängen bis hin zur Beteiligung an den administrativen Vorbereitungsprozessen, einerseits und von Verwaltungschefs, die auf originäre Kompetenzen und die Beschränkung der Ratszuständigkeiten auf Grundsatz- und Leitentscheidungen im besonderen Maße drängen, andererseits gehen nicht selten weit auseinander.

Beispielhaft wurde versucht, den problematischen Effizienzbegriff an den Thesen von *Banner* festzumachen und aufzuzeigen, daß man – je nach Wahl des Untersuchungsdesigns bzw. nach Operationalisierung der Fragestellung – bei Ausrichtung an dem von ihm gewählten Maßstab der Haushaltsentscheidungs-

155

prozesse zu unterschiedlichen Ergebnissen gelangen kann. Kommunale Effizienz ist im Ergebnis ein mehrdimensionales Konstrukt, das je nach Fragestellung neu zu definieren ist. *Banners* Verdienst ist es zweifellos, diesen Terminus plastischer dargestellt zu haben, als es oft in der Diskussion um die Reform der GO geschieht.

Insgesamt läßt sich im Hinblick auf die Zuspitzung der Diskussion um die Reform der GO NRW auf die Trias Demokratie-Partizipation-Effizienz folgendes festhalten: Ausgehend von der Feststellung, daß im führungsstrukturellen Bereich der GO NRW eine latente Führungsschwäche wegen des ungeklärten Verhältnisses der Verantwortlichkeiten und Zuständigkeiten an den Nahtstellen von Politik und Verwaltung und eine Divergenz von Verfassungsnorm und Verfassungswirklichkeit entstanden war, werden durch die Übertragung originärer Verwaltungszuständigkeiten auf einen hauptamtlichen Bürgermeister diese Inkongruenzen beseitigt, zumindest gemildert. Dem Effizienzaspekt wird also durchaus Rechnung getragen.

Anders sieht es bei der Demokratie und der Partizipation der Bürger bzw. Einwohner aus. Die starke Reserviertheit bei manchen Politikern (die wohl um den eigenen Einfluß fürchten) gegen eine Volkswahl des Bürgermeisters und die letztlich erfolgreichen Widerstände gegen die Einführung von Kumulieren/Panaschieren bei den Kommunalwahlen erschweren eher eine stärker direkte Partizipation des Bürgers. Auch der Handlungskorridor für Formen direkter Bürgerpartizipation erscheint hinsichtlich der Neuregelung des Einwohnerantrages und des Bürgerentscheides in Nordrhein-Westfalen jedoch relativ eng bemessen worden zu sein. Es könnten durchaus und ohne Aufgabe des grundsätzlich zu befürwortenden Repräsentationsprinzips mehr Angelegenheiten als derzeit vorgesehen einer unmittelbaren bürgerschaftlichen Partizipation unterstellt werden. Über die Ausgestaltung der direktdemokratischen Komponenten und der unterstellten Effizienzsteigerung wird man jedoch erst in einigen Jahren über genügend praktische Erfahrungen verfügen, um hier zu auch empirisch abgesicherten Aussagen zu gelangen.

3 Neue Steuerungsmodelle in der Kommunalverwaltung: Eine Zwischenbilanz

Ralf Kleinfeld/Ralf Heidemann/Frank Treutler

3.1 Einleitung

Die folgenden Ausführungen befassen sich mit der Diskussion um Überlegungen zur Reform der Kommunalpolitik und -verwaltung, in deren Mittelpunkt Ziele wie „Effizienzoptimierung", „Dienstleistungsorientierung" und „Verbesserung der Transparenz" kommunalen Handelns stehen. Dabei konzentriert sich die Darstellung auf solche Ansätze, die unter dem Begriff „neue Steuerungsmodelle" subsumiert werden. Reformen, die ausschließlich auf Privatisierung oder Deregulierung abzielen, bleiben hier außen vor. Die „Steuerungs"-Debatte ist nicht neu und setzte in Ansätzen bereits Anfang der 80er Jahre ein (KGSt 1992, 11). Anfang der 90er Jahre gewannen insbesondere Organisations- und Steuerungsmodelle an Popularität, die in einigen niederländischen Städten im Zuge einer Reorganisation ihrer Verwaltungsstruktur seit Mitte der 80er Jahre eingeführt worden sind. Besonders häufig zitiert wird in diesem Zusammenhang die in der Stadt Tilburg durchgeführte Organisationsreform, für die sich mittlerweile der Begriff „Tilburger Modell" fest eingebürgert hat. Die Reformen der Stadt Tilburg werden häufig als Synonym oder als Schlagwort für Reformüberlegungen und Verwaltungsexperimente seitens der Stadtverwaltungen selbst, von externen kommunalen Expertengremien (KGSt) bzw. von privatwirtschaftlichen Gutachtergruppen (Bertelsmann, Mummert und Partner, Price-Waterhouse) benutzt. Zugleich zieht das Tilburger Modell eine rasch wachsende Aufmerksamkeit der fachwissenschaftlichen Öffentlichkeit auf sich, was neben Gutachter- und Begleitforschungsaufträgen sich auch in der steigenden Zahl von Examensarbeiten und Dissertationen, die sich mit diesem Thema beschäftigen, äußert.

Öffentliche Verwaltungen stehen, historisch betrachtet, unter ständigem Modernisierungsdruck. Seit den 80er Jahren zeichnet sich eine neue Phase der Diskussion um die Modernisierung des Staates und um Reformen im Bereich der öffentlichen Verwaltung ab. Diese neue Entwicklungsstufe hängt zum einen zusammen mit Entwicklungen innerhalb des öffentlichen Sektors westlicher Demokratien selbst, zum anderen aber auch mit Veränderungen in den Leitbildern, die der Gestaltung des öffentlichen Sektors zugrundeliegen (*Naschold* 1993: 12ff.).

Es wäre allerdings verfehlt, das Gesamtspektrum der in diesem Zusammenhang diskutierten Reformmodelle lokaler Politik allein auf den Aspekt der Modernisierung der Kommunalverwaltung zu reduzieren. Das Spektrum der von politischen und sozialen Gruppen erörterten Themen und Ziele reicht von einer weitgehenden Deregulierung und Privatisierung des öffentlichen Sektors bis hin zu basis- und direktdemokratischen Utopien. Dieser Beitrag konzentriert sich auf den Aspekt der Modernisierung der Kommunalverwaltung, nachdem die Veränderung der politischen Kultur und der Kommunalverfassungen, der Umbruch der ostdeutschen Kommunalverwaltungen und die kommunalpolitischen Herausforderungen in Europa bereits erörtert worden sind.

Ziel dieses Beitrages ist es, zunächst den theoretischen und internationalen Rahmen der neuen Steuerungsdebatte zu umreißen. Anschließend werden die beiden derzeit bekanntesten Modelle – das „Tilburger Modell" und das neue Steuerungsmodell der KGSt – vorgestellt. „Modellimmanent" wird nachgezeichnet, welche Defizite bei der kommunalen Aufgabenwahrnehmung im Zuge der Reformdebatte in der Bundesrepublik beklagt und auf die derzeitige Binnenorganisation und Verwaltungssteuerung zurückgeführt werden und wie diese Defizite durch die neuen Modelle abgebaut werden sollen. Ferner werden die Möglichkeiten und Grenzen einer Übertragung des Tilburger Modells anhand eines Vergleichs der für diese Frage relevanten Rahmenbedingungen in den Niederlanden auf der einen und in der Bundesrepublik auf der anderen Seite aufgezeigt. Dabei werden sowohl Gesichtspunkte der institutionellen (polity-) als auch der prozessualen (politics-) Politikdimension diskutiert. Mit Blick auf die inhaltliche (policy-)Dimension werden darüber hinaus Zugangsmöglichkeiten aus politikfeldanalytischer Perspektive zu den unterschiedlichen Interaktions- und Problembearbeitungsmustern im kommunalen Binnenverhältnis herkömmlich organisierter Kommunen und innerhalb der neuen Steuerungsmodelle erörtert. Soweit sich der Vergleich auf die institutionelle Politikdimension bezieht, konzentrieren sich die Ausführungen über die Rahmenbedingungen für deutsche Kommunen auf Städte in Nordrhein-Westfalen. Anschließend wird der Stand der Diskussion und der Umsetzung neuer Steuerungsmodelle in deutschen Kommunen bilanziert, bevor zum Schluß allgemeine politische Konsequenzen der neuen Steuerungsmodelle gezogen sowie einige kritische politikwissenschaftliche Fragen an diese Modelle gestellt werden.

3.2 Leitbilder und Diskussionsstränge zur Modernisierung kommunaler Politik in theoretischer und internationaler Perspektive

3.2.1 Theoretische Ansätze in der Reformdiskussion

Der öffentliche Sektor steht vor dem doppelten Strukturproblem, mangelnde Effizienz und einen Mangel an demokratischer Kontrolle und Verantwortung gleichzeitig lösen zu müssen. Dabei hängt die Einschätzung über die Relevanz dieser beiden Mängelbefunde und damit die Frage nach der einzuschlagenden Reformstrategie stark von der politischen und theoretischen Position der betroffenen Akteure ab. In diesem Beitrag rückt die Entwicklung von Leitbildern für den öffentlichen Sektor in den Mittelpunkt, die im Konzept des „Dienstleistungsunternehmen Stadt", des „Konzern Stadts" oder auch der „Kundenorientierung" und „Bürgernähe" zum Ausdruck kommen.

Die langanhaltende Wachstumsphase des öffentlichen Sektors in Europa nach dem 2. Weltkrieg wurde begleitet von einem tendenziell sozialdemokratisch geprägten Leitbild öffentlicher Interessen. Hier stand der wohlfahrtsmaximierende Staat im Mittelpunkt. Demgegenüber wurde als Leitbild für den öffentlichen Sektor in den 80er Jahre verstärkt der Rückgriff auf privatwirtschaftliche Marktmechanismen gefordert, die mit einer Begrenzung der Reichweite des Staates einhergehen sollten. *Naschold* (1993: 18) verwies darauf, daß sich diese beiden Leitbilder in mehreren Dimensionen unterscheiden: hinsichtlich ihrer zentralen Legitimationsbasis, ihrer zentralen Steuerungselemente, der von ihnen angestrebten Reichweite des Staates sowie ihrer Mängelanalyse.

Entwicklung paradigmatischer Trends

Für die 90er Jahre sieht *Naschold* die Anfänge einer „neuen, sicherlich nicht weniger konfliktreichen Epoche im Verhältnis von Politik, Regulation und Wettbewerb" (*Naschold* 1993: 19). Es rücken zwei neue strategische Fragen in den Mittelpunkt der aktuellen Diskussion:

Neue strategische Fragen

– Es geht zunächst um eine neue Definition und Re-Justierung des Verhältnisses von privaten und öffentlichen Aufgaben, d.h. um die Reichweite der öffentlichen Verwaltung und staatlicher Regulierung.
– Zum anderen geht es um eine neue Balance im Funktionsverhältnis zwischen „klassischen Verwaltungsprinzipien und Prinzipien des ‚New Public Managements' bei der Binnenmodernisierung des öffentlichen Sektors und der staatlichen Regulierung" (*Naschold* 1993: 20 f.).

Für die theoretische Diskussion, die dieser neuen Leitbild-Diskussion zugrundeliegt, verweist *Reichard* (1992: 843f.) auf die Konkurrenz zweier gegensätzlicher Strömungen:

„Public Choice" und „New Public Management"-Theorien

– Die neokonservativen Ansätze der „Public-Choice"-Theorie sowie die Institutionenökonomie fordern eine Wiederherstellung des Primats der Politik gegenüber der Bürokratie und plädieren zu diesem Zweck eher für stärkere Zentralisation, Koordination und Kontrolle der Verwaltung.
– Die Ansätze eines vor allem im angelsächsischen Bereich verbreiteten „Manageralism" fordern unter Bezug auf privatwirtschaftliche Erfahrungen die Einfügung von professionellem Management in der Verwaltung. Diese sog. „New Public Management"-Schule (NMP) empfiehlt im Gegensatz zur „Public Choice"-Richtung genau eine stärkere Dezentralisation, Deregulation und Delegation in der Verwaltung.

„Public Choice"-Theorien – mit ihren einzelnen Theoriesträngen wie den „Property Rights"- und den „Principal Agent"-Theorien, dem Neoinstitutionalismus in der Ökonomie – und die Schule des „New Public Management" im privaten und im öffentlichen Sektor treffen sich in ihrem gemeinsamen Vorhaben, die Reichweite des Staates zu begrenzen. In diesem Zusammenhang erhielten die Anhänger eines minimalistischen Staatsverständnisses in der Tradition von Adam Smith, nachdem sie jahrzehntelang durch das sozialdemokratisch-wohlfahrtsstaatliche Politikmodell in die „Defensive" gerückt worden waren, neuen Zulauf und zugleich eine theoretisch ausdifferenzierte sowie anschlußfähige Plattform. (*Naschold* 1993: 26) Als kleinster gemeinsamer Nenner und Kernelement dieser Position läßt sich die Reduzierung des bisherigen Niveaus und

Umfangs der Staatsaufgaben zugunsten eines neuartig fokussierten Aufgaben-Kernbestandes festhalten.

3.2.2 Internationale Dimension der Reformdiskussion

Vier internationale Typen von Management-Reformen

Eines der Kennzeichen der neuen Diskussion ist der Verweis auf internationale Vorbilder für Reformprojekte im öffentlichen Dienst (z.B. Tilburger Modell) sowie das Streben nach einem internationalen Leistungsvergleich des öffentlichen Sektors (z.B. Bertelsmann-Preis). *Naschold* (1994a) hat kürzlich vier strategische Varianten unterschieden, die sich bei einem internationalen Vergleich von Managementreformen unterscheiden lassen:

- Programme zur Kostensenkung im engeren Sinne
- Auslagerung von Aufgaben und „flachere" Leistungstiefe
- Reformen in den Bereichen Arbeitsorganisation und Personalentwicklung
- Einführung neuer Steuerungsmodelle.

Drei Ländergruppen

Bündelt man die bislang erprobten Reformkonzepte zu Ländergruppen, so lassen sich grob gesagt drei Gruppen von Ländern in ihren Erfahrungen mit der Umsetzung von Reformen auf der Basis des New-Public-Management unterscheiden (*Naschold*: 1993):

- Radikale und weitreichende sind Umstrukturierungsprogramme besonders in angelsächsischen Ländern (besonders in Neuseeland und Großbritannien) zu finden: In den USA sind alle vier Varianten erprobt worden. Auf kommunaler Ebene bildeten hierbei Maßnahmen zur Kostensenkung und Aufgabenauslagerungen den Schwerpunkt. Neuseeland hat den Ruf, in Bezug auf Verwaltungsmodernisierung weltweit führend zu sein, wobei der Schwerpunkt auf Auslagerung, Übernahme privatwirtschaftlicher Strukturen und auf der Einführung neuer Steuerungsmodelle lag. In Großbritannien hat es seit der Thatcher-Ära weitreichende Reforminitiativen im gesamten öffentlichen Dienst gegeben, deren Zielsetzungen (Auslagerung/Privatisierung, drastische Kostensenkungen und Einführung neuer Steuerungskonzepte) auf kommunaler Ebene besonders hart und radikal umgesetzt wurden (Enabling Authority & Agency Concept).
- Stärker ausbalancierte Modernisierungsprogramme sind in den Niederlanden und in Skandinavien zu finden: Die skandinavischen Staaten versuchen seit einigen Jahren ihre Wohlfahrtsstaaten auf ein finanzierbares Maß zurückzubilden. Zentrale Reformkonzepte zielen ab auf die Einführung neuer Steuerungskonzepte, auf Organisations- und Personalreformen sowie auf eine stärkere Aufgabenauslagerung vom öffentlichen in den „Dritten Sektor" (Free Commune Experiments). In den Niederlanden werden ebenfalls seit mehr als zehn Jahren zahlreiche Managementreformen auf zentralstaatlicher und kommunaler Ebene entwickelt und durchgeführt, die um die Themenaspekte Aufgabenverlagerungen, neue Steuerungsmodelle und Personalreformen kreisen. Die Einführung neuer Steuerungsmodelle in einer größeren Zahl mittelgroßer niederländischer Städte (am bekanntesten: Tilburg) haben internationale Aufmerksamkeit auf sich gezogen (Kontraktmanagement).

160

- Deutschland hingegen gehört zu der dritten Gruppe von Ländern, in denen sich derartige Umstrukturierungsprogramme überwiegend noch in der Phase der theoretischen Diskussion und erster experimenteller Erprobungen befinden. Ein eigenständiges Konzept wurde hier bislang noch nicht entwickelt (*Struwe* 1994: 21)

Reichard (1993) hat den Versuch unternommen, diese Reformprojekte auf die Kommunalebene hin zuzuspitzen und kommt zu folgender groben Typisierung von lokalen Reformtypen:

- Autokratisch durchgeführte Binnenreformen mit einer stark ausgeprägten ideologischen Basis (Ziel: Kostensenkung und Effizienzsteigerung; Länder: Großbritannien, Neuseeland),
- Schrittweise durchgeführte Reformen mit einer leitbildbezogenen Basis und zentralstaatlicher Unterstützung (Ziel: Bürgerorientierung; Länder: Skandinavien)
- Auf der Basis von leitbildgestützten Modellversuchen eingeleitete Binnenreformen mit Einzelcharakter (Ziel: verbesserte Steuerung; Länder: Deutschland, Niederlande).

In Deutschland wie anderen Ländern lassen sich drei unterschiedliche Typen von Umsetzungsstrategien bei der Reform der Kommunalverwaltungen und der Modernisierung des Staates beobachten:

Drei Umsetzungs-Strategien

- Programmgesteuerte autokratische Modernisierungsstrategien,
- einzelprojektzentrierte, inkrementalistische Verfahren,
- leitbildgeprägte, dialoggesteuerte Modernisierungsstrategien.

Die internationalen Beispiele haben nach Ansicht von *Naschold* (1993) gezeigt, daß der programmgesteuerte Strategietyp regelmäßig und gründlich scheitert. Der inkrementalistische Strategietyp hat demgegenüber die höchste Erfolgsquote, seine Innovationskraft ist definitionsgemäß jedoch sehr begrenzt. Dialoggesteuerte Modernisierungsstrategien schließlich sind bisher verhältnismäßig selten erprobt worden.

Ein weiteres Kernelement erfolgreicher Umsetzungsprozesse stellt ihre organisatorische Absicherung dar. Das überkommene Organisationsmodell sah organisatorische Entwicklungsprozesse in der Erweiterung der Linie und Hierarchie über zentrale Stäbe und externe Experten vor, hat sich aber in der Praxis als recht innovationsfeindlich erwiesen. Erfolgreicher erscheinen Organisationsstrukturen, die neben den klassischen Hierarchien und Linien „Parallel-Organisationen" für Innovationsaufgaben entwickeln, die in klar unterschiedenen Austauschprozessen mit der traditionellen Organisation stehen. Der Vorteil wird darin gesehen, daß Parallelorganisationen ein Kernproblem organisatorischer Innovationsprozesse besser lösen helfen: Einerseits bleibt so der organisatorische Innovationsprozeß vor der Hierarchie geschützt, andererseits sichert sie sich im günstigsten Falle die kontinuierliche Unterstützung der Hierarchie.

Bei den gegenwärtig beobachteten Modernisierungsstrategien für den öffentlichen Sektor westlicher Staaten zeigen sich nach Ansicht von *Naschold* (1993: 63) aber auch drei typische Irrwege:

Irrwege der Modernisierungsdebatte

161

- Das Ziel eines weitreichenden Abbaus staatlicher Tätigkeit hat sich in allen Vergleichsländern als Illusion herausgestellt. Auch hat sich herausgestellt, daß Sparprogramme als solche noch keine Verwaltungsmodernisierung erbringen.
- Das vielbeschworene Modell des „schlanken Staates" hat das weitgehende Fehlen eines Wohlfahrtsstaates in Japan zu berücksichtigen.
- Die Neuorientierung staatlichen Handelns an Produktivitäts- und Effektivitätsmaßstäben ökonomischer Art ist weitgehend unstrittig, die bloße Nachahmung privater Rationalisierungsstrategien hat sich im öffentlichen Sektor jedoch immer als Fehlschlag erwiesen.

Vor dem Hintergrund der internationalen Erfahrungen mit derartigen Umstrukturierungsprogrammen stellt *Naschold* in allen vorgenannten Ländern jedoch durchgängig durchaus reale Veränderungswirkungen und Effizienzgewinne fest. Für die Bundesrepublik erachtet der Autor wegen ähnlicher Rahmenbedingungen und Ausgangslagen gerade die niederländischen und skandinavischen Reformerfahrungen für besonders wichtig (*Naschold* 1993: 49). Offen bleibt jedoch die Frage, ob die bisherigen Grundsätze des öffentlichen Sektors über Bord geworfen werden müssen oder in einem eher komplementären Verhältnis zu den Erfordernissen des „New-Public-Management" stehen bleiben können.

Stellung des deutschen öffentlichen Sektors im internationalen Leistungsvergleich Versucht man nun den Stellenwert und die Besonderheiten der deutschen öffentlichen Verwaltung unter besonderer Berücksichtigung der kommunalen Ebene im internationalen Vergleich zu bestimmen (*Naschold* 1993: 62ff.), so springen folgende Beobachtungen ins Auge:

- Noch immer wird der deutschen öffentlichen Verwaltung einschließlich der kommunalen Ebene im allgemeinen ein relativ hoher Standard zugeschrieben, der sich auf die Kriterien Leistungsfähigkeit und Rechtsstaatlichkeit bezieht.
- Noch bis Ende der 80er Jahre nahm die deutsche öffentliche Verwaltung im internationalen Vergleich einen guten Platz im unteren Drittel ein, wenn es um das Kriterium von „lean government" geht, d.h. einer „schlanken" Staatsverwaltung mit Blick auf den Personal- und Ausgabenumfang.
- In Bezug auf die deutschen Kommunalverwaltungen wurde ein deutlicher Rückstand, gemessen an den Kriterien Effizienz und Qualitätsmanagement, festgestellt. Vorreiter bei dieser Diskussion war in Deutschland seit Anfang der 90er Jahre die KGSt in Köln. Sie verwies in Anlehnung an Grundprinzipien des sog. „New Public-Managements" zunächst insbesondere auf niederländische Erfahrungen bei der Umstrukturierung kommunaler Verwaltungen (Tilburger Modell).
- Mit der Verleihung des Carl-Bertelsmann-Preises im Jahre 1993 wurde in Deutschland erstmals ein methodisch-fundierterer internationaler Leistungsvergleich kommunaler Verwaltungsexperimente vorgenommen. Ausgezeichnet wurden in diesem Wettbewerb die Stadt Phoenix im US-Bundesstaat Arizona sowie die neuseeländische Stadt Christchurch. Demgegenüber fielen die deutschen Modellstädte (Duisburg) durch einen erheblichen Rückstand gegenüber ihren ausländischen Mitkonkurrenten auf.

Allerdings sollte nicht übersehen werden, daß sich die deutschen Kommunalverwaltungen mit ihrer unitarischen Verwaltungsstruktur, dem Prinzip der All-

162

zuständigkeit von lokalen Gebietskörperschaften sowie ihrer durch das Grundgesetz geschützten Autonomie noch immer einer internationalen Sonderstellung erfreuen. Sie sind gerade auf Grund dieser Besonderheiten nicht ohne weiteres Experimenten im Bereich des „New Public-Management" zugänglich.

Für eine Beurteilung der Dringlichkeit des Reformbedarfs deutscher Kommunalverwaltungen ergeben sich aus internationaler Perspektive daher zwei durchaus unterschiedliche Bewertungsmaßstäbe:

Dringlichkeit des Reformbedarfs

- Legt man die durchschnittliche Entwicklung der OECD-Länder zugrunde, besteht für Deutschland allenfalls ein gewisser Anpassungsbedarf, aber kein dramatischer Handlungsbedarf.
- Legt man die ökonomisch führenden Länder als Vergleichsmaßstab zugrunde, zeigt sich jedoch ein ganz erheblicher Modernisierungsbedarf.

Die Architektur der deutschen Kommunalverwaltung ist noch wesentlich an den Funktionsprinzipien der Staatsverwaltung des 19. Jhr. orientiert. Im Mittelpunkt stehen der Schutz bürgerschaftliche Rechte vor Staatseingriffen sowie die verläßliche Produktion von Standardprodukten für die Bürger. Kritiker, wie der ehemalige KGSt-Vorsitzende *Banner* (1993), sprechen in diesem Zusammenhang von einer Stagnation der deutschen Kommunen in ihrer produzentenfixierten Binnenorientierung. Die gegenwärtigen Entwicklungstrends internationaler Reformstrategien laufen allesamt auf die Ausweitung dieses klassischen Strukturmodells hinaus: auf die Erweiterung des internen Steuerungsinstrumentariums, auf die Herausbildung und Komplementierung von (internen) Märkten, auf die Mobilisierung von Bürgern und Selbsthilfegruppen im Sinne einer Ausweitung von Merkmalen direkter Demokratie.

3.3 Entstehungszusammenhang der Reformdiskussion in der Bundesrepublik

3.3.1 Diskussion über die Mängel der kommunalen Verwaltung

Gegen die Arbeitsweise der Kommunalverwaltung in Deutschland werden eine ganze Reihe von Klagen vorgebracht (*Schiller-Dickhut* 1993). Exemplarisch können aufgelistet werden:

Mängelliste

- lange Wartezeiten auf den Amtsfluren,
- „preußische Behördenmentalität" von Kommunalbeamten gegenüber ratsuchenden BürgerInnen;
- umständlich organisierte interne Arbeitsabläufe;
- Querschnittsämter wirken auf interne Arbeitsabläufe oftmals wie „Flaschenhälse";
- hierarchische Formen der Arbeitsteilung produzieren auf der mittleren und unteren Beschäftigungsebene eher unattraktive Arbeitsplätze mit der Folge, daß zunehmend mehr Kommunalbeschäftigte eine Art „innerer Kündigung" aussprechen;

- die Schaffung eines flexibles Personalwesen wird durch das starre öffentliche Dienstrecht verhindert;
- das kameralistische Haushaltswesen versagt gegenüber den modernen kommunalpolitischen Steuerungsanforderungen in doppelter Art und Weise: es trifft einerseits zu viele enge Festlegungen, und es liefert andererseits nicht die für ein modernes Kommunalmanagement nötigen Informationen;
- die Arbeitsteilung zwischen Rat und Verwaltung behindert eher die Wahrnehmung langfristiger und grundsätzlicher Entscheidungsfunktionen durch die gewählten Politiker und hat stattdessen zu einer Vielzahl von ad-hoc Eingriffen in die Politik der Kommunalverwaltungen geführt.

Vergleich der Situation 1980-1994 Schon einmal gegen Ende der 70er Jahre stand die kommunale Selbstverwaltung in Westdeutschland auf der rechts- und verwaltungswissenschaftlichen Agenda. Dies belegt nicht nur die damals intensiv geführte Diskussion um Fehlentwicklungen und Reformkonzepte, sondern dies schlug sich auch in zahlreichen gesetzgeberischen Maßnahmen nieder. Es kam in Westdeutschland zu flächendeckend durchgeführten Gemeinde- und Kreisgebietsreformen. Eng damit verknüpft war die nur teilweise umgesetzte Funktionalreform. Darüberhinaus fanden Veränderungen im Kommunalverfassungsrecht statt, mit denen eine stärkere Bürgerbeteiligung auf der Gemeindeebene beabsichtigt war. Die Transparenz der Kommunalpolitik für den Bürger wurde durch die Einführung des Öffentlichkeitsprinzips von Ausschußsitzungen angestrebt. Durch die Vereinigung Deutschlands wurden die vorgenannten Reformbestandteile neben einigen neuen Themen (namentlich Urwahl des Hauptverwaltungsbeamten und Verankerung von Gleichstellungsbeauftragten) wieder verstärkt – und nicht nur auf die neuen Länder bezogen – zum Gegenstand gesetzgeberischer Aktivitäten (*Henneke* 1994: 705).

Dabei kann im Vergleich festgehalten werden, daß die Anfang der 80er Jahre thematisierten Kernfragen lokaler Demokratie und kommunaler Selbstverwaltung auch heute noch relevant sind:

- aufgabengerechte Finanzausstattung,
- kommunale Steuerertragszuständigkeiten,
- Hochzonung kommunaler Aufgaben im Zuge der Funktionalreform,
- Bindungen des Planungsrechts,
- Reformbedürftigkeit der jeweils geltenden Kommunalverfassung und der kommunalen Organisation,
- Institutionalisierung und Ausbau der Bürgerbeteiligung (*Hennecke* 1994).

Diese Fragen werden mit einer modifizierten Begrifflichkeit auch Anfang der 90er Jahre als Umschreibung zentraler kommunaler Problemstellungen genannt:

- Einschnürung der Spielräume kommunaler Selbstverwaltung durch gesetzliche Aufgabenzuweisung ohne entsprechende Finanzmittelbereitstellung,
- Antastung der kommunalen Einnahmenstrukturen durch Reduzierung der Gewerbesteuer,
- Aufgabenregionalisierung,
- Privatisierung kommunaler Aufgaben
- Einführung neuer Steuerungsmodelle,
- stärkere Berücksichtigung von Elementen direkter Demokratie (*Hennecke* 1994: 706).

Das Verhältnis Rat und Verwaltung steht also schon seit Anfang der siebziger Jahre auf der politischen Agenda, allerdings haben sich die Diskussionsschwerpunkte deutlich verschoben: Als Anfang der 70er Jahre Bürgerinitiativen entstanden, interpretierte man dies als Indikator für Mängel im repräsentativen System. In diesem Zusammenhang wurde die Kritik erhoben, daß das Repräsentativorgan der Gemeinde nurmehr Vorlagen der Verwaltungen ratifizieren würde. Ziel einer Reform sollte daher die (Wieder-)Befähigung der Kommunalparlamente zur „legislatorischen Programmsteuerung" sein. In den achtziger Jahren wurde das Verhältnis von Rat und Verwaltung aus genau umgekehrter Perspektive problematisiert. Kritisiert wurde das überzogene Ausgabenverhalten gewählter Kommunalpolitiker und deren zunehmende Eingriffe in den Ablauf der Kommunalverwaltung. Reformen sollten daher auf einen Schutz der Verwaltung vor „Übergriffen der Politik" abzielen (*Kodolitsch* 1994: 7)

Die meisten Beobachter kommen seither zu der Schlußfolgerung, daß das gegenwärtige Niveau der öffentlichen Aufgabenerfüllung in der Bundesrepublik Deutschland künftig kaum länger finanzierbar bleibt. Dies ist der unmittelbare Ausgangspunkt für die vielfältigen Überlegungen zur Entwicklung des Bestands an öffentlichen Aufgaben (Kernaufgaben-Diskussion), zu der Art und Weise ihrer Erledigung (Privatisierung; neue Steuerungsmodelle) und zur künftigen Organisation der öffentlichen Verwaltung (Konzernmodell; Kommunen als Dienstleistungsunternehmen).

Gerade die einem tayloristischen Organisationsverständnis folgende Auslagerung von Serviceaufgaben aus den Fachbereichen in hiervon getrennte Querschnittsverwaltungen hat nach Ansicht von *Banner* (1994: 351) „bürokratischen Zentralismus" und im Endeffekt ein „System organisierter Unverantwortlichkeit" nach sich gezogen, das durch folgende wesentliche Merkmale gekennzeichnet wird:

System der organisierten Unverantwortlichkeit

- Die Steuerungsstrukturen schlagen auch auf den Politikbereich durch: Der Rat als politische Vertretungskörperschaft steuert nicht durch Vorgabe und Überwachung politischer Rahmenziele, sondern greift im Einzelfall ohne erkennbare strategische Linie in den Verwaltungsvollzug ein. Eine unklare Kompetenzverteilung zwischen der Vertretungskörperschaft und der Verwaltung überlastet Rat und Ausschüsse tendenziell mit Detailproblemen. Das führt gerade zur Überlastung der ehrenamtlichen Ratsmitglieder, zu unklaren Verantwortungsstrukturen im Vollzug und nicht selten auch zu Ämterpatronage. Selbst eine zunehmende Professionalisierung der Ratsarbeit wird nicht als Ausweg gesehen, da auch eine derartige „Gegenverwaltung" zu einer Entfremdung von den Bürgern führen müsse und zudem den Rat in eine permanente Konfrontation mit der Verwaltung zwinge (*Kodolitisch* 1994: 7). Das Verhältnis zwischen Verwaltung und Politik soll in dieser Sichtweise zugunsten eines „rationaleren Miteinanders" grundlegend verändert werden: Wie die Verwaltung die politisch gesetzten Ziele erreicht, soll in ihrer eigenen Verantwortung liegen, d.h. mit anderen Worten, dem politischen Zugriff entzogen bleiben. Soll ein derartiges Modell für die Politik akzeptabel sein, bedarf es als Voraussetzung einer erheblich größeren Transparenz des Verwaltungshandelns und der damit verbundenen Kosten.
- Der „bürokratische Zentralismus" verringert die finanzielle und damit die politische Handlungsfähigkeit der Kommune. Dies gilt vor allem in Zeiten,

in denen zusätzliche Aufgaben nicht mehr durch Ausweitung, sondern nur noch durch interne Umverteilung der Mittel bewältigt werden können. Die Trennung der Entscheidungen über Zielvorgaben und Zielerreichungskontrollen von Entscheidungen über die Bereitstellung von Inputfaktoren stellt die Zielgerichtetheit kommunaler Politik insgesamt sowie die kommunale Leistungsfähigkeit und die Wirtschaftlichkeit kommunaler Dienstleistungen in Frage.

- Die Trennung der Fachverantwortung von der Finanzverantwortung wirkt der Motivation der Fachämter entgegen, mit Ressourcen planvoll und wirtschaftlich umzugehen. Sie bedeutet zudem wenig Attraktivität für qualifiziertes Personal, Aufgaben eigenverantwortlich und dienstleistungsorientiert wahrzunehmen. Die einzelnen Arbeitsplätze innerhalb des bürokratischen Systems sind – bis hinauf zu kommunalen Amtsleiter oder Dezernenten – mit wenig Entscheidungskompetenzen ausgestattet, insofern den einzelnen Fachbereichen keine Ressourcenverantwortung übertragen wird. Beides zusammen fördert stattdessen die bürokratische Schwerfälligkeit des Verwaltungsablaufs und führt im Ergebnis gleichzeitig zu einer Überforderung der kommunalen Haushalte.
- Die „organisierte Unverantwortlichkeit" wirkt sich auch auf die Beziehungen zum Bürger aus. Fehlende Ergebnisverantwortung und zersplitterte Zuständigkeitsstrukturen führen zu langwierigen Genehmigungsverfahren (Beispiel: Baugenehmigungen) und auch zu Defiziten in der Leistungsqualität. Als weiterer Kritikpunkt ist die geringe Transparenz von Kosten und Leistungen aufzuführen, die auf das veraltete Rechnungssystem der deutschen Verwaltung zurückzuführen ist.
- Als weiterer Nachteil des bürokratischen Systems wird die Unfähigkeit zur wirksamen Steuerung der kommunalen Eigenbetriebe und Eigengesellschaften genannt, deren Verselbständigung mit zur Erosion der kommunalen Selbstverwaltung beiträgt.

Zusammengenommen gefährdet das System des bürokratischen Zentralismus mit einer Konzentration der Ressourcenverantwortung bei zentralen Dienststellen nach Ansicht von *Banner* die Grundlagen kommunaler Selbstverwaltung. Bezieht *Banner* seine Kritik vornehmlich auf Kommunen, die dem Typ der norddeutschen Ratsverfassung zuzuordnen sind, verweisen andere Autoren darauf, „daß auch das favorisierte süddeutsche Verfassungsmodell die Verwaltung nicht gegen Durchgriffe der Politik zu immunisieren vermag" (*Kodolitsch* 1994: 7)

Tabelle 2: Schematische Gegenüberstellung von „traditioneller" und „schlanker" Verwaltung

Traditionelle Verwaltung	Schlanke Verwaltung
vorschriftenorientiert	verantwortungsorientiert
verfahrensorientiert	situationsorientiert
ausgabenorientiert	aufgabenorientiert
angebotsorientiert	nachfrageorientiert
ressourcenorientiert	kundenorientiert
inputorientiert	outputorientiert
haushaltsorientiert	wirtschaftslichkeitsorientiert
Kameralistische Buchführung	Doppelte Buchführung
aufgabenmehrend	aufgabenauslagernd
autoritätsorientiert	persönlichkeitsorientiert
alters/aufstiegsorientiert	leistungsorientiert
Dezernate/Fachämter	Cost-/Profit-/
	Investmentcenter
arbeitsteilig	teamgebunden
immobil	flexibel
Machen wir die Dinge richtig?	Machen wir die richtigen Dinge?

Quelle: modifiziert nach *Struwe* 1995: 20

Reichard (1994a) hat kürzlich in Anlehnung an die KGSt-Analysen die Situation in deutschen Kommunalverwaltungen als gleich fünffache „Modernisierungslücke" beschrieben: Modernisierungslücken

1. Die Kommunen befinden sich in einer *Strategielücke*: Sie kommen kaum zu strategischen Lösungen, weil sie durch kurzfristiges Tagesmanagement blockiert sind.
2. Die Kommunen sind bereits in eine *Legitimitätslücke* gerutscht: Die eigenständige, ortsnahe, bedarfsgerechte Dienstleistung an die Bürger wird durch Binnendefizite, aber auch durch zunehmende staatliche Fremdbestimmung verstärkt in Frage gestellt. Hier liegt eine der Ursachen für eine wachsende Staats- und Politikverdrossenheit auch auf kommunaler Ebene.
3. In den Kommunen ist eine weithin beklagte *Managementlücke* feststellbar: Nach wie vor wird vor allem mit bürokratischen Instrumenten (Rechtsnormen, Hierarchie, zentralistische Ressourcenbewirtschaftung) gesteuert. Im Routinegeschäft kommt es zu Übersteuerungseffekten. Im strategischen Bereich sind hingegen deutliche Untersteuerungstendenzen zu beobachten.
4. Beim Verwaltungspersonal ist eine *Motivationslücke* offensichtlich: Das in den Mitarbeitern „schlummernde" Leistungspotential wird nur unzureichend mobilisiert.
5. Schließlich nennt *Reichard* eine rasch wachsende *Attraktivitätslücke* des öffentlichen Dienstes einschließlich der Kommunalverwaltungen auf dem Arbeitsmarkt.

Zusammenfassend läßt sich die aktuelle Situationsanalyse der deutschen Städte und Gemeinden so umschreiben, daß es, wie in pluralistischen Demokratien üblich, eher einen Überschuß an Mängel-Analysen und Diagnose-Vorschlägen gibt, die sich durch das Nadelöhr der Implementation drängen. Engpaß bleibt die konkrete Umsetzung der vorgeschlagenen Abhilfen.

167

3.3.2 Zentrale Elemente der Mängelbilanz kommunaler Politik

3.3.2.1 Zunahme kommunaler Ausgabenbelastung

Mittelpunkt und Ausgangspunkt der derzeitigen Diskussion über eine Verbesserung der kommunalen Leistungsfähigkeit in Deutschland ist die von vielen Beobachtern kritisierte Verengung finanzieller kommunaler Handlungsspielräume und die wachsenden Schwierigkeiten, die kommunalen Haushalte auszugleichen. Aufgrund zunehmender Ausgaben und einer Einnahmenentwicklung, die mit dem Ausgabenzuwachs nicht Schritt halten konnte, hat sich das kommunale Finanzierungsdefizit in den zurückliegenden Jahren deutlich erhöht. So haben sich die Ausgaben aller kommunalen Gebietskörperschaften in der „alten" Bundesrepublik allein zwischen 1986 (184,9 Mrd. DM) und 1993 (227,8 Mrd. DM) um rd. 23,2% erhöht. Im gleichen Zeitraum sind dort die kommunalen Einnahmen von 183,6 Mrd. DM (1986) auf 219,3 Mrd. DM (1993) und damit nur um rd. 19,4% gestiegen. Das negative Finanzierungssaldo hat sich also von 1,3 Mrd. DM (1986) auf 3 Mrd. DM (1993) verschlechtert (Zahlen für 1986: *Rudzio* 1987: 344; für 1993 [geschätzt]: *Karrenberg/Münstermann* 1993: 61). Eine günstigere Finanzausstattung der Kommunen ist auch mittelfristig nicht zu erwarten. Gerade die ostdeutschen Kommunen sind nach wie vor mit erheblichen finanziellen Problemen konfrontiert (vgl. ausführlich Kapitel 4 in diesem Band).

Aufgrund dieses – unter Rezessionsbedingungen zusätzlich verstärkten – Problemdrucks hat sich die Perspektive der Debatte um eine Konsolidierung kommunaler Haushalte Anfang der 90er Jahre zunehmend von Diskussionen über eine teilweise Auslagerung kommunaler Ausgaben (durch Aufgabenerledigung in Form von Eigenbetrieben, durch Privatisierung oder durch Einstellung der Aufgabenerfüllung resp. der Förderung) auf die „Suche nach einem neuen Gesamtsystem" (*Blume* 1993: 1) verlagert. Ausgangspunkt dieser Überlegungen zur Verbesserung der Leistungsfähigkeit der Kommunen ist der Befund, daß ihre derzeitige Organisation und Steuerung strukturelle Mängel aufweisen, die sich effizienz- und – mit Blick auf die Ergebnisse kommunaler Politik und Verwaltung – effektivitätsmindernd auswirken. Die weitgehende Übereinstimmung der in der Bundesrepublik konstatierten strukturellen Mängel mit den in Tilburg festgestellten Defiziten deutet – angesichts der weiter unten beschriebenen Chronologie der Reformdiskussion – darauf hin, daß gerade die Mängelanalyse in Tilburg sowie Erfolgsmeldungen über die Tilburger Haushaltssanierung entscheidende Impulse gegeben haben, den Blick für effizienzhemmende Elemente in deutschen Kommunen zu schärfen (Überblick bei *Krähmer* 1992: 6ff; zu den Mängelbefunden aus Sicht der Stadt Tilburg im Vorfeld der Reform vgl. ferner KGSt 1992: 15f.). Man hofft, durch das „Neue Steuerungsmodell" und die in ihm verankerten Instrumente trotz sich fortsetzender Cut-back-Schnitte die nötige Handlungsfähigkeit der Kommunen sicherstellen zu können. Für manchen Kämmerer reduziert sich das „Neue Steuerungsmodell" allerdings auf das schlichte Gegengeschäft, daß die kommunalen Fachämter erhebliche Mittelkürzungen erfahren, dafür aber mit diesen geringeren Mitteln freizügiger als bisher wirtschaften dürfen.

3.3.2.2 Unklare Kompetenzverteilung zwischen kommunalen Instanzen

Die in Teil 3 in ihrer Veränderung beschriebene nordrhein-westfälische Gemeindeordnung (GO NRW) ordnet der Vertretungskörperschaft und der Verwaltung jeweils unterschiedliche Kompetenzen zu, wobei kommunale Geschäftsordnungen darüber hinaus weitere Detailregelungen zu Kompetenzabgrenzungen treffen. Dennoch bereitet die Frage nach der Beratungs- und Entscheidungszuständigkeit in der kommunalen Praxis – vor allem für Gemeinden im Geltungsbereich der „Norddeutschen Ratsverfassung" – oft Probleme. So wurde zum Beispiel der Begriff der „einfachen Geschäfte der laufenden Verwaltung", die zum Kompetenzbereich des Gemeindedirektors (der Verwaltung) gehörten, von Verwaltung und Vertretungskörperschaft nicht immer identisch ausgelegt. Zudem hat der Rat in Nordrhein-Westfalen auch nach der neuen Gemeindeordnung ein unbeschränktes Rückholrecht gegenüber der Verwaltung. Um Konflikte zu vermeiden, neigte die Verwaltung bei unklarer Kompetenzlage in der Vergangenheit dazu, eher den Rat oder einen Ausschuß – mit einer Beschlußvorlage, mindestens aber mit einem Bericht – zu befassen, als die Angelegenheit allein zu entscheiden. Die „vorsorgliche" Beteiligung der Vertretungskörperschaften wird in den Ländern mit norddeutscher Ratsverfassung allein schon durch die Vielzahl der Ausschüsse und sonstigen Gremien (Kommissionen etc.) gefördert, die ihrerseits jeweils aber nur über vergleichsweise begrenzte Beratungs- und Beschlußkompetenzen verfügen (vgl. *Prünte* 1987: KE 1, 49).

Innerhalb und außerhalb der formellen Wege zur Auskunfts- und Akteneinsichts-Einholung pflegen Mitglieder der Vertretungskörperschaft – unterschiedlich intensive – Kontakte mit der Verwaltung. Vor allem Mitglieder, die sich aufgrund der fraktionsinternen Arbeitsteilung auf bestimmte kommunalpolitische Teilfelder spezialisiert haben, können zuweilen auf „ihre" Ansprechpartner in der Fachverwaltung zurückgreifen, um allgemeine oder spezifische Informationen abzurufen resp. um auf Vorstellungen oder Absichten der Fraktion – aber auch auf die von organisierten Interessen oder von Einzelpersonen – aufmerksam zu machen. Solche Kontakte werden von beiden Seiten insoweit gesucht, als sie im Vorfeld anstehender – durch die Vertretungskörperschaften zu treffender – Entscheidungen der Verwaltung Möglichkeiten und Grenzen bei der Durchsetzung eines konkreten Vorhabens signalisieren und der Fraktion Sachinformationen sowie weiterführende Kontakte vermitteln können (vgl. dazu das Konzept „Vorentscheider" bei *Banner* 1972: 166ff.; ferner *Rudzio* 1991 und *Nassmacher* 1987: 87f.). Häufig sind Abfragen von Detailinformationen oder einzelfallbezogene Nachfragen mit Blick auf konkrete Entscheidungsabsichten der Verwaltung Gegenstand derartiger Kontakte. Sie münden in der Praxis nicht selten in De-facto-Einzeleingriffe in den Kompetenzbereich der Verwaltung. *Blume* (1993: 6) vermutet, daß „häufig (...) über konkrete Einzeleingriffe gesteuert (wird), weil der Überblick über die Gesamtverwaltung fehlt und die großen Zusammenhänge aus dem Auge verloren wurden". Gegen die These spricht allerdings, daß Ratsmitglieder, die in Unkenntnis weitergehender Sachzusammenhänge mehr als punktuelle Versuche starten, um in Einzelfälle einzugreifen, bald die Grenzen ihrer Fachkompetenz offenbaren müßten.

Die mit der Klärung der Aufgabenzuständigkeiten einhergehenden Konflikte sowie die Maßnahmen zur Konfliktumgehung wirken sich in erheblichem Maß entscheidungs- resp. arbeitshemmend aus. Zudem kommt es durch die von der Verwaltung bevorzugte Strategie der Konfliktvermeidung, um bei unklarer Kompetenzlage eine vorläufige „Nicht-Entscheidung" zu treffen und die abschließende Sachentscheidung der Vertretungskörperschaft zu überlassen – abgesehen von der erheblichen Arbeitsbelastung der (ehrenamtlichen) Mitglieder der Vertretungskörperschaften – zu starken Überfrachtungen der Rats- und Ausschußsitzungen mit Einzel- und Detailfragen. Dies wird wiederum als Ursache der oben genannten „Strategielücke" gesehen (*Krähmer* 1992: 8).

Die unklare Arbeitsteilung zwischen Vertretungskörperschaft und Verwaltung, aber auch die unklare Aufgabenverteilung innerhalb dieser beiden Bereiche selbst, verweist auf die Schwierigkeiten, in der Kommunalpolitik regelhafte, institutionalisierte Entscheidungswege auszumachen. Gemeinden müssen daher gerade Außenstehenden – vor allem somit den Bürgern – als „black box" erscheinen. Kommunalpolitische Entscheidungsprozesse zeichnen sich gerade auch nach außen durch erhebliche Transparenzdefizite aus.

3.3.2.3 Inputorientierung kommunaler Politik

Das zentrale Steuerungsinstrument kommunaler Politik ist der Haushaltsplan. Allerdings enthält der Haushaltsplan allenfalls marginale Hinweise auf angestrebte Politikergebnisse (so geben die Bezeichnungen einzelner Zuschußhaushaltsstellen sowie mitunter einige Erläuterungen nur näherungsweise Auskunft über die mit der Mittelbereitstellung verbundenen Zielrichtungen). Stattdessen werden im Rahmen der Aufstellung und Verabschiedung des Haushaltsplans (einschl. des Stellenplans und des mittelfristig angelegten Finanzplans und Investitionsprogramms) den Verwaltungsstellen Ressourcen (Geld und Personal), also Inputfaktoren, für die Aufgabenerfüllung zugeteilt (zum Verfahren der Aufstellung des Haushaltsplans vgl. *Prünte* 1987, KE 2: 27). Die unter den Einzelansätzen und Sammelnachweisen des kommunalen Haushaltsplans veranschlagten Beträge lassen sich zudem nicht systematisch nach betriebswirtschaftlichen Kategorien von Zahlungs- und Leistungsvorgängen unterscheiden. Insbesondere geben der Haushaltsplan und seine Ansätze in der Regel keine Auskunft über die Relation von Kosten und Leistungen. Eine Prüfung des Kosten-Leistungsverhältnisses anhand betriebswirtschaftlicher Kriterien findet auch im Vorfeld kommunalpolitischer Einzelfallentscheidungen sowie im Zuge der laufenden Aufgabenerfüllung überwiegend nicht statt (das Verhältnis von Kosten und Leistungen wird nur sektoral im Rahmen der Kostenrechnungen für sog. „kostenrechnende Einrichtungen", wie z.B. der Müllabfuhr, expliziert). Mangels definierter Leistungsvorgaben orientiert sich die Bereitstellung kommunaler Dienstleistungen – mit Blick auf Umfang wie Qualität – an den Mitteln (Geld, Personal), die der Haushaltsplan den jeweils zuständigen Fachbereichen zur Verfügung stellt – die kommunale Aufgabenerfüllung wird also nicht ergebnisorientiert, sondern ressourcenzentriert gesteuert.

Auch ist die Diskussion über Ziele und Ergebnisse, von einzelnen Haushaltspositionen abgesehen, von der Etatdebatte abgetrennt – soweit sie überhaupt stattfindet. Auch bei der Jahresrechnung stehen die Einhaltung und das Abweichen von vorgegebenen Haushaltsansätzen im Vordergrund. Die Frage nach der Abweichung von Programmen, Zielen oder von bestimmten Leistungserwartungen, also der Differenz zwischen Ist- und Soll-Output, wird dagegen gar nicht oder nur vereinzelt in Fachausschüssen gestellt (*Krähmer* 1992, 26 f.). Dem steht schließlich auf der anderen Seite eine stark zugenommene Politisierung des Verwaltungsapparates, z. B. in der Form von politisch gebundenen Spitzenbeamten der jeweiligen Stadtverwaltung, entgegen.

3.3.2.4 Geteilte Verantwortlichkeit der Verwaltung

Auch innerhalb der Verwaltung bestehen angesichts des umfassenden kommunalen Aufgabenspektrums und einer hochgradig differenzierten Aufgabenverteilung vielfache Kompetenzüberschneidungen zwischen einzelnen Verwaltungsteilen: Aufgaben, die im Rahmen regelhafter Arbeitsabläufe erledigt werden („Massengeschäfte" wie z.B. Paß- und Meldeangelegenheiten, Kfz-Zulassung etc.), sind bestimmten Verwaltungssektoren präzise zugeordnet; die Zuständigkeit läßt sich üblicherweise rasch klären. Kompetenzprobleme entstehen vor allem bei Aufgaben, die nicht regelmäßig anfallen und angesichts ihrer Komplexität – bei zugleich schwacher Regelungsintensität der für die Aufgabenerfüllung maßgeblichen Rechtsgrundlagen – mit einem umfangreichen verwaltungsinternen und -externen Koordinationsaufwand verbunden sind (z.B. Infrastrukturmaßnahmen; vgl. *Prünte* 1987, KE 1: 63f.).

Abgesehen von – eher punktuellen oder sektoralen – fachbezogenen Abstimmungsbedarfen zwischen verschiedenen Fachbereichen der Verwaltung gibt es ein strukturelles, die verwaltungsinterne Kompetenzverteilung kennzeichnendes Phänomen, das in der Verwaltungsorganisation sowohl Ausdruck findet als auch von ihr zementiert wird. So lassen sich die Verwaltungssektoren anhand des Kriteriums der Binnen- bzw. Außenorientierung ihrer Aufgabenstellung nach Fachämtern und nach Querschnittsämtern unterscheiden. Während die Fachämter für die Bereitstellung der Verwaltungs- resp. Dienstleistungs-"Produkte" verantwortlich sind, ist es Aufgabe der Querschnittsämter, die für die „Produkt"erstellung nötigen personellen, finanziellen und sächlichen Inputfaktoren bereitzustellen und an die Fachämter zu verteilen. An der Zuteilung von Ressourcen ist die Querschnittsverwaltung im Zuge der Aufstellung des Haushaltsplans und des Haushaltsvollzugs beteiligt. Wenngleich die formelle Entscheidung über den Haushalt vom Rat getroffen wird, wird die Entscheidungsgrundlage in Form des Haushaltsplanentwurfs von der Verwaltung in weiten Teilen vorstrukturiert; Änderungen des Etatentwurfs im Zuge der Etatberatungen der Vertretungskörperschaften bleiben im Verhältnis zum Gesamtumfang des Haushalts gering (*Nassmacher* 1987: 91).

Diese geteilte Verantwortung zwischen Ressourcenbewirtschaftung und -verwendung fördert auf Seiten der Fachämter das Bestreben, vor allem auf die Durchsetzung der eigenen fachlichen Interessen bedacht zu sein (*Krähmer* 1992: 6f.), während Effizienz und Wirtschaftlichkeit eher hintanstehen müssen. Die Fachämter reagieren auf zusätzliche Aufgaben oder Aufgabenzuwächse in der Regel mit Anforderungen zusätzlicher MitarbeiterInnen gegenüber dem Personalamt und zusätzlicher Finanzmittel gegenüber der Kämmerei. Sie prüfen indes nur ausnahmsweise die Aufgaben ihres Fachbereichs nach Prioritäten und nach der Effizienz der Aufgabenwahrnehmung. Sie verfügen selbst – von dem groben Unterscheidungskriterium (gesetzliche) Pflichtaufgaben vs. freiwillige Aufgaben abgesehen – über keine (verbindlichen) Prioritätenmaßstäbe, die über abgestufte Wichtigkeiten ihrer Dienstleistungen Auskunft geben. Aus Prestigegründen (*Prünte* 1987, KE 1: 49) fehlt es den Fachämtern zumeist auch an der Motivation, solche Maßstäbe von sich aus zu entwickeln.

Die verwaltungsinterne Kompetenzteilung führt – verstärkt durch das geltende Haushaltsrecht – weiterhin dazu, daß die Fachämter kaum motiviert sind, auf die volle Ausschöpfung der von ihnen bewirtschafteten Haushaltsansätze zu verzichten. Werden Haushaltsmittel des Verwaltungshaushalts nur zum Teil ausgegeben, stehen die insoweit eingesparten Gelder im folgenden Jahr nicht mehr zur Verfügung. Nur ausnahmsweise können nicht verausgabte (zweckgebundene) Mittel des Verwaltungshaushalts für übertragbar erklärt werden (§ 19 Abs. 2 GemHVO). Des weiteren wird die Kämmerei den Ansatz im Haushaltsplanentwurf des folgenden Jahres an den niedrigeren Ausgaben des Vorjahres orientieren. Zudem wirkt der haushaltsrechtliche „Grundsatz der Gesamtdeckung" für die Fachämter eher hemmend auf die Motivation, verstärkt eigene Einnahmequellen im unmittelbaren Zusammenhang mit der Bereitstellung ihrer Dienstleistungen zu erschließen.

3.3.2.5 Rechtliche Vorschriften als Hemmnis für Reformpotentiale

Mit Blick auf die derzeit diskutierten Reformkonzepte erweist sich schließlich auch die bislang nicht stattgefundene Anpassung kommunalrechtlich relevanter Bestimmungen an veränderte Rahmenbedingungen, aber auch die Stoßrichtung einiger neuerer rechtlicher Entwicklungen aus der Sicht der Protagonisten der neuen Steuerungsmodelle als störender Engpaß:

– Das geltende *Haushaltsrecht* ist wie oben gezeigt nicht für eine Überprüfung des zielgerichteten Einsatzes öffentlicher Mittel im Hinblick auf das gewünschte Ergebnis konzipiert. Zwei weitere Konstruktionsprinzipien des Haushaltsrechtes – nämlich die eingeschränkte Übertragbarkeit der Einnahme- und Ausgabenansätze auf das folgende Haushaltsjahr sowie der Grundsatz der sachlichen Bindung, der die gegenseitige Deckungsfähigkeit der Haushaltsansätze stark eingeengt – lassen Versuche eines flexibleren wirtschaftlichen Mitteleinsatzes rasch an enge Grenzen stoßen.

– *Besoldungs- und Tarifstrukturen* im öffentlichen Dienst bieten zuwenig Leistungsanreize, erschweren gleichzeitig die wirtschaftliche Erfüllung öffentlicher Aufgaben und tragen dem Verantwortungsprinzip nur unzureichend Rechnung. Das geltende Tarifrecht wird dabei als noch starrer angesehen als die beamtenrechtlichen Regelungen.

– Im *Personalvertretungsrecht* prägt die Ausweitung von Beteiligungs- und Mitwirkungstatbeständen stärker als in der Vergangenheit die Verwaltungsabläufe. Diese aus Betroffenenperspektive und aus normativ-demokratischen Aspekten erfreuliche Entwicklung erhöht jedoch auch die Komplexität derartiger Abläufe und kann in der Praxis zu nicht unerheblichen Friktionen führen.

– Eine neue Entwicklung, die aus der Einsicht in die ungleiche Organisations- und Konfliktfähigkeit von Interessen herrührt und als Instrument einer zielgerichteten Minderheiten-Politik zu betrachten ist, stellt die in letzter Zeit

172

häufiger anzutreffenden gesetzliche Auflage dar, für bestimmte Aufgaben *Beauftragte* in der Verwaltung einzusetzen. Diese Form advokatorischer Interessenvertretung hat zur Folge, daß der entsprechende Bereich aus der herkömmlichen Behördenorganisation mit sachlicher Unabhängigkeit und eigenem bürokratischen Unterbau ausgegliedert wird. Insofern diese Beauftragte auf gesetzlicher Grundlage eingerichtet werden, kommt es zu unmittelbaren Eingriffen in die kommunale Organisationshoheit. Während die Befürworter darauf verweisen, daß nur auf diesem Wege eine institutionelle Abstützung eher konfliktschwacher Interessen möglich wird, die in der Vergangenheit im kommunalen politischen Willensbildungsprozeß eher marginalisiert worden sind, verweisen Kritiker auf negative Konsequenzen unter Kosten-, Effizienz-, Verantwortungs- und Transparenzgesichtspunkten.

Die unklare Kompetenzverteilung zwischen der Vertretungskörperschaft und der Verwaltung überlastet Rat und Ausschüsse tendenziell mit Detailproblemen zu Lasten strategischer Grundsatzfragen und Rahmenentscheidungen. Die Trennung von Entscheidungen über Zielvorgaben und Zielerreichungskontrollen von Entscheidungen über die Bereitstellung von Inputfaktoren stellt die Zielgerichtetheit kommunaler Politik insgesamt sowie die kommunale Leistungsfähigkeit und die Wirtschaftlichkeit kommunaler Dienstleistungen in Frage. Die Trennung der Fachverantwortung von der Finanzverantwortung wirkt der Motivation der Fachämter entgegen, mit Ressourcen planvoll und wirtschaftlich umzugehen, und führt im Ergebnis zu einer Überforderung der kommunalen Haushalte. Sie bedeutet zudem wenig Attraktivität für qualifiziertes Personal, Aufgaben eigenverantwortlich und dienstleistungsorientiert wahrzunehmen, und fördert stattdessen die bürokratische Schwerfälligkeit des Verwaltungsablaufs sowie die „klassische" Verwaltungsmentalität: die Frage nach der – im Zweifel nicht gegebenen – eigenen Zuständigkeit steht im Vordergrund.

Fazit der Mängelananlyse

3.3.3 Politiktheoretische Erklärungen der Mängel kommunalen Verwaltungshandelns

Politikwissenschaftlich lassen sich die skizzierten Interaktionen im Binnenverhältnis zwischen Vertretungskörperschaften und Verwaltung sowie die Inputorientierung kommunaler Aktivitäten relativ gut mit dem Modell des „Inkrementalismus" (vgl. *Böhret* et al. 1988: 263ff.) erklären. Inkrementale Politik (*Lindblom* 1975) zeichnet sich durch politische resp. administrative Entscheidungen aus, die jeweils nur kleine (operative) Veränderungen anstreben. Strategische Entscheidungen, längerfristig angelegte Planung sowie Einzelentscheidungen, übergeordnete und zugleich für sie verbindliche inhaltliche Zielvorgaben blendet das Modell dagegen aus. Die Anlässe für politische Entscheidungen ergeben sich nicht aus Soll-Ist-Vergleichen zwischen Programmzielen und der Wirklichkeit oder ihrer prognostizierten Entwicklung sondern primär aus aktuellen, zur unmittelbaren Lösung anstehenden Problemen.

    Ziel der inkrementalen Problembearbeitung ist keine endgültige, sondern eine schrittweise Lösung, die den mit der Problemaktualisierung verbundenen resp. wahrgenommenen Druck entschärfen oder abweisen kann. Anstatt geeigne-

Erklärungsansatz: Inkrementalismus

te Mittel zur Erreichung eines feststehenden Ziels einzusetzen, werden die Zwecke an vorhandene Mittel angepaßt (*Böhret* et al. 1988: 264). Inkrementalismus ist ferner durch einen Entscheidungsprozeß gekennzeichnet, an dem mehrere Akteure beteiligt sind, der also nicht von einer Zentralinstanz koordiniert wird. Die damit einhergehende wechselseitige Informations- und Interessenvermittlung erzeugt einen Prozeß gegenseitiger Anpassung, der seinerseits in einen ungeplanten neuen politischen Zustand mündet.

Die unklare Kompetenzverteilung zwischen kommunalen Instanzen sowie die institutionalisierten und informellen Möglichkeiten der Vertretungskörperschaft und ihrer Mitglieder, an der Aufgabenwahrnehmung der Verwaltung teilzuhaben, verweisen auf das skizzierte „Struktur"prinzip des „disjointed incrementalism". Durch die unkoordinierte Mitwirkung mehrerer kommunaler Instanzen oder Teilen von ihnen – insbesondere während der Initiativphase und in der Umsetzungsphase kommunalpolitischer Entscheidungen – werden nicht präzise kalkulierbare Politikergebnisse herbeiführt.

Die herrschende Inputorientierung bei zugleich weitgehender Unklarheit über die konkrete Beschaffenheit kommunaler Leistungen und ihrer Effekte fördert eine derartige, auf externe Impulse reagierende, induktive Problembearbeitung in kleinen Schritten. Da in der Regel ergebnisorientierte Zielvorgaben für die Aufgabenerfüllung fehlen und die Kosten-Leistungs-Relation ausgeblendet wird, orientiert sich die Problemlösung an den bereitstehenden oder zusätzlich akquirierbaren Ressourcen.

Policy-analytische Erklärungsansätze

Im Zusammenhang mit dem Phänomen der verwaltungsinternen Trennung von Fach- und Ressourcenverantwortung wurde das Verhalten der Fachämter skizziert, auf Aufgabenzuwächse mit zusätzlichen Ressourcenanforderungen zu reagieren. Einen Erklärungszugang zu den Handlungskalkülen der Fachämter und zu den Interaktionen zwischen ihnen und der Querschnittsverwaltung eröffnet in politikfeldanalytischer Perspektive das Konzept der „*Politikarena*" (*Lowi* 1972; vgl. *Windhoff-Héritier* 1987: 47ff.; *Schubert* 1989: 32ff. und 56ff.). Die Antwort auf die Frage nach dem Arenatyp orientiert sich an den Kosten- und Nutzenerwartungen der Beteiligten sowie an der Steuerung der Vermittlung von Kosten und Nutzen (*Windhoff-Héritier* 1987: 48).

Diese Sicht verweist auf ein Spannungsverhältnis zwischen „objektiver" Wirkung und subjektiver Wahrnehmung einer „policy" im Binnenverhältnis zwischen den einzelnen Fachbereichen der Verwaltung: Während das einzelne Fachamt überwiegend den Nutzen der Bereitstellung zusätzlicher Ressourcen im Blick hat, bedeutet dieses Mehr an insgesamt knapp bleibenden Ressourcen dem Grunde nach Kosten für alle übrigen Fachämter. Während in einer *distributiven* „*policy*" lediglich Nutzen, nicht jedoch – Einzelnen oder einer Gruppe präzise zuzuordnende – Kosten feststellbar sind, schichtet eine *redistributive* „*policy*" Kosten und Nutzen zwischen Einzelnen oder Gruppen um. Mit Blick auf die Unterscheidung nach subjektiver und objektiver Betroffenheit stellt sich die aus der Perspektive des begünstigten Fachamts als distributiv wahrgenommene „policy" angesichts der Begrenztheit der einer Kommune insgesamt zur Verfügung stehenden Ressourcen für die anderen Ämter – „objektiv" – als redistributive „policy" dar.

Die weitgehende Ausblendung des mit dem eigenen Nutzen korrespondierenden Kostenaspekts auf Seiten der anderen Fachämter stützt die Akzeptanz ei-

174

ner „objektiven" Umverteilungspolitik seitens der Beteiligten im Sinne eines *legitimatorisches Umverteilungsparadoxon*. Das von Peter *Grottian* als Begriff eingeführte „legitimatorische Umverteilungsparadoxon" besagt, daß „Umverteilungspolitik nur dann politisch durchsetzbar ist, wenn sie selbst nicht als Umverteilungsmaßnahme thematisiert und politisch diskutiert wird" (*Windhoff-Héritier* 1987: 56).

Das Phänomen der *Nicht-Thematisierung der Kosten* ermöglichen zwei Voraussetzungen: Einerseits verfügen die Querschnittsämter und die anderen Fachämter nicht über präzise Kriterien zur Beurteilung der Aufgabenwahrnehmung des im konkreten Fall begünstigten Fachamts. Die grundsätzlich gleichrangige Wichtigkeit aller kommunalen Aufgabensegmente ist vielmehr implizite Prämisse inputorientierter Verwaltungssteuerung. Daher kann die Querschnittsverwaltung Ressourcenanforderungen auch nur insoweit begrenzen, als sie in der Summe die Finanzkraft der Kommune offenkundig überfordern. Folge war, daß die Fachämter ihre Mittelanforderungen bisher in der Regel mindestens im Umfang des Vorjahresniveaus durchsetzen konnten. Andererseits sind die Fachämter sowohl Begünstigte als auch Betroffene: Da die Zusammensetzung der von Kosten „objektiv" betroffenen Fachämter wechselt, stellt sich eine permanente Kollektivbetroffenheit einer bestimmten Gruppe von Ämtern nicht ein. Das der zentralen Ressourcenzuteilung zugrundeliegende Steuerungsprinzip läßt sich insoweit als Angebotssteuerung (*Windhoff-Héritier* 1987, 31f.) charakterisieren, als mit der Zuteilung nur allgemeine, jedoch keine spezifischen (operationalisierbaren) Leistungserwartungen verbunden werden.

3.3.4 Kritik an der Kommunalverwaltung: Mode oder Substanz

Gerade die Protagonisten einer grundsätzlichen Modernisierung der Kommunalverwaltung kommen beinahe übereinstimmend zu einer äußerst negativen Bilanz des gegenwärtigen Zustands der Kommunalverwaltung und zu düsteren Prognosen hinsichtlich ihrer Zukunftchancen. Aus betriebswirtschaftlicher Perspektive wird argumentiert, daß deutsche Kommunalverwaltungen nicht wirtschaftlich arbeiten. Aus politik- und verwaltungswissenschaftlicher Perspektive wird argumentiert, daß sich die kommunale Selbstverwaltung durch ein System des bürokratischen Zentralismus und der organisierten Unverantwortlichkeit auszeichnet und somit die Entwicklung der Kommunen in Richtung „Dienstleistungsunternehmen" verhindert (*Banner* 1994).

Nun ist es einigermaßen plausibel, daß Aktivisten und Anhänger eines Reformmodells eine ausreichend konstrastreiche „Negativfolie" benötigen, vor deren Hintergrund sich das eigene Programm um so leuchtender abhebt. Aber es wäre verfehlt, derartige Analysen und Befunde allein mit Verweis auf ihre normativ-legitimatorische Diskursfunktion und als Marketing-Gag von Kommunalberatungs-Unternehmen und -Einrichtungen abzutun. Vielmehr handelt es sich um einen Diskussionsstrang, der sich in fast allen westlichen Industriestaaten mehr oder weniger zeitgleich entfaltet hat, was gerade vergleichend angelegte Studien, wie die von Friedel *Naschold* über die „Modernisierung des Staates" (1993) herausgearbeitet haben. Zum anderen zeigt die sehr breite und positive Reaktion seitens vieler Kommunalverwaltungen und einiger Stadtparlamente in

Deutschland, daß mit den angesprochenen Themen und Lösungswegen sozusagen der „Nerv der Zeit" in der deutschen Kommunalpolitik getroffen worden zu sein scheint. Oder noch anders akzentuiert: Der Problemhaushalt deutscher Kommunen muß schon ein relativ dramatisches Maß erreicht haben, daß der Strukturkonservativismus, der allgemein der kommunalen Selbstverwaltung in Deutschland eingebaut zu sein scheint, bei Teilen des Kommunalmanagements geradezu in eine Welle der Reformeuphorie umschlagen konnte. Dies ist sicherlich zu einem Teil der spezifischen materiell-inhaltlichen Ausrichtung neuer Steuerungsmodelle der Kommunalverwaltung zu danken. Mit ihrem Anschluß an betriebswirtschaftliche Denkfiguren und dem hohen Stellenwert, der gerade der Kommunalverwaltung und dem Kommunalmanagement innerhalb des lokalen politischen Systems zugeschrieben wird, können naheliegenderweise gerade diese Modelle auf ein relativ hohes Maß an Akzeptanz innerhalb der Führungsetagen von Kommualverwaltungen rechnen.

In ähnlicher Weise argumentierte auch *Schiller-Dickhut* (1993: 53), der mit Blick auf die Zielgruppe grün-alternativer KommunalpolitikerInnen zu begründen suchte, warum die neue Diskussion um eine Modernisierung der Kommunalverwaltung eher nicht das Schicksal so vieler anderer gescheiterter Reformanstrengungen auf kommunaler Ebene teilen wird. Er benennt hierfür vier Gründe:

- Vor dem Hintergrund der wachsenden internationalen Arbeitsteilung und europäisch integrierter Märkte gewinnen Politikstrategien, die auf eine Sicherung der Wettbewerbsbedingungen des Standortes Deutschland zielen, besondere Aktualität und Relevanz. Neu vor allem ist, daß bei derartigen Politikstrategien auch der früher eher sakrosankte Bereich des öffentlichen Dienstes nicht länger ausgespart bleibt, was ein Blick auf die in den letzten Jahren erfolgreich in Angriff genommenen (im Sinne von: zum politischen Abschluß gebrachten) Reformen der großen Traditionsbetriebe des Staates, Bahn und Post, verdeutlicht.
- Auch der Beitritt der neuen Bundesländer im Zuge der Vereinigung hat die Voraussetzungen für kommunalpolitische Reformen erhöht: Zum einen machte die Wende von 1989 augenfällig, wie schnell auch scheinbar unverrückbare Strukturen und Politikmuster erodieren können. Zum anderen schufen gerade die Folgeprobleme der deutschen Einheit ein besonders günstiges Klima, um auch bislang unantastbare Grundformen von Politik und Verwaltung angesichts der veränderten Ausgangslage und des neuartigen Problemdrucks zur Disposition zu stellen.
- Typischerweise haben sich in den ersten beiden Jahren seit Eröffnung der Diskussion um eine Vorbildfunktion des Tilburger Modells für deutsche Kommunalverwaltungen Anhänger des Status quo mit veröffentlichen Meinungsbeiträgen augenscheinlich sehr zurückgehalten. Die kritische Reaktion auf dieses Modell wird bislang eher von links-alternativen Protagonisten vorgetragen, die sich an der starken Affinität zu marktwirtschaftlichen Grundsätzen stören, ohne dabei allerdings den grundlegenden Reformbedarf in deutschen Kommunen abzustreiten.
- Gegenüber anderen in der Vergangenheit vorgestellten und wieder eingemotteten Reformvorschlägen werden die Konzepte des „Dienstleistungs-

unternehmens Stadt" bzw. der dezentralen Ressourcenverantwortung nicht allein auf dem Papier erörtert. Der argumentative Clou bei der Diskussion neuer Steuerungsmodelle liegt gerade darin, daß es vorzeigbare und bislang allgemein als erfolgreich beurteilte Beispiele in anderen west- und nordeuropäischen Ländern – wie z.B. das Modell Tilburg in den Niederlanden – gibt.

Aus politiktheoretischer Sicht ist an dieser Stelle festzuhalten, daß zur Beschreibung und Erklärung von Verwaltungshandeln nach wie vor mehrere miteinander konkurrierende Paradigmen herangezogen werden: das Bürokratiemodell, das „Policy-Modell" der in den Politikprozeß eingebundenen, offenen und interaktiven Verwaltung und das marktorientierte Manager- und Unternehmensmodell. Das letztgenannte Modell erlebt zwar in der gegenwärtigen Finanzkrise unzweifelhaft eine starke Konjunktur. Das Leitbild des Dienstleistungsunternehmens findet dennoch nicht ungeteilte Akzeptanz. Dies gilt nicht nur für die Vertreter linker, grün-alternativer oder gewerkschaftsnaher Positionen Auch der erfahrene Kommunalwissenschaftler und -berater Eberhard *Laux* hat schon verschiedentlich darauf hingewiesen, daß eine Stadt kein „Unternehmen" im eigentlichen Sinne ist (vgl. *Laux* 1993a, 1993b), wenn man die gängigen rechtlichen und betriebswirtschaftlichen Abgrenzungskriterien zwischen Unternehmung und Verwaltungsbetrieb anlegt.

Kritik am Leitbild Dienstleistungsunternehmen

3.4 Das Modell der dezentralen Ressourcenverantwortung der KGSt: Kommunen als Dienstleistungsunternehmen

3.4.1 Begriff der „kommunalen Dienstleistungen"

„Dienstleistungen" bilden einen Kristallisationspunkt für die Erfordernisse und Herausforderungen der kommunalen Leistungsverwaltung. Ihre Herstellung und Wirksamkeit weist in besonderem Maße Akzeptanz- und Mitwirkungsvoraussetzungen auf Seiten der Adressaten, d.h. der örtlichen Bevölkerung, auf. Gerade die Dienstleistungserstellung mit ihren Merkmalen der geringen bzw. nicht vorhandenen Konservierbarkeit und Transportierbarkeit stellt für die örtlichen Verwaltungsinstanzen im Vergleich zu höheren Verwaltungsebenen eine besondere Domäne dar (*Grunow* 1991: 364ff.).

Dienstleistungen lassen sich nach ihrer Personalintensität und nach dem Grad der Unmittelbarkeit ihrer Einwirkung auf den Leistungsnutzer unterscheiden. Dienstleistungen können innerhalb von Institutionen, aber auch außerhalb erbracht werden. Öffentliche Dienstleistungen lassen sich in verschiedenen Formen erbringen:

Öffentliche Dienstleistungen

– in Reinform (z. B. bei der Krankenpflege),
– als flankierende Leistungen (z. B. Beratung im Zusammenhang mit anderen öffentlichen Geld- und Sachleistungen)
– als vorbereitende Tätigkeit (z. B. Aufklärung und Information).

Eine qualitative und quantitative Umschreibung von Dienstleistungen fällt wegen ihres immateriellen Charakters als auch wegen ihrer unterschiedlichen, oft „versteckten" Formen außerordentlich schwer.

Persönliche Dienst-
leistungen

Gerade persönliche Dienstleistungen (von Personen für Personen) lassen sich nur begrenzt standardisieren und schematisieren. Die normativen (rechtlichen) Vorgaben für die Ausgestaltung dieser Leistungen bleiben entsprechend offen und eröffnen Politik und Verwaltung große Ermessensspielräume. Im Extremfall sind Erfolgsindikatoren nicht bekannt, müssen neuentwickelt oder immer wieder neu angepaßt werden. Die Entwicklung von „Kennzahlen" z.B. im Bereich der vorbeugenden Beratung von Jugendlichen über Gefahren der Drogenabhängigkeit, der AIDS-Beratung fällt schwer und bleibt bis zu einem gewissen Ausmaß beliebig. Leistungsinhalte und Übermittlungsformen von Dienstleistungen lassen sich kaum gegeneinander aufrechnen. Wegen dieser Schwierigkeiten weicht die Verwaltungspraxis häufig auf das Ziel der „Sparsamkeit" als Bewertungsmaßstab aus, weil man sich dann ausschließlich auf die Kosten- bzw. Ressourcenseite konzentrieren kann. Dies kann zur Effizienz beitragen, wenn der Output und die Wirksamkeit nicht tangiert werden. Sparen an der falschen Stelle vermindert jedoch eher die Effektivität der Verwaltungsleistung. Gerade der Dienstleistungscharakter der kommunalen Aufgabenerledigung bewirkt, daß Leistungen (Outputs) unter zeitlichen, sozialen oder situativen Umständen unterschiedlich wirken, wobei auch ein „Mehr" derselben Leistung nicht unbedingt zu Wirkungsverbesserungen führt.

Die neueren Entwicklungen der Bürgernähe-Diskussion nähern sich konsequenterweise Begriffen und Konzepten an, die bisher nur in der Privatwirtschaft üblich waren: Konsumentenorientierung, Serviceorientierung, Kunden, Kundendienst, Marketing; die Stadt als „Dienstleistungs-GmbH" u.a.m. Sie haben den Vorteil, daß sie den Dienstleistungscharakter des Outputs betonen und den „Konsumenten" in den Mittelpunkt rücken, d.h. den aktiv wählenden und bewußt verbrauchenden Klienten – und nicht etwa den passiven Adressaten, Empfänger, Betroffenen, Begünstigten wie im traditionellen Verhältnis von Bürger und Verwaltung. Allerdings lassen sich die mit diesen Begriffen und Konzepten in der Privatwirtschaft zur Verfügung gestellten Erfahrungen und Instrumente nicht umstandslos und ungeprüft auf die öffentliche Verwaltung übertragen.

3.4.2 Gemeinsame Kernelemente aller Reformmodelle

Über die Strategien einer organisatorischen Modernisierung von Firmen im Privatsektor sowie von Behörden im Staatsbereich gibt es international gesehen einen erstaunlich breiten Konsens: Abbau von Überkomplexität, Bildung homogener Produktionssegmente, Abbau von Hierarchien, Dezentralisierung der Aufgaben- und Ressourcenverantwortung, Überprüfung der Fertigungstiefe im Zulieferantenbereich sind die entscheidenden Stichworte. Auch über die Dringlichkeit der Reformbedürftigkeit des deutschen Verwaltungsmanagements ist man sich, trotz unterschiedlicher Ausgangspositionen, in Fachkreisen seit einigen Jahren weitgehend einig. Die Übereinstimmung der Experten aller politischer Lager reicht von der Diagnose bis zur Therapie (*Donges* 1991, *Pfeiffer* 1992, *Eichhorn/ Hegelau* 1993).

178

Trotz unterschiedlicher politischer, rechtlicher und gesellschaftlicher Voraussetzungen weisen somit auch die derzeit in der internationalen kommunalwissenschaftlichen Literatur diskutierten und in der internationalen lokalen Praxis zur Zeit erprobten Reformmodelle einige eng verwandte Ähnlichkeiten auf und enthalten erstaunlich gleichförmige Kernelemente:

– Übernahme betriebswirtschaftlicher Instrumente,
– privatwirtschaftliche Managementformen,
– Privatisierung staatlicher Aufgaben (outsourcing),
– Effizienzsteigerung (value for money),
– Kundenorientierung,
– Mitarbeiterpartizipation,
– Herstellung von (quasi-)marktähnlichen Bedingungen im öffentlichen Sektor,
– Einführung von Budgetierungssystemen,
– moderne Formen von Personalwirtschaftskonzepten,
– Dezentralisierung.

Grundsätzlich lassen sich nach Ansicht von *Reichard* (1994a: 50f.) im Rahmen einer neuen Steuerungslogik folgende Formen und Instrumente zur Steuerung von Institutionen unterscheiden:

Neue Steuerungslogik

– „Steuerung durch Organisationsstrukturen (z. B.: interne hierarchische Steuerung, Steuerung durch zuständige Aufsichtsgremien),
– Steuerung durch Normen und Verfahren (rechtliche Vorgaben, Ziele, Programme, Budgets, Pläne usw.),
– Steuerung durch materielle und immaterielle Anreize (z. B. Preise, Prämien für Kosteneinsparungen, Belohnungen, andere Wettbewerbsimpulse)".

Während bisherige „etatistische" Steuerungsformen einen stärker rechtlich-normativen und hierarchischen Charakter aufwiesen, zeichnen sich die bisher erkennbaren „neuen" Steuerungsformen durch Anreize, ergebnisbezogene Rahmenvorgaben und durch kontraktuelles Handeln aus (*Reichard* 1994a: 51).

Die neue Steuerungslogik zieht im Endeffekt weitreichende Organisationsreformen in der Kommunalverwaltung nach sich. Grundsätzlich soll ein Rückbau der in der Vergangenheit stark expandierten und ohnehin in Deutschland traditionell starken Querschnittsämter (Haupt- und Organisationsamt, Kämmerei) erfolgen. Gleichzeitig wird ein Wandel der kommunalen Fachbereiche von eher unselbständigen Vollzugsbehörden zu relativ selbständigen „Ergebnis-Zentren" angestrebt. Es geht allerdings hier weniger um eine vollständige Dezentralisierung kommunaler Steuerungs- und Verwaltungsstrukturen als vielmehr um eine neuartige „Balance zwischen dezentraler Selbststeuerung und zentraler Gesamtsteuerung" (*Reichard* 1994a: 55). Dabei sollen sich die Querschnittsämter nach Tilburger Vorbild zu einem zentralen „Steuerungsdienst" „verschlanken", der als Service-Zentrum vorwiegend konzeptionell und beratend tätig wird. Zudem liegt bei einem durch die neue Steuerungslogik nahegelegten Neuzuschnitt der kommunalen Verwaltungsorganisation der Aufbau von sog. Produktgruppen sowie eine deutliche Vergrößerung des bisherigen Zuschnitts der Fachbereiche nahe.

Neue Organisations-modelle

Die KGSt faßt die in allen kommunalpolitisch relevanten Reformprogrammen wiedererkennbaren Kernelemente einer neuen Steuerungslogik in vier Dimensionen zusammen:

- Dezentralisierung von Verantwortung und Kompetenzen,
- Partizipation von Mitarbeitern und Kunden,
- Markt- und Serviceorientierung der Dienstleistungen,
- Leistungsmessungen und Leistungssteuerungen.

In vielen Ländern kommt die Suche nach neuen Planungs- und Budgetierungsinstrumenten als fünftes Element hinzu (KGSt 1992: 11).

3.4.3 Neues Leitbild „Kommunen als Dienstleistungsunternehmen"

Das neue Steuerungsmodell der KGSt wird im wesentlichen begründet durch die Formulierung eines neuen Leitbildes für die kommunale Verwaltung, das mit dem Begriff „Dienstleistungsunternehmen Kommunalverwaltung" oder „Konzern Stadt" umschrieben wird. In diesem Leitbild wird die Kommune von ihrem Aufbauprinzip als „Konzern" präsentiert. Sie gliedert sich in eine „verschlankte" Holding (Rat, Verwaltungsführung, zentraler Steuerungsdienst einschließlich Beteiligungs-Controlling), der alle wesentlichen „Auftraggeber"-Funktionen zukommen und die zu ihrer Aufgabenerfüllung von einem Kranz partiell selbständiger Einheiten auf Verwaltungs- und Betriebsebene umgeben ist (*Reichard* 1994a: 58).

Der Dienstleistungscharakter dieses „Konzerns" wird damit begründet, daß viele Leistungen der Kommunalverwaltungen eben nicht behördentypisch sind. Auch sind bis zu 80 Prozent des kommunalen Personals in Sektoren beschäftigt, die man dem Dienstleistungsbereich zurechnen kann. *Banner* (1994: 350) spricht insofern davon, daß sich die Kommunalverwaltung objektiv von der Produktseite her und subjektiv von der Selbstbild- oder Wunschbild-Seite her einem Dienstleistungsunternehmen annähert. Dem steht andererseits gegenüber, daß die Kommunalverwaltung nach wie vor eher geldausgabe- und rechtsanwendungsorientiert und weniger produkt- und marktorientiert auftritt, wenngleich Kosten- und Wirtschaftlichkeitsdenken hier schon weiter entwickelt ist als auf den anderen Ebenen der staatlichen Verwaltung.

Ein „Dienstleistungsunternehmen Kommunalverwaltung" liegt nach den Vorstellungen der KGSt dann vor, wenn folgende Voraussetzungen erfüllt sind:

- Es ist primär nachfrage- und kundenorientiert und organisiert sich „von außen nach innen".
- Es denkt in Produktzyklen und paßt seine Leistungen laufend der veränderten Nachfrage und selbstverständlich den vorhandenen Mitteln an.
- Dabei achtet es auf seine Wettbewerbsfähigkeit. Interkommunale und interne Leistungsvergleiche sind selbstverständlich.

Dabei wird durchaus erkannt, daß eine Kommunalverwaltung nicht wie ein ausschließlich nach betriebswirtschaftlichen Aspekten orientiertes Privatunternehmen geführt werden kann. Viele kommunalpolitische Zielsetzungen und Aufgabenstellungen werden politisch bzw. gesellschaftlich definiert und von daher auch vielfach von außen an die Kommunalverwaltung herangeführt.

In den KGSt-Überlegungen zu einem neuen Steuerungsmodell von 1991 wird auf der Grundlage der Zielbestimmung „Dienstleistungsunternehmen Stadt" von folgenden Grundsätzen ausgegangen:

- Steuerung der Aufgabenerfüllung im Hinblick auf die Ziele,
- dezentrale Ressourcenverantwortung,
- Vorgabe eines Handlungsrahmens/Controlling.

Tabelle 3: Konzern Kommune als Dienstleistungsunternehmen

Unternehmensphilosophie als Leitbild
Die Kommunalverwaltung ist ein Dienstleistungsunternehmen, dessen Mitarbeiter die Bürger als ihre Kunden verstehen, die einen selbstverständlichen Anspruch darauf haben, für das von ihnen zur Verfügung gestellte Geld effektive und effiziente Leistungen zu erhalten.
Konzernstruktur als Aufbauprinzip
Die Kommunalverwaltung als „Konzernmutter" sowie die kommunalen Gesellschaften als „Konzerntöchter" bilden zusammen den „Konzern Stadt". Die Fachämter werden selbständige „Betriebe" mit eigener, abgestufter Kosten-, Erlös- und Investitionsverantwortlichkeit innerhalb der Kommunalverwaltung.
Controllingsystem als Steuerungsinstrument
Die politische und administrative Steuerung und Entscheidung im „Konzern" erfolgt durch Vereinbarung von Zielen (management by objectives), Budgets (management by results) und Kompetenzen (management by delegation). Die Feinsteuerung während der Realisation und die Kontrolle wird durch ein differenziertes Berichtswesen (monitoring) unterstützt.

Quelle: *Struwe* 1995: 23

Das neue Steuerungsmodell, das sich vom System der organisierten Unverantwortlichkeit abhebt, soll dem eigenen Anspruch nach gleichermaßen die Kriterien von Effizienz und Demokratie als zentrale Anforderungen erfüllen.

> „Es muß in der Lage sein, alle kommunalen Aufgaben (d. h. nicht nur die in der Ämter- oder Kernverwaltung, sondern auch die in Unternehmen wahrgenommenen) in konsistenter Weise (d. h. in einer einheitlicheren Weise als heute) unter eindeutiger Ratsverantwortung demokratisch und zugleich wirtschaftlich und effektiv zu steuern" (*Banner* 1994: 353).

In einem Vorbericht zur 27. ordentlichen Hauptversammlung des Deutschen Städtetages im Mai 1993 in Karlsruhe wird die Zielbestimmung für ein „Dienstleistungsunternehmen Stadt" unter Rückgriff auf die gleichzeitige Optimierung der Kriterien von Effizienz und Demokratie noch einmal besonders anschaulich formuliert:

- „Allgemein ist eine höhere Effizienz kommunaler Selbstverwaltung anzustreben. Der Komplexität des ‚Dienstleistungsunternehmens Stadt' mit seinem vielfältigen Leistungsangebot entsprechend kann dieses Ziel durch Stärkung der dezentralen Ressourcenverantwortung erreicht werden, um die knapper werdenden Ressourcen einer optimalen Verwendung zuzuführen.
- Enscheidungsabläufe in Stadtpolitik und Verwaltung sollten transparenter gestaltet werden. Damit kann die Glaubwürdigkeit gegenüber den Bürgerinnen und Bürgern verbessert und zugleich die Akzeptanz von Entscheidungen erhöht werden. Transparente Entscheidungsabläufe machen aber auch die Effizienz der Entscheidung überprüfbar und meßbar".

3.4.3.1 Steuerung durch Ziele

Kennzeichnend für das heute noch typische Steuerungssystem ist eine vielfältige Verflechtung zwischen Politik und Verwaltung. Die Steuerung herkömmlicher Verwaltungssysteme erfolgt in der Regel über den Input, d. h. über die Zuteilung von Ressourcen. Vereinfacht dargestellt wird der Verwaltung vorgegeben, wieviel Geld ausgegeben werden darf, aber nicht, welche Leistung damit zu erbringen ist. Zudem wird das kommunale Steuerungssystem als zutiefst gespalten beschrieben: In der Kernverwaltung ist eine bürokratische Übersteuerung (Gängelung der Dezernate und Ämter durch zentrale Ressourceninstanzen) zu beobachten. Die kommunalen Beteiligungen hingegen werden untersteuert oder überhaupt nicht gesteuert.

Dem stellt die KGSt eine Output-orientierte Steuerung gegenüber, die die Formulierung von quantifizierbaren Leistungszielen (Mengen-, Qualitäts- und Preiszielen), aber auch eine Überprüfung der Zielerreichung gewährleisten kann. Ziele werden der Verwaltung teilweise extern vorgegeben z. B. durch Gesetze, Verordnungen, Satzungen oder Einzelentscheidungen der jeweiligen Gemeindeverwaltung. Weiterhin können Ziele verwaltungsintern vorgegeben oder konkretisiert werden und zwar durch die Verwaltungsführung, Dezernenten oder Vorgesetzte in Ämtern. Wünschenswert ist die Entwicklung von Zielvereinbarungen gemeinsam mit den betroffenen Mitarbeitern.

Um zu einer klaren Verantwortungsaufteilung zwischen Politik und Verwaltung zu gelangen, weist das KGSt-Modell dem obersten Kommunalorgan folgende Funktionen zu: Es soll die Unternehmensphilosophie, Führungsstruktur und Rahmenbedingungen für Verwaltungsleistungen vorlegen, Ziele setzen bzw. Leistungsaufträge erteilen, den Fachbereichen Budget- und Handlungsfreiräume zur Erfüllung der Aufträge übertragen und diese Aufträge begleiten, kontrollieren und ggf. auch fortschreiben. Steuerung durch Zielsetzung verlangt die Definition von Leistungszielen (Mengen, Qualitäts- und Preisziele), die quantifizierbar sind. Andernfalls kann keine Überprüfung der Zielerreichung geleistet werden. Um Leistungziele und deren Erreichung für Steuerungszwecke einsetzen zu können, müssen sie außerdem output-orientiert formuliert werden.

3.4.3.2 Dezentrale Ressourcenverantwortung

Organisatorische, personalwirtschaftliche und finanzwirtschaftliche Vorgaben haben eine unmittelbar steuernde Wirkung auf die Art und Weise der Aufgabenerledigung. Sie beeinflussen die Einstellungen der Mitarbeiter und tragen in entscheidendem Maße zur „Unternehmenskultur" bei.

Dezentrale Ressourcenverantwortung meint in Abkehr von den bisher üblichen Organisationssystemen die Auflösung der starren Trennung in zentralistisch organisierte Querschnittseinheiten und dezentrale Fachdienststellen. Das Konzept sieht neben einer wesentlich geringer strukturierten Steuerungseinheit die weitgehende Übertragung von organisatorischen, personalwirtschaftlichen und finanziellen Kompetenzen hin in den Fachbereich vor. Da die Kommunalverwaltung in der Vergangenheit nicht beweisen konnte, daß sie verselbständigte Einheiten effektiv steuern konnte, sollte nach Ansicht von *Banner* (1994: 356) darüber nachgedacht werden, „ob dem verständlichen und lobenswerten Autonomiestreben von Führungskräften nicht dort mehr Raum gegeben werden soll, wo es gesteuert werden kann, nämlich innerhalb der Verwaltungsorganisation und des Haushaltsplans. Das wäre der Konzern Kommune im engeren Sinn".

3.4.3.3 Kontraktmanagement

Durch Vereinbarung zwischen Fachämtern einerseits und dem Rat der Stadt als Auftraggeber andererseits kommt es zu einem Kontraktmanagement. Dieses definiert sich als die Vorgabe von fachlichen Zielen und des Handlungsrahmens als Sollvorgabe. Vertragliche Vereinbarungen im Sinne von Leistungsvereinbarung erfolgen im Rahmen der Budgetierungsberatungen. Abgeleitet werden die Sollvorgaben aus den übergeordneten strategischen/kommunalpolitischen Aufgaben. Die Politik ist in diesem Modell eindeutig als Auftraggeber und die Verwaltung als Auftragnehmer und Leistungserbringer definiert.

Das Prinzip des Kontraktmanagements setzt sich innerhalb der Verwaltung fort; das Vereinbarungsprinzip wird also innerhalb eines Fachbereiches in den nachfolgenden Hierarchiestufen fortgesetzt. Für die Fachämter hat dies den Vorteil, daß sie selbständig die Verwendung der finanziellen Mittel vornehmen und ihre Aktivitäten realisieren können. Dafür tragen sie aber gleichzeitig die Verantwortung für die Einhaltung dieser Vereinbarung.

Um Fehlentwicklungen rechtzeitig erkennen zu können, müssen Soll und Ist in dieser Vereinbarung fortlaufend miteinander verglichen werden. Ggfls. muß von der Verwaltungsführung durch Maßnahmen steuernd eingegriffen werden. Voraussetzung dazu ist, daß in möglichst allen kommunalen Leistungsbereichen Verfahren zur Kostenrechnung entwickelt und eingeführt werden. Das Bindeglied zwischen Input und Output wird in Anlehnung an betriebswirtschaftliche Orientierungen als „Produkt" bezeichnet. Das Produkt ist dabei vom Grundsatz her nichts anderes als die enggefaßte Zielvorgabe, bzw. die von einer Kommune zu leistende Aufgabenstellung.

Bei aller Dezentralisierung wird weiterhin die Notwendigkeit eines zentralen Steuerungsorgans unterstellt, um die Verbindung zwischen Politik und Verwaltung herzustellen und insbesondere auch den Rat mit den jeweiligen aktuellen entscheidungsrelevanten Informationen zu versorgen.

3.4.3.4 Controlling

Primäre Kriterien der Produktbildung sind die politisch-strategischen Ziele der Kommune, die Erwartung der Bürger (Kunden) an kommunale Leistungsangebote sowie innerhalb der Verwaltung das Erfordernis einer möglichst eindeutigen Ergebnis- und Kostenverantwortung. Die Steuerung von Fachämtern überwiegend durch Zielvorgaben bei gleichzeitiger Übertragung der Ressourcenverantwortung setzt ein effektives Controlling inklusive detaillierten Berichtswesens voraus.

Als Qualitätsmaßstab läßt sich die Effizienz des Verwaltungshandelns heranziehen – also das Verhältnis von Verwaltungsleistung zu dem dafür erforderlichen Aufwand (Kosten, Ressourcen/Haushaltsmitteln). Im Rahmen von Verwaltungsleistungen können die Relationen „Output-Kosten", „Leistung-(Nutzen-)Kosten" oder „Wirksamkeit-Kosten" unterschieden werden. Eine Verbesserung der Effizienz kann erfolgen entweder durch Verringerung der Kosten bei gleichbleibenden Leistungen, ferner durch Steigerung der Leistungen bei gleichem Ressourceneinsatz oder schließlich durch Steigerung der Leistungen bei gleichzeitiger Kostenreduktion (*Grunow* 1991: 386f.).

Controllingaufgaben sind primär informationsorientiert definiert. Controlling wirkt in die Zukunft – und unterscheidet sich somit von „Kontrolle" und von der im allgemeinen vergangenheitsbezogenen Prüfung abgeschlossener Sachverhalte (vgl. *Struwe* 1995). Controlling ist folglich eine Orientierungs- und Entscheidungshilfe für die Verantwortlichen in der Verwaltungsführung und der steuernden Politik:

– *Strategisches Controlling* bezieht sich auf die strategischen Aufgaben, die langfristig ausgerichtet sind und hauptsächlich von der Verwaltungsführung wahrgenommen werden.
– *Operatives Controlling* beschränkt sich auf die Führungsunterstützung innerhalb eines Haushaltsjahres und erstreckt sich auf die operativen Aufgaben der jeweiligen Fachdienststellen.

Auf Gesamtebene arbeitet der sog. Konzerncontroller, der im Steuerungsdienst angesiedelt ist. Jeder Fachdienst hat zudem einen Dienstcontroller. Es ist allerdings zu berücksichtigen, daß sich Verwaltungscontrolling in Deutschland noch ganz überwiegend in der Anfangsphase befindet:

> „Verwaltungskontrolling ist ein Konzept zur Steuerung des Verwaltungshandelns im Hinblick auf Wirtschaftlichkeit und Wirksamkeit. Dieses Konzept ist jedoch nicht ausgearbeitet – es besteht lediglich aus Grundvorstellungen auf hohem Abstraktionsniveau, die im Anwendungsfall konkretisiert und spezifiziert werden müssen." (*Lüder* 1993: 266)

Personelle Seite des Steuerungsmodells

Eine der wichtigsten Rahmenbedingungen, die den Erfolg des neuen Steuerungsmodells abzusichern hat, stellt die personalpolitische Seite des neuen Steuerungsmodells dar (*Liesenfeld/Loss* 1993). *Reichard* (1994a: 64) spricht davon, daß ohne entsprechend qualifizierte und motivierte Mitarbeiter die neuen Steuerungsmodelle weitgehend ein „Papiertiger" bleiben. Schon der Einführungserfolg des Modells hängt nach den bisher vorliegenden Erfahrungen nicht unwesentlich vom frühzeitigen und umfassenden Einbezug der Mitarbeiter und von deren Engagement für einen neuartigen, unternehmensähnlichen Verwaltungsstil ab. So investierte die Stadt Tilburg zeitweilig fast 10% der Lohnsumme ihrer Beschäftigten in Fort- und Weiterbildungsmaßnahmen. Unabdingbar setzt das angestrebte dauerhafte Funktionieren der neuen Steuerungsmodelle auch neueingearbeitete und neu-motivierte Mitarbeiter voraus. Die Konsequenzen wären bei einem flächendeckenden Umsetzungserfolg der neuen Steuerungsmodelle sehr weitreichend. Nach Auffassung von *Reichard* (1994a: 65) ist hiermit nicht mehr und nicht weniger verbunden als der „Abschied vom deutschen Berufsbeamtentum mit seiner einseitigen Ausrichtung auf Treue und Loyalität und seinen eklatanten Defiziten an Leistungsorientierung".

3.4.4 Politiktheoretische Anmerkungen zum Politikbild des Modells „Konzern Stadt"

Die praktische Gestaltung von Verwaltungseffizienz führt zu einem „Organisationsdilemma": nicht alle wünschenswerten Bewertungsmaßstäbe können gleichzeitig maximiert werden, im günstigsten Fall ist eine „optimierende Balance" zwischen verschiedenen Anforderungen denkbar.

Allgemein gilt, daß „Erfolgsmodelle" für den Bereich der Kommunalverwaltung nicht bei Experten der Privatwirtschaft oder bei vergleichbaren Verwaltungen als abrufbares Optimal-Modell bereitstehen (*Grunow* 1991). Vielmehr handelt es sich in erster Linie um einen real unerreichbaren Qualitätsanspruch, der als dauerhafter Richtwert für das ständige Überprüfen aktueller Leistungsfähigkeit und weiterer Entwicklungsmöglichkeiten dienen kann.

Die Entwicklungen in Deutschland, die hier mit dem Stichwort „dezentrale Ressourcenverantwortung" bezeichnet wurden, zeigen bei allen notwendig erscheinenden kritischen Einwänden auch eine gewisse Lernfähigkeit: Mit der angestrebten größeren Verantwortung der Leistungseinheiten (Fachverwaltung), die gerade auch die Disposition über die dafür verwendeten Ressourcen einschließt, wird die Durchschaubarkeit des Zusammenhangs zwischen Leistungsqualität (Wirksamkeit) und Aufwand (Kosten) verbessert. Auch die Hinweise darauf, wonach es sich bei den neuen Steuerungsmodellen um einen breit anzulegenden und langwierigen Lernprozeß aller beteiligten Personen und Institutionen handelt (Stichwort „Organisationsentwicklung"), zeigt nach Ansicht von *Grunow* (1991: 374) zumindest die Absicht, sich nicht (wieder) im „Schnellimbiß mit Fertiggerichten" zu versorgen.

Anhänger des „Konzernmodells" argumentieren, daß die jeweilige Verantwortung von Politik (Zielvorgabe, Zielkontrolle) und Verwaltung (Zielumsetzung) klar definiert und deutlich abgegrenzt ist. Nach dem Politikverständnis des Konzernmodells soll zwischen den beiden Ebenen ein „dialogisches Spannungsfeld" aufgebaut werden, in dem auf der Basis einer Rollendifferenzierung zwischen Auftraggeber (Politik) und Auftragnehmer (Verwaltung) ein Verfahren zur Diskussion und Festlegung von Zielen (Produkte), Budgets und Managementspielräumen der Fachdienste institutionalisiert wird (Kontraktmanagement). Die Länge der Leine für die Verwaltung im Konzernmodell wird von der Politik festgelegt und soll idealerweise so bemessen sein, daß die volle Managementverantwortung im Fachbereich wahrgenommen werden kann, andererseits jedoch der Rat die politische Kontrolle behält.

Derartige „Kontrakte" erscheinen zunächst als eine weitere Spielart des „kooperativen Staates" (*Ritter* 1979) bzw. des „informellen Verwaltungsstaates" (*Schulze-Fielitz* 1984), diesmal jedoch nicht in externer (Staat-Dritte), sondern in binnenpolitischer (Politik-Verwaltung; Kommunalmangement-Fachdienste) Perspektive. Rechtlich unterhalb des Vertragstatus angesiedelt, stellen derartige „Vereinbarungen" eine „ernstgemeinte, schriftlich niedergelegte Abrede zwischen Politik und Verwaltung (dar, d.V.), die auch in den Haushaltsdokumenten ihren Niederschlag findet und an die die Partner sich halten" (*Banner* 1994: 354).

Andererseits unterscheiden sich das Konzept des „kooperativen" oder „informellen" Staates jedoch in einem zentralen Punkt vom Politik- und Staatsver-

Organisationsdilemma

Steuerungsmodell vs. Netzwerkmodell

ständnis des KGSt-Steuerungsmodells: Ausgangs- und Zielpunkt im KGSt-Modell ist die Zuweisung klar definierter Kompetenzen und Verantwortungen, wodurch die – negativ etikettierten – gewachsenen Verflechtungs- und Überlappungsformen zurückgedrängt werden sollen. Demgegenüber geht das Modell des pluralistisch oder korporatistisch geprägten „kooperativen Staates" von der funktional begründeten und auch normativ zu rechtfertigenden Existenz von Politiknetzwerken aus, in denen der Staat zwar ein Akteur mit besonderem Status, aber letztlich doch nur ein Akteur unter mehreren ist. In einer derartigen Netzwerkperspektive kommt mehrfach verschachtelten Verantwortungszuweisungen durchaus ein funktionales Gewicht zu, da es Akteure entlastet, Verhandlungsspielräume sichert und unter demokratischen Aspekten einerseits dafür sorgt, daß staatliches Handeln an die Präferenzen gesellschaftlicher Interessen gebunden bleibt, andererseits abseits von politischen Mehrheitsverhältnissen dafür sorgt, daß auch schwächere bzw. nicht mehrheitsfähige Interessen durch Geltung von Proporzaspekten zum Tragen kommen können. „Achillesferse" derartiger Modelle, die also nicht von vornherein ineffizient und partizipationsfeindlich sein müssen, bleibt jedoch ein höherer Komplexitätsgrad und damit ein geringeres Maß an Transparenz.

3.5 Die Verwaltungsreform in Tilburg als Vorbild?

3.5.1 Vorbemerkung

Um dem Vorwurf zu begegnen, daß das Konzernmodell bloß eine Art Reißbrettkonstruktion ist, verweist die KGSt gern auf die wachsende Zahl niederländischer Kommunalverwaltungen, in der dieses Modell seit rd. zehn Jahren mit Erfolg angewandt wird: Nach Angaben von *Banner* (1994: 353) sollen sich inzwischen 80% aller niederländischen Gemeinden über 70.000 Einwohner nach diesem Konzernmodell organisiert haben. Der Vergleich mit dem Nachbarland Niederlande wird auch deshalb gerne gewählt, weil dort bis in die 80er Jahre genau der Typus von Kommunalverwaltung existierte, wie er heute noch in der Bundesrepublik anzutreffen ist *(Banner* 1994: 353).

Fragt man nach den Bedingungen, die den bisherigen Erfolg der Reformmaßnahmen in Tilburg begründet und gestützt haben, muß sich der Blick außer auf den gewählten Ansatz in der Stadtverwaltung selbst, vor allem auch auf die Rahmen- und Randbedingungen kommunaler Politik in den Niederlanden selbst richten. Erst vor diesem Hintergrund läßt sich die Frage beantworten, inwieweit eine Übernahme des Modells bzw. einige seiner Kernelemente unter deutschen Bedingungen machbar und sinnvoll erscheint.

3.5.2 Institutionelle Rahmenbedingungen der Kommunalpolitik in den Niederlanden

Unter dem Gesichtspunkt der vertikalen Staatsorganisation handelt es sich bei dem Königreich der Niederlande um einen „dezentralisierten Einheitsstaat" (*Kleinfeld* 1990: 270ff.), der sich aus Reich, Provinzen und Gemeinden zusammensetzt, die alle über demokratisch legitimierte Vertretungskörperschaften verfügen und für deren Kompetenzbereich das Prinzip der Allzuständigkeit gilt. Die Regelung der Stellung von Gemeinden und Provinzen wird von der Verfassung seit 1848 ausdrücklich vorgeschrieben. Entsprechend der unitarischen Komponente der niederländischen Verfassung gibt es jeweils ein Gesetz für alle Gemeinden (gemeentewet) und ein Gesetz für alle Provinzen (provinciewet), die beide zuletzt Anfang 1994 gründlich modernisiert worden sind. Es gibt in den Niederlanden also nicht wie im föderativen System der BRD mehrere konkurrierende Gemeindeverfassungssysteme, sondern ein einheitliches Gesetz regelt gleichförmig die Strukturen von der kleinsten Landgemeinde bis zur größten Stadt Amsterdam. Es gibt also auch keinen Unterschied zwischen kreisangehörigen Gemeinden und kreisfreien Städten. Die Einrichtung von Kreisen oder anderen höherstufigen kommunalen Einrichtungen wird in den Niederlanden (mit dem Verweis, daß drei Verwaltungsebenen für ein geografisch kleines Land genug seien) nach wie vor abgelehnt, obwohl sich eine intensive, mehr als dreißig Jahre inzwischen andauernde Diskussion gerade mit der Ausgestaltung der politischen Strukturen und Steuerungsformen auf der Ebene zwischen Einzelgemeinden und Provinzen beschäftigt. In der Praxis haben sich auf Grundlage eines eigenen Gesetzes über kommunale Zusammenarbeit eine große Zahl von Zweckverbänden und anderen Hilfskonstruktionen für eine „verlängerte Kommunalverwaltung" gebildet (ausführlich *Kleinfeld* 1994).

Dezentraler Einheitsstaat aus Reich, Gemeinden und Provinzen

Nach der niederländischen Verfassung, die zuletzt 1983 redaktionell erneuert worden ist, haben die Provinzen, die auch als kommunale Aufsichtsbehörde fungieren, keine eigene Staatsqualität wie etwa die deutschen Länder im föderativen System der Bundesrepublik. Ebenso fehlt es an einer *förmlichen* Verfassungsgarantie der kommunalen Selbstverwaltung für die niederländischen Gemeinden in Analogie zu den Bestimmungen von Artikel 28 Grundgesetz. Das Recht auf kommunale Selbstverwaltung der niederländischen Gemeinden wird gleichwohl insoweit anerkannt, als die Verfassung ihnen einen als „historisch gegebenen" Autonomiebereich belassen hat (KGSt 1992: 19). Die Stellung der niederländischen Gemeinden in der niederländischen Politik ist sehr viel stärker als dies aus ihrem verfassungs- oder finanzrechtlichen Status hervorgeht. Dies hat mindestens drei Ursachen:

Stellung der Gemeinden im politischen System

-   Zum einen spielen die Städte und das städtische Bürgertum in der niederländischen Geschichte seit dem Mittelalter eine tonangebende Rolle auf politischem, wirtschaftlichem und kulturellem Gebiet.
-   Zum zweiten haben im niederländischen System der „intergovernmental relations" die Provinzen als Mittelinstanzen nur den Umfang einer „Wespentaille" der öffentlichen Verwaltung und scheiden daher als faktische Steuerungsinstanz kommunaler Entwicklungen nahezu aus; bis in die 70er Jahre hinein fand die materielle Politikproduktion in den Niederlanden faktisch in

einem Zweiinstanzenzug zwischen Reich und Kommunen statt. Entsprechen die Provinzen als höchste staatsrechtliche Einrichtung unterhalb der nationalen Ebene noch den deutschen Ländern, so ist ihr traditionelles Aufgabenspektrum eher zu vergleichen als eine Kombination der Funktionen westdeutscher Regierungspräsidenten und Landräte.

– Drittens schließlich bewirken vor allem die Ballung (groß-)städtischer Aktivitäten im Westen des Landes (sog. Randstad Holland mit Amsterdam, Rotterdam, Utrecht und Den Haag), dem eine eindeutige nationale Zentrumsfunktion zukommt, und die vielfältigen nationalen Ausstrahlungseffekte, die von dieser Region ausgehen, daß vom Größenmaßstab eigentlich eher lokale Entwicklungen und Aktivitäten zum ständigen Gegenstand der Regierungspolitik werden.

Aufgabenspektrum der niederländischen Gemeinden

Das Aufgabenspektrum der niederländischen Kommunen entspricht weitgehend dem deutscher Kommunen (KGSt 1992: 23). Auch in den Niederlanden war in der Vergangenheit ein langfristiger Trend zur Übernahme ehemals ausschließlich auf kommunaler Ebene geregelter Aufgaben durch das Reich zu beobachten (*Krähmer* 1992: 9; zur Entwicklung in der Bundesrepublik vgl. *Prünte* 1987, KE 2: 33f.), so daß heute ein vergleichsweise großer Teil der kommunalen Aufgaben „Auftragsangelegenheiten" umfaßt, z. B. Sozialhilfe, Arbeitslosenunterstützung, Schulwesen, Wohnungsversorgung und Polizei (*Krähmer* 1987). In den Niederlanden wird allerdings anstelle von „Auftragsangelegenheiten" auf Grund der Dezentralisierungskomponente des staatsrechtlichen Prinzips des „dezentralisierten Einheitsstaates" hierfür der Begriff „Mitverwaltungsaufgaben" verwendet, der den Aspekt des „co-governance" durch die lokale und provinziale Ebene herausstellt. Das dem politisch-administrativen System der Niederlande zugrundeliegende unitarische Prinzip und das damit einhergehende Problem der regionalen resp. lokalen Konkretion zentralstaatlicher Entscheidungen (*Toonen* 1991b: 323) verschafft den Kommunen zugleich Handlungsräume für die örtliche Ausgestaltung (Implementation) staatlicher Politik im Rahmen des Systems der niederländischen „Mitverwaltung". Verbleibende Selbstverwaltungsaufgaben niederländischer Kommunen betreffen vor allem Aufgaben in den Sektoren Kultur, Sport, Sozialarbeit, Förderung sozialer resp. kommunikativer Angebote und Wirtschaftsförderung (VNG 1991: 17ff.).

Organe der niederländischen Gemeindeverfassung

Die einheitliche niederländische Gemeindeverfassung (deren Konstruktionsprinzipien im übrigen denen der Provinzen ähneln) sieht für alle Gemeinden drei Organe vor: den Bürgermeister, das Kollegium von Bürgermeister und Beigeordneten sowie den Rat.

Bürgermeister

Der hauptamtliche *Bürgermeister* (burgemeester) wird in den Niederlanden nicht von der Bürgerschaft gewählt, sondern von der „Krone" für eine Amtszeit von 6 Jahren ernannt. Der Begriff „Krone" steht für die Reichsregierung, die aus der Königin und den Ministern besteht. Das Amt des Bürgermeisters hat in den Niederlanden ein besonders hohes Prestige und gilt als Karriereamt. Typisch ist eine „Bewährungs-Beförderung" der Bürgermeister durch Übernahme des Amtes in immer größeren Städten. Die Bindung des Bürgermeisters an seine Gemeinde gilt also regelmäßig nur für die Dauer seines Amtes. Für die Ernennung der Bürgermeister ist de facto das Innenministerium zuständig. Die Bürgermeisterämter werden weitgehend nach dem nationalen Kräfteverhältnis der im Parlament vertretenen politischen Parteien vergeben, so daß die Parteizugehörigkeit des Bürgermeisters nicht immer der Ratsmehrheit entspricht (der unverbindlichen Empfehlung einer vom Gemeinderat nach den örtlichen Mehrheitsverhältnissen besetzten sog. Vertrauenskommission wird in rd 90% aller Fälle gefolgt; eine informelle Sonderregelung gibt es für die Besetzung der Bürgermeisterposten der vier größten Städte, die im Kabinett ausgehandelt werden, wobei die Bürgermeister dieser vier Städte nicht alle der gleichen Partei angehören sollen). Der Bürgermeister ist Vorsitzender des Gemeinderates (gemeenteraad), hat aber im Rat kein Stimmrecht. Mit Stimmrecht ist er zudem Vorsitzender des Kollegiums von Bürgermeister und Beigeordneten (college van b&w). Dem Amt des Bürgermeisters sind per Reichsgesetz eigene unmittelbare Kompetenzen im Sektor „Öffentliche Sicherheit" zugeordnet. Darüber hinaus hat der Bürgermeister in größeren Städten in der Regel kein eigenes Ressort. Seine übrigen Aufgaben umfassen vor allem Repräsentationspflichten, die rechtliche Vertretung der Gemeinde und die Moderation des Kollegiums.

In den (derzeit 16) Städten mit mehr als 100.000 Einwohnern bilden vier bis sechs *Beigeordnete* (wethouders) mit dem Bürgermeister das *Kollegium*. Die Beigeordneten werden (ausschließlich) aus der Mitte des Rates für die Dauer der Ratsperiode gewählt; sie können auch jederzeit durch den Rat wieder abgewählt werden. Ende der achtziger Jahre entsprach die Zusammensetzung von ca. 75% der Kollegien den jeweiligen Kräfteverhältnissen im Rat (sog. proporzgestützte *Wiederspiegelungskollegien*, die alle Parteien umfassen, die von ihrem Stimmenanteil für einen Beigeordnetensitz in Frage kommen); *Mehrheitskollegien*, deren Mitglieder (Beigeordnete) sich auf koalitionsprogrammatischer Basis finden und sich allein aus der(n) Mehrheitsfraktion(en) des Rates rekrutieren, beschränken sich vornehmlich auf einige Großstädte (*Krähmer* 1992: 12) und stellen in den Niederlanden noch immer die große Ausnahme dar. In Großstädten üben die Beigeordneten ihre Funktion hauptberuflich aus. Während den Gemeinderäten die Aufgabe zukommt, politische Leitlinien festzulegen, ist das Kollegium für die Vorbereitung und Umsetzung der Ratsbeschlüsse zuständig. In der Praxis leitet das Kollegium damit kollektiv die Tagesgeschäfte der Verwaltung (KGSt 1992: 21). Entscheidungen trifft das Kollegium grundsätzlich durch Mehrheitsbeschluß. Zwar ist gerade in größeren Gemeinden jedem Beigeordneten ein Portefeuille zugeordnet, dennoch verfügen sie nicht über (ressortbezogene) eigenständige Weisungsbefugnisse gegenüber der Verwaltung.

Die Mitgliederstärke der *Gemeinderäte* bemißt sich nach der Gemeindegröße (Einwohnerzahl) und variiert zwischen 7 und 45 Mitgliedern. Die Gemeinderäte werden für die Dauer von 4 Jahren auf der Grundlage des in den Niederlanden allgemein angewandten „reinen" Verhältniswahlrechts ohne jegliche Sperrklausel gewählt. Wahlen zu den Gemeindewahlen finden in allen Gemeinden zum gleichen Datum statt und werden von den nationalen Medien und der nationalen Politik entsprechend zumeist auch als nationale Testwahl angesehen. Die Wahlbeteiligung ist auch bei den Gemeinderatswahlen stark rückläufig gewesen und lag 1990 nur noch bei knapp 60% (in einigen Großstädten sogar nur noch knapp 50%), allerdings konnte 1994 ein leichtes Wiederansteigen der Wahlbeteiligung beobachtet werden. Von besonderen Beratungsgegenständen abgesehen, tagen die Räte öffentlich.

Angesichts der Tatsache einiger nicht entziehbarer Befugnisse des Bürgermeisters und der häufig anzutreffenden unmittelbaren Einschaltung des Kollegi-

Kollegium

Gemeinderat

ums durch Fachgesetze im Rahmen der Mitverwaltung (z.B. bei Baugenehmigungen, Sozialhilfe; *Krähmer* 1992: 12) – gehen deutsche Beobachter oft davon
aus, daß die Gemeinderäte in den Niederlanden nicht „allzuständig" für örtliche
Angelegenheiten sind. Diese Einschränkung wird in den Niederlanden selbst
nicht gemacht, da nach den derzeit vorherrschenden Interpretationen des Prinzips des dezentralisierten Einheitsstaates die Existenz von autonomen Verwal-
tungs- und Politikebenen gar nicht intendiert ist, wohingegen die oben genannten
Einschränkungen das ansonsten von der Verfassung nicht negativ eingegrenzte
„Recht der Wahrnehmung aller eigenen Haushaltsangelegenheiten" von Provinzen und Gemeinden nicht unmittelbar tangiert wird.

Gemeinderäte beschließen über alle bedeutende kommunale Angelegenheiten, z.B. über Satzungen und über den kommunalen Haushalt. Die Räte können
im Rahmen ihrer frei gestalteten Geschäftsordnung ferner Kommissionen einsetzen und ihnen Kompetenzen übertragen. Die Dispositionsfreiheit des Rates umfaßt auch die Besetzung und das Besetzungsverfahren (*Krähmer* 1992: 13). Des
weiteren gibt es besondere Ratskommissionen (ausschließlich mit Ratsmitgliedern besetzte Ausschüsse), die zur Beratung und Kontrolle des Kollegiums eingesetzt werden; zumeist erhält jeder Beigeordnete eine Kommission für seinen
Geschäftsbereich. In den beiden größten Städten des Landes, Amsterdam und
Rotterdam, gibt es zudem die „Stadtteilräte" genannten Bezirksvertretungen, deren Umwandlung in eigenständige Gemeinden bis Ende der 90er Jahre geplant
ist. Die bisherigen Gemeinden Amsterdam und Rotterdam sollen dafür im Gegenzug aufgelöst werden! Die neuen Gemeinden sollen zusammen mit ihren
Umlandgemeinden eine neuartige Art Stadtprovinz bilden (die den Namen der
beiden Großstädte tragen werden!). Hinter diesem Konzept ist das Vorbild der
deutschen Stadtstaaten unschwer zu erkennen (ausführlich: *Kleinfeld* 1994). Allerdings ist – nach schon mehrfach gescheiterten Anläufen zur Bildung von eigenen Regionalkörperschaften im Gebiet um Rotterdam und Eindhoven – zum
jetzigen Zeitpunkt noch nicht mit letzter Gewißheit abzusehen, ob diese Pläne
diesmal auch tatsächlich umgesetzt werden.

Gemeindesekretär   Der oberste Gemeindebedienstete ist der auf Vorschlag des Kollegiums vom
Rat gewählte *Gemeindesekretär*. Als Chef des Sekretariats – eine ursprünglich
für den Vollzug sämtlicher kommunaler Aufgaben zuständige Verwaltungseinheit – bestehen seine Aufgaben in der Unterstützung der kommunalen Leitungsorgane und in der Koordination der Verwaltung. Mit der Zunahme kommunaler
Aufgaben vergrößerte sich einerseits das Sekretariat, andererseits etablierten sich
neben dem Sekretariat besondere (Fach-)Dienste, die sich mit der Zeit auch organisatorisch zusehends verselbständigten (KGSt 1992: 22ff.).

190

Tabelle 3: Kommunen in der niederländischen Staatsorganisation

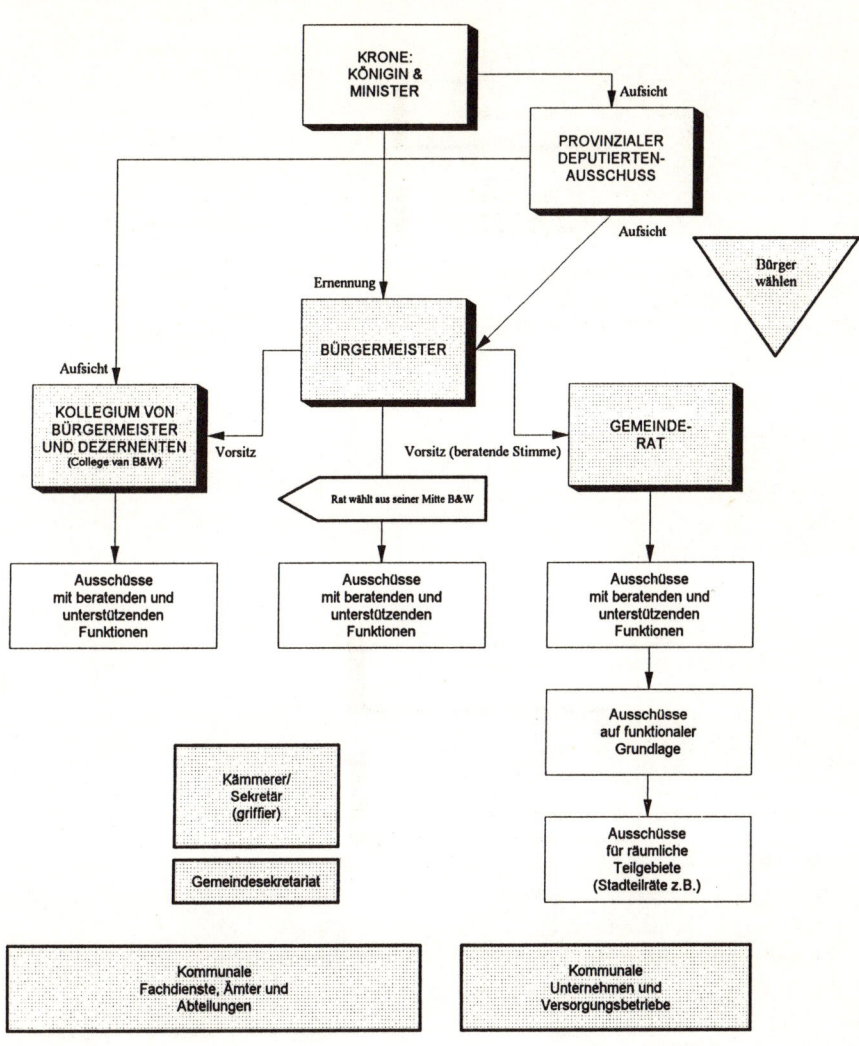

Quelle: Kleinfeld 1994: Anhang

Tabelle 4: Grundlegende Modelle der Organisation der niederländischen Kommunalverwaltung: Gesetzliches Modell und Tilburger Modell

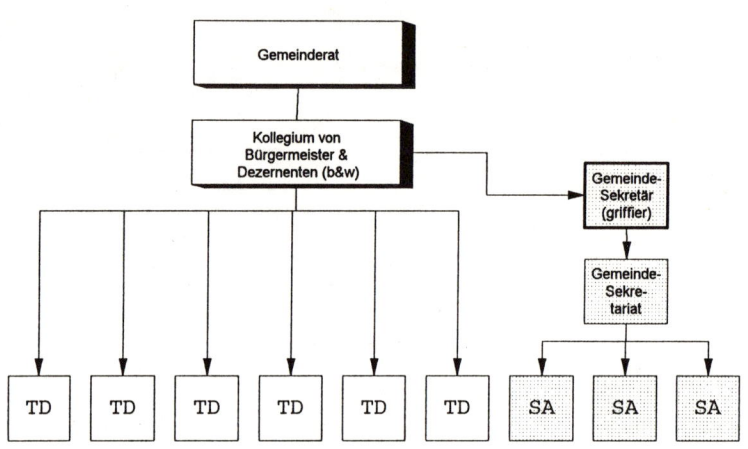

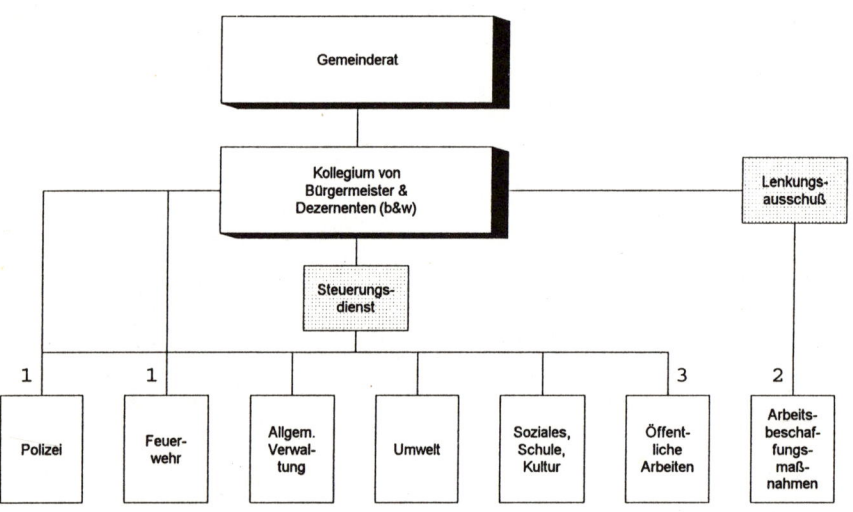

Quelle: Kleinfeld 1994: Anhang

Kennzeichnend für die Binnenorganisation niederländischer Gemeinden ist die Schlüsselstellung des Kollegiums als Bindeglied zwischen Rat und Verwaltung in Form einer Stadtregierung. Die Position des Kollegiums wird nicht zuletzt – auch im Vergleich zum Rat – insoweit gestärkt, als es in mehreren – das Gros der kommunalen Aufgaben betreffenden – Mitverwaltungsbereichen die Durchführungskompetenz besitzt. Das zum 1.1.1994 neugefaßte Gemeindegesetz sieht gerade vor diesem Hintergrund eine Stärkung der Gemeinderäte vor, u.a. mit Blick auf ihre Organisationskompetenz sowie die Kontrolle des Kollegiums, des Bürgermeisters und der Verwaltung. Die Verantwortlichkeit für die Leitung der Tagesgeschäfte (ausgenommen die besonderen Kompetenzen des Bürgermeisters) soll – dies entspricht einer Festschreibung der bestehenden Arbeitsteilung in der Praxis – dem Kollegium zugeordnet werden. Insbesondere die Stellung des Gemeindesekretärs erscheint jedoch diffus, zumal hinsichtlich der Leitung und Kontrolle der Dienste keine präzise Kompetenzabgrenzung zwischen ihm und dem Kollegium besteht.

Schlüsselstellung des Kollegiums

Das auffälligste Kennzeichen der niederländischen Kommunalfinanzen ist der auch im internationalen Vergleich außerordentlich geringe Anteil eigener Einnahmen aus Steuern und sonstigen eigenen Einnahmen. Dies macht die niederländischen Gemeinden weitgehend von staatlichen Pauschal- und Zweckzuweisungen abhängig. Die kommunalen Finanzen werden aus unterschiedlichen Quellen gespeist (vgl. *Spit* 1993: 32ff.): Pauschalzuweisungen aus dem Gemeindefonds des Reichs sichern die finanzielle Grundausstattung der Gemeinden[3]. Sie umfassen etwa 30% der kommunalen Einnahmen (1983: 13,26 Mrd. hfl; 1987: 12,204 Mrd. hfl; 1989: 12,969 Mrd. hfl; nach *Spit* 1993: 31). Besonders während der Amtszeit der ersten konfessionell-rechtsliberalen Regierung Lubbers (1982-1986) verringerten sich die Transferzahlungen aus dem Gemeindefonds beträchtlich. In den folgenden Jahren konnte der weitere Rückgang aufgrund einer Vereinbarung zwischen dem niederländischen kommunalen Spitzenverband VNG, dem alle niederländischen Gemeinden auf freiwilliger Basis angehören, und der Regierung vorerst gebremst werden.

Kommunalfinanzen

Das Gros der Gemeindeeinnahmen betrifft aufgabenspezifische Zweckzuweisungen der Ministerien, die überwiegend die Finanzierung der zum Mitverwaltungsbereich gehörenden kommunalen Aufgaben sichern sollen. Ihr Anteil an den kommunalen Einnahmen hatte sich von 1953 (30%) bis 1981 (62,2%) mehr als verdoppelt. 1980 erreichte dieses Dotierungssystem mit insgesamt 532 Arten von Zweckzuweisungen seinen historischen Höchststand. Seit den achtziger Jahren wurde ihre Zahl jedoch auf 216 (1990) mehr als halbiert. Zwar ist der Gesamtbetrag der Zweckzuweisungen seit 1980 langfristig ebenfalls zurückgegangen, jedoch nicht proportional mit dem Rückgang der Zuweisungsarten, so daß sich ihr Anteil an den kommunalen Einnahmen kaum verändert hat. Der Anteil der zehn bedeutendsten Zuweisungsarten an allen Zweckzuweisungen

---

3   Die Zuweisungen bestehen aus allgemeinen Schlüsselzuweisungen, die aus für alle Gemeinden identischen Basisbeträgen sowie weiteren Leistungen bestehen, deren Umfang nach der Gemeindefläche, der bebauten Fläche, der Einwohnerzahl und einigen weiteren Kriterien bemessen wird, ferner aus besonderen Transferzahlungen, die spezifische strukturelle (z. B. hohe Arbeitslosigkeit), funktionale (z. B. Oberzentrumsfunktion) Bedingungen sowie unvorhergesehene Probleme (z. B. Bevölkerungsrückgang) berücksichtigen (Spit 1993, 32f.).

belief sich 1990 mit über 26 Mrd. hfl auf 73,7% (vgl. ausführlich *Kleinfeld* 1994).

Die geringsten Anteile an den kommunalen Finanzen haben die eigenen Einnahmequellen der Gemeinden (1985: 5,2%; 1981: 5,8%). Damit ist der Anteil der eigenen Einnahmequellen an allen kommunalen Einnahmen in den Niederlanden der mit weitem Abstand niedrigste in allen EG-Staaten (*Spit* 1993: 30). Sie bestehen aus Gemeindesteuern, darunter als ertragreichste die Grundsteuer, ferner aus Gebühren und Entgelten für die Nutzung kommunaler Einrichtungen.

Vor dem Hintergrund der wirtschaftlichen Stagnation sowie konjunktureller Krisen gerieten zu Beginn der achtziger Jahre die Grenzen des niederländischen Versorgungsstaats zunehmend ins Blickfeld der Öffentlichkeit. Der Bedeutungszuwachs essentieller sozio-ökonomischer Probleme (Arbeitslosigkeit) und die Revitalisierung konservativ-liberaler Politikkonzepte förderten die Diskussion über eine Neudefinition der Rolle des (Zentral-)Staates (*Kleinfeld* 1993: 234f.). In der Folge wurden vor allem die zweckgebundenen staatlichen Finanztransfers zurückgefahren. *Spit* (1993: 177ff.) kommt in seiner Dissertation zu dem Ergebnis, daß der durch den Rückzug des Zentralstaats ausgelöste „fiskalische Druck" die entscheidende Bedingung für die Entwicklung neuer Politikstrategien auf kommunaler Ebene darstellt. *Spit* (1993: 54) hat eine dreidimensionale Typologie derartiger neuartiger Politikstrategien entwickelt:

- einnahmen- vs. ausgabenorientierte,
- inzidentielle vs. strukturelle,
- technokratische vs. organisationsverbessernde vs. aufgabenfeldbezogene Strategien.

Einer der von *Spit* beobachteten Strategietypen betrifft die Verbesserung der Effizienz, dessen Initiierung er neben den staatlichen Transferkürzungen insbesondere auf technologische Entwicklungen und auf einen allgemeinen Einstellungswandel zur Organisation „Kommune" (Bürgerorientierung statt Bürokratie) zurückführt (1993: 73f.). Die Verbesserung der Effizienz – à la Tilburg – ist nach *Spit* eine überwiegend ausgabenorientierte Strategie mit struktureller Reichweite und organisationsverbessernder Zielrichtung.

Reform der Gemeinde-
haushaltsverordnung

Ein wichtiges Rahmenelement für die Einführung des Tilburger Modells war die Reform der Gemeindehaushaltsverordnung im Jahre 1985. Die Änderung war im wesentlichen getragen von dem Wunsch, den Haushaltsplan zu einem Steuerungsinstrumentarium der politischen Führung der Gemeinde umzustrukturieren. Konsequenterweise wurde das System der Kameralistik zu einem System der kaufmännischen doppelten Buchführung umfunktioniert. Damit war die wesentliche Grundlage für eine betriebswirtschaftlich orientierte Haushaltssteuerung im Sinne des oben beschriebenen Kontraktmanagements begründet. Für 1995 ist eine neue Revision des Gemeindehaushaltsverordnung angekündigt. Sie geht noch stärker auf den inzwischen in den Niederlanden erreichten Kurswandel in Richtung auf Output-Orientierung und Produkthaushalt ein, versucht allerdings gleichzeitig – auch in deutlich akzentuierter Konfliktstellung zu einigen Reformgemeinden – ein Mindestmaß an Vergleichbarkeit im niederländischen Haushaltswesen sicherzustellen (vgl. *Kleinfeld* 1994). Die Reform-Intentionen niederländischer Gemeinden werden zudem durch die neuen Bestimmungen zur kommunalen Finanzaufsicht ermutigt, die im Rahmen des neuen Gemeindege-

194

setzes ab 1994 den Wegfall der bisherigen Genehmigungspflicht des Haushaltes durch die Provinz, eine Flexibilisierung und Ausdünnung aufsichtsrechtlicher Bestimmungen sowie einen vergrößerten eigenen Entscheidungsspielraum der Gemeinden zum Ziel haben. Allerdings gingen dem intensive Beratungen zwischen Reich, Provinzen und Gemeinden in der Frage der Umsetzung des neuen Aufsicht-Leitbildes gegenüber der Gruppe von Gemeinden voraus, deren Haushaltsaufbau (sog. Produkthaushalt) vom klassisch-funktional gegliederten Haushaltsmodell abweicht. Hier geht es vor allem um die für einen dezentralisierten Einheitsstaat stets virulente Frage, inwiefern unitarische Prinzipien (konkret: gesetzliche Formvorschriften für kommunale Haushalte) auf Gemeinden, die mit Verwaltungsexperimenten arbeiten, Anwendung finden sollen und müssen.

Die ursprünglich recht einfach strukturierte niederländische Gemeindeverwaltung nahm im Laufe der Zeit immer stärker die Kennzeichen und auch Probleme bürokratischer Großorganisationen an, die in zunehmenden Maße Managementsfähigkeiten und professionelle Koordinationskompetenzen erforderten. Auch dehnte sich als Folge horizontaler Differenzierung die Arbeitsteilung und Sektoralisierung der Kommunalverwaltung weiter aus. Dies bedingte die Gründung stets neuer Behörden, Eigenbetriebe, GmbHs und sonstiger Einrichtungen. Entsprechend hoch ist die Zahl der kommunalen Beschäftigten, von denen ein knappes Drittel in kommunalen Wirtschaftsbetrieben tätig ist. Neben der Linienorganisation gewannen neue Muster der Stabs- und der Projektorganisation an Bedeutung.

Entwicklung des kommunalen Verwaltungs-Managements

Ursprünglich wurden alle Kommunalbeamte in einem Sekretariat untergebracht, an deren Spitze der Gemeindesekretär (griffier) zu stehen pflegte. Daneben entwickelten sich die Gemeindebetriebe (tak van dienst), die vom Rat eingerichtet werden können und an deren Spitze ein Direktor steht, der im Rahmen seiner Tätigkeit aber nicht dem Gemeindesekretariat untersteht. Abweichend von diesem klassischen Modell einer niederländischen Gemeindeverwaltung sind in den siebziger Jahren die meisten niederländischen Großstädte dazu übergegangen, ihre Verwaltungsstruktur tiefgreifend zu reorganisieren. Hiermit wurde auf Veränderungen zu reagieren versucht, die darin zum Ausdruck kamen, daß die einzelnen Ämter sich immer stärker spezialisierten und zugleich das für den betreffenden Politikbereich zuständige Kollegiumsmitglied immer mehr als politischer „Chef" des entsprechenden Amtes zu fungieren begann. Außerdem versuchten die technisch und personell immer besser ausgestatteten Ämter, unter Umgehung der Vermittlungsfunktion des Gemeindesekretärs direkt mit dem Kollegium in Verbindung zu treten.

In historischer Perspektive lassen sich während der letzten zwanzig Jahre mehrere Hauptphasen der Organisations- und Managemententwicklung innerhalb der niederländischen Gemeinden unterscheiden:

Phasen der kommunalen Organisations-entwicklung

- Zunächst versuchte man durch verschiedene Formen des zusätzlichen Einbaus von Elementen der Projektorganisation die Zusammenarbeit innerhalb der Gemeindeverwaltungen zu verbessern.
- In einer zweiten Phase suchte man die Lösung eher in einer Fundamentalrevision der gemeindlichen Organisationsstruktur, wobei insbesondere die Funktion des Gemeindesekretariats und des Gemeindesekretärs zurückgedrängt wurde.

– Die dritte Phase wurde von einer stärker auf Umsetzung und Implementation ausgerichteten Reformpolitik gekennzeichnet, die dem dynamischen Wandel und dem Prozeßcharakter kommunaler Politik Rechnung zu tragen sucht. Statt Reorganisation von Strukturen wurde der Arbeitsstil zum Gegenstand innovativer Strategien. In diesem Sinne gewannen Managementerfahrungen aus der Privatwirtschaft auch unabhängig von der politischen Renaissance liberal-konfessioneller, konservativer Strömungen einen erhöhten Stellenwert. Fast alle Gemeinden wurden vor das Problem gestellt, bei sinkenden Einnahmen und wachsenden politischen Aufgaben, Effektivitätsüberlegungen stärker zu gewichten und gleichzeitig die Herausforderungen durch den Einsatz neuer Technologien im Dienstleistungsbereich anzugehen.

– Als Reaktion auf diese neuen Anforderungen setzte seit Mitte der 80er Jahre schließlich in vielen niederländischen Gemeinden eine vierte Phase der Organisationsentwicklung mit dem Umbau zu breiten Fachdiensten ein. Diese übernahmen mehr als in der Vergangenheit „Selbstverantwortung" in der Umsetzungsphase und entledigten sich weitgehend der Kontrolle seitens des Sekretariats oder anderer Stabstellen. Den neuen Fachdiensten wurden die Verwaltung über die eigenen Ressourcen (Personal, Information, Organisation, Finanzen) übertragen und ihre Verantwortlichkeit gegenüber der politischen Spitze vertragsmäßig (Kontrakt-Management) festgelegt. Diese vierte Welle von Reformen im Bereich des Personal- und Organisationsmangements steht in den Niederlanden in enger Beziehung zu dem weiter unten erläuterten sog. BBI-Projekt.

Aktuelle Organisations-
strukturen

Die aktuellen Organisationsstrukturen der niederländischen Kommunalverwaltungen lassen sich nach einer Untersuchung von *Wolters* (1993) in 76 Gemeinden in drei Modelle fassen:

– Das klassische Nebeneinander von Sekretariat (griffier) und Fachämtern (diensten), das sich immerhin noch in 10 der 76 Gemeinden fand (unter anderem in Den Haag).

– Die Sekretariats-Organisation ohne Fachämter, wobei alle Aktivitäten durch Abteilungen des Sekretariats wahrgenommen werden, das in 20 meist mittelgroßen Gemeinden Anwendung fand.

– Das derzeit vor allem in Gemeinden über 50.000 Einwohnern vorherrschende Sektorenmodell mit breiten Fachdiensten und ohne Sekretariat, das in 46 Gemeinden angetroffen wurde. Am weitesten ist dieses Modell in Tilburg entwickelt worden. Weitere Vorbilder finden sich u.a. in Groningen, Delft, Heerlen, Hilversum, Alkmaar, Den Bosch und Breda.

3.5.3 Die Kernelemente des Tilburger Reformmodells

Die in der Provinz Nord-Brabant gelegene Stadt Tilburg hat ca. 160.000 Einwohner. Die Stadt beschäftigt derzeit gut 1.500 MitarbeiterInnen. Die jährlichen Gesamtausgaben beliefen sich 1992 auf ca. 1 Mrd. DM, bei einem – seit einigen Jahren wieder – ausgeglichenen städtischen Haushalt (KGSt 1992: 28). Der Rat bestand bis zu den Kommunalwahlen im Mai 1994 aus 39 Mitgliedern; drei der Beigeordneten des siebenköpfigen (Wiederspiegelungs-)Kollegiums gehörten dem christdemokratischen CDA, zwei der sozialdemokratischen PvdA und die (einzige) weibliche Beigeordnete der rechtsliberalen VVD an. Die Kommunalwahl von 1994 brachte in Tilburg keine vom nationalen Trend abweichenden Ergebnisse. Das „Tilburger Modell" ist in den Augen der Wähler weder besonders belohnt noch besonders bestraft worden.

Nach mehreren, bereits Ende der siebziger Jahre aufgenommenen verwaltungsinternen Voruntersuchungen (im Januar 1980 wurde dem Kollegium eine Mängelliste vorgelegt, die ca. 1.000 Engpässe bezeichnete; KGSt 1992: 29), entwickelte die 1983 eingerichtete, aus Führungskräften der Verwaltung und aus Ratsmitgliedern bestehende „Koordinationsgruppe Organisationsveränderung" einen Zielkatalog, der unter anderem die Vereinfachung und Flexibilisierung (Dezentralisierung) der Verwaltungsorganisation, die Bereitstellung von Dienstleistungen mit weniger, aber höherqualifiziertem Personal, die Qualitätssteigerung kommunaler Leistungen, die Verbesserung der haushaltswirtschaftlichen Steuerungsinstrumente, die Einführung betriebswirtschaftlicher Managementtechniken (Controlling) und eine Stärkung der Steuerungsfunktionen der politischen Führung vorsah. Ein weiteres in dem Katalog erwähntes Ziel betrifft den „stärkeren Einbezug der Bürger in die Vorbereitung und Ausführung der Politik unter der Voraussetzung, daß der Aufwand hierzu akzeptabel ist und die Interessen der Bürger auch tatsächlich ernst genommen werden" (KGSt 1992: 33). Auf der Grundlage dieses Katalogs sowie weiterer vom Kollegium entwickelter Detailvorgaben verabschiedete der Rat Ende 1983/Anfang 1984 einen Stufenplan zur Durchführung der geplanten Reorganisation, die bis Ende der achtziger Jahre bereits weitgehend umgesetzt wurde (zu den Einzelheiten der Vorbereitung und zum Verlauf der Umsetzung ausführlich: KGSt 1992: 28ff). 1989 faßte dann der Rat der Stadt Tilburg den Beschluß, das Haushaltsmodell gegenüber dem bisherigen funktional-gegliederten Modell für die eigene Stadt drastisch zu verändern.

Der Prozeß der Verwaltungsreform in Tilburg dauert rückblickend von seinen Anfängen bis zum heutigen Zeitpunkt (im Sinne einer sich stetig selbst weiterentwickelnden Organisation) mittlerweile nahezu 20 Jahre an. Hintergrund der besonderen Reformwilligkeit in Tilburg war die dramatisch verschlechterte Haushaltssituation in den 80er Jahren, die die Stadt dazu gezwungen hatte, zeitweilig den Sonderstatus einer sog. Artikel 12"-Gemeinde in Anspruch zu nehmen. Hiermit wird Bezug genommen auf einen berühmt-berüchtigten Passus im niederländischen Gemeindefinanzgesetz, der für Gemeinden mit einer besonders schlechten Haushaltslage (Unfähigkeit zum jährlichen Haushaltsausgleich plus erwarteter negativer Finanzentwicklung in den kommenden Haushaltsjahren) zusätzliche Finanzmittel seitens des Zentralstaates vorsieht, die Gemeinde für den Bewilligungszeitraum aber unter Staatskuratel stellt.

Die Verwaltungsorganisation der Stadt Tilburg vor der Reform vermittelt das Bild eines zweigleisigen Verwaltungsaufbaus: einer Gruppe von 15 Diensten, die – abgesehen von Polizei und Feuerwehr, die dem Bürgermeister zugeordnet sind – sowohl dem Gemeindesekretär als auch dem Kollegium untergeordnet sind, steht ein – dem Gemeindesekretär allein unterstelltes – Sekretariat gegenüber, das neben Querschnitts- auch einzelne Fach- und Planungsaufgaben, darunter solche mit engem Bezug zu Aufgaben, die von einem Dienst erledigt werden, wahrnimmt. So ist das Sekretariat u.a. für Planungsaufgaben in den Bereichen „Stadtwerke", „Wohnen" und „Soziales" verantwortlich; die Aufgaben in den Bereichen „Energieversorgung", „Wohnungsbauförderung", „Bau- und Wohnungsaufsicht" sowie „Soziales" sind den jeweiligen Fachdiensten zugeordnet. Die Querschnittsaufgabe „Personal und Organisation" erledigt nicht das Sekretariat, sondern ein Fachdienst.

Leitbildentwicklung

Als „Leitbild" für die neue Organisations- und Führungsstruktur wurde der später auch in der deutschen Diskussion (z.B. Duisburg) aufgenommene Begriff „Konzern Stadt" gewählt. „Konzern Stadt" steht in den Niederlanden aber primär für ein auf diese Managementkonzeption abgestimmtes Organisationsmodell. Der Begriff bezieht sich nicht – wie bisweilen im deutschen Sprachgebrauch – auf das Konglomerat aus der eigentlichen Stadtverwaltung und den städtischen Gesellschaften und Beteiligungen. Tilburg hat keine eigenen Gesellschaften. Sämtliche kommunalen Aufgaben werden von der Stadtverwaltung wahrgenommen. Die heutige Binnenorganisation der Stadt Tilburg ähnelt einer Holding: Rat, Kollegium und ein zentraler Steuerungsdienst bilden die einer Holding-Gesellschaft vergleichbare Leitungs- und Steuerungseinheit, während den – sieben verbliebenen – Diensten die Funktion von Betriebsgesellschaften zukommt.

Der Begriff „Konzern Stadt" soll zwei Leitbilder vermitteln: ein psychologisches (Bereitstellung anspruchsvoller Dienstleistungen für Bürger anstelle „hoheitlicher Abfertigung") und ein organisatorisches (Ablösung der hierarchischen, zentralistischen und arbeitsteiligen Verwaltungsorganisation und ihrer Arbeitsweise durch weitgehende Verselbständigung der einzelnen Verwaltungssektoren und Anwendung von Managementtechniken zur Verbesserung ihrer Leistungsfähigkeit; *Krähmer* 1992, 20).

Kernelemente

Aus diesem Leitbild konkretisieren sich die vier Kernelemente des Tilburger Modells:

– Dezentralisierung und Delegation,
– Umstellung von der Input- zur Output-Steuerung,
– Konzentration der politischen Führung auf Leitlinienentscheidung,
– Personalentwicklung und Verwaltungskultur.

Die Konzernleitung bestimmt, was geleistet wird und stellt dafür die notwendigen Ressourcen zur Verfügung. Die nachfolgenden Fachdienststellen dagegen entscheiden in eigener Regie, wie die Leistung unter der entsprechenden Ressourcenvorgabe auszuführen ist.

Im Tilburger Modell muß die Politik von der auch in den Niederlanden Tradition gewordenen Gewohnheit der permanenten Einzelfallentscheidungen weitestgehend Abstand nehmen. Damit ist zugleich gegenüber der Verwaltung insbesondere in der Übergangsphase die Gewährleistung eines erheblichen Vertrauensvorschusses verbunden. Die Verwaltung ihrerseits übernimmt eine bis dahin auch in den Niederlanden noch nicht gekannte Verantwortung für erzielte Ergebnisse.

Zu den neuen bzw. verbleibenden *Entscheidungskompetenzen des Rates* gehören, abgesehen von der Organisation der Kommune und der Wahl der Beigeordneten sowie der Dienstdirektoren, insbesondere die Formulierung von politischen Arbeitsschwerpunkten und ihre Aggregation in Leitlinien, ferner die Festsetzung der Soll-Outputs und die Ergebniskontrolle. Die organisationsbezogenen Kompetenzen betreffen die Einrichtung von Kommissionen (Ausschüssen), die

Einteilung der Verwaltung in Dienste und die Aufgabenverteilung unter den Diensten sowie (auf Vorschlag des Kollegiums) die Festlegung der Reichweite der den Dienstdirektoren übertragenen Entscheidungsbefugnisse. Per Ratsbeschluß haben die Dienste der Stadt Tilburg u.a. die Personalhoheit für ihre Bereiche übernommen und sind bei der Organisation ihres Dienstes (funktionale Binnengliederung, Stellenbedarfe) nicht an Weisungen (des Kollegiums) gebunden (*Krähmer* 1992: 25).

Das *Kollegium* ist als Übersetzungsorgan zwischen Rat und Verwaltung im Rahmen der Vorgaben des Rates für die Leitung der Verwaltung und – soweit erforderlich – für die Koordination der Beziehungen zwischen den einzelnen Verwaltungssektoren verantwortlich.

Der aus dem vormaligen Sekretariat hervorgegangene *zentrale Steuerungsdienst* hat als Stabsstelle vor allem die Aufgabe, die weitere Umsetzung der Reform zwischen den Fachbereichen und der Gesamtverwaltung zu koordinieren sowie die politischen Leitungsorgane zu unterstützen. Dazu gehören insbesondere die Entwicklung von zentralen Vorgaben und Richtlinien für die Kommune Tilburg insgesamt, ferner die Verbesserung des Steuerungs-Instrumentariums und die Entwicklung von Leistungsvorgaben für die Fachbereiche sowie die Ergebnisprüfung (Controlling). Der Steuerungsdienst ist den (Fach-)Diensten gegenüber nicht weisungsbefugt.

Alle fachlichen wie auch die organisatorischen, finanziellen und personalwirtschaftlichen Tagesgeschäfte nehmen die Fachdienste autonom wahr. Die Dienste verfügen über eigenes Personal, das für die Ressourcenbewirtschaftung verantwortlich ist. Jeder Dienst wird von einem Direktor geleitet, dem ein betriebs- und finanzwirtschaftlich ausgebildeter Controller als Stellvertreter assistiert.

Das grundlegende Steuerungsprinzip der Kommunalpolitik und -verwaltung in Tilburg ist das „Kontraktmanagement". Im Rahmen des Kontraktmanagements trifft das Kollegium (als Organ der politischen Führungsebene) mit den Diensten (Managementebene) jeweils für ein Jahr verbindliche Absprachen über die zu leistenden Aufgaben und über die dafür bereitgestellten Finanzmittel. Das Kollegium formuliert auf der Grundlage der vom Rat verabschiedeten strategischen und finanzwirtschaftlichen Planwerke (insbesondere der „Jahresprojektion" und dem nach ihren Maßgaben entwickelten „Konzernhaushalt") Leistungsanforderungen; die Fachbereiche beziffern die dafür erforderlichen Kosten. Auf diesen Grundlagen wird für den Fachbereich ein festes Budget entwickelt, aus dem die vorgegebenen Ziele, Aufgaben und Leistungsanforderungen bestritten werden müssen. Dies wird in einer Managementvereinbarung festgeschrieben; allerdings handelt es sich bei den Managementvereinbarungen in Tilburg nicht um formelle Verträge (KGSt 1992, 45).

Auf der Grundlage dieses Jahreskontrakts sind die Dienste selbständig verantwortlich für die Umsetzung des Jahresprogramms; die Eigenverantwortung umfaßt sowohl die Fach- als auch die Ressourcenkompetenz. Einzeleingriffe in den Verwaltungsablauf durch Rat oder Kollegium sind im Grundsatz nicht mehr möglich. Das Prinzip „Kontraktmanagement" bezieht sich auch auf das Verhältnis zwischen den Diensten: sie entscheiden, ob Aufgaben durch eigenes Personal erledigt werden, ob Aufträge an einen anderen Dienst oder an einen externen Anbieter vergeben werden.

Steuerungsprinzip:
Kontraktmanagement

Ein weiteres zentrales Element des „Tilburger Modells", das Effizienz (Verhältnis zwischen Ressourceneinsatz und Ergebnis) und Effektivität (Zielgenauigkeit und Qualität der Leistung) erst meß-, steuer- und kontrollierbar macht, besteht in der Ablösung der Inputsteuerung durch Outputsteuerung. Im Zentrum der politischen Planung, Steuerung und Kontrolle stehen „Produkte". In Tilburg wird als „Produkt" Leistung bezeichnet, die ein Produktzentrum (z. B. die Abteilung eines Dienstes) an einen anderen außerhalb des Dienstes (z.B. an einen Bürger oder einen anderen Dienst) liefert und die einen Bedarf (unabhängig von den Umständen seiner Entstehung, z.B. aufgrund eines Gesetzes) des Adressaten deckt, für die er im Grundsatz einen Preis bezahlen müßte (KGSt 1992, 69).

Produktorientierung kennzeichnet auch die Binnenorganisation der Dienste; sie gliedern sich in Produktzentren und – auf der dritten Ebene – in Produktgruppen. Im Tilburger Haushalt stehen keine Haushaltsansätze für einen mehr oder minder präzisen Zwecke, sondern „Produkte" des jeweiligen Verwaltungssektors (z.B. Müllmengen, zu leistende Sozialhilfe, auszustellende Pässe/Führerscheine, anstehende Bebauungsplanverfahren usw.). Die Darstellungen der Produkte enthalten neben einer Kurzbeschreibung des Produkts produktbezogene Kennzahlen, die für das betreffende Haushaltsjahr Vorgaben über Leistungsmengen – teilweise auch über -qualitäten – treffen, ferner finanzwirtschaftliche Standardkennzahlen und zusätzliche Hinweise auf kalkulationsbeeinflussende Faktoren (z.B. Gesetzesänderungen, Beschlußlage des Rates, demographische Einflüsse etc.). Den je Produkt möglichst präzise geschätzten Leistungsmengen und Qualitätsvorgaben werden die Kosten und die erwarteten Erträge zugeordnet. Auch in Tilburg gehört die Quantifizierung von Produkt-Kennzahlen zu den „Achillesfersen" des Modells, da sich gerade persönliche Dienstleistungen gegen eine derartige Standardisierung und Schematisierung sträuben und zudem viel Spielraum für vorwiegend „gegriffene" oder nach politischen Vorgaben vereinbarte „Grenzwerte" bleibt.

Auf der Grundlage des jeweils unmittelbar nach der Kommunalwahl vom Rat beschlossenen, auf vier Jahre angelegten *„Politischen Arbeitsprogramms"* (*Krähmer* 1992: 32) entwirft der Steuerungsdienst im Vorfeld der jährlichen Etatberatungen eine *„Jahresprojektion"*, die das Kollegium dem Rat im März zuleitet. Sie skizziert relevante sozio-ökonomische Trends und den aktuellen Stand der Reform, sie konkretisiert die Arbeits- und Finanzplanung der kommenden Jahre und enthält die von den Diensten mit dem Kollegium entwickelten Vorschläge zur Verteilung der Dienstbudgets im nächsten Haushaltsjahr. Das zentrale Steuerungsinstrument des Rates ist der *„Konzernhaushalt"* (Gesamthaushalt). Dessen als „Leitlinien" bezeichneter Teil 1 enthält, in Anknüpfung an die „Jahresprojektion", allgemeine Leitlinien und politikfeldbezogene Sachstandsinformationen, eine Darstellung der Betriebsführung und Personalpolitik, einen Überblick über die Finanzentwicklung mit Vorschlägen zur Steuer-, Gebühren- und Investitionspolitik sowie eine Zusammenfassung der Dienstbudgets. Der nach Diensten gegliederte Teil 2 („Produkte") umfaßt neben den für die einzelnen Fachbereiche konkretisierten Darstellungen des Teils 1 die einzelnen Produktinformationen. Auf der Grundlage des „Konzernhaushalts" handelt das Kollegium mit den Diensten die *Fachbereichshaushalte* (die Managementvereinbarung) abschließend aus, deren Aufbauprinzip weitgehend dem des „Konzernhaushalts" entspricht.

200

Die laufende Kontrolle der Umsetzung der im Rahmen des „Konzern"- und der „Fachbereichshaushalte" festgelegten Vorgaben ermöglicht ein nach Berichtssequenzen und -inhalten standardisiertes *Berichtswesen* zwischen den Instanzen: Dienst, Kollegium und Rat. In den meisten Diensten findet darüber hinaus eine monatliche Berichterstattung (durch die Leitungen der Produktzentren an den Dienstdirektor) statt (KGSt 1992: 94). Die Gliederung der Berichte orientiert sich an dem Aufbau der Planwerke (Haushalte). Ihre Inhalte umfassen zeitliche, finanzielle und leistungsbezogene Planabweichungen, deren Ursachen und Vorschläge zu Plananpassungen, ferner eine Prognose der zum Jahresende erwarteten Rechnungsergebnisse. Die Dienste legen dem Kollegium und der zuständigen Kommission dreimal pro Jahr Fachbereichsberichte vor. Eine Schwerpunktaufgabe des Steuerungsdienstes im Rahmen seiner Controllingfunktion besteht in der Analyse der Fachbereichsberichte, um dem Kollegium oder Rat ggf. Vorschläge zur Reaktion auf Planabweichungen zu unterbreiten (*Krähmer* 1992, 40). Aus den Fachbereichsberichten entwickelt der Steuerungsdienst jeweils „Konzernberichte", die das Kollegium dem Rat präsentiert.

In den ersten drei Monaten nach Ablauf des Haushaltsjahres legt jeder Dienst seine Fachbereichsrechnung und einen *Jahresbericht* vor, die – nach Prüfung durch den Steuerungsdienst und durch externe Prüfer – in der Rechnungskommission des Rates behandelt werden; der Jahresbericht ergänzt die (ressourcenbezogene) Rechnungslegung um Aussagen zu den Ergebnissen der vom Rat beschlossenen Leitlinien und Produktvorgaben. Die Fachbereichsrechnungen und Jahresberichte werden zur Konzernjahresrechnung bzw. zum Konzernjahresbericht gebündelt, auf dessen Grundlage – nach Vorberatung in der Rechnungskommission – der Rat das Kollegium entlastet.

Eine so weitreichende Verwaltungsreform wie in Tilburg bedingt tiefgreifende Veränderungen in der Verwaltungskultur sowie im Verhältnis von Personal- und Konzernleitung. Das neue Verwaltungsmodell war in seinen Grundsätzen 1985 durch eine Führungsentscheidung vorgegeben worden. Eine partnerschaftliche Beteiligung der Mitarbeiter der Stadtverwaltung in Tilburg war seinerzeit nicht vorgesehen gewesen. Aus den seitdem gemachten Erfahrungen wurde jedoch die Erkenntnis gezogen, daß ohne die Mitwirkung des Personals letztendlich sämtliche neuen Ideen zum Scheitern verurteilt sind. Darüber hinaus wurde erkannt, daß das neue Steuerungsmodell erhebliche zusätzliche Qualifikationsanforderungen an die Mitarbeiter stellt. Entsprechend dieser Erkenntnisse wurden 1991 die Bereiche „Strategische Planung, Personalbedarfsplanung, Mitarbeitergespräche, Beurteilungsgespräche, Personaleinsatzwünsche sowie Karriereplanung" als umfassender und zusammengehörender personalpolitischer Bereich definiert. Die neue Verwaltungskultur wird wie folgt beschrieben:

> „Das gewünschte Profil der neuen Verwaltungsmitarbeiter und -manager zeichnet sich aus durch Selbständigkeit, Eigeninitiative, Risiko- und Verantwortungsbereitschaft, Kundenorientierung, Qualitäts- und Kostenbewußtsein und Flexibilität. Die Zusammenarbeit in der erneuerten Kommunalverwaltung soll sich auf der Basis gegenseitigen Vertrauens in sachlichen Verhandlungen ohne hierarchische Über- und Unterordnungen vollziehen." (*Krähmer* 1993: 79)

Personal-Beteiligung am neuen Steuerungsmodell

3.5.4 Das Tilburger Modell in der niederländischen Diskussion: Kommentare, Kritik, Evaluierung

BBI-Prozeß und Tilburger Modell

Nicht zuletzt dank eines cleveren Marketing und des gerade in Deutschland angefachten Interesses hat die Reform der Kommunalverwaltung in Tilburg internationale Aufmerksamkeit erregt. Vermutlich ist die Bekanntheit eines „Tilburger Modells" derzeit in deutschen Kommunalverwaltungen größer als in den Niederlanden selbst. Dies rührt mit daher, daß in deutschen Berichten sich die Aufmerksamkeit zumeist auf die Stadt Tilburg konzentriert, während in den Niederlanden der passende Leitbild-Begriff eher unter der Abkürzung „BBI" rubriziert wird. Eine ganze Reihe von Städten (aber auch zentralstaatliche Behörden und Provinzen) verfolgen Reformstrategien, die fast alle zurückzuführen sind auf Anregungen, die die Projektgruppe „Politik- und Verwaltungsinstrumente" (beleid- en beheersinstrumenten; BBI) seit 1987 entwickelt hat. Diese Projektgruppe ist vor einigen Jahren durch das Innenministerium auf privatrechtlicher Grundlage ins Leben gerufen worden. Das BBI-Projekt in Leusden fördert die Entwicklung und Diffusion neuartiger Verwaltungsinstrumente, mit denen im Bereich öffentlicher Verwaltungen betriebswirtschaftlich geprägtes Handeln (Produkt- und output-Haushalte; output-Messungen und -steuerung; Controlling) möglich gemacht werden soll. Seither bemüht sich diese in einer Stiftung organisierte Projektgruppe durch Organisation von Messen, Erfahrungsbörsen und einer aktiven Transferstrategie Grundelemente dieser neuen Instrumente der Verwaltungspolitik insbesondere auf kommunaler Ebene zu popularisieren. Der Erfolg ist inzwischen so groß, daß die BBI-Stiftung damit beginnt, ihre Erfahrungen auch im benachbarten Ausland zu vermarkten. So sind derzeit in einigen deutschen Stadtverwaltungen Vortragsveranstaltungen und workshops geplant, die von der niederländischen BBI-Stiftung inhaltlich getragen werden.

Ein Kritiker des Tilburger Modells – der ehemalige Finanzbeigeordnete der Stadt Leiden und heutige Publizist, P. Bordewijk – verglich in einem Kommentar kürzlich anläßlich der Präsentation des Haushaltsplanes für 1995 die Aussagekraft, Konsistenz und Qualität der zahlenmäßigen Unterbauung des Tilburger Haushaltsplanes mit der eines kommunistischen Fünf-Jahres-Plans und meinte, daß in der Praxis das Tilburger Modell eher einer holländischen Tomate glich: beide seien von außen schön anzusehen, aber der Inhalt entspreche nicht der Verpackung (*Bordewijk* 1994: 31).

Kritische Erfahrungen

Auf der Grundlage der relativ breiten Erfahrungen in den Niederlanden zeichnen sich auch Gefahren und Schwierigkeiten im Umgang mit den neuen Management-Formen ab. Öffentliche Aufmerksamkeit haben insbesondere zwei Fälle erlangt: die unkontrolliert hohen Defizite der Stadtsanierungspolitik in Den Haag sowie der Konkurs der Kreditbank der Stadt Groningen.

Negativbeispiel Groningen

Die Bedeutung des Groninger Negativbeispiels liegt darin, das dort das kurz zuvor erst eingeführte System von Managementsrapportagen, Kontraktmanagement und andere Kontrollformen offensichtlich versagt hat. Der Konkurs der erst 1984 gegründeten Kreditbank der Stadt Groningen, der zu einem städtischen Defizit von rd. 40 Mio. Gulden führte, wurde von J.L. *Bouma* und G.J. *van Helden* (beide Universität Groningen) gerade mit Blick auf Mängel des in Groningen 1985 eingeführten modernen Management-System à la Tilburg untersucht. Sie verweisen auf ein teils fehlendes, teil unzureichendes Warnsystem. Im „Bankreglement" war die Höhe, bis zu der die Bank Hypotheken aufnehmen durfte, nicht festgelegt. Die dort festgelegte Mitunterzeichungspflicht des Bankdirektors wurde in der Realität unterlaufen. Zudem mangelte es an sachkundigen Experten auf dem eher spekulativen Hypothekenmarkt, was bei den anderen kommunalen Kreditbanken in den Niederlanden einen Einstieg in das Hypothekengeschäft verhindert hat. Die kommunale Aufsicht gegenüber der Bank, die auf der Basis eines Kontraktmanagement – aber ohne vereinbarte bzw. auf der Grundlage nicht aussagekräftiger Kennzahlen – stattfand, hat offensichtlich versagt. Dies wird darauf zurückgeführt, daß das kommunalpolitische Interesse an der Kreditbank nach ihrer Gründung sehr rasch nachließ.

Als Beispiel für die praktischen Probleme mit neuen Steuerungsmodellen und der Finanzaufsicht-neuen-Stils können die Erfahrungen zwischen Provinz und der Gemeinde Den Haag Anfang der 90er Jahre gelten. Hintergrund war ein Verwaltungsabkommen, das 1987 zwischen der Provinz Südholland und den beiden Großstädten Den Haag und Rotterdam abgeschlossen worden war, in dem die Provinz beiden Gemeinden im Vorgriff auf das neue Gemeindegesetz auf experimenteller Basis eine „zurückhaltende Ausübung ihrer Finanzaufsichtsfunktion" zugesagt hatte. Die Gemeinde Den Haag konnte bis Mitte der 80er Jahre noch auf stattliche eigene Rücklagen verweisen, die inzwischen zu einer Haushaltsverschuldung von knapp einer Viertel Milliarde Gulden umgeschlagen ist. Allein rd. 100 Mio. Gulden gehen dabei nach Ansicht der gemeindlichen Rechnungsprüfer zu Lasten von Mißmanagement in der Finanzverwaltung. Es handelt sich hier um eindeutige Budgetüberschreitung im Rahmen der Stadtsanierungspolitik, die innerhalb der städtischen Politik höchste Priorität genoß. Insofern konnten auch Erklärungen, die bei der zugenommenen Komplexität von Kommunalpolitik und der Überlastung der politischen Verantwortlichen ansetzen, in diesem Fall nicht überzeugen.

Negativbeispiel Den Haag

Das Beispiel verweist aber auch auf eine gewisse Ohnmacht der Provinz als Aufsichtsbehörde. Bereits seit 1985 wurde die Genehmigung des Haushaltes von Den Haag mit Warnungen vor erheblichen finanziellen Risiken begleitet, auf die die Provinz von seitens der kommunalen Rechnungsprüfer selbst regelmäßig hingewiesen worden ist. Aber selbst das verhältnismäßig scharfe Instrument einer zumindest befristeten Weigerung der Provinz zur Genehmigung des Gemeindehaushaltes verfehlte, wie man im Nachhinein feststellen kann, jegliche Wirkung, da die zuständigen Fachbeamten und Politiker fest entschlossen waren, an ihren ambitionierten Plänen festzuhalten. Daß allerdings die Provinz nicht unbedingt zu einem Konfrontationskurs mit einer Stadtverwaltung entschlossen war, die ihr qua Personalausstattung und Umfang um ein Vielfaches überlegen ist, bezeugt jedoch das freiwillig geschlossene Verwaltungsabkommen, das die Provinz zur „Zurückhaltung" gegenüber der Stadt Den Haag verpflichtete.

Die Probleme mit der Groninger Kreditbank und den Den Haager Stadtsanierungsdefiziten erhöhten in den Niederlanden die Wachsamkeit gegenüber Formen des Verwaltungsmanagements, deren Bewährung in der kommunalpolitischen Praxis noch weitgehend aussteht. Sie erklären auch, warum zwischen Aufsichtsbehörden und „Reform"-Gemeinden ein nicht zu übersehendes Spannungsverhältnis besteht und auch, warum dem neuen „leichten" Aufsicht-Leitbild zum Trotz neuartige Sicherungen und „checks" (wie ein verpflichtend vorgeschriebener Risiko-Paragraph in der Haushaltssatzung) eingebaut werden.

Anfang 1991 legte eine Forschergruppe der Erasmus Universität in Rotterdam einen ersten durch die Gemeinde Leiden in Auftrag gegebenen Untersuchungsbericht über Kommunale Finanzinformationssysteme (Rapport financiele informatievoorziening) vor. Hierin wurden Experimente mit dem neuartigen BBI-Instrumentarium in sechs Städten (Arnheim, Capelle an den Ijssel, Delft, Dordrecht, Groningen und Leiden; typischerweise aber nicht Tilburg) untersucht. Der Vergleich konzentrierte sich auf die auch in Tilburg angewandten, innovativen Haushaltstechniken (Arbeit mit Kennzahlen, Haushaltsübersicht-aufeinen-Blick, Selbstverwaltung, Managements-Rapportagen). Die Untersuchung kommt zu dem Fazit, daß in allen sechs Gemeinden die Kenntnisse über haushaltspolitische Fragen als Folge der neuen Techniken beträchtlich zugenommen haben. Zugleich gehen aber mit der neuartigen Verteilung der Rollen zwischen Rat und Verwaltung, die grundsätzlich eine „politische Steuerung in Grundzügen" durch den Rat wieder möglich machen soll, auch viele Informationen verloren. Damit wird dem Rat zu Gunsten des Kollegiums und der Fachämter faktisch ein nur sehr eingeschränkter Steuerungsspielraum überlassen. Insgesamt sind die Erfahrungen mit dem BBI-Instrumentarium in den sechs Gemeinden sehr unterschiedlich und reichen in der Bewertung von völlig überflüssig bis absolut nützlich. Gut schneiden in dieser Untersuchung die Management-Rapportagen in Groningen ab, wobei festgestellt wird, daß Management-Rapportagen nicht unbedingt an die Einführung des Konzernmodells gebunden sind. Ebenfalls gute Kritiken erhält der „beleidschets" (Grundriß) der Stadt Arnheim, der eine völlig abweichende Haushaltsgliederung enthält, die nicht mehr funktional gegliedert ist, sondern der gemeindlichen Verwaltungsstruktur folgt und dabei zwischen elf Politiksektoren unterscheidet. Besonders kritisch wird das Leidener Modell beurteilt, dem es an Übersichtlichkeit mangelt und das zudem eine zu wenig differenzierte Informationspolitik gegenüber den politischen Leitungsinstanzen beinhaltet (Binnenlands Bestuur vom 22.9.1991: 7).

Nach einer Untersuchung von F.G. *Volmer* (1992) zum Verhältnis von Gemeindefinanzen und Jahresrechnung bedeuten zwar die Anstrengungen innerhalb des BBI-Prozesses einen Schritt in die richtige Richtung, allerdings meint der Autor, daß man sich auch in Reformgemeinden noch zu stark auf den Haushalt konzentriert und daß die Jahresrechnung im Gegensatz zum Jahresbericht privatwirtschaftlicher Unternehmen noch immer eine zu unbedeutende Rolle spielt. Er sieht die durch das Kontraktmanagement angestrebten Ziele von „accountability" und „responsibility" am ehesten in einem US-amerikanischen „Fund Account"-System gewährleistet.

Anfang 1993 präsentierte Menno *Wouters* von der Fakultät für Verwaltungswissenschaften der Universität Twente eine Untersuchung über Formen von „Selbstverwaltung" als neuem Managementsprinzip der kommunalen Finanzverwaltung, die auf einer Analyse von 76 zumeist mittelgroßen Gemeinden beruhte. Er kam zu der Feststellung, daß rund um den Modebegriff „Selbstverwaltung", der in den Niederlanden erstmals zu Beginn der 80er Jahre auftauchte, eine babylonische Sprachverwirrung anzutreffen ist. Sie hat dazu geführt, daß „Selbstverwaltung" in aller Regel als bloßer Container-Begriff gebraucht wird, unter dem betriebswirtschaftliche Grundlegung kommunalen Handelns, Budgetverantwortlichkeit, Konzernstrukturen, Kontrakt-Management, Dezentralisierung, Dekonzentration, Delegation, Holding-Strukturen u.ä. subsumiert werden. Zudem wurde selbst gleichen Begriffen im jeweiligen kommunalen Umfeld eine häufig unterschiedliche Bedeutung unterlegt. Als Modellgemeinde im positiven Sinne wird Tilburg herausgestellt, der als negatives Pendant die Stadt Groningen (wegen ihrer Kreditbank-Affäre) gegenübersteht. Zur begrifflichen Klärung schlägt *Wouters* (1993: 20) eine stringentere Begriffsverwendung vor:

- Der Dienst- oder Sektor-Begriff soll für solche Organisationsmodelle reserviert bleiben, die als amtliche Einheit zwar dem Kollegium, nicht länger mehr aber dem Gemeindesekretariat (griffie) unterstellt sind. Demgegenüber verweist der Abteilungs-Begriff auf die Fortexistenz einer „griffie"-Organisation.
- Der Begriff „Autonomie" soll im Rahmen von BBI-Managementverfahren nicht länger verwendet werden, da er zu Unrecht unterstellt, daß in der öffentlichen Verwaltung eine Steuerung von relativ selbständigen Verwaltungseinheiten durch höhere Instanzen ausgeschlossen sei.
- Der Begriff „Verselbständigung" soll für jene Formen reserviert bleiben, in denen kommunale Organe oder Einheiten in selbständige Rechtspersonen umgewandelt werden. Privatisierung, d.h. Umwandlung eines öffentlichen Betriebes in ein privatwirtschaftliches Unternehmen, gilt als eine Form von Verselbständigung. Davon ist die Vergabe von Aufträgen an privatwirtschaftlichen Unternehmen zur Erledigung öffentlicher Aufträge zu unterscheiden.
- Von einer Umstellung der Kommunalpolitik auf betriebswirtschaftliche Grundlagen sollte nur in Zusammenhang mit der Schaffung von Konzernstrukturen in der Gemeindeverwaltung gesprochen werden.
- Von „leistungsbasierten Haushaltsansätzen" soll nur geredet werden, wenn die Leistungserbringung der Fachdienste in Maßeinheiten wie Umsatz, Gewinn oder Verlust abgerechnet werden kann. Dies schließt in letzter Konsequenz auch den Konkurs von Fachdiensten nicht aus.
- Schließlich wird empfohlen, Kontrakt-Management auf jene Fälle zu beschränken, wo es, wie in Tilburg, um Abschlüsse zwischen selbständig handelnden Rechtspersonen geht.

In einem Sonderteil der Zeitschrift „Binnenlands Bestuur Management" über das „Phänomen der neuen Selbstverwaltung" (zelfbeheer) (29.1.1993) kritisiert Michiel *Herweijer* (1993: 8f.) von der Universität Groningen, das über die Effekte des neuen Management-Modells, das in vielen Provinzen und Gemeinden ansatzweise eingeführt worden ist, noch sehr wenig bekannt ist. Die meisten der bisher stark enthousiastischen Plädoyers für „Selbstverwaltung" seien primär auf Hypothesen über die unterstellten Wirkungen begründet (Politik in Grundzügen, klarere Verantwortlichkeiten in der Umsetzung, Vermeidung von Doppelarbeit, größere Anerkennung und Freiheiten für eine professionelle Verwaltungsarbeit). Die wichtigste, aber inhaltlich umstrittene Annahme des neuen Management-Leitbildes stellt die grundsätzliche Übertragbarkeit von Modellen der Unternehmensführung auf den öffentlichen Bereich dar. Demgegenüber stünden reichliche und empirisch unterfütterte Erfahrungen mit den negativen Aspekten des klassischen Bürokratiemodells zur Verfügung.

Erzwungener Anlaß einer ersten empirischen Untersuchung des neuen Management-Stils (durch die Kommission-Franssen) bildete der Konkurs der kommunalen Kreditbank in Groningen. In ihrem Abschlußbericht kam die Kommission zu einem vernichtenden Urteil über das Finanzmanagement der Stadt, was wiederum zum erzwungenen Rücktritt von zwei PvdA-Beigeordneten und zur Auflösung des gemeindeeigenen Rechnungsprüfungsdienstes führte. Hierbei ging es um die Frage, wieso gerade in der reorganisierten Groninger Stadtverwaltung eine 100-Millionen-Gulden-Ausgabe durch den städtischen Buchprüfer, die Provinzaufsichtsbehörde, der städtischen Finanzverwaltung sowie dem Kollegium und dem Rat der Stadt als den unmittelbar beteiligten und zuständigen Akteuren unentdeckt bleiben konnte (BB-Management vom 29.1.1993). Tenor dieses Berichtes war, daß das neu reformierte Finanzmanagement der Stadt die neuen Formen der Selbstverwaltung, mit denen im Fall der Kreditbank gearbeitet wurde, nicht beherrschte. Zudem könnten in breit zusammengestellten Fachdiensten bisher eigenständige Abteilungen als „U-Boot" ihre Arbeit relativ unkontrolliert fortsetzen. Dies gilt besonders für jene Situationen, wo die Aufmerksamkeit der politischen Gremien dauerhaft auf ein anderes Segment des Fachdienstes gerichtet ist (in Groningen fiel die Kreditbank in die Zuständigkeit des Fachdienstes „Soziale Angelegenheiten und Arbeitsfragen", dessen Hauptaufmerksamkeit auf sozial- und arbeitsmarktpolitische Fragen gerichtet blieb). Schließlich hätten sich in Groningen auch die Management-Rapportagen eher als ein Schönwetter-Produkt erwiesen, die nicht in allen Fällen valide Informationen enthielten.

Indirekt wurde der Vorwurf geäußert, daß derartige Probleme im Rahmen des traditionellen Modells des Finanzmanagements der Stadt kaum möglich gewesen wären. Allerdings wurde die Forderung nach einer Rückkehr zu diesem Modell von keiner Seite offen erhoben. Vielmehr wurde für eine Stärkung der Kontrollfunktionen, der Transparenz von Finanzrisiken sowie der Arbeit mit aussagekräftigen Kennzahlen plädiert. Im gleichen Zusammenhang wurde auf ein anderes Phänomen verwiesen, das auch in Tilburg beobachtet werden kann: Die neuen Management-Formen führen zu einer Aufwertung der Position des Bürgermeisters als dominanter Figur in der Kommunalpolitik. Dies wird damit begründet, daß durch die „Vertikalisierung" der Verwaltung ein neues Bedürfnis nach horizontalen Verbindungen entsteht, das nun nicht mehr wie im alten Modell durch das Sekretariat erfüllt werden kann. Möglicherweise liegt hierin auch eine Reaktion auf die von *Hoogerwerf* schon 1988 beschriebene Verschiebung des Machtzentrums der niederländischen Kommunalpolitik von denjenigen, die für die Bestimmung der externen Politik (Lösung gesellschaftlicher Probleme) zuständig sind, auf die Entscheidungsträger der stärker nach innen gerichteten Politik (diejenigen, die für die Verwaltung der Finanzmittel und sonstigen Ressourcen verantwortlich sind).

3.5.5 Politikwissenschaftliche Verortung des Tilburger Modells

Die klare Trennung zwischen Leitlinien- und Durchführungskompetenz ermöglicht weitgehend transparente Entscheidungsprozesse zwischen den kommunalen Instanzen. Sie eröffnet darüber hinaus für die Vertretungskörperschaft die Möglichkeit, überhaupt verbindliche Leitlinien für die Lokalpolitik zu entwickeln. Die systematische Verknüpfung der Bereitstellung von Ressourcen mit dezidierten Ziel- und Produktvorgaben macht die Effektivität kommunaler Aktivitäten definierbar und ihre Effizienz meßbar. Die weitgehende Dezentralisierung der Aufgabenwahrnehmung und die Identität von Fach- und Ressourcenverantwortung begünstigen die Flexibilität der Aufgabenerfüllung. Zugleich ist damit die Chance verbunden, Dienstleistungen bürgernah und bürgerorientiert bereitzustellen sowie die Arbeitsattraktivität aus Mitarbeitersicht zu verbessern.

Angesichts der klaren Kompetenzverteilung, der Verbindlichkeit von Zielvorgaben und der Ergebnisorientierung der Politik verläuft die Problembearbeitung im Tilburger Reformmodell – d.h. im kommunalen Binnenverhältnis – nicht mehr länger inkrementalistisch. Die Reichweite dieser Aussage muß aber eingeschränkt werden: Unsere Analysen konzentriert sich auf den formalen, von den Modellprinzipien (Leitliniensteuerung und Kontraktmanagement) und den an ihnen ausgerichteten Instrumenten vorstrukturierten Verlauf der Problembearbeitung. Ob die reformierte Organisation und Steuerung in der Wirklichkeit Tilburgs die Geschlossenheit aufweist, die sie als Modell suggerieren kann, bedarf einer noch ausstehenden empirischen Überprüfung. Zweifel sind jedenfalls insoweit angezeigt, als wichtigen kommunalpolitischen Akteuren (Parteien, organisierte Interessen, lokale Öffentlichkeit) sowie den Bürgern als kommunalpolitischen Partizipanten (wohl dagegen als Kunden kommunaler Dienstleistungen) innerhalb des Modells keine (spezifischen) Funktionen zugeordnet werden.

Die Tilburger Problemverarbeitung unterscheidet sich vom Inkrementalismus insbesondere hinsichtlich des Verhältnisses zwischen Zielen und Mitteln. Während sich inkrementale Politik durch Anpassung der Ziele an gegebenen Mitteln auszeichnet, besteht die Intention des „Tilburger Modells" in der Erreichung vorgegebener Ziele (Produkte), anhand derer die Mittel bemessen werden. Dies entspricht weitgehend den ökonomischen Pendants des Maximal- und Minimalprinzips. Der Grundsatz der Ausrichtung der Mittel an Zielen bezieht sich allerdings nicht auf Entscheidungen im Rahmen der Leitlinienkompetenz durch die politischen Führungsorgane – zumal sich Zielvorgaben mit Verbindlichkeitsanspruch auch an den insgesamt zur Verfügung stehenden Ressourcen orientieren müssen –, wohl aber auf die Aufgabenerfüllung durch die Dienste im Rahmen ihrer Durchführungskompetenz.

Mit Blick auf die Stadien der Umformung politischer Leitlinien in konkrete Politikergebnisse und ihre Kontrolle eröffnet das heuristische Phasenmodell des „Policy-cycles" (*Schubert* 1991: 65ff.) einen ersten politikfeldanalytischen Zugang. So lassen sich die gegenläufigen Prozesse der (deduktiven) Transformation von Sollvorgaben der politischen Führungsorgane in Produkte der Dienste und des (induktiven) Informationstransfers über die Umsetzung der Vorgaben anhand des Steuerinstrumentariums nachzeichnen. Die in der Jahresprojektion präzisierten Arbeitsschwerpunkte sowie die in den Fachbereichs- und Konzernberichten mit Hinweisen auf Ursachen für Planabweichungen enthaltenen Anpassungsvorschläge stehen für die Phase der Estimation, in der Problemanalysen und Handlungsalternativen unter Berücksichtigung von Kosten und Nutzen entwickelt werden. Das Stadium der Initiation sei an dieser Stelle ausgeklammert: Impulse zur Identifizierung eines politischen Problems lassen sich hinsichtlich ihrer Art und Herkunft nur schwer generalisieren. Dies gilt auch für die

Modelltheoretische Eingrenzung des Analyse-Niveaus

Policy-analytischer Zugang

identifizierenden Instanzen. Grundsätzlich können politische Probleme von jeder im Modell vorgesehenen Instanz wahrgenommen werden.

Je nach Problemreichweite entsprechen die Entscheidungen des Rates über die Jahresprojektion und über den Konzernhaushalt resp. die Managementvereinbarung zwischen Kollegium und Diensten der Phase der *Selektion*, in der die abschließende Entscheidung über die Problembearbeitung getroffen wird. In der *Implementationsphase* sind die Dienste die alleinigen Akteure. Die Aussagen der Fachbereichs- und Konzernberichte und der Fachbereichs- und Konzernrechnung über Zielerreichungsgrade und Planabweichungen bilden ihrerseits die Grundlagen für die *Evaluation* (und ggf. Termination) durch das Kollegium resp. den Rat. Im Gegensatz zu der durch die geteilte Kompetenz von Fach- und Finanzkompetenz und durch zentrale Ressourcenzuteilung gekennzeichneten „policy" stellt sich die Budgetierung der Aufgabenerfüllung durch die Dienste im Rahmen des Kontraktmanagements im Konzept „Politikarena" nicht nur als objektiv, sondern auch aus Sicht der betroffenen Dienste als subjektiv redistributive „policy" dar (*Windhoff-Héritier* 1987: 22ff.).

In den Managementvereinbarungen wird die Bereitstellung des Budgets zudem an die Erfüllung vorgegebener Aufgaben geknüpft. Die Zuteilung von Ressourcen im Rahmen des Kontraktmanagements ist daher nicht angebots-, sondern anreizgesteuert. Sie soll in Verbindung mit Vorgaben ein bestimmtes Verhalten der Dienste implizieren. Die Vorgabe der „Produkte" entspricht der Regelungskomponente, die Budgetierung der Motivationskomponente der Anreizsteuerung (*Windhoff-Héritier* 1987: 29). Auch das die Anreizsteuerung kennzeichnende Merkmal der Zweistufigkeit von Adressaten und Zielgruppen (*Windhoff-Héritier* 1987: 31) läßt sich mit Blick auf die Outputorientierung der Steuerung im Kontraktmanagement wiederfinden: Den Diensten wird im Zuge der Managementvereinbarungen die Bereitstellung von Leistungen vorgegeben, die sich an „Abnehmer" außerhalb des Dienstes, also an Dritte (Bürger, andere Dienste etc.) richten.

Auffällig im internationalen Vergleich ist, daß eine Überprüfung der kommunalen Eigenproduktion und der Übergang zum „Contracting Out" unabhängig zu sein scheint von der jeweiligen parteipolitischen Zusammensetzung der beteiligten Regierungen. Schließlich verweist das niederländische Beispiel Tilburg darauf, daß es mit einer Neufokussierung kommunaler Verwaltungsaufgaben auch möglich erscheint, ausgelagerte Aufträge zu einem späteren Zeitpunkt wieder in den öffentlichen Sektor zurückzuverlagern. (*Naschold* 1993: 40).

3.6 Die Übertragbarkeit des „Tilburger Modell" auf deutsche Kommunen (am Beispiel der Gemeinden in Nordrhein-Westfalen)

3.6.1 Institutionelle Restriktionen

In Nordrhein-Westfalen bestehen einige, von den niederländischen abweichende institutionelle Ausgangsbedingungen, die für die Umsetzung einer Kommunalreform im Sinne des „Tilburger Modells" von großer Relevanz erscheinen.

So sah die bisherige Gemeindeordnung Nordrhein-Westfalen (vgl. zur neuen GO NW Teil 2 dieses Bandes) keine dem Kollegium vergleichbare kollektive Leitungsinstanz der Verwaltung vor. Gerade seine Zusammensetzung aus Bürgermeister und Ratsmitgliedern fördert ein Vertrauensverhältnis zwischen Rat resp. seiner Mehrheit und der Verwaltungsspitze. Dieses Vertrauensverhältnis kann die institutionelle Trennung von Rat und Verwaltung in Nordrhein-Westfalen nicht garantieren. Es stellt aber, besonders hinsichtlich des Zielkonsenses (KGSt 1993: 27), eine entscheidende Voraussetzung für eine Konzentration der Vertretungskörperschaft auf Leitlinienentscheidungen und für eine konsequente Delegation der Durchführungskompetenzen auf die Verwaltung (*Krähmer* 1992: 44) dar.

Kollektive Leitungsinstanz in NRW erst seit der neuen GO vorgesehen

Die Voraussetzungen, um unter Wahrung einer strikten Kompetenztrennung zwischen Leitlinien- und Durchführungskompetenzen Managementvereinbarungen zwischen Fachbereichen der Verwaltung und der politischen Führung zu treffen, sind mit der Reform der Gemeindeordnung NRW deutlich verbessert worden. So schafft die neue GO neben dem Amt des hauptamtlichen Bürgermeisters einen neuartigen Verwaltungsvorstand, der sich neben dem Bürgermeister, der zugleich den Vorsitz in diesem Gremium führt, aus den hauptamtlichen Beigeordneten und dem Kämmerer zusammensetzt und bei der Planung von besonderen Verwaltungsaufgaben ebenso mitwirken soll wie bei der Aufstellung des Haushaltsplanes sowie bei den Grundsätzen der Personalführung und Personalverwaltung. Damit ist im Grundsatz eine Instanz geschaffen, die bei Managementvereinbarungen als Vertragspartner der Fachverwaltungen fungieren kann. Alternativ wären Managementvereinbarungen zwischen den Fachämtern (Dezernaten) und den Fachausschüssen denkbar. Ein solches Verfahren setzte allerdings die Ressourcenkompetenz der Fachausschüsse voraus, die ihnen vom Rat übertragen werden müßte. Nach der Logik des „Tilburger Modells" hätten die Ausschüsse ihrerseits jährlich Fachbereichsbudgets und Leistungs-Solls mit dem Rat als der ihnen übergeordneten Instanz zu vereinbaren, um die Identität von Fach- und Ressourcenkompetenz auf Fachausschußebene zu gewährleisten. Im Ergebnis nähmen die Ausschüsse damit aber zugleich die Leitung des betreffenden Verwaltungssektors, mithin Managementaufgaben wahr, ein angesichts laufender Abstimmungs- und Koordinationsbedarfe innerhalb des Verwaltungsmanagements kaum als effizient zu bezeichnender Zustand.

Ferner bietet das kommunale Haushaltsrecht in den Niederlanden im Vergleich zu dem in Nordrhein-Westfalen günstigere Bedingungen für die Umsetzung einer Kommunalreform im Sinne des „Tilburger Modells" (*Krähmer* 1992:

Haushaltsrechtliche und finanzpolitische Unterschiede

45). So eröffnet Art. 2 Abs. 2 der 1985 novellierten niederländischen Gemeindehaushaltsverordnung die Möglichkeit, den kommunalen Etat im Rahmen eines strategischen („politischen") Haushalts sowie operativer Vollzugshaushalte darzustellen. Ferner ist die kaufmännische doppelte Buchführung (Doppik) für das gesamte kommunale Rechnungswesen als Regel vorgeschrieben (KGSt 1992: 25ff.).

Dem vergleichsweise flexiblen niederländischen Haushaltsrecht steht in Nordrhein-Westfalen ein kommunales Haushaltsrecht mit dezidierter Regelungsintensität gegenüber. Vor diesem Hintergrund ist die Konzentration der meisten aktuellen Reformaktivitäten auf die Erweiterung des haushaltswirtschaftlichen Instrumentariums nachvollziehbar. Sie deutet indes zugleich an, daß die haushaltsrechtlichen Rahmenbedingungen nicht als fundamentale Reformhemmnisse angesehen werden. Zudem enthält die neugefaßte GO NW eine Experimentierklausel (§ 115), die die Möglichkeit von (zeitlich begrenzten) Ausnahmegenehmigungen des Innenministeriums gerade mit Blick auf Vorschriften des kommunalen Haushaltsrechts eröffnet, die sich auf Reforminitiativen motivationsfördernd auswirken könnte.

Hemmnisse für die flexible Handhabe eines Fachbereichsbudgets bestehen in Nordrhein-Westfalen vor allem in der Verpflichtung, die Einnahmen- und Ausgabenansätze einzeln festzusetzen (§ 7 Abs. 3 GemHVO), in den restriktiven Deckungsvorschriften (§§ 17f. GemHVO), ferner im „Grundsatz der Gesamtdeckung" (§ 16 GemHVO) sowie in den eingeschränkten Möglichkeiten, eingesparte Mittel in das Folgejahr zu übertragen (§ 19 GemHVO). Allerdings können auch die niederländischen Gemeinden nach dem z.Z. geltenden Haushaltsrecht nicht verbrauchte Haushaltsmittel nicht generell in das nächste Haushaltsjahr übertragen (*Kleinfeld* 1994: 27).

Schließlich wirkt das Finanzierungssystem der deutschen Kommunen im Verhältnis zu dem in den Niederlanden extrem geringen Anteil eigener Einnahmen weniger motivationsverstärkend für eine Reformumsetzung nach Tilburger Vorbild. Angesichts der im Vergleich zu niederländischen Kommunen weitergehenden Spielräume für deutsche Städte und Gemeinden, eigene Einnahmequellen zu erschließen resp. auszubauen (*Prünte* 1987, KE 2: 12ff.) sind deutsche Kommunen eher in der Lage, zusätzliche Ausgabenbelastungen – jedenfalls graduell resp. kurzfristig – durch die Steuerung ihrer eigenen Einnahmen zu kompensieren. Dies gilt zumal für das Verhältnis zwischen eigenen Einnahmen und staatlichen Zuweisungen: So bestanden die Gesamteinnahmen der Kommunen in den „alten Ländern" im Jahre 1993 immerhin im Umfang von 52,5% aus Steuern und Gebühren (115,3 von 219,3 Mrd DM; *Karrenberg/Münstermann* 1993: 61).

Weitere institutionelle Restriktionsfaktoren

Die skizzierten und andere institutionell bedingten Restriktionen für eine Reform nach dem Vorbild des „Tilburger Modells" bereiten fraglos Umsetzungsprobleme; sie stellen gleichwohl keine prinzipiell unüberwindlichen Hindernisse dar. *Krähmer* (1993: 45) sieht ferner in dem komplizierten öffentlichen Dienstrecht resp. Arbeitsrecht in der Bundesrepublik und seiner „mangelnden Leistungsorientierung" ungünstige Ausgangsvoraussetzungen insbesondere für die Delegation von Fach- und Finanzverantwortung.

3.6.2 Prozessual bedingte Reformrestriktionen

Abgesehen von institutionellen Rahmenbedingungen bilden – mit Blick auf die „politics"-Dimension – Gesichtspunkte der Arbeitsweise und traditionellen Rollenverständnisse kommunaler Instanzen sowie ihrer Interaktionen prozessuale Ausgangsbedingungen, die für die Umsetzung einer Reform wie des „Tilburger Modells" relevant sein können:

> „Die Trennung von Leitlinien- und Durchführungskompetenzen setzt voraus, daß sich die Vertretungskörperschaft auf strategische Rahmenentscheidungen konzentriert und sich zugleich jeglicher Einzeleingriffe in den Kompetenzbereich der Verwaltung enthält, die Verwaltung also ‚auf Abstand' steuert" (*Blume* 1993: 6).

Probleme für eine derartige Kompetenztrennung können sich insbesondere aus der Arbeitsweise der Vertretungskörperschaft und ihrer Mitglieder ergeben, die *Nassmacher* (1987: 89f.) mit der Begriffstrias „Vorlagenorientierung", „Bezirksorientierung" und „Sachbereichsorientierung" charakterisiert.

„Vorlagenorientierung" bedeutet, daß die Arbeit kommunaler Gremien überwiegend von Vorlagen bestimmt wird, in denen die Verwaltung nach Abschluß des verwaltungsinternen Klärungs- und Abstimmungsprozesses Sachstandsinformationen und vorformulierte Beschlußempfehlungen präsentiert (*Nassmacher* 1987: 89). Dieser Sichtweise liegt einerseits die These eines spezifischen Selbstverständnisses der Rats- und Ausschußmitglieder zugrunde, aufgrund dessen sie eher dazu neigen, über Beschlußentwürfe der Verwaltung zu entscheiden als selbst kommunalpolitische Entscheidungen zu initiieren (*Prünte* 1987, KE 1: 54f.). Mit diesem Erklärungsansatz korrespondiert andererseits die These vom sinkenden Einfluß der Vertretungskörperschaft und zugleich zunehmenden Einfluß der Verwaltung bei kommunalpolitischen Entscheidungen. Beide Thesen gewichten die Rollen kommunaler Instanzen unter dem Blickwinkel des formellen Entscheidungsablaufs: Der Einfluß der Verwaltung im kommunalpolitischen Entscheidungsprozeß wird als dominierend herausgestellt. Insoweit wird auch von der „exekutiven Führerschaft" der Verwaltung gesprochen (*Grauhan* 1970: 269ff.).

Vorlagenorientierung

Demgegenüber stellt das „Vorentscheider"-Konzept (*Banner* 1972: 166ff.) darauf ab, daß die Verwaltung den Gremien Entscheidungsempfehlungen nicht unvermittelt vorlegt, sondern Vorlagen in der Regel auf der Grundlage von Vorabsprachen eines informellen Kreises von Verwaltungs- und Fraktionsvertretern entwickelt (*Nassmacher* 1987: 87f.). Das Konzept thematisiert nicht die Einflüsse formal organisierter kommunaler Instanzen, sondern richtet den Blick auf Interaktionen vor allem im Vorfeld kommunalpolitischer Entscheidungen (Initiativphase) zwischen Individuen (Funktionsträgern), die sich aus kommunalen Instanzen rekrutieren und ihrerseits eine informelle Gruppe bilden. Dieser Befund lenkt den Blick auf Einflußunterschiede resp. auf ein Machtgefälle unter den Mitgliedern der Vertretungskörperschaft. Eine Teilgruppe der Vertretungskörperschaft verfügt über ein vergleichsweise größeres Maß an Macht, indem sie als „Vorentscheider" an Entscheidungen (und an „Nicht-Entscheidungen" bei Gegenständen, deren Thematisierung den von ihnen vertretenen Interessen zuwiderliefe; *Bachrach/Baratz* 1972: 947ff.) teilhaben, während die übrigen von Macht weitgehend ausgeschlossen sind.

„Vorentscheider"-Konzept

Aus der „polity"-Perspektive läßt sich auf ein vergleichbares Machtgefälle auch unter den Mitgliedern der Vertretungskörperschaften in niederländischen Kommunen schließen. Dort ist der Kreis der „Vorentscheider" mit dem Kollegium identisch. Den zu Beigeordneten avancierten Ratsmitgliedern kommt bereits aufgrund der institutionalisierten Organfunktion des Kollegiums ein größeres Maß an Macht zu als den anderen Mitgliedern der Vertretungskörperschaft. Das Kollegium als „formelle Stadtregierung" ist damit das niederländische Pendant der „Vorentscheider" zur „informellen Stadtregierung" deutscher Kommunen (*Nassmacher* 1987: 87). Inwieweit und in welchen Formen weitere Personen aus der Vertretungskörperschaft, der Verwaltung, von organisierten Interessen etc. in niederländischen Kommunen punktuell oder regelmäßig an der Initiierung von Entscheidungen resp. Nicht-Entscheidungen beteiligt sind, wäre im Rahmen einer empirischen Untersuchung vor allem unter „politics"-Gesichtspunkten zu recherchieren.

Konkordanz- vs.
Konkurrenzdemokratie
Zusätzlich verstärkt wird das Machtgefälle unter den Mitgliedern der Vertretungskörperschaft, wenn das Mehrheitsprinzip ohne Korrektiv eines Minderheitenschutzes nicht auf formelle Entscheidungen beschränkt wird, sondern als dominierende Regel für Konfliktlösungen eingesetzt wird. Die extensive Anwendung der Mehrheitsregel ohne Minderheitenschutz schließt nicht nur einzelne Ratsmitglieder resp. die von ihnen wahrgenommenen Interessen, sondern die im Rat vertretenen Minderheitsfraktionen insgesamt aus. Ohne empirische Grundlagen läßt der Vergleich zwischen niederländischen und deutschen Kommunen insoweit jedoch keine generalisierbaren Aussagen zu. Allerdings gehören Aushandlungsstrategien unter breiter Beteiligung aller als entscheidungsrelevant angesehenen Gruppen und Organisationen (Proporzregel, Anwendung der Mehrheitsregel nur auf formelle Entscheidungen unter Berücksichtigung eines faktischen Minderheitenschutzes) traditionell zu den zentralen Elementen der politischen Konfliktlösung in den Niederlanden (*Kleinfeld* 1990: 160ff.; *Ders.* 1993: 224f.). Obwohl infolge sozio-ökonomischer und sozio-kultureller Strukturveränderungen seit den siebziger Jahren konflikt- und konkurrenzorientierte Entscheidungsstrategien stark zugenommen haben, prägen konkordanzdemokratische Konfliktlösungsmuster bis zu einem gewissen Grade noch heute die politischen Entscheidungsprozesse in den Niederlanden (*Kleinfeld* 1993: 260, *Keman* 1993: 145f.). Betrachtet man aktuelle Prozesse in niederländischen Gemeinden und Provinzen, gewinnen gerade solche Formen des „management by consensus" in vielen Politikbereichen neue Aktualität, in denen sich der Staat nicht mehr als hoheitliche Instanz begreift, sondern als kooperativer Akteur, der innerhalb offener und informeller Netzwerke tätig ist. Begrifflich kann man hier vielleicht von einem Wandel von der klassischen Aushandlungsdemokratie (niederländisch: overlegdemocratie) zu einer interaktiven Verhandlungsdemokratie (onderhandelingsdemocratie) sprechen. Dieser Wandel wird durch drei Faktoren unterstrichen:

– Die neuen Verhandlungsformen sind nicht mehr ausschließlich national angebunden und ideologisch auf die Konkurrenz unterschiedlicher Säulen abgestellt, sondern finden sich vorzugsweise auf der Mesoebene von Regionen und Sektoren.
– Die neuen Verhandlungsformen sind nicht mehr ausschließlich auf die institutionelle Formgebung von mitberatenden, paritätisch besetzten Instanzen

(wie z.B. der Wirtschafts- und Sozialrat; SER) hin angelegt, sondern als Projekte konzipiert, die zeitlich befristet sind, alle relevanten Akteure zur Teilnahme einladen und eine genau umschriebene Aufgabenstellung aufweisen.

– Die neuen Verhandlungsformen zeichnen sich durch eine stärkere resultatsorientierte Arbeitsweise aus (statt primär beratend-sondierend tätig zu sein), wobei die teilnehmenden Akteure – bei allen faktischen Machts- und Einflußunterschieden – auf der Basis prinzipieller Gleichrangigkeit und partieller Eigenverantwortlichkeit tätig werden.

Eine naheliegende Hypothese ist, daß in deutschen Kommunen mit häufig wechselnden Ratsmehrheiten konsensorientierte Regeln bei der Konfliktlösung häufiger Anwendung finden als in Kommunen mit über viele Jahre unveränderten Mehrheitsverhältnissen, zumal in der ersten Gruppe angesichts der unterschiedlichen Dauer der Ratsperiode (5 Jahre) und der Amtsperiode der Beigeordneten (8 Jahre) die Parteiorientierung der Verwaltungsleitung oft heterogen ist resp. nicht der Ratsmehrheit entspricht.

Eine Begrenzung des Machtgefälles innerhalb der Vertretungskörperschaft durch eine möglichst breite Beteiligung ihrer Mitglieder an kommunalpolitischen Entscheidungen ist eine wichtige Voraussetzung für die erfolgreiche Umsetzung einer Reform wie der des „Tilburger Modells". Ein zusätzliches Indiz für die Präsenz konsensorientierter politischer Entscheidungsprozesse gerade in der Stadt Tilburg besteht in der breiten politischen Zusammensetzung des Tilburger Kollegiums (Wiederspiegelungskollegium), in der die Funktion einer Opposition im Rat vornehmlich kleineren, radikalen Parteien (wie der Socialistische Partij) vorbehalten bleibt.

Soll sich die Vertretungskörperschaft – unter Beibehaltung ihres inneren Machtgefälles – modellgerecht auf die Formulierung von Leitlinien und strategischen Rahmenentscheidungen konzentrieren, sind zwei alternative Verhaltensreaktionen seitens der Mitglieder zu erwarten, die von Macht weitgehend oder ganz ausgeschlossen sind: Apathie oder Versuche, außerhalb der Leitlinienkompetenz Einflußnischen zu erschließen. Die eine wie die andere Reaktion kann sich als Hindernis für einen ausreichenden Grundkonsens über die Trennung von Leitlinien- und Durchführungskompetenzen innerhalb der Vertretungskörperschaft und damit der konstitutiven Bedingung für ihre konsequente Umsetzung erweisen (KGSt 1993a: 27f.).

Die Beschäftigung mit Filigranproblemen wird nicht nur durch eine hier nicht näher zu erörternde räumliche „Bezirksorientierung" (*Nassmacher* 1987), sondern auch durch eine sachliche Differenzierung der Aufgabenwahrnehmung gefördert. Als „Sachbereichsorientierung" bezeichnet *Nassmacher* (1987: 89f.) das – gerade in Ländern mit Norddeutscher Ratsverfassung beobachtete – Phänomen der „Inflation von Ausschüssen" (*Prünte* 1987, KE 1: 49) und anderer Gremien mit z.T. stark spezialisierten, wenngleich in ihrer Reichweite zumeist begrenzten Beratungskompetenzen. In den meisten Ausschüssen und Gremien sind neben Ratsmitgliedern sachkundige Mitglieder vertreten. Sie rekrutieren sich ebenso wie die in dem Ausschuß tätigen Ratsmitglieder vor allem aus Berufsgruppen und Vertretern organisierter Interessen, deren Tätigkeiten und Aktivitätenfelder in engem Zusammenhang mit den jeweiligen Beratungskompetenzen des konkreten Ausschusses stehen (*Nassmacher* 1987: 105f.). Insoweit

213

wird die „Sachbereichsorientierung" – wie die „Bezirksorientierung" durch das kommunale Wahlrecht gestützt wird – ihrerseits von der in der Kommunalverfassung angelegten arbeitsteiligen Wahrnehmung von Beratungskompetenzen in Ausschüssen nach fachbezogenen Kriterien vorstrukturiert.

Krähmer (1993: 29) schätzt die Chancen für eine Konzentration der Vertretungskörperschaft (und ihrer Mitglieder) auf ihre Leitlinienkompetenz – vor dem Hintergrund der Erfahrungen in Tilburg – grundsätzlich ebenso optimistisch ein wie *Blume* (1993: 6), der ausdrücklich auf die noch vergleichsweise günstigen Bedingungen des kommunalen Wahlsystems in Nordrhein-Westfalen verweist, sofern nur der Informationstransfer von der Verwaltung zur Vertretungskörperschaft strukturierter und damit transparenter gestaltet wird. In der deutlichen Personalorientierung der Wahlsysteme in den Ländern mit süddeutscher Ratsverfassung sieht *Blume* (1993) zu Recht stärkere Profilierungsanreize „über sichtbare Einzeleingriffe" für einzelne Ratsmitglieder als in Nordrhein-Westfalen mit seinem überwiegend listenorientierten Verhältniswahlrecht. Insoweit heben beide die Bedeutung der Beziehungen im Binnenverhältnis zwischen Vertretungskörperschaft und Verwaltung hervor, während sie die Beziehungen zwischen Ratsmitgliedern auf der einen und Bevölkerung resp. organisierten Interessen auf der anderen Seite weitgehend ausblenden. Implizit fußt die Argumentation beider Autoren im übrigen auf einer „polity"-zentrierten Sicht, indem sie die Bearbeitung etlicher Detailprobleme durch die Vertretungskörperschaft und die damit korrespondierende Verhinderung einer Konzentration auf ihre Leitlinienkompetenz allein auf (ungünstige) institutionelle Bedingungen (Strukturmängel des Informationstransfers) zurückführen.

Zum Stellenwert der Phänomene „Bezirksorientierung" und „Sachbereichsorientierung" für das Selbstverständnis und die Arbeitsweise der kommunalen Vertretungskörperschaften in den Niederlanden lassen sich ohne empirische Grundlagen keine abschließenden Aussagen treffen. Immerhin deutet das auch für die Kommunalwahlen in den Niederlanden geltende Prinzip der reinen Verhältniswahl darauf hin, daß eine „Bezirksorientierung" der Mitglieder der Vertretungskörperschaften jedenfalls insoweit nicht zusätzlich institutionell verstärkt wird. Andere Anhaltspunkte, die „Bezirksorientierung" als ein über ein Kriterium funktionaler Arbeitsteilung hinausgehendes, das Selbstverständnis kommunaler Politik prägendes Orientierungsprinzip in den Niederlanden zu belegen, lassen sich nicht ausmachen.

Auf eine auch in niederländischen Gemeinden nach Sachbereichen differenzierte Politikbearbeitung läßt sich demgegenüber bereits aus der Existenz von Kommissionen und – mit den Geschäftsbereichen der Beigeordneten korrespondierenden – Ratsausschüssen (*Krähmer* 1993: 13) schließen. Ferner verfügen die Kommunen über materielle Handlungsspielräume innerhalb des von Mitverwaltungsaufgaben dominierten kommunalen Aufgabenspektrums insbesondere in der Implementationsphase zentralstaatlicher Politik, die sich ihrerseits durch einen hohen Fragmentierungs- resp. Sektoralisierungsgrad auszeichnet (*Kleinfeld* 1994: 6). Schließlich sprechen der seit den siebziger Jahren beobachtbare Spezialisierungstrend auf Seiten der Dienste und – parallel dazu – die Tendenz zu einer deutlicheren Ressortorientierung der Beigeordneten für die Entwicklung zu einer stärker fachbezogenen Orientierung auch der Rats- und Ausschußmitglieder.

„Sachbereichsorientierung" ist gleichwohl nicht das exklusive, die Arbeitsweise kommunaler Mandatsträger in den Niederlanden und ihr Selbstverständnis prägende Merkmal. Den Ausgangspunkt für die These eines vom Befund des hergebrachten kommunalpolitischen Selbstverständnisses in Deutschland abweichenden tradierten Orientierungsmusters der Kommunalpolitik in den Niederlanden bildet eher das Konzept „Versäulung" (*Kleinfeld* 1990: 162, *Kleinfeld* 1993: 226f.), womit ein der niederländischen Variante der Konkordanzdemokratie über lange Zeit zugeschriebenes Attribut umschrieben wird (*Keman* 1993: 144ff.). Historisch begann das System der Versäulung Mitte der 60er Jahre aufgrund ökonomischer Entwicklungs- und Strukturprobleme auf der einen und gesellschaftlicher Veränderungen sowie des Verbindlichkeitsverlustes traditioneller Normen auf der anderen Seite zu erodieren (*Kleinfeld* 1990: 176ff.). Wenngleich in zentralen Politikbereichen (Parteien, Massenmedien, Arbeitsbeziehungen) zwanzig Jahre später inzwischen weitgehende Tendenzen zur „Entsäulung" ausgemacht werden können, werden insbesondere in sozio-kulturellen Bereichen der wohlfahrtsstaatlichen Dienstleistungserstellung, ferner im Schulbereich differenziertere Ergebnisse hinsichtlich der Reichweite der Entsäulungsprozesse beobachtet. Angesichts der Bedeutung der kommunalen Ebene bei der Bereitstellung von Leistungen gerade in den beiden genannten Politiksektoren sind Reste von Versäulung zumal auf kommunaler Ebene präsent. Darüber hinaus ist es naheliegend, daß Mitglieder der kommunalen Vertretungskörperschaften ihre kommunalpolitische Handlungsorientierung nach wie vor (auch) an internalisierten Normen versäulter Provenienz ausrichten.

Die auf konfessioneller resp. weltanschaulicher Differenzierung basierende Versäulung war darauf ausgerichtet, hinsichtlich sozio-ökonomischer Lebenssituationen und Interessenlagen heterogene Gruppen „vertikal" (*Keman* 1993: 144) zu integrieren; der Zuschnitt der Säulen verstärkte damit sozio-kulturelle Konfliktlinien, um zugleich andere, zumal sozio-ökonomische Cleavages, zu dämpfen (*Kleinfeld* 1993: 227). Im Zuge der Entsäulung gerieten jene, quer zu den resp. außerhalb der Säulengrenzen verlaufenden Konfliktlinien auch auf kommunaler Ebene (*Kleinfeld* 1990: 280f.) stärker ins Blickfeld. Trotz der skizzierten Entwicklung zu einem stärkeren Fachbezug aufgrund von Spezialisierungstendenzen ist eine „normungebunden-sachorientierte" Politikbearbeitung indes nicht an die Stelle von versäulter Handlungsorientierung, Organisation und Interessenvermittlung getreten.

Damit lassen sich einerseits unterschiedliche Traditionslinien des Selbstverständnisses von Kommunalpolitik in den Niederlanden und in Deutschland ausmachen. Der – bezogen auf deutsche Kommunen – hergebrachten „Sachorientierung" ist der Trend zur Detailbearbeitung bei gleichzeitiger tendenzieller Vernachlässigung von Zielen auf höherem Abstraktionsniveau immanent. Wenngleich die Bearbeitung von Detailproblemen zu Lasten von Leitlinienentscheidungen infolge stärkerer Sachbereichsorientierung auch in niederländischen Kommunen zu beobachten ist, läßt die Tradition normativer Orientierung (auch) kommunaler Politik in den Niederlanden dennoch auf ein kommunalpolitisches Selbstverständnis schließen, das dieser Gefahr gegenüber resistenter ist. Schließlich können in jüngerer Zeit vergleichbare Entwicklungslinien insoweit beobachtet werden, als in niederländischen wie deutschen Kommunen neue politische Akteure auftreten, neue Interessen eingebracht werden (*Kleinfeld* 1990: 281,

Politische Kultur
(Versäulung) als
Unterscheidungsmerkmal

215

Rudzio 1991: 329) und eine deutlichere Politisierung der Machtverhältnisse und Interaktionen resp. eine verstärkte Konfliktorientierung auf kommunalpolitischer Ebene festgestellt wird.

Den skizzierten Vergleich des vorwiegend die individuelle Handlungsorientierung der ehrenamtlichen Rats- und Ausschußmitglieder betreffenden Selbstverständnisses kommunaler Politik soll ein kursorischer Blick auf charakteristische Problemlösungsmuster in den Niederlanden und in der Bundesrepublik ergänzen, die sich anhand eines Vergleichs der politisch-administrativen Kultur beider Länder darstellen lassen. Den Ausgangspunkt bildet die „Verwaltungskultur"-Typologie von Werner *Jann* (1982). Übereinstimmendes Kennzeichen sowohl der in der Bundesrepublik vorherrschenden „Regelungskultur" als auch des in den Niederlanden anzutreffenden Typs „Verhandlungskultur" ist ihre Fragmentierung. Das Merkmal „Fragmentierung" korrespondiert mit der das Selbstverständnis kommunaler Mandatsträger in deutschen wie in niederländischen Kommunen prägenden „Sachbereichsorientierung".

Beide „Verwaltungskultur"-Typen unterscheiden sich jedoch insoweit, als ein detailfixierter, komplizierter und immobiler Formalismus die „Regelungskultur" und eine – allerdings unübersichtliche und inkrementale – Flexibilität die „Verhandlungskultur" charakterisieren. Eine unreflektierte Übertragung des „Verhandlungskultur"-Begriffs nach der *Jann*'schen Typologie auf die Niederlande ist allerdings nicht angezeigt. Dennoch läßt sich eine im Vergleich zur Bundesrepublik flexiblere Vorgehensweise politischer Konfliktlösungen in den Niederlanden ausmachen. Dies gilt vor allem mit Blick auf die – gerade auch auf kommunaler Ebene – von Verhandlung und Überredung geprägte politische Problembearbeitung anstelle stringent formalisierter Verfahren. Im Rahmen des Kontraktmanagements im „Tilburger Modell" steuert die politische Führung auf der Grundlage kontrollierbarer Vereinbarungen (*Kleinfeld* 1994: 26). Insoweit entspricht jenes Steuerungsverfahren den eine „Verhandlungskultur" kennzeichnenden Problembearbeitungsmustern. Zugleich aber wird durch die Verknüpfung des Steuerungsmediums „Kontraktmanagement" mit geplanten Politikresultaten (Outputorientierung) die inkrementale Komponente der „Verhandlungskultur" tendenziell verdrängt. Damit erweisen sich die Elemente des „Tilburger Modells" einerseits als „verhandlungskultur"-typisch, die andererseits als negativ wahrgenommene Erscheinungsformen einer „Verhandlungskultur" weitgehend auszuschalten suchen.

Vor diesem Hintergrund erscheint es wenig aussichtsreich, die Steuerungsform des Kontraktmanagements ohne Adaption auf deutsche Kommunen zu übertragen. Mit Blick auf die Verbindlichkeit einer – bezogen auf Leitlinien- und Durchführungskompetenzen – arbeitsteilig wahrgenommenen und auf Outputsteuerung umgestellten kommunalen Politikbearbeitung erscheint stattdessen eine – im Verhältnis zu den Niederlanden – detailliertere Verfahrensregulierung unvermeidlich. Andererseits aber setzt das Funktionieren eines Steuerungsmodells nach Tilburger Vorbild die Bereitschaft und Fähigkeit der beteiligten kommunalen Instanzen voraus, außerhalb verregelter Zuständigkeiten und Interaktionsformen – bei Akzeptanz der unterschiedlichen Rollen und Funktionen (auch der eigenen) – untereinander einen offenen Dialog zu führen. Diese Umorientierung bedarf eines längerfristigen, aber nicht aussichtslosen Prozesses.

Unterschiede im Bereich der Verwaltungskulturen: Regelungs- vs. Verhandlungskultur

Grenzen der Übertragbarkeit niederländischer Steuerungsformen in der BRD

216

3.6.3 Vergleich: Tilburger Modell und KGSt-Modell der dezentralen Ressourcenverantwortung

Nachdem zuvor danach gefragt wurde, inwiefern sich Elemente des Tilburger Modells auf deutsche Kommunen übertragen lassen, sollen nunmehr abschließend die beiden Modelle selbst verglichen werden. Die beiden exemplarisch vorgestellten Modelle (Tilburg; KGSt-Modell) weisen zwar viele Gemeinsamkeiten, jedoch auch manche Unterschiede auf.

Bezogen auf die jeweiligen Kernelemente ist eine starke *Ähnlichkeit* beider Modelle augenscheinlich:

Ähnlichkeiten

- Während Tilburg von Dezentralisierung und Delegation spricht, betont die KGSt 1993 die dezentrale Gesamtverantwortung im Fachbereich;
- während Tilburg die Reorganisation von der Input- zur Output-Steuerung fordert, sieht die KGSt die Notwendigkeit von Instrumenten zur Steuerung der Verwaltung von der Leistungsseite her (Output-Orientierung);
- während Tilburg die Konzentration der politischen Führung auf Leitlinienentscheidung normiert, wünscht sich die KGSt eine klare Verantwortungsabgrenzung zwischen Politik und Verwaltung.

Gemeinsamkeiten bestehen schließlich darin, daß beide Modelle die vorbehaltlose Unterstützung des jeweiligen Reformmodells durch die Gemeindevertretungskörperschaft und die Verwaltungsspitze erfordern und daß durch die Reformprojekte eine gravierende Verschiebung in der städtischen Verwaltungskultur (jetzt vom Selbst- und Wunschbild her eine Unternehmenskultur) eintritt.

Unterschiede ergeben sich dadurch, daß das Tilburger Modell die Aspekte der Personalentwicklung und der Verwaltungskultur stärker betonen. Demgegenüber rückt im KGSt-Modell die Führung durch Leistungsabsprache statt durch Einzeleingriffe (Kontraktmanagement) bzw. die Entwicklung einer zentralen Steuerung neuer Art in den Vordergrund. Der besondere „Clou" des Tilburger Modells liegt darin, daß es sich um eine Reform handelt, die die gesamte Struktur der Stadtverwaltung umfaßt und auf Dauer angelegt ist. Dem gegenüber favorisieren die meisten deutschen Städte und Gemeinden, die überhaupt schon mit neuen Steuerungsmodellen begonnen haben, eine experimentelle, modellversuchsartige Herangehensweise, die sich meist nur auf Segmente oder Facetten der kommunalen Verwaltungsstruktur richtet und deshalb auch schneller rückholbar erscheint.

Unterschiede

Ein wesentlicher Unterschied zwischen beiden Modellen liegt darin, daß das Tilburger Modell auf die zuvor skizzierten politischen/rechtlichen Rahmenbedingungen in den Niederlanden zugeschnitten ist und nicht beliebig von ihnen abzulösen ist. Hinsichtlich der Analyse der unterschiedlichen Umsetzungsbedingungen ist noch zu bemerken, daß in den Niederlanden mit der Reform des kommunalen Haushaltsrechtes die Realisierungsmöglichkeiten für eher betriebswirtschaftlich orientierte Steuerungsmodelle wesentlich erleichtert worden sind.

Andererseits sollte bedacht werden, daß sich die grundsätzlichen Strukturen der kommunalen Selbstverwaltung in den Niederlanden nicht unüberwindbar von denen in der Bundesrepublik Deutschland unterscheiden. Die in den Niederlanden nach der Kommunalverfassung handelnden Organe (Bürgermeister, Beigeordneter, Kollegium, Rat und Gemeindesekretär) finden sich grundsätzlich auch in bundesrepublikanischen Gemeinden wieder. Allerdings macht die Einbindung der deutschen Städte und Gemeinden in den föderalen Bundesstaat schon einen Unterschied gegenüber der Stellung der niederländischen Gemeinden im dezentralisierten Einheitsstaat, die letzteren auf der verfassungsrechtlichen und finanzpolitischen Ebene zunächst einen vergleichsweise schwächeren Status einräumt, der aber durch die historische, kulturelle und ökonomische Bedeutung der Städte und Gemeinden in der niederländischen Politikproduktion mehr als wettgemacht wird.

Eine unterschiedliche Einordnung ergibt sich auch dadurch, daß sich das Tilburger Modell prinzipiell seit 1985 in der Umsetzungsphase befindet und seitdem ständig weiterentwickelt wurde, während das fortgeschriebene neue Steuerungskonzept der KGSt erst seit 1993 in der Bundesrepublik existiert und bisher noch in keiner bundesrepublikanischen Gemeinde umfassend realisiert worden ist. So weitreichende empirische Erfahrungen wie in Tilburg bzw. in anderen Gemeinden der Niederlande liegen in Deutschland daher zur Zeit noch nicht vor.

Das Tilburger Modell fordert (eher empirisch argumentierend), daß es genügend Führungskräfte in Schlüsselpositionen geben muß, die die Reform engagiert unterstützen und tatkräftig vorantreiben, daß die Finanzinformationen rechtzeitig, transparent und verläßlich vorliegen müssen, daß die Verwaltungsorganisation der neuen Philosophie angepaßt sein muß, ohne ihre Effizienz zu verlieren sowie daß schließlich die Politik- und Planungsinstrumente sich dem Grundprinzip des Kontraktmanagements anpassen müssen. Dem stellt die KGSt (eher theoretisch-normativ argumentierend) entgegen, daß die Einführung des neuen Steuerungskonzeptes als Lernprozeß im Rahmen einer komplexen Projektorganisation definiert sein soll, daß situative Gegebenheiten zu beachten sind, daß Pilotprojekte und Teillösungen erforderlich sind und daß die Beteiligung der Mitarbeiter und Personalvertretungskörperschaften notwendig ist.

Zu vermuten bleibt abschließend, daß hinter beiden Modellen (auch) ein ausgefeiltes Marketing-Konzept zur Realisierung wirtschaftlicher Eigeninteressen steckt. Tilburg hat für die Vermarktung seines Modells inzwischen kommerziell arbeitende Agenturen eingeschaltet. In Deutschland ist mittlerweile die Vermittlung des neuen Steuerungsmodells bei der KGSt in einer Vielzahl von – durchaus kostenintensiven – Seminaren ein wesentlicher Arbeitsschwerpunkt und darüber hinaus zu einem nicht unlukrativen Segment des Marktes kommerzieller Beratungsunternehmen geworden.

3.7 Kundenorientierung und Bürgernähe: Alternative Ansätze zum steuerungsorientierten Modell?

Reformmodelle wie das Bürgeramt der Stadt Unna (61.000 Einwohner) oder der Bürgerladen Hagen-Weringhausen (240.000 Einwohner) sind Konzepte, die vom Leitgedanken der „bürgernahen Verwaltung" ausgehen und versuchen, innerhalb von (Groß-)Stadtverwaltungen Verwaltungsdezentralisierung und Bürgerorientierung zu realisieren:

„Die Umgestaltung der Stadtverwaltung in ein modernes Dienstleistungsunternehmen soll durch eine größere Kundenorientierung erreicht werden. Der Bürgerladen verkörpert den institutionalisierten Versuch, neue Formen von Kundenorientierung in der Verwaltungspraxis zu erproben. Er ist als Anlaufstelle für Auskünfte und Beratungen gedacht, die einen wesentlichen Teil der Nachfrage nach Verwaltungsleistung des täglichen Lebens an dieser Stelle bündelt." (*Bogumil/Kissler* 1993: 87)

Die Stadtverwaltung Hagen hat mit dem Bürgerladenkonzept, wie die an der Fernuniversität Hagen von Leo Kißler und seinen MitarbeiterInnen durchgeführte Begleitforschung ergeben hat, vor allem versucht, ihren Service zu verbessern und damit gleichzeitig neue Formen der Kundenorientierung auf ihre Akzeptanz bei den KundInnen hin zu erproben (*Kißler/Bogumil/Wiechmann* 1994). Der Bürgerladen wurde zwischen Dezember 1991 und Anfang 1994 als Pilotprojekt der Stadtverwaltung Hagen im Hagener Stadtteil Weringhausen zusätzlich zur bestehenden Verwaltungsstruktur und mit sechs Mitarbeiterstellen durchgeführt. Nach Ablauf der Projektdauer und zu Beginn einer neuen Ratsperiode steht nunmehr zur Diskussion, darüber zu entscheiden, ob das Projekt weitergeführt wird, ob das Konzept Bürgerladen flächendeckend auf die Gesamtstadt ausgebreitet wird bzw. wie das Modell konzeptionell mit dem zwischenzeitlich stark favorisierten neuen Steuerungsmodell zu verzahnen ist. Als Ergebnis der dreijährigen Projektphase, die insgesamt positiv beurteilt wird, wurden Aufgaben gebündelt, die Öffnungszeiten auf 45 Wochenstunden verlängert, die Wartezeiten und Wege verkürzt und räumliche Barrieren abgebaut. Das Bild, das sich die Kommunalverwaltung von „ihren" Kunden macht, ist gemeinhin der Vorstellung entlehnt, dem Kunden komme es vorwiegend darauf an, den Aufwand an Zeit, Nerven und Geld für den Verwaltungskontakt zu reduzieren. Dieses Kundenprofil aus Verwaltungssicht deckt sich – so der Befund der BegleitforscherInnen – allerdings nur teilweise mit der Selbsteinschätzung des Kunden (*Kissler/Bogumil/Wiechmann* 1994).

3.7.1 Konzept „Bürgernähe der Verwaltung"

Das Verhältnis Verwaltung-Bürger ist seit den 70er Jahren Gegenstand zahlreicher Untersuchungen geworden. Unter dem Eindruck der Reformpolitik der sozial-liberalen Koalition und einer stärker partizipationsgeleiteten Politik- und Verwaltungswissenschaft machte das Thema „Mehr Bürgernähe" eine rasante Karriere. Es wurden Projektgruppen und Kommissionen auf Landes- und Bundesebene gegründet und der Hinweis auf mehr Bürgernähe avancierte zum Standardrepertoire der meisten Regierungserklärungen (vgl. *Grunow 1982*). Auf wissenschaftlicher Ebene beschäftigte sich die Projektgruppe „Verwaltung und Publikum" an der Universität Bielefeld (*Grunow* u.a. 1978) ebenso mit dem Thema wie der vom Bundesforschungsministerium finanzierte Forschungsverbund „Bürgernahe Sozialpolitik" (vgl. *Kaufmann* 1977, 1979). Anfang der 80er Jahre schlossen sich allgemein-konzeptionelle Überlegungen zur bürgernahen Verwaltung an (*Grunow* 1982, 1988). *Grunow* (1982: 240-246; 1988: 25-29) hat in seinen Analysen den Versuch unternommen, die Maßstäbe bürgernahen Verwaltungshandelns zu konkretisieren:

- Bürgernähe kennzeichnet als Zielvorstellung von Verwaltungshandeln die Qualität der Beziehung zwischen Bürger und Verwaltung – der Begriff drückt also immer eine Relation aus.
- Die Qualität der Beziehungen zum Bürger werden verwaltungsintern durch die Publikumsbezogenheit der Verwaltungsorganisation einerseits und die Publikumsorientierung des Personals andererseits geprägt.
- Bürgernähe läßt sich nur mehrdimensional erfassen (wobei die subjektiven Urteile der Beteiligten ebenso schwer wiegen wie objektivierende Urteile aufgrund wissenschaftlicher Analysen),
- Maßstäbe zur Beschreibung von Bürgernähe und Bürgerferne lassen sich nur konkret im Bezug zu spezifischen Aufgabentypen erfassen; grundsätzlich hat jede Verwaltungsbehörde es mit einer besonderen Art von Publikum zu tun, wobei das jeweilige Publikum selbst nicht unbedingt homogen ist.
- Maßstäbe der Bürgernähe sind variabel. Dies gilt einmal im Zeitverlauf, d.h. die einmal gefundenen Antworten müssen nicht auf Dauer richtig bleiben. Dies gilt aber auch für die politisch-normative Bewertung, die nach (gesellschafts-)politischer Konstellation variieren kann.

Als globalen Maßstab für Bürgernähe oder Bürgerferne arbeitet *Grunow* (1982, 242) auf dieser Grundlage vier Qualitätsmaßstäbe heraus:

- Bedürfnisgerechtigkeit
- Anliegensgerechtigkeit
- Situationsgerechtigkeit
- Sachgerechtigkeit

Grunow unterscheidet sodann zwischen dem Beurteilungsgegenstand (Leistungen/Maßnahmen der Verwaltung; Formen der Übermittlung/des Zugangs) und dem jeweiligen Beurteiler (Betroffene, vergleichendes Expertenurteil): *Bedürfnisgerechtigkeit* bezeichnet den Grad der Übereinstimmung zwischen den Erwartungen der Adressatengruppen und den faktischen Leistungen, *Anliegensgerechtigkeit* den Grad der Berücksichtigung der Kommunikationsprobleme der Bürger, *Sachgerechtigkeit* die Übereinstimmung zwischen rechtlich definierten und organisatorisch verfügbaren Leistungen, *Situationsgerechtigkeit* die Übereinstimmung zwischen adressaten- und situationsspezifischer Kontaktgestaltung. Bürgernähe ist demnach umso stärker gegeben, je mehr dieser vier Gesichtspunkte erfüllt sind.

Das Konzept „Bürgernähe des Verwaltungshandelns" schließt, bei aller sonstigen Vagheit, stets die Funktion von Bürgern oder Verwaltungsklienten als „Bewertungsinstanzen" mit ein (*Grunow* 1991). Insofern grenzt sich dieses Konzept auch stark von der Diskussion um die Bewertung von Verwaltungsleistungen im Rahmen der neuen Steuerungsmodelle ab, wo derartige „Kennzahlen" häufig ausschließlich auf den Verwaltungs-Output im engeren Sinne reduziert werden.

3.7.2 Konzept „Kundenorientierung"

Bei Bürgernähe und Kundenorientierung handelt es sich um zwei verwandte Begriffe. Außerhalb des engeren wissenschaftlichen Bereichs werden die beiden Begriffe dann auch mitunter in eins gesetzt oder ausgetauscht. Überspitzt formuliert könnte man im Begriff „Kundenorientierung" eine modisch aktuelle Zielbestimmung des Konzeptes „Bürgernähe" sehen. Die Gemeinsamkeiten sind unübersehbar: Auch im Konzept Kundenorientierung sind Publikumsbezogenheit der Organisation und Publikumsorientierung des Personals entscheidende Variablen für die empirische Verwaltungsqualität, und auch hier gehört die Variabilität des Maßstabs zum Definitionsumfang.

Mit dem Begriff des „Kunden" sind jedoch nach Ansicht von *Bogumil/ Kissler* (1994) deutlich andere Implikationen verbunden als mit dem Begriff des „Bürgers". Unter Kunde wird primär der Konsument von Dienstleistungen verstanden, der eher passiv bleibt und auf Bedürfnisbefriedigung aus ist. Sein Auftreten gegenüber der Kommunalverwaltung als Anbieterin von Dienstleistungen wird durch eine Anspruchshaltung gekennzeichnet. Diese Auffassung steht im Kontrast zu der im Rahmen des Dienstleistungsbegriffs vorgestellten Kundendefinition bei *Grunow* (1991: 371f.), der die Akzentuierung gerade einer aktiveren Rolle im Konzept der Kundenorientierung herausstellt. *Kundenbegriff*

Im übrigen bestätigen die Untersuchungen des Hagener Bürgerladen-Begleitforscherteams aktuelle empirische Umfragen aus den Niederlanden (*Tops/ Depla* 1994): Der Bürger als Kunde steht der Kommunalverwaltung positiver gegenüber als in seinem staatsbürgerlichen Urteil über die Kommunalpolitik. Entgegen allen Vorurteilen, die man bürokratischen Organisationen gegenüber hat, waren die BürgerInnen in Hagen bei einer Repräsentativumfrage mit der Stadtverwaltung insgesamt eher zufrieden (52%) und nur ein knappes Drittel der Bevölkerung ist eher unzufrieden (30%).

Der Begriff des „Bürgers" ist umfassender und gleichzeitig doppeldeutiger. In demokratietheoretischer Perspektive gilt der Bürger als „citoyen", als Handlungsträger der Zivilgesellschaft. Das Konzept, in dem Bürgerbeteiligung als Zielvorstellung gilt, knüpft unmittelbar an plebiszitären Vorstellungen von kommunaler Demokratie an. Es ist sein eigenes aktives Handeln, das dem Bürger einen neuartigen Zugang zu öffentlichen Dienstleistungen erschließt. Der Bürger ist nicht Adressat, sondern Träger kommunaler Gestaltungsvorhaben und damit aktiv an der Produktion von öffentlichen Dienstleistungen beteiligt. Eine Zwischenstellung nimmt das Konzept des „Staatsbürgers" ein, das die Rechte und Pflichten der Bürger im demokratischen Gemeinwesen regelt, die Rolle und das Engagement der Bürger zwischen den Extremen „citoyen", Wahlbürger, Kunde und Untertan aber offen läßt. Eine Typologie charakteristischer Rollen von Bürgern gegenüber der öffentlichen Verwaltung wäre unvollständig ohne darauf zu verweisen, daß sich der Bürger insbesondere im Bereich der Ordnungsverwaltung, aber auch in der Sozialverwaltung aufgrund gesetzlicher Regelungen faktisch noch immer in der Rolle des Untertanen befindet. Schließlich ist der demokratisch legitimierte Staat berechtigt, verbindliche Entscheidungen zu treffen, diese letztlich unter Anwendung physischer Gewalt durchzusetzen und dabei auch in Freiheit und Eigentum der Bürger einzugreifen. Auch in dieser Rolle kann der Bürger schwerlich als „Konsument" von öffentlichen Dienstleistungen betrachtet werden (*Bogumil/Kissler* 1994). *Bürgerbegriff*

Es ist also kaum möglich, die Rolle des Bürgers als Adressaten von Verwaltungsleistungen in einem einzigen Begriff zutreffend zusammenzufassen. Insofern läßt sich auch die Frage „Was hat der Bürger von der Reform der Kommunalverwaltung?" in einer pluralistischen Gesellschaft gar nicht einheitlich beantworten. Hilfreich ist daher die bei *Bogumil/Kissler* (1994) entwickelte differenzierte Typologie, die unterscheidet zwischen

- der „Kundenrolle" z.B. im Rahmen von Bürgeramtsleistungen,
- der noch stark ausgeprägten „Untertanenrolle" im Rahmen der Ordnungsverwaltung,
- der „Klientenrolle" in manchen sozial- und wohlfahrtsstaatlichen Bereichen (z.B. des Jugend- und Sozialamtes) und
- der „Partizipantenrolle", wenn bestimmte Formen von Bürgerbeteiligung institutionalisiert sind (z.B. im Bereich der ausführenden Bauverwaltung).

Eine ganz entscheidende Voraussetzung der Beschreibung des Außenverhältnisses von Bürger und Verwaltung besteht – wie schon *Grunow* (1982; 1994) aufzeigte – darin, daß die Maßstäbe zur Qualität des Verwaltungshandeln von den spezifischen Aufgabentypen abhängen. In der Verlängerung dieser Argumentation liegt dann auch die Schlußfolgerung, daß die Interaktionsstrukturen ebenfalls von der zu erbringenden Verwaltungsleistung abhängen und sich mit dieser verändern.

Begrenzung der Reichweite des Konzeptes „Kundenorientierung"

Eine Übernahme der Zielvorstellung „Kundenorientierung" auf alle Bereiche der Stadtverwaltung erscheint dementsprechend wenig sinnvoll. Von Kundenorientierung zu sprechen, scheint vor allem dort sinnvoll zu sein, wo man es mit einem Angebot/Nachfrageverhältnis zu tun hat, also mit marktförmigen Beziehungen. Dies gilt vor allem für den Bereich publikumsintensiver Kurztätigkeiten. Hierunter fällt auch das Spektrum von Verwaltungsaufgaben, das in Bürgeramtsmodellen zusammengefaßt angeboten wird. Neben dem gesamten Bereich der Meldetätigkeiten gehören hierzu die zahlreichen Dienstleistungen verschiedenster Fachämter, die stark nachgefragt und in kurzer Zeit bearbeitet werden können (*Kissler/Bogumil* 1994).

Fragt man die Kunden der Kommunalverwaltung nach der Wichtigkeit einzelner Gestaltungsmerkmale von Kundenorientierung, so kommt es ihnen – so wiederum die Ergebnisse der Hagener Studie (zum methodischen Vorgehen vgl. *Kissler/Bogumil/Wiechmann* 1994: 35ff.) – am meisten auf die Wege an, die ihr Anliegen durch die Stadtverwaltung gehen muß. Besonders hoch auf der „Wunschliste" der befragten Hagener Kunden stehen:

- eine umfassende Beratung zur Klärung von Anspruchsvoraussetzungen und Einleitung von Realisierungsschritten;
- verständliche Formulare und Hilfestellungen beim Ausfüllen, um die Leistung überhaupt beantragen zu können sowie
- schnelle Antragsbearbeitungen, um möglichst rasch in den Genuß der erwünschten Leistung zu kommen

Der Ausbau der Dienstleistungsqualität erscheint demnach subjektiv wichtiger als reine Serviceverbesserung wie freundliche Wartezonen, Kinderspielecken, kurze Wege oder Aufgabenzusammenfassungen. Neben die schon erwähnte sachbezogene Serviceverbesserung, die von den Kunden eher skeptisch beurteilt wird, tritt vor allem der personenvermittelte Service. Für den Kunden bedeutet eine kundenorientierte Kommunalverwaltung vor allem Stärkung der personenvermittelten Verwaltungsleistungen: Freundliche MitarbeiterInnen sind nach den Ergebnissen der Hagener Untersuchung das wichtigste Gestaltungsmerkmal von Kundenorientierung aus Kundensicht (*Kissler/Bogumil/Wiechmann* 1994: 102ff.). Das subjektive Urteil über das Verwaltungspersonal schlägt zudem unmittelbar auf die Bewertung der Verwaltung selbst durch. Aber auch ein Ausbau der Dienstleistungsqualität ändert noch nichts an den Inhalten der Dienstleistungen. Die Verbesserung von Verwaltungsinhalten ist nicht in erster Linie im Rahmen des Konzeptes „Kundenorientierung" angelegt. Vielmehr ist hierfür nicht der Bürger als Kunde, sondern als citoyen und Staatsbürger gefordert.

Eine wirkliche Leistungsverbesserung findet im Rahmen von Reformprojekten, die unter dem Generalnenner „Kundenorientierung" stehen, nicht statt. Dem stehen in der Regel finanzielle Engpässe, bundes- und landesgesetzliche Regelungen sowie mitunter auch das mangelnde Interesse auf Seiten der kommunalen Organisationsspitzen entgegen. Eine vermittels Kundenorientierung hergestellte höhere Verwaltungsqualität im Sinne eines verbesserten Verwaltungsservices ist daher am ehesten dem Bereich der „symbolischen Politik" zuzuschlagen (*Edelmann* 1972). Sie hat aber zugleich reale Folgen für das Verhältnis Bürger-Verwaltung ebenso wie für die Legitimation staatlichen Handelns auf kommunaler Ebene:

> „Der Staat ‚verkleidet' sich (...) zunehmend als Dienstleistungsbetrieb, um seine Allgegenwart erträglich zu machen. Dem Bürger wird vorgespiegelt, er könne die staatlichen Dienstleistungen wie eine Ware kaufen oder auf sie auch verzichten. Die Angleichung von öffentlichem und privatem Dienstleistungsangebot ist damit auch ein Vehikel, den größeren Umfang staatlicher, zumindest staatlich geregelter Leistungen optisch zu reduzieren." (*Brinkmann* 1994: 170)

Für viele Bereiche der Kommunalverwaltung, in der Bürger primär in ihrer Untertanen-, Klienten- oder ausschließlich in einer Wahlbürgerrolle gesehen wurden, bedeutet das Konzept der Kundenorientierung einen deutlichen Fortschritt in der Einschätzung des Bürgers als Interaktionspartner der Verwaltung.

Allerdings verweisen *Bogumil* und *Kissler* (1994) auch auf die damit verbundenen gesellschaftspolitischen Risiken: Die Notwendigkeit, je nach Aufgabenbereich unterschiedliche Rollen in der Interaktion mit der Kommunalverwaltung einzunehmen, erzeugen sowohl beim Bürger wie bei den Beschäftigten der Kommunalverwaltungen zum Teil erhebliche Orientierungsprobleme. Ein Teil der Bürger (und Beschäftigten) läuft Gefahr, von diesen Handlungszwängen moderner pluralistischer, funktional-differenzierter Gesellschaften überfordert zu werden. Im schlechtest denkbaren Fall könnte die Intensivierung einer zusätzlichen Kundenrolle im Bereich der Kommunalverwaltung ähnliche Segmentierungsprozesse auslösen bzw. verstärken, wie sie in anderen Lebensbereichen bereits beobachtet werden: Die Folge wäre eine Art „Zwei-Drittel-Gesellschaft" auch im Verhältnis von Bürgern und Verwaltung und zwar dergestalt, daß diejenigen, die sich nur schlecht auf unterschiedliche Rollenzuweisungen und Handlungszwänge einstellen können, in Zukunft noch weniger in den Genuß der ihnen rechtlich zustehenden Leistungen kommen.

Außerdem könnte der sozialpolitisch bedenkliche Effekt eintreten, daß – in Kombination mit den Bemühungen in Kommunalverwaltungen, Kosten- und

Leistungsrechnungen einzuführen – „Kundenorientierung" primär den legitimatorischen Schutzmantel abgeben soll, um gleichzeitig möglichst alle Kosten städtischer Dienstleistungen, wie in der Privatwirtschaft üblich, an den Kunden weiterzugegeben.

3.8 Aktueller Stand der Modernisierung der Kommunalverwaltung in Deutschland

3.8.1 Überblick

Nachdem bislang die wichtigsten Dimensionen der neueren Steuerungsmodelle sowie alternative Reformansätze aufgezeigt wurden, folgt nunmehr ein kurzer Abriß des Umsetzungsstandes dieser Reformdiskussion in Deutschland. Diese Zwischenbilanz konnte außer auf einschlägige (Vor-)Arbeiten der Verfasser insbesondere auf eine im Sommer 1994 erschienene Publikation des Berliner Spezialisten für Fragen einer Betriebswirtschaftslehre der Öffentlichen Verwaltung, Christoph *Reichard*, über das „Umdenken im Rathaus" aufbauen.

Auslöser-Funktion der KGSt

Auslöser der deutschen Diskussion um neue Steuerungsmodelle in der Kommunalverwaltung waren die 1990 von der KGSt vorgelegten Vorschläge für ein „Neues Steuerungsmodell", die ihrerseits durch das im niederländischen Tilburg entwickelte „Konzernmodell" beeinflußt waren, aber auch durch die vor allem in der Betriebswirtschaftslehre und in Privatunternehmen erörterten Konzepte „Strategische Unternehmensführung" und „Controlling". Als erste Veröffentlichung legte die KGSt ihren Bericht 12/1991 „Dezentrale Ressourcenverantwortung: Überlegungen zu einem neuen Steuerungsmodell" vor. Er enthielt die Grundkonzeption des neuen Modells und war von einer primär organisatorischen Sichtweise geprägt. 1992 stellte die KGSt in ihrem Bericht 19/1992 das Tilburger Modell als Fallstudie vor. Im Jahre 1993 folgten zwei weitere Berichte zu den Themen „Das Neue Steuerungsmodell – Begründung, Konturen, Umsetzung" (Bericht 5/1993) sowie „Budgetierung: Ein neues Verfahren der Steuerung kommunaler Haushalte" (Bericht 6/1993).

Die Kommunalen Gemeinschaftsstelle für Verwaltungsvereinfachung (KGSt) veranstaltet alle drei Jahre „Foren" als eine Art Vollversammlung ihrer Mitgliedskommunen. Sie belegen die große Resonanz, die die Diskussion der neuen Steuerungsmodelle in der kommunalpolitischen Praxis der Bundesrepublik inzwischen erreicht hat. Auf dem KGSt-Forum 1990 in Karlsruhe wurde der kommunalen Öffentlichkeit von einer KGSt-Arbeitsgruppe die Grundstruktur des „Neuen Steuerungsmodells" erstmals vorgestellt. Die Reaktion der anwesenden Verwaltungsexperten schwankte zwischen Neugier, Interesse und Skepsis. Am KGSt-Forum in Hamburg 1993 nahmen schon über 3.000 Personen teil. Dieses „Forum" war bereits eine „Börse", auf der praktische Pilotprojekte und Fallbeispiele präsentiert wurden.

Überblick

Naschold hat kürzlich geschätzt, daß in Deutschland etwa 35% aller mit dem Ziel der Kostensenkung betriebenen kommunalen Modernisierungsmaßnahmen das Steuerungskonzept zum Gegenstand haben. *Kühnlein/Wohlfahrt* (1994) hatten in einer repräsentativen Umfrage unter deutschen Städten bereits im Herbst

1992 ermittelt, daß rund ein Fünftel der Städte die Einführung neuer Steuerungskonzepte planen oder praktizieren. Gegenwärtig dürften es in absoluten Zahlen etwa 50 bis 60 Kommunen sein, die sich konkret mit einem „Neuen Steuerungsmodell" beschäftigen. Auf der staatlichen Ebene (Bund, Land, mittelbare Verwaltung) ist demgegenüber im Hinblick auf die Entwicklung neuer Steuerungskonzepte noch immer weitgehende Fehlanzeige zu melden.

Nachdem es zunächst vor allem Großstädte – überwiegend im Land Nordrhein-Westfalen – waren, treten nunmehr auch mittlere und kleinere Städte sowie Landkreise in den Reformprozeß ein. So gehörte der Kreis Pinneberg zu den ersten, die unter der Flagge des Tilburger Modells eine Umstrukturierung der Kreisverwaltung planten. In Nordrhein-Westfalen und Niedersachsen, die bis dato zu den deutschen Ländern mit einer besonders steuerungsresistenten Kommunalverfassung zählten, kommt noch politischer Problemdruck hinzu: Hier verstärken die „polity"-Strukturen das Bedürfnis nach wirksamer Steuerung und klareren „Spielregeln" für die steuernden politischen Akteure.

Das Thema „neue Steuerungsmodelle ist zumindest bis zum Sommer 1994 weitestgehend auf die alten Bundesländer beschränkt geblieben. Es gibt mit Ausnahme von Gotha bis heute so gut wie keine konkreten steuerungsbezogenen Reformvorhaben in Ostdeutschland. Was allenfalls vorliegen, sind einzelne Absichtserklärungen, z.B. aus den Städten Erfurt oder Weimar. Eine andere Ausnahme ist Leipzig, wo die Organisation der städtischen Beteiligungen in einer eigenen privatrechtlichen Holding zusammengefaßt worden ist. Die Stadt Magdeburg will 1995 mit der Einführung von Elementen des „Neuen Steuerungsmodells" im Grünflächenamt und im Brand- und Katastrophenschutzamt beginnen. Von Verwaltungspraktikern wird als Erklärung für dieses „time lag" darauf hingewiesen, daß die Vereinigung „zu früh" gekommen sei, das „Neue Steuerungsmodell" zu jenem Zeitpunkt noch nicht transferreif war und die ostdeutschen Kommunen ganz andere tagespolitische Prioritäten hätten, die man vielleicht als Überlebenskampf zutreffend beschreiben kann (*Reichard* 1994a: 68).

3.8.2 *Strategien und Themen in der Einführungsphase*

Nach wie vor befinden sich auch die meisten Städte in Westdeutschland derzeit noch im Experimentierstadium. Für die Einführung neuer Steuerungsmodelle kamen zwei unterschiedliche Strategien zum Einsatz:

– Entweder wurde das Prinzip der dezentralen Ressourcenverantwortung als Teilelement der neuen Steuerungsmodelle" zunächst in einzelnen, abgegrenzten Kommunalverwaltungsbereichen erprobt (Ämter, verselbständigte Einrichtungen).

– Oder das neue Budgetierungsverfahren wurde im Rahmen der Gesamtkommune flächendeckend eingeführt; den Fachbereichen wurden von Rat und Verwaltungsführung vorab globale Bereichsbudgets zugeteilt, die diese weitgehend eigenständig bewirtschaften konnten.

Selbst in den tonangebenden Großstädten wurden die einschlägigen Experimente überwiegend auf kleinere, periphere Bereiche wie Bäder, Volkshochschulen und Sportstätten beschränkt. Eine grundsätzliche Umsteuerung des Kommunalmanagements und der Verwaltungsorganisation mit Tilburger Dimensionen ist bislang auf einige ganz wenige „Pilotverwaltungen" begrenzt geblieben. Vor allem der Schritt zur Implementation dieser Modelle in den Brennpunkten kommunaler Konflikte (z.B. Sozial- oder Bauamt) steht meist noch aus. Erst wenn auch hier das neue Steuerungsmodell im Verwaltungsalltag greift, dürfte die erste größere Bewährungsprobe bestanden sein.

Die eingeschlagenen Wege und Vorgehensweisen in den einzelnen Kommunen stehen zumeist noch am Anfang. Entsprechend einer an lokalen Umständen und Präferenzen ansetzenden Orientierung ist ein sehr heterogenes Erscheinungsbild bislang noch vorherrschend: So wollen zum Beispiel einige Städte wie München und Oberhausen neue Steuerungsmodelle in Eigeninitiative entwickkeln, andere lehnen sich ausdrücklich an das KGSt-Modell an (Berlin, Herten), während wiederum andere Städte primär die Unterstützung externer Unternehmensberater in Anspruch nehmen. Die Stadt Stuttgart z.B. führt dabei in Zusammenarbeit mit der „Wibera Wirtschaftsberatungs AG", Düsseldorf unter dem Titel „Effektivierung der Arbeit von Gemeinde, Rat und Verwaltung" eine Untersuchung zur Verbesserung der Steuerung einer großstädtischen Verwaltung durch. Die Stadt Wuppertal untersucht z.Z. zusammen mit der Firma Technopart, Köln mit Hilfe der Methode des Business Reengineering flächendeckend die Verwaltung und ihre Beziehung zum Rat der Stadt. Darüber hinaus gibt es eine Vielzahl von Teilprojekten und Kooperationen, die gleichfalls darauf abzielen, zu neuartigen Organisationsstrukturen zu kommen. Als Beispiel sei hier nur die Zusammenarbeit der Bertelsmann-Stiftung mit der Stadtverwaltung Bielefeld im Rahmen des Projektes: „Wirkungsvolle Strukturen im Kulturbereich" erwähnt. Dieses Projekt verfolgt das Ziel, ein auf die Bedürfnisse der Stadt Bielefeld zugeschnittenes Konzept zur Organisation und Führung des Kulturbereichs zu erarbeiten, welches bei entsprechender Modifikation auch von anderen Kommunen genutzt werden kann.

Es gibt erste übergreifende Einrichtungen für den Erfahrungsaustausch beteiligter Instanzen (Beispiel: Innovationsring von Kreisverwaltungen mit Pilotprojekten zum „Neuen Steuerungsmodell"). Auch gibt es eine derzeit noch schnell wachsende Zahl von Fortbildungsangeboten sowie von Aktivitäten kommerzieller Unternehmensberater. Darüberhinaus fördert auf Bundesebene das BMFT erste wissenschaftliche Begleitforschungen zu diesem Thema. Nach anfänglicher Zurückhaltung haben sich mittlerweile auch die kommunalen Spitzenverbände positiv zum „Neuen Steuerungsmodell" geäußert. So beschäftigte sich einer von sechs Arbeitskreisen der 27. Hauptversammlung des Deutschen Städtetags 1993 mit diesem Thema.

Die beim Deutschen Städtetag in Köln angesiedelte KGSt beschäftigt sich nach ihrer in vier Berichten festgehaltenen grundlegenden Konzeptionsarbeit zum „Neuen Steuerungsmodell" nunmehr mit der detaillierten Ausformulierung von einzelnen Teilelementen ihres neuen Steuerungsmodells:

- Produktformulierung
- Controlling
- Haushaltsplanung und -vollzug
- Übergang zur Doppik
- interne Leistungsverrechnungen

226

- Personalwirtschaft und -management
- Organisationsarbeit
- Qualitätsmanagement
- Rechnungsprüfung.

Konkret beabsichtigt die KGSt in den nächsten zwei bis drei Jahren das neue Steuerungsmodell zur Anwendungsreife zu bringen, Pioniereinführungen zu begleiten und die kommunalen Spitzenverbände bei der Herbeiführung von Rechtsänderungen zu unterstützen, die notwendig sind, um die entsprechenden Randbedingungen für die Umsetzung des neuen Steuerungsmodells zu flankieren.

Gerade in jüngster Zeit ist auch eine gestiegene Aufmerksamkeit für diese Fragen seitens Teilen der Gewerkschaften und der Personalräte zu beobachten, die sich in der Modernisierungsdebatte zu engagieren beginnen, sei es um nicht selbst zu den möglichen Modernisierungsverlierern zu zählen, sei es, um auf diese Weise, vermutete weitreichendere Personalabbautendenzen zu verhindern. Allgemein wird von Gewerkschaftsseite erwartet, daß ein flächendeckender Einstieg in die neuen Steuerungsmodelle von einem nicht unerheblichen Personalabbau in den Kommunalverwaltung begleitet sein wird, wobei aber offen bleibt, ob diese Entwicklung unmittelbar auf die Effekte der neuen Steuerungsmodelle zurückzuführen wäre oder ob dieser Personalabbau nicht ohnehin vonstatten gehen würde.

Kommunen beginnen ihre Experimente mit dem „Neuen Steuerungsmodell" mit durchaus unterschiedlichen Einstiegsthemen: Während einige Kommunen mit der Einführung der dezentralen Ergebnisverantwortung in einzelnen Verwaltungsbereichen begonnen haben (Kompetenztransfer von Querschnitts- zu Fachämtern), haben andere zunächst die organisatorische Teilautonomisierung von Einheiten angepackt (Duisburg: Schaffung eines ‚optimierten Regiebetriebes' im Bereich Abfallwirtschaft/Stadtreinigung). Manche Kommunen haben den Einstieg über eine Hierarchieabflachung gewählt. Einige andere Kommunen haben zunächst Controllingkonzepte (z.B. im Bau- und Investitionsbereich) entwickelt. Wieder andere haben versucht, den drückenden Finanzzwängen mit globalisierten Budgetierungsverfahren zu begegnen. Welches Thema zum Einstieg gewählt worden ist, scheint in erster Linie von der jeweils lokalen Problemlage und Akteurskonstellation abhängig zu sein.

Unterschiedliche Einstiegsthemen

Die Zielsetzung nach verstärkter Kundenorientierung – resultierend noch aus Ansätzen der späten 80er – scheint hingegen derzeit zurückgedrängt bzw. überlagert zu werden zugunsten einer sich ganz überwiegend monetären/finanziellen Sachzwängen unterordnenden Zielsetzung. Die Finanzmisere der Gemeinden ist zur Zeit jedenfalls in Ost und West das kommunalpolitische Thema Nr. 1, selbst ungeachtet der aktuellen Diskussion über die Reform der Kommunalverfassungen.

Nahezu alle deutschen Städte, die mit neuen Steuerungmodellen experimentieren, haben sich – im Gegensatz zur niederländischen Stadt Tilburg – dafür entschieden, statt einer flächendeckenden Einführung zunächst mit Pilotprojekten bzw. -studien zu beginnen. Als Vorteil wird gesehen, daß eine vorzeigbare, funktionierende Teillösung weitere Reformschritte erleichtern hilft und motivationsanregend wirken kann. Als Nachteil ist in diesen Fällen das gleichzeitige

Fläche oder Pilot?

227

Nebeneinander unterschiedlicher Steuerungslogiken innerhalb einer Kommunalverwaltung zu nennen. Auch trägt diese Vorgehensweise das Risiko in sich, daß bei Schwierigkeiten im Pilotbereich die Gefahr besteht, daß derartige Probleme die Argumentation liefern, um den Reformprozeß insgesamt zu stoppen.

Mitarbeiterbeteiligung

Zu den am stärksten diskutierten Punkten in den Reformgemeinden zählt die Frage nach dem Ausmaß und Zeitpunkt der Mitarbeiterbeteiligung, d.h. in welcher Form und in welchem Umfang das Personal gezielt aktiviert werden soll. Das Spektrum der bisherigen Lösungen reicht von der Einführung von Elementen des „Neuen Steuerungsmodells" im klassischen Verfahren „von oben nach unten", d.h. in eher autokratischer Weise, bis hin zu Verwaltungen, die gerade auf eine frühzeitige und umfassende Partizipation der Beschäftigten Wert gelegt haben. Die Stadt Krefeld (NRW) startete zum Beispiel ihren Reformprozeß mit einem aufwendigen „Suchzirkelverfahren". In diesem Rahmen unterbreiteten die städtischen Mitarbeiter fast 1.000 Verbesserungsvorschläge, die zu einem beachtlichen Anteil auch umgesetzt wurden, was nicht nur zur Verbesserung der Arbeitsbedingungen führte, sondern auch die Motivation für weitere Reformschritte stärkte (*Reichard* 1994a: 72).

Einbezug der Politik in den Reformprozeß

Auch die Frage, in welchem Maße und zu welchem Zeitpunkt die Politik in den Reformprozeß einzubeziehen ist, blieb nicht unumstritten. Vielerorts scheint der Einführungsprozeß neuer Steuerungsmodelle auf Initiative einer starken Verwaltung zurückzugehen. Der Diskussionsprozeß lief in diesen Gemeinden zunächst an der Politik (außerhalb der „Vorentscheiderkreise") vorbei. Auch wurde in diesen Fällen der Rat erst relativ spät eingebunden. Wenn die Ausgangshypothese stimmt, daß ein dauerhafter Erfolg des „Neuen Steuerungsmodells" davon abhängt, inwieweit die Politik die ihr im neuen Steuerungsmodell zugewiesene Rolle nicht nur akzeptiert, sondern auch verinnerlicht, dann droht eine Mißachtung des neuen Primats der Politik den intendierten Reformprozeß zum Scheitern zu bringen. Nach Ansicht von *Reichard* (1994a: 72) lief bislang der Erfolg der Einführung neuer Steuerungselemente überall mit der Übereinstimmung von Politik und Verwaltung über die grundsätzlichen Reformziele zusammen, was eine rechtzeitige Einschaltung der Politik zur unverzichtbaren Voraussetzung hat.

Budgetbezogene Ansätze

Reformansätze im Bereich des kommunalen Haushaltswesen erstrecken sich bislang vorwiegend auf eine stärkere Output-Orientierung, auf die Ersetzung von Zweckzuweisungen durch pauschalisierte Zuweisungen sowie auf eine Flexibilisierung des Haushaltswesens insgesamt. Ansatzpunkte zur Erweiterung der traditionellen Haushaltspläne um produktbezogene Informationen hat unter anderem die Stadt Osnabrück 1993 erstmals vorgelegt, allerdings basieren diese noch nicht auf Kostendaten, sondern nach wie vor auf kameralen Daten. Einen Wechsel zu Globalbudgets unternimmt derzeit die Stadt München, deren Haushaltsplanentwurf seit 1993 in einem Gegenstromverfahren zwischen Kämmerei, Fachbereichen und Rat erstellt und verabschiedet wird. Solange die Fachbereiche innerhalb der vorgegebenen Finanz- und Leistungsvorgaben bleiben, verfügen sie nunmehr über eine weitgehende Budgetautonomie, ohne daß das förmliche Letztentscheidungsrecht des Rates dadurch aber beseitigt worden ist. Ein offener Problempunkt bleibt weiterhin die Behandlung der Ansätze für unbeeinflußbare Pflichtaufgaben (z.B. der Sozialhilfe-Ausgaben). Weist man diese Ansätze den Fachbereichen als Festbetrag vorab zu, tritt der unerwünschte Effekt

228

ein, daß die Globalbudgets nur aus den eher marginalen Ausgabenanteilen der freiwilligen kommunalen Aufgaben bestehen. Damit würden die dezentralen Einheiten nur über eine sehr kleine Manövriermasse verfügen. Die Stadt Duisburg (NRW) experimentiert damit, zwischen Programm- und Prozeßkosten zu trennen. Die Programmkosten (Auszahlungen an Sozialhilfe) stehen vorab fest, die durch die Stadt beeinflußbaren Kosten des eigentlichen Leistungsprozesses (Durchführung der Sozialhilfegewährung) werden jedoch durch eine Rangordnung der Aufgaben nach verschiedenen Disponibilitätsstufen variabel gehalten (*Kuban* 1993). Die Stadt Nürnberg hat seit 1992 eine sog. Zuschuß-Plafondierung eingeführt, wobei im Gegenzug für Mittelkürzungen die Handlungsfreiräume der einzelnen Fachämter vergrößert werden. Hierzu werden für einen mittelfristigen Zeitraum fixe bzw. sinkende Zuschußquoten für einzelne kommunale Einrichtungen (Städtische Bühnen, Bäderamt, Tiergarten, Bildungszentrum und Musikschule) budgetiert (*Reichard* 1994a: 76).

Das deutsche Gemeindehaushaltsrecht läßt größere Freiheiten im Budgetvollzug, die für die Umsetzung der neuen Steuerungsmodelle unabdingbar sind, (noch) nicht zu. Allerdings wird dem Reformbedarf und dem Reformwillen in vielen Gemeinden durch eine Lockerung von haushaltsrechtlichen Bestimmungen Rechnung getragen: In verschiedenen Bundesländern sind Lockerungen des Haushaltsrechts in Form von befristeten Experimentierklauseln bereits erfolgt (Schleswig-Holstein, Nordrhein-Westfalen) oder geplant (Baden-Württemberg). In anderen Bundesländern ist die Kommunalaufsicht angehalten worden, offenbar zeitweilig „ein Auge zuzudrücken". *(Lockerungen des Haushaltsrechts)*

Eine Reihe von Kommunen führt in jüngerer Zeit Organisationsreformen durch. „Schlankere", d.h. hierarchisch flachere und dezentralere Strukturen gelten dabei als Voraussetzungen für eine wirksamere Steuerung. In der Stadt Herten hat einer der bislang ambitioniertesten Reformprozesse im Bereich der Organisationsentwicklung begonnen. Mit Unterstützung der KGSt wird versucht, innerhalb der Stadtverwaltung Konzernstrukturen nachzubilden und dabei gleichzeitig eine hohe Mitarbeiterbeteiligung anzustreben. In diesem Rahmen soll die überproportional stark ausgewucherte Dezernats- und Ämterstruktur zugunsten einer Fachbereichsgliederung rückgebaut werden (künftig: 8 Fachbereiche statt 34 Ämter). Hierdurch kann eine Hierarchieebene eingespart werden. Alle kommunalen Betriebe werden in einem geschlossenen Beteiligungsmanagement („Holding") zusammengefaßt. Das Prinzip der dezentralen Ergebnisverantwortung soll grundsätzlich bis zur Sachbearbeiterebene erweitert werden. Dies zieht entsprechend großdimensionierte Maßnahmen zur Personalentwicklung nach sich. *(Organisationsreformen)*

Organisatorische Maßnahmen zur Verselbständigung von Verwaltungseinheiten verfolgen das Ziel, die eigentliche Kernverwaltung wieder überschaubar und steuerbar zu machen und gleichzeitig dabei den Wettbewerbsdruck auf die gerade verselbständigten Einheiten zu verstärken. Die größte Bekanntheit haben hierzulande die medienwirksam inszenierten Reformprozesse in der Stadtverwaltung von Offenbach erlangt, die unter Federführung ihres jung-dynamischen SPD-Bürgermeisters Grandke einem forcierten Modernisierungsprozeß unterzogen wird. *(Organisatorische Verselbständigung von Verwaltungseinheiten)*

Ausgangspunkt für die Reformansätze in Offenbach war das seit 1986 dramatisch angestiegene Haushaltsdefizit, welches durch ein seit 1991 angelaufenes *(Verwaltungsreform in Offenbach:)*

„Haushaltssanierungskonzept" (HSK) mit Erfolg bekämpft wird. Das HSK verfolgt eine dreifache Zielsetzung:

- generell soll die Stadtverwaltung zu einem schlanken, kostenbewußten und kundenorientierten Dienstleistungsunternehmen umgebaut werden;
- strategisches Ziel ist die Einführung eines „neuen Steuerungsmodells" mit einer ausgeprägten markt- und betriebswirtschaftlichen Komponente;
- als operatives Ziel wurde die Haushaltssanierung verfolgt, die als erste Stufe der geplanten Verwaltungsreform gesehen wird und 1994 mit der Vorlage eines konsolidierten Haushaltes erreicht worden ist (*Barthel* 1994: 547f.).

Die Maßnahmen des HSK bezogen sich in erster Linie auf drastische Sparmaßnahmen in der Ausgabenpolitik und auf eine knappe Budgetierung der Haushalte der einzelnen Dezernate. Ein zweites wichtiges Element stellt in Offenbach die strikte Ausgliederung und Verselbständigung als „kommunale Eigenbetriebe" von Einrichtungen wie Friedhöfe, Müllabfuhr, Stadtreinigung, Stadtentwässerung, Gebäudereinigung, Altenheime sowie Kultureinrichtungen dar, die nunmehr im direkten Wettbewerb mit privaten Anbietern stehen (*Grandke* 1993). Ein drittes Element der Haushaltssanierung bildete ein einschneidender Personalabbau: in nur vier Jahren soll sich die Zahl der Mitarbeiter bei der Stadtverwaltung Offenbach von 2.520 auf 1.200 verringern, davon beziehen sich rd. 900 Stellen auf die ausgegliederten Eigenbetriebe, während in der eigentlichen Kernverwaltung rd. 370 Stellen zur Disposition gestellt wurden (*Barthel* 1994: 548).

Christian *Barthel* (1994) hat in einem Aufsatz das Strategiedesign für den Umsetzungsprozeß näher erläutert. Die Haushaltssanierung wurde Anfang der 90er Jahre praktisch aus dem Stand heraus angegangen. Grundlage bildete eine vom neugeschaffenen Referat „Controlling" zentral durchgeführte radikale Aufgabenkritik, die sämtliche Verwaltungsbereiche betraf, Vorgaben für Stellenstreichungen machte, die bisherige Ablauforganisation problematisierte, Aufgaben neu zuordnete und tradierte Hierarchien überprüfte. Den Verantwortlichen war der interventionistische Charakter dieser „Bombenwurfstrategie" klar, der dem Stil traditioneller Verwaltungskultur nahekam: „Eine zentrale Organisationseinheit dirigierte den take off des Innovationsprozesses – die Selbstorganisation im Umgang mit Ressourcen und das Vertrauen in die Selbstorganisationsfähigkeit der Fachbereiche stehen nicht an erster Stelle" (*Barthel* 1994: 551). Begründet wird diese Vorgehensweise mit fehlender Einsicht und Bereitschaft bei Mitarbeitern und Führungskräften sowie mit akutem Problemdruck und gleichzeitig fehlender Zeit für die Gewinnung des Personals: „Hätten wir so lange gewartet – Offenbach wäre pleite gewesen" (Ebd. S. 551).

Erst mit dem Übergang von der „Sanierungslogik", die mit dem Instrumentarium bisheriger Verwaltungssteuerung immerhin ihre selbstgesteckten Ziele erreichte, zur „Logik der Selbststeuerung" sollen nun die Instrumente der neuen Verwaltungssteuerung greifen, wobei gleichzeitig die „Bombenwurfstrategie" durch das Konzept der „lernenden Organisation" ersetzt werden soll (*Barthel* 1994: 553). Die Einführung der neuen Steuerungselemente soll zunächst pilotmäßig in einzelnen Organisationseinheiten (mindestens drei) geprüft werden, wobei die unterschiedlich ausgeprägte Innovationsfähigkeit und -bereitschaft einzelner Organisationseinheiten im Sinne einer Hebelstrategie benutzt und zudem die Pilot-Projekte als Multiplikatoren eingesetzt werden sollen. Organisationseinheiten, die mit neuen Steuerungsinstrumenten (in der Öffentlichkeit besonders bekannt wurde die Bezahlung einer Leistungszulage, die ab Juni 1993 erprobt wird; andere Instrumente sind Arbeitszeitflexibilisierung, neue Leistungsbeurteilungssysteme sowie Ämtercontrolling und -berichtswesen) experimentieren wollen, müssen sich einem Bewerbungsverfahren unterziehen und zusätzlich zu dem gewünschten Steuerungsinstrument, das erprobt werden soll, ein weiteres ergänzendes Instrumentarium zur Anwendung bringen. Stellt sich heraus, daß das Instrumentarium nicht zu einer output-Verbesserung der Organisationseinheit führt, bestehen Sanktionsmöglichkeiten, wie der Entzug des betreffenden Instrumentariums (*Barthel* 1994: 554f.).

3.8.3 Exemplarische Betrachtung neuer Steuerungsmodelle anhand der Beispiele Herten und Oberhausen

Die Auswahl der Städte für die Darstellung der neuen Steuerungsmodelle wurde von mehreren Gründen getragen:

– Beide Städte repräsentieren unterschiedliche Größenordnungen innerhalb der Bundesrepublik: Bei der Stadt Herten handelt es sich um eine größere kreisangehörige Stadt des Kreises Recklinghausen mit ca. 70.000 Einwohnern; bei der Stadt Oberhausen handelt es sich um eine kreisfreie Großstadt mit ca. 230.000 Einwohnern.
– Die beiden Steuerungsmodelle repräsentieren vom Grundsatz her unterschiedliche Ansätze hinsichtlich des eingeschlagenen Weges: Während sich Herten dem Modell der KGSt stark angenähert hat bzw. partiell dieses sogar weiterentwickelt, handelt es sich bei der Stadt Oberhausen um ein auf überwiegend betriebswirtschaftlichen Erkenntnissen fußendes Modell.

Gemeinsamkeiten zwischen beiden Städten resultieren insbesondere aus ihrer Lage jeweils im nördlichen Ruhrgebiet und ihrer jeweils nahezu ausweglosen Haushaltssituation.

3.8.3.1 Beispiel Herten

Die Stadt Herten gibt sich in ihrer entsprechenden Publikation die Bezeichnung: „Der Konzern Stadt Herten – Einführung eines neuen Steuerungsmodells in einer Mittelstadt im Ruhrgebiet". Vorangestellt wird eine Vision: „Die kommunale Dienstleistung der Stadt Herten hat im Emscher-Lippe-Raum den Spitzenplatz in Bezug auf Servicequalität und Produktivität". Dieser Vision werden schwerpunktmäßig folgende Ziele nachgeordnet:

– Kundenorientierung
– Dienstleistungsausrichtung
– Output-Orientierung
– klare Abgrenzung zwischen Rat und Verwaltung
– Erhöhung von Effizienz und Effektivität
– Einführung betriebswirtschaftlicher Methoden (Kostenrechnung, Controlling, Marketing)

231

- Anbindung moderner Management-Techniken
- Erhöhung der Motivation, Leistungsbereitschaft und des Qualifizierungs-
standes der Mitarbeiter.

Die Stadt Herten hat gleich in mehrfacher Weise einen Weg der Kooperation ein-
geschlagen. Für die Einführung des neuen Steuerungsmodells wurde eine intensive
Begleitung mit der KGSt vereinbart. Darüber hinaus strebt Herten eine umfassende
Kooperation mit anderen Städten, Institutionen und gesellschaftlichen Gruppen an.
Für bestimmte Teilprojekte wurden schließlich beim Bundesforschungsministeri-
um und beim Wirtschaftsministerium NRW Förderungsanträge gestellt.
   Zur Realisierung der o.g. Ziele sind folgende Maßnahmen vorgesehen:

- Neue Verwaltungsorganisation durch:
    - Reduktion von fünf auf drei Dezernate
    - Abschaffung des Dezernatsprinzips zugunsten einer Vorstandsregelung
    - Reduktion von 34 Ämtern auf 8 Fachbereiche
    - Definition einer Holding-Struktur
    - jährliche Zielplanung
    - Reduktion der jeweiligen Ratsausschüsse auf die Zahl der Fachbereiche

- Neue Finanzorganisation durch
    - Haushaltsbuch statt Haushaltsplan
    - Einführung von Controlling – zunächst verstanden als Auftrags- und
    Beschluß-Controlling
    - Einführung eines Berichtswesens „Haushalt"
    - Einführung eines Berichtswesens „Aufgaben"
    - Budgetierung auf dem Niveau von 1993
    - Abschaffung der Sammelnachweise zugunsten der dezentralisierten
    Ressourcenverantwortung der Betriebsmittel im Fachbereich
    - Reinvestition von 1/3 der durch Stellenabbau ersparten Personalkosten
    in Aus- und Fortbildung sowie
    - leistungsbezogenes Beförderungswesen

- Neues Management/neue Organisation durch:
    - Gruppensupervision für Führungskräfte
    - Lenkungsgruppen auf zentraler Ebene und in den Fachbereichen (mit je-
    weils rund 15 Mitgliedern)
    - flächendeckende Umorganisation
    - Organisationsentwicklungsprozeß mit umfassender Mitarbeiterbeteili-
    gung
    - Festsetzung eines eng gefaßten Zeitraumes (in zwei Jahren sollen 50%
    umgesetzt sein, in drei Jahren sollen 80% umgesetzt sein)

- Personalentwicklung durch
    - Verstärkung und Priorisierung von Aus- und Fortbildung
    - Mitarbeiterbefragungen
    - Mitarbeiterinformation durch ein verwaltungsinternes Infopapier

Es handelt sich in Herten um einen Ansatz, der einen sehr weitreichenden Versuch unternimmt, zu neuen Strukturen zu gelangen, und von einer Stadt betrieben wird, die als kreisangehörige Gemeinde ansonsten kaum in der Lage ist, mit

bundesdeutschen Großstädten – nicht zuletzt auch was personelle und organisatorische Kompetenzen anbelangt – zu konkurrieren.

Die Kernelemente des neuen Steuerungsmodells der KGSt von 1993 werden im Steuerungsmodell der Stadt Herten fast vollständig aufgegriffen, was nicht weiter verwunderlich ist, berücksichtigt man, daß die Implementierung des Hertener Steuerungsmodelles von der KGSt begleitet wurde. Bemerkenswert ist weiter, daß es sich dabei um einen Ansatz handelt, der aufgrund seiner Ganzheitlichkeit nahe an das Patenmodell Tilburg heranreicht. Die Stadt Herten hat vor allem auch erkannt, daß es nicht ausreicht, bei weitreichenden Prozessen der Organisationsentwicklung die Mitarbeiter nur formal zu beteiligen, sondern sie berücksichtigt in ihrem Reformdesign, daß letztendlich der gesamte Prozeß im wesentlichen von den Mitarbeitern getragen wird.

Aus der Dokumentation wird deutlich, daß die neu einzunehmenden Rollen, Kompetenzen, Zuständigkeiten sowie Statusfragen gegenwärtig die vorherrschenden Probleme darstellen. Es ist nicht ganz von der Hand zu weisen, daß hier zumindest teilweise auch versucht wird, den Abbau einer in der Vergangenheit erfolgten Aufblähung der Verwaltung sowie einer gewissen Überhierarchisierung nunmehr nicht ungeschickt als „deutsches Tilburg" zu vermarkten. Bei einer Stadt von der Größenordnung in Höhe von 70.000 Einwohnern und insgesamt 34 Ämtern ist zumindest aus rein organisatorischer Sicht eine deutliche Reduzierung eher unproblematisch und mit Sicherheit auch ohne ein sogenanntes neues Steuerungsmodell zu bewerkstelligen.

3.8.3.2 Beispiel Oberhausen

Das Beispiel der Stadt Oberhausen wird nicht von einer leitbildartigen Vision, wie z.B. bei der Stadt Herten getragen, jedoch durch eine sehr griffige Formulierung geprägt: „Rathaus ohne Ämter". Dieser Zielsetzung, die für deutsche, kommunalpolitisch geschulte Ohren nahezu provokativ klingt, werden in sechs reformrelevanten Bereichen folgende konkrete Ziele zugeordnet:

Betriebswirtschaftliche Zielsetzung

- Bürgerorientierung
  - optimale Anspruchserfüllung bzw. Nachvollziehbarkeit,
  - klare Darlegung bei Ablehnungen,
  - Einbeziehung in Planungsprozesse
- Aufgaben
  - effektive, aber sparsame Erfüllung
  - Gewichtung nach Verwaltungs- und Privatkompetenz
- Verhältnis von Rat und Verwaltung
  - Intensivierung politisch-strategischer Steuerung
  - Neudefinition effektiver Verwaltungskontrollen
  - Neuordnung der Schnittstellen
- Verwaltung
  - Änderung der Steuerungsstrukturen
  - Neugliederung in spartenmäßig organisierte Bereiche mit dezentraler Verantwortung
  - Hierarchieabbau

- Finanzen
  - Darstellung und Einsatz von Finanzen nachvollziehbar und transparent machen
  - in Mangelzeiten Finanzeinsatz richtig gewichten und effektivieren
- Mitarbeiter/innen
  - mehr Zusammenhangwissen
  - Neudefinition der Arbeitsinhalte und -zusammenhänge
  - projektorientierter Einsatz
  - Delegation von Verantwortung
  - Steigerung der Identifikation mit der Aufgabe

Der im sozialdemokratisch regierten Oberhausen beschrittene Weg ist – ähnlich wie in der Nachbarstadt Duisburg – im wesentlichen betriebswirtschaftlich orientiert. In der entsprechenden Publikation der Stadt zum Thema „Rathaus ohne Ämter" wird dies konkretisiert durch den Abdruck einer programmatischen Rede des Oberstadtdirektors Burkhard Drescher in einer Ratssitzung am 25.10.93:

> „Der hierarchisch strukturierte Aufbau unserer Dezernate und Ämter entspricht weder den neuesten betriebswirtschaftlichen Erkenntnissen noch kann er die formulierten Leitlinien umsetzen und besitzt schon gar nicht die Flexibilität, um im genannten Sinne steuerbar zu sein. In Anlehnung an das betriebswirtschaftliche Modell der Profitcenter werden wir ein Rathausmodell vorlegen, in dem sich die Dezernenten als Betriebsvorstände wiederfinden und die Amtsleiter als Bereichs- oder Projektgruppenleiter ohne hierarchischen Unterbau in der bisherigen Form, jedoch mit eigener Finanz- und Personalverantwortung."

Maßnahmenorientierung Das vom Oberhausener Oberstadtdirektor Burkhard Drescher auf der gleichen Ratssitzung angekündigte „Rathaus ohne Ämter" nimmt nun allmählich Konturen an. Eine interne Arbeitsgruppe hat ein umfangreiches Papier vorgelegt. Es umfaßt sowohl ein Organisationsmodell (Diskussionsmodell) für die Stadtverwaltung als auch eine Beschreibung der weiteren Schritte für die Umsetzung. Entsprechend dem stärker pragmatischen, resultatsorientierten Vorgehen listete man in Oberhausen zunächst eine ganze Reihe konkreter Maßnahmen auf, die zur Umsetzung dieser Ziele insbesondere Anwendung finden sollen:

- Neuordnung der Aufgaben unter Bürgerinteressen bei gleichzeitiger Straffung, Wegfall, Privatisierung und Standardreduzierung
- Reduzierung von Ausschüssen sowie Kongruenz von Betrieb und Fachausschuß
- Einführung des Kontraktmanagements
- Reduzierung der Dezernate, Ämter und Institute bzw. Wegfall dieser Begriffe zugunsten von Betrieben und Bereichen; Aufgabe der Querschnittsämter zugunsten einer (reduzierten) zentralen Steuerungseinheit sowie Einrichtung von Zentraleinheiten in den Betrieben
- Reduzierung der Hierarchieebenen durch Delegation von Entscheidung und Verantwortung nach unten; dezentrale Organisation in den Betrieben unter Anwendung der eigenbetriebsrechtlichen Vorschriften
- Budgetierung auf betriebswirtschaftlicher Grundlage mit weitgehender Ergebnis-, Finanz-, Personal- und Organisationsverantwortung; Einsatz eines betriebswirtschaftlichen Rechnungswesens; schrittweiser Aufbau von Ko-

234

sten- und Leistungsrechnungen; Aufgabe des Haushaltsplanes zugunsten von Wirtschaftsplänen
- Mitarbeiterfortbildung bezogen auf neue Strukturen und Aufgaben; Mitarbeiterbeteiligung am Organisationsverfahren durch Modelle und Prozeßinformation
- Haushaltskonsolidierung in dezentraler Verantwortung; die Querschnittsämter übernehmen dabei nur noch methodische Strukturierung, Moderation und textliche sowie rechnerische Zusammenstellung
- Einführung der „Wirtschaftsbetriebe Oberhausen" mit „zentralen Diensten", „Kanal- und Straßenerhaltung", „Grünflächenunterhaltung", „Stadtentsorgung und Feuerwehr".

Die „Zentrale Steuerungseinheit", die dem Oberstadtdirektor zugeordnet wird, erhält nur die Aufgaben, die unabdingbar zur Steuerung, Koordination und Kontrolle der Verwaltung notwendig sind. In den „Zentralen Services" werden jene Leistungsbereiche der Verwaltung zusammengefaßt, die zentralen internen Leistungscharakter haben. Langfristig sieht das Oberhausener Modell nur noch sechs Betriebe vor. Neben den „Zentralen Services" gibt es noch „Allgemeine Bürgerangelegenheiten und öffentliche Ordnung", „Jugend, Soziales und Gesundheit", „Schule, Kultur und Sport", „Planen, Bauen und Wohnen" sowie die schon existierenden „Wirtschaftsbetriebe Oberhausen". Am 29.11.1994 meldete die „Westdeutsche Allgemeine", daß die Stadt Oberhausen nunmehr plant, alle Betriebe abzugeben, um durch den Verkauf das Haushaltsdefizit von 600 Mio. DM auf rd. 350 Mio. DM abzubauen. Zu diesem Vorschlag des Oberstadtdirektors von Oberhausen, Drescher, gehört der Verkauf der Wirtschaftsbetriebe Oberhausen an die „Energieversorgung Oberhausen", an der die Stadt aber wiederum mit 50% beteiligt ist, sowie der Verkauf von Müllabfuhr, Stadtentwässerung. Städtische Kindergärten und Alteneinrichtungen sollen nach diesen Plänen den Wohlfahrtsverbänden zum Kauf angeboten werden, städtische Bäder Vereinen übertragen und Sporthallen von privaten Wachdiensten betreut werden. Die Zahl der städtischen Beschäftigten soll bis 1996 so von derzeit 4.500 auf 2.000 Beschäftigte gesenkt werden

Bei dem Modell der Stadt Oberhausen handelt es sich zum gegenwärtigen **Bewertung** Zeitpunkt um einen der am weitestgehenden Umsteuerungsansätze im Großstadtbereich. Er geht von seinem Konkretisierungsgrad und seiner Detailgenauigkeit, aber auch von den ins Auge gefaßten Reformbereichen weit über die Ansätze von z.B. Stuttgart, Berlin, München, Duisburg und Köln hinaus. Seine bemerkenswerteste Ausprägung ist die rein betriebswirtschaftliche Ausrichtung. Weiter fällt auf, daß sich die Stadt Oberhausen selbst ebenfalls eine äußerst kurze Zeitvorgabe gegeben hat. Die Unwägbarkeiten und möglichen Unvereinbarkeiten mit dem gegenwärtigen Haushaltsrecht umgehen die Pläne der Stadt Oberhausen in vielfacher Weise durch die Bildung von Betrieben nach der Eigenbetriebsverordnung bzw. durch den kompletten Verkauf städtischer Betriebe.

Hinsichtlich der neuen Struktur ist trotz erkennbarer Konzentration und Reduktion anzumerken, daß es sich nicht gerade um ein Musterbeispiel für „Lean Management" handelt. Immerhin besteht die Betriebsleitung mit dem Oberstadtdirektor, dem Kämmerer und den sechs Bereichsleitern nach wie vor aus insgesamt acht leitenden Spitzen; für eine Stadt der Größenordnung um 230.000

Einwohner ist dies nicht gerade wenig. Weiter fällt auf, daß z.B. im Gegensatz zum Modell der Stadt Herten und auch zu den Empfehlungen der KGSt, die Mitarbeiterbeteiligung bislang stark vernachlässigt worden ist, was bei den ins Auge gefaßten Stellenabbauplänen allerdings nicht verwundert. Soweit Mitarbeiterbeteiligung angesprochen wird, handelt es sich dabei lediglich um Steuerung der Informationsflüsse bzw. um Beteiligung nach dem formalen Landespersonalvertretungsverfahren. Eine Organisationsentwicklungs-Philosophie, die die Mitarbeiter vollinhaltlich beteiligt, ist nicht gewünscht. Nach allen Erfahrungen der Organisationssoziologie sind hierdurch erhebliche Widerstände innerbetrieblicher Art zu erwarten.

Obwohl das Modell der Stadt Oberhausen ausdrücklich nicht an das Modell der dezentralen Ressourcenverantwortung der KGSt angelehnt ist, fällt auf, daß auch hier die bereits unter dem Modell der Stadt Herten beschriebenen Prinzipien (Verantwortungsabgrenzung, Kontraktmanagement, Dezentralisierung, zentrale Steuerung und Output-Orientierung) im starken Maße zu den Kernelementen zählen.

3.8.4 Inhaltlicher Stand der Reformdebatte und der Reformpraxis

Der bisherige Umsetzungsstand gibt noch keine endgültige Antwort darauf, ob die Einführung neuer Steuerungsmodelle zu einem umfassenden und dauerhaften Erfolg wird, der das kommunale Management und die kommunale Verwaltungspraxis nachhaltig verändert. Auch ist es noch nicht möglich, empirisch gesättigt eine Antwort auf die Frage zu geben, ob die intendierten Wirkungen und Effekte des neuen Steuerungsmodell mit den bisher in Gang gesetzten Reformen auch tatsächlich erzielt worden sind oder ob es zu anderen, nichtintendierten Effekten kommt. Bislang sind in den Kommunen, die derzeit mit neuen Steuerungsmodellen experimentieren, einige zentrale Konstruktionselemente der neuen Steuerungslogik entwickelt worden, andere Elemente der vorliegenden Modelle sind nach Auffassung von *Reichard* (1994a: 81ff.) hingegen in Deutschland eher noch deutlich unterentwickelt:

– Insbesondere die zentrale Implementationsvoraussetzung neuer Steuerungsmodelle, der *Übergang zur Output-Steuerung* und das Denken in Output-Kategorien, fällt den meisten Kommunalverwaltungen noch sichtbar schwer. Sofern überhaupt schon vorgelegt, bleiben die bisherigen Versuche zur Entwicklung von „Produkt"-Definitionen (wie in Hannover) noch zu stark verrichtungsorientiert. Hierfür ist sicherlich zu einem Großteil auch die Rigidität haushaltsrechtlicher Bestimmungen verantwortlich.
– Die *Personalkomponente* wird bislang bei deutschen Ansätzen zur Steuerungsreformen – von Ausnahmen wie Duisburg und Bochum abgesehen – noch immer stark vernachlässigt. Den eigenständigen Bemühungen deutscher Kommunen werden hier durch gesetzliche Grenzen recht enge Grenzen gesetzt. Entsprechende Impulse des Bundesgesetzgebers bzw. der Tarifpartner im öffentlichen Dienst scheinen somit unabdingbar.
– Nicht untypisch für die deutsche Kommunalverwaltungstradition werden vorhandene *Organisationsstrukturen* von den bisher erprobten Maßnahmen der neuen Steuerungsmodelle nur selten radikal in Frage gestellt. Stattdessen

werden in inkrementalistischer Weise neue Instrumente (Controlling, Budgetierung) häufig auf alte Strukturen aufgepfropft, was die Wahrscheinlichkeit für einen Reformerfolg nicht unbedingt erhöht. Das „Design" (Strukturen und Instrumente) des geplanten „Zentralen Steuerungsdienstes" sowie die Ausgestaltung des Beteiligungscontrollings ist in den meisten vorliegenden Konzepten recht vage geblieben.

– Typisch für den bisherigen Stand der deutschen Reformprojekte im Rahmen neuer Steuerungsmodelle ist ihre starke Fixierung auf kommunale Binnenstrukturen. Eine systematische *Aufgabenkritik* als Grundlage für eine kritische Auseinandersetzung mit dem bestehenden kommunalen Leistungspaket steht in Deutschland noch ebenso aus wie die erst vereinzelt in Gang kommenden Bestrebungen einer Markt- und Wettbewerbsöffnung kommunaler Einrichtungen.

Von Protagonisten der neuen Steuerungsmodelle wird immer wieder erklärt, daß diese keinen direkten Beitrag zur Haushaltskonsolidierung leisten können, sondern im Gegenteil kurzfristig sogar zusätzliche Ausgaben verursachen. Dennoch hat unverkennbar unter dem Eindruck des massiven gegenwärtigen Finanzdrucks das Ziel der Haushaltskonsolidierung auch in vielen Reformgemeinden die eindeutige Priorität. Mitunter stellen Experimente mit Steuerungsmodellen schlichtweg eine Fassade für nur notdürftig verbrämte Cutback-Programme dar. Hier ist ein Abbau bürokratischer Hemmnisse nur das Bonbon, um kräftige Ausgabenkürzungen zu versüßen (*Reichard* 1994a: 83). So scheint es auch nicht ganz von der Hand zu weisen zu sein, daß die große Resonanz des Tilburger Modells in Deutschland vor allem dadurch ausgelöst wurde, daß aus dieser niederländischen Kommune erhebliche Kostensenkungseffekte und eine Verbesserung der Finanzsituation gemeldet wurde.

3.8.5 Ein erstes Zwischenfazit

Nicht nur die Kommunalverwaltungen, sondern auch die sonstigen öffentlichen Verwaltungen befinden sich in Deutschland gegenwärtig im Mittelpunkt kritischer Diskussionen und sind Gegenstand von Reformvorhaben. Im Gegensatz zu vielen anderen westlichen Industrienationen ist in der Bundesrepublik Deutschland die Diskussion um die Reform der Kommunalverwaltung erst sehr spät in Gang gekommen. Gleichwohl wird die Reform der Kommunalverwaltung bzw. die Einführung neuer Steuerungsmodelle aufgrund der vielfältigen Ausgestaltungen und der größeren Nähe die direktesten Auswirkungen für den Bürger haben.

Empirische Erkenntnisse sowohl hinsichtlich der Konsequenzen für die Stellung und Funktion der Gemeinden im politischen Gesamtsystem der Bundesrepublik als auch nach den konkreten Veränderungen für die Bürger liegen nicht vor. Auch die zu diesem Thema immer vielfältiger werdende Literatur ist hinsichtlich einer *detaillierten* Erörterung dieser Konsequenzen noch äußerst zurückhaltend.

Die Kommunalverwaltungen in der Bundesrepublik befinden sich z. Z. in einer äußerst schwierigen Situation. Auf der einen Seite werden sie konfrontiert mit gesteigerten Anforderungen seitens ihrer Bürger hin zu mehr Qualität, mehr Bürgernähe und mehr Serviceleistungen ganz allgemein. Auf der anderen Seite sehen sie sich einer immer stärkeren finanziellen Belastung ausgesetzt. Aus dieser für Kommunen in dieser Problemballung neuartigen und nicht durch die Hoffnung auf künftiges Wirtschaftswachstum leichter erduldbaren Situation resultiert im wesentlichen die gegenwärtig sich immer noch steigernde Diskussion um generelle Strukturreformen der Kommunalverwaltung.

Der Wechsel von der Einzelfall- zu einer leitlinienorientierten Perspektive bedarf zweifellos eines längeren, wenngleich nicht von vornherein aussichtslosen Lernprozesses, auf den sich ein ständiger Dialog zwischen Verwaltung und Vertretungskörperschaft fördernd auswirkte. Die Bündelung von Fachämtern zu Fachbereichen und – parallel dazu – die gezielte Verringerung der Zahl kommunaler Gremien und ihre Zuordnung zu den Fachbereichen könnte den Abbau detailfixierter Sachorientierung und die Befähigung der Vertretungskörperschaft fördern, sich auf ihre Leitlinienkompetenz zu konzentrieren. Anstelle einer Kopie des in den Niederlanden anzutreffenden Modells des „Kontraktmanagements" scheint in deutschen Kommunen ein reguliertes Verfahren für die Festlegung von Leistungs-Solls und Fachbereichsbudgets, aber auch für die arbeitsteilige Wahrnehmung von Leitlinien- und Managementkompetenzen der Problembearbeitung nahezuliegen. Eine derartige Steuerungsreform läßt sich nur bei gegenseitiger Akzeptanz der jeweiligen Rollen und Funktionen, nicht aber im Alleingang einer kommunalen Instanz umsetzen. Insoweit setzt das Steuerungsmodell der Regulierungsintensität innerhalb der Kommune Grenzen. Grenzen werden insbesondere überschritten, sobald das Modell zu einem technokratischen Schema degeneriert (im Sinne einer Knechtschaft der Kennzahlen).

3.9 Politische Konsequenzen und politikwissenschaftliche Folgerungen bei Anwendung und Umsetzung der neuen Steuerungsmodelle

3.9.1 Rechtliche Problembereiche neuer Steuerungsmodelle

Sowohl das Modell der dezentralen Ressourcenverantwortung als auch das Tilburger Modell stehen zumindest teilweise in einem Spannungsverhältnis zum gegenwärtigen Rechtssystem der Bundesrepublik Deutschland und zwar in mindest vierfacher Hinsicht:

– Haushaltsrecht
– Öffentliches Dienstrecht
– Gemeindeordnung und
– Grundgesetz („Selbstverwaltungsgarantie" nach Artikel 28).

Es kann aber nicht gesagt werden, daß die neuen Steuerungsmodelle rechtlich nicht realisierbar sind. Die Modernisierung der Kommunalverwaltung auf der Grundlage des Leitbildes „Öffentliches Dienstleistungsunternehmen" ist nach Ansicht der KGSt ein Steuerungsproblem und kein Problem der Rechtsordnung.

238

Kaum einer der festgestellten Steuerungsmängel wurde vom Staat erzwungen. Es wird ferner darauf verwiesen, daß keine Rechtsvorschrift Kommunalpolitik und Kommunalverwaltung je daran gehindert hat,

- „die kommunalpolitischen Entscheidungen an eine mittelfristige Entwicklungsperspektive zu orientieren,
- durch eine bewußte Politik des Haushaltsausgleichs politische Handlungsreserven vorzuhalten,
- den Fachbereichen Leistungsziele vorzugeben,
- durch Strukturanpassung und Ressourcenumschichtung das Leistungsangebot schneller an Nachfrageveränderungen anzupassen,
- die Beteiligungsunternehmen sorgsamer zu steuern,
- Arbeitsplätze mit echten Gestaltungsmöglichkeiten zu schaffen,
- den beruflichen Aufstieg des Personals ausschließlich nach Leistungskriterien zu steuern,
- über die kommunalen Leistungen öffentlich Rechenschaft zu legen" (KGSt 1993a: 14).

In diesem Sinne wird argumentiert, daß das neue Steuerungsmodell der KGSt eher Entwicklungen und Normen aufgreift, die vom geltenden Recht gefördert, teilweise sogar ausdrücklich gefordert werden. Sicherlich zur Erhöhung der Akzeptanz des neuen Steuerungsmodells, der Erschwerung einer juristisch argumentierenden Oppositionslinie und damit zur Absicherung einer zügigen Implementation in der Praxis vor Ort, bemüht sich die KGSt in diesem Zusammenhang um den Nachweis, daß die Kernelemente des neuen Modells nicht von der Verabschiedung neuer Gesetze abhängig sind.

Andererseits muß sich aber eine wie auch immer geartete Verwaltungsreform im Rahmen des geltenden Rechtes bewegen. Zumindest bis zum gegenwärtigen Zeitpunkt ist in der Bundesrepublik Deutschland eine umfassende Reform des kommunalen Haushaltsrechtes, des kommunalen Verfassungsrechtes und vor allem des öffentlichen Dienstrechtes (wie dies fast geräuschlos Anfang der 90er in den Niederlanden vollzogen worden ist) nicht in Sicht. Gemeinden, die den neuen Steuerungsmodellen in dem Umfange folgen, daß Rechtsverletzungen zu befürchten sind, müssen derzeit noch in Abstimmung mit dem Landesgesetzgeber für eine begrenzten Zeitraum „Experimentier-Klauseln" in Anspruch nehmen oder darauf hoffen, daß Rechtsverstöße seitens der Aufsichtsbehörden nicht geahndet werden. Die Grundproblematik ist damit aber noch lange nicht beseitigt.

3.9.2 Spannungsverhältnis Grundgesetz vs outputorientierte Steuerung

Die in Artikel 28 Abs. 2 Satz 1 Grundgesetz gewählte Bezeichnung „alle Angelegenheiten der örtlichen Gemeinschaft" bezieht sich in erster Linie auf die den Gemeinden übertragenen Selbstverwaltungsaufgaben, die sie selbständig mit den Abgrenzungen zur eigentlichen Staatsverwaltung ausführen können. Sowohl das Tilburger Modell als auch das Modell der KGSt zweifeln (selbstverständlich) diese oben bezeichnete Selbstverwaltungsgarantie der Gemeinden in keiner Weise an. Gleichwohl muß man jedoch die diesen Modellen zugrundeliegende Intention an der oben beschriebenen verfassungsrechtlichen Grundlage vorbeiführen.

Beiden Modellen ist eigen, daß sie sich in ganz starkem Maße an wirtschaftswissenschaftlichen, insbesondere betriebswirtschaftlichen „output-orientierten" Ansätzen anlehnen. Was vom Grundsatz her allgemein begrüßt wird, kann jedoch in ihrer Konsequenz zu juristisch fatalen Auswirkungen führen. Eine stark betriebswirtschaftlich orientierte Gemeinde wird sicherlich in Fragen der Wirtschaftsförderung bei der Wahrnehmung kommunaler Selbstverwaltungsgarantie keine rechtlichen Probleme zu bewältigen haben. Gerade im gemeindlichen Bereich gibt es jedoch ein breites Spektrum von Aufgaben, die mit betriebswirtschaftlichen Maßstäben kaum meßbar sind. Insbesondere der große Bereich der Sozialverwaltung (mit explosionsartigen Kostensteigerungen) ist output-orientiert kaum vorstellbar.

> „Die Sozialpolitik, noch vor wenigen Jahren auf dem Weg zum Spielfeld für Spezialisten der sozialen Sicherungssysteme, hat eine inzwischen beträchtliche Repolitisierung erfahren. Sie ist eng mit der Lage auf dem Arbeitsplatz verbunden, spiegelt sich in Begriffen wie dem der ‚neuen Armut' und wird im kommunalen Raum am ehesten in der Diskussion um die steigenden Ausgaben für die Sozialhilfe dokumentiert. ... Der Entlastung des Haushaltes der Bundesanstalt für Arbeit stehen dabei aufgrund der steigenden Inanspruchnahme der Sozialhilfen durch Arbeitslose erhebliche Belastungen der kommunalen Sozialhaushalte gegenüber" (*Ellwein/Hesse* 1993: 72).

Es kann von daher nicht ausgeschlossen werden, daß durch eine völlige Anlehnung an output-orientierte Meßgrößen die Sozialpolitik als Kernaufgabe der kommunalen Selbstverwaltungsgarantie zumindest tangiert werden wird.

3.9.3 Konsequenzen für die Gemeindevertretung

Die politische Akzeptanz bildet eine wesentliche Voraussetzung für das neue Steuerungskonzept. Obwohl neue Steuerungskonzepte in der Regel verwaltungsintern ausgerichtet sind, darf nicht verkannt werden, daß die verwaltungsexternen Konsequenzen enorm sein können. Die Entscheidungsprozesse werden bei Anwendung der neuen Steuerungsmodelle durch völlig neue Strukturen geprägt. Nicht umsonst fordern sowohl das Tilburger Modell als auch das Modell der dezentralen Ressourcenverantwortung der KGSt den Rückzug der Politik aus dem Tagesgeschehen bzw. auf die Beschränkung von Leitlinienentscheidungen und normieren gleichzeitig eine klare Verantwortungsabgrenzung zwischen Politik und Verwaltung. Das neue Steuerungsmodell kann je nach politischem Standort durchaus unterschiedlich bewertet werden. Es spricht jedoch einiges dafür, daß eine entsprechend geführte Kommune um ein Vielfaches effizienter als gegenwärtig arbeiten kann, da Überlappungen, Doppelarbeit und Reibungsverluste deutlich verringert werden können.

In den neuen Steuerungsmodellen ist die Institution der Bezirksvertretung in den kreisfreien Großstädten ausgeklammert. Andererseits ist die Funktion der Bezirksvertretung gesetzlich normiert und garantiert. Da die Reformmodelle dazu nichts aussagen, kann über mögliche Konsequenzen und Folgerungen keine belegbare Aussage getroffen werden. Es steht jedoch zu vermuten, daß auch die

Bezirksvertretungen – ähnlich wie bei der Gemeindevertretung – in den neuen Steuerungsmodellen auf Angelegenheiten von grundsätzlicher Bedeutung zurückgeführt werden sollen.

3.9.4 Konsequenzen für die Verwaltungsleitung

Ein wie auch immer geartetes Kontraktmanagement bringt der Verwaltung ein wesentlich stärkeres Maß an Kompetenz bei der Ausgestaltung der gemeindlichen Aufgabenwahrnehmung, aber auch eine in wesentlich höherem Maße ausgestaltete Verantwortung. Je nach Standpunkt, ob man dies als Chance oder als Bedrohung auffaßt, wird dies – die Implementation neuer Steuerungsmodelle vorausgesetzt – zukünftig zu einem wesentlich veränderten Verwaltungsverfahren führen. Die auch in der Vergangenheit nicht selten zutage getretene Abschiebung der Verantwortung auf die parlamentarischen Gremien wird dann nicht mehr möglich sein. Andererseits werden innerhalb der Gemeinde die Möglichkeiten der Einflußnahme durch die Verwaltungsspitze in noch stärkerem Maße als bisher möglich werden.

3.9.5 Konsequenzen für die Verwaltungsmitarbeiter

Im günstigen Fall steht zu erwarten, daß sich mittelfristig das Verwaltungsmanagement bessert und dadurch die Verwaltung insbesondere für qualifizierte Mitarbeiter zunehmend attraktiver wird. Die Frage nach der persönlichen Ergebnis- und Leistungsverantwortung wird mit Sicherheit dazu führen, daß der Trend zur Nivellierung bei der Beurteilung der Mitarbeiter abnimmt und einem wesentlich differenzierterem Beurteilungsspektrum Platz machen wird. Insoweit wird sich auch zeigen müssen, ob das häufig verwandte Argument des „sicheren Arbeitsplatzes im Öffentlichen Dienst" künftig noch in der heutigen Form Bestand haben kann. Nicht umsonst wird in den neuen Steuerungsphilosophien dem Bereich der Aus- und Fortbildung ein erheblicher Raum gewidmet. Die qualitativen Ansprüche an die Verwaltungsmitarbeiter werden steigen, ob entsprechende Besoldungsanpassungen folgen werden, ist bisher nicht erkennbar.

3.9.6 Konsequenzen für die politischen Parteien

Die großen Parteien sind zwar über ihre Mitglieder in den Gemeinde- bzw. Bezirksvertretungen auch unmittelbar betroffen, haben über ihnen politisch verbundene Spitzenbeamte jedoch in der Regel einen festen Fuß im Kommunalmanagement. Demgegenüber sind die Auswirkungen für kleine oppositionelle Parteien und für die freien Wählervereinigungen wesentlich direkter. Da deren ursächliches Ansinnen ist, auf kommunalpolitischer Ebene Einfluß zu nehmen, haben die propagierten Strukturreformen nachhaltigere Auswirkungen. Das gleiche gilt für kommunalpolitisch besonders engagierte Mandatsträger, die über enge bürgerschaftliche Kontakte verfügen und von vielen Bürgern als erster Ansprechpartner für individuelle Problemlagen angesehen werden. Ein derartiger

Bürgerservice ist mit dem Konzept der „Steuerung in Grundzügen" nicht länger vereinbar. Hier liegt eine tendenzielle Gefährdung des herkömmlichen Selbstverständnisses für alle im lokalen politischen Raum verankerte Parteien. Eine Reduktion auf strategische Steuerungsaspekte liefert zudem den derzeit diskutierten Vorschlägen neue Nahrung, die mitgliedschaftliche Basis der Parteien zugunsten eines kleinen professionellen Parteiapparates und sehr viel offeneren Beteiligungsformen in Frage zu stellen. Ob hierdurch die von vielen Bürgern beklagte zunehmende Distanz zwischen ihnen und der Politik verkleinert werden kann, darf allerdings bezweifelt werden.

Andererseits eröffnen sich durch eine gesteigerte Entscheidungskompetenz innerhalb der Verwaltung wesentlich direktere Möglichkeiten zur Gesprächs- und Konsensfindung mit einzelnen Verwaltungsmitarbeitern. In diesem Sinne ist denkbar, daß das neue Steuerungsmodell mit dem klareren Aufgabenprofil und der erweiterten Kompetenzbasis der Fachämter gerade die Aktivitäten von Bürgerinitiativen, Selbsthilfegruppen und anderen Formen bürgerschaftlicher Assoziationen fördern kann. Ob dies von den Exponenten der neuen Steuerungsmodelle intendiert ist, darf allerdings ebenfalls bezweifelt werden.

3.9.7 Konsequenzen für die organisierten Interessen

Gerade auch auf kommunaler Ebene gibt es ein dichtgeflochtenes Netz von Vereinen, Vereinigungen und Verbänden mit einer Vielzahl von Verflechtungen und Beziehungen, die als organisierte Interessen eine nicht unerhebliche Einflußnahme auf kommunale Willensbildungsprozesse erreichen und dadurch ein mehr oder weniger systematisch verzerrtes Spiegelbild der pluralistischen Gesellschaftsstruktur erzeugen. Die Realität der neuen Steuerungsmodelle wird tendenziell die Bedeutung und Einflußmöglichkeit organisierter Interessen im Vergleich zum gegenwärtigen Status quo verringern, da eine Rückführung der Gemeindevertretung und seiner Ausschüsse auf wesentliche Grundsatzangelegenheiten gewünscht ist.

Dem steht gegenüber, daß der Verwaltung – soweit ihr Geschäftsbereich betroffen ist – ein größerer Entscheidungsspielraum zugesprochen wird. Aus der Verbändeforschung ist bekannt, daß Verbände und Vereine in ihrem Aktionsradius sich weniger an den formellen Strukturen und Verfahren des politischen Prozesses ausrichten, sondern daß gerade diejenigen Organisationen besonders erfolgreich und überlebensfähig sind, die sich flexibel der Entwicklung der realen (Macht-)Zentren des politischen Willensbildungs-, -entscheidungs und -umsetzungsprozesses anpassen. Insofern steht zu erwarten, daß Interessenorganisationen sich an die kommunalpolitische Spitze orientieren, sofern diese ihre zentrale Lenkungs- und Steuerungsfunktion tatsächlich wahrnehmen. Interessenorganisationen dürften sich aber zumindest mittel- und langfristig – wenn das Prinzip der Ressourcendezentralisierung greift – sehr viel stärker noch als in der Vergangenheit in Richtung Fachbereiche und Fachämter orientieren und versuchen, dort klientelistische Strukturen aufzubauen. Diese Orientierung ist vergleichbar mit der von Interessenorganisationen in Richtung auf die Ministerialbürokratie auf Bundesebene. Allerdings ist aus der Literatur hinlänglich auch auf die Gefahren einer „Gefangennahme des Staates" durch entsprechende Klientelorganisationen gewarnt werden. Zugleich würde ein starker Besatz der Fachämter mit „ihren" Interessenorganisationen längerfristig wieder die Notwendigkeit politischer Abwägungs- und Konfliktlösungsfunktionen auch auf dieser Ebene nach sich ziehen. Die demokratietheoretisch problematische Frage lautet, in welcher Form eine letztlich nur politisch vermittelte Interessenabwägung konkurrierender Interessen stattfinden soll, wenn die Entscheidung über die konkrete Ressourcenverwendung in dafür politisch nicht legitimierte Verwaltungseinheiten verlagert wird. Aus der Politikwissenschaft ist hinlänglich bekannt, daß auf der strategischen und langfristigen Programmebene die Interessendivergenzen weitaus weniger stark zum Tragen kommen als auf der Distributions- und Redistributionsebene in der Implementationsphase.

Die Möglichkeit der Einflußnahme auf kommunalpolitische Willensbildungsprozesse ist insbesondere aufgrund des unterschiedlichen Sanktionspotentials je nach Vereinigung/Interessenverband sehr unterschiedlich und wird auch unter neuen Steuerungsmodellen unterschiedlich bleiben. Zu den einflußreichsten Interessenverbänden gehören die, welche Unternehmen oder größere Gewerbebetriebe repräsentieren, da allein schon zumindest die großen Unternehmen durch die Abführung der Gewerbesteuer zu den wesentlichen Einnahmequellen einer Gemeinde zählen. Es ist von daher davon auszugehen, daß aufgrund ihrer herausragenden Bedeutung diese organisierten Interessen unabhängig von möglichen Strukturveränderungen innerhalb einer Gemeinde weiterhin ihren Einfluß behalten werden.

3.9.8 Konsequenzen und Folgerungen für die Stellung der Gemeinden im Verhältnis zu Bund und Land

Es stellt sich schließlich die grundsätzliche Frage, inwieweit die Realisierung der neuen Steuerungskonzepte den Gemeinden helfen können, verlorene Handlungs- und Gestaltungsspielräume im Sinne der kommunalen Selbstverwaltungsgarantie wiederzugewinnen. In den Ausführungen zu Folgerungen und Konsequenzen innerhalb der Gemeinde wurde deutlich, daß die Realisierung der neuen Steuerungskonzepte für die Gemeinde ganz überwiegend ein „mehr" an Schnelligkeit, Effektivität, Wirtschaftlichkeit und Transparenz bedeutet. Gleichzeitig werden verkrustete Strukturen aufgebrochen sowie vertikale Hierarchien und horizontale Organisationsformen auf das Notwendige zurückgeführt. Führt dann die Anwendung des neuen Steuerungskonzeptes zur Wiedergewinnung der finanziellen Handlungsfähigkeit, muß konsequenterweise bei gleichzeitig gesteigertem Leistungsvolumen der Kommunen ein Bedeutungszuwachs der Gemeinden einhergehen.

Darüber hinaus muß ein „sich befreien" aus eigener Kraft aus einer schier ausweglosen (finanziellen) Lage zu einem gesteigertem Selbstbewußtsein innerhalb der jeweiligen Gemeinde führen. Dies wird zwar höchstwahrscheinlich auch mittelfristig die Gemeinde nicht zum gleichberechtigten Partner neben Bund und Ländern werden lassen: jedoch wird intensiver die Frage zu stellen sein, inwieweit die Gemeinden letztendlich in Anlehnung an ihre Leistungsfähigkeit gesteigerte Mitwirkungs- und Gestaltungsmöglichkeiten erhalten können. Gleichfalls werden sich in verstärktem Maße Bund und Länder nach ihren jeweiligen Konsolidierungsbemühungen fragen lassen müssen.

3.9.9 Kritische politikwissenschaftliche Anmerkungen zu Ausgangspunkten der Reformmodelle

Gerade mit Blick auf die Frage, was hat der Bürger von einer derartigen Reform des kommunalen Managements, scheint der Politikwissenschaft die mitunter unangenehme Funktion zuzufallen, einen „Schuß" Nachdenklichkeit in der gegenwärtigen Reformeuphorie beizufügen. Dabei sollte sich die Politikwissenschaft nicht in die Ecke drängen lassen und wählen müssen zwischen dem Maßstab der Effizienzsteigerung, der den meisten Steuerungsmodellen zentral zugrundeliegt, und dem Maßstab der Demokratieverträglichkeit, der hoffentlich nicht nur Politikwissenschaftlern am Herzen liegt. Vielmehr geht es darum, die Tragfähigkeit, die Umsetzungs- und Erfolgschancen der neuen Steuerungsmodelle, aber auch ihre intendierten und nicht-intendierten Wirkungen vor dem Hintergrund des tendenziell unaufhebbaren Spannungsverhältnisses von Demokratie, Effizienz und Transparenz zu beurteilen.

Probleme der Output-Messung

1. Maßnahmen zur Steigerung der „Effizienz der Leistungsverwaltung" sind eher noch schwieriger zu entwickeln und zu begründen als Maßnahmen zur Bürgernähe (*Grunow* 1991: 372):

> „Viele Aufgaben sind gerade deshalb zu öffentlichen Aufgaben (Leistungen und Gütern) geworden, weil sie sich einer entsprechenden Kalkulation des Aufwandes für Einzelleistungen entziehen. (...) Allgemein gilt, daß standardisierte, routinisierte und massenhaft anfallende Aufgaben (...) leichter kalkulierbar sind als intensive qualitätsorientierte Aufgaben (...); einfache Aufgaben ohne komplexe Mitwirkungsstrukturen (anderer Behörden, anderer Organisationen und Institutionen außerhalb des öffentlichen Sektors) sind leichter zu kalkulieren als komplexe, aufwendig vernetzte Formen der Leistungserbringung und -übermittlung."

Deshalb scheinen die Bemühungen um mehr Effizienz des Verwaltungshandelns primär an kostenmäßig einfacher zu bewertende Leistungen anzusetzen. Gleichzeitig wird auch im Rahmen der neuen Steuerungsmodelle die Leistungsqualität auf den Output (meist nur die Outputmenge) reduziert und werden die oft nur vermittelt auf Effekte und Problemlösungen hinweisenden Verwaltungsoutputs zu den Kosten (ggf. geschätzten Preisen) ins Verhältnis gesetzt. Die zu einem Richtwert oder einer Kennzahl verdichteten Komponenten des Outputs und des Aufwandes können jedoch relativ beliebig „manipuliert" werden. Dies zeigen auch die bisherigen Tilburger Erfahrungen, wo die Kennzahlen des Produkthaushalt als „Achillesferse" des neuen Steuerungsmodells kritisiert werden (*Bordewijk* 1994).

Soweit sich die kommunale Leistungsverwaltung (ohne „Etikettenschwindel") dem Problem der Effizienz(-steigerung) zuwendet, ist sie erneut mit dem vom *Grunow* (1991: 373) bildlich skizzierten Phänomen der „Fertiggerichte" konfrontiert: Gesucht wird eine „Patentlösung" für möglichst viele Effizienzziele der Leistungsverwaltung. Der „Handel" mit entsprechenden „Fertiggerichten" blüht. Die Privatwirtschaft ist hier als „Lieferant" aktiv und versucht mit offensichtlichem Erfolg auch jene „Fertiggerichte" zu verkaufen, die sich in der Privatwirtschaft zum Teil als „unverdaulich" erwiesen haben. Das „Angebotsspektrum" ist so groß, weil fast alle Elemente der Aufbau- und Ablauforganisation (sowie das Gesamtdesign der Verwaltungsorganisation) zur Leistungssteigerung oder -minderung beitragen können. Die praktische Gestaltung von Verwaltungseffizienz gleicht jedoch eher einem „Organisationsdilemma", insofern die wünschenswerten Bewertungsmaßstäbe höchstens optimiert, nicht aber gleichzeitig maximiert werden können. Die neuen Steuerungsmodelle zeigen bei allen sonstigen kritischen Einwänden in diesen Punkten erstmals eine größere Lernfähigkeit.

2. Das „Neue Steuerungsmodell" ist in starkem Maße durch betriebswirtschaftliche Konzepte und Instrumente geprägt. So begrüßenswert die Einkehr ökonomischen Denkens in die öffentliche Verwaltung ist, wird die Frage auf der Tagesordnung bleiben, ob derartige BWL-Ansätze hinreichend auf die besonderen Bedingungen der Verwaltung angepaßt worden sind. Dies gilt nicht nur für die schon erwähnten strukturellen Unterschiede zwischen Grundzügen des politischen und des unternehmerischen Willensbildungs- und Entscheidungsprozesses. Dies gilt auch mit Blick auf den besonderen Charakter öffentlicher Dienstleistungen. Sowohl der immaterielle Charakter als auch die unterschiedlichen, oft sogar „versteckten" Formen der Dienstleistungen machen es außerordentlich schwierig, Dienstleistungen qualitativ und quantitativ hinlänglich genau zu umschreiben und sie sind zudem nur in begrenztem Maße standardisierbar. Sie lassen sich entsprechend auch nur schwer oder unter Inkaufnahme einer gewissen Beliebigkeit in Kennzahlen erfassen. Auch sind die normativen und rechtlichen Vorgaben für die Ausgestaltung dieser Leistungen eher offen. Damit entzieht sich die Qualität gerade der persönlichen Dienstleistungen zum Teil auch den Netzen eines Controllings bzw. einer Output-Steuerung.

Meßbarkeit von Dienstleistungen?

3. Das neue Leitbild betont den Bürger in seiner Funktion als „Kunde". Andere Rollen und Funktionen des Bürgers in der Gemeinde werden von den Steuerungsmodellen nicht angesprochen. Das kann bedeuten, daß sie von ihnen nicht tangiert werden sollen, dies kann aber auch bedeuten, daß die Umsetzungschancen der Steuerungsmodelle durch die Unterschätzung von Rollenkonflikten oder einer stärkeren Aktivierung anderer Rollen geschmälert werden können. Derartige Rollenkonflikte sind im übrigen umso eher zu erwarten, wie sich die praktischen Auswirkungen der neuen Steuerungsmodelle auf die unterschiedlichen Bürgerrollen klarer herauskristallisieren. In der Demokratie ist die wichtigste Legitimationsquelle für staatliches Handeln die Partizipation. Die Kundenorientierung von staatlichen Einrichtungen bleibt in dieser Beziehung indifferent, stärkt zumindest nicht unmittelbar die Emanzipation des Kunden zum Staatsbürger und Citoyen. Möglicherweise stärkt sie die Identifikation der Bevölkerung mit „ihrer" Stadtverwaltung und erhöht die „corporate identity". Die Kundenorientierung ist selbst nicht ohne politischen „Sprengstoff" (*Bogumil/ Kissler* 1994). Richtet sich „Kundenorientierung" im Bereich der kommunalen Wirtschaftsförderung an den potentiellen Investor, an die involvierten Arbeitnehmer oder an die Bürger, die von einer Betriebsansiedlung ökologische Nachteile erwarten? Und wen betrachtet die Verwaltung als Kunden, wenn es zum Beispiel um Fragen von Kindern, Kranken, Sozialhilfeempfängern, Asylbewerbern geht – sind es diese Zielgruppen sozialstaatlicher Maßnahmen und Interventionen oder ist es der Steuerzahler als letztlicher Finanzier derartiger Maßnahmen?

Grenzen des Leitbildes vom Bürger als Kunden

4. Das Konzept der dezentralen Ergebnisverantwortung führt zur Stärkung der Fachbereiche. *Reichard* (1994a: 84f.) hat die Frage aufgeworfen, ob eine derarti-

Gefahr von „Fachbruderschaften"?

ge Dezentralisierung nicht unbeabsichtigt ohnehin bestehende Fragmentierungstendenzen in der Kommunalverwaltung stärkt, indem die „Fachbruderschaften" in Rat und Fachbereichen sich noch wirkungsvoller als bisher gegenüber den „Gesamtsteuerungsakteuren" verbünden. Außerdem stellt sich gerade auch mit Blick auf einige niederländische Erfahrungen die Frage, ob es durch die Verlagerung der Verantwortung von den Querschnitts- zu den Fachämtern nicht auch zumindest zeitweilig zu einem möglicherweise unterschätzten Kontrollverlust kommen kann. Ob ein zentraler Steuerungsdienst die bisherige „Counterbalance" der Querschnittsbereiche fortführen kann, ist zur Zeit noch eine offene Frage.

Politikverständnis von NPM-Theorien

5. *Naschold* formuliert eine grundsätzliche Kritik an den theoretischen Prämissen und Ausgangspunkten der New-Public-Management-Theorien, insofern diese die unterschiedlichen Logiken des öffentlichen und des privaten Sektormodells zugunsten einer allzu raschen, vorbehaltlosen und flächendeckenden Übertragung des Marktmodells auf den öffentlichen Bereich und der Übernahme von Erfahrungen privater Wirtschaftsunternehmen auf die öffentliche Verwaltung einschließen. Die konstituierenden Merkmale des politischen Prozesses demokratischer Staaten wie Wahlen, Interessenvermittlung, Parteienwettbewerb, Regierungswechsel scheinen in theoretischer Perspektive für die neuen Steuerungsmodelle in Anlehnung an die New-Public-Management-Theorie eher als Hindernisse für ein effektives Managementhandeln gesehen zu werden. Damit soll keinesfalls gesagt werden, daß ihre Protagonisten undemokratisch seien. Es geht hier vielmehr darum, daß in der Logik dieser Modelle ein anderes, neuartiges Politikverständnis artikuliert wird. Der spezifischen Qualität demokratischer Politik, deren Offenheit und Unberechenbarkeit Rationalisierungsbemühungen grundsätzliche Grenzen setzen, stellen die neuen Steuerungsmodelle im Gefolge der „New Public Management"-Schule eine klare Managementsteuerung nach Zielvorgaben und Outputs entgegen. *Naschold* (1993: 55) verweist theoretisch überzeugend darauf, daß eine derartige Zielklarheit im politischen Prozeß äußerst disfunktional wäre:

> „Zielklarheit und Zielkonsistenz mit durchstrukturierten Ziel-Mittel-Hierarchien... können nur in einfach strukturierten System ausgebildet werden, die eine Vielzahl ihrer Probleme auf andere Systeme externalisiert haben. Genau dies trifft im Grundsatz für den privaten Sektor zu. Die private Wirtschaft kann eben deshalb so zielkonsistent ziel-mittel-hierarchisch strukturiert sein..., weil sie viele Bestands-, Legitimitäts- und Funktionsprobleme auf das politische System externalisiert hat. Würde das politische System nicht diese externalisierten Folgeprobleme verarbeiten, dann könnte umgekehrt das Wirtschaftssystem nicht mit seinen hochspezialisierten Steuerungskategorien arbeiten. Die Strukturmerkmale des politischen Systems bilden somit komplementäre Konstellationsmerkmale des privatwirtschaftlichen Systems" (*Naschold* 1993: 55f.).

Aus dieser Kritik an NPM-Theorien sollte allerdings auch nicht die Schlußfolgerung gezogen werden, nunmehr den öffentlichen Sektor gegenüber privatwirtschaftlichen Erfahrungen insgesamt abzuschotten. Vielmehr scheint die Herausforderung darin zu liegen, die traditionellen Konstruktionsprinzipien der öffentlichen Verwaltung und die Organisationserfahrungen von gut funktionierenden privatwirtschaftlichen Unternehmen aufeinander zu beziehen und auszubalancieren.

Politikverflechtung vs Verantwortungstrennung

6. Das neue Steuerungsleitbild geht von einer strikten Trennung zwischen Politik und Verwaltung aus. Dieses Bild widerspricht zunächst den politikwissenschaft-

246

lichen Erfahrungen von einer engen Verflechtung von Politik und Administration im „policy"-Prozeß. Netzwerk-Konzepte zum Beispiel, die nicht nur den gegenwärtigen Zustand beschreiben und analysieren wollen, sondern auch den Anspruch erheben, ein demokratisches und funktionales Politikkonzept abzugeben, haben den Vorteil, daß sie von gegebenen politischen Strukturen und Prozessen ausgehen können, während die neuen Steuerungsmodelle die grundlegende Neugestaltung des Verhältnisses von Politik und Verwaltung erst postulieren müssen, ohne schon den Nachweis erbracht zu haben, daß diese Reform praktisch umsetzbar ist und zweitens auch zu den intendierten Ergebnissen führt.

7. Die neue Steuerungslogik fordert – im Einklang mit dem Politikverständnis der meisten deutschen Kommunalrechtler – einen Rückzug des Politikers aus dem Tagesgeschäft und eine Beschränkung seines Engagements für strategische Rahmenvorgaben. Dieser Rollenwechsel erscheint weder selbstverständlich noch von der Interessenlage der Politiker her nahezuliegen. Dies gilt vor allem dann, wenn zwischen der Funktion der Politiker als Bürgervertreter (und zwar auch kleinteiliger Bürgerinteressen) und der Funktion eines Aufsichtsrates im „Unternehmen Stadt" ein strukturelles Spannungsverhältnis angelegt zu sein scheint (*Kodolitisch* 1994: 8). Bislang finden sich kaum konkrete Hinweise darauf, wie das geforderte neue Primat der Politik mit den bestehenden Strukturen lokaler politischer Willensbildung und Rollenverständnissen der beteiligten Akteure in Übereinstimmung gebracht werden soll. Auch bleibt das Argument, daß hiermit zur intendierten Verbesserung der politischen Steuerungsfähigkeit beigetragen wird, zunächst bloßes Postulat. Zudem müßte das neue Steuerungsmodell aus legitimatorischen Gründen gerade von der „Politik" selbst aufgegriffen werden: Ein seitens der Verwaltung ausgearbeitetes neues Steuerungsmodell entspricht eher nicht den oben skizzierten Anforderungen klarer Aufgabenteilung und politischer Primatzuweisung! Zwar finden Modernisierungsvorhaben zur Zeit eine relativ große Billigung durch viele Räte, aber damit ist noch keinesfalls gesagt, daß Kommunalparlamente die ihnen zugewiesene Rolle auf Dauer akzeptieren werden: „Aus der Schweiz wurde berichtet, daß die Kommunalparlamente nach anfänglicher Zurückhaltung bald wieder dazu übergingen, ausgegliederten Verwaltungsbereichen detaillierte Vorgaben zu machen" (*Kodolitsch* 1994: 8).

8. Geht das Modell der dezentralen Ressourcenverantwortung auf der funktionalen Ebene von einer strikten Verantwortungstrennung zwischen Politik und Verwaltung aus, so setzt es auf der normativen und strategisch-operativen Ebene eine weitreichende Interessenidentität im Sinne einer gemeinsamen „corporate identity" voraus. Das Konzept der dezentralen Ressourcenverantwortung setzt eine andere politischen Kultur voraus, die von Verwaltung und Politik gemeinsam entwickelt werden muß. Insofern kollidiert das Modell mit wichtigen Grundsätzen unseres hergebrachten Gewaltenteilungsverständnisses, das auf der systematischen Unterscheidung legislativer und exekutiver, gestaltender und kontrollierender Funktionen aufbaut. Das Modell erfordert potentiell auch eine Neubestimmung der Oppositionsfunktion, insofern diese zur Präsentation ihrer politischen Alternativen immer auch den kritischen Rückgriff auf die konkrete Umsetzung politischer Vorgaben benötigt und damit beinahe zwangsläufig doch wieder politische Einzelfallentscheidungen auf die politische Agenda setzt. Insofern dies außerhalb der Funktionslogik des neuen Steuerungsmodell liegt, wäre

Freiwilliger Rollenwechsel der Politik?

GewaltenteilungsProbleme

die Opposition allein auf die Strategie der Präsentation einer programmatischen Alternativstrategie angewiesen, was dann allerdings fast zwangsläufig wieder die ungewünschte parteipolitische Aufladung der Kommunalpolitik nach sich zöge, zumal gerade der kommunalpolitische Raum eher als ungeeignet für die Entwicklung langfristiger stragegischer Konzepte angesehen wird.

4 Kommunalpolitik in Ostdeutschland im Übergang

Ralf Kleinfeld

Der folgende Beitrag versucht, knapp fünf Jahre nach der Wende eine Zwischenbilanz ostdeutscher Kommunalpolitik zu ziehen, die sich primär auf eine Auswertung der bislang vorliegenden Literatur stützt. Hierbei geht es weniger um einen wertenden Kommentar, sondern um eine Bestandsaufnahme von Problem- und Aufgabenstellungen sowie von Entwicklungsprozessen, die aus politikwissenschaftlicher Sicht Interesse gefunden haben. Neben einigen Tagungsbänden und Zeitschriftenaufsätzen bildeten vor allem die Beiträge des *Roth/Wollmann*-Bandes (1994) eine wertvolle Hilfe, da sich die meisten der 41 Verfasser an die von der Herausgebern gemachte Vorgabe hielten und zu ihrem jeweiligen Spezialthema auch Ausführungen zur besonderen Situation in Ostdeutschland machten. Daneben konnte sich der Verfasser auch auf eigene Erfahrungen mit der besonderen Problematik Ostdeutschlands stützen, die er im Rahmen einer anderthalbjährigen Dozententätigkeit im Rahmen der Fort- und Weiterbildung ostdeutscher Polizeikräfte an der Polizeiführungsakademie in Münster-Hiltrup erwerben konnte.

Inhaltlich gliedert sich der Beitrag in zwei Teile: Zunächst werden kurz Stellung und Funktion der Gemeinden in der DDR behandelt, bevor im zweiten Teil die Entwicklung seit der Wende erörtert wird. Der Gliederungsaufbau beider Teile ist im wesentlich gleich. Behandelt werden zunächst die Stellung der Kommunen im Gesamtsystem, die institutionellen Strukturen und rechtlichen Grundlagen der Kommunen und ihrer Verwaltungen, lokal-räumliche Entwicklungen sowie Aspekte der Kommunalfinanzen und der kommunalen Personalpolitik. Anschließend werden wichtige Akteure des politischen Willensbildungsprozesses in den ostdeutschen Kommunen vorgestellt (Parteien, Bürgerbewegungen) bevor in einem letzten Schritt die politikfeldbezogene Entwicklung in ostdeutschen Kommunen exemplarisch am Beispiel der kommunalen Sozialpolitik aufgezeigt wird. Der Beitrag kennt durchgängig zwei implizite und explizite Vergleichsmaßstäbe: zum einen den Vergleich zwischen der Situation in der DDR bis 1989 und die Entwicklung in Ostdeutschland seit der Wende, zum anderen den Vergleich zwischen West- und Ostdeutschland. Die meisten der Aussagen zu Kommunen in Ostdeutschland beziehen sich auf die fünf neuen Flächenstaaten und klammern insofern den Sonderfall Ostberlin (wo sich die makrogesellschaftliche Vereinigung im mikropolitischen lokalen Kosmos sozusagen noch einmal verdoppelt hat) aus. Aussagen, die Ostberlin einschließen, werden daher explizit gekennzeichnet. Zu berücksichtigen ist ferner, daß die meisten der in der Literatur zu findenden Beiträge aus der Feder westdeutscher AutorInnen stammen, was auf die Sicht- und Herangehensweise sicherlich einen prägenden Einfluß hat. Spezifische Wertungen dieser Autoren werden soweit wie möglich als solche gekennzeichnet. Ein grundsätzliches Problem stellt die wissenschaftliche Beschäftigung mit einer Materie dar, die sich noch so stark in Bewegung befindet, wie das bei der Kommunalpolitik in Ostdeutschland der Fall ist. Hierdurch verändern sich nicht nur die grundlegenden Fakten relativ schnell (z.B. Angaben zur Finanzsituation, zu Gebietsreformen etc.), sondern auch die Interpretation der empirischen Befunde bleibt im Fluß. Dieser Beitrag wurde im Winter 1994/95 abgeschlossen.

4.1 Kommunen in der DDR

4.1.1 Stand der Forschung

Trotz allen zentralistischen und unitaristischen Tendenzen, die mit dem Machtanspruch des SED-Staates einhergingen, war nach Ansicht von *Wollmann* (1994:21f.) in der kommunalwissenschaftlichen und auch kommunalpolitischen Diskussion in der DDR die Vorstellung von einer Autonomie der Kommunen nicht völlig in Vergessenheit geraten. Der Stellenwert der Kommunen hat sich auch in Ostdeutschland seit dem Ende des Zweiten Weltkriegs mehrfach gewandelt. Zunächst waren die Kommunen das erste und wichtigste Feld für den Neubeginn und Neuaufbau in der damaligen Sowjetischen Besatzungszone und unterschieden sich darin nicht von der Situation in den westlichen Besatzungszonen. Diese „kommunalfreundliche" Phase wurde in der DDR mit der Einführung des stalinistischen Herrschaftsprinzips des „demokratischen Zentralismus" Anfang der 50er Jahre jäh und nachhaltig gestoppt. Danach kam das Thema einer relativen Autonomie der kommunalen Ebene zum Ende der Herrschaft von Walter Ulbricht und dann in den späten 80er Jahren wieder zur Sprache. Hierbei handelt es sich allerdings allenfalls um eine nur von Einzelpersonen, weitgehend wissenschaftsintern und dann auch noch informell geführte Debatte. In der kommunalpolitischen Praxis der DDR hatte sich nach Ansicht vieler Beobachter der zentralistische Zugriff und Durchgriff der SED-Herrschaft in Partei und Staat auf die „örtlichen Staatsorgane" im Laufe der 80er Jahre eher noch verstärkt, wie es letztmalig in den Versuchen zur Fälschung der Kommunalwahlergebnisse von Anfang 1989 und den letztlich erfolglosen Bemühungen zur repressiven Niederschlagung der Proteste im letzten Jahr der „realsozialistischen" DDR in Leipzig, Dresden und in anderen Städten zum Ausdruck kam.

Erst ab 1988 verdichteten sich die Bemühungen, Städten und Gemeinden eine besondere kommunalpolitische Leistungs- und Integrationsfunktion zukommen zu lassen. Von einer „gegenständlich abgrenzbaren Kommunalverwaltung" konnte auch da noch nicht gesprochen werden. Vielmehr unterschied die Staatsrechtswissenschaft der DDR bis zuletzt nur zwischen zentralen und örtlichen Staatsorganen *(Hauschild* 1993: 213).

Empirische Forschungsarbeiten zur Kommunalpolitik und Kommunalverwaltung in der früheren DDR sind sowohl in Ost und West Mangelware. Über die Funktions- und Arbeitsweise der Verwaltung und ihrer spezifischen Verwaltungskultur in der DDR ist, insbesondere auf der Ebene der Stadt- und Landkreise sowie der kreisangehörigen Städte und Gemeinden, erstaunlich wenig bekannt. Erst nach dem Ende der DDR legten einzelne DDR-Forscher empirisch gestützte Darstellungen zur Ausbildung und Qualifizierung von Verwaltungskader (*Bernet* 1991a, 1991b) und zu Entwicklungen der kommunalen Ebene im politischen System der DDR in den späten 80er Jahren (*Melzer* 1991) vor.

Auch aus der eher normativ geprägten, schablonenhaft-vereinfachenden Sichtweise, die gerade westdeutschen Beobachtern nach dem Ende der DDR die lästige Mühe der Erarbeitung von DDR-spezifischen Eigenheiten ersparen helfen soll, wird nicht deutlich, wie in dem vorgegebenen Rahmen der zentralistischen „Kommandowirtschaft" die Aufgabenwahrnehmung und Funktionserfüllung der Gemeinden in der Praxis erfolgte. So verweist *Melzer* (1991: 332) als Beleg für kommunale Initiativen zur Erlangung einer größeren Selbständigkeit auf Kooperationsformen der Verwaltungsorgane von Stadt- und Landkreisen mit den regional oder örtlich ansässigen Betrieben, die gleichzeitig eine Art „Abpufferung" der Probleme und Defizite der Planwirtschaft ermöglichten. Auch *Beckers* (1991: 74) weist in seiner Fallstudie zum Ostberliner Stadtbezirk Friedrichshain darauf hin, daß die Erfüllung des 5-Jahres-Plans für die Gemeinde nur möglich war, „wenn die Akteure ihre individuelle Kreativität einbrachten" und etwa einen Art „Natural- und Dienstleistungstausch" organisierten. Noch allgemeiner möchte *Neugebauer* (1978) retrospektiv sogar den unteren Instanzen eine Art „relativer Autonomie" gegenüber dem Parteiapparat der SED zubilligen.

Über Prozesse der Anpassung in der DDR-Verwaltung gibt es zwar anschauliche Berichte von einzelnen Persönlichkeiten, die zu DDR-Zeiten in den Westen geflüchtet sind, aber ebenfalls kaum wissenschaftlich gehaltvolle Darstellungen. Das auch in der „alten" Bundesrepublik nur ein wenig empiriegesättigtes, recht unvollständiges und pauschales Bild von Entwicklungen in der DDR existierte, gehört zu den Befunden, die erst in der Zeit nach 1989 zu vollem Bewußtsein kam. Insbesondere blieb aus unterschiedlichen Gründen in Ost und West – außerhalb des Stasi-Bereichs – weitgehend unbekannt, was sich im Inneren der einzelnen Verwaltungen tatsächlich abspielte. Dies hat zur Folge, daß es infolge des Fehlen eines geeigneten Vergleichsmaßstabes auch nur schwer möglich ist, zu untersuchen, wie sich genau die Vereinigung im Bereich der kommunalen Verwaltung in den Köpfen der Beamten und Bürger vollzieht und welcher Art die Anpassungsprozesse sind, die in fortbestehenden Verwaltungseinheiten ablaufen. Überspitzt formulierend kam *Wollmann* (1991c: 253) zu dem Fazit, daß im Westen der Wissenstand über DDR-Kommunalpolitik auf einige förmliche Grundstrukturen, auf sichtbare größere Reformen (Verwaltungsgebietsreform; Einteilung in Bezirke) und auf allgemeine Struktur- und Funktionsprobleme (nur bedingt funktionsfähige kleine Kreise; Koordinierungsschwierigkeiten; Zersplitterungsprozesse) beschränkt war.

4.1.2 Kommunen im Staats- und Verwaltungsaufbau der DDR

4.1.2.1 Grundprinzip der Kaderverwaltung

Die sich seit dem 19. Jahrhundert in Deutschland herausgebildete Orientierung der Verwaltung an die Prinzipien von Fachkunde und örtliche Gegebenheiten war in Ostdeutschland zunächst im Dritten Reich und dann sozusagen nahtlos daran anschließend in der DDR nachhaltig zerschlagen worden (*Szabados* 1993: 157).

Das politische System des „realen Sozialismus" ist bereits Anfang der 70er Jahre als ein System der „Kaderverwaltung" analysiert worden. Nach Ansicht von Bálint *Balla* (1972) bringt gerade dieser Begriff den „universalen" Gestaltungsanspruch kommunistischer Parteien begrifflich auf den Punkt. Der Begriff der „Kaderverwaltung" stellt ab auf eine „Einheitsorganisation, getragen durch und selber Trägerin der Einheit des Gesellschaftssystems, das auf eine militant-mobilisatorische Steuerung zwecks Festigung der Systemmacht angelegt ist" (*Balla* 1972: 267). Ein weiteres typisches Merkmal einer Kaderverwaltung wird darin gesehen, daß die hierarchischen Ebenen der Einheitspartei – Kreisleitung, Bezirksleitung und Zentrale der SED in Berlin – die Fachebenen der Verwaltung nachvollzogen bzw. umgekehrt die Verwaltungsstrukturen an die Parteistrukturen angepaßt wurden.

Die staatliche Organisation der DDR basierte ideologisch und politisch auf dem Modell des „demokratischen Zentralismus". Es wurde 1952 als Kopie aus der damaligen stalinistischen Sowjetunion übernommen und im Rahmen der Systemkonkurrenz des „Kalten Krieges" dem föderalistischen System der Bundesrepublik Deutschland diametral entgegengesetzt (*Backhaus-Maul/Olk* 1993: 301f.). Die SED bediente sich des Staates als Hauptinstrument, um ihre politischen Ziele durchzusetzen. Zugleich war der Staatsapparat den Weisungen der Sozialistischen Einheitspartei Deutschlands (SED) untergeordnet. Entsprechend dem partei-politisch-instrumentellen Staatsverständnis des Prinzips der Kaderverwaltung wurden wichtige Positionen im Staatsapparat mit Parteifunktionären besetzt.

Die dominante Stellung der SED im Staatsgefüge wurde nicht zuletzt dadurch stabilisiert, daß gewaltenteilende oder gegensteuernde Institutionen fehlten bzw. schon bald nach der Gründung der DDR wieder abgeschafft wurden. Aus westlicher Perspektive fiel auf, daß es in der DDR keine eigenständige Verwaltung gab, die auf professionellen Qualifikationen und formalen Regelungen basierte (*Backhaus-Maul/Olk* 1993: 301) und auch keine Verwaltungsgerichtsbarkeit oder andere Rechtsschutzmöglichkeiten gegenüber staatlichen Willkürakten.

4.1.2.2 Volksvertretungen und Nationale Front

Den Volksvertretungen und der „Nationalen Front" kam im normativen Rahmen des DDR-Sozialismus die Aufgabe von Organisationen und Institutionen zu, die die Verbindung zu den nicht der SED direkt angeschlossenen Teilen der Bevölkerung gewährleisten sollten. Volkskammer, Bezirkstage, Kreistage, Stadtverordneten- und Stadtbezirksversammlungen bzw. Gemeindevertretungen bildeten das System der Volksvertretungen auf nationaler, regionaler und lokaler Ebene. In der offiziellen DDR-Ideologie wurden Volksvertretungen und „Nationale Front" als eine *staatliche* Form des Bündnisses der Arbeiterklasse mit den anderen Klassen und Schichten der Bevölkerung (hierunter wurden in der DDR die Genossenschaftsbauern, die Intelligenz und alle sonstigen Werktätigen verstanden) legitimiert und konditioniert (*Glaesner* 1993: 75). Seinen sichtbarsten organisatorischen Ausdruck fand dieser „Bündnis"-Aspekt in der von der SED zugelassenen und quasi-lizensierten Existenz der „Blockparteien" Christlich-Demokratische Union (CDU), Liberal-Demokratische Partei Deutschlands (LDPD), National-Demokratische Partei Deutschlands (NDPD) und Demokratische Bauernpartei Deutschlands (DBD), die mit anderen Massenorganisationen (Gewerkschaftsbund FDGB, Frauenverband DFD, Jugendverband FDJ u.a.) zusammen in der von der SED-gelenkten „Nationalen Front" repräsentiert waren, die wiederum das „Monopol" über die Aufstellung der Kandidaten für die einzelnen Volksvertretungen innehatte.

4.1.2.3 Aufbau der kommunalen Ebene

Auf kommunaler Ebene schlug sich das Prinzip der Kaderverwaltung darin nieder, daß die örtlichen Staatsorgane in das von der SED zentralistisch organisierte Staats- und Gesellschaftsgefüge eingeordnet waren und der zentralen Partei- und Staatsbürokratie unterworfen blieben. Zwar gab es im Laufe der DDR-Geschichte durchaus Bestrebungen, um die Aufgaben und Befugnisse der örtlichen Staatsorgane zu erweitern. Ihren förmlichen Niederschlag fanden derartige Reformtendenzen in den Gesetzen über die örtlichen Volksvertretungen von 1973 und 1985. Allerdings wurden die Handlungs- und Entscheidungsspielräume der Städte und Gemeinden bzw. der örtlichen Akteure durch die stark ausgeprägte zentralistisch-bürokratische Verwaltungskultur der DDR und vor allem durch zunehmende operative Eingriffe übergeordneter Instanzen faktisch eher weiter eingeschränkt (*Wollmann* 1994: 23).

Die Folgeprobleme des dirigistischen Planungs- und Leitungssystems der DDR-Kaderverwaltung, in deren Optik die Kommunen eher als eine Randgröße erschienen (*Petzold* 1994: 35), fanden gerade am Ende der DDR vor allem in der katastrophalen Lage der städtischen Infrastruktur sowie im Zerfall der städtischen Bausubstanz ihren sichtbarsten Ausdruck. Allerdings bedarf dieses düstere Gesamtbild in der Praxis wiederum einer leichten Korrektur: So war es gerade auf örtlicher Ebene durch entsprechende Aktivitäten einzelner örtlicher Staatsorgane, durch kommunalpolitisch einflußreiche Akteure (Betriebe, örtliche Abteilungen von sog. gesellschaftlichen Massenorganisationen) und durch Bürgerfleiß gelungen, manches zur Verbesserung der Arbeits-, Wohn und Lebensbedingungen zu tun, auf das gerade in retrospektiver Betrachtung das „Selbstwertgefühl" der Menschen in Ostdeutschland aufzubauen sucht (Abschaffung der Obdachlosigkeit, relative Verbesserung der Wohnbedingungen, flächendeckende Betreuung der Kinder in Kindergärten und -krippen, Aufbau einer Grundversorgung im Bereich der Fürsorge für ältere Mitbürger, Maßnahmen und Einrichtungen der Naherholung sowie Gewährleistung der öffentlichen Ordnung unter Hinnahme der Bedingungen eines repressiven Überwachungsstaates).

4.1.2.4 Dezentrale Verwaltungsorganisation der DDR: Bezirke, Kreise und Gemeinden

Im Jahre 1950 bestanden auf dem Gebiet der DDR ca. 9.750 kreisangehörige Städte und Gemeinden. Bis zu Ende der DDR hatte sich deren Zahl um etwa 2.200 Gemeinden vermindert. Eine flächendeckende, durchgreifende Gebietsreform hat in der ehemaligen DDR auf Gemeindeebene aber nicht stattgefunden.

Prozesse der Vereinheitlichung (einschließlich einer durch Partei und Staat erzwungenen Art „Zwangshomogenisierung" von Interessen), der Zentralisierung von Entscheidungen sowie weitreichende Formen politischer Steuerung haben stark und nachhaltig die Entwicklung des Staatsapparates in der DDR geprägt (*Petzold* 1994: 35). Der Staatsaufbau der DDR gliederte sich in

Entwicklung des DDR-Staatsapparates:

- 14 Bezirke sowie Berlin (Ost),
- 27 Stadtkreise und 191 Landkreise sowie 11 Stadtbezirke in Berlin (Ost) und – rund 7.500 Städte und Gemeinden.

– Länder- bzw. Bezirks-ebene Bereits 1952 wurde die *Länderebene* mit der Verabschiedung des „Gesetzes über die weitere Demokratisierung des Aufbaus und der Arbeitsweise der staatlichen Organe in den Ländern" aufgelöst. An die Stelle der fünf Länder traten vierzehn neuartige Bezirke. Aufgrund des Viermächte-Abkommens mußte die DDR für Ost-berlin an einem Sonderstatus festhalten, der allerdings mit der Sonderrolle dieser Stadt als politisches und kulturelles Zentrum der Republik korrespondierte. Das Hauptgewicht der „dezentralen" DDR-Verwaltung lag qua Aufgabenverteilung und Personalausstattung bei den Bezirken und – stark abgeschwächt – bei den Stadtkreisen bzw. Landkreisen. Die Bezirke wirkten als reine Staatsorgane ohne jegliche Selbstverwaltungsfunktionen. Sie bildeten das „administrative Rückgrat der Herrschaft der zentralen Partei- und Staatsführung" (*Wollmann* 1991c: 244).

– Gemeinden In der DDR kam es im Rahmen von Prozessen der Zentralisierung, die zugleich Bestrebungen zur Machtssicherung waren, zur Erstellung einer landeseinheitlichen Gemeindeverfassung. Die *Gemeinden* avancierten zu den neuen örtlichen Organen der SED-Staatsmacht, zugleich ließ die Gemeindeverfassung aber auch keine grö-ßeren autonomen lokalen Entscheidungsspielräume mehr zu. Mit der neuen ein-heitlichen Gemeindeverfassung erledigte sich auch die Frage, die in Deutschland nach dem Zusammenbruch des nationalsozialistischen Herrschaftssystems auf die kommunalrechtliche Tagesordnung gerückt war, ob man die im Dritten Reich erstmals zustandegekommene Vereinheitlichung der deutschen Gemeindeverfas-sungen in einer einheitlichen Deutschen Gemeindeordnung beibehalten sollte.

Auf lokaler Ebene wurden in der DDR die letzten verbliebenen Selbstver-waltungselemente 1957 mit dem „Gesetz über die örtlichen Organe der Staats-macht" abgeschafft. Mit diesem Gesetz wurde die kommunale Ebene ohne eige-ne, verfassungsrechtlich garantierte Gestaltungsmöglichkeiten in den DDR-Staatsapparat inkorporiert. Die 27 Stadtkreise und 191 Landkreise (zusätzlich hinzu kamen die 11 Ostberliner Stadtbezirke) fungierten seither als untere ad-ministrative Vollzugsebene. Die 7.500 (kreisangehörigen) Städte und Gemein-den, von denen 5.500 weniger als 1.000 Einwohner hatten, spielten in diesem System nur eine geringe Rolle; sie erfüllten nicht mehr als eine „politisch-ad-ministrative Kümmerfunktion" (*Wollmann* 1994: 23). Die unterschiedlichen Gewichte zwischen Kreisen und kreisangehörigen Gemeinden spiegeln sich al-lein schon in den Beschäftigtenzahlen wider: durchschnittlich 180 bis 300 Be-schäftigte in den Kreisverwaltungen standen nur ganz wenige Verwaltungsbe-schäftigte in den kreisangehörigen Gemeinden gegenüber.

4.1.2.5 Aufgaben der örtlichen Räte

Prinzip der „doppelten Unterstellung" der örtlichen Organe Die „örtlichen Staatsorgane" auf der lokalen Ebene des DDR-Staatsapparates, die sich aus den örtlichen Volksvertretungen, Räten und Fachorganen zusam-mensetzten, besaßen keinerlei politische, finanzielle resp. organisatorische Auto-nomie. Der zentralistische Grundzug der DDR-Gemeindeordnung und ihre Funktion im System der Kaderverwaltung kam vor allem darin zum Ausdruck, daß die Kreise, Städte und Gemeinden – in bewußter Frontstellung zur „bürgerlich-liberalen" deutschen Kommunaltradition – als „örtliche Organe der Staatsmacht" und damit als „fester Bestandteil der einheitlichen, sozialistischen Staatsmacht" konzipiert wurden. Die Absicherung des SED-staatlichen Herrschaftsanspruchs über die lokale Ebene erfolgte wirksam durch den Grundsatz der „doppelten Unterstellung":

> „Die im ‚Rat', also dem kollektiven Verwaltungsorgan, der jeweils ‚örtlichen' Ebene institutionalisierten Sektoralverwaltungen waren auf der einen Seite (horizontal) ‚ihrem' Rat als dem Kollektivorgan und hierbei insbesondere dessen Vorsitzenden fachlich unterstellt, auf der anderen Seite und vor allem waren sie jedoch (vertikal) der Weisung und Kontrolle der entsprechenden Sektoralverwaltung auf der nächsthöheren Ebene der Partei- und Staatsführung unterworfen. Zwar kamen über die ‚Wahl' des ‚Rates' (des Bezirks, des Kreises, der Stadt und der Gemeinde) durch die jeweilige ‚Volksvertretung' zumindest formale Elemente einer demokratischen Legitimierung zum Ausdruck. Jedoch gewährleistete die ‚doppelte Unterstellung', daß innerhalb der jeweiligen Fachverwaltung ein Weisungs- und Kontrollstrang von oben nach unten lief, der das Herrschaftssystem der ‚einheitlichen sozialistischen Staatsmacht' bis in die letzte Dienststelle auf örtlicher Ebene hinein sicherstellte (*Wollmann* 1994: 23)".

Eine Doppelstruktur von Räten und Fachorganen gab es auf örtlicher, bezirklich-regionaler und zentralstaatlicher Ebene. Von den „örtlichen Staatsorganen" kam auf lokaler Ebene nur den örtlichen Räten und den sie beratenden Fachorganen eine größere Bedeutung zu. Sie verfügten auf der Basis entsprechender staatlicher Weisungen über ein umfangreiches gesetzlich vorgeschriebenes Aufgabenpaket mit vor allem Umsetzungsbefugnissen. Zu den wichtigsten *Vollzugsaufgaben* der örtlichen Räte im Rahmen der Gewährleistung der Versorgung der örtlichen Bevölkerung mit Gütern und Dienstleistungen zählten im einzelnen die Versorgung mit Konsumgütern, stadt- und hauswirtschaftliche Leistungen, die Instandhaltung und Vergabe von Wohnraum, die örtliche Versorgungswirtschaft, das kommunale Verkehrswesen, das geistig-kulturelle Leben, das Gesundheits- und Sozialwesen sowie die Naherholung (*Backhaus-Maul/Olk* 1993).

4.1.3 Finanzstatus und Finanzausstattung der DDR-Kommunen

In der DDR verfügte der Staat über ein Höchstmaß an Planungsmöglichkeiten auch auf lokaler Ebene. Beim SED-Staat lag die letztliche Entscheidungskompetenz über alle kommunalrelevanten Maßnahmen. Rechtliche und materielle Voraussetzung zur Durchsetzung dieses weitreichenden staatlichen Planungsanspruchs war die Umwandlung des kommunalen Eigentums in Volkseigentum. In der sowjetischen Besatzungszone war die kommunale Wirtschaft zunächst besonders gefördert und hierfür eine neuartige Rechtsform des kommunalen Wirtschaftsunternehmens gefunden worden. Die Eingliederung der kommunalen Vermögensmasse in das System der zentralen Planung erfolgte durch die Kommunalwirtschaftsordnung von 1948 und einigen später folgenden Verordnungen. Auch im Bereich der Versorgungswirtschaft wurden in der DDR große Kombinate gebildet. Hierin wurden die Stadtwerke der Gemeinden eingebracht. Zudem wurden die bisherigen kommunalen Sparkassen der Staatsbank der DDR unmittelbar unterstellt. Als Unternehmen der sogenannten Stadtwirtschaft verblieben den Gemeinden allenfalls die Reinigungsbetriebe und einige andere, kleinere Dienstleistungsbetriebe.

Aufhebung der
Finanzautonomie

255

Mit dem „Haushaltsgesetz" von 1950 wurde die kommunale Finanzhoheit generell aufgehoben und die Gemeindehaushalte förmlich in den Staatshaushalt der DDR eingegliedert. Den Gemeinden wurde das Recht genommen, eigene Haushalte aufzustellen. Die Mittel, die die Gemeinden benötigten, um die ihnen vom Volkswirtschaftsplan vorgegebenen Aufgaben zu erfüllen, wurden ihnen seither unmittelbar vom Staat zur Verfügung gestellt. Als eigene Einnahmequellen behielten die Kommunen lediglich (unter DDR-Bedingungen) einige Kleinsteuern wie die Grundsteuer, die Kraftfahrzeug-, Vergnügungs-, Kino- und Hundesteuer sowie bestimmte Einnahmen aus der volkseigenen örtlichen Wirtschaft (*Salderen* 1994: 10).

4.1.4 Stellung der DDR-Kommunen im zentralwirtschaftlichen Planungssystem

Der gleichzeitige Aufbau eines zentralen Planungsapparates verhinderte, daß sich mit diesen Maßnahmen zur Einführung eines staatlichen „Planungsmonopols" auch die entsprechenden kommunalen Handlungsspielräume vergrößerten. Vielmehr wurden die Kommunen in dieses System zwangsinkorporiert und aller Ressourcen beraubt, die autonome Handlungsspielräume hätten sichern können. Schließlich wurde von der Organisation und vom Verfahren her die lokale und regionale Planung mit der zentralen Planung eng verzahnt. So wurden im zentralwirtschaftlichen Planungssystem der DDR zum Beispiel die Kreis- und Bezirksbauämter nicht allein den jeweiligen lokalen und regionalen Räten, sondern gleichzeitig auch dem entsprechenden zentralstaatlichen Fachressort unterstellt. Innerhalb des Planungssystems der DDR wurde den Gemeinden im wesentlichen die Aufgabe zugewiesen, die Infrastrukturvoraussetzungen für die verstaatliche Wirtschaft bereit zu stellen. Es war den Gemeinden zwar freigestellt, weitere Planaufgaben neben den im Rahmen des Volkswirtschaftsplans zwingend zu erfüllenden kommunalen Aufgaben in Angriff zu nehmen. Allerdings durften für derartige lokale Eigeninitiativen keine Ressourcen (Finanzmittel und Materialien) des staatlichen Planungssystems in Anspruch genommen werden.

Als typisches Kennzeichen für die realsozialistische Politikproduktion vollzog sich die Leistungserbringung auf kommunaler Ebene in einem engen „quasikorporatistischen" Verbund zwischen öffentlichen Trägern, Betrieben und auch Massenorganisationen. Eine derartige kooperative Allianz mit ressourcenstarken örtlichen Akteure eröffnete der lokalen Politik zumindest minimale Handlungsmöglichkeiten. Eine solche „public-private-partnership" realsozialistischer Prägung vollzog sich nicht nur im informellen „Nischenbereich". Hierfür standen vielmehr spezielle rechtliche Instrumente zur Verfügung. Zu diesen Zwecken konnten die örtlichen Staatsorgane kommunale Zweckverbände bilden und Rahmenvereinbarungen bzw. „Kommunalverträge" mit lokal einflußreichen Akteuren abschließen. Konkretes Resultat dieser Kooperationspraxis war, daß Betriebe „mitunter einen Teil der von ihnen erwirtschafteten ‚Gewinne' nach eigenem Ermessen für soziale Dienste und Einrichtungen vor Ort zur Verfügung stellten und diese nicht – wie offiziell vorgeschrieben – an den Staatshaushalt ab(führten, R.K.)" (*Backhaus-Maul/Olk* 1993: 303). Die politischen, finanziellen, rechtlichen wie die materiellen Aspekte des kommunalen Planungsprozesses in der Bundesrepublik und der DDR waren somit unvergleichbar.

256

4.1.5 Kommunalpolitische Willensbildung in der DDR

Entsprechend dem Prinzip der unterstellten politischen Einheit zwischen Staatspartei und kommunaler Willensbildung waren auch die politischen Willensbildungs- und Mitwirkungsrechte der DDR-Bürger in den Kommunen geregelt. Für die acht in der DDR durchgeführten Kommunalwahlen vor der „Wende" galt – wie auch bei allen anderen Wahlen – das Einheitslistenprinzip im Rahmen der „Nationalen Front", was der SED schon vor dem Wahlakt eine Quasi-Alleinherrschaft sicherte. Die Abgeordneten in der DDR verfügten über ein imperatives Mandat und waren auf Wählerversammlungen über ihre Tätigkeit rechenschaftspflichtig. Allein im Rahmen der Phase der Kandidatenaufstellung, die jedoch zumeist nach festem Ritual abgewickelt wurde, bestand unter bestimmten Umständen eine Art – jedoch immer von der SED kontrolliertes – Auswahlverfahren, wohingegen zur eigentlichen Wahl fast immer nur soviel Kandidaten antraten, wie Mandate zu vergeben waren. Somit reduzierte sich der Wahlakt faktisch auf eine Ja-/Nein-Entscheidung zum DDR-Staat. Aus den derzeit anhängigen Gerichtsverfahren ist bekannt, auf welchem Wege die DDR-Führung versuchte, dieses Plebizit zu ihrem Gunsten zurechtzubiegen, ganz abgesehen von der Tatsache, daß allein schon das Fehlen einer geheimen Wahl abtrünnige Wähler leicht einer Vielzahl politischer und sozialer Repressionen aussetzte. Der Einfluß der SED auf die Tätigkeit der Gemeindevertretungen erstreckte sich also sowohl auf in die von ihr gesteuerten Wählerversammlungen, auf den eigentlichen Wahlakt selber und schließlich auf die ebenfalls von ihr beherrschten sog. Parteigruppen (der Terminus „Fraktion" widersprach dem Homogenitätsprinzip der SED-Herrschaft) innerhalb der Gemeindevertretungen.

Absicherung der führenden Rolle der SED in der kommunalpolitischen Willensbildung

Das von der SED kontrollierte und lizenzierte System der politischen Willensbildung erstreckte sich nicht nur auf den engeren Bereich der politischen Parteien, sondern auch auf das System organisierter Interessen. Hierunter verstand sich unter DDR-Bedingungen ein bis auf die örtliche und Stadtviertel-Ebene herabreichendes, relativ geschlossenes System aus Massenorganisationen, Verbänden, Vereinigungen, Gesellschaften, Genossenschaften, Komitees und Ligen, die *Priller* (1994: 257ff.) als den „Non-Profit-Sektor" der DDR umschreibt. Mitte der 80er Jahre wurden in dem einzigen in der DDR zu diesem Thema erschienenen einschlägigen Handbuch rd. 80 derartiger Organisationen ausgewiesen (*Autorenkollektiv* 1985). Eine Ausnahmerolle spielten die kirchlichen Verbände (Diakonie und Caritas) sowie die unter dem Dach der Kirche in den 80er Jahren entstehenden Gruppierungen, denen aus taktisch-strategischen Gründen eine Art Sonderstatus eingeräumt wurde, so daß ihre Vereinnahmung durch Partei und Staat – relativ gesehen – noch am geringsten ausfiel.

Struktur des Nonprofit-Sektors in der DDR

Das übrige System der organisierten Interessen in der DDR wies einige übereinstimmende Merkmale auf (*Priller* 1994: 258f.):

- Die einzelnen Organisationen verfügten über eine Art „Vertretungsmonopol": zwischen ihnen bestand eine klare Abgrenzung in den Zuständigkeiten und in der Verteilung der Aufgaben.
- Es handelte sich bei vielen dieser Organisationen um „Massenorganisationen" mit zum Teil mehreren Millionen Mitgliedern. Die staatlich lizenzierten Organisationen hatten keine Probleme der Mitgliederrekrutierung, inso-

fern die Mitgliederwerbung bei Partei, Betriebe und Staat lag, die zudem soziale, politische und berufliche Repressionen einsetzen konnten. Innerorganisatorisch brauchten die Verbandsführungen Druck seitens der Mitglieder (etwa Drohungen mit „voice"- oder „Exit"-Optionen; *Hirschman* 1974) kaum zu fürchten, dafür war ihre Abhängigkeit von den entsprechenden Partei- und Staatsleitungen um so größer.

– Die Massenorganisationen der DDR verfügten über keine „Ressourcenautonomie". Vielmehr bildete der Staat in den meisten Fällen die wichtigste Finanzquelle der Organisationen. Dies wurde damit legitimiert, daß als Folge ihres Gebiets-, Vertretungs- und Zuständigkeitsmonopols diesen Massenorganisationen regelmäßig feste Aufgaben im Staats- und Verwaltungsrecht sowie im zentralstaatlichen Planungssystem zugewiesen wurden, die eine entsprechende Ressourcenausstattung verlangten.

– Es handelte sich bei den DDR-Massenorganisationen um zentralistisch-hierarchische Organisationsgebilde: die Abschaffung der Länderstrukturen 1952 zog einen entsprechenden Umbau der Verbandsstrukturen nach sich, deren organisatorischer Aufbau in der Regel nunmehr die Zentralebene (zumeist in Berlin angesiedelt), die Bezirksebene, die Kreisebene und die Orts- bzw. Betriebsebene umfaßte. Als Folge setzen sich in den meisten Organisationen auch entsprechend zentralistische Struktur- und Entscheidungsprinzipien durch. Neben dem politischen Führungsanspruch der SED war die starke Verankerung der Massenorganisationen in den Betrieben ein weiteres typisches Merkmal der DDR. Diese Betriebsgruppen machten den örtlichen Verbands-Gruppen den Rang als Basiseinheit der Massenorganisation streitig. Innerverbandlich paßten sich die Organisationen durch bürokratisch verfestigte Strukturen und durch den Mechanismus des Angebots und der Verteilung von Gütern und Leistungen weitgehend an die Erfordernisse des zentralstaatlichen Planungssystem an.

Organisierte Interessen in der DDR als Variante des „autoritären Korporatismus"

Schaut man sich das Spektrum und die Eigenarten des DDR-Systems organisierter Interessen an, springen die verblüffenden Ähnlichkeiten mit jenen Merkmalen ins Auge, die Philippe *Schmitter* Ende der 70er Jahre in seiner idealtypischen Gegenüberstellung von pluralistischen und korporatistischen Formen der Interessenvermittlung dem System des (autoritären) Korporatismus zugeschrieben hatte (vgl. auch die synoptische Gegenüberstellung von Pluralismus, autoritärem Korporatismus und liberalem Korporatismus bei *Böhret* et al 1988: 184):

> „Korporatismus kann definiert werden als ein System der Interessenvermittlung, dessen wesentliche Bestandteile organisiert sind in einer begrenzten Zahl singulärer Zwangsverbände, die nicht miteinander in Wettbewerb stehen, über eine hierarchische Struktur verfügen und nach funktionalen Aspekten voneinander abgegrenzt sind. Sie verfügen über staatliche Anerkennung und Lizenz, wenn sie nicht sogar auf Betreiben des Staates hin gebildet worden sind. Innerhalb der von ihnen vertretenen Bereiche wird ihnen ausdrücklich ein Repräsentationsmonopol zugestanden, wofür sie als Gegenleistung bestimmte Auflagen bei der Auswahl des Führungspersonals und bei der Artikulation von Ansprüchen oder Unterstützung zu beachten haben" (*Schmitter* 1991: 94f.)"

Kürzer und bündiger kann man die Struktur und Funktionsweise des Systems der DDR-Massenorganisationen mit ihrem Vertretungs- und Gebietsmonopol, staatlicher Lizenzierung, hohem Organisationsgrad, Fehlen innerverbandlicher und zwischenverbandlicher Konkurrenz, bürokratisch-zentralistischen Verbandsstruk-

258

turen und dem hohem Konzentrationsgrad des Gesamtspektrums organisierter Interessen analytisch nicht beschreiben. Allein die „führende Rolle der Partei" und das System der Kaderverwaltung fehlen als Elemente der „Metastruktur", um die Beschreibung dieses Typus abzurunden.

Der Herrschaftsanspruch des SED-Staates ließ keinen Platz für öffentlichen Protest oder auch nur für die Artikulation politischer Willensbildung außerhalb der vorgegebenen Kanäle von Parteien, Massenorganisationen und Wähler-versammlungen. Ansätze zur Bildung von oppositionellen Gruppen, so sie nicht sofort zerschlagen wurden, waren dem infiltrierendem Zugriff des Stasi-Spitzel-systems ausgesetzt. Auf der lokalen Ebene waren daher örtliche Bewegungsi-nitiativen sofort mit den lokalen Organen eines zentralistischen Staates konfron-tiert (*Roth* 1994). Dennoch waren es die unter das Dach der Kirche abgedrängten oppositionellen Kleingruppen, „die die stark lokal geprägte Protestdynamik der ‚friedlichen Revolution' auslösten und eine Weile bestimmten" (*Roth* 1994: 237).

Nicht-staatstragende Organisationen in der DDR:

Die unabhängige Friedensbewegung, die außerhalb der „offiziösen" Frie-densbewegung der DDR in den 80er Jahren entstand, wurde im wesentlichen von lokalen Basisgruppen geprägt. Eine gewisse Koordinationsfunktion übten die jährlichen Treffen dieser Gruppen aus, auf denen auch staatlich geduldete Kontakte zu Vertretern der westdeutschen Friedensbewegung stattfanden. Grup-pen der Friedensbewegung fanden sich in größeren Städten und Universitätsstäd-ten, vereinzelt auch in ländlichen Gebieten. Organisatorisch waren die Gruppen der unabhängigen Friedensbewegung vorwiegend in den Evangelischen Kirchen eingebunden. Unter DDR-Bedingungen führte dies dazu, daß gerade in der Au-ßendarstellung die „Orientierungen aus den Alternativmilieus mit religiösen Motiven und amtskirchlichen Interessen" verschmolzen (*Roth* 1994: 238).

– Unabhängige Friedensbewegung

Fast zeitgleich und häufig in personeller Identität zur unabhängigen Frie-densbewegung entstanden Anfang der 80er Jahre in der DDR auch regelmäßig arbeitende Umweltgruppen, die sich ebenfalls unter das Dach der Evangelischen Kirchen begaben, um überhaupt eine relativ staatsfreie bzw. staatlich geduldete Arbeitsplattform zu erhalten. Sie versuchten durch gemeinsame Aktionen und eine koordinierte Öffentlichkeitsarbeit Aufmerksamkeit auf ihre Anliegen zu lenken, allerdings blieb ihr politisch-praktischer Einfluß sehr begrenzt. Zwischen 1986 und 1989 war die (nur schwer schätzbare) Zahl der unabhängigen Öko-gruppen in der DDR von rund 50 auf immerhin schon 80 „Arbeitskreise Ökolo-gie" gestiegen, die in der Endphase der DDR auch zu Formen des zivilen Unge-horsams übergingen (*Roth* 1994: 238).

– Ökologiebewegung

Träger einer vom SED-Staat unabhängigen Dritte-Welt-Bewegung waren vor allem Jugendliche in kirchlichen Gruppen, die sich seit Mitte der 70er Jahre aus karitativen, antiimperialistischen und zivilisationskritischen Motiven enga-gierten.

– Dritte-Welt-Bewegung

Eine der westdeutschen bzw. westeuropäischen Frauenbewegung vergleich-bare autonome Strömung war in der DDR außerhalb der „offiziösen" Frauenbe-wegung zumindest nach Außen hin so gut wie nicht entstanden. Allein die Frie-dens- und Ökologiegruppen hatten in ihren zivilisationskritischen Motiven eini-ge Momente der Patriarchatskritik eingelagert (*Roth* 1994: 238), zumal nach of-fizieller Lesart die Frauenfrage „mit dem Sieg des Sozialismus" ohnehin gelöst war. Emanzipatorische Anliegen abseits des DDR-Selbstverständnisses verfolg-

– Emanzipations-bewegungen

ten auch die in den 80er Jahren entstanden Kreise von Schwulen und Lesben in den evangelischen Kirchen, die damit erstmals das gewachsene Selbstbewußtsein dieses Minderheitsgruppen signalisierten. Über solche regelmäßig arbeitenden Gruppen hinaus existierte in vielen Städten und Gemeinden der DDR eine von ihrem Selbstgefühl her „alternative" Jugendszene, die sich stark auf westliche Strömungen der Jugend- und Popkultur ausrichtete und deren „alternative Lebensstile" ausprobierte (*Roth* 1994: 238).

4.1.6 Personalpolitik in den Städten und Gemeinden der DDR

Auch die „Kaderpolitik" der SED sah sich im Laufe der Zeit gezwungen, neben der unabdingbar vorausgesetzten politisch-ideologischen Linientreue zunehmend auf eine fachliche Ausbildung und Kompetenz der Beschäftigten im Bereich der öffentlichen Verwaltung zu setzen. Die „Verwaltung" als eigenständiger Gegenstand und Stoff einer Professionalisierung blieb jedoch bis zum Ende der DDR ausgeblendet (*Wollmann* 1991c: 247). Nach der Vereinigung machte insbesondere das Fehlen einer juristischen Ausbildung des – nicht existenten – gehobenen Dienstes und des höheren Dienstes eine schnelle Integration ostdeutscher Bewerber in die westdeutsche Verwaltung mit ihrem noch immer dominanten „Juristenmonopol" zu einem weiteren Problem. Immerhin sind 80 Prozent der Bonner Spitzenbeamten Absolventen von Studiengängen (Juristen, Ökonomen), die es mit vergleichbaren resp. zumindest transponierbaren Inhalten in der DDR nicht gab (*Derlien* 1993: 193).

Bekannt ist, daß von den administrativen Führungskräften in den Verwaltungen („Räten") der Kreise und kreisfreien Städte rund ein Drittel einen Hochschul- (35%) bzw. einen Fachschulabschluß (32%) hatten (*Liebe* 1973). Demgegenüber war die Hochschul- und Fachhochschulquote der in den kreisangehörigen Gemeinden Beschäftigten sehr viel geringer und entsprach damit sowohl der marginalen Stellung der kreisangehörigen Kommunen als auch ihres niedrigen Status in der Machtpyramide (*Wollmann* 1991c).

4.1.7 Räumliche Entwicklungen in der DDR

Kommunale
Stadtentwicklungspolitik

Unter allen politischen Systemen des 20. Jahrhunderts, die es in Deutschland gab, nahmen Kommunen ihre infrastrukturellen Aufgaben wahr, allerdings erfolgte dies mit deutlichen zeit- und systemspezifischen Akzentsetzungen. So förderten die Kommunen in der DDR zunächst die Errichtung von Industriebauten und konzentrierten sich seit den späten 50er Jahren auf die Errichtung ganzer Trabantenstädte (prototypisch: Halle-Neustadt). In einer retrospektiven Betrachtungsweise stellt *Saldern* (1994: 12) fest, daß Prozesse der Urbanisierung und Industrialisierung den Stellenwert von Stadtplanung und -erweiterung im Rahmen der kommunalen Selbstverwaltung auch in der DDR erhöhten. Allerdings gab es als Folge der einseitigen Orientierung der DDR-Wohnungspolitik auf den Neubau in industrieller Bauweise keine eigenständige Stadterneuerungspolitik und keine Städtebauförderung nach westdeutschem Vorbild (*Krautzberger* 1994: 493).

260

Die städtebauliche Entwicklung der DDR blieb bis zum Schluß geprägt vom zentralstaatlichen Wohnungsbauprogramm und seiner Präferenz für großdimensionierte Wohngebiete sowie am Rande der Stadt der Errichtung von ebenfalls großdimensionierten, oft monostrukturierten Industriegebieten. Demgegenüber wurden die Stadtkerne und innenstadtnahen Altbaugebiete – abgesehen von einigen prestigeträchtigen Vorzeigeprojekten vornehmlich in Ostberlin – lange Jahre durch die staatliche Wohnungsbaupolitik völlig vernachlässigt und private Initiativen in diesem Bereich so gut wie ausgeschlossen.

Bis zum Ende des Zweiten Weltkrieges hatte sich der Charakter der Dorfpolitik in Ostdeutschland nicht allzu sehr von den Verhältnissen in anderen deutschen Landschaften unterschieden (*Schneider* 1994: 132). Dies veränderte sich allerdings nachhaltig schon unter der sowjetischen Besatzungsherrschaft und später unter DDR-Bedingungen. Hauptangriffsfläche für eine marxistisch dominierte Politik stellte der hohe Anteil des Großgrundbesitzes dar, der in Sachsen-Anhalt 27%, in Brandenburg 30% und in Mecklenburg-Vorpommern gar 48% der Bodenfläche betrug. Unter Führung der KPD und unter dem Schutz der sowjetischen Besatzungsmacht haben sogenannte Bodenreformkommissionen 1945/46 allen Großgrundbesitz über 100 ha eingezogen und einem „Bodenfonds" zugeführt, aus dem 210.000 Neubauernstellen geschaffen wurden. Diese Enteignungspolitik erzeugte in der Folgezeit erhebliche strukturelle Veränderungen der sozialen und wirtschaftlichen Situation in den bisherigen „Gutsdörfern". Die damalige Politik der „Kollektivierung der Landwirtschaft" hörte nicht bei den Großgrundbesitzern auf, sondern zielte anschließend verstärkt auch auf die mittleren und größeren Bauern: Dem auf sie ausgeübten Druck in Form von Ablieferungsquoten und Maschinenausleih-Stationen entzogen sich damals viele Bauern durch ihre Flucht in den Westen. Andere entschlossen sich notgedrungen dazu, den neuen Landwirtschaftlichen Produktionsgenossenschaften (LPGs) beizutreten, so daß um das Jahr 1960 die konfliktreiche Zwangskollektivierung des Bauerntums in der DDR abgeschlossen war.

In Ostdeutschland verliefen Bevölkerungsentwicklung und geographische Strukturveränderungen weitgehend konträr zu der Entwicklung in Westdeutschland. Das Gebiet der DDR (vor allem die großen sächsischen Ballungsräume) gehörte vor dem Zweiten Weltkrieg zu den wirtschaftlich führenden Regionen Deutschlands. Im nördlichen Teil war es die Metropole Berlin, die wirtschaftlich großes Gewicht hatte. Die übrigen Regionen waren dagegen stark ländlich geprägt.

Nach dem Ende des Zweiten Weltkrieges und der deutschen Teilung unterlag die DDR einem viel stärkeren Zwang, ihre Wirtschaftsstruktur an die neuen regionalen Verhältnisse anzupassen. Ursachen hierfür lagen vor allem darin, daß der Umfang der Demontagen und Kriegszerstörungen größer war und ein sehr viel kleineres Gebiet betrafen. Zudem standen als Folge der Teilung aufgrund der gegebenen regionalen Spezialisierung nur noch Teilkapazitäten des notwendigen Gesamtproduktionsprozesses zur Verfügung (*Gorning/Häussermann* 1994: 161). Auch die Möglichkeit zur Substitution durch Importe wurde durch die Teilung Europas sowie die großen wirtschaftlichen Probleme in den Ostblockstaaten faktisch ausgeschlossen. Unter diesen Bedingungen blieb der DDR allein der Aufbau eigener Industrien übrig, was naheliegenderweise zu erheblichen Veränderungen der regionalen Struktur führte. Räumlich wurden die Standorte der neuen Industrien zumeist außerhalb der traditionellen Industriereviere im

(Randnotiz:) Dorfpolitik

(Randnotiz:) Regionalentwicklung in Ostdeutschland

Süden geplant. Diese Gewichtsverschiebung zugunsten der nördlichen Regionen wurde von Entwicklungen im Dienstleistungssektor flankiert. Schon allein die zentralistische Struktur von Staat und Wirtschaft in der DDR förderte eine erhebliche Konzentration von Dienstleistungen in Ostberlin und Umgebung. Aber auch in den anderen nördlichen Bezirksstädten war eine überproportionale Entwicklung des Dienstleistungsbereichs festzustellen (*Gorning/Häussermann* 1994: 162).

4.1.8 Kommunale Sozialpolitik in der DDR

Zur kommunalen Sozialpolitik gehörte im frühen und mittleren 19. Jahrhundert zunächst primär die Unterstützung der armen Bevölkerung. Obwohl in Deutschland die Einführung der Bismarckschen Sozialversicherungen die Kommunen seit Ende der 80er Jahre des 19. Jahrhunderts zunehmend entlastete, wuchsen die kommunalen sozialpolitischen Aufgaben weiterhin an. In der Weimarer Republik wurden die Gemeinden zunehmend in den sich erweiternden Sozialstaat eingebunden. Im Dritten Reich wurden gemeindliche Aufgabenbereiche zugunsten von parteinahen Organisationen (Deutsche Arbeitsfront) oder zugunsten von Sonderbehörden ausgehöhlt. Eine ähnliche Entwicklung setzte sich unter gänzlich anderen politischen Vorzeichen in der DDR fort. Es waren vor allem die Betriebe und die großen Massenorganisationen (Freier Deutsche Gewerkschaftsbund und Volkssolidarität), die im wesentlichen die sozialpolitischen Einrichtungen vor Ort errichteten und trugen. Hingegen knüpften die bundesrepublikanischen Gemeinden wieder an den in der Weimarer Republik entwickelten Aufgabenkatalog an (*Saldern* 1994: 10).

Erwerbszentriertes Sozialsystem
Das Sozialsystem der DDR war ausgesprochen erwerbszentriert (*Schmidt* 1988), d.h. es war primär auf die Versorgung der Erwerbstätigen ausgerichtet und suchte angesichts des gravierenden Arbeitsmangels in der DDR möglichst keine zusätzlichen Anreize für einen frühzeitigen Austritt aus dem Erwerbsleben zu schaffen. Andersherum bedeutete dies, daß die Nichtmehr-Erwerbstätigen zwar als „Veteranen der Arbeit" ausgezeichnet wurden, ihnen allerdings nur ein relativ geringer Anteil an den sozialen Versorgungsleistungen bereitgestellt wurde. Doch sollte bei einem mit westlicher „Brille" vorgenommenen Vergleich nicht aus dem Auge verloren werden, daß alte Menschen in der DDR sich immerhin auf das staatliche Garantieversprechen verlassen konnten, wonach im Bedarfsfall eine fürsorgliche und umfassende Betreuung – wenn auch auf geringem Leistungsniveau – stattfand (*Backhaus-Maul/Olk* 1993: 312ff.).

Sozialfürsorge und örtliche Staatsorgane
Die Sozialfürsorge der ehemaligen DDR konzentrierte sich auf die Unterstützung von Bedürftigen und Nichterwerbsfähigen. Die Sozialfürsorge stellte die unterste Ebene der sozialen Sicherung in der DDR dar. Ihr wesentliches Ziel bestand darin, Leistungsempfänger im erwerbsfähigen Alter wieder in den Arbeitsprozeß zu integrieren. Hier nun kamen auch die „örtlichen Staatsorgane" ins Spiel: Bei ihnen mußten Sozialfürsorgeleistungen beantragt werden, und sie entschieden auch über die Leistungsgewährung. Sie teilten Geld- und Sachleistungen zu und setzten Fürsorgerinnen zur Unterstützung, Kontrolle und sozialen Integration der Sozialfürsorgeempfänger ein (*Backhaus-Maul/Olk* 1993: 307ff.).

Altersarmut
Die Sozialfürsorge blieb in der DDR bis zu ihrem Ende ein relativ unbedeutendes Sicherungssystem. Allerdings darf dies nicht zu der Schlußfolgerung ver-

262

führen, daß Armutsphänomene in der DDR unbekannt gewesen wären. Wie schon gezeigt, war die finanzielle Position gerade der alte Menschen prekär: Rund 900.000 Rentner (das waren 5,4% der Gesamtbevölkerung) bezogen 1989 eine staatliche Mindestrente, die vor der Rentenerhöhung am 1.12.1989 zwischen 300 und 370 Mark lag und damit weit unter der Hälfte der Arbeitnehmernettolöhne bzw. des durchschnittlich verfügbaren Pro-Kopf-Haushaltseinkommens (*Backhaus-Maul/Olk* 1993: 308).

Die prekäre finanzielle Situation älterer Menschen in der DDR zog eine hohe Belegquote in stationären Pflegeeinrichtungen nach sich. Hier waren knapp 5% der über 65jährigen untergebracht. Die Trägerschaft der stationären Einrichtungen für ältere Menschen lag überwiegend in der Hand der örtlichen Staatsorgane, insofern die Zahl konfessioneller Einrichtungen begrenzt blieb. Finanziert wurde die stationäre Versorgung überwiegend mit erheblichen Subventionen aus dem Staatshaushalt. Die soziale Versorgung alter Menschen in der DDR war organisationsstrukturell schließlich durch aufgabenspezifische Trägermonopole gekennzeichnet. Die Erbringung von ambulanten sozialen Diensten erfolgte in Kooperation verschiedener staatlicher und betrieblicher Träger, die sich auf bestimmte Aufgaben spezialisiert hatten. So fielen in den Zuständigkeitsbereich der Massen- und semiprofessionellen Dienstleistungsorganisation „Volkssolidarität" u.a. die Bereiche Hauswirtschaftspflege, Mittagessenversorgung und kulturelle Angebote. Im Vergleich zu Westdeutschland verfügte der stationäre Bereich der DDR über einen wesentlich niedrigeren Ausstattungs- und Leistungsstandard (*Backhaus-Maul/Olk* 1993: 313).

Die Gleichstellung von Mann und Frau gehörte in der DDR zu den offiziellen Zielen sozialistischer Gesellschaftspolitik. In der ersten Verfassung der DDR wurde – ebenso wie im Grundgesetz – der Grundsatz der Gleichberechtigung festgeschrieben. 1968 nahm die Verfassung der DDR zusätzlich Frauenförderung als „Staatszielbestimmung" auf. Vor dem Hintergrund des gravierenden Arbeitskräftemangels orientierten sich frauenpolitische Maßnahmen allerdings überwiegend auf die Einbeziehung der Frauen in die Erwerbsarbeit. Hierin konnte die DDR-Politik sicher einen großen Erfolg verzeichnen: 91,4% aller Frauen waren erwerbstätig, lernten oder studierten (*Stolterfoth/Rhiemeier* 1994: 551f.). Hingegen war die Verteilung der Familienarbeit kein Thema. Im Gegenteil: In allen Gesetzen zur Vereinbarkeit von Beruf und Familie wurde den Frauen explizit die Verantwortung für Haus- und Familienarbeit zugewiesen. Somit ergaben sich Drei- und Vierfachbelastungen als „Normalbiographie" für Frauen in der DDR.

Auch auf örtlicher Ebene eröffnete die DDR gezielt Frauen die Möglichkeit zur Partizipation in den Stadtverordnetenversammlungen und an der Verwaltungsspitze. Sicherlich war auch hier die systemstabilisierende Funktion, um Frauen auf diese Weise stärker in das politisch-ideologische System einzubinden, ein nicht zu unterschätzender Erklärungsfaktor. Der Anteil der Frauen in den Stadt- und Gemeindevertretungen lag bereits 1957 bei rund 16 Prozent. Im Jahre 1970 waren 18 Prozent der Bürgermeister weiblichen Geschlechts, allerdings konzentrierten sich diese überwiegend in kleineren Gemeinden (*Saldern* 1994: 7). Nicht zuletzt vor dem Hintergrund der starken Zentralisierung aller wichtigen politischen Entscheidungen blieb das Interesse auch der weiblichen Abgeordneten an der kommunalpolitischen Arbeit relativ gering.

4.2 Auf- und Umbau der kommunalen Ebene in den neuen Bundesländern

4.2.1 Stand der Forschung

Vereinigung als Regimewechsel: Gemeinsamkeiten und Unterschiede des Falles (der) DDR

Von den „Regimewechseln", die unter dem Stichwort und Konzept der *Transition to democracy* im Rahmen der vergleichenden Politikwissenschaft am Beispiel der „Nachkriegs-Demokratien" West-Deutschland, Japan und Italien, der Demokratisierungsprozesse in Spanien und Portugal sowie der Demokratieansätze in Lateinamerika untersucht worden sind, unterscheidet sich der Umbruchprozeß, der sich gegenwärtig in den ehemaligen sozialistischen Ländern Mittel- und Osteuropas, einschließlich der ehemaligen DDR, vollzieht, gleich in mehrfacher Hinsicht (*Wollmann* 1994: 20). Der grundsätzliche Unterschied liegt darin begründet, daß im Falle der realsozialistischen Länder der Systembruch und -wechsel nicht nur den Übergang zu einem demokratischen Politikmodell, sondern auch und vor allem den Wechsel zu einem privatwirtschaftlichen Marktmodell bedeutet. In einigen Fällen schloß der Systemwechsel sogar – wie im Falle Jugoslawien und der UdSSR – die Auflösung der bisherigen staatlichen Identität auf, ohne daß neue dauerhafte Strukturen derzeit schon absehbar sind.

Der Systembruch und Systemübergang („Transition") in der ehemaligen DDR stellt aber auch im *Vergleich* zu den übrigen *ehemals real-sozialistischen Ländern in Mittel- und Osteuropa* einen Sonderfall dar. Folgt man der von Juan *Linz* und Alfred *Stepan* vorgeschlagenen Typologie zur Kennzeichnung nichtdemokratischer Regime und ihrer Unterscheidung zwischen „Totalitarismus", „Post-Totalitarismus", „Autoritarismus" und „Sultanismus" (vgl. *Linz/Stepan* 1991), so stellt sich der „Fall DDR" wie folgt dar: Einerseits war die DDR bis zum Zusammenbruch des SED-Regimes im Oktober 1989 als „post-totalitär" (allerdings mit Nähe zum „totalitären" Regimetypus) zu charakterisieren. Kennzeichnend hierfür war, daß das SED-Regime sein uneingeschränktes Machtmonopol durch die allgegenwärtige „Staatssicherheit" bis zuletzt rigoros durchsetzte und Ansätze zur Formierung oppositioneller Gegeneliten weitgehend unterband.

Vom Transitionsprozeß in den anderen ehemaligen sozialistischen Ländern unterscheidet sich der „Fall DDR" weiterhin dadurch, daß der „Beitritt" zur Bundesrepublik als Akt der nationalstaatlichen (Wieder-)Vereinigung zu verstehen ist. Hierdurch brach das Wirtschafts-, Verfassungs-, Politik- und Institutionensystem der DDR fast über Nacht zusammen und wurde gleichzeitig in kürzester Frist vom „Gegenmodell" der Bundesrepublik ersetzt, hinter dem das ganze politische, finanzielle und demographische (Über-)Gewicht der alten Bundesrepublik steht. Hierdurch vollzog sich der Zusammenbruch des SED-Regimes in der DDR so rasch und gründlich wie in keinem anderen der ehemaligen sozialistischen Länder (*Wollmann* 1991c: 238). Allerdings konnte der Wechsel der Systemstrukturen und die mit ihnen einhergehenden existentiellen Veränderungen im Bereich der Lebens- und Arbeitswelt den Menschen in Ostdeutschland die offenbar nur in sehr viel längeren Zeiträumen zu bewältigende Anpassung an diese neuen Strukturen nicht ersparen.

Transition der Verwaltung

Bei dem hier interessierenden Umbau und Neubau einer leistungsfähigen öffentlichen Verwaltung auf lokaler Ebene geht es zunächst um die Schaffung und

Umgestaltung von Organisationen. Zum anderen geht es um die Veränderung von Einstellungen sowie von Wahrnehmungs- und Handlungsmustern „in den Köpfen" der in diesen Organisationen tätigen Menschen (*Wollmann* 1991c: 240). Funktionierende Politik- und Verwaltungsstrukturen bilden allerdings eine der entscheidenden Voraussetzungen für eine erfolgreiche Bewältigung des gesamtgesellschaftlichen Umbruchprozesses. So nannte der Präsident des Deutschen Industrie- und Handelstages (DIHT), Stihl, wiederholt das Nichtfunktionieren der öffentlichen Verwaltung in Ostdeutschland ein Haupthindernis für private Investitionen: eine funktionierende Gemeindeverwaltung sei derzeit wichtiger „als fünf Kilometer neue Autobahn" (FAZ vom 5.2.1991: 13).

Als Folge des gewählten Weges zur Vereinigung durch den „Beitritt" der neuen Bundesländer zum Staatsgebiet der Bundesrepublik Deutschland brauchten längere Diskussionen über die Architektur der Verwaltungsstrukturen in Ostdeutschland nicht geführt zu werden. Vielmehr „stand mit dem bundesstaatlichen Institutionenmodell, einschließlich seines Kommunalmodells, eine ‚Blaupause' zur Verfügung, von deren Übertragungswürdigkeit überwiegend, wenn auch nicht unkritisiert, ausgegangen wurde" (*Wollmann* 1994: 20). Entsprechend war man in Westdeutschland schnell bereit, den Aufbau neuer Institutionen in Ostdeutschland von Anfang an mit massiven personellen und finanziellen Hilfestellungen zu unterstützen, nicht ohne allerdings zu versuchen, die Finanzierung jeweils möglichst anderen Politikebenen oder Akteuren zu übertragen.

Nach Ansicht von *Seibel* (1993: 22) ist der politische Druck zur Bevorzugung des Effizienzprinzips gegenüber dem Demokratie- und Rechtsstaatprinzip erheblich, auch wenn dies nicht unbedingt der Logik des demokratischen Verfassungsstaates entsprach, wie ihn sich viele Bürger der DDR vorgestellt haben. Allerdings zeigen die Erfahrungen, die seit der deutschen Vereinigung auf diesem Gebiet gesammelt wurden, daß weder effiziente noch demokratische Verwaltungsstrukturen als „Reißbrettentwurf" konzipiert werden können und sich in der Praxis erprobte Strukturen auch nicht voraussetzungslos importieren lassen:

> „Es geht jedesmal um das Austarieren unterschiedlicher Interessen, die manchmal kleinlich und egoistisch wirken mögen, die im wesentlichen aber die legitimen Bedürfnisse der unterschiedlichen Verwaltungsebenen und Fachverwaltungszweige und der dahinterstehenden Bürgerinteressen und fachlichen Gesichtspunkte repräsentieren. Hierüber müssen Kompromisse erzielt werden, die sich kaum mit dem Mittel politischer Machtausübung erzwingen lassen, wenn sie auf Dauer tragfähig sein sollen. Diese Kompromißbildungen werden in jedem der neuen Länder anders aussehen. Wie, welche politischen und administrativen Faktoren, welche westlichen Vorbilder und Beratungsmannschaften oder auch welche Zufälle dafür jeweils maßgeblich sind, ist eine der interessanten Forschungsfragen für die Verwaltungswissenschaft" (*Seibel* 1993: 22).

Der Um- und Neubau der politischen und administrativen Institutionen in Ostdeutschland bietet dem wissenschaftlich geschulten Beobachter kein einheitliches Bild (*Wollmann* 1991c: 253):

Um- und Neubau der Verwaltung:

– Zum einen wurden die Institutionen auf der Ebene der neu eingerichteten Länder insgesamt neu gebildet. Die Schaffung neuer Institutionen und Organisationen ebenso wie die gezielte Rekrutierung neuen Personals stellten hier die Signale der institutionell-personellen Rahmenbedingungen eindeutig auf „Neuanfang".

– Länderebene

Demgegenüber knüpft der administrative Um- und Neubau der kommunalen Ebene in Ostdeutschland in viel stärkerem Maße an die Institutionen und das Personal der früheren DDR an. Die kommunale Ebene (Landkreise, Stadtkreise, Gemeinden) hat als einzige institutionelle Ebene den Zusammenbruch der politischen und administrativen Strukturen der DDR überlebt. Damit wirft gerade die Entwicklung auf der kommunalen Ebene die politikwissenschaftlich wie politisch gleichermaßen interessante Frage auf, „ob, in welchem Umfange und auf welche Weise sich die institutionellen und individuellen Prägemuster jener ‚alten Politik- und Verwaltungswelt' sich im Umbruch und im Übergang in eine vom westdeutschen Verfassungs-, Politik-, Verwaltungs- und Wirtschaftsmodell bestimmte Wirklichkeit – hemmend oder auch fördernd – geltend machen" (*Wollmann* 1991c: 253).

4.2.2 Die öffentliche Verwaltung der DDR im Transitionsprozeß

Transitions-Dimensionen im Bereich der öffentlichen Verwaltung

Für den Aufbau einer öffentlichen Verwaltung klassisch-europäischen Typus auf den Trümmern einer „Kaderverwaltung" und der sofortigen Integration dieser neuen Strukturen in eine in vierzigjähriger Praxis gewachsene föderale Staatsordnung gibt es weder historische noch internationale Vorbilder (*Hauschild* 1991: 214). Vor allem mußte in den fünf neuen Ländern zunächst die „allgemeine systemische Grenze" überwunden werden, die die ost- und westeuropäischen Staaten trennte. Aus verwaltungs- und staatsrechtlicher Perspektive vermeidet *König* (1993) daher für den Umgestaltungsprozeß in Ostdeutschland den Begriff der „Verwaltungsreform". Stattdessen spricht er von der „Transformation einer real-sozialistischen in eine klassisch-europäische Verwaltung" (*König* 1993: 80f.). Die DDR-Verwaltung war „nicht allein weder rechtsstaatlich noch demokratisch, sie war auch... keine im eigentlichen Sinne ‚bürokratische' Verwaltung" (*Seibel* 1993: 87). Die übergreifende Notwendigkeit eines kompletten Verwaltungsumbaus, der die Gesamtheit der öffentlichen Verwaltung und nicht nur Einzelbereiche betrifft, umfaßt nach *König* (1991: 177f.) insbesondere folgende Dimensionen:

– *Aufgabenbestand:* Wechsel vom allumfassenden Gestaltungsanspruch der zentralen Planwirtschaft der DDR zu den Ausgleichsfunktionen, die für das politische System einer sozialen Marktwirtschaft charakteristisch sind;
– *Öffentlicher Dienst:* Wechsel von einer Kaderverwaltung mit politischen Qualifikationsmerkmalen zu einem System öffentlich-rechtlicher Dienstverhältnisse auf der Grundlage fachlicher Kompetenz;
– *Organisation:* Wechsel von der repressiv aufgelegten Identität der Regierten mit ihren Regierenden, der Zwangshomogenität von Interessen und dem Prinzip staatlicher Gewaltenbündelung in einer Hand zu den klassisch-modernen Mustern horizontaler und vertikaler Gewaltentrennung und -verschränkung;
– *Verfahren:* Wechsel vom unanfechtbaren Führungsanspruch einer alles dominierenden Staatspartei zum System rechtlich gebundener Verwaltungsverfahren.

Christoph *Hauschild* (1991: 214) ergänzt diese Faktoren noch um die Dimensionen des äußeren Staatsaufbaus, für den ein Wechsel von staatlichen Leitungsebenen zum System allzuständiger Gebietskörperschaften im föderativen Verbund erfolgte.

Der Abbau der sozialistischen Kaderverwaltung und der Neubau von Verwaltungsstrukturen klassisch-europäischer Prägung geht zwar unverzichtbar mit der Rücknahme der „Reichweite des Staates" und staatlicher Gestaltungsansprüche einher. Allerdings wäre es zu einfach, diese qualitative Umgestaltung grundsätzlich mit einem generellen Abbau von Verwaltung gleichzusetzen. Vielmehr nimmt die öffentliche Verwaltung, wie sie in Ostdeutschland entstanden ist, auch neue Aufgaben wahr, die in der DDR entweder gar nicht oder nur defizitär wahrgenommen worden sind (*Hauschild* 1991: 214f.). Hierzu zählen zum Beispiel das Raum- und Bauordnungswesen, der Umweltschutz sowie die Finanzverwaltung. Der sehr geringe Anteil der von der Bevölkerung erhobenen Steuern an den DDR-Staatseinnahmen etwa hatte weder ein detailliertes Abgabenrecht noch eine spezialisierte Steuerverwaltung erforderlich gemacht.

Rücknahme der Reichweite des Staates

Die öffentliche Verwaltung in den neuen Bundesländern insgesamt wird – aller Voraussicht nach – auf absehbare Zeit noch durch wesentliche Funktionsschwächen und eine außerordentlich schwierige Situation gekennzeichnet bleiben (*Seibel* 1993: 477ff):

Funktionsschwächen der öffentlichen Verwaltung in Ostdeutschland

– Die *Finanzausstattung* der ostdeutschen Ländern und Kommunen wird nach wie vor durch schwerwiegende Strukturdefizite geprägt. Als „Geburtsfehler" der zwischen Bund und Ländern ausgehandelten Kommunalfinanzierungsregelung gilt allgemein, daß die ostdeutschen Gemeinden noch auf Jahre hinaus in Ermangelung ergiebiger eigener Steuereinkünfte weitgehend auf Dotationen aus Bundes- und Landeshaushalten angewiesen bleiben. Diese dauerhafte Belastung und Bedrohung der finanzpolitischen kommunalen Selbständigkeit wird zusammen mit der Unsicherheit über das kommunale Vermögen (insbesondere über das kommunale Grundeigentum) als gravierende Einschränkung kommunaler Handlungsspielräume erfahren.

– Finanzausstattung

– Der anfänglich guten Ausstattung mit investiven Finanzmitteln standen zudem *unzureichende organisatorische, rechtliche und personelle Voraussetzungen* gegenüber, die im „worst case" zu einer Potenzierung von fehlender Verwaltungskraft und fehlender Professionalität der Gemeindeverwaltungen führten und verhinderten, daß bewilligte Mittel auch zweckgerichtet „abfließen" konnten. Vielfach zeichnen sich ostdeutsche Verwaltungen durch eine ausgeprägte Entscheidungsscheu aus, oft genug aber wurden jedoch auch – zumindest aus westlicher Betrachtungsweise – dilettantische, mitunter gar skandalöse Entscheidungen getroffen. Eine im Frühjahr 1990 in der Stadtverwaltung Plauen durchgeführte Befragung von Wissenschaftlern der Friedrich-Schiller-Universität Jena bestätigte die aus der Einbettung in ein zentralistisches Weisungssystem resultierende, völlig fehlende Eigenverantwortung im kommunalen Bereich insbesondere in den Bereichen Bauwesen, Gewerbewesen, Sozialwesen und Wohnungspolitik. Trotz der offensichtlichen Unzulänglichkeiten in den ostdeutschen Kommunalverwaltungen war es aber gerade die kommunale Ebene, die in der Übergangsphase 1989/90 eine wichtige Stabilisierungsfunktion erfüllte.

– Strukturelle Defizite

Der *Konflikt zwischen Effizienzmaßstäben und neu gewonnenen demokratischen Rechten* durchzieht den Um- und Neubau der öffentlichen Verwaltung in Ostdeutschland wie ein roter Faden. Einen konkreten Ausdruck fand dieser Konflikt auch in den Interessenkollisionen zwischen den neuen Landesregierungen und den ebenfalls neugeschaffenen kommunalen Selbstverwaltungsorganen. Insbesondere Landräte („189 Landkreise sind eben auch 189 Landräte"; Seibel 1993: 485) und die Oberbürgermeister der kreisfreien Städte haben sich mehrfach gegen erstmals reklamierte Kompetenzansprüche und Regelungsbefugnisse der Landespolitik zur Wehr gesetzt. Außerdem gibt es Bereiche – wie den Umweltschutz –, in denen effizientere Problemlösungen der Verwaltung durch neue soziale Bewegungen bzw. demokratische „Basisbewegungen" eingefordert, wenn nicht geradezu auf dem Rechtsweg erstritten worden sind, bei denen es aber dann in der Folge zu einer neuartigen Konfliktlage zwischen ökologisch-effizienten Problemlösungen und tradierten Selbstverwaltungsspielräumen lokaler Instanzen kommen kann (In Sachsen etwa sollten fünf staatliche Umweltämter als Sonderbehörden auf der unteren staatlichen Verwaltungsebene Kompetenzen im Bereich Wasserwirtschaft, des Immissionsschutzes, der Abfallbeseitigung, von Boden und Altlasten und des Naturschutzes bündeln, was auf den erwarteten Widerstand der Kommunalvertreter stieß; *Seibel* 1993: 486).

Bezogen auf den *Personalbereich* besteht die vorrangige *Notwendigkeit eines durchgreifenden quantitativen und qualitativen Strukturwandels* in Ostdeutschland. Das quantitative Hauptproblem der Personalentwicklung im öffentlichen Dienst besteht in der Notwendigkeit gewaltiger Personalumschichtungen. Neben einem erheblichen Personalabbau geht es zugleich um den Aufbau und die Personalausstattung völlig neuer Verwaltungszweige (Arbeitsverwaltung, Finanzverwaltung). Anders als bei früheren Regimewechseln in Deutschland in diesem Jahrhundert konnte in den Verwaltungen der neuen Länder so gut wie gar nicht auf die Kontinuität, zumindest was die fachlichen Qualifikation der Beschäftigten im öffentlichen Dienst anbetraf, zurückgegriffen werden. Daher werden im Personalbereich die schwerwiegendsten Probleme der Verwaltungsintegration in Deutschland vermutet und die psychologische Integration als die eigentliche, langfristige Bewährungsprobe betrachtet (*Seibel* 1993: 488). Der Erfolg der angelaufenen, strukturell stark durchgreifenden Personalentwicklungsmaßnahmen in Ostdeutschland hängt offensichtlich weitgehend von der Sensibilität ab, mit der die Maßnahmen zur angestrebten Qualitätsverbesserung angegangen werden.

Gemessen an der neuen kommunalen Aufgabenverteilung, wirkt sich die verwaltungspersonelle „Hinterlassenschaft" der DDR unterschiedlich aus. Die Kreisverwaltungen hatten einen umfangreichen Personalbestand, allerdings drängen sich die meisten Beschäftigten in einzelnen, in Zukunft wegfallenden Aufgabenfeldern, während in den neuen Aufgabenfeldern der Kreise qualifizierte Leute fehlen. Am dramatischsten ist der Personalmangel bei den kreisangehörigen Gemeinden. Diese Gemeinden sehen sich auch finanziell außerstande, neue Mitarbeiter in einem Umfang einzustellen, der ihrem gewaltigen Aufgabenzuwachs gerecht würde (viele Bauämter haben nur ein Viertel des Personalbestandes vergleichbarer westdeutscher Städte; *Scheytt* 1991: 78). Schließlich führt die verhältnismäßig schlechte Bezahlung von Kommunalbeschäftigten – die wegen der zögerlichen Verbeamtungswelle auch nicht mit Verweis auf einen sicheren Arbeitsplatz kompensiert werden kann – dazu, daß viele Kommunen Schwierigkeiten haben, qualifiziertes Personal neu zu rekrutieren oder in ihren Diensten zu halten.

– Bezogen auf den äußeren Verwaltungsaufbau schließlich besteht weiterhin die vorrangige *Notwendigkeit einer grundlegenden Gebiets- und Funktionalreform*. Die territoriale Verwaltungsstruktur in den neuen Ländern ist viel zu kleinräumig, die Notwendigkeit einer Kreis- und Gemeindereform eigentlich unstrittig. Der Prozeß der Gebiets- und Funktionalreform in Ostdeutschland wird bislang durch Widersprüche und Formen symbolischer Politik, aber vor allem auch durch erhebliche regionale Abweichungen und ebenso große verwaltungspolitischen Spannungen gekennzeichnet (*Seibel* 1993: 478ff.). Ein Investitionshemmnis stellen die bestehenden territorialen Verwaltungsstrukturen insofern dar, als es zu beinahe unvermeidlichen Konflikten zwischen Mittel- und Oberzentren und den noch sehr zahlreichen kleinen Randgemeinden kommt. Eine derartige Stadt-Umland-Konkurrenz kam vor allem im Wettbewerb um die Erlangung von Zuschüssen des Bundes oder der Treuhandanstalt, aber auch bei der Anwerbung privater Investoren zum Tragen.

[Marginalie: – Gebiets- und Funktionalreform]

Zusätzlich zu den allgemeinen Problemen öffentlicher Verwaltungen in Ostdeutschland kommen auf die Städte und Gemeinden dort weitere besondere Lasten in mindestens drei Dimensionen zu (*Seibel* 1993: 477):

[Marginalie: Besondere, zusätzliche Aufgabenbelastungen ostdeutscher Kommunen]

– Folgeprobleme und -kosten der Übernahme sozialer Dienstleistungseinrichtungen aus dem Zuständigkeitsbereich der ehemaligen DDR-Betriebe durch die Kommunen;
– absehbar hohe Belastungen der Kommunen durch steigende Sozialhilfeausgaben aufgrund anhaltend hoher Arbeitslosigkeit;
– Folgeproblem und -kosten, die aus der hohen Umweltbelastung und dadurch bedingten Sanierungsaufgaben resultieren.

Die Handlungsprobleme der ostdeutschen Kommunen werden vor allem durch die Wucht der ökonomischen und sozialen Probleme des Umstrukturierungsprozesses geprägt, die den westdeutschen Kommunen selbst in ökonomischen Problemregionen bislang erspart geblieben ist. Den politisch-administrativen Institutionen und ihren Akteuren auf kommunaler Ebene wird in Ostdeutschland eine außergewöhliche Leistungsfähigkeit genau in einer Periode abverlangt, in der sich die Institutionen und Akteure selbst mitten im Umbruch befinden. Die Dramatik und Reichweite des Veränderungs- und Anpassungsdruckes, dem die ostdeutschen Institutionen und Akteure auf der kommunalen Ebene seit 1989/1990 ausgesetzt sind, umreißt *Wollmann* (1994: 21f.) in folgenden Dimensionen:

[Marginalie: Dramatik und Reichweite des Veränderungs- und Anpassungsdruckes auf lokaler Ebene]

– *Neubestimmung der vertikalen Machtverhältnisse im politisch-administrativen System:* Im Staatsaufbau der DDR waren die Kommunen als „örtliche Staatsorgane" aufgefaßt und formal wie praktisch den Vorgaben und Weisungen der zentralisierten Partei- und Staatsmacht unterworfen worden, wohingegen den Kommunen im Verfassungsmodell der Bundesrepublik ein geschützter Kernbereich kommunaler Selbstverwaltung eingeräumt wird.

– *Neubestimmung der horizontalen Machtverhältnisse* zwischen Gemeindevertretung und Kommunalverwaltung: Die „örtlichen Volksvertretungen" spielten in der DDR kaum mehr als eine propagandistisch-symbolische Rolle, wohingegen die Gemeindevertretungen im Verfassungsmodell der Bundesrepublik gegenüber der Kommunalverwaltung zumindestens auf dem Papier eine eigenverantwortliche Steuerungs- und Lenkungsfunktion sowie eine Initiativ- und Kontrollfunktion innehaben.

– *Neubestimmung des Verhältnisses von Kommunen und Wirtschaft:* Den „örtlichen Staatsorganen" der DDR fiel im Rahmen der zentralistischen Kommandowirtschaft die Aufgabe zu, den zentralstaatlich gelenkten Kombinaten und Betrieben die lokalen Standortbedingungen zu schaffen und die „örtlichen" Versorgungsbetriebe zu leiten, wohingegen die Kommunen im privatwirtschaftlichen System der Bundesrepublik in erster Linie die lokalen Rahmenbedingungen für privatwirtschaftliche Betätigung schaffen und darüberhinaus eine Ausgleichsfunktion zur Kompensation marktwirtschaftlicher Funktionsdefizite übernehmen.

– *Neubestimmung des Verhältnisses von Verwaltung und gesellschaftlich-politischem Umfeld:* Das Verwaltungshandeln in der DDR war von einem „binnen-orientierten" Selbst- und Rollenverständnis geprägt, wohingegen in der Bundesrepublik sich eher eine „außen-orientierte" Grundhaltung entwickelt hat, die bei der Erarbeitung von Problemlösungen außer den gesetzlichen Vorgaben und Wirtschaftlichkeitsüberlegungen auch gesellschaftliche Interessen berücksichtigt und ihren Ausgleich unter Gemeinwohlbezügen zu verwirklichen sucht.

– *Neubestimmung des Verhältnisses von Verwaltung und „Publikum"/Klientel:* Die Verwaltung in der DDR wurde im Umgang mit den Bürgern von einem obrigkeitsstaatlichen „Verwaltungspaternalismus" geprägt, wohingegen das Bild von Verwaltung in der Bundesrepublik vielschichtiger geworden ist (vgl. den Abschnitt über Kunden- und Bürgerorientierung in Teil 3 dieses Bandes) und sich im Bereich der (Dienst-)Leistungsverwaltung zunehmend von Konzepten einer „bürgernahen" und „kundenorientierten" Verwaltung leiten läßt.

– *Neubestimmung der rechtsstaatlichen Bindung von Verwaltungshandeln:* Im Verwaltungsvollzug der DDR spielten rechtliche Regelungen nur eine untergeordnete Rolle gegenüber den allein maßgeblichen Weisungen der übergeordneten Partei- und Staatsorgane. Demgegenüber hat sich in der Bundesrepublik die Bindung der Verwaltung an Gesetz und Recht zu einem Grundzug der Verwaltungswirklichkeit entwickelt. Hier wurden in jüngerer Zeit eher neuartige Formen „informalen Handelns" oder einer „dezentralen Ressourcenverantwortung" für notwendig erachtet, um dem Kommunalmanagement größere Handlungsspielräume wieder zurückzugewinnen.

– *Neubewertung des Stellenwertes administrativer Handlungskompetenz:* In der sozialistischen Kaderverwaltung und Kaderpolitik der SED stand das Kriterium der politisch-ideologischen Zuverlässigkeit im Vordergrund der Beurteilung des Verwaltungspersonals. Demgegenüber wird bei aller Kritik an den Auswüchsen des Berufsbeamtentums in der Bundesrepublik das geltende Modell nach wie vor durch das von Max *Weber* geprägte Bild des „Berufsbeamten" und seiner fachlicher „Geschultheit" und administrativen Kompetenz bestimmt.

Grundsätzlich wird die Entwicklung der Makrostrukturen in Ostdeutschland mit Sicherheit auch Rückwirkungen auf westdeutsche Makrostrukturen (Verwaltungsaufbau, Verhältnis Politik-Verwaltung, Föderalismus) haben. Zwar werden Bundesländer und Kommunen (Ost und West) in absehbarer Zeit noch nicht in Konkurrenz zueinander treten, doch sind sog. „Stellvertreterkonkurrenzen" (CDU-Länder gegen SPD-Länder im Osten) in Zukunft ebenso zu erwarten wie eine aktive Einflußnahme des Ostens auf Makrostrukturen über Bundesrat oder Bund-Länder-Gremien. Fragen nach einer hinreichenden Anpassung von Politik und Verwaltung auf allen gebietskörperschaftlichen Ebenen angesichts der absehbaren künftigen Problemherausforderungen werden sich nicht auf Ostdeutschland beschränken. Erwartet werden kann darüber hinaus eine massive Kritik der westlichen Bundesländer (und des Bundes), wenn unter dem Druck leerer Kassen bewußt wird, daß in den ostdeutschen Ländern

> „funktionierende Einrichtungen und Strukturen (vor allem im Bereich der Sozial- und Gesundheitsversorgung) aufgelöst wurden, für die in den Westländern mit einem enormen finanziellen Aufwand ähnliche Lösungen erprobt werden (z.B. Pflegeleistungen, Versorgung chronisch Kranker, Gantagsbetreuung für Kinder). Die Rechnung für diese unnötigen Transaktionskosten (Auflösung, Neuschaffung) wird mit Sicherheit den Westländern präsentiert werden" *(Grunow/Wohlfahrt* 1994: 175).

4.2.3 Rechtliche Dimension des Transitionsprozesses auf lokaler Ebene

Die „Wiedergeburt" der kommunalen Selbstverwaltung in Ostdeutschland wird zeitlich am augenfälligsten durch die ersten demokratischen Kommunalwahlen auf dem Gebiet der DDR vom 7. Mai 1990 und die kurz danach am 17. Mai 1990 verabschiedete DDR-Kommunalverfassung markiert. Zwar ist der genaue Zeitpunkt, wann die kommunale Selbstverwaltungsgarantie im Rahmen des Transformationsprozesses Verfassungsrang erhielt, unter Kommunalrechtlern strittig, dennoch bleibt es unbestritten, daß die dramatischen Veränderungen in Staat und Gesellschaft der DDR zunächst im lokalen Rahmen und Maßstab ihren Ausgangspunkt nahmen *(Hauschild* 1991: 223).

Neben den „großen" politischen Zielsetzungen einer grundlegenden demokratischen Erneuerung und der Beseitigung der alten Machtstrukturen, wurden die lokalen Autoritäten in der Wende-Zeit mit konkreten Forderungen konfrontiert, die sich unmittelbar auf die täglichen Lebensinteressen der Bürger bezogen (z.B. Überwindung der kommunalen Altlasten, Stadtsanierung, Verringerung der Umweltbelastungen, Lösung vordringlicher Infrastruktur-Aufgaben). An die Einführung der kommunalen Selbstverwaltung knüpften die meisten ostdeutschen Bürger besonders hohe Erwartungen. Vordringlich wurde verlangt, die Bevölkerung selbst an den Entscheidungen über die kommunalen Angelegenheiten zu beteiligen. Die Forderung nach Einführung der kommunalen Selbstverwaltung wurde von allen politischen Parteien und politischen Gruppierungen der „Wende-DDR" unterstützt.

Bürgerkomitees, Bürgerinitiativen und „Runde Tische" formierten sich als basisdemokratische Gremien, die in den ersten Monaten nach der Wende maßgeblichen Einfluß auf örtliche Entscheidungen erlangten und bemüht waren, die „Entstasifizierung" und „Ent-SED-fizierung" der Verwaltungen und Vertretungskörperschaften zu kontrollieren. Nach Ansicht von *Petzold* (1994: 34) trugen gerade die basisdemokratischen Gremien der Wendezeit wesentlich dazu bei, „daß unter teilweise recht komplizierten Bedingungen das kommunale Leben aufrechterhalten und der friedliche Charakter der gesellschaftlichen Umwälzungen bewahrt werden konnte".

4.2.3.1 Erste kommunalrechtliche ad-hoc-Regelungen

Die oben skizzierten neuartigen Strukturen und Probleme stellten sowohl für die neuen Akteure in der ostdeutschen Kommunalpolitik (Bürgerbewegungen, neue Parteien, westdeutsche Aufbau-Helfer, westdeutsche „Glücksritter") ebenso wie für die verbleibenden Akteure des SED-Regimes (zumeist in neuer, defensiver Rolle) gleichermaßen politisches und administratives „Neuland" dar. In der ersten Zeit nach der Wende vollzog sich Kommunalpolitik in einem von Rechtsunsicherheit geprägten, um nicht zu sagen rechtsfreien Raum, wobei die Bestandskraft von Verwaltungsentscheidungen nur nach dem Prinzip „wo kein Kläger, da kein Richter" gesichert wurde (*Szabados* 1993: 159).

Die Wahlfälschungen bei den Kommunalwahlen am 7. Mai 1989 hatten die Legitimation und Akzeptanz der Verwaltungen in den Landkreisen, kreisfreien Städten sowie kreisangehörigen Städten und Gemeinden grundlegend in Frage gestellt. Daher konzentrierten sich die ersten im ad hoc-Verfahren zustandegekommenen gesetzlichen Maßnahmen in der Volkskammer darauf, die weitere Tätigkeit der Kommunalverwaltungen durch eine institutionalisierte Einbeziehung von Vertretern aus den Bürgerbewegungen neu zu legitimieren.

Verankerung politischer Rechte für die Bürgerbewegungen

Am 29. Januar 1990 beschloß die Volkskammer, die Tätigkeit von Vertretern der Bürgerbewegungen in den örtlichen Verwaltungsorganen zuzulassen. Eine Verordnung des Ministerrats vom 1. März 1990 gewährte darüber hinaus „Bürgerkomitees" weitgehende kommunalpolitische Beteiligungsrechte (u.a. Einbezug in die Vorbereitung lokaler Entscheidungen, Auskunftsersuchungsrechte gegenüber Verwaltungsorganen sowie ein Vorschlagsrecht zur Behandlung kommunaler Belange gegenüber den örtlichen Räten). Diese für deutsche Verhältnisse unerhört weitgehenden Partizipationsrechte für weder partei- noch verbandsförmig verfaßte Oppositionsgruppen waren indessen weniger eine genuine „rechtsnormative Ausgestaltung der Rechte der Bürgerbewegungen durch Volkskammer und Ministerrat", sondern eher der rechtsförmige Nachvollzug einer seit Oktober 1989 in der DDR anzutreffenden Praxis (*Hauschild* 1991: 224).

4.2.3.2 Rolle der Kommunen im Verfassungsentwurf des Runden Tisches

Die dauerhafte Bedeutung des Verfassungsentwurfs des zentralen „Runden Tisches" ist darin zu sehen, daß er die Positionen der wichtigsten ostdeutschen Akteure nach der Wende und zugleich zentrale Gegenvorstellungen zu dem mit dem späteren Einigungsvertrag eingeschlagenen Weg protokolliert (*Hauschild* 1991: 215). Der Ost-Berliner Runde Tisch, der sich aus Vertretern von Bürgerrechtsbewegungen sowie von alten Block- und erst in der Wende entstandenen neuen Parteien zusammensetzte (*Thaysen* 1990), hatte Anfang Dezember 1989 einer Arbeitsgruppe den Auftrag erteilt, den Entwurf für eine neue Verfassung der DDR auszuarbeiten. Die Arbeitsgruppe legte ihren Entwurf am 4. April 1990 vor. In der hier in erster Linie interessierenden Frage der Staats- und Verwaltungsorganisation spricht sich der Entwurf für eine bundesstaatliche Ordnung aus. In Anlehnung an Art. 30 Grundgesetz wird den Ländern die Wahrnehmung der staatlichen Aufgaben zugestanden, soweit sie nicht durch die Verfassung dem Bund oder den Trägern der Kommunalautonomie zugewiesen sind.

Forderung nach Dezentralisierung des Staatsaufbaus

Ebenso wie mit dem Föderalisierungs-Konzept verband sich für die ostdeutschen Akteure mit den Forderungen nach gebietskörperschaftlichen Selbstverwaltungsrechten die Vorstellung einer weitgehenden Dezentralisation des Staatsaufbaus. In der starken Frontstellung gegen alle Strukturmomente, die den Zentralstaat stützen könnten, kommt die nicht nur von den Bürgerbewegungen unterstützte Differenzierung zwischen der Sphäre bürgerschaftlicher Selbstverwaltung und dem engeren staatlichem Organisationsbereich zum Ausdruck (*Hauschild* 1991: 224). Die „außerstaatliche" Einordnung des Instituts der kommunalen Selbstverwaltung schloß sowohl an die historische liberal-bürgerliche Tradition in Deutschland wie an die aktuelle grün-alternative und kommunitaristische Debatte in Westeuropa und Nordamerika an und befand sich zudem im Einklang mit der kommunalpolitischen Reformdiskussion in anderen ehemaligen sozialistischen Staaten.

Forderung nach Absicherung der Kommunalautonomie

Eine Zuständigkeitsvermutung zugunsten der Gemeinden in allen Angelegenheiten der örtlichen Gemeinschaft enthält Art. 50 Abs. 1 des Verfassungsentwurfes des Runden Tisches; er kleidet diese allerdings durchgehend in den umständlichen Begriff der „Träger der Kommunalautonomie". In Übereinstimmung mit der hohen Regelungsintensität des Entwurfs enthält Art. 50 Abs. 3 eine enumerative Aufzählung kommunaler Aufgabenverantwortung; ansonsten wird die aus Westdeutschland bekannte „dualistische Aufgabengliederung" in Selbstverwaltungs- und Auftragsangelegenheiten übernommen. Diktion und Inhalt der kommunalrechtlich relevanten Bestimmungen war vor allem dadurch geprägt, daß im Frühjahr 1990 in der DDR durchaus noch nicht entschieden war, ob den durch das SED-Regime besonders belasteten Landkreisen überhaupt der Status von Selbstverwaltungskörperschaften zukommen sollte.

4.2.3.3 Kommunalverfassung der „neuen DDR" vom 17.5.1990

Wiedereinführung der kommunalen Selbstverwaltung

Die Wiedereinführung der kommunalen Selbstverwaltung nach der Wende führte im noch bestehenden Einheitsstaat der DDR zu der neuen republikeinheitlichen Kommunalverfassung (KV DDR) vom 17. Mai 1990, mit der die staatsrechtliche Dezentralisation der ostdeutschen Verwaltungsstrukturen eingeleitet wurde. Im Einigungsvertrag wurde wenige Monate später ausdrücklich festgeschrieben, daß die KV-DDR zum fortgeltenden Recht der DDR gehörte[4].

---

4   In der Fußnotenregelung des Einigungsvertrages war zur Fortgeltungsvorschrift ein Vorbehalt aufgenommen worden, der die Weitergeltung des § 13 Abs. 2 Satz 2 KV-DDR vorsah, wonach den in Ostdeutschland lebenden Ausländern der Status von Gemeindebürgern eingeräumt und damit i. V. mit § 22 Abs. 1 KV das kommunale Wahlrecht er-

Mit der Kommunalverfassung erhielten die Gemeinden und Kreise auf dem Gebiet der ehemaligen DDR den Status einer kommunalen Gebietskörperschaft zurück (§ 1 Abs. 3 und § 71 Abs. 3 Satz 1 KV), den sie seit der Aufhebung der Demokratischen Gemeindeordnung von 1946 und der Demokratischen Kreisordnungen von 1946/1947 verloren hatten. Durch die neue Kommunalverfassung erhielten die Kommunen wieder „das Recht und im Rahmen ihrer Leistungsfähigkeit die Pflicht, alle Angelegenheiten der örtlichen Gemeinschaft in eigener Verantwortung zu regeln, soweit die Gesetze nicht etwas anderes bestimmen" (§ 2, I). Erst die institutionelle Garantie der Selbstverwaltung in Anlehnung an Art. 28 II GG, die die eigenverantwortliche kommunale Politikgestaltung bei den Gemeinden und Kreisen ansiedelte, erlaubte den kommunalen Vertretungskörperschaften (Gemeindevertretungen, Stadtverordnetenversammlungen und Kreistagen) die Wahrnehmung ihrer Funktion als oberstes Willens- und Beschlußorgan. In der Ausübung ihrer Selbstverwaltungsbefugnisse (sog. Planungs-, Personal-, Haushaltshoheit) unterliegen die Gemeinden allein der Rechtsaufsicht der übergeordneten Stellen.

Neben ihren eigenen Selbstverwaltungsangelegenheiten erledigen die Gemeinden „übertragene Aufgaben" des Staates (§ 3, II). Dabei wurden sie mit einem völlig neuen Aufgabenzuschnitt konfrontiert (z.B. Bauleitplanung, kommunale Wirtschaftsförderung). Gleichzeitig löste die behördliche Rechtsaufsicht die bisherige „Vertretungskörperschaft-Hierarchie" ab (*Hauschild* 1991: 228). Immer noch fand sich aber in der neuen DDR-Kommunalverfassung eine „Kompetenz-Kompetenz" der Kreise (§ 72 Abs. 3 KV), wonach es dem Kreistag in bestimmten Ausnahmefällen (Übersteigung des Leistungsvermögen der entsprechenden Gemeinde) unter Berufung auf das Gemeinwohl mit Zweidrittelmehrheit möglich blieb, einer Gemeinde einen genehmigungspflichtigen Beschluß als gemeindliche Selbstverwaltungsaufgabe zu entziehen (*Hauschild* 1991: 227).

Übergangscharakter der KV-DDR

Die Kommunalverfassung der DDR wies schon von ihrer Entstehungsgeschichte her einen Übergangscharakter auf (vgl. Kapitel 2). Ihre unmittelbare Funktion lag darin, das vom Organisationsprinzip des demokratischen Zentralismus geprägte „Gesetz über die örtlichen Volksvertretungen" (GöV) aus dem Jahre 1985 außer Kraft zu setzen. Die Ausarbeitung der neuen Kommunalverfassung geschah unter enormen Zeitdruck in wenigen Wochen zwischen März und Mai 1990, weil es darum ging, eine neue rechtliche Grundlage und das dazu erforderliche gesetzliche Instrumentarium für die bereits am 6. Mai 1990 erstmals frei gewählten Gemeindevertretungen, Stadtverordnetenversammlungen und Kreistage zu schaffen.

Ausgangspunkt bildete ein Ende März 1990 an der damaligen „Hochschule für Recht und Verwaltung" in Potsdam-Babelsberg durchgeführtes kommunalrechtliches Symposium, an dem Vertreter der Wissenschaft und Praxis aus beiden Teilen Deutschlands teilnahmen. Es war im übrigen die erste kommunalrechtliche Tagung in der Geschichte der DDR überhaupt (*Hauschild* 1991: 225). Die erste Diskussion des allerersten Entwurf für die neue DDR-Kommunal-

möglicht wurde. Diese Vorschrift hat während der Gültigkeit der KV-DDR praktische Bedeutung erlangt, als kurze Zeit später in Urteilen des Bundesverfassungsgerichts die Verfassungwidrigkeit des kommunalen Ausländerwahlrechts in Westdeutschland festgestellt wurde.

verfassung fand während eines von der Konrad-Adenauer-Stiftung in Sankt Augustin vom 18.-20. April veranstalteten Expertenseminars statt (*Ebd.* S. 225). Dieser Entwurf bildete auch die Grundlage für den Anfang Mai in die Volkskammer eingebrachten Regierungsentwurf.

Auf eine kommunale Gebietsreform wurde in Ostdeutschland zunächst verzichtet, weil man die Wiederbegründung der kommunalen Demokratie nicht mit einer Reduktion der gemeindlichen Vertretungsorgane und der Verminderung lokaler Partizipationschancen beginnen und belasten wollte.

Die Kommunalgesetze der westlichen Bundesländer wurden zwar ausgewertet und berücksichtigt, jedoch orientierte sich die KV-DDR trotz allen Zeitdrucks bewußt nicht an der Kommunalgesetzgebung nur eines Bundeslandes. Ähnlich wie sich nach dem Zweiten Weltkrieg der Einfluß der Besatzungsmächte auf die Ausgestaltung der Kommunalverfassungen niedergeschlagen hatte, ließ sich auch in Ostdeutschland der Einfluß des jeweiligen Partnerlandes auf die landesbezogene Kommunalrechtsentwicklung nicht völlig ausschließen. Aber auch eine einfache Kopie der Gemeindeordnung des westlichen Partnerlandes erfolgte keineswegs, wobei die größte Anziehungskraft aus unterschiedlichen Motiven von der süddeutschen Ratsverfassung ausging – allerdings ist dies ein Phänomen, das wie in Teil 2 gezeigt wurde, keinesfalls eine ostdeutsche Eigenart bildet. *(margin: Suche nach eigenständigen Elementen)*

Gleichzeitig wurde als Voraussetzung definiert, daß die neue KV-DDR dem Mindeststandard der kommunalrechtlichen Maßstäbe der „Europäischen Charta der kommunalen Selbstverwaltung" zu entsprechen hatte. Seitens der ostdeutschen Vertreter wurde zudem der Wunsch geäußert, auch „Eigenständiges" in die Kommunalverfassung einzubringen. Anfänglich kam dieses Bestreben sowohl im Aufgaben- als auch im Organisationsbereich zum Ausdruck. So enthielt der Entwurf für eine Vorläufige Kommunalverfassung mit § 4 eine Bestimmung, die „Gesamtgesellschaftliche Mitverantwortung" überschrieben war. Hier sollte erstmals für den Bereich deutscher Gemeindeordnung förmlich festgeschrieben werden, daß es Aufgabe der Gemeinden sei, „für die Verständigung zwischen den Völkern und für die Erhaltung des Friedens zu wirken, den Prozeß der europäischen Einigung zu fördern und dazu partnerschaftliche Beziehungen zu Gemeinden und kommunalen Verbänden anderer Staaten zu entwickeln". Weil hiermit das in Westdeutschland geltende Grundprinzip der auf die örtlichen Angelegenheiten beschränkten Selbstverwaltungsbefugnisse durchbrochen wurde, fand nur der letzte Halbsatz, der eindeutig dem kommunalen Wirkungskreis zugeordnet werden konnte, Eingang in die neue DDR-Kommunalverfassung (§ 2 Abs. 4 KV). *(margin: Kommunale Außenpolitik)*

Zu den trotz westlicher Widerstände beibehaltenen „Eigenständigkeiten" der DDR-Kommunalverfassung zählte auch die Qualifizierung der Gemeinde als Bürgergemeinschaft (§ 1 Abs. 2) in bewußter Abgrenzung zu eher „technokratischen Verwaltungsbezirken". Der Begriff der Bürgergemeinschaft war für die DDR allerdings nicht neu: *Hauschild* (1991: 227) verweist darauf, daß dieser Begriff in der unmittelbar nach der Verfassungsreform 1968 geführten staatsrechtlichen Auseinandersetzung über die Stellung der Städte und Gemeinden noch für ein Gegenmodell zur tradierten „bürgerlichen" kommunalen Selbstverwaltung stand. *(margin: Gemeinde als Bürgergemeinschaft)*

Auch die Absage an eine kollegiale Verwaltungsspitze gehörte zu den frühen Weichenstellungen der neuen ostdeutschen Kommunalverfassung. Kolle- *(margin: Absage an eine kollegiale Verwaltungsspitze)*

275

gialität und Kollektivität gehörten zu den am stärksten strapazierten Grundwerten des Staats- und Gesellschaftssystem der DDR. Das starke Abgrenzungsbestreben gegenüber dem SED-Staat auch in institutioneller Perspektive war ein wesentliches Motiv für die Einführung von Bürgermeister und Landrat als eine typisch monokratische Verwaltungsspitze (*Hauschild* 1991: 229).

„Partizipatorische" Komponente der KV-DDR

Schließlich wurden die den Prinzipien der repräsentativen Demokratie entsprechenden Formen kommunaler Entscheidungsfindung ergänzt durch förmlich abgesicherte, unmittelbare Einwirkungsrechte der Gemeindeeinwohner und Gemeindebürger, die das Ziel einer kontinuierlichen Rückkoppelung kommunaler Aufgabenwahrnehmung verfolgten. Ausschlaggebend für die starke „partizipatorische" Komponente der KV-DDR, die durch die wahlrechtlichen Bestimmungen des Kumulierens und Panaschierens abgerundet wurden (vgl. Teil 2), war sicherlich die maßgebliche Rolle der lokalen „Runden Tische" bei der Überwindung des SED-Staates in den Kommunen. Zugleich entsprachen diese Bestimmungen der in der Bevölkerung stark vorherrschenden Stimmung, den Einfluß der politischen Parteien zu begrenzen (*Hauschild* 1991: 230). Allerdings wurden die hochgespannten Erwartungen der „Runden Tische", Bürgerkomitees und -initiativen nicht im vollen Umfang erfüllt. Die partizipatorischen Vorstellungen wurden in der neuen Kommunalverfassung nur unvollkommen, in unscharfen Formulierungen und teilweise in widersprüchlicher Form umgesetzt. Die unmittelbaren Mitwirkungsrechte der Bürger wurden im wesentlichen den in der baden-württembergischen Gemeindeordnung fixierten Bürgerrechten angepaßt. Eine Umsetzung unmittelbarer Mitwirkungsformen auf Kreisebene ist völlig unterblieben.

Es gibt allerdings noch keine verläßlichen und vergleichenden Aussagen darüber, in welchem Umfang die Bürger in Ostdeutschland tatsächlich von diesen unmittelbaren Mitwirkungsrechten während der Geltungsphase der KV-DDR Gebrauch gemacht haben und welche Erfahrungen auf kommunaler Ebene mit diesen unmittelbaren Mitwirkungsrechten gesammelt wurden (*Petzold* 1994: 49).

4.2.3.4 Ländereinführungsgesetz

Auf der Grundlage des von der Volkskammer der DDR am 22. Juli 1990 beschlossenen „Verfassungsgesetz zur Bildung von Ländern in der Deutschen Demokratischen Republik (Ländereinführungsgesetz)" wurden mit Wirkung vom 14. Oktober 1990 die fünf Länder Mecklenburg-Vorpommern, Brandenburg, Sachsen-Anhalt, Sachsen und Thüringen gebildet, nachdem bereits im Juni 1990 jene staatsorganisatorischen Rahmenregelungen zu Verfassungsgrundsätzen erhoben worden waren, die aus der DDR einen föderativen Rechtsstaat machten, der die kommunale Selbstverwaltung gewährleistet.

Der verfassungsrechtliche Zusammenhang zwischen der Bildung der Länder und dem Aufbau der kommunalen Selbstverwaltung wurde durch das Ländereinführungsgesetz hergestellt. Die Kommunalverfassung vom 17. Mai 1990 hatte zuvor zwar die einschlägigen einschränkenden Bestimmungen der alten DDR-Verfassung aufgehoben (Art. 41 sowie 81-85 DDR-Verfassung) und die neue Kommunalverfassung zum verfassungsändernden Gesetz erklärt, ohne damit allerdings ausdrücklich den Wortlaut der Verfassung zu ändern oder zu ergänzen. Das Ländereinführungsgesetz garantierte den ostdeutschen Gemeinden somit

276

erstmals das Recht, alle Angelegenheiten der örtlichen Gemeinschaft im Rahmen der Gesetze in eigener Verantwortung zu regeln (§ 3 Abs. 3 Satz 1). Gleichzeitig wurde das Selbstverwaltungsrecht der Kreise anerkannt. Mit dem Ländereinführungsgesetz war de facto auch die Gültigkeitsdauer der KV-DDR zeitlich befristet worden, da es in der Gestaltungs- und Entscheidungsfreiheit der neuen Länder lag, landeseigene Gemeinde- und Kreisordnungen zu schaffen (vgl. ausführlich Teil 2).

Seit dem Beitritt der DDR zur Bundesrepublik Deutschland am 3. Oktober 1990 gelten die im Grundgesetz verankerten verfassungsrechtlichen Garantien der kommunalen Selbstverwaltung auch für die Gemeinden und Landkreise in den neuen Bundesländern. Als wesentliches Element einer demokratischen und rechtsstaatlichen Ordnung fand die kommunale Selbstverwaltung eine verfassungsrechtliche Verankerung in den Landesverfassungen aller neuen Bundesländer.

Der Einigungsvertrag legte aber auch fest, daß das von der Volkskammer der DDR beschlossene „Gesetz über die Selbstverwaltung der Gemeinden und Landkreise in der DDR" (Kommunalverfassung) vom 17. Mai 1990 in Kraft blieb und bis zu jenem Zeitpunkt als Landesrecht fortgelten sollte, an dem die Landtage eigene Gemeinde- und Landkreisordnungen beschlossen haben. Durch Landesgesetze wurden zunächst Bestimmungen der KV-DDR ergänzt, geändert oder aufgehoben. Darüber hinaus wurden in dieser Interimsphase weitergehende gesetzliche Regelungen zur kommunalen Gemeinschaftsarbeit und zur Bildung von Ämtern oder Verwaltungsgemeinschaften erlassen (Beispiele dafür sind das „Landesorganisationsgesetz vom 25. April 1991 des Landes Brandenburg" oder das „Artikelgesetz über kommunalrechtliche Vorschriften im Land Brandenburg" vom 19. Dezember 1991). Bis 1994 hatten dann alle fünf neuen Länder neue Gemeindeordnungen verabschiedet, auf deren wesentliche Merkmale und Entwicklungsgeschichte bereits in Teil 2 eingegangen worden ist.

4.2.4 Kommunalverfassungsstrukturen im Umbruch

4.2.4.1 Neugewählte Vertretungsorgane der Bürgerschaft

Die Wahl der Vertretungsorgane auf kommunaler Ebene erfolgte republikeinheitlich am 6. Mai 1990 noch vor der Neukonstituierung der östlichen Länder und der staatlichen Wiedervereinigung. Dabei räumte das DDR-Wahlgesetz auch ausländischen Bürgern das Recht ein, an den Kommunalwahlen teilzunehmen. Die Gemeindevertretungen und die Kreistage wurden für die Dauer von vier Jahren gewählt, so daß die erste reguläre Wahlperiode Mitte 1994 endete. Im Zusammenhang mit den durchgeführten Kreisgebiets- und Gemeindeverwaltungsreformen waren in Brandenburg jedoch die Kommunalwahlen schon auf Dezember 1993 vorgezogen worden.

Ein erheblicher Teil der neu gewählten Gemeindevertreter verfügte über keinerlei Erfahrungen in der Verwaltung öffentlicher Angelegenheiten. Die neugewählten Vertretungsorgane mußten mehrere Dingen zugleich angehen: Einerseits galt es materiell-inhaltlich, dringliche Sachfragen zu erörtern und zu entscheiden, andererseits galt es, sich in die Grundlagen kommunalpolitischen Han-

Anpassungsprobleme

delns einzuarbeiten und die neuen Bestimmungen und Spielregeln der kommunalen Arbeit beherrschen zu lernen. Die Fluktuation der neugewählten Mitglieder der ostdeutschen Gemeindevertretungen in der ersten Legislaturperiode war erheblich. Es gab weder einen Fundus an Kandidaten mit kommunalpolitischer Erfahrung, noch gab es bereits eingespielte Verfahren der Kandidatenselektion. Manche Ratsvertreter konnten den Erwartungen der Bürgerschaft nicht gerecht werden. Andere unterschätzten die Belastungen, die die Wahrnehmung eines ehrenamtlichen Mandats mit sich bringt, ebenso wie die in der politischen Arbeit offensichtlich notwendige Frustrationsschwelle. Hinzu kam, daß über den meisten Kandidaten und Ratsmitglieder mit DDR-Biographie die Frage der Kontakte und Bindungen zum SED-Regime und besonders zur „Stasi" wie ein Damoklesschwert hing. Einmal hing die demokratische Legitimation der neugewählten Gremien stark von der Distanz zum SED-Regime ab, andererseits konnte die Drohung mit einer „Nachprüfung der Vergangenheit" gezielt als Waffe im parteipolitischen Wettbewerb eingesetzt werden.

Die Stellung und Funktionsfähigkeit der Gemeindevertretungen ist in den ersten Jahren nach dem Ende der DDR zudem durch eine wachsende Zahl von Mandatsniederlegungen geschwächt worden, so daß der Bestand und die Zusammensetzung der Mitglieder mancher Gemeindevertretungen abzubröckeln und zu erodieren begann. Anfang 1993 hatte die Rücktrittswelle von kommunalen Mandatsträgern in einigen Gemeinden ein Ausmaß erreicht, daß selbst die Nachrücker-Listen aufgebraucht waren und somit Nachwahlen notwendig wurden. Vereinzelt kamen auch bei den Kommunalwahlen 1994 nicht genügend Kandidaten zusammen, um alle Sitze in der Gemeindevertretung zu besetzen. Schließlich haben die meisten politischen Parteien mit Ausnahme der PDS nach wie vor erhebliche Probleme, sich auf örtlicher Ebene zu organisieren, sich im kommunalen Leben zu verankern und eine aktive kommunalpolitische Rolle zu spielen.

4.2.4.2 Neue Aufgaben der ostdeutschen Kommunen

Im Prozeß der deutschen Vereinigung wurde die organisatorische Landschaft in den ostdeutschen Kreis- und Stadtverwaltungen völlig „umgepflügt" (*Wollmann* 1991c: 244). Die weitgehende Übernahme des westdeutschen Kommunalmodells und Rechtssystems führte im Ergebnis dazu, daß alle Aufgaben, die den Kreisen und Gemeinden aus der zentralistisch gelenkten Staatswirtschaft der DDR erwachsen waren, durch ein völlig oder zumindest doch weitgehend neues Zuständigkeits- und Aufgabenmodell (Wirtschaftsförderung, Stadtplanung, Bauleitplanung, Sozialpolitik usw.) nach westdeutschem Zuschnitt ersetzt wurde, ohne daß dieses neue Modell allerdings auf die spezifischen Bedürfnisse und Besonderheiten in Ostdeutschland abgestimmt wurde.

Unterschiedlicher Umbaubedarf

Bei den Verwaltungen der Landkreise und kreisfreien Städte forderte der neue Aufgabenzuschnitt eine grundlegende Umorganisation, während bei den kreisangehörigen Gemeinden ein völliger Neubau von leistungsfähigen Verwaltungsstrukturen notwendig erschien. Was die Ausgestaltung der inneren Gemeindeverwaltung anbetraf, orientierten sich die lokalen Akteure auf Kreis- und Gemeindeebene pragmatisch fast ausschließlich an den überkommenen Organisations- und Gliederungsmodellen westdeutscher Provenienz: sei es in Form des Gliederungsschemas der jeweiligen „Partnergemeinde", sei es in Form der Muster-Vorlagen der KGSt (Kommunale Gemeinschaftsstelle für Verwaltungsvereinfachung; *Wollmann* 1991c: 245).

Die Gemeinden und Landkreise begannen unmittelbar nach dem Zustandekommen der entsprechenden Rechtsgrundlagen damit, in Wahrnehmung ihrer Selbstverwaltungsrechte sich auf die als vordringlich interpretierten Aufgaben auf dem Gebiet der Daseinsvorsorge und der kommunalen Infrastruktur zu konzentrieren. Dazu gehören die Erhaltung, Erneuerung und der Ausbau des Straßennetzes sowie der völlige Umbau des Systems des öffentlichen Personenverkehrs. Die Wasser- und Abwasserversorgung mußte grundlegend verbessert werden. Bei der Wohnraumversorgung verlangte die Verbesserung der Qualität der Wohnungen und des Wohnumfeldes die Aufmerksamkeit der Städte und Gemeinden. Höchste Prioritätsstufe räumten viele Kommunen der Wirtschaftsförderung ein, um vorhandene Arbeitsplätze zu sichern und die Rahmenbedingungen für wirtschaftliche Neuansiedlungen zu schaffen (*Petzold* 1994: 41). In vielen ostdeutschen Städten und Gemeinden wurden Wirtschaftsförderungsgesellschaften gebildet und Gewerbe- oder Industrieparks angelegt, so daß derzeit an einigen Orten schon von einem Überangebot an Gewerbeparks ausgegangen wird, denen keine entsprechende Zahl an Investoren gegenübersteht. Mit 12.000 ha ausgewiesener Fläche ist das Land Brandenburg derzeit etwa doppelt so stark mit Gewerbeflächen bestückt wie das flächenmäßig größere Baden-Württemberg (Stern vom 26.1.1995, S. 93) Westliche Experten erwarten, daß es einen Zeitraum von 15 bis 20 Jahren in Anspruch nehmen wird, bis das ostdeutsche Niveau an kommunaler Ausstattung und kommunalen Diensten dem Standard der Kommunen in den westlichen Bundesländern entspricht.

4.2.4.3 Neue Konfliktlinien in den horizontalen Interaktionen

Im Verhältnis zwischen Gemeindevertretungen und Gemeindeverwaltungen untereinander erzeugte die neue Zuständigkeitsverteilung ebenfalls größere Spannungen, Reibungsflächen und nicht immer konvergierende Wahrnehmungsmuster. Die Definition der eigenen Rolle der Gemeindevertreter schwankte zwischen der Neigung zur laufenden Mitentscheidung (etwa im Bereich der Wohnungsvergabe) und dem Eingeständnis der Unfähigkeit, grundsätzliche Initiativ- und Kontrollaufgaben wahrzunehmen (*Wollmann* 1994: 25). In dieser prekären Situation im Verhältnis zwischen Gemeindevertretung und Kommunalverwaltung erlangte vielerorts der (Ober-)Bürgermeisters eine besonders starke Stellung. Sowohl das nachhaltige „Erbe" der alten Politik- und Verwaltungswelt der DDR (der Bürgermeister war Vorsitzender des „Rats der Stadt"), das Bedürfnis nach einem starken handlungsfähigen lokalpolitischen Akteur als auch die noch instabile und vergleichsweise schwache Rolle der Gemeindevertretungen hat dazu beigetragen, daß sich in der Zeit nach dem Ende des SED-Regimes in Ostdeutschland rasch Politikmuster einer ausgeprägten „exekutiven Führerschaft" (*Grauhan* 1970) herausbilden konnten.

In den Gemeindevertretungen und ihren Fraktionen fehlt es in vielen Kommunen nach wie vor an der notdürftigsten sächlichen und finanziellen Ausstattung. Die schwache Personaldecke gefährdete tendenziell die institutionelle Selbständigkeit der Gemeindevertretung, insofern mancherorts Gemeindevertretungsmandat und hauptamtliche Kommunalverwaltungstätigkeit vermengt wurden. In der ersten Wahlperiode sind viele (Ober-)Bürgermeister, Dezernenten und Beigeordnete weiterhin Mitglieder ihrer Fraktion, teilweise sogar Fraktionsvorsitzende geblieben *(Frank* 1990: 12).

4.2.4.4 Die kreislichen Organe der Selbstverwaltung

Im Zuge der Einführung der kommunalen Selbstverwaltung wurden in Analogie zu gemeindlichen Ebene auch auf kreislicher Ebene die erforderlichen Selbstverwaltungsorgane geschaffen und ihre Stellung und Zuständigkeiten dem neuen System der Kommunalverfassung angepaßt. Nach der KV-DDR fungierten Kreistag und Landrat ähnlich wie in den westlichen Bundesländern als die beiden Selbstverwaltungsorgane des Landkreises (§ 84 KV).

Mit der Kommunalwahl am 6. Mai 1990 haben die ostdeutschen Bürger erstmals auch in allgemeiner, unmittelbarer, freier, gleicher und geheimer Wahl die Kreistage als oberste Willens- und Beschlußorgane der Landkreise für die Dauer von vier Jahren gewählt. Ihnen obliegt die Entscheidung über alle Angelegenheiten des Landkreises, soweit nicht der Landrat durch Gesetz zuständig ist oder ihm der Kreistag bestimmte Aufgaben zur eigenen Entscheidung übertragen hat. Im Rahmen der jüngsten ostdeutschen Kommunalreformen ist die Position der gemeindlichen Selbstverwaltung gestärkt worden, insofern weitere Aufgaben auf die örtlichen Verwaltungsbehörden übertragen worden sind.

Der Landrat ist auch in den neuen Bundesländern sowohl Selbstverwaltungsorgan des Landkreises als auch Leiter der unteren staatlichen Verwaltungsbehörde und somit „Scharnier" zwischen Staatsverwaltung und kommunaler Selbstverwaltung. In der ersten Zeit nach der Wende in der DDR haben die Landräte eine nicht zu unterschätzende Rolle beim Aufbau der kommunalen Selbstverwaltung und der Integration von Kommunal- und Landesverwaltung gespielt *(Petzold* 1994: 40).

4.2.4.5 Neue Konfliktlinien in den vertikal-kommunalen Interaktionen

Die vertikalen Interaktionen zwischen Kreisen und kreisangehörigen Gemeinden verlaufen nicht ohne Spannungen. Beklagt wird seitens gemeindlicher Vertreter die Neigung zu „zentralistischer" Einmischung, wenn nicht zu Gängelung. Das Verhältnis zwischen den Kreisen und den größeren kreisangehörigen Städten („Kreisstädten") schien in den ersten Jahren nach der Wende besonders gespannt zu sein. Dabei hat sich vor allem die Beziehungen zwischen Landrat und Bürgermeister in Ostdeutschland verändert. Von ihrer Legitimationsbasis und Machtposition her haben sich Landrat und Bürgermeister zugunsten von letzerem zu „gleichberechtigten Partnern" entwickelt. Ihr Verhältnis scheint dabei durch ein komplexes, lokal und situationsbedingt variables Wechselspiel aus Kooperation und Konkurrenz geprägt zu sein.

Die Kritik an den Kreisen vollzieht sich häufig allerdings auf Basis einer weit ausgelegten Interpretation gemeindlicher Befugnisse. *Wollmann* (1994: 24f.) illustriert dies am Beispiel der gemeindlichen Standpunkte mit Blick auf die Bauleitplanung: „Jede Einfügung der gemeindlichen Entscheidung etwa in landes- oder regionalplanerische Vorgaben (wird, R.K.) als krasse Verletzung der kommunalen Selbstverwaltung gedeutet und abgelehnt". Hinter dieser Posi-

280

tion verbergen sich oftmals handfeste Interessen: Viele Gemeinden möchten – wie gezeigt – großzügig neue Gewerbegebiete ausweisen und haben keinerlei Interesse daran, ihre eigenen Entscheidungen in interkommunale und regionale Konzepte einzupassen. In dieser Situation gehen kurzfristige Eigeninteressen lokaler Mandatsträger – „durch notfalls hemdsärmelige Flächenausweisung wirtschaftliche Entwicklungschancen zu sichern und bis zur nächsten Kommunalwahl kommunalpolitisch Vorweisbares zu schaffen" (*Wollmann* 1994: 25) – mit der gut nachvollziehbaren „Allergie" gegen frühere zentralistische Fremdbestimmung eine enge Symbiose ein. Zusätzlich ist die Unvertrautheit der ostdeutschen Akteure mit neuartigen Formen nunmehr eigenverantwortlicher interkommunaler und regionaler Kooperation und Abstimmung zu berücksichtigen.

4.3 Neuzuschnitt der territorialen Verwaltungsstrukturen

Die Durchführung von Gebiets- und Funktionalreformen in den neuen Bundesländern steht vor besonderen Schwierigkeiten. Übergreifendes Ziel dieser Reformen ist es, die kommunale Organisation in Ostdeutschland soweit an die der westlichen Bundesländer anzupassen, daß auf längere Sicht ein einheitlicher Vollzug der Bundes- und Landesgesetze in ganz Deutschland möglich wird (*Laux* 1994: 149). Die territoriale Verwaltungsstruktur der neuen Länder weicht aber noch stark von den alten Bundesländern ab. Augenfälligster Unterschied ist die im Durchschnitt geringere Fläche und eine erheblich niedrigere Einwohnerzahl der ostdeutschen Länder, Kreise und kreisangehörigen Gemeinden im Vergleich zu ihren westdeutschen Pendants. Allein das Land Sachsen erreicht mit knapp fünf Mio. Einwohnern, einer Bevölkerungsdichte von knapp 270 Einwohnern pro qkm und einer Fläche von 18.300 qkm die Dimensionen eines durchschnittlichen westdeutschen Flächenlandes.

Besonders krass sind die Abweichungen der territorialen Verwaltungsstruktur gegenüber den alten Bundesländern auf der Ebene der Kreise und kreisangehörigen Gemeinden (nachfolgende Angaben stützen sich auf *Seibel* 1993: 478f.): Obwohl die neuen Bundesländer 43% der Fläche und nur 26% der Einwohner des vereinigten Deutschlands aufweisen, stellen sie 80% der westdeutschen Anzahl an Landkreisen (189 ostdeutsche gegenüber 237 westdeutsche Landkreise) und 80% der westdeutschen Anzahl an Gemeinden (7.564 ostdeutsche kreisangehörige Gemeinden gegenüber 8.509 in den alten Ländern). Die durchschnittliche Einwohnerzahl der ostdeutschen Landkreise beträgt deshalb nur 60.000 gegenüber 150.000 in Westdeutschland, entsprechend gering sind auch die Einwohnerzahlen vieler Kreise und kreisangehörigen Gemeinden (87% von ihnen haben weniger als 2.000 Einwohner). Die kleinen Gemeinden, verfügen nur über eine minimale Personalausstattung (häufig nicht mehr als vier oder fünf Beschäftigte) und sind schon von daher zur selbständigen Wahrnehmung von Verwaltungsaufgaben kaum in der Lage. Es ist einhellige Auffassung, daß eine politisch wie administrativ leistungsfähige kommunale Selbstverwaltung mit den jetzigen Strukturen nicht garantiert werden kann, allerdings ist der Weg zur Schaffung zukunftsicherer kommunaler Einheiten nicht nur in Ostdeutschland ein politisch wie administrativ besonders „dornenreicher" Entwicklungspfad.

Gravierende Größenunterschiede zwischen West- und Ostdeutschland

4.3.1 Umstrittene vertikale Struktur der Landesverwaltung

Die vertikale Struktur der Landesverwaltung wurde schon unmittelbar nach der Wende Gegenstand verwaltungspolitischer Entscheidungsprozesse und entsprechender Konflikte, die sich vor allem an der Diskussion um die Mittelinstanz-Ebene entzündeten. Die Konstruktion der Mittelinstanz war und ist auch in den westdeutschen Flächenländern nicht unumstritten und immer wieder Gegenstand von Plänen einer durchgreifenden Reorganisation bis hin zu ihrer völligen Abschaffung. (In Baden-Württemberg sollten die Regierungsbezirke Mitte der 1970er Jahre abgeschafft werden, eine ähnliche Debatte läuft derzeit in Nordrhein-Westfalen, wo zudem auch die beiden Landschaftsverbände zur Disposition gestellt worden sind). Insofern die kleinen westdeutschen Flächenländer (Schleswig-Holstein, Saarland) ebenfalls keine eigene Mittelinstanz haben, schien sie auch für die kleineren ostdeutschen Länder Sachsen-Anhalt, Thüringen, Brandenburg und Mecklenburg-Vorpommern im Prinzip verzichtbar. Ein besonderes verwaltungspolitisches Problem bildete in den neuen Länder die Tatsache, daß sich für die neuen Regierungsbezirke im wesentlichen die alten DDR-Bezirke als territoriale und organisatorische Grundlage anboten, die als regionales Rückgrat des SED-Regime politisch stark belastet waren und in denen demokratische Reformprozesse nach der Wende zunächst völlig unterblieben (*Seibel* 1993: 479).

4.3.2 Gebiets- und Funktionalreformen in Ostdeutschland

Zahl und Größe deutscher Kommunen

Unmittelbar nach der deutschen Vereinigung wies die Bundesrepublik in ihren 16 Ländern insgesamt 16.121 selbständige politische Gemeinden aus. In den kommenden Jahren dürften kommunale Gebietsreformen in den neuen Ländern die Gesamtzahl der Gemeinden drastisch reduzieren. Derzeit gibt es 83 Großstädte mit mehr als 100.000 Einwohner (70 in den alten, 13 in den neuen Ländern), das entspricht 0,6% aller gegenwärtigen Gemeinden. Hier lebt aber immerhin rund ein Drittel der Gesamtbevölkerung (im Westen 34,8%, im Osten 20,9%). Ein weiteres Viertel der Einwohner Deutschlands lebt in Gemeinden zwischen 20.000 und 100.000 Einwohnern (3,4% aller Gemeinden). Gut vier Zehntel (42,3%) der deutschen Bevölkerung insgesamt lebt in Gemeinden bis zu 20.000 Einwohnern. Damit dominieren Dörfer und Kleinstädte nicht nur von ihrer absoluten Zahl der (96,0% aller deutschen Gemeinden gehören in diese Gruppe), vielmehr kommt gerade hier ein neuer „Ost-West-Kontrast" zum Tragen: In Ostdeutschland sind knapp die Hälfte aller Gemeinden (49,9%) immer noch Kleinstgemeinden bis zu 500 Einwohnern, in denen 7,4% der Einwohner wohnen, während in den alten Ländern als Ergebnis mehrerer Gebietsreformwellen der Anteil der Kleinstgemeinden auf knapp ein Fünftel gesunken ist, in denen nur noch 0,7% der westdeutschen Einwohner leben (*Laux* 1994: 136f.).

Unterschiedliche Ausgangsbedingungen für Gebietsreformen

Die Ausgangsbedingungen für Gebietsreformen auf Kreis- und Gemeindeebene in Ostdeutschland unterscheiden sich grundlegend von der Ausgangssituation der westdeutschen Kommunalreformen in den 60er und 70er Jahre: Zum Zeitpunkt der Gebietsreformen existierten in den westlichen Bundesländern funktionsfähige Kommunalverwaltungen mit entsprechendem Personalunterbau. Hinzu kommen die gravierend schlechteren, wirtschaftlichen und sozialen Bedingungen in den ostdeutschen Kreisen, Städten und Gemeinden. Die neuen Bundesländer begannen nach 1990 damit, die Landkreise gebietlich neu zuzuschneiden und die unzähligen Klein- und Kleinstgemeinden auf eine Stärkung ihrer Verwaltungskraft (überwiegend durch die Bildung sog. Ämter) festzulegen. Gleichzeitig sollte aber (zunächst) deren kommunalpolitische und -rechtliche Eigenständigkeit gewahrt bleiben. Bei der in Westdeutschland in den 70er Jahren durchgeführten Gebietsreform war für die kreisangehörigen Gemeinden eine Mindestgröße von 2.000 Einwohnern angestrebt worden. Eine ähnliche Meßzahl liegt offensichtlich auch bei den bisherigen Ansätzen einer Gemeindereform in den neuen Ländern zugrunde (*Seibel* 1993: 479).

Im Bereich der ländlichen Gegenden existieren staatlich angebotene Verbände mit Mehrfachzielsetzung: Verwaltungsgemeinschaften, Verbandsgemeinden (Rheinland-Pfalz), Amtsgemeinden (Mecklenburg-Vorpommern), Samtgemeinden (Niedersachsen). Sie übernehmen Teile der Aufgaben der Mitgliedsgemeinden. Auf diese Weise können kleinere Gemeinden ihre formale Selbständigkeit bewahren; das Amt oder die erfüllende Gemeinde in der Verwaltungsgemeinschaft nimmt ihnen einen Großteil der Aufgaben ab. Die Rechts- und Organisationsmodelle (Verwaltungsgemeinschaft, Amtsverfassung, Einheitsgemeinde) weichen in den ostdeutschen Flächenländern erheblich voneinander ab. Verwaltungsgemeinschaften (Sachsen) und Amts- und Samtgemeinden (Mecklenburg-Vorpommern) werden durch Vertreter der Mitgliedsgemeinden (Bürgermeister und weitere Ratsmitglieder) kontrolliert, Verbandsgemeinden wie in Rheinland-Pfalz weisen hingegen eigene Verbandsgemeinderäte und (hauptamtliche) Verbandsbürgermeister auf, die direkt von der Bevölkerung gewählt werden.

Unterschiedliche Rechts- und Organisationsmodelle im ländlichen Raum

Tabelle 5: Kreisgliederung in Ostdeutschland (Stand: 1991)

	BB	MVP	Sachsen	SA	TH	Insg.
Anzahl Landkreise/kreisfr. Städte, davon	38/6	31/6	48/6	37/3	35/5	189/26
bis 50.000 E.	22/-	22/-	11/-	16/-	14/1	85/1
50.000 – 70.000 E.	5/2	9/2	19/-	9/1	14/3	56/8
70.000 – 100.000 E.	8/2	-/2	11/2	9/-	4/-	32/6
100.000 – 150.000 E.	3/2	-/1	7/1	3/-	3/-	16/4
über 150.000 E.	-/-	-/1	-/3	-/2	-/1	-/7

Quelle: Petzold (1991: 43) auf der Grundlage des Ländereinführungsgesetzes vom 22. Juli 1990 und des „Statistischen Jahrbuches der DDR 1989", S. 2-8.

Tabelle 6: Gemeindliche Strukturen Ostdeutschlands (Stand: 1991)

Anzahl der Gemeinden	BB	MVP	Sachsen	S-A	TH	Insg.
bis 500 E.	1.147	552	484	533	899	3.615
500 – 1.000 E.	331	343	470	408	405	1.975
1.000 – 2.000 E.	129	113	352	224	223	1.041
2.000 – 5.000 E.	97	61	191	123	110	582
5.000 – 10.000 E.	35	19	59	22	26	161
10.000 – 20.000 E.	23	19	33	15	15	105
20.000 – 50.000 E.	18	4	26	19	14	81
über 50.000 E.	7	6	8	2	7	30
Insgesamt	1.787	1.117	1.623	1.346	1.699	7.572

Quelle: Petzold (1991: 43) auf der Grundlage des Ländereinführungsgesetzes vom 22. Juli 1990 und des „Statistischen Jahrbuches der DDR 1989", S. 2-8.

BB=Brandenburg, MVP=Mecklenburg-Vorpommern, S-A=Sachsen-Anhalt, TH=Thüringen

Auffällig ist der vollständige Verzicht auf eine Übernahme des westdeutschen Modells der Großen Einheitsgemeinde (Nordrhein-Westfalen, Hessen). Hierin sieht *Seibel* (1993: 484) einen „Lerneffekt" vor dem Hintergrund negativer Effekte mit derartigen Gebietsreformen im Westen. Anfang 1994 war in Brandenburg, Mecklenburg-Vorpommern und Sachsen-Anhalt die Bildung neuer Verwaltungsstrukturen auf gemeindlicher Ebene weitgehend abgeschlossen worden. Dabei hat man in Brandenburg und Mecklenburg-Vorpommern eine Amtsordnung nach dem Vorbild Schleswig-Holsteins eingeführt, während in Sachsen-Anhalt und Thüringen dem Typus „Verwaltungsgemeinschaft" der Vorzug gegeben wurde. Auf eine umfassende Gemeindegebietsreform wurde in Ostdeutschland bis zum gegenwärtigen Zeitpunkt verzichtet.

Gemeinsamkeiten bisheriger Reformen

Bei allen Unterschieden weisen die Gemeindeverwaltungsreformen eine Reihe gemeinsamer Züge auf, die *Petzold* (1994: 43f.) wie folgt umschreibt.

- Wesentlich geht es um eine Stärkung der kommunalen Selbstverwaltung. Dabei sollen auf der gemeindlichen Ebene Verwaltungsbehörden geschaffen werden, die über genügend Verwaltungskraft verfügen, um eine eigenständige Aufgabenwahrnehmung zu sichern.
- Trotz der notwendigen Maßstabsvergrößerungen soll die bestehende Orts- und Bürgernähe der Verwaltung weitgehend bewahrt werden.
- Alle bisherigen Gemeinden behalten zunächst ihre politische Selbständigkeit. Zugleich bleibt die Gemeindevertretung die Interessenvertretung der Gemeindebürgerschaft und aller Einwohner.
- Der Zusammenschluß von Gemeinden zu Ämtern oder Verwaltungsgemeinschaften soll auf freiwilliger Basis erfolgen. Dieses Ziel konnte bislang meist erreicht werden, auch wenn eine Lösung oft erst nach längeren und emotional geladenen Auseinandersetzungen erzielt wurde.
- Die Ämter bzw. Verwaltungsgemeinschaften erhalten überall den Status einer Körperschaft des öffentlichen Rechts.

Reform der Stadtkreise (kreisfreie Städte)

Am wenigsten Schwierigkeiten wirft eine Gebietsreform bei den Stadtkreisen auf. In der DDR sind 1952 nahezu alle kleineren Stadtkreise aufgelöst und mit den Gebieten der Kreise zusammengelegt worden. Es bestand weitgehende Einigkeit darüber, trotz einer gewissen Streuungsbreite den 38 bestehenden Stadtkreisen – allein schon wegen der Größenordnung im Verhältnis zu ihrem jeweiligen Umland – ausnahmslos den Status einer kreisfreien Stadt zu geben. Kontrollorgan für sie ist das Regierungspräsidium als staatliche Mittelbehörde oder – wo es solche Mittelbehörden nicht gibt (wie z.B. in Mecklenburg-Vorpommern) – das Innenministerium. Problem bleibt, daß einzelne der ostdeutschen Städte nicht die im Westen angestrebte, aber auch dort in zahlreichen Fällen nicht erreichte Richtgröße von mindestens 100.000 Einwohner aufweisen (*Laux* 1994: 150).

Zeitfaktor ostdeutscher Gebietsreformen

Von besonderer Bedeutung ist eine *zügige Durchführung* von Gebietsreformen vornehmlich auf der Ebene der kreisangehörigen Gemeinden (*Seibel* 1994: 484). Sie gilt in Ostdeutschland als unabdingbare Voraussetzung, um hinreichend große, d.h. wirtschaftlich arbeitende Einheiten im Bereich der kommunalen Ver- und Entsorgungsbetriebe sowie für den Öffentlichen Personen-Nahverkehr bilden zu können. Angesichts nicht unbedeutender Probleme im Vollzug einer politisch zumeist stark umstrittenen Gebietsreform haben einige der neuen

284

ostdeutschen Länder (Sachsen, Sachsen-Anhalt und Thüringen) versucht, das politisch „heiße Eisen" zeitlich zu entzerren und gleichzeitig durch vorgeschaltete ausgedehnte „Freiwilligkeitsphasen" abzukühlen. Argumentiert wird, daß die Sachlogik gerade auf den vorgenannten Gebieten für die Gemeinden einen sehr viel wirkungsvolleren Kooperationszwang darstellt als politischer Druck seitens der Landesregierung. Aber auch eine derartige, auf Zeit spielende Lösung beseitigt nicht automatisch die Hemmnisse, die bislang die Herausbildung effizienter und wirtschaftlich arbeitender Versorgungseinheiten verhindert haben (Ebd. S. 484).

Auch die Kreise bedürfen einer bestimmten Mindestgröße, um leistungsfähig zu sein. Deswegen hat es in den alten Bundesländern parallel zu den Gebiets- und Funktionalreformen auf Gemeindeebene entsprechende Kreisreformen gegeben. Die neuen Bundesländer sind diesem Beispiel sehr schnell nach der Wiedervereinigung gefolgt. Bereits bei den Diskussionen um die Kommunalverfassung der DDR vom 17.5.1990 zeigte sich, daß das wichtigste Problem neben der Etablierung der Länderverwaltungen die Reform im Bereich der Kreise sein würde. Die Hast der Überwindung des SED-Regimes brachte es mit sich, daß bei den Demokratisierungs-Maßnahmen 1990 die DDR-Kreise zunächst als Träger von Volksvertretungen weiter bestehen bleiben mußten. Die damit notwendigerweise eintretenden politischen Verfestigungen wurden als politischer Preis des Demokratisierungsprozesses mehrheitlich in Kauf genommen. Allerdings wurde hierdurch zugleich die Durchführung der auf dieser Ebene dann anstehenden Territorialreformen erheblich erschwert (*Laux* 1994: 150). Vorrangiges Kriterium für die Neugliederung der Landkreise ist die Schaffung von territorialen Einheiten mit einer größeren Einwohnerzahl und Fläche, wobei die Mindesteinwohnerzahlen zwischen 150.000 Einwohnern (in Brandenburg) und 100.000 Einwohnern (in Mecklenburg-Vorpommern) variieren. Die Kreisgebietsreformen sollen darüber hinaus wirtschaftliche Bedingungen und landesplanerische Vorstellungen sowie historische und naturräumliche Gegebenheiten berücksichtigen (*Petzold* 1994: 43). Das erste dieser Gebietsreformgesetze kam in Brandenburg zustande. Dort beschloß der Landtag am 16. Dezember 1992 ein Gesetz über Kreisgliederung, das anstelle der bisherigen 38 Landkreise und sechs kreisfreien Städte künftig 14 Landkreise und vier kreisfreie Städte vorsieht. Erwartet wird, daß sich mittelfristig die Anzahl der Landkreise in Ostdeutschland um mehr als die Hälfte verringert (Ebd. S. 43). Nach dem vorläufigen Abschluß der Kreisreform in den neuen Bundesländern existieren in Deutschland insgesamt 324 Landkreise (*von der Heide* 1994).

Eine besondere Prägung erhielt der Prozeß der Gebiets- und Funktionalreform in Ostdeutschland durch starke *Zentrum-Peripherie-Konflikte*, die sich in Konflikten zwischen Land und Landkreisen bei der Kreisreform oder bei der Gestaltung der Mittelinstanz ebenso niederschlagen wie in der Stadt-Umland-Problematik (*Seibel* 1993: 484). Die letztgenannte Problematik bildete in der hierarchisch-zentralstaatlich regierten DDR eher ein „Randproblem". Das Problem stellte sich aber nach der Wende mit ungleich größerer Schärfe in großstädtischen Ballungsräumen, wie z.B. in der Region Leipzig, wo die strukturellen Interessengegensätze zwischen Umlandgemeinden und Kernstadt noch durch unterschiedliche parteipolitische Mehrheitsverhältnisse (SPD-regierte Großstadt, CDU-regiertes Umland) verstärkt werden.

Reform der Landkreise

Zentrum-Peripherie-Konflikte in Ostdeutschland

4.4 Personalfragen in den Kommunen der neuen Länder

4.4.1 Personalentwicklung und Dienstrecht

Personalabbau als Zielsetzung

In der DDR waren mehr als zwei der über neun Millionen Erwerbstätigen (bei einer Bevölkerungszahl von gut 16 Millionen) im öffentlichen Dienst beschäftigt. Aus diesem Grund forderte bereits der Staatsvertrag zur Herstellung der deutschen Einheit die Gebietskörperschaften der DDR auf, ihre Personalausgaben nachhaltig zu reduzieren – d.h. im Klartext, ihr Personal drastisch abzubauen.

Anders als bei Ministerrat und Bezirksverwaltungen fand in den Verwaltungen von kreisfreien Städten, Kreisen und kreisangehörigen Gemeinden nach den Bestimmungen des Einigungsvertrages aber keine pauschale „Abwicklung" der Beschäftigten statt. Damit ist zwar für die Kommunalbeschäftigten noch keine Garantie des Arbeitsplatzes verbunden. Eine Kündigung muß hier jedoch damit begründet werden, daß die/der Beschäftigte wegen mangelnden Bedarfs nicht mehr zu verwenden ist oder wegen mangelnder fachlicher Qualifikation und Eignung den Anforderungen nicht mehr entspricht (*Wollmann/Jaedicke* 1993: 104).

Wegen des relativ hohen Anteils älterer Bediensteter fanden zur Erreichung dieses Zieles neben der Entlassung von belasteten Personen zunächst „sozialverträgliche" Vorruhestandsregelungen extensive Anwendung (*Keller/Henneberger* 1993: 179). Diese im Einigungsvertrag ausdrücklich vorgesehenen Wartestandsregelungen und Abwicklungsmöglichkeiten sind aufgrund eines von mehr als 300 Betroffenen angestrengten Verfahrens beim Bundesverfassungsgericht in dessen „*Warteschleifen-Urteil*" vom 24. April 1991 konkreter gefaßt und teilweise modifiziert worden.

Einführung des Berufsbeamtentums in Ostdeutschland

Während die DDR kein eigenständiges öffentliches Dienstrechtssystem kannte und das Berufsbeamtentum im eigenen Herrschaftsbereich abgeschafft hatte, führte der Einigungsvertrag das bundesdeutsche Beamten- und Laufbahnrecht einschließlich des Berufsbeamtentums in Ostdeutschland grundsätzlich wieder ein. Die neuen Bundesländer waren dabei gehalten, bis spätestens Ende 1992 eigene Landesbeamtengesetze zu verabschieden. In der Übergangszeit galten die bundesrechtlichen Übergangsregelungen. Vorgesehen wurde, daß Beschäftigte, die aus der öffentlichen Verwaltung der Ex-DDR übernommen werden, zu Beamten ernannt werden können – allerdings mit der Einschränkung, daß dies bis zum 31. Dezember 1996 nur zur Probe geschieht.

Quantitative Entwicklung des öffentlichen Dienstes in Ostdeutschland nach der Vereinigung

Nach Angaben von *Keller/Henneberger* (1993: 179) betrug die Zahl der Beschäftigten im unmittelbaren öffentlichen Dienst des geeinten Deutschlands 1991 rd. 6,5 Millionen. Davon waren gut 4,8 Millionen Beschäftigte im Westen und knapp 1,7 Millionen im Osten tätig. Damit war 1991 knapp jeder fünfte (18,5%) Erwerbstätige in der Bundesrepublik im öffentlichen Dienst beschäftigt (in den neuen Ländern: 22,8%). Die Kommunalverwaltung ist in Deutschland der zweitgrößte staatliche Arbeitgeber: 2 Mio. Personen (= 30% aller öffentlichen Bediensteten) sind in Gemeinden tätig, während knapp 2,6 Mio. Personen (= 38%) bei den Ländern und 650.000 Personen (= 10%) beim Bund arbeiten. Von diesen 2 Mio. kommunalen Beschäftigten sind knapp 1,2 Mio. als Angestellte (57,9%), 670.000 als Arbeiter (33,6%) und lediglich 170.000 (8,5%) als

Beamte beschäftigt. Diese „Angestellten-Lastigkeit" der Kommunen, die Feststellung, daß der gehobene Dienst „das Rückgrat" der Kommunalverwaltungen bildet sowie die hohe Teilzeitquote unterscheiden die Personalstruktur der Kommunen erheblich von der bei Bund und Ländern (Zahlen nach *Reichard* 1994: 380).

Die Zahl der Beschäftigten im „Beitrittsgebiet" umfaßte 1991 bei den Bundesbehörden rund 120.000, bei den Ländern ca. 620.000, bei den Kommunen rund 570.000 sowie bei der Deutschen Reichsbahn ca. 230.000 und schließlich bei der Deutschen Bundespost ca. 120.000 Personen. Zwischen dem 3.10.1990 und Mitte 1991 war im öffentlichen Dienst Ostdeutschlands bereits ein deutlicher Personalabbau von über einer halben Million Beschäftigten zu verzeichnen. Diese Tendenz hat sich seither weiter fortgesetzt. Die Freisetzungsmaßnahmen entlasten zwar die Finanzsituation im öffentlichen Dienst, tragen ihrerseits aber auch dazu bei, die Beschäftigungsprobleme in den neuen Ländern zu verschärfen.

Das Hauptgewicht der Verwaltungstätigkeit in der DDR lag bei den Bezirken sowie den Stadt- und Landkreisen, wohingegen die kreisangehörigen Gemeinden eine völlig untergeordnete Rolle spielten und auch nur über eine entsprechend schmale Personaldecke verfügten. Das änderte sich nach der „Wende" grundsätzlich und gründlich: Nach *Wollmann/Jaedicke* (1993: 105) verringerte sich der tradierte Aufgabenbestand der Verwaltungsapparate der Kreisebene spiegelbildlich zum rasanten Aufgabenwachstum der kreisangehörigen Gemeinden. Der Personalbestand der ostdeutschen Kreisverwaltungen blieb dennoch aber nahezu konstant, da die Kreise für Aufgaben und Personal, das sie an die Gemeinden abgaben, durch die „Abwicklung" der Bezirke kompensiert wurden. Weiterer Personalbedarf entstand auf Kreisebene insofern, als einige der neuen Länder auf die Einführung einer neuen Mittelinstanz-Ebene gänzlich verzichteten als auch durch die Übertragung neuer Aufgaben nach dem westdeutschen Verwaltungsmodell (Verwaltung der Sozialhilfe oder des Wohngeldes). So wurden z.B. in der Verwaltung des Landkreises Jena, in der zu DDR-Zeiten 295 Personen beschäftigt waren, 69 Stellen gestrichen, zugleich aber 62 neu in den Stellenplan aufgenommen (Ebd. S. 105).

Die Personalentwicklung in den Kommunen in den ersten Jahren nach der „Wende" zeigte nach *Wollmann/Jaedicke* (1993: 105) folgendes Bild: Die Zahl der Beschäftigten in der sogenannten *Kernverwaltung* blieb stabil oder wurde noch ausgebaut. Hingegen fand ein deutlicher Personalabbau auch auf kommunaler Ebene statt in den technischen Verwaltungsbereichen (Handwerker, Fahrer, Friseuse und Krankengymnasten) und insbesondere in den *nachgeordneten Einrichtungen* (Bildungs- und Gesundheitswesen). In einigen Fällen wurde dort freigesetztes Personal auch in die lokale Kernverwaltung umgeschichtet. Personaleinstellungen erfolgten in den ostdeutschen Kommunen zunächst dort, wo neuartige Verwaltungsaufgaben mit dem bestehenden Personal und seinen Qualifikationen nicht zu bewältigen waren. In großem Umfang griffen viele Kommunen in ihrer prekären Personal- und Finanzsituation auf den verlockend erscheinenden Ausweg der Einstellung von *ABM*-Kräften zurück, deren Kontingente für Ostdeutschland in der ersten Zeit nach der Vereinigung besonders groß dimensioniert waren, wobei aber in vielen Kommunen der zeitgebundene und nicht dauerhaft gesicherte Charakter dieser Institution vielfach übersehen wurde.

287

Am größten war die Personalfluktuation und der Personalaustausch erwartungsgemäß auf den *lokalen Führungsebenen* (Bürgermeister, Landräte, Dezernenten, Amtsleiter). Sofern nicht gleich auf westdeutsche „Importe" zurückgegriffen wurde, fanden sich politisch unbelastete Personen für Führungspositionen am ehesten noch in politik- und verwaltungsfernen Berufen (Ingenieure, Naturwissenschaftler, Mediziner, Lehrer etc.), die damit allerdings auch über keine kommunalpolitischen bzw. verwaltungsbezogenen Erfahrungen verfügten.

4.4.2 Umbruch in Einstellungen und Handlungskompetenzen der Beschäftigten in ostdeutschen Kommunen

Das Personalmanagement in den Kommunalverwaltungen Ostdeutschlands stand und steht vor ganz erheblichen Aufgaben und Problemen. Was die Fachqualifikation im engeren Sinne der ostdeutschen Kommunalbeschäftigten anbelangt, stellte sich die Situation am besten noch dar in den unter DDR-Bedingungen kommunal bedeutsamen Bereichen wie Verkehrsplanung, Raumordnung oder Gesundheitswesen. Hier verkehrte das Personal zwar nicht unbedingt auf dem „state of the art" der westlichen Diskussion, aber es hatte eine entsprechende Fachausbildung durchlaufen und „erheblichen Fachverstand... gesammelt und gespeichert" (*Wollmann/Jaedicke* 1993: 110).

Gravierend schlechter sah es in den eigentlichen Verwaltungsberufen aus (d.h. im allgemeinen Verwaltungsdienst). Hier gab es überhaupt keine mit dem westdeutschen System vergleichbare Ausbildung. Eine Spezialisierung für Verwaltung kannte die Juristenausbildung der DDR nicht. Auch existierten keine Ausbildungseinrichtungen, die den westdeutschen Fachhochschulen entsprachen, in denen gerade der innerhalb der westdeutschen Kommunalverwaltung besonders wichtige gehobene Dienst ausgebildet wird (Ebd. S. 110).

Viele Beobachter und Kritiker verweisen darauf, daß die in den ostdeutschen Verwaltungen Tätigen in ihrem Verwaltungshandeln und Entscheidungsverhalten noch immer durch das psychologische „Erbe" des alten DDR-Kommandosystems beeinflußt sind und sich im allgemeinen eher scheuen, eigenverantwortlich tätig zu werden und stattdessen lieber auf eine „Vorgabe von oben" warten. *Bernet* und *Lecheler* (1991) stellen in ihrer Untersuchung in dieser Hinsicht den ostdeutschen Kommunalbeschäftigten ein Zeugnis aus, das für die Bewältigung der anstehenden Aufgaben nur geringe Hoffnungen zuläßt: Sie beobachteten Paternalismus, Unfähigkeit zu ökonomischem Denken, ein gestörtes Verhältnis zwischen Verwaltung und Bürgern und eine allgemein verbreitete Interessenlosigkeit.

Dem stellt *Wollmann* (1994: 29) das Argument entgegen, daß das hierbei unterstellte zentralistische Kommandosystem im Politik- und Verwaltungsalltag der DDR real längst durch „informelle" Interaktionsformen und -wege durchkreuzt worden war, um überhaupt noch ein Mindestmaß an Systemstabilität zu sichern: Gerade auch Akteure auf der kommunalen Ebene seien schon zu DDR-Zeiten dazu übergegangen, „die Starrheit der zentralisierten Strukturen und Vorgaben durch dezentrale und lokale Handlungsnetzwerke und Formen des ‚Natural- und Dienstleistungstausches' schmiegsamer zu machen". Gerade derartige gesellschaftliche Erfahrungen und Fähigkeiten bieten einen möglichen Ansatzpunkt für die unter den neuen Bedingungen dringend erforderliche Anpassungs-

und Lernfähigkeit des Kommunalpersonals gegenüber einer „turbulenten Umwelt".

Die von *Bernet/Lecheler* (1991) durchgeführte Untersuchung kam jedoch zu der mehr als ernüchternden Feststellung, daß bei Beschäftigten in der Kommunalverwaltung selbst das bisher geltende DDR-Recht weitgehend unbekannt war. Die Hoffnung, derartige Lücken bei den Personengruppen der Inneren Verwaltung, auf dem Weg einer „Nachrüstung" mittels einiger Fortbildungskurse und durch verstärktes Hospitieren schließen zu können, wird von *Derlien* (1993: 195) als „naiv" bewertet. Auch die Möglichkeiten einer Nach- und Umschulung im Rahme von Warteschleifen und Probezeiten wird vornehmlich auf den im naturwissenschaftlichen und technischen Bereich beschäftigten Personenkreis beschränkt, wohingegen diese Möglichkeiten für den Erwerb des benötigten juristischen und rechtsstaatlichen Denken bei bereits sozialisierten Erwachsenen eher skeptisch beurteilt werden (Ebd. S. 195). Als Alternative wird vorgeschlagen, junge, zwischen 1990 bis 1993 in der DDR geschulte Juristen den Vorbereitungsdienst in Westdeutschland absolvieren zu lassen, „da sie noch formbar sind" (*Derlien* 1993: 196). Daneben wird vor allem der Import von westdeutschem Verwaltungspersonal als eine Alternative bzw. als flankierende Maßnahme zur nachträglichen Sozialisierung und Professionalisierung ostdeutscher Beschäftigter gesehen (Ebd. S. 197).

4.4.3 Westliche Verwaltungshilfe

Die Erfahrungen der westlichen Bundesländer waren unter den konkreten Bedingungen, unter denen sich die Vereinigung vollzog, für den Aufbau der kommunalen Selbstverwaltung in den neuen Ländern von nachhaltiger und prägender Bedeutung. Besonderes Gewicht erlangte in diesem Zusammenhang die unmittelbare Verwaltungshilfe an Ort und Stelle, die in vielfältigen Formen geleistet wurde (*Wollmann* 1991c: 251f.). Der Begriff der „Verwaltungshilfe" ist noch jüngeren Ursprungs und bezog sich bislang eher auf Aktivitäten im Bereich der sog. Entwicklungshilfe. Verwaltungshilfe ist im Grundsatz inhaltlich nicht auf einzelne Themenfelder beschränkt, konzentrierte sich aber im Falle Ostdeutschlands primär auf die Aspekte Organisation und Personal (*Scheytt* 1992). Träger dieser Verwaltungshilfe waren die kommunalen Spitzenverbänden, westdeutsche Gemeinde- bzw. Stadt- und Kreisverwaltungen sowie weitere Akteure aus der kommunalen Praxis. Verwaltungshilfe durch westdeutsches Personal beim (Wieder-)Aufbau der öffentlichen Verwaltung in Ostdeutschland, die rechtsstaatlichen und effizienten Kriterien genügt, erfolgte vor allem durch zwei Strategien (*Keller/Henneberger* 1993: 183):

– Landkreise und kreisfreie Städte der neuen Bundesländer erhielten *Personalkostenzuschüsse*. Im Jahre 1991 richtete die Bundesregierung einen Personalzuschußfonds in Höhe von 100 Millionen DM ein. Seine Inanspruchnahme blieb aber zunächst auf rund 1.000 Fälle begrenzt.
– Größere praktische Bedeutung hat das Instrument der *„Personalausleihe"* auf Zeit erlangt. Anfang 1993 leisteten etwa 20.000 westdeutsche Beschäftigte Hilfe beim Verwaltungsaufbau, von denen jeweils 8.000 beim Bund

und bei den Ländern, allerdings nur 4.000 Personen bei den ostdeutschen Kommunen eingesetzt waren. Das relativ geringere Gewicht der Besetzung von Stellen mit erfahrenen westdeutschen Praktikern in den ostdeutschen Kommunalverwaltungen ergibt sich schon aus der großen Zahl der Gemeinden. Sie beschränken sich vorwiegend auf Führungspositionen der größeren Verwaltungen, wobei „Importe" wie in Leipzig, Dresden und Halle eher die Ausnahme als die Regel geblieben sind (so *Wollmann/Jaedicke* 1993: 106).

Gegenüber diesen Formen der Verwaltungshilfe war die anfangs im Mittelpunkt stehende materielle Unterstützung ostdeutscher Verwaltungen mit Büromaterialien etc., die in der allerersten Wendephase dominierte, relativ unproblematisch. Eine wichtige Rolle spielten zudem Städtepartnerschaften. Insgesamt gab es Anfang der 90er Jahre fast 1.000 Beziehungen zwischen ost- und westdeutschen Städten, davon die Hälfte in Form förmlicher Vereinbarungen. Die meisten derartiger Beziehungen entstanden erst nach der Wende. Bis zum Mai 1990 war die Zahl dieser Partnerschaften schon auf 650 gestiegen, hinzu kamen bis zur Vereinigung am 3.10.1990 weitere 200 neue Partnerschaften. Damit verfügen alle ostdeutschen Städte über 20.000 Einwohnern über westliche Partnergemeinden und auch bei den Städten zwischen 10.000 und 20.000 Einwohnern ist ein „Versorgungsgrad" von 95% erreicht (*Scheytt* 1992: 81)

Verwaltungshilfe nach westdeutschem Modell Allerdings ist die personelle Verwaltungshilfe nicht ohne Probleme und Kritik geblieben. Die Perspektive, unter der in Westdeutschland der Auf- und Umbau der ostdeutschen öffentlichen Verwaltung betrachtet wurde, ist nach Ansicht von *Grunow/Wohlfahrt* (1993: 162)

> „weniger durch den theoretisch begründeten Blick auf den vorhandenen Entwicklungsstand des westlichen politisch-administrativen Systems bestimmt gewesen, als durch den ungetrübten normativen Glauben an die Konstruktionsprinzipien des in den alten Bundesländern bewährten Verwaltungssystems. (...) Damit bleibt ‚Verwaltungshilfe' für die neuen Bundesländer auf ähnlich konzeptionslosem Niveau wie die ‚Verwaltungshilfe für die Entwicklungsländer'.

Warnungen vor Fehlentwicklungen und kontraproduktiven „Ladenhütern" bundesdeutscher Verwaltungsentwicklung sind im Bereich der Verwaltungshilfe wie im Transitionsprozeß insgesamt jedoch eher selten zu hören gewesen. Die sich rasch vermehrenden Veröffentlichungen zur „Verwaltungsreform in der ehemaligen DDR" liefen beinahe unisono darauf hinaus, daß mit der Etablierung föderaler Strukturen, der Wiedereinführung der kommunalen Selbstverwaltung sowie der Schaffung eines öffentlichen Dienstes nach westlichem Muster die Zerschlagung der bürokratischen zentralistischen Verwaltungsstrukturen der DDR hinlänglich vollzogen sei. Unbeeindruckt von allen kritischen Annahmen und Erfahrungen der Implementationsforschung (so *Grunow/Wohlfahrt* 1993: 168) wurde davon ausgegangen, daß bereits mit der juristischen Systemadaption die anvisierten, gleichermaßen effizienten wie freiheitlich-demokratischen kommunalpolitischen Strukturen in funktionsfähigem Zustand zur Verfügung stünden. Als eher pragmatische Probleme wurden die mangelnde Finanzausstattung der Gemeinden, die administrativ-territoriale Gliederung der neuen Bundesländer oder die defizitäre Personalsituation angesprochen. Allerdings war nach Ansicht von *Grunow/Wohlfahrt* (Ebd. S. 168) der Glaube ungebrochen, daß man mit der Übertragung angeblich im Westen gültiger normativer Prinzipien eine zwar noch unvollkommene, aber entwicklungsfähige Handlungsgrundlage geschaffen hatte. Vorrangig in dieser Sichtweise war zunächst die Sicherung politischer Mehrheiten (Domänen) in den Gebietskörperschaften, wohingegen die Problemlösungen sowie die Legitimationsbeschaffung weitgehend der Verwaltungspragmatik überlassen blieb.

Die Verwaltungsabwicklung in der alten DDR glich in der Praxis jedoch mehr einem unkontrollierten Operieren in unbekanntem Gelände als einem durchdachten Reformprozeß (*Grunow/Wohlfahrt* 1993: 165), wobei der neue Typus des „westlichen Beraters" vorrangig mit der Funktion konfrontiert war, gordische Knoten zu lösen, die von den einheimischen Akteuren nicht zu entwirren waren.

Praxis der
Verwaltungshilfe

In der Praxis der Verwaltungshilfe ging es zunächst um die Absteckung von Einflußfelder (Domänen). Hierunter fiel die Aufteilung der neuen Bundesländer in Territorien, die Definition der Zuständigkeiten von Kommunalverwaltungen, Regierungspräsidenten, kommunalen Spitzenverbänden, Verbänden der freien Wohlfahrtspflege etc. sowie die Anmeldung des Anspruchs auf „Verwaltungshilfe". Auch die sekundären Folgeprobleme der „Verwaltungshilfe" überlagerten zunächst noch die Frage, welche konkreten Personen mit welchen konkreten Zielen an welchen konkreten Standorten Verwaltungshilfe leisten sollten. Bei diesen Folgeproblemen ging es um Fragen wie Trennungsentschädigung, Reisekostenregelung und Unterbringung. Neben entsprechenden finanziellen Anreizen mußten neue Kooperationsabkommen die Zuständigkeiten westlicher Behörden für die östlichen Länder regeln (Ebd. S. 165).

In der Praxis der Verwaltungshilfe vor Ort traten ebenfalls eine Reihe nicht unbedingt intendierter Lernprozesse auf der Ebene der einzelnen Berater auf (Ebd. S. 172f.):

– Lernprozesse auf
individueller Ebene:
die Berater

–   Ein grundlegende Widerspruch betrifft die Vorstellung der „Angleichung" als Zielsetzung der „Verwaltungshilfe" selbst, insofern hier ein Spannungsverhältnis mit der Grundidee des Föderalismus und der kommunalen Selbstverwaltung gesehen wird.

–   Für viele westdeutschen Berater ist der Umgang mit der eigenen Rat- und Hilflosigkeit bei gleichzeitiger Ballung der Rat- und Hilflosigkeit der ostdeutschen Klientel eine neue Erfahrung.

–   Unter der außergewöhnlichen Situation des Ostens werden die Faktoren, die in den im Westen erprobten Strukturen die eigenen Handlungsspielräume begrenzen oder erweitern besonders sichtbar und gleichzeitig verstärkt kritikwürdig.

–   Unter den außergewöhnlichen Arbeitsbedingungen im Osten werden Dinge deutlicher wahrgenommen, die im eigenen Alltag als normal galten: die Bedeutung informeller Strukturen („Seilschaften"), das Verhältnis von Politik und Verwaltung (im Sinne der Problemüberwälzung) sowie das Verhältnis von Verwaltung und Wirtschaft (z.B. Formen der Kolonisierung, des Ausverkaufs, die Erfahrung, daß auch die Verwaltung von der Wirtschaft „über den Tisch gezogen wird").

–   Verunsicherungen sind vor allem dort beobachtbar, wo im eigenen (westlichen) Verwaltungskontext kritisierte Strukturen und Verfahren nun als „angemessene Problemlösung" in Ostdeutschland implementiert werden (sollen): z.B. das Formular(un)wesen, die Gliederung kommunaler Dezernate und Ämter etc.

- Das ursprüngliche Vertrauen der ostdeutschen Verwaltungsbeschäftigten und der ostdeutschen Öffentlichkeit gegenüber westdeutscher Verwaltungshilfe scheint inzwischen einem weit verbreitetem Mißtrauen als psychologischer Grundstimmung gewichen zu sein (*Wollmann* 1991c). Kritisiert wird, daß die „Westbeamten" zwar mit dem Anspruch professioneller Kompetenz auftreten, jedoch häufig nicht die Fähigkeit besitzen, sich sensibel den Problemen „vor Ort" zu stellen. Zudem wird aus ostdeutscher Sicht registriert, daß die westdeutschen „Verwaltungshelfer" zuhause nicht unbedingt immer zur „ersten Garnitur" zählen und sich häufig in Ostdeutschland auch einen individuellen Karrieresprung erhoffen. Auch erzeugte nicht zuletzt das Förderprogramm der Bundesregierung, wonach ein „West-Beamter" neben dem fortlaufenden „West-Bezügen" zunächst ein zusätzliches Entgelt von monatlich 2.500,00 DM erhielt (salopp „Buschgeld" genannt), die in ihrer Höhe dem Bruttogehalt vieler ostdeutscher Beschäftigte im öffentlichen Dienst entsprach, eine Art psychologischen „Boomerang-Effekt" (*Wollmann* 1991: 252).

– Zwischenbilanz der Verwaltungshilfe

Der Arbeitsablauf der „Verwaltungshilfe" im Osten gestaltete sich in der Regel somit weniger als Problemlösung, denn als Problemakkumulation:

> „Die westlichen Berater konnten feststellen, daß ihr engagiertes Interesse ein ebenso engagiertes Desinteresse hervorrief. Angetreten, Verwaltungshilfe zu leisten, sollten sie plötzlich das Management der Verwaltung leisten, die sich selbst als handlungsunfähig definierte. Der Berater wurde zum Implementeur und die Perspektive der Verwaltungshilfe wandelte sich ein weiteres Mal: Als Erfolg wurde registriert, wenn es gelungen war, ‚daß Bescheide herausgebracht wurden'. (...) Welche Wirkung die westlichen Berater vor diesem Hintergrund tatsächlich erzeugten, ist schwer nachzuweisen, vielfach scheint sie kaum mehr als eine Randnotiz wert zu sein. (*Grunow/Wohlfahrt* 1993: 167)"

Das Resümé von *Grunow/Wohlfahrt* (1993) über die zurückliegende „Verwaltungshilfe" im Osten fällt einigermaßen vernichtend aus, insofern so gut wie alle Grundprobleme der Gestaltung der Aufbau- und Ablauforganisation in der öffentlichen Verwaltung ignoriert wurden. Die Verwaltungshilfe wird jedoch in allerjüngster Zeit zunehmend als gemeinsame und äußerst sensible Implementationsaufgabe aufgefaßt, die sich allerdings noch ihre eigenen Implementationsstrukturen schaffen muß. Die besondere Schwierigkeit liegt darin, daß es sich im Falle der ostdeutschen Verwaltungsstrukturen weder um eine „Neuschaffung" auf der „grünen Wiese" handelt, noch hier die Möglichkeit besteht, im Prinzip funktionsfähige Strukturelemente weiter zu benutzen. Im Gegensatz zur verbreiteten Kritik an der oben skizzierten „Verwaltungshilfe", fand und findet die laufende Unterstützung, die im Rahmen von Städte-Partnerschaften gewährt wird und die sich in regelmäßigen Ost-West-Telefonaten auf der Ebene der Fachverwaltungen sowie in der konkreten Beratung zu einzelnen Entscheidungsfällen niederschlägt, im allgemeinen eine einhellig positive Würdigung unter ostdeutschen Kommunalpraktikern (*Wollmann* 1991c: 252). *Scheytt* (1992) problematisierte schließlich die Organisation der westlichen Verwaltungshilfe. Er sieht die Ursachen für das Scheitern vieler gut gemeinter Bemühungen darin, daß westdeutsche Verwaltungen insgesamt noch zu unvertraut sind mit Formen und Methoden des „Projektmanagements". Überall dort, wo Verwaltungshilfe im Sinne von Projektmanagement geleistet worden ist, seien auch – teilweise sogar hervorragende – Erfolge zu verzeichnen gewesen (*Scheytt* 1992: 78).

4.4.4 Personeller Wandel, Elitenzirkulation und „Seilschaften"

Der personelle Umbruch, der in den ostdeutschen Kommunen nach der „Wende" stattfand, kennt – wie *Wollmann* (1994: 27) aufzeigt – mehrere Dimensionen: Er bietet zunächst der Politik- und Verwaltungswelt „das politikwissenschaftlich wie politisch aufregende Bild eines weitgehenden, wenn nicht vollständigen ‚Elitenwechsels'„: These vom weitgehenden Elitenwechsel

– Die Kommunalvertretungen bestanden als Ergebnis der Aktivitäten der „Runden Tische" und der ersten demokratischen Kommunalwahlen im Mai 1990 überwiegend aus „neuen", d.h. politisch unbelasteten Kommunalpolitikern.
– Gleichzeitig mußten in den Kommunalverwaltungen viele der bisherigen Führungskader abtreten.
– Zugleich hielt sich der oben skizzierte „Personalimport" aus Westdeutschland auf der kommunalen Ebene – in quantitativ engen Grenzen.

Andererseits ist gerade in den mittleren und unteren Rängen der Kommunalverwaltung nach wie vor überwiegend „altes" Verwaltungspersonal – ungeachtet möglicher politischer Verstrickungen – tätig, zumal Entlassungen in diesen Personalbeständen zunächst nur in geringem Umfang stattfanden. Da auch frühere Leitungskader von Kreis- und Stadtverwaltungen – unter Berufung auf ihre Verwaltungserfahrung und fachlichen Kenntnisse – weiterbeschäftigt werden, ist immer wieder von „Seilschaften" der „alten Eliten" die Rede, die zur Verfolgung eigener Interessen zusammenspielen. Allerdings konnten nachweisbare Belege nur selten und häufig erst im Nachhinein erbracht werden. These von der Macht der „alten" Eliten

Die Frage der personellen Kontinuität in den Verwaltungen nach dem Ende des SED-Regimes hat zwar in der Öffentlichkeit großes Interesse und heftige Diskussionen auslöst. In der wissenschaftlichen Beschäftigung mit der ostdeutschen Verwaltung hat jedoch die Frage der Bildung und Wirkungen von alten Kadern im Umbruchprozeß wenig Aufmerksamkeit gefunden. Einen Beleg zumindest für die „Kontinuitäts-These" bietet eine Untersuchung zu den Jugendämtern in den neuen Bundesländern (*Ulrich* 1992). Von insgesamt 50 untersuchten Jugendämtern waren immerhin 20 Prozent der Amtsleiter ehemalige Mitarbeiter der früheren Referate „Jugendhilfe", häufig sogar deren Leiter gewesen. Auch auf den höheren Positionen der Kommunalverwaltungen war der „Elitenaustausch" also keineswegs vollständig bzw. kann zumindest als noch nicht völlig abgeschlossen gelten.

Besondere personalwirtschaftliche Schwierigkeiten bereitet den ostdeutschen Kreis- und Gemeindeverwaltungen gerade auch die Gruppe des gut qualifizierten Personals. Wegen des relativ niedrigen kommunalen Gehaltsniveaus im öffentlichen Dienst drohen immer häufiger besonders tüchtige MitarbeiterInnen ihre Anstellung bei der Kommune aufzugeben, um stattdessen eine fast immer besser bezahlte Position in der privaten Wirtschaft, aber auch bei anderen über- Entlohnungsniveau und die Gefahr des „Ausblutens" qualifizierter MitarbeiterInnen geordneten staatlichen Stellen anzunehmen. Die Verwaltungen der Stadt- und Landkreise, am gravierendsten aber der kreisangehörigen Kommunen, geraten damit geradezu in einen personellen und qualifikatorischen „Teufelskreis". Ein zusätzlicher Problemfaktor stellt die geringe Zahl von Ausbildungsplätzen bei den ostdeutschen Kommunen dar. Nach Angaben von *Scheytt* (1992: 80) standen 1992 etwa einer halben Million Kommunalbeschäftigten im Osten höchstens einige hundert Auszubildende gegenüber. So gabe es in Brandenburg im gleichen Jahr nur etwa 130 Auszubildende im mittleren und gehobenen Dienst sowie bei den Verwaltungsfachangestellten.

Hinzu kommen noch einige für die ostdeutschen Kommunalbeschäftigten diskriminierend wirkenden Bestimmungen in den tariflichen Regelungen („BAT-Ost") gegenüber Kommunalbeschäftigten in den alten Bundesländern:

– Die Eingruppierung nach BAT findet fast immer weit unter der in der alten Bundesrepublik üblichen Eingruppierung statt.
– Vordienstzeiten werden nur teilweise angerechnet, so daß die ostdeutschen Beschäftigten ungeachtet ihrer Dienstjahre gehaltlich eher wie Berufsanfänger behandelt werden.
– Der Tariflohn der ostdeutschen Verwaltungsbeschäftigten beträgt nach schrittweiser Anhebung inzwischen 80 Prozent des westdeutschen Niveaus.

Loyalitätsprüfung Innerhalb des öffentlichen Dienstes gewann die Frage einer möglichen personellen Kontinuität von bislang im öffentlichen DDR-Beschäftigten naturgemäß große Brisanz. Für die rechtliche Verarbeitung dieses Problems gewann die Loyalitätsprüfung der Anwärter auf Einstellung in den öffentlichen Dienst zentrale Bedeutung. Grundsätzlich werden bei der Loyalitätsprüfung ostdeutscher Beamter zwei Fallgruppen unterschieden (*Derlien* 1993: 201):

– einmal ging es um die Problematik von Personen mit Stasi-Vergangenheit und
– zum anderen um die Wertung der SED-Parteimitgliedschaft (und damit eng verbunden auch die Frage nach der Wertung der Mitgliedschaft in den ehemaligen Block-Parteien bzw. in gesellschaftlichen Massenorganisationen).

Problematisch erweist sich die Frage, ob eine SED-Mitgliedschaft automatisch eine Übernahme in den neuen öffentlichen Dienst verhindern soll. Einen derartigen Standpunkt nahm z.B. das bayerische Innenministerium ein, das eine Mitgliedschaft in einer DDR-Partei bzw. einer der „gesellschaftlichen Massenorganisationen" für unvereinbar mit den Anforderungen des Art. 33 Abs. 5 GG hielt. Demgegenüber waren aus dem Bundesinnenministerium schon früh differenzierte Töne zu hören. Angesichts von Millionen SED-Mitgliedern hätte ein restriktives Vorgehen eine nahezu völlige Auswechslung des Verwaltungspersonals des öffentlichen Dienstes in Ostdeutschland bedeutet und zugleich die Rekrutierung neuen Personals im Osten auf einen relativ kleinen Personenkreis begrenzt, der weder quantitativ noch qualitativ die entsprechenden Personalreserven hergeben konnte. Kompliziert wird aber eine pragmatisch-flexibler gehandhabte Regelung (stärkere Gewichtung der Eignung im Sinne einer Verhaltensprognose) unter Gerechtigkeitsaspekten dann, wenn man sich mit der Frage nach der Vereinbarung von Zugehörigkeit zum öffentlichen Dienst und PDS-Mitgliedschaft auseinander zu setzen hat (Soll die PDS-Mitgliedschaft härter sanktioniert werden als eine SED-Mitgliedschaft?).

294

Personalrekrutierung in den ostdeutschen Kommunalverwaltungen steht Fremdselektion grundsätzlich vor dem Problem einer Übernachfrage nach gleichermaßen professionellem und verfassungsloyalem Personal. In einer solchen Situation geraten nach Ansicht von *Derlien* (1993: 202) die kommunalen Personalverwaltungen in die „Zwickmühle", daß statt der angestrebten Fremdselektion der Anwärter es zu einer sozialen Selbstselektion kommt („man muß nehmen, was sich anbietet"), so daß von einer steuernden Funktion der Personalwirtschaft kaum die Rede sein kann.

Ein weiteres Problem für alle ostdeutschen Personalverwaltungen war der Termindruck durch den Terminplan des Einheits-Vertrages erzeugte *Termindruck*, der für Abwicklungen die Frist zum 31.12.1990 setzte, das Auslaufen der Verträge aller nicht bis dahin übernommenen Personen für Ende 1991 vorsah, die Einführung des neuen Länder-Dienstrechtes bis Ende 1992 vorschrieb und die Übergangszeit für die Beschäftigungsverhältnisse im öffentlichen Dienst insgesamt Ende 1996 beenden will. Nach Ansicht von *Derlien* (1993: 205) ist unter diesen Voraussetzungen nicht auszuschließen, daß die beiden personalpolitischen Anforderungsprofile nicht im Gleichgewicht gehalten werden können. Erfahrungsgemäß obsiegt dann eher die Professionalisierungskomponente, wobei dieser Vorrang sich unter politisch vermittelten Handlungsdruck allerdings nur schwerlich auf die Besetzung von Führungspositionen anwenden läßt.

4.4.5 Aus- und Fortbildung in den neuen Ländern

Die Verwaltungen der ostdeutschen Länder, Kreise und Gemeinden weisen einen gigantischen Qualifizierungsbedarf auf (*Reichard* 1994c). Die Vereinigung zog einen unmittelbaren und flächendeckenden Transfer des gesamten bundesdeutschen Rechts- und Verwaltungssystems nach sich. Die ostdeutschen Verwaltungsmitarbeiter befinden sich in dieser Situation in einem mehrfachen Dilemma (Ebd. S. 391): Ihre bisherige Ausbildung und Qualifikation ist durch die „Wende" fast völlig entwertet worden. Ihre Loyalität gegenüber dem bisherigen Arbeitgeber erweist sich nun als moralisch-politisches, aber auch status- und existenzbedrohendes Problem. Zudem wird von ihnen verlangt, möglichst umgehend das neue Verwaltungssystem mit seinen Vorschriften, Regeln und Instrumenten zu beherrschen. Andererseits sind sie aber für Fort- und Weiterbildungsmaßnahmen angesichts des auf den Verwaltungen lastenden Handlungsdrucks kaum vom Arbeitsplatz abkömmlich.

Auch das in den ostdeutschen Kommunen beschäftigte Personal hat in seiner großen Mehrheit einen beträchtlichen Bedarf an grundlegender Weiterqualifizierung. Die inzwischen angelaufenen Aus- und Fortbildungsmaßnahmen lassen sich grob hinsichtlich ihrer Reichweite unterscheiden: Die kurzfristige Qualifizierung für die derzeit konkret ausgeübte Tätigkeit steht einer mittel- und längerfristig angelegten Qualifizierung in Richtung „Berufsfähigkeit" gegenüber. Konkret haben gerade in den ersten Jahren nach der „Wende" Bundes- und Landes-Fortbildungsinstitute zahlreiche, stark auf „Demokratie und Recht" abstellende übergreifende Qualifizierungspakete angeboten. Zum anderen haben die jeweiligen westdeutschen Partnerkommunen in größerem Umfang zu arbeitsplatznahen Qualifizierungsmaßnahmen (on-the-job) des kommunalen Personals beigetragen.

Die Bundesebene hat sich an der Qualifizierungsoffensive des öffentlichen Dienstes in Ostdeutschland mit Blick auf die Kommunalverwaltungen vor allem mit folgenden Beiträgen beteiligt (*Reichard* 1994c: 391):

- die Einrichtung einer „Bund/Länder-Clearingstelle für das Verwaltungshandeln" beim Innenministerium; ihre Aufgabe war die Koordination der Verwaltungsmaßnahmen in Ostdeutschland, die Übernahme von Personalkosten für Verwaltungshelfer sowie die Erarbeitung von Musterorganisations- und Stellenpläne für Kommunalverwaltungen (in Kooperation mit der KGSt); die entsprechenden Finanzmittel des Bundes wurden übernachgefragt; so waren im September 1992 bereits die in diesem Haushaltsjahr bereitgestellten Mittel in Höhe von DM 100 Mio. DM aufgebraucht; für 1993 war der Bund auf Druck der kommunalen Spitzenverbände bereit, den ursprünglichen Haushaltsansatz von 75 auf 200 Mio. DM zu erhöhen (*Scheytt* 1992: 83);
- Herausgabe eines „Info-Dienstes Kommunal" und Durchführung von „Kommunalkonferenzen" (Innenministerium);
- Bildung zunächst einer Projektgruppe, die später als eigenständige Lerngruppe („Fortbildung im Rahmen der deutschen Einheit") bei der „Bundesakademie für öffentliche Verwaltung" (Baköv) auftrat; sie entwickelte einen vierwöchigen Lehrgang „Grundlagen des Verwaltungshandelns, im demokratischen Rechtsstaat" für Mitarbeiter aus ostdeutschen (Landes- und) Kommunalverwaltungen („Bopparder Modell"); außerdem wurden von der Baköv spezielle Aufbaulehrgänge „Kommune" veranstaltet, in denen 1990 und 1991 bereits fast 3.000 ostdeutsche Verwaltungsangehörige geschult wurden;
- das Bundesverwaltungsamt in Berlin schließlich führt die Ausbildung des mittleren Dienstes und von Verwaltungsfachangestellten für ostdeutsche Kommunalbedienstete durch.

Die fünf neuen Bundesländer führen ebenfalls Qualifizierungsmaßnahmen durch, die in erster Linie auf die eigenen Landesbediensteten abzielen, aber teilweise auch für kommunale Beschäftigte zugänglich sind. Inhaltlich handelt es sich beim Fortbildungsangebot der Länder in erster Linie um Formen der „Nachqualifizierung" zur Schaffung der formalen Voraussetzungen für anstehende Verbeamtungen. Inhaltlich orientieren sich diese Fortbildungslehrgänge am o.g. „Bopparder Modell", allerdings haben Berlin und Brandenburg eigenständige Qualifizierungsprogramme entwickelt. Den größten Umfang und den weitesten Anspruch hat das „Brandenburger Modell", worunter ein nach Laufbahnstufen gegliedertes Fortbildungsprogramm für die Landes- und kommunalen Beschäftigten zu verstehen ist. In allen fünf neuen Ländern werden Verwaltungs-Fachhochschulen aufgebaut, in denen die Ausbildung des gehobenen Verwaltungsdienstes der Länder und Kommunen künftig durchgeführt werden soll (*Reichard* 1994c: 392).

Auch auf kommunaler Ebene selbst sind in West- und Ostdeutschland mehrere Institutionen mit der Fortbildung für den öffentlichen Dienst in Ostdeutschland beschäftigt:

- Die kommunalen Spitzenverbände haben in den neuen Ländern kommunale Studieninstitute gegründet. Ihre erste dringliche Aufgabe lag in der Vermittlung von bestimmten Kurzfrist-Qualifikationen (z.B. im Sozialdienst). In einigen der neuen Ländern sind inzwischen Verwaltungsakademien gegründet worden, die ähnliche Qualifizierungsmöglichkeiten anbieten.

- In Berlin haben die kommunalen Spitzenverbände das zeitlich befristete Projekt „Hilfe zum Aufbau der kommunalen Selbstverwaltung in den neuen Bundesländern" gegründet, daß Ende 1994 seine Arbeit einstellte (MittDST 1288/94 v. 22.12.94). Das Projekt entwickelte einen integrierten „Informations-, Beratungs- und Fortbildungsdienst" (IBF) mit vielfältiger Aufgabenstellung: Überblick über kommunal relevante Fortbildungsprogramme anderer Träger, Durchführung eigener Fortbildungsmaßnahmen, Angebot von Informationsdiensten (18 Arbeitshilfen wurden erstellt, der Infoservice wurde mehr als 1.100 Mal in Anspruch genommen) und konkreter Fachberatungen; inhaltliche Schwerpunkte des Berliner Projektes bildeten zunächst die Bereiche Jugendhilfe und Kulturpolitik; seit 1992 wurden die Beratungen nicht mehr durch einzelne Experten, sondern durch ein vom Projekt gesteuertes Beraterteam durchgeführt und auf andere Themenschwerpunkte gelenkt; Schwerpunkte dieser neuen Beratungsform stellten die Bereiche Verwaltungs- und Haushaltskonsolidierung, Kreisgebietsreformen sowie die Konversion militärischer Liegenschaften dar; hierzu fanden insgesamt 46 Seminare statt, die von mehr als 2.100 ostdeutschen Kommunalbediensteten besucht wurden; auch andere Einrichtungen der deutschen kommunalen Spitzenverbände (KGSt, DIFU) haben Seminarprogramme für die ostdeutschen Gemeinden entwickelt.

- Bei der arbeitsplatzbezogenen Qualifizierung spielen die jeweiligen westdeutschen Partnerkommunen eine große Rolle (Entsendung von Verwaltungshelfern, Hospitationen ostdeutscher Mitarbeiter, Bereitstellung von Dozenten und Materialien).

- Schließlich spielen in Ostdeutschland private (kommerzielle, aber auch gemeinnützige) Fortbildungsinstitutionen, die entweder selbständig oder als Unterauftragnehmer Fortbildungsseminare durchführen eine sehr viel größere Rolle als vergleichsweise in Westdeutschland; *Reichard* (1994c: 392) spricht in diesem Zusammenhang bis 1993 von einer regelrechten „Boomphase, die – wie ebenso im ABM-finanzierten Bereich – auch minderqualifizierten Bildungseinrichtungen die Chance einer ‚schnellen Mark' ermöglichte".

Ähnlich wie *Grunow/Wohlfahrt* für den Bereich der personellen Verwaltungshilfe kommt *Reichard* (1994c: 392f.) zu einer skeptisch-kritischen Bilanz der bisherigen Qualifizierungsmaßnahmen in der ostdeutschen Kommunalverwaltung, die er trotz erheblicher Anstrengungen nicht als besonders erfolgreich einschätzt:

> „Auf der einen Seite konnte das Mengenproblem bisher auch nicht ansatzweise bewältigt werden, auf der anderen Seite fehlt es an einem angemessenen Fortbildungskonzept."

Kritisiert wird von dem Autor in diesem Zusammenhang, die mangelnde Verbindung von Fortbildungskonzepten mit anderen personalpolitischen Maßnahmen, die Dominanz einer teilnehmerfixierten „Tonnen-Ideologie" ohne genügende Berücksichtigung von Qualitäts- und Wirksamkeitsaspekten, Auswüchse eines gewissen „Seminartourismus", das Fehlen von maßgeschneiderten Programmen sowie die zu starke inhaltliche Ausrichtung auf kognitive Lerninhalte (vor allem: Rechtswissen), wohingegen auf die Vermittlung von Lernprozessen im Einstellungs- und affektiven Bereich nur selten genügend Wert gelegt wird (*Reichard* 1994c: 393).

4.5 Situation der Kommunalfinanzen in den neuen Ländern

4.5.1 Föderative Finanzbeziehungen vor neuen Herausforderungen

Mit der Wiedervereinigung ist ein Finanzierungsproblem gigantischen Ausmaßes verbunden. Sowohl die historische Bausubstanz, die Neubauviertel als auch die Infrastruktur der Gemeinden (Straßen, Wasser-, Abwasser-, Gas- und Elektroleitungen) in Ostdeutschland sind völlig veraltet. Die notwendigen Investitionen können weder von den Gemeinden selbst und auch nicht durch die neuen Bundesländer aufgebracht werden. Die kommunale Finanzkraft im Osten reicht nicht einmal aus, den laufenden Verwaltungsaufwand der Gemeinden zu bezahlen. Innerhalb des föderalen Bundesstaates ist somit eine vermutlich langfristige In-die-Pflichtnahme von Bund und alten Bundesländern (sowie der reicheren westdeutschen Gemeinden) unvermeidlich, wobei die westdeutschen Bundesländer der Versuchung ausgesetzt sind, sich durch Kürzung der Finanzausgleichsmasse an ihren eigenen Gemeinden schadlos zu halten (*Wehling* 1994a: 14).

Grundzüge des föderalen System

Die spezifische Regelung der föderativen Finanzbeziehungen (Finanzverfassung, Finanzausgleich) zählt neben der vertikalen Gliederung in Bund, Ländern und Gemeinden, der spezifischen Verteilung der staatlichen Aufgaben auf diese Ebenen, der Politikverflechtung, der Tendenz zur sachlichen Unitarisierung (Gebot der „Einheitlichkeit der Lebensverhältnisse") sowie der formellen und informellen Mitwirkung der Länder an gesamtstaatlichen Entscheidungen zu den Hauptmerkmalen des föderativen Systems der Bundesrepublik (*Mading* 1993: 311).

Angesichts dieser Zuständigkeitsverteilung im föderativen Bundesstaat war nach der Entscheidung für den einzuschlagenden Weg, der zur Herstellung der staatlichen Einheit der beiden deutschen Staaten führen sollte, rasch absehbar, daß die Finanzierung des Prozesses der deutschen Einheit nachhaltige Folgen für das System der vertikalen föderativen Finanzbeziehungen sowohl zwischen den einzelnen Ebenen als auch horizontal auf Länder- und Kommunalebene zwischen Ost und West haben muß.

Grundmodell zur Heranziehung der öffentlichen Hände an der Finanzierung zur deutschen Einheit

Die Finanzsituation in den ostdeutschen Kommunen wird ganz wesentlich von den Regelungen beeinflußt, die im Rahmen des ersten Staatsvertrages und des Einigungsvertrages getroffen worden sind. Nach zügigen Verhandlungen zwischen Bund und Ländern sowie zwischen Bund und DDR wurde am 16.5.1990 eine Bund-Länder-Absprache getroffen, die als Basis für den ersten Staatsvertrag diente und inhaltlich bewirkte, daß primär die Interessen der West-Länder befriedigt wurde. *Mading* (1993: 316) spricht davon, daß mit dieser ursprünglichen Regelung eine ungewöhnlich weitgehende Schonung der Länderfinanzen im Übergangsprozeß ausgehandelt wurde.

Beim Aufbau der kommunalen Selbstverwaltung in Ostdeutschland kommt Bund und Ländern also sowohl was finanzierende wie auch rahmensetzende Funktionen angeht eine erhebliche Bedeutung zu. Folge davon ist, daß zunächst einmal die ostdeutschen Kommunen und Länder in eine ausgeprägte Abhängigkeit von der Finanzpolitik des Bundes geraten. Darüber hinaus alimentieren aber die West-Länder im Rahmen des Länderfinanzausgleichs die neuen Bundesländer. In dieser Situation entstand eine neue strategische Situation innerhalb des deutschen Föderalismus, insofern eine Koalitionsbildung zwischen den „armen" ostdeutschen Ländern und dem Bund gegenüber den „reichen" Altbundesländern quer zu parteipolitischen Lagergrenzen möglich wurde. Das kann zum einen eine deutliche Stärkung der Bundesebene innerhalb föderativer Entscheidungsprozesse bewirken. Andererseits werden hierdurch trotz der Bedingungen einer finanziellen Abhängigkeit von Bundesmitteln für die Regierungen der neuen Bundesländer zumindest gewisse politische Gestaltungsspielräume ermöglicht (*Backhaus-Maul/Olk* 1993: 305).

Kritik der Kommunalvertreter

Entsprechend der Tatsache, daß die Kommunen im deutschen Föderalismus staatsrechtlich nicht als eigenständige Politikebene gelten, saßen bei den Verhandlungen zu diesen beiden Verträgen auch keine Vertreter der Kommunen und ihrer Spitzenverbände am Verhandlungstisch. Die kommunale Nicht-Beteiligung schlug sich nach Ansicht von Hanns *Karrenberg* (1993: 289) , der zusammen mit Engelbert *Münstermann* für den jährlich erscheinenden Gemeindefinanzbericht des Deutschen Städtetages verantwortlich ist, aus Sicht von Kommunalvertretern dann auch in unbefriedigenden Regelungen der Kommunalfinanzen in diesen beiden Verträge nieder. Obwohl in den beiden Verträgen die bisherigen Regelungen für die westdeutschen Kommunalfinanzen einfach für die neuen Länder übernommen wurden, gelangte man damit auf der Einnahmenseite zu völlig anderen Ergebnissen: Den weitaus größten Teil des Steueraufkommens in Ostdeutschland erhält der Bund (so fließen das Aufkommen der Umsatzsteuer zu 65% und der Verbrauchssteuern wie Tabak-, Brandwein-, Mineralölsteuer zum größten Teil oder ganz dem Bund zu). Gerade diese „gemeindefeindliche" Wirkung der Finanzregelung des Einheitsvertrages wurde von kommunaler Seite naheliegender Weise als Konstruktionsfehler heftig kritisiert. Insgesamt sahen Kommunalvertreter die Finanzausstattung der ostdeutschen Kommunen zunächst als völlig unzureichend an (Ebd. S. 289). Die wesentlichen Unterschiede der ostdeutschen im Vergleich zu westdeutschen Gemeinden liegt darin, daß erstere noch auf absehbare Zeit nur über eine völlig unzureichende Steuerkraft verfügen werden, während in Westdeutschland Steuereinnahmen die Haupteinnahmequelle der Kommunen bilden. Das bewirkt in der Folge eine bleibende, außerordentlich hohe Abhängigkeit der ostdeutschen Kommunen von Zuweisungen des Bundes und der Länder im Rahmen des Finanzausgleichs.

Föderaler Finanzausgleich zu Gunsten Ostdeutschlands

Gegenüber der ursprünglichen Regelung der ostdeutschen Kommunalfinanzen haben sich im Laufe der folgenden Jahre einige wichtige Veränderungen ergeben, die darauf abzielten, die Lage der Kommunalfinanzen zu verbessern (*Karrenberg* 1993: 289).

Bereits Anfang 1991 trafen die Ministerpräsidenten der Länder die Entscheidung, die Umsatzsteuerverteilung unter den Ländern neu zu regeln. Der kommunale Anteil an den zusätzlichen Umsatzsteuereinnahmen der neuen Länder nach dem Wegfall der Stufenregelung des Einigungsvertrages durch die Ministerpräsidentenbeschlüsse vom 28. Februar 1991 ist dagegen recht gering (1991: 0,95 Mrd., 1992: 0,9 Mrd., 1993: 0,8 Mrd., 1994: 0,7 Mrd.).

Als Ergebnis langwieriger Verhandlungen erbrachte der gemeinsame Beschluß der Ministerpräsidenten mit dem Bundeskanzler vom 28. Februar 1991 eine Einigung darüber, daß die neuen Bundesländer künftig 100% der Mehrwertsteuer pro Kopf erhalten. Im gleichen Jahr verzichtete der Bund auf seinen 15-%igen Anteil am Fonds „Deutsche Einheit", was ebenfalls positive Auswirkungen auf die Finanzsituation der ostdeutschen Kommunen hatte. Diese Beschlüsse allein bewirkten ein zusätzliches Transfervolumen von 5,2 Mrd. DM zugunsten der Gemeinden.

Zudem wurde am 6. März 1991 das „Gemeinschaftswerk Aufschwung Ost" mit Finanzhilfen des Bundes für kommunale Investitionen mit einem Volumen von zweimal 12 Mrd. DM für 1991 und 1992 eingerichtet. Die großen Defizite, die 1991 in den Haushaltsplanungen der Kommunen ablesbar waren, konnten daraufhin im Rahmen von Nachtragshaushalten deutlich reduziert werden. Nach heftigen vorangegangen Debatten wurde im Bundesrat am 14.2.1992 mit den Stimmen von Brandenburg und Berlin schließlich mehrheitlich eine Aufstokkung des Fonds „Deutsche Einheit" um 5,9 Mrd. DM im Jahr 1992 sowie um 11,5 und 13,9 Mrd. DM in den beiden nachfolgenden Jahren beschlossen. Die konkrete Verteilung der Strukturhilfe wurde für die Jahre ab 1992 zunächst offen gelassen. Im Gegenzug sagten die West-Länder eine längere, intensivere Verwaltungshilfe zu. Die neuen Ost-Länder gingen im Gegenzug dafür die Verpflichtung ein, den Personalabbau zu forcieren, wobei grob davon ausgegangen wird, daß rund die Hälfte der vor der Wende bestehenden Stellen im öffentlichen Ostdeutschlands mittelfristig abzubauen sind. Darüberhinaus haben sich die neuen Länder noch einmal ausdrücklich zu einer sparsamen Verwaltungsführung verpflichtet (*Milbrath* 1993: 283).

Verteilungsrelation zwischen Ländern und Gemeinden bei der Finanzierung der deutschen Einheit

Das Grundmodell zur Heranziehung der öffentlichen Hände an der weiteren Finanzierung zur deutschen Einheit sieht so aus, daß sich Bund und Länder auf Steuererhöhungen zur Finanzierung dieser Ausgaben verständigt haben (die vor allem den Bund entlasten), auf gesetzliche Einsparungen sowie auf eine Erhöhung des Finanzierungsdefizits, das letztlich durch Kredite oder weitere Ausgabenkürzungen gedeckt werden soll (*Recker* 1994: 82). Ab 1995 ordnet das „Gesetz über die Umsetzung des Föderalen Konsolidierungsprogramms" (FKPG) die Finanzbeziehungen im Bundesstaat und zieht dann erstmals die neuen Länder in den Finanzausgleich mit ein. An die Stelle der Leistungen aus dem Fonds „Deutsche Einheit" treten Transfers aus Westdeutschland nach Maßgabe der Ergebnisse des Solidarpaktes. Die Kompetenzregelung der Finanzierungsbeiträge der westdeutschen Kommunen, die von ihnen seitens „ihrer" Länder verlangt werden, liegt dann bei den Ländern selbst. Dabei ist es den Ländern gelungen, in das FKPG eine bundesgesetzliche Regelung einzubauen, auf die sie sich in den nicht konfliktfreien Verhandlungen mit den Kommunen berufen können.

Sieht man sich die vertikalen Verteilungsrelation zwischen Ländern und Gemeinden genauer an, so fällt zunächst auf, daß die Länder einen großen Teil der ihren zugewiesenen Lasten ab 1995 auf ihre Kommunen abzuwälzen suchen. Dies geschieht einmal durch eine bundesgesetzliche Erhöhung der Gewerbesteuerumlage um 3,3 Mrd. DM sowie zum anderen durch weitere Kürzungen im Rahmen des kommunalen Finanzausgleichs. Darüberhinaus tragen die westdeutschen Kommunen 40% der Aufstockung des Fonds „Deutsche Einheit" in den Jahren 1993 und 1994 mit, was ebenfalls durch eine Anhebung der Gewerbesteuerumlage und Kürzungen im Finanzausgleich finanziert werden soll. Schließlich wurde die Gewerbesteuerumlage 1994 um eine weitere Mrd. DM erhöht, um die finanziellen Auswirkungen des Standortsicherungsgesetzes auf die verschiedenen gebietskörperschaftlichen Ebenen gleichmäßiger verteilen zu können (*Recker* 1994: 82). Für 1993 und 1994 wurde der Fonds „Deutsche Einheit" um noch einmal 3,7 und 10,7 Mrd. DM aufgestockt und entgegen der ursprünglich vorgenommenen Kreditfinanzierung nunmehr durch Bareinzahlungen finanziert; die alten Fondsfinanzierungsregeln blieben erhalten (*Karrenberg/ Münstermann* 1994).

Tabelle 7: Kommunalfinanzen 1992 bis 1994 in den neuen Ländern[λ]

Einnahmen/ Ausgaben	1992	1993	1994	1992	1993	1994	1992	1993	1994
	Mrd. Mark			DM je Einwohner			% des Westniveaus		
Einnahmen	49,32	53,80	56,80	3.427,04	3.738,34	3.925,95	98,2	102,7	106,6
davon:									
Steuern	4,03	5,00	5,80	280,03	347,43	403,02	20,9	25,9	30,1
Gebühren	4,22	4,90	5,20	293,23	340,48	361,33	60,3	64,8	64,9
Laufende Zuweisungen von Land und Bund	21,53	23,20	24,00	1.496,03	1.612,07	1.667,66	188,5	185,5	191,1
Investitionszuweisungen von Land und Bund	9,43	9,00	9,00	655,25	625,37	625,37	318,2	303,9	316,6
Sonstige Einnahmen	10,11	11,70	12,50	700,50	812,98	868,57	106,0	116,2	120,5
Ausgaben	56,76	59,30	62,00	3.944,02	4.120,51	4.308,12	108,1	108,0	112,2
davon:									
Personal	19,95	19,50	19,50	1.386,24	1.354,97	1.354,97	144,9	137,2	135,8
Sachaufwand	10,29	10,80	11,30	715,01	750,45	785,19	108,8	109,8	112,8
Soziale Leistungen	4,10	6,00	8,00	284,89	416,92	555,89	44,3	56,9	71,1
Sachinvestitionen	18,31	18,50	18,00	1.272,29	1.285,49	1.250,75	166,2	109,8	112,8
Sonstige Ausgaben	4,11	4,50	5,20	285,59	312,69	361,33	60,9	61,9	70,8
Finanzierungssaldo	-7,44	-5,50	-5,50	-516,97	-382,17	-382,17	X	X	X

1993 und 1994 Schätzung der Bundesvereinigung der kommunalen Spitzenverbände, ohne Krankenhäuser, ohne besondere Finanzierungsvorgänge

Quelle: Karrenberger/Münstermann 1994b: 141

Tabelle 8: Föderales Konsolidierungsprogramm. Fonds „Deutsche Einheit" und Neuordnung des bundesstaatlichen Finanzausgleichs 1993-1997: Mehreinnahmen neue Länder in Mio. DM

	1993	1994	1995	1996	1997
Fond „Deutsche Einheit"					
- insgesamt (Länder und Kommune)	35.205	34.600			
- davon Kommunen (ohne Berlin)	12.926	12.696			
- davon Aufstockung insgesamt	3.705	10.700			
– davon für Kommunen (ohne Berlin)	1.359	3.925			
Neuordnung Finanzausgleich					
- Länder und Kommunen (o. Berlin)			43.140	45.100	46.200
– davon Kommunen (40 %)			17.256	18.040	18.480
- Investititionshilfen (o. Berlin)			5.340	5.340	5.340
– davon Kommen (50 %)			2.670	2.670	2.670
Summe neue Länder	35.205	34.600	48.480	50.440	51.540
Summe neue Kommunen	12.926	12.696	19.926	20.710	21.150

Tabelle 9: Föderales Konsolidierungsprogramm. Fonds „Deutschen Einheit" und Neuordnung des bundesstaatlichen Finanzausgleichs 1993-1997: Mindereinnahmen neue Länder in Mio. DM

	1993	1994	1995	1996	1997
Fondsaufwendungen					
- insgesamt (Länder und Kommunen)	5.825	9.850	6.850	6.850	6.850
– davon Kommunen 40 % (o. Berlin)	2.250	3.800	2.650	2.650	2.650
Neuordnung Finanzausgleich					
- Länder und Kommunen insgesamt			15.070	14.400	14.500
– davon Kommunen 40 % (o. Berlin)			6.028	5.760	5.800
Summe alte Länder und Kommunen	5.825	9.850	21.920	21.250	21.350
Summe alte Kommunen	2.250	3.800	8.678	8.410	8.450

Quelle: (Tab. 8 und 9): Recker 1994: 80

4.5.2 Entwicklung der Einnahmen ostdeutscher Kommunen

Steuerentwicklung in ostdeutschen Kommunen

Obgleich die *Gewerbesteuer* auch in den neuen Ländern von Anfang an das volle Hebesatzrecht, ebenso wie die Grundsteuer, erhielt, blieb die Gewerbeertragssteuer dort zunächst eine sehr unergiebige kommunale Einnahmenquelle, die 1991 je Einwohner nicht einmal sechs Prozent der westdeutschen Gewerbesteuereinnahmen erreichte, um bis 1993 dann auf rd. 15% des westdeutschen Niveaus anzusteigen. Als Gründe werden hierfür zum einen die bekannte Ertragsschwäche der ostdeutschen Wirtschaft genannt, zum anderen aber auch die Steueränderungsgesetze von 1991 und 1992, die mit sich brachten, daß in den neuen Ländern bis 1994 die Erhebung der Gewerbekapitalsteuer – und damit die gewinnunabhängigen Bestandteil der Gewerbesteuer – ausgesetzt wurde (*Karrenberg/Münstermann* 1994: 207).

Während der *Gemeindeanteil an der Einkommensteuer* zur zweitwichtigsten Steuereinnahmequelle der westdeutschen Gemeinden geworden ist, gilt auch für diese Steuer – obgleich sie in den neuen Ländern die Bedeutung der Gewerbesteuereinnahmen bei weitem übersteigt –, daß sie 1991 nur 12% des westdeutschen Niveaus erreichte. Bis 1993 hatte sich dieser Anteil auf immerhin 36% des westdeutschen Niveaus erhöht. (Zudem ist man im Einigungsvertrag von den in Westdeutschland geltenden horizontalen Verteilungsregeln abgewichen und hat sich – zulasten der großen und größeren Städte – zumindest bis 1996 für eine Verteilung nach der einfachen Einwohnerzahl entschieden). Erwartet wird von *Münstermann/Karrenberg* (1994) 207f.), daß sich infolge der „Dynamik der Lohnsteuer das wohnsitzbezogene Element, der Gemeindeanteil an der Einkommensteuer, wesentlich besser entwickeln (wird, R.K.) als das wirtschaftsbezogene Element, die Gewerbesteuer".

Die *Grundsteuer*, die in Westdeutschland die drittwichtigste Steuerquelle der Gemeinden darstellt, konnte in Ostdeutschland wegen des weitgehenden Fehlens von Einheitswerten gar nicht erhoben werden. Stattdessen gibt es dort eine Ersatzbemessungsgrundlage. 1993 war bei den Grundsteuer-Einnahmen 53% des westdeutschen Pro-Kopf-Niveaus erreicht worden.

Das Grundproblem der Entwicklung der Finanzausstattung ostdeutschen Länder und Kommunen scheint in diesem Zusammenhang vor allem darin zu liegen, „daß ihre Steuerkraft in Anbetracht des wirtschaftlichen Rückstandes bei heutiger Finanzverfassungsrechtlage dauerhaft geschwächt bleiben müßte" (*Seibel* 1993: 493). 1993 hatten die Steuereinnahmen im Osten erst ein Viertel des westdeutschen Pro-Kopf-Niveaus erreicht.

Neben Steuern stellen Gebühren die zweitwichtigste eigene Einnahmequelle Gebührenentwicklung
der westdeutschen Kommunen dar. In Ostdeutschland hat diese Einnahmequelle
für die Kommunen wegen ihrer gerade beschriebenen Steuerschwäche eine besondere große Bedeutung erlangt. Allerdings waren mit noch nicht einmal 3
Mrd. DM die kommunalen Gebühreneinnahmen in den neuen Ländern 1991
noch vergleichsweise gering, stiegen bis 1993 jedoch schon auf 5 Mrd. DM an.
Das inzwischen in Westdeutschland weitgehend erreichte Vollkostendeckungs-
Prinzip (vor allem in den Bereichen Abwasser- und Abfallbeseitigung) ließ sich
in Ostdeutschland nicht sofort realisieren. Allerdings bemühten sich die ostdeutschen Kommunen darum, vorhandene Gebührenspielräume relativ stark auszuschöpfen. So drehten auch die ostdeutschen Gemeinden – bei tatkräftiger Unterstützung seitens ihrer Partnerstädte – rasch an der „Gebührenschraube", selbst
wenn es in den meisten Städten und Gemeinden zunächst noch nicht zur Verabschiedung der notwendigen Kommunalabgabengesetze gekommen war.

Nach dem Einigungsvertrag fließen den ostdeutschen Städten, Gemeinden Kommunaler
Finanzausgleich
und Kreisen ein Anteil von mindestens 20% sowie von den Mitteln des Fonds
„Deutsche Einheit" ein Anteil von 40% zu. Die Beteiligung der Kommunen an
den Steuereinnahmen der neuen Länder wurde ebenfalls schon im Einigungsvertrag geregelt. Er legte fest, daß die neuen Länder – abweichend von der finanz-
verfassungsrechtlichen Regelung des Art. 106 Abs. 77 GG – mindestens 20% ihrer eigenen Steuereinnahmen (Länderanteil am Gesamtaufkommen der Gemein-
schaftssteuern und Gesamtaufkommen der Landessteuern) an die Kommunen
weiterzugeben haben. Angesichts der schwierigen Rahmenbedingungen sowie
einer nur lückenhaften und weitgehend unsicheren Datenbasis griffen die neuen
Ländern zunächst auf vereinfachte Finanzausgleichsmodelle nach westdeutschem Grundmuster zurück. Weitere klassische Zielsetzungen des kommunalen
Finanzausgleichs traten demgegenüber weitgehend in den Hintergrund (*Karren-
berg/Münstermann* 1994: 209).

Zur Hauptfinanzierungsquelle der ostdeutschen Kommunen wurde für die Kommunaler Anteil am
Fonds „Deutsche Einheit"
als Hauptfinanzierungs-
quelle
im Einigungsvertrag vorgesehene Übergangsfrist bis zum Ende des Jahres 1994
jedoch zunächst ihr Anteil am Fonds „Deutsche Einheit". Nach Auslaufen des
Fonds sind die neuen Länder seit 1995 voll in den reformierten bundesstaatlichen Finanzausgleich einzubeziehen. Nach der ursprünglichen Konstruktion
des Fonds sollten dessen Jahresleistungen bis 1994 sukzessive sinken. Hiergegen
protestierten insbesondere die ostdeutschen Vertreter und die kommunalen Spitzenverbände. Zwischenzeitliche Aufstockungen haben den ursprünglich geplanten Rückgang der Fondsleistungen weitgehend kompensiert. Im Einigungsvertrag war festgelegt worden, daß die Kommunen 40% vom Länderanteil dieses
Fonds bekommen. Das ursprünglich damit verbundene kommunale Finanzvolumen von 11 Mrd. DM wurde schon 1991 durch den 15-%igen Anteilsverzicht
des Bundes noch einmal um zwei Mrd. DM aufgestockt.

Vergleichsweise bescheiden nehmen sich gegenüber den Zuweisungen aus
dem „Fonds Deutsche Einheit" mit 4 Mrd. DM die Erträge aus dem Steuerverbund
mit den Ländern im gleichen Jahr aus. Zunächst waren nur drei der neuen Länder
bereit, über die im Einigungsvertrag festgelegte Mindestverbundquote von 20 Prozent hinauszugehen (Thüringen und Sachsen-Anhalt: 23%, Sachsen: 21%).

Im bisherigen Bundesgebiet entfallen auf die Kommunen etwa zwei Drittel Investitionsprogramme
des Bundes
der gesamten öffentlichen Investitionstätigkeit. Staatliche Investitionszuweisun-

gen als Finanzierungsquelle sind Grundvoraussetzung für dringende Investitionen im Bereich der kommunalen Infrastruktur. Ursprünglich legte der Bund hier eine größere Zurückhaltung an den Tag. *Karrenberg* (1993: 296) spricht davon, daß der Bund eine Förderung kommunaler Investitionen in den neuen Ländern durch verlorene Zuschüsse ablehnte und stattdessen sich mit Kreditprogrammen bei gleichzeitig vom Bund subventionierten Kreditkonditionen begnügte. Gegen diesen eher restriktiven Kurs wandte sich die kommunale Lobby in Bonn mit Erfolg. Inzwischen nutzt der Bund die im Grundgesetz ihm ermöglichten Finanzhilfen nach Art. 104a Abs. 4, wonach der Bund unter bestimmten Bedingungen für besonders bedeutsame kommunale Investitionen Finanzhilfen gewähren kann. Dies geschah durch Einrichtung des „Gemeinschaftswerk Aufschwung Ost", für die der Bund allein für 1991 Mittel in Höhe von 5 Mrd. DM zusagte, die pauschal nach Maßgabe der Einwohnerzahl für kommunale Investitionen bereitgestellt wurden. Daneben enthielt das „Gemeinschaftswerk Aufschwung Ost" weitere investiven Zweckzuweisungen, die teilweise zumindest den kommunalen Bereich tangierten (Verkehrsfinanzierung, Städtebau, Umweltschutz-Sofortinvestitionen).

4.5.3 Entwicklung der Ausgaben ostdeutscher Kommunen

Kommunale Ausgabenstruktur

Insgesamt beliefen sich die Ausgaben der Kommunen in den neuen Ländern im ersten Jahr der Einheit (1991) auf 43,3 Mrd. DM. Umgerechnet auf einen Pro-Kopf-Betrag entsprach dies 87% des Ausgabenniveaus westdeutscher Kommunen. 1993 haben die Kommunen der neuen Länder insgesamt neun Milliarden mehr ausgegeben, als sie eingenommen haben. Vergleicht man die laufenden Zuweisungen an die ostdeutschen Kommunen mit denen im Westen, so lagen sie 1993 bei über 185% des Westniveaus. Im Falle der kommunalen Investitionszuweisungen, die 1993 immerhin 18 Mrd. DM umfaßten, lag die entsprechende ostdeutsche Relation bei 174% des Westniveaus.

Personalausgaben

Auf der Ausgabenseite der ostdeutschen Kommunen nahmen schon 1991 die Personalausgaben mit 15,4 Mrd. DM den Spitzenrang ein. Betrachtet man die Personalausgaben im Vergleich zu Westdeutschland, fällt auf, daß die Personalkosten je Einwohner (1.041 DM) trotz des sehr viel niedrigen Tariflohnsystems (40-50% des westdeutschen Niveaus, das bis Mitte 1993 auf 80% stufenweise angehoben worden war) schon etwa auf dem Niveau der westdeutschen Personalausgaben lagen und prozentual gesehen sogar einen höheren Anteil an den Gesamtausgaben der Kommunen ausmachten. Aus Umfragen des Deutschen Städtetages ging hervor, daß der Gesamtpersonalbestand, der sich 1991 in den ostdeutschen Kommunalhaushalten niedergeschlagen hat, in Relation zur Einwohnerzahl etwa doppelt so hoch war wie der in westdeutschen Kommunen. 1993 beliefen sich die Personalausgaben auf knapp 20 Mrd. DM und lagen damit noch immer bei rd. 137% des Westniveaus (gemessen nach Pro-Kopf-Beträgen). Dies ist aber zum Teil darauf zurückzuführen, daß die ostdeutschen Kommunalhaushalte noch immer Personalausgaben für Aufgaben enthalten, die sich wie z.B. im Falle von Kindertageseinrichtungen in westdeutschen Kommunalhaushalten nicht oder nicht brutto niederschlagen. Auch ist die Personalausstattung kultureller Einrichtungen in den ostdeutschen Kommunen zunächst vergleichsweise hoch geblieben. Entlassungen, Kündigungen von Arbeitnehmern, Übertragungen von Einrichtungen auf freie Träger sowie Ausgliederungen aus dem Haushalt haben seither den Personalabbau zwar forciert, dennoch bleiben die hohen Personalkosten Anlaß für dramatische Klagen.

Die Dramatik der Personalkostenentwicklung geht aus einem Bericht der Süddeutschen Zeitung vom 17.12.1993 hervor, in dem Elmar zu *Bonsen* die bedrohliche Lage der ostdeutschen Kommunen beschrieben hat:

> In Potsdam und Leipzig fressen allein die Personalkosten fast die Hälfte des Verwaltungshaushalts auf. Die meisten Städte reagieren nun mit hektischen Sanierungsprogrammen: Hoch im Kurs stehen – zumindest verbal – ‚massiver Stellenabbau‘ und ‚eisernes Sparen‘. Die eine Kommune schließt Theater und Hallenbäder, die andere verkauft ihre Anteile an den Stadtwerken. Den Städten und Gemeinden bleibt gar nichts anderes mehr übrig, als Leistungen gleich reihenweise zu streichen. Mehr aus Ratlosigkeit denn aus Überzeugung werden zudem Gebühren angehoben" (abgedruckt in: Informationen zur politischen Bildung, Heft 242: 13).

Westdeutsches Niveau hatten schon bald auch die Ausgaben für den laufenden Sachaufwand erreicht und ab 1993 übertroffen (110% des Westniveaus nach Pro-Kopf-Beträgen). Dagegen lag und liegt das Niveau der Sozialhilfeausgaben in den ostdeutschen Kommunen noch erheblich unter dem in Westdeutschland, wenngleich sich allein zwischen 1992 und 1993 eine Steigerung dieser Relation von 44% auf 57% ergab). Allerdings steht hier in den kommenden Jahren ein starkes Wachstum infolge der sich mindestens für einige Jahre abzeichnenden, strukturell hohen Arbeitslosigkeit in Ostdeutschland zu erwarten (*Karrenberg/ Münsterberg* 1994: 210).

Laufender Sachaufwand

Zur Finanzierung kommunaler Ausgaben in Ostdeutschland waren für 1991 in die Landeshaushalts-Planungen (einschl. der Bundesmittel) Finanzzuweisungen in Höhe von rund 33 Mrd. DM eingestellt worden. Damit lagen die Pro-Kopf-Zuweisungen an die Kommunen in Ostdeutschland mit rd. 2.200 DM mehr als doppelt so hoch wie die entsprechenden Zuweisungsbeträge in den alten Ländern (knapp 1.000 DM). Wegen der vergleichsweise hohen Zuweisungen vom Bund und von den ostdeutschen Ländern erreichten die Gesamteinnahmen der ostdeutschen Kommunen trotz der geringen Höhe eigener Einnahmen aus Steuern und Gebühren 1991 immerhin schon 92% des westdeutschen Niveaus und lagen 1993 erstmals über den Pro-Kopf-Beträgen westdeutscher Kommunen (*Karrenberg* 1993: 301; *Karrenberg/Münstermann* 1994). Unter Bedarfsgesichtspunkten wie unter politischen Zielvorstellungen („Ausgleich unterschiedlicher Wirtschaftskraft im Bundesgebiet") halten Kommunalvertreter auf Jahre hinaus noch erheblich höhere Investitionen für den Auf- und Ausbau der ostdeutschen kommunalen Infrastruktur für notwendig und gerechtfertigt (*Karrenberg/Münstermann* 1994: 210).

Kommunale Investitionsausgaben

Obwohl im gleichen Jahr für *Kommunalinvestitionen* insgesamt immerhin knapp 17 Mrd. DM von Bund und Ländern zur Verfügung gestellt worden waren – nachdem das Zuweisungssystem wie gezeigt entscheidend nachgebessert worden war –, konnten aufgrund zahlreicher Investitionshemmnisse innerhalb der Kommunen selbst (und aufgrund von Verzögerungen bei der Umsetzung durch die Fachressorts der Länder) 1991 insgesamt nur rd. 12 Mrd. DM für Sachinvestitionen verausgabt werden (davon entfielen rd. 10 Mrd. DM allein auf Bauinvestitionen).

305

Wegen der starken Nutzung des 1991 für ostdeutsche Kommunen aufgelegten Kommunalkreditprogramms (Antragsvolumen: über 14 Mrd. DM; Kreditzusagen: 11,7 Mrd. DM; ausgezahlte Kredite: 7,4 Mrd. DM) erreichten die Pro-Kopf-Schulden der ostdeutschen Kommunen bereits fast die 1.000 DM/Einwohner-Marke.

4.5.4 Entwicklung der Einnahmen und Ausgaben der Kreise

Die Finanzsituation der ostdeutschen Kreise hat sich vor allem als Folge einer überraschend hohen Zunahme der laufenden Einnahmen bis zum Jahre 1993 günstiger entwickelt, als dies ursprünglich erwartet wurde. So wuchs allein die *Kreisumlage* wegen der hohen Zuwächse der Einnahmen der kreisangehörigen Gemeinden aus Steuern und Zuweisungen um mehr als 20%. Auch die *staatlichen Zuweisungen* an die ostdeutschen Kreise nahmen in Verbindung mit der neuerlichen Aufstockung des Fonds „deutsche Einheit" 1993 um weitere 8,2% zu. Noch höhere Zuwachsraten (16,3%) erzielten die Kreise 1993 bei *den eigenen Gebühren- und Erwerbseinnahmen* (*Recker* 1994: 80).

Allerdings relativiert sich der positive Eindruck von der Entwicklung der Kreisfinanzen in Ostdeutschland, wenn man die Einnahmen in Bezug zur Entwicklung der Aufgaben setzt: So lag das Wachstum der laufenden Ausgaben bei 15,8% und damit fast doppelt so hoch wie zu Jahresanfang prognostiziert. Allein die Ausgaben im Bereich der Sozialleistungen stiegen mit 54% doppelt so stark wie erwartet. Ebenfalls steigende Tendenz wiesen Zahlungen an den öffentlichen Bereich sowie Zinsausgaben auf. Obwohl die ostdeutschen Kreise bereits in der zweiten Hälfte des Jahres 1992 einen kräftigen Personalabbau vorgenommen hatten, von dem etwa ein Viertel aller Stellen betroffen war, konnten die *Personalausgaben* nur leicht um 1,4% gesenkt werden.

Eine Steigerung der *Investitionstätigkeit* der Kreise fand 1993 nicht statt, obwohl die ostdeutschen Kommunen in jenem Jahr vom Bund noch einmal eine kommunale Investitionspauschale von rund 1,5 Mrd. DM erhielten. Für diese Entwicklung werden zwei Gründe benannt: Einerseits haben die Kreise einen Teil ihrer Mittel an kreisangehörige Gemeinden weitergeleitet. Andererseits haben die neuen Bundesländer die zusätzlichen Bundesmittel schlichtweg genutzt, um ihrerseits entsprechende Investitionsfördermittel, die im eigenen Haushalt bereitgestellt waren, einzusparen (*Recker* 1994: 83).

4.5.5 Entwicklung der Vermögenssituation der Kommunen

Zu einer umfassenden Beurteilung der Finanzausstattung der ostdeutschen Kommunen gehört schließlich auch die Berücksichtigung der kommunalen Vermögenssituation, die nachfolgend für den Bereich des Verwaltungs- und Finanzvermögens exemplarisch erörtert werden soll (also die Verwertung der Treuhand-Liegenschaften aus Platzgründen ebenso außen vorläßt wie eine nähere Erörterung der Restitutions-Problematik). Die Vermögenssituation der ostdeutschen Kommunen wird von *Seibel* (1993: 494) prägnant so zusammengefaßt:

„Diese Situation ist dadurch gekennzeichnet, daß die Kommunen das, was sie gerne haben würden, nicht ohne weiteres bekommen, aber das, was ihnen der Einigungsvertrag an Altlasten zugewiesen hat, gerne wieder loswerden würden. Das eine betrifft die Ver- und Entsorgungsbetriebe, das andere die Wohnungswirtschaft".

Gesetzliche Regelungen

Bereits in § 1, Absatz 1, Satz 3 des Treuhandgesetzes vom 17.6.1990 war neben der in Satz 1 ausgeführten Verpflichtung, das volkseigene Vermögen zu privati- sieren, die Zusatzformulierung aufgenommen worden, daß das volkseigene Ver- mögen „in durch Gesetz bestimmten Fällen Gemeinden, Städten, Kreisen und Ländern sowie der öffentlichen Hand übertragen werden" kann. Dabei soll volkseigenes Vermögen, das kommunalen Aufgaben und kommunalen Dienst- leistungen dient, per Gesetz auch den Gemeinden und Städten übertragen wer- den. Auf dieser Grundlage formulierte in enger Anlehnung wenig später, am 6.7.1990, das neue Kommunalvermögensgesetz der DDR, daß volkseigenes Vermögen, das kommunalen Aufgaben und kommunalen Dienstleistungen dient, Städten, Gemeinden und Landkreisen kostenlos übertragen wird. Schließlich nahm am 3.10.1990 der Einigungsvertrag in Artikel 21 („Verwaltungsvermö- gen") eine Verteilungsregelung auf, die festlegt, wem welche Teile des öffentli- chen Vermögens der DDR zuzuweisen sind:

> „Das Vermögen der Deutschen Demokratischen Republik, das unmittelbar Verwaltungs- aufgaben dient (Verwaltungsvermögen), wird Bundesvermögen, sofern es nicht nach seiner Zweckbestimmung am 1. Oktober 1989 überwiegend für Verwaltungsaufgaben bestimmt war, die nach dem Grundgesetz von Ländern, Gemeinden (Gemeindeverbände) und sonstigen Trägern öffentlicher Verwaltung wahrzunehmen sind. (...) Soweit Verwal- tungsvermögen nicht Bundesvermögen gemäß Absatz 1 wird, steht es mit Wirksamwer- den des Beitritts demjenigen Träger öffentlicher Verwaltung zu, der nach dem Grundge- setz für die Verwaltungsaufgaben zuständig ist".

Regelung der Flut von Kommunalisierungs- anträgen

Unmittelbar nach Inkrafttreten des Einigungsvertrages wurde die Treuhandan- stalt mit einer wahren Flut von Kommunalisierungsanträgen überschüttet. Be- reits im März 1991 lagen rd. 60.000 derartiger Anträge bei der Treuhandanstalt vor (*Schöneich* 1992: 119). Zudem waren viele Kommunen aufgrund der Formu- lierung „es steht mit Wirksamwerden des Beitritts... zu" der naheliegenden, aber irrigen Fehlannahme aufgesessen, daß mit dieser Bestimmung bereits eine ge- setzliche Eigentumsübertragung stattgefunden habe und der Treuhandbeschluß diese nur noch deklatorisch nachvollziehen müsse (Ebd. S. 119). Vor dem Hinter- grund der ostdeutschen Antragsflut zur Kommunalisierung verabschiedete der Deutsche Bundestag am 21.3.1991 das sog. Vermögenszuordnungsgesetz (VZOG). Es umfaßte eine neue Verfahrensregelung, die für die Mehrzahl der kommunalen Anträge nunmehr die Oberfinanzdirektionen als zuständige Stellen einsetzte. Als Bundesbehörde blieb die Präsidentin der THA nur für jene Kommunalisierungs- anträge weiter zuständig, die sich auf Vermögensgegenstände bezogen, die wei- terhin im Eigentum der THA waren oder von ihr verwaltet wurden. Demgegen- über erhielten die Kommunen von den Oberfinanzdirektionen Bescheide über alle übrigen Verwaltungsvermögensgegenstände.

Problematik der THA- Vermögensgegenstände

Umstritten blieb weiterhin die vermögensrechtliche Situation der THA-Ver- mögensgegenstände. Hieran war § 11 Absatz 2 des Treuhandgesetzes schuld. Es sah zum 1.7.1990 die Umwandlung der im Treuhandbesitz befindlichen Wirt- schaftseinheiten in Aktiengesellschaften oder GmbHs vor. Mit dieser Umwand- lung war aber gleichzeitig ein „Übergang des Vermögens aus der Fondsinhaber- schaft der bisherigen Wirtschaftseinheit sowie des in Rechtsträgerschaft befind- lichen Grund und Bodens" in das Eigentum der neuen Kapitalgesellschaften verbunden. Dies bedeutet mit anderen Worten nichts anderes, als das zum 1.7.1990 – und damit vor Inkrafttreten des Kommunalvermögensgesetzes und des Einigungsvertrages – bereits alle Vermögensgegenstände der volkseigenen Betriebe in das Eigentum der neuen privatrechtlichen Treuhand-Kapitalgesellschaften gefallen waren. Und hierbei handelte es sich u.a. um die für die Kommunen so interessanten Verwaltungsvermögensgegenstände wie Schulen, Kindergärten, Sportstätten, Lehrlingswohnheime, Kulturhäuser, Polikliniken, Gewerbeflächen sowie land- und forstwirtschaftliche Immobilien (z.B. befanden sich rd. 800 der 1.000 Berufsschulen der DDR in VEB-Rechtsträgerschaft, von denen bis Ende 1992 erst 200 den Kommunen rückübertragen worden waren).

Nachträgliche „Rettungstaten"
Schöneich (1992: 120) spricht hier von einer Rabulistik zuungunsten der Rechtsposition der Kommunen, die den Gesetzgeber im Sommer 1991 zu einer weiteren „wenig überzeugenden Rettungstat" (Ebd. S. 120) veranlaßte. Der Bundestags-Rechtsausschuß verständigte sich im Rahmen seiner Beratung über das 2. Vermögensrechtsänderungsgesetz darüber, daß die fehlende Abstimmung zwischen Treuhandgesetz und Einigungsvertrag in Sachen Kommunalvermögen „flexibel" auszugleichen sei, ohne damit aber einen Rechtsanspruch der Kommunen abzuleiten. Vielmehr beschloß der Bundestag am 22.7.1992 eine Ergänzung des VZOG mit der Überschrift „Kommunale Vorhaben" (§ 7a). Es handelt sich nach Ansicht von *Schöneich* (1992: 121) hierbei um eine „komplizierte und mit vielen Einschränkungen versehene Ermächtigungs-Regelung". Die Regelung stellt einen Teil der Übertragung des Kommunalvermögens (Einrichtungen, Grundstücke und Gebäude) in das Ermessen der Präsidentin der THA; es sieht mit anderen Worten also vor, daß Anträge der Kommunen nur nach pflichtgemäßer Ermessensentscheidung im Einzelfall-Verfahren übertragen werden. Zudem schränkt die Regelung die Ansprüche der Kommunen weiterhin dahingehend ein, daß Vermögensübertragungen ausgeschlossen sind, wenn das entsprechende Unternehmen incl. Verwaltungsvermögen bereits von der Treuhand verkauft worden ist oder wenn die Treuhand den zur Übertragung beantragten Vermögensgegenstand für „betriebsnotwendig" erachtet. Damit sind die Kommunen im Rahmen der Vermögensübertragung „nicht mehr Anspruchs-, sondern nur noch Bittsteller. (...) Die Kommunalisierung wird zum Störenfried der Privatisierung und ist aus fiskalischen Gründen unerwünscht, weil sie etwas unentgeltlich weggibt, für das man im Falle der Privatisierung Erlöse erzielen könnte" (*Schöneich* 1992: 121).

Vergleichsweise unproblematischer verlief die Vermögensübertragung dort, wo die Oberfinanzdirektionen zuständig waren. Allerdings stellte sich auch dieser Weg in der Praxis als oft „dornenreich" dar: vielfach war es für die Kommunen sehr schwierig, die notwendigen Unterlagen z.B. über Grundstückszuschnitte nachzuweisen; außerdem waren die OFD bald durch die Vielzahl der Anträge so stark überlastet, daß sich die Verfahrensdauer im Rahmen der Einzelfallübertragungen auf durchschnittlich mehr als ein Jahr erhöhte.

Zwischenbilanz der Vermögensübertragung:
Insgesamt waren nach den Angaben von *Schöneich* (1992: 123) bis zum 31.8.1992 der Treuhand bereits 156.000 Kommunalisierungsanträge zugestellt worden, von denen rd. 108.000 in den Zuständigkeitsbereich der OFD wechselten. Bei den 48.000 verbleibenden THA-Anträgen lag die „Erledigungsquote" bis zum obigen Stichtag bei rd. 25%. Dabei erhielten die Kommunen für rd. 50% ihrer Anträge einen ablehnenden Übertragungsbescheid von der Treuhand. Wie

im TH-Gesetz vorgesehen, endete die Antragsfrist auf Seiten der Kommunen am 30.6.1994.

Die Übernahme des Wohnungsbestandes der ehemaligen Volkseigenen Betriebe und Genossenschaften hat zur Folge gehabt, daß die ostdeutschen Kommunen immense Vermögenslasten tragen müssen. Nach Schätzungen des Deutschen Städtetages betrug allein in diesem Bereich der Schuldenbestand 47 Mrd. DM, was wiederum eine Zinsbelastung von jährlich ca. 5 Mrd. DM für die ostdeutschen Kommunen nach sich zieht. Zwei Gründe sind dafür bestimmend: der hohe Instandsetzungsbedarf sowie die erhebliche Belastung durch Altschulden. Diese Schuldenlast überfordert die Kommunen finanzpolitisch bei weitem. Zudem sind diese wohnungswirtschaftlichen Altschulden die unmittelbare Folge der willkürlichen Praxis der DDR-Staatswirtschaft, Volkseigene Betriebe und Genossenschaften für die Abwälzung von Schulden des Staatshaushalts heranzuziehen (*Seibel* 1993).

– Schuldentreiber kommunaler Wohnungsbestand

Für den Schuldendienst wurde zwischen den Ministerpräsidenten der Länder und dem Bundeskanzler im Februar 1991 zunächst nur ein zweijähriges Moratorium vereinbart. Während der Bund auf dem Standpunkt beharrte, daß nach dieser Zeit Länder und Gemeinden zur Zahlung verpflichtet wären, beharrten die Vertreter der kommunalen Spitzenverbände auf einer späteren Neuverhandlung. Eine politische Lösung wurde erst auf der Solidarpakt-Klausur 1993 der Regierungschef von Bund und Ländern gefunden, der auch die grundsätzliche Zustimmung der kommunalen Spitzenverbände fand.

Eine weitere Ausnahme auf der kommunalen „Vermögens"-Wunschliste stellen neben der Wohungswirtschaft in diesem Zusammenhang die rd. 1000 Hausmüll-Deponien der DDR dar, bei denen zumeist ebenfalls eine Übertragung auf die Kommunen naheliegt, wo sich aber die Übernahmebereitschaft der Kommunen mit Blick auf potentielle Sanierungskosten in engen Grenzen hielt (*Schöneich* 1992: 127).

Im Gegensatz zur Situation bei der kommunalen Wohnungswirtschaft kämpften die ostdeutschen Kommunen seit Beginn des Vereinigungsprozesses um die Vervollständigung ihrer Wirtschaftsbetriebe, nachdem in der DDR die früheren Stadtwerke und Gemeindebetriebe zu „Volkseigenen Betrieben" umgewandelt worden waren. Die besondere finanzpolitische Bedeutung für die Kommunen lag darin, daß sie sich so einen auch in Westdeutschland üblichen „Querverbund" aus verlustbringenden Unternehmen (wie den Nahverkehrs-Betrieben) und gewinnbringenden Unternehmen (vor allem Ver- und Entsorgungsbetriebe) zusammenstellen konnten (*Seibel* 1993), nachdem die Kommunalisierung zunächst nur Einrichtungen und Unternehmen erfaßt hatten, die für die Kommunen mit zusätzlichen Personalkosten und damit zusätzlichen Haushaltsdefiziten verbunden waren.

– Kommunale Wirtschaftsbetriebe

Mit der Vereinigung war auch der Großteil der kommunalen Wirtschaftsbetriebe, sofern sie nicht von der Ausnahmeregelung des Kommunalvermögensgesetzes erfaßt worden war, in den Besitz der Treuhandanstalt übergewechselt. Das wirtschaftliche Gewicht des kommunalen Finanzvermögens überstieg bei weitem die Gesamtsumme aller beantragten Einzelgegenstände des Verwaltungs- und Restitutionsvermögens aus der Gesamtmasse des ehemaligen Volkseigentums. Als „Finanzvermögen" definierte der Einigungsvertrag in Artikel 22 alles öffentliche Vermögen, das nicht unmittelbar bestimmten Verwaltungsaufgaben dient, d.h. es ging hierbei insbesondere um Wasser- und Abwasserbetriebe, Energieversorgungsunternehmen, Verkehrsbetriebe und Wohnungsbaugesellschaften (*Schöneich* 1992: 124). Die Treuhand-Eröffnungsbilanz bezifferte die hierfür notwendigen Rückstellungen zunächst auf vorsorglich 2,6 Mrd. DM. Die Treuhandanstalt ihrerseits vertrat dabei die aus ihrer eigenen Interessenlage nachvollziehbare Position, kommunalen Versorgungsunternehmen, die zu den wenigen gewinnträchtigen Objekten gezählt werden können, zu einem angemessenen Preis an private Anbieter zu veräußern. Hieraus resultierte ein zäher Kleinkrieg zwischen Treuhandanstalt und Kommunen um die stückweise Herausgabe kommunaler Wirtschaftsbetriebe, obgleich es bis 1992 bei mehr als 8.000 ausgefertigten Vermögensbescheiden der THA nur zu 250 Verwaltungsprozessen kam (in dieser Hinsicht scheinen ostdeutsche Behörden wie ostdeutsche Bürger noch eine sehr große Scheu und Unkenntnis zu haben, sich des Verwaltungsverfahrensrechts zu bedienen; statt vor Verwaltungsgerichten zu klagen, sind die ostdeutschen Kommunen zur Zeit selbst noch stärker in Arbeitsgerichtsprozesse involviert, während die Widerspruchswelle der Bürger z.B. gegen kommunale Vermögens- und Baubescheide erst allmählich anzurollen scheint; *Pitschas* 1992: 181).

– Konfliktpunkt Kommunale Energiewirtschaft

Ein zentraler Konfliktpunkt in den letzten Monaten der DDR bildete die Frage der zukünftigen Verfügung über die Energiewirtschaft. In der DDR war die Versorgung leitungsgebundener Energien (Strom, Gas, Fernwärme, Wasser) grundsätzlich durch (15) Energieversorgungskombinate auf Bezirksebene vorgenommen worden. Im Treuhandgesetz wurden diese Kombinate mit Ausnahme des Gasbereichs (GmbH-Form) in Aktiengesellschaften umgewandelt. Das Kommunalvermögensgesetz der DDR vom 6.7.1990 (KVG) sah die Rückübertragung von „Volkseigenem Vermögen, das kommunalen Aufgaben und kommunalen Dienstleistungen dient" vor (§ 1 KVG). Politisch wurde dieses Gesetz besonders von der ostdeutschen Bürgerbewegungen und der SPD getragen. Parallel hierzu hatte jedoch die letzte DDR-Regierung und die Treuhand-Anstalt mit den drei großen westdeutschen Elektizitätsunternehmen (RWE-Energie, Bayernwerk, Preussen-Elektra) die vielfach kritisierten sogenannten Stromverträge abgeschlossen. Hierin wurde den westdeutschen Energiekonzernen faktisch die gesamte Energiewirtschaft der DDR – die Kraftwerke, die Netze und die bezirklichen Energiekombinate – übereignet. Andererseits wird die Übernahme der DDR-Atomkraftwerke ausdrücklich ausgeschlossen – hiermit sollte vielmehr der Bund in Milliardenhöhe belastet werden. Außerdem wurde in den Stromverträgen eine Absatzgarantie festgehalten (*Müschen* 1994).

Der Einigungsvertrag schränkte die Reichweite des Kommunalvermögens-Gesetzes aufgrund der Intervention der westdeutschen Energiekonzerne an mehreren entscheidenden Stelle gravierend ein. Das Gesetz blieb zwar weiter in Kraft, aber nunmehr sollte – wie oben erörtert – den Kommunen „nur das ihren Verwaltungsaufgaben unmittelbar dienende Vermögen" übertragen werden (Anlage II zum Einigungsvertrag vom 30.8.1990, Abschnitt III Nr. 2). Auch wurde im Einigungsvertrag – im Gegensatz zur Situation in den alten Bundesländern – bestimmt, daß die Summe der Beteiligungen der Kommunen an „Kapitalgesellschaften für die Versorgung mit leitungsgebundener Energie" statt wie bisher 100% den „magischen" Wert von 49% nicht überschreiten darf, während die Treuhand den übrigen Mehrheitsanteil an Private veräußern kann. Abweichend hiervon verständigten sich die kommunalen Spitzenverbände, die genannten Energieversorgungskonzerne sowie die Treuhandanstalt im Februar 1991 auf eine „Grundsatzverständigung", die eine Bildung von Stadtwerken möglich machte, grundsätzlich eine gleichgewichtige Beteiligung von Kommune und Energiewirtschaft vorsah und nicht in jedem Fall eine kommunale Mehrheit ausschloß (*Schöneich* 1992: 125). Hierdurch wurde in der Praxis und nach Ausschöpfung der rechtlichen Klagemöglichkeiten durch einige interessierte Kommunen (so hatten über 160 ostdeutsche Kommunen Restitutionsansprüche angemeldet und sind vor das Bundesverfassungsgericht gezogen) ein Einstieg der großen privatwirtschaftlichen Konzerne im Bereich der Energieversorgung und der Wasserwirtschaft in den lukrativen ostdeutschen Markt ebenso möglich wie örtliche Mehrheitsbeteiligungen der Kommunen. Die westdeutschen Elektrizitätskonzerne verliehen ihrer grundsätzlichen Forderungen im Herbst 1991 dadurch Nachdruck, daß sie erklärten, bis zur Entscheidung des Bundesverfassungsgerichts keine größeren Investitionen in den neuen Bundesländern mehr zu tätigen. Anfang 1993 zeichnete sich erstmals eine Einigung in diesem Konflikt ab. Die kommunalen Spitzenverbände, die klagenden ostdeutschen Kommunen, die größten westdeutschen Energieversorgungsunternehmen, die Treuhandanstalt und die Bundesregierung konnten sich grundsätzlich darauf einigen, den Aufbau kommunaler Stromversorgungsunternehmen in den neuen Bundesländern zuzulassen. Der „Deal" sah folgendes vor: Die Gemeinden erhalten auf Verlangen alle örtlichen Versorgungsanlagen (Strom und Fernwärme) gegen Erstattung des Sachzeitwerts übertragen. Im Gegenzug erfolgt die Abgeltung seitens der Gemeinde (ohne Zahlungen) durch den Verzicht der Kommune auf ihre gesetzlich vorgesehene Kapitalbeteiligung beim Regionalversorger (*Müschen* 1994).

4.5.6 Finanzpolitisches Fazit

Strukturverbesserungen der ostdeutschen Kommunen werden häufig in monetären und funktionalen Dimensionen erwartet. Nach Auffassung von Wolfgang *Seibel* (1993. 2911) geht es jedoch nicht um Geld und Effizienz allein:

> „Eine ausreichende Finanzausstattung der Länder und Kommunen ist die Grundlage der Funktionsfähigkeit von Föderalismus und kommunaler Selbstverwaltung, also von Kernelementen der Verfassungsordnung, wie sie im Grundgesetz garantiert sind. (...)
> Es war historisch unvermeidlich, aber ist doch nicht ohne Ironie, daß Kommunen und Länder auf dem Gebiet der ehemaligen DDR sich nach wie vor in krasser zentralistischer Abhängigkeit befinden, die mit einer funktionierenden vertikalen Gewaltenteilung nichts gemein hat. Die ausreichende Finanzausstattung der ostdeutschen Länder und Kommunen ist insofern die geradezu klassische Nagelprobe auf die praktische Realisierung der Einheit."

Die Entwicklung der föderativen Finanzbeziehungen im Prozeß der deutschen Einheit wird nicht nur von den involvierten Kommunalvertretern skeptisch beurteilt – was in der Logik ihrer Interessenvertretung liegt und wobei sich als typisches Argumentationsmuster etwa der „Gemeindefinanzberichte" des DST eine zunächst immer sehr pessimistische Betrachtungsweise erkennen läßt, die dann im folgenden Jahr angesichts der erfolgreichen Lobbytätigkeit relativiert wird, sondern auch von akademischer Seite bestätigt. *Mading* (1993: 324) kommt in seiner Analyse dieser Problematik zu folgendem Fazit:

- bisher fanden im Prozeß der Einigung die Probleme des Ostens eine eher unzureichende Berücksichtigung; das Handeln der West-Akteure kann insgesamt als kurzatmiges Krisenmanagement klassifiziert werden; Hilfe erfolgte entweder „zu spät, zu wenig oder zu einfallslos" (hierbei ZEIT-Kommentator Robert *Leicht* apostrophierend);
- in Bezug auf die Lastenverteilung zwischen Bund und West-Ländern übernahmen die Länder bis Ende 1993 einen (im Vergleich zum Budgetvolumen) weit unterproportionalen Anteil;
- viele finanzpolitisch notwendigen Aktivitäten wurden aus Gründen des Parteienwettbewerbs und föderativer Blockaden eher vertagt als gelöst.

Auch nach Ansicht von Wolfgang *Seibel* (1993: 490) sind die Strukturprobleme der Finanzausstattung der ostdeutschen Länder und Kommunen weiterhin ungelöst, auch wenn „im Zusammenhang mit den in der Tat ganz außerordentlichen Anstrengungen zur Finanzierung von Investitionsmaßnahmen namentlich im Zusammenhang mit dem Gemeinschaftswerk Aufschwung-Ost für die Jahre 1991 und 1992 in der Öffentlichkeit ein gegenteiliger Eindruck entstanden sein mag".

In seiner Bewertung der Situation der Finanzausstattung in den neuen Bundesländer spricht Georg *Milbradt* ebenfalls die psychologische Dimension des Problems an. Er sieht das Erschrecken vor großen Zahlen beim Thema Wiedervereinigung im Westen vor allem als ein psychologisches Problem, das die Zahlungsbereitschaft tendenziell verringert:

> „Ein Betrag von 100 Mrd. DM (als Beispiel) ist zwar gigantisch, er sollte aber nicht überinterpretiert werden. Der Transfer in den Osten kommt nicht nur Ländern und Gemeinden im Osten zugute, sondern über die zusätzlichen Käufe im Westen auch diesen. (...)
> Bei den oft genannten Größenordnungen von Zahlungen an den Osten findet auch ein Etikettenschwindel statt, denn es handelt sich nicht nur um Leistungen an die neuen Länder oder an die Bürger im Osten, sondern oft nur ausschließlich um ‚einigungsbedingte' Kosten, z.B. Kosten für die sowjetische Armee, den Wohnungsbau in der GUS, die Kosten für die neue Grenze an Oder und Neiße. Viele Ausgaben sind Ausgaben für ganz normale zentralstaatliche Aufgaben im Osten, wie sie auch im Westen üblich sind. Zieht man die teilungsbedingten Kosten ab (Verteidigung, Berlin-, Zonenrandförderung), so erscheint die verbleibende Belastung angesichts des großen westdeutschen Sozialproduktes tragbar und zumutbar zu sein" (*Milbradt* 1993: 285).

4.6 Räumliche Prozesse in Ostdeutschland

4.6.1 Stadtentwicklung in Ostdeutschland

Die ostdeutschen Städte und Gemeinden weisen in diesen Zeiten ein uneinheitliches Erscheinungsbild auf: Zeichen des Verfalls sind ebenso unübersehbar wie hektische Bauaktivitäten; während in einigen kleineren Ortschaften sich das äußere Erscheinungsbild bislang erst in Details verändert hat, stellen sich manche Städte als Großbaustellen dar; es scheint mitunter so, als ob sich vierzig Jahre westdeutsche Stadt- und Dorfentwicklung wie in einem Zeitraffer in Ostdeutschland wiederholen würden.

Problemakkumulation

Auf der einen Seite fällt die Bilanz dramatisch schlecht aus: die Bausubstanz ist schlecht, die Wohn- und Verkehrsinfrastruktur marode. In einer skeptischen

312

Beurteilung der Lage der ostdeutschen Städte und Gemeinden wird auf die dort anzutreffende Problemakkumulation verwiesen, die gerade Prozesse der Stadterneuerung zu einer gigantischen Aufgabe macht. So listet *Krautzberger* (1994: 490ff) gleich eine ganze Reihe gravierender Problemtatbestände auf:

- Die *Altbausubstanz* in den Innenbereichen vieler Städte und Gemeinden ist durchgängig von Verfall bedroht.
- Die *technischen Infrastruktur* in den Innenstädten (Netze und Anlagen) ist völlig erneuerungsbedürftig und derzeit schon bis an die Kapazitätsgrenzen belastet. Im ländlichen Raum bereit die Qualität der Trinkwasserversorgung und der Abwasserbeseitigung große Probleme.
- Die *Verkehrsinfrastruktur* ist völlig unzureichend auf den neu entstandenen Bedarf ausgelegt; bei Straßen und Gehwege gibt es durchweg einen hohen Reparaturaufwand.
- Bei Handwerk und Gewerbe findet sich eine *Bausubstanz*, deren Zustand nur als desolat beschrieben werden kann.
- Schließlich fehlen den Kommunen selbst zur Zeit noch problemadäquate, wirklichkeitsnahe und verbindliche Stadtentwicklungsplanungen und Lösungskonzepte als Voraussetzung, um die städtebaulichen Probleme in Ostdeutschland überhaupt gezielt angehen zu können.

Auf den zweiten Blick entdecken gerade westliche Stadtplaner durchaus einige Besonderheiten, die in Westdeutschland längst verloren gegangen sind: Die ostdeutschen Städte haben ihre kompakte Stadtform bewahren können; anders als im Westen werden sie (noch) durch historisch überkommene Stadtgrundrisse und relativ intakte Stadträume geprägt. Allein 30 der ostdeutschen Städte verfügen über geschlossene mittelalterliche Stadtkerne von internationalem Rang. Rund 200 weitere Städte besitzen städtebauliche Teilbereiche mit zumindest nationalem Denkmalwert (*Krautzberger* 1994). Die zentralen Bereichen der Kernstädte verfügen immerhin über eine dichte Wohnbebauung. Auch sind die Stadtränder noch nicht zer-siedelt, sondern weisen klare Abgrenzungen zum Umland auf. Zumindest in der ersten Zeit nach der Wende blieb der städtische Personenverkehr weiter geprägt von kurzen Reiseweiten, hohen Fußgängeranteilen und geringen Autoanteilen (*Apel* 1994: 420).

Vertreter dieser Sichtweise beurteilen im Gegenteil die Flächennutzungsstruktur ostdeutscher Städte und ihre Regionalstruktur als funktionsgerechter wie im Westen (so auch *Apel* 1994). Entsprechend wird eine Instandsetzung der vorhandenen Verkehrsinfrastruktur (Straßen, Schienen sowie Verkehrsmittel) vorgeschlagen, womit die Hoffnung verbunden wird, westdeutsche Fehlentwicklungen wie das Konzept der „autogerechten Stadt" – auch unter Inachtnahme eines verständlichen Strebens der ostdeutschen Bevölkerung nach Auto-Mobilität – vermeiden zu können.

Das besondere Dilemma für den ostdeutschen Städtebau im Vergleich zu dem sich eher langfristiger vollziehenden Prozeß der Erneuerung in den Städten und Gemeinden Westdeutschlands liegt darin begründet, daß angesichts des akuten Problemdrucks städtebauliche Sofortmaßnahmen ebenso erforderlich sind wie langfristige Strategien. Beides überfordert aber die meisten der ostdeutschen kommunalen Selbstverwaltungen, die gerade erst die Arbeit aufgenommen haben und sich neben allen anderen Unwägbarkeiten zugleich mit dem Problem einer völlig unzureichenden Finanzkraft konfrontiert sieht.

4.6.2 Dorfpolitik in den neuen Bundesländern

Auch im ländlichen Bereich führte die Wende 1989/90 zu einem tiefschneidenden Strukturbruch: Die für die DDR typische kollektive landwirtschaftliche Produktion durch die Landwirtschaftlichen Produktionsgenossenschaften (LPG) wurde von marktförmigeren Unternehmensformen abgelöst. Bereits in den ersten beiden Jahren nach der Wiedervereinigung wies die Zahl der in der Landwirtschaft Beschäftigten eine stark sinkende Tendenz aus und verringerte sich von rd. 900.000 auf 300.000. Nur wenige der alten Bauern in Ostdeutschland waren willens oder in der Lage, sich als sog. Wiedereinrichter selbständig zu machen. Nicht selten traten daher aus Westdeutschland oder auch aus dem westlichen Ausland (Niederlande) kommende „Neueinrichter" an ihre Stelle. Neue Eigentumsformen, neue Eigentümer (durch Landkauf oder Pachtung) sowie die vielfältigen gegenüber DDR-Zeiten unbekannten Neuerungen erzeugten in vielen Dörfern eine Klima der Unruhe und Verunsicherung. Nach dem Ende der meist dorfübergreifenden LPG-Strukturen fielen auch die von ihnen betriebenen sozialen Einrichtungen und kulturellen Aktivitäten weg. Ähnlich wie die VEBs in den Städten hatten die LPGs auf dem Lande einen entscheidenden Anteil an der infrastrukturellen Ausstattung, deren Wegfall im ländlichen Raum die meisten der vielen in der DDR überraschenderweise bestehen gebliebenen kleinen Dörfer existentiell traf. Im Vergleich mit Dörfern in der alten Bundesrepublik fällt auf, daß es den Dorfgemeinden in den neuen Bundesländern durch die Konzentration des ländlichen Lebens auf die LPGs im Vergleich zu westdeutschen Dörfern an Gasthäusern, Festen und Vereinen als dörfliche Kommunikations- und Integrationsorten mangelt. Die geringe Zahl an Kirchenmitgliedern in der DDR schloß darüber hinaus vielerorts aus, daß Kirchengemeinden mit einem eigenen Angebot in diese Lücke stießen (*Schneider* 1994: 133). Eine unmittelbare Folge des Verlusts der überkommenen Lebensperspektive und der äußerst schlechten Arbeitsplatzperspektive war das Einsetzen einer starken Landflucht, die ganze Dörfer und Landstriche erfaßte, wobei angesichts der anhaltend sehr schlechten Arbeitsplatzaussichten im ländlichen Raum, besonders junge Menschen die Dörfer verlassen haben (Ebd. S. 132).

Die neuen Dorfgemeinden mußten versuchen, die nicht mehr von den LPGs wahrgenommenen Infrastrukturfunktionen in eigener Regie weiterzuführen. Dies überforderte die fast überall äußerst angespannte Finanzlage dieser Dörfer. Im Unterschied zu westdeutschen Dorfgemeinden vor der Gebietsreform beschäftigen die ostdeutschen Gemeinden zwar noch immer eigenes hauptamtliches Personal, verfügen allerdings meist auch nicht über eine fachlich spezialisierte Verwaltungskraft. Die Beteiligung an der Gemeindepolitik blieb in den ostdeutschen Dörfern nach der Wende besonders gering. Faktisch und auch in der Wahrnehmung des dort beschäftigten Personals sind die meisten ostdeutschen Dorfgemeinden von der mit der Vereinigung einhergehenden Aufgabenerweiterung klar überfordert. Der Ausweg einer Verstärkung der örtlichen Verwaltungskraft durch eine kommunale Gebiets- und Verwaltungsreform stieß bei einer größeren Zahl der verbliebenen Dorfbewohnern allerdings auf Vorbehalte. (*Schneider* 1994: 133). Nachdem die zuvor schon skizzierten Verwaltungsreformen für den ländlichen Bereich im Bereich der neuen Bundesländer mehr oder weniger gegriffen haben, trifft man nunmehr die Situation an, daß die Dörfer zwar ihren

Gemeindecharakter (vorerst) behalten, ihre Verwaltungen jedoch einer Verwaltungsgemeinschaft unterstellt haben.

4.6.3 Ost-West-Gegensatz als neuer prägender Faktor der regionalen Entwicklung im vereinten Deutschland

Vierzig Jahre DDR-Geschichte haben auch in der Regionalentwicklung tiefe Spuren hinterlassen und eine deutliche Verschiebung der regionalen Gewichte bewirkt.

Bezogen auf die regionale Verteilung der DDR-Bevölkerung legte der Norden (Mecklenburg-Vorpommern, Brandenburg) am stärksten zu, wobei im Gegensatz zu der stark wachsenden Bevölkerung Westdeutschlands die Bevölkerungszahl in der DDR insgesamt bis 1989 auf ihrem Vorkriegsniveau verharrte. Kontinuierlich konnte der Norden seine Bevölkerungszahl steigern (1989: 5,6 Mio. Einwohner oder 27,9% der DDR-Bevölkerung), während Ostberlin bis Ende der 60er Jahre eine sinkende Bevölkerungszahl aufwies, die erst nach dem Mauerbau und vor allem seit den 70er Jahren deutlich wieder anstieg (1989: 1,3 Mio E. oder 7,7%). Nach wie vor weist jedoch der Norden der ehemaligen DDR eine nur sehr geringe Bevölkerungsdichte auf (unter 50 E/qkm; der westdeutsche Bundesdurchschnitt lag Ende der 80er Jahre immerhin bei rd. 250 E/qkm). Die Bevölkerungszahl des nach wie vor mit Abstand bevölkerungsreichsten südlichen Landesteils (Sachsen-Anhalt, Sachsen, Thüringen) war zunächst konstant geblieben, sank jedoch seit 1970 (1989: 10,7 Mio. Einwohner), wobei der relative Anteil an der DDR-Bevölkerung von 67,8 im Jahre 1939 auf 64,3% im Jahre 1989 abnahm (*Gorning/Häussermann* 1994: 162).

Regionale Verteilung der ostdeutschen Bevölkerung bis 1989

Die Veränderung der regionalen Verteilung der DDR-Bevölkerung war auch mit einer starken regionalen Verschiebung der Erwerbstätigkeit verbunden, die wie *Gorning/Häussermann* (1994: 163) zeigten, einherging mit einer starken Verringerung der regionalen Differenzen im Beschäftigungsbesatz (Ausnahme: Landwirtschaft). Bezogen auf den Anteil der Erwerbstätigen fiel das Wachstum in den nördlichen Regionen besonders deutlich aus, deren Anteil an der Gesamtbeschäftigung sich im Vergleich zur Vorkriegszeit bis 1989 auf 26,3% fast verdoppelt hatte. Genau entgegengesetzt verlief die Entwicklung im Süden der DDR, dessen Anteil an der Gesamtbeschäftigung von 75% (1939) auf knapp 65% im Jahre 1989 abnahm. Ostberlin mit seinen Hauptstadtfunktionen vereinte am Ende der DDR 9,1% aller Erwerbstätigen (dies entsprach einem um 0,7 Prozentpunkte niedrigeren Beschäftigungsanteil als vor dem Ausbruch des Zweiten Weltkrieges). Die teilungs- und kriegsbedingt notwendig gewordene Ergänzung der Industriestruktur wurde in der DDR vor allem im zuvor fast ausschließlich ländlich geprägten Norden realisiert. Dies kommt schon darin zum Ausdruck, daß bis zum Ende der DDR Rostock neben Berlin die einzige ostdeutsche Stadt mit einer wachsenden Einwohnerzahl war.

Regionale Verteilung der ostdeutschen Beschäftigung bis 1989

Die wirtschaftliche und demographische Entwicklung in der alten BRD und in der DDR zeigte nicht nur erhebliche Niveauunterschiede, sondern nahm auch, was die regionale Verteilung anbetrifft, einen gerade konträren Verlauf. Im Westen verlagerten sich die wirtschaftlichen Gewichte vom Norden und von der Mitte in Richtung Süden. Demgegenüber fand in der DDR genau umgekehrt eine Gewichtsverlagerung vom Süden in den Norden statt.

Wachsende Heterogenität als Folgen für Gesamtdeutschland

Als Folge der Vereinigung kann für die neue Bundesrepublik nicht mehr von der in Westdeutschland erreichten, weitgehend ausgewogenen Verteilung der Bevölkerung in dichter und weniger dicht besiedelte Gebiete ausgegangen werden, wie dies vor allem der Blick auf den bevölkerungsarmen Norden Ostdeutschlands verdeutlicht. Entsprechend der größeren Heterogenität sind trotz des relativ kleinen Gebietsumfanges regionale Besonderheiten in den neuen Bundesländern noch sehr viel stärker ausgeprägt als im Westen (*Baumheier* 1993: 346).

Relativierung der Auswirkungen der Vereinigung auf Westdeutschland

Die Auswirkungen der Vereinigung für die alte Bundesrepublik sind auch fünf Jahre nach der Wende nur schwer zu überblicken. *Gorning/Häussermann* (1994: 165) warnen allerdings davor, die Auswirkungen auf Westdeutschland zumindest in quantitativer Dimensionen zu überschätzen. Sie belegen diese These mit drei Beispielen. Zunächst verweisen Sie darauf, daß sich die ganz erhebliche Bevölkerungswanderung von Ost nach West zwischen 1989 und 1991 (knapp 900.000 Menschen) in Westdeutschland nur in einem Bevölkerungszuwachs von rund 1,5% niedergeschlagen hat. Die Gesamtheit aller Exporte von West nach Ost belief sich trotz hoher Steigerungsraten nach der Wende 1991 auf knapp 7,5% des Bruttosozialprodukts der alten Bundesrepublik. Und schließlich schlugen sich selbst die umfangreichen öffentlichen Finanztransfers 1991 in nur rund 8,5% der staatlichen Gesamtausgaben der alten Bundesrepublik nieder.

Unterschiedliche Prognosen der wirtschaftlichen Entwicklung Ostdeutschlands:

In Ostdeutschland haben sich mit der Vereinigung sowohl die gesamt- als auch die regionalen wirtschaftlichen Entwicklungsbedingungen völlig verändert und sind mit einem hohen Maß an Unsicherheit belastet. Entsprechend konträr werden die Entwicklungsperspektiven beurteilt. Die Spannbreite der Vergleichsmaßstäbe reicht von der Situation des Mezzogiorno in Italien bis zum westdeutschen „Wirtschaftswunder" der 50er und 60er Jahre. Eng damit verbunden fällt auch die langfristige Beurteilung des Produktionsstandorts Ostdeutschland aus. *Gorning/Häussermann* (1994: 166) haben die in der Diskussion genannten Argumente wie folgt gegenübergestellt:

– Standortvorteile Ostdeutschlands

- Größere Personalreserven stehen auch im Bereich fachlich qualifizierten Personals zur Verfügung.
- Die Umbruchssituation erleichtert die Einführung neuer Organisations- und Arbeitsformen.
- Es existieren keine Engpässe bezüglich des Gewerbeflächenpotentials.
- Auch privatwirtschaftliche Großprojekte stoßen auf keine größeren politischen oder administrativen Umsetzungsprobleme (Ausnahme: geplanter Bau der Meyer-Werft bei Rügen).
- Sofern möglich und nötig, können die alten Kommunikations- und Absatzverbindungen in die ehemaligen sozialistischen Staaten genutzt werden.
- Absatz und Investitionen der Privatwirtschaft treffen günstige staatliche Subventionsbedingungen an.
- Die Schwäche der öffentlichen Verwaltung in Ostdeutschland schafft günstige Voraussetzungen für eine privatwirtschaftliche Partizipation auch an öffentlichen Großaufträgen.
- Trotz Tariflohnsteigerungen und allmählicher Annäherung an die Westtarifverträge bleibt im Osten das Niveau der Effektivlöhne weiterhin geringer.

Dem werden auf der anderen Seite allerdings gravierende Engpässe und Probleme entgegengehalten:

– Standortnachteile bzw. Investitionshemmnisse in Ostdeutschland

- Tekommunikationsverbindungen fehlen oder sind von schlechter Qualität.
- Die Verkehrsinfrastruktur weist erhebliche auch qualitative Rückstände auf.
- Viele der ehemaligen DDR-Betriebe verfügen über dauerhafte finanzielle und ökologische Altlasten.
- Die Nutzung von Gewerbeflächen wird auf absehbare Zeit durch ungeklärte Eigentumsverhältnisse bedroht.
- Bei der Anwerbung westlicher Führungskräfte erweist sich die Lebensqualität in Ostdeutschland als Hindernis.
- Eine unternehmensbezogene Forschungsinfrastruktur befindet sich erst im Aufbau, und es fehlt an einem günstigen innovativen Umfeld.

Gorning/Häussermann (1994: 167ff.) bündeln diese Argumente zur Standortperspektive Ostdeutschlands (für westliche Direktinvestitionen einerseits und deren Chancen auf eine Einbindung in die regionale Wirtschaft der neuen Bundesländer andererseits) in vier mögliche idealtypische Entwicklungspfade:

- Integriertes Produktionsmilieu (Beispiel: Region Stuttgart
- Schwache horizontale Integration (Beispiel: Region Bremen)
- Desintegrierte Struktur (Beispiel: Emsland)
- Deindustrialisierung (Beispiel: Oberfranken)

Schaut man sich in Ostdeutschland die Entwicklungspotentiale zwischen Verdichtungsräume einerseits sowie dem ländlichen Raum andererseits an, so verfügen die städtischen Gebiete über vergleichsweise sehr viel günstigere Voraussetzungen, um hier die infrastrukturellen Voraussetzungen für einen wirtschaftlichen Aufschwung zu errichten. Denkbar ist, daß sich gerade in Ostdeutschland ein relativ scharfer Stadt-Land-Gegensatz herausbilden wird, da im ländlichen Raum weder die infrastrukturellen Voraussetzungen für die Entwicklung von Industrie und Dienstleistungen noch besonders günstige Rahmenbedingungen für die Landwirtschaft existieren (*Gorning/Häussermann* 1994: 171).

Stadt-Land-Gefälle

Zugleich nehmen die Konkurrenzbedingungen und interregionalen Unterschiede zwischen den einzelnen Stadtregionen zu. Überdurchschnittliche wirtschaftliche Schrumpfungsprozesse werden für jene Regionen prognostiziert (Ebd. S. 171), die als Folge der Besonderheiten der DDR-Wirtschaft (RGW-Einbindung, Autarkiebestrebungen) zu den Wachstumregionen gehörten: z.B. Rostock (Werften), Magdeburg (Anlagenbau) und die Lausitz (Energie, Bergbau).

Interregionale Konkurrenz in Ostdeutschland

Für Ostdeutschland relativ günstige Voraussetzungen kommen vornehmlich den Regionen mit einer vielfältigen Industriestruktur zu. Dies sind zum einen die traditionellen, industriellen Zentren in Sachsen und Thüringen, wo es auch noch Reste von handwerklichen und kleinbetrieblichen Strukturen gab, die als Anknüpfungspunkte für den Aufbau einer mittelständischen Wirtschaft genutzt werden konnten. Dies ist zum anderen Ostberlin: hier spielt der Erhalt der Hauptstadtfunktion ebenso eine Rolle wie die Anbindung an den Westteil.

Ebenso unverkennbar ist, daß die regionalen Unterschiede im vereinigten Deutschland weniger durch den in Westdeutschland in den 80er Jahren vorherrschenden Nord-Süd-Gegensatz als vielmehr durch den alle anderen bestehen blei-

317

benden regionalen Disparitäten überlagernden Ost-West-Kontrast geprägt werden (*Gorning/Häussermann* 1994: 172). Besonders drastisch kommt dies in der unterschiedlichen industriellen Entwicklung zum Ausdruck. Gerade der fast völlige Zusammenbruch des industriellen Sektors in Ostdeutschland nach der Wende hat zudem – allen öffentlichen Transfer- und Ausgleichsleistungen zum Trotz – das Ost-West-Gefälle im Wohlstandsniveau und bezüglich der Arbeitsmarktlage zementiert.

4.7 Politische Willensbildung in den neuen Bundesländern

4.7.1 Variationen in der lokalen politischen Kultur

Trotz der durch 40 Jahre SED-Vorherrschaft beförderten Zentralisierung und Unitarisierung hat sich auch in Ostdeutschland ein hohes Maß an Variation in der politischen Kultur der jeweiligen Gemeinden behaupten können. Dies wird zum einen nach Außen leicht deutlich, wenn man sich die stark unterschiedlichen Größenverhältnisse zwischen den ostdeutschen (Groß-)Städten und den vielen Kleinstgemeinden auf dem Lande anschaut. Der Größenunterschied schlägt sich auch nach der Wende und der Herstellung der deutschen Einheit in einem sehr unterschiedlichen Aufgabenfeld nieder, in Personalumfang und Finanzausstattung der jeweiligen Kommunalverwaltungen sowie in den inhaltlichen Entscheidung der Kommunalpolitik. Unterschiede zwischen Gemeinden resultieren nicht allein aus der jeweils gültigen kommunalrechtlichen „Grundordnung", sondern gleichermaßen aus spezifischen Funktionen (Kreisstadt, Landeshauptstadt, Kernstadt eines Ballungsraum) sowie aus der wirtschaftlichen Struktur und der Lage einer Gemeinde im Raum (Ballungsgebiet, ländlicher Raum). Ähnliche Unterschiede manifestieren sich in den politischen Prozessen innerhalb der Gemeinden (Wahlergebnisse, Struktur des örtlichen Parteiensystems und des Vereins- und Verbändewesens). Zusammengenommen bewirken diese Faktoren die Ausprägung einer spezifischen lokalen politischen Kultur. Derartige Unterschiede, die für die Kommunalpolitik in Ostdeutschland ebenso gelten wie für die Gemeinden in der alten Bundesrepublik, hat Hans-Georg *Wehling* (1994: 15) am Beispiel der Gemeinden in den neuen Bundesländer unlängst plastisch illustriert. Er spricht von erheblichen Unterschieden,

> „je nachdem ob wir es mit der Gemeinde Uder, der zugehörigen Kreisstadt Heiligenstadt oder mit der Großstadt (und Landeshauptstadt) Erfurt zu tun haben, obwohl in allen Gemeinden die Gemeindeordnung des Landes Thüringen gilt. Aber auch Bischofferode und Jena, beide ebenfalls in Thüringen gelegen, unterscheiden sich kommunalpolitisch, und das nicht nur wegen der unterschiedlichen Größenverhältnisse. Die Kali-Stadt Bischofferode weist eine ausgesprochene Monostruktur auf, Jena ist nicht zuletzt auch Universitätsstadt. Die Uhren in Universitätsstädten gehen kommunalpolitisch anders. Das läßt sich u. a. an den Wahlergebnissen, am Parteiensystem ablesen. Zwischen Jena und Bischofferode bestehen aber auch deutliche Unterschiede in der lokalen politischen Kultur."

Besonderheiten der politischen Willensbildung in den neuen Bundesländern

Für Westdeutschland wird seit dem Ausgang der 60er Jahre zumindest in den Städten und größeren Gemeinden eine zunehmende „Politisierung" der Kommunalpolitik beobachtet, die sich gerade in Wandlungen des lokalen Parteiensystems niedergeschlagen hat. Eine derartig einheitliche Entwicklung ist in Bezug

318

auf die Gemeinden in Ostdeutschland noch nicht ablesbar. Everhard *Holtmann* (1994: 267) spricht in Bezug auf die Entwicklung der politischen Willensbildung in Ostdeutschland seit der Wende von einer „Sonderentwicklung". Dabei haftet dem derzeit ablaufenden Umbruch kommunaler Institutionen, Akteure und Interessen jedoch der Charakter einer nicht unbedingt dauerhaften „Übergangserscheinung" an, bevor es langfristig zur Herausbildung eines neuen bundesweiten Typus des lokalen Parteiensystems kommt, in denen die möglichen bestandsfesten Besonderheiten des Ostens aufgenommen werden. Der gleiche Autor entdeckt in der Rolle der Parteien in der Kommunalpolitik in Ostdeutschland nach der Wende Parallelen „zur historischen Herausbildung des westdeutschen Parteiensystems, dessen formative Phase während der frühen Nachkriegsjahre 1945 bis 1949 zeitlich einherging mit der erfolgreichen Einübung lokaler administrativer Kompetenz" (*Holtmann* 1994: 267).

Wissenschaftlich von besonderem Interesse ist in diesem Zusammenhang der Zusammenhang zwischen dem politischen Umbruch auf lokaler Ebene und der Rolle, die politische Parteien und die politischen Gruppierungen der Bürgerbewegung dabei spielten. Solange flächendeckende Untersuchungen hierzu noch ausstehen, sind es vor allem die ersten vorliegenden lokalen Fallstudien, die einen Einblick in Verlauf und Größenordnung des Wandels der kommunalpolitischen Willensbildung in Ostdeutschland erlauben.

4.7.2 Bürgerbewegungen im Umbruch

Das von der Zahl wie von den sichtbaren Aktionen her im Vergleich zu den anderen osteuropäischen Ländern eher bescheidene „oppositionelle Erbe" der DDR verdient in einer Darstellung der Kommunalpolitik in Ostdeutschland schon allein deshalb eine besondere Aufmerksamkeit, weil diese oppositionellen Milieus und ihre Wertvorstellungen 1989 den Kristallisationspunkt für die rasch entstehenden oppositionellen politischen Foren, Bürgerbewegungen, Parteien und Verbände bildeten. Gerade im lokalen machtpolitischen Vakuum der Nach-SED-Phase der DDR konnten diese Gruppen am ehesten den Anspruch erheben, authentischer Ausdruck der demokratischen Tradition des jeweiligen Ortes zu sein (*Roth* 1994: 237).

Soziale Bewegungen nahmen im unmittelbaren Umbruchprozeß der DDR-Gesellschaft eine prominente und sehr sichtbare Rolle ein (vgl. Themenheft „Von der DDR zu den FNL" der Zeitschrift „Forschungsjournal Neue Soziale Bewegungen, Heft 1/1992; weiterführende Literaturhinweise zur ostdeutschen Bürgerbewegung finden sich bei *Roth* 1994, FN 59, S. 243f.). Beobachter differenzieren dieses Bild aber dahingegen, daß in der Wendezeit die sozialen Akteure weniger als „kollektiv mobilisierende Akteure" (so die beinahe schon klassische Definition bei *Raschke* 1985) aufgetreten sind, sondern eher die Funktion eines Katalysators für eine quantitativ rasch wachsende Protestöffentlichkeit übernommen haben (*Opp* 1992). Die Entwicklung der Bürgerbewegungen nach der unmittelbaren Wendephase hat gezeigt, daß ihre weitere Entwicklung durch das klassische „Dilemma" sozialer Bewegungen behindert wurde: die Vermittlung zwischen bürgerunmittelbarer und basisdemokratischer Arbeit einerseits und repräsentativer Arbeit im Rahmen parlamentarischer und administrativer

Formen der lokalen Politikgestaltung andererseits. Der Prozeß der Vereinigung bewirkte nicht nur ein Abflauen der Protestwelle sowie einen Umschwung in den zentralen Themen des gesellschaftspolitischen Diskurses. Zugleich bedeutete der eingeschlagene staatsrechtliche Weg der Vereinigung, daß sich nicht zwei Staaten im paritätischen 1:1-Maßstab vereinten, sondern daß fünf neue Länder dem bisherigen Bundesgebiet und seiner Rechts-, Sozial-, Wirtschafts- und Verwaltungsordnung beitraten. In der Folge kam es auch – wie schon gezeigt – auf lokaler Ebene zur Übernahme des westdeutschen Institutionengefüges und damit zugleich auch zu einer „partiellen Umorientierung von basisdemokratischen Entscheidungsgremien (Runde Tische u. ä.) auf institutionell verankerte Verfahren und Organisationen" (*Kühnel* 1993: 150).

Die Bürgerbewegungen verfügten zwar aufgrund ihrer spezifischen Rolle im Wendeprozeß über einige für politische „Neulinge" sehr günstige situationsbedingte Vorteile: sie mußten z.B. nicht wie die Grünen in Westdeutschland um ihre Anerkennung als legitime Akteure auf der parlamentarischen Bühne kämpfen. Andererseits verfügten ihre Vertreter über ein – verständlicherweise – nur unzureichend auf die neuen Bedingungen abstellendes Politik- und Rollenverständnis, daß sich zudem deutlich von einem repräsentativ-parlamentarisches Politikverständnis unterschied. Gerade die auf die Bürgerbewegungen in Ostdeutschland rasch zugekommene Verantwortungsübernahme und Einbindung in neu entstehende lokale Entscheidungsstrukturen erwiesen sich hierbei als Problem. Das rasante Vereinigungstempo brachte es für die sich gerade formierenden politischen Gruppierungen in der DDR mit sich, innerhalb nur eines Jahres (1990) vier Wahlkämpfe organisieren und führen zu müssen (bzw. vier Mal die Diskussion um eine grundsätzliche Wahlteilnahme). Der damit verbundene Handlungsdruck überformte wesentlich alle programmatischen Diskussionen, setzte koalitionstaktische Überlegungen ganz hoch auf die Agenda dieser Gruppen und absorbierte schließlich die ohnehin geringen finanziellen Ressourcen dieser Gruppierungen fast vollständig für Wahlkämpfe (*Rink* 1992: 64). Zudem schrieb der Einigungsvertrag vor, daß sich die ostdeutschen Bürgerbewegungen spätestens bis zum 3.10.1991 dem bundesdeutschen Parteiengesetz anzupassen hatten, um nicht ihrer Rechte als politische Parteien zu verlieren (*Hampele* u.a. 1992: 24). Mit der Übernahme repräsentativer Strukturen aus Westdeutschland und der Weigerung der meisten westdeutschen Akteure, Errungenschaften der DDR-Bürgerbewegung in den Prozeß der Grundgesetz-Reform einfließen zu lassen, geriet zudem auch das basisdemokratische Leitbild der Bürgerbewegungen, das in der Metapher der „Runde Tische" exemplarisch zum Ausdruck kam (*Kleinfeld* 1992), zunehmend in eine „Außenseiterrolle". Bereits Ende 1990 hatte sich in den meisten Organisationen der Bürgerbewegung der ursprünglich hohe Anteil an sog. Bewegungsarbeit zugunsten der parlamentarischen Arbeit ins Gegenteil verkehrt (*Hampele* u.a. 1992: 29).

Das politische Machtvakuum, das die Ablösung des SED-Regimes erzeugte, und die kurze Zeit der „Doppelherrschaft" von DDR-Regierung und „Runden Tischen" bis zur deutschen Vereinigung im Oktober 1990 hatte den Bürgerbewegungen gerade auf lokaler Ebene viele Posten eingebracht und die Voraussetzungen für eine relativ „bewegungsfreundliche" Kommunalpolitik ermöglicht. Außerhalb der Kommunalverwaltungen stellten die in Ostdeutschland eingerichteten ABM-Projekte aus den Mitteln der Bundesanstalt für Arbeit einen weiteren

„Professionalisierungs- und Institutionalisierungsschub" dar (*Roth* 1994: 240). Sie verschafften vielen lokalen Bewegungsinitiativen und Selbsthilfeprojekten zumindest eine zeitgebundene Finanzierungs- und Institutionalisierungsplatt- form, durch die z.B. eine Organisation wie der „Deutsche Arbeitslosenverband" eine durch westdeutsche Arbeitslosen-Initiativen bislang nicht erreichte Macht- stellung erwarb. Insgesamt haben sich in den lokalen Bewegungsmilieus Ost- deutschlands „im Zeitraffer... Entwicklungsprozesse abgespielt, die im Westen mehr als ein Jahrzehnt in Anspruch nahmen" (*Roth* 1994: 240).

So band gerade die relative Stärke der Bürger- und Protestbewegungen in der Wendezeit zahlreiche Vertreter der Bürgerbewegungen und der Grünen Par- tei durch ihre Arbeit in den Parlamenten, den Vorständen von politischen Orga- nisationen sowie in den Verwaltungen. Dies hatte zudem den Nebeneffekt, daß einige ihrer Vertreter rasch Zutritt zu kommunalen Spitzenpositionen erhielten, dadurch der sich neubildenden kommunalen Elite zurechnen waren und somit in ein neues Spannungsfeld zwischen basisdemokratischen Normen und Idealen sowie karrierepolitischen und machtstrategischen Kalkülen gerieten. Vertreter der Bürgerbewegungen in den Kommunen und ihren Verwaltungen waren zu- dem einem „Professionalisierungsdilemma" ausgesetzt, daß ihre Position inner- halb des Kommunalmanagements zunehmend anzutasten drohte. Es geht hierbei um den „Widerspruch zwischen der zumeist autodidaktisch, allerdings auf einem hohen Niveau erworbenen Fachkompetenz in den sozialen Bewegungen und der geringen Kenntnis im Umgang mit Gesetzen, Durchführungsbestimmungen usw., wie überhaupt mit der Bewältigung des ausdifferenzierten, gleichermaßen aber auch spezialisierten Aufgabenspektrums in den Verwaltungen" (*Kühnel* 1993: 152). Die zunehmende Rechts- und Sachorientierung in der Kommunal- verwaltung rückte zudem schließlich die von den Bürgerbewegungen verkörper- te und durch sie am deutlichsten artikulierte Forderung nach einer rechtlich- moralischen Bewältigung der DDR-Vergangenheit in den kommunalen Institu- tionen in den Hintergrund und wies den Vertretern dieses Interesses schon bald wieder den Status einer „special interest group" zu. Das überwiegende Desinter- esse der übrigen Akteure in dieser Frage zwang jedoch die Bürgerbewegungen, diesem in Ostdeutschland – angesichts der großen Zahl systemloyaler Mitläufer des SED-Regimes – seit der Vereinigung zunehmend weniger wahlpopulären Thema weiterhin die Hauptaufmerksamkeit zu schenken.

Zudem blieben die Bürgerbewegungen nach der Wende nicht lange die al- leinigen Akteure auf dem sich neu formierenden „politischen Markt" in Ost- deutschland. In nicht seltenen Fällen waren es dann Parteigründungen, die – so sie über stabile Westpartner verfügten – den Bürgerbewegungen schnell organi- satorisch überlegen wurden und dann unter dem Eindruck eines kurzfristigen Er- folgszwanges bei den Kommunalwahlen 1990 einfach die genuinen Themen der Bürgerbewegung übernahmen. Hierdurch verloren die Bürgerbewegungen ihr Themenmonopol, einen Teil ihrer moralischen Legitimation und sicherlich auch einen Teil ihrer Aktiven und ihres Anhanges. Dieser aus der Wahlkonkurrenz hervorgehende Erosionsprozeß setzte die Bürgerbewegungen unter deutlichen Zugzwang, die eigene politische Identität unfreiwillig neu bestimmen zu müssen, zumal seit 1992 die Bürgerbewegungen als Vertreterin genuiner ostdeutscher Interessen auch noch eine zunehmende Konkurrenz durch die neu definierte Strategie der PDS erhielt. In diesem Prozeß scheinen die Bürgerbewegungen bis auf ihren „harten" Organisations- und Sympathisantenkern wieder abgeschmolzen zu sein (*Wielgohs* 1993). Allerdings fallen die Einschätzungen über die aktuelle Größe und den Einfluß der vor Ort übrig gebliebenen bzw. wieder entstandenen Bürgerbewegungs- und Bürgerinitiativgruppen sehr unterschiedlich aus. Während in Leipzig die Bürgerinitiativszene nach wie vor relativ stark zu sein scheint (*Rink* 1992), melden die Berichte aus den meisten anderen Städte als generellen Trend ein Nachlassen der Stärke und Anziehungskraft von Bürgerbewegungen und der von ihnen besetzten Themen (*Roth* 1994: 240). Aber auch aus Leipzig vermeldet *Rink* (1992: 65), daß zu Beginn des Jahres 1990 noch „etwa 70 thematische, Betriebs- und Regionalgruppen mit bis zu 40 Mitgliedern allein im Neuen Forum (der größten und bedeutendsten Bürgerbewegung) in Leipzig aktiv" waren, wohingegen zum Zeitpunkt der Vereinigung mit den Grünen das Neue Forum in Leipzig gerade noch 70 zahlende Mitglieder hatte.

4.7.3 Entwicklung lokaler parteipolitischer Strukturen

Beispiel: Jena
In einer der ersten zu diesem Thema vorgelegten Fallstudien berichten *Berkin/ Neckel* (1991), daß in Jena bis Ende 1989 bereits rund 35% der nach den ersten Kommunalwahlen ins Amt gekommenen kommunalen Mandatsträger einer der neuen politischen Gruppierungen der Nach-SED-Ära beigetreten waren. Dieser Personenkreis rekrutierte sich überwiegend aus örtlichen Oppositionskernen und zeichnete sich unabhängig vom Beitritt zu verschiedenen Parteigruppen durch zunächst anhaltend enge persönliche (Ver-)Bindungen aus. Entsprechend war die zwischenparteiliche Konkurrenz zwischen den neuen Gruppierungen in der allerersten Phase nach der Wende viel weniger ausgeprägt als die innerparteilichen Konflikte zwischen Aktiven, die zu DDR-Zeiten dem „Establishment" der Blockparteien angehörten, und den sog. Erneuerern der Wendezeit (*Holtmann* 1994: 268). Typisch für die erste Phase der neuen ostdeutschen Kommunalpolitik war auch das bei vielen lokalen Mandatsträgern vorherrschende basis- bzw. direktdemokratische Politikverständnis, das insbesondere am Anspruch einer integrierten Perspektive zwischen örtlicher und „großer" Politik (auf Bundes- und Landesebene) festzuhalten suchte.

Beispiel: Frankfurt/Oder
Bärbel *Möller* legte 1993 in einem Aufsatz die Ergebnisse einer Lokalstudie vor, die sich mit regionalen Organisationsstrukturen und sozio-politischer Interessenvermittlung von Parteien und politischen Bewegungen in Frankfurt an der Oder zwischen 1989 und 1992 beschäftigt hat. Nachfolgend sollen einige Ergebnisse dieser Studie exemplarisch vorgestellt werden.

Seit der Wende vollzieht sich in Frankfurt (Oder) ein einschneidender *sozialstruktureller Wechsel* weg von einer Beamtenstadt, wobei allerdings die Entwicklungsrichtung der knapp 90.000 Einwohner zählenden Stadt noch offen ist. Entsprechend dem starken Bevölkerungsanteil, der im DDR-Staatsapparat beschäftigt war, wurde in der DDR-Bezirkshauptstadt Frankfurt (Oder) die politische Wende auch erst relativ spät vollzogen. Auch hier entstand nach dem Zusammenbruch der SED-Herrschaft eine Art Machtvakuum, das den Nährboden für die Formierung sehr unterschiedlicher politischer Kräfte bildete. Ähnlich wie im Verbändewesen (vgl. hierzu ausführlich *Eichener/Kleinfeld* u.a. 1992) lassen sich auch die neuen lokal tätigen Parteien analytisch drei Gruppen zuordnen:

322

- Zunächst bedeutete die Wende für die *DDR-Alt- oder Blockparteien* den Verlust aller bisherigen materiellen Voraussetzungen ihrer Tätigkeit, zu denen neben direkter staatlicher Alimentierung und den vielfältigen Querverbindungen zum Verwaltungsapparat der Bezirksregierung ein umfangreicher Immobilienbesitz in der Stadt, eigene Zeitungen sowie sogar ein eigener Fuhrpark gehörte.
- Im Gegensatz zu anderen größeren DDR-Städten war es vor der Wende in Frankfurt nicht zur Bildung von Friedens- oder Menschenrechtsgruppen gekommen, die sich als Organisationskern neuer politische Gruppierungen anboten. Stattdessen übte zunächst das „Neue Forum" – als einzige organisierte Form der Bürgerbewegung – eine Bündelungsfunktion für veränderungswillige Bürger aus. Als tpyische Neugründungen der historisch kurzlebigen „Nachwende-DDR" entstanden in Frankfurt die SDP (die später zur SPD wurde), eine Grüne Partei, der Demokratische Aufbruch (DA) und die Deutsche Soziale Union (DSU).
- Spätestens mit der staatlichen Vereinigung hatte die Ausdifferenzierung neuer politischer Organisationen in der DDR ihren Zenit überschritten. Seither war in Frankfurt wie in fast allen anderen DDR-Gemeinden ein starker Trend zur Anpassung der Strukturen des lokalen Parteiensystems *an die Träger des bundesdeutschen Parteiensystem* festzustellen, wobei deren Verankerung allerdings noch nicht sehr tief reicht. Bärbel Möller geht vielmehr davon aus, daß diese Parteien „noch für länger Zeit über einer sich sozial, politisch und mental umstrukturierenden Basis und Bevölkerung" schweben werden (*Möller* 1993: 90). Die derzeit am stärksten ins Auge springende Besonderheit des ostdeutschen Parteiensystems gerade auch auf lokaler Ebene ist die unerwartet starke Stellung der PDS, der es im Gegensatz zu den Bürgerrechtsgruppen zumindest mittelfristig gelungen zu sein scheint, sich für viele Bürger Ostdeutschlands als Interessenvertretung spezifisch ostdeutscher Interessen und gleichzeitig als Sammelbecken für die „Opfer", die die deutsche Vereinigung nach westdeutschem Muster im Osten hervorgerufen hat, anzubieten.

Der Wandel der Mitgliederstrukturen sowie starke Fluktuationen in der Mitgliederbewegung durch Austritts- und Eintrittswellen gehört seit der Wende zu den weiteren Besonderheiten des ostdeutschen Parteiensystems. Gehörten in der DDR knapp 20% aller Bürger einer der Blockparteien an, so sank die Zahl der Parteimitglieder z.B. im Land Brandenburg und in Frankfurt (Oder) auf nurmehr 2,5% der erwachsenen Bevölkerung – bei weiterhin anhaltender sinkender Tendenz. Auch die schnell aufeinander folgenden Fusionen und Vereinigungen von Parteien zwischen 1989 und 1991 bewirkten auf örtlicher Ebene zunächst keine nennenswerten Mitgliederzuwächse für die Parteien, sondern verstärkten eher noch die Austrittswelle.

Nach der Bundestagswahl 1990 kam es bei den Wahlverlieren zu einer neuerlichen Austrittswelle. Die absoluten Mitgliedszahlen der Parteien auf lokaler Ebene sind teilweise sehr gering. Die SPD zählte 1992 in Frankfurt (Oder) noch etwas mehr als 130 Mitglieder, die Grünen gar nur 9 Mitglieder. Auch beim Neuen Forum vollzog sich zumindest bis zum Beitritt zum Landesverband „Bündnis 90" ein ähnlich dramatischer Prozeß des „Abschmelzens" der Interessenten, Mitglieder und Aktiven. Am wenigsten betroffen von Mitgliederverlusten war die bei den Wahlen erfolgreichere CDU. Die Zahl der Aktiven in den Parteien ist noch kleiner. In Frankfurt (Oder) gaben selbst die größeren und etablierten Parteien an, daß es nicht mehr 30 bis 40 Personen waren, die auf örtlicher Ebene die Parteiarbeit leisten.

Für Frankfurt (Oder) liegen auch erste empirische Befunde darüber vor, wie in den ehemaligen Blockparteien, die sich einer westdeutschen Mutterpartei anschlossen, die personelle Erneuerung erfolgte. Sie „vollzog sich in erster Linie durch die Hinzuwahl neuer Mitglieder in die Kreisvorstände, durch Neuwahl und Austausch der alten Eliten durch unbelastete oder neue Mitglieder, wegen starker Überalterung auch durch jüngere Parteimitglieder. Nicht selten übernahmen neu in die Partei Eingetretene sofort Funktionen im Kreisvorstand (*Möller* 1993: 91). Allerdings variiert die Geschwindigkeit und das Ausmaß des Elitenwechsels stark in Abhängigkeit von örtlichen Faktoren.

In den ersten Jahren seit der Wende hatten alle ostdeutschen Parteien eine hohe Fluktuation zu verzeichnen, die sich auf der Eliteebene zum Beispiel in Frankfurt (Oder) darin niederschlug, daß mit Ausnahme der Grünen alle anderen Parteien bis 1992 schon mindestens drei Vorstandswahlen hinter sich hatten. Auch wenn der Elitewechsel – ebenso wie der in den Gemeindevertretungen – noch nicht völlig abgeschlossen ist und immer wieder Parteimitglieder aufgrund von Stasikontakten ihren Rücktritt erklären oder zu einem solchem gezwungen werden, ist seit 1992 eine gewisse Stabilisierung unverkennbar, der sich auch in der Übernahme der aus Westdeutschland bekannten Organisationsstrukturen niederschlug. *Möller* (1993: 91) weist auf zwei nicht allein auf Frankfurt (Oder) beobachtbare Tendenzen hin: Zum einen greifen gerade CDU und SPD für die Besetzung von Führungspositionen innerhalb der Partei auch auf lokaler Ebene (zumindestens in den größeren Gemeinden) zunehmend auf Personen aus Westdeutschland zurück, auch wenn sich die parteipolitischen Beziehungen zur Patengemeinde seit der Wende eher wieder gelockert, in vielen Fällen auch verschlechtert haben. Zum anderen ist ein Rückzug jener Akteure unverkennbar, die erst seit der Wende auf der politischen Bühne aktiv geworden waren, sich zumeist den Zielen der ostdeutschen Erneuerer verschrieben hatten und bei denen offensichtlich relativ rasch „Verschleißerscheinungen" angesichts der Alltagsanforderungen des lokalen politischen Geschäftes auftraten.

Zwischenfazit Auch in Westdeutschland fällt es den politischen Parteien zunehmend schwer, dauerhaftere Loyalitäten und Bindungen aufzubauen oder zu erhalten. Noch viel schwieriger stellt sich die Situation für die auf der kommunalen Ebene in Ostdeutschland tätigen Parteien. Zum einen war der Systembruch mit dramatischen Identitätsverlusten verbunden. Andererseits existieren nach wie vor alte Loyalitäten, die angesichts der vielfältigen Probleme des Transformationsprozesses durch Phasen der Nostalgie noch verstärkt werden. Zudem haben alle Parteien damit zu tun, in einer völlig neuen lokalpolitischen Situation, entsprechende Programme und Strategien zu entwickeln. Schließlich fiel gerade in den ersten Jahren nach der Wende auch die politische Abgrenzung gegenüber den neuen Mitkonkurrenten schwer.

Das ostdeutsche Parteiensystem auf lokaler Ebene ist noch weit davon entfernt, ein größeres Maß an Stabilität aufzuweisen. In rascher Folge hatte sich auch der Wende zunächst die Gründung neuer politischer Parteien und Gruppen vollzogen, die dann in der zweiten Phase von der Dominanz jener Parteien mit westlichem Anschlußpartner abgelöst wurde. Während die aus der Erneuerungsbewegung entstandenen politischen Gruppierungen eher damit beschäftigt sind, ihr politisches Überleben zu sichern, entstand seit 1992 ein größeres Maß an Frustation in der ostdeutschen Bevölkerung über die inzwischen etablierten Parteien und über die konkrete Ausformung der repräsentativen Parteiendemokratie. Diese Unzufriedenheit manifestierte sich zunächst in der Gründung von eher lokal und regional organisierten sog. Bürgerparteien oder „Komitees für Gerechtigkeit", aus denen schließlich der steile Aufschwung der in vielen Gemeinden aufgrund ihrer hohen Mitgliederzahl (Ende 1994: 130.000) örtlich immer schon sehr aktiven PDS resultierte.

Möller (1993) weist zurecht darauf, daß die Umbildung der Parteilandschaft in Ostdeutschland noch nicht abgeschlossen ist. Außerdem vollzieht sich auch der Aufbau des lokalen Parteiensystems in den neuen Bundesländern nicht im Sinne einer einfachen Übertragung des instituionellen Systems der Bundesrepublik und seiner Akteure. Vielmehr „zeigen regionale Entwicklungen sowie der Strukturwandel an der Basis der politischen Institutionen, daß diese Entwicklung *mehrerer Stufen bzw. Übergänge* bedarf und dabei keine völlig identischen Institutionen in kürzester Zeit entstehen können"(*Möller* 1993: 96).

4.7.4 Kommunalwahlen in Ostdeutschland 1994

4.7.4.1 Die Situation nach den ersten „freien" Kommunalwahlen 1990

Nach den ersten freien DDR-Kommunalwahlen im Mai 1990 zeigte sich zumindest in den größeren Städten ein relativ einheitliches Bild bei der Bildung von Mehrheiten in den neugewählten Stadtparlamenten. Vorherrschend war das Eingehen „Großer Rathauskoalitionen". Hierin arbeiteten die Parteigründungen nach westdeutschem Vorbild und die Parteigruppen der ostdeutschen Bürgerbewegung zusammen. Einzig den beiden Flügelparteien PDS und DSU blieb in den meisten Fällen der Zutritt zu diesen Koalitionen verwehrt. Motiv dieser unter koalitionstheoretischen Gesichtspunkten eher seltenen „breiten Allianzen" war das Bedürfnis der Gruppen und Akteure, die die Wende herbeigeführt hatten, zu einem „Pakt" gegen das tradierte SED-Regime und gegen die organisatorisch noch überstarke PDS zu kommen. Zudem bot es den meist auf schwachen organisatorischen Füßen stehenden Parteigruppen einen Weg, dem zwischenparteilichen Wettbewerb der neuen Gruppierungen um die Anteile auf dem kommunalen Wählermarkt in Ostdeutschland zunächst noch aufzuschieben und sich somit auf diese Konkurrenz vorbereiten zu können.

Allerdings gab es nicht nur „Große Koalitionen". In *Thüringen* bestand z.B. zwischen 1990 und 1994 eine weitgehende CDU-Alleinherrschaft auf kommunaler Ebene (die CDU stellte alle Landräte und mit einer Ausnahme alle Oberbürgermeister im Lande). Allerdings sorgte die zwischenzeitlich stattgefunden Reform der Landkreise dafür, daß ungefähr die Hälfte aller amtierenden Landräte der Gebietsreform zum Opfer fielen. SPD-Verwaltungschefs blieben auf einzelne Gemeinden unter 10.000 Einwohner beschränkt. In *Mecklenburg-Vorpommern* verfügte die SPD nach 1990 in den größeren Städten über ihre Hochburgen, während die CDU im ländlichen Vorpommern am stärksten war.

Große Koalitionen gab es unter Einschluß der SPD in Thüringen unter anderem in Erfurt, Gera und Eisenach. Sie stellten sich als besonders konfliktreich heraus. Noch während der ersten Amtsperiode der 1990 gewählten ostdeutschen Gemeindevertretungen brachen viele dieser „Großen Koalitionen" auseinander (z.B. in Halle) oder wurden stark brüchig. Bei dieser Entwicklung spielen nicht nur persönliche und moralische Differenzen und die allmähliche Verfestigung von Strukturen im ostdeutschen Parteiensystem eine Rolle, sondern auch die „Eigengesetzlichkeiten einer nach parlamentarischen Regeln ablaufenden, zunehmend am Primat der Ratsfraktionen orientierten Gemeindepolitik" (*Holtmann* 1994: 269).

Diese für Ostdeutschland typische Entwicklung vollzog sich im übrigen auch in der oben vorgestellten Stadt Frankfurt (Oder). Dort hatten sich nach der Kommunalwahl vom Mai 1990 SPD, CDU und Neues Forum zu einer Koalition zusammengeschlossen, um so eine Gegengewicht zur PDS im Stadtparlament zu bilden. Im Sommer 1992 brach diese Koalition wie viele andere auseinander.

Politisierung kommunaler Sach- und Personalentscheidungen

Das im Vergleich zu westdeutschen Routinen und Traditionen unterschiedliche Verständnis von kommunalpolitischer Arbeit in Ostdeutschland zeigte sich in der ersten Amtsperiode der neuen Gemeindevertretungen vor allem auch an der Politisierung kommunaler Sach- und Personalentscheidungen, in dem sich zugleich der Umbruchscharakter der ostdeutschen Kommunalpolitik manifestiert. *Holtmann* (1994: 270) führt hierfür als Beispiel die Befunde einer Magisterarbeit von Dieter *Meisel* zu kommunalpolitischen Entscheidungsprozessen in einer Kommune der Fünf Neuen Länder an: Demnach sind die hauptamtlichen Dezernenten bzw. Beigeordneten der Stadtverwaltungen in vielen Fällen auch nach ihrer Amtsaufnahme weiterhin Mitglieder der Stadtvertretungen geblieben. Ein solches Doppelmandat verstößt gegen das Inkompatibilitätsgebot, das sich in den westdeutschen Kommunalverfassungen findet und läßt sich daher kaum dauerhaft anwenden. In einer Umbruchsperiode wie in Ostdeutschland erfuhr diese in westdeutschen Augen bedenkliche Praxis eine eigenständige Begründung, wonach nämlich das bürgerschaftliche Wahlmandat die demokratische Legitimation der neuen kommunalen Wahlbeamte zusätzlich stärken soll.

Zu den Besonderheiten der Übergangsphase in den ostdeutschen Gemeinden zählt auch eine – in Westdeutschland in letzter Zeit zunehmend kritisierte – zum Teil weitreichende Einflußnahme der Ratsparteien und gewählten Ratsvertreter auf Personalentscheidungen. Sie betraf nicht nur die Auswahl der Verwaltungsleitung, sondern reichte bis auf Entscheidungen über die Besetzung der mittleren Leitungsebene hinunter. Auch hier findet sich die Begründung für eine nach westdeutschen Maßstäben eher skandalierungsfähigen Praxis (z.B. wenn, wie in Jena geschehen, der Hauptausschuß über die Besetzungsvorschläge der Dezernenten für Amtsleiterstellen berät) in spezifischen Bedingungen einer Umbruchsphase, da hier das Hauptaugenmerk bei Personalentscheidungen aus der Sicht der Parteien darauf lag, „mittels eines kollektiven Prüfvorgangs jene Bewerber auszuschließen, die aus SED-Zeiten politisch belastet sind" (*Holtmann* 1994: 268).

Kandidatenaufstellung als Problem

Große Probleme hatten die Parteien damit, im Vorfeld der Kommunalwahlen Kandidaten für die kommunalen Vertretungsorgane bzw. Bürgermeisterämter zu finden, die bereit sind ein Mandat zu übernehmen und gleichzeitig politisch „sauber" sind. Keine der in Ostdeutschland antretenden Parteien schaffte es, flächendeckend in allen Gemeinden Kandidaten und Kandidatinnen aufzu-

326

stellen. Hier schlägt sich besonders gravierend der Personalmangel nieder, unter dem die Parteien in Ostdeutschland nach wie vor zu leiden haben. Dies gilt insbesondere für die relativ geringen Mitgliederzahlen bei SPD, FDP und Bündnis 90/GRÜNE, während CDU und vor allem PDS in dieser Hinsicht weniger große Probleme hatten, da sie noch immer über einen relativ großen Mitgliederbestand aus DDR-Zeiten verfügen (*Hausmann* 1995: 10).

Die mangelnde Bereitschaft zur Kandidatenaufstellung war so dramatisch, daß es in Brandenburg den Parteien für die Kommunalwahlen am 5. Dezember 1993 in mehr als zwanzig kleineren Gemeinden nicht gelungen ist, genügend Bewerber aufzubieten (*Wehling* 1994). Dies ist im übrigen keineswegs eine Besonderheit des Landes Brandenburg, sondern wiederholte sich in ähnlicher Form auch bei den Kommunalwahlen in den übrigen vier neuen Ländern im Juli 1994. In Mecklenburg-Vorpommern stellten sich 1994 zwar über 50 Organisationen mit ihren Kandidaten zur Wahl, es gelang jedoch nur CDU, SPD, PDS, FDP und Bündnis 90/Grüne, flächendeckend Kandidaten aufzustellen. Während in Sachsen die CDU 1994 immerhin rund 10.000 Kandidaten aufstellen konnte, trat die SPD nur mit 3.500 Bewerbern an.

In Sachsen-Anhalt bewarben sich z.B. allein in Magdeburg 17 Konkurrenten um das Amt des Oberbürgermeisters. Nimmt man alle Städte mit mehr als 20.000 Einwohnern und mehr, so kandidierten dort 88 KandidatInnen für die zu besetzenden 16 Oberbürgermeister-Posten. Die Attraktivität dieser Bewerbungen liegt darin, daß in diesen Städten hauptamtliche Bürgermeister gewählt werden.

In rund einem Drittel der Gemeinden Sachsen-Anhalts jedoch kandidierte jeweils nur ein Bewerber um das Amt des (ehrenamtlichen) Bürgermeisters und in 30 Kommunen fiel die Direktwahl mangels Kandidaten ganz aus. Auch in Sachsen gelang es in 20 Kleingemeinden nicht, überhaupt Kandidaten für die Bürgermeisterwahl aufzustellen. In diesen Fällen dürfen die Wähler selber Vorschläge machen, wobei für den Fall, daß sich überhaupt kein Kandidat bereit findet, der entsprechende Ort zwangsverwaltet wird (FR 11.6.1994, S. 7).

In Sachsen klagte übrigens die PDS gegen eine Bestimmung des Landeswahlgesetzes, was für das Bürgeramt eine Bestimmung des Beamtengesetzes übernommen hatte und solche Bewerber von der Kandidatur um das Amt ausschloß, die für die Stasi gearbeitet hatten oder gegen Grundsätze der Menschlichkeit verstoßen hatten (FR v. 11.6.1994, S. 11).

4.7.4.2 Die Situation nach den Kommunalwahlen 1993/1994

In vier der fünf neuen Länder fanden zeitgleich mit den Europawahlen am 12.6.1994 auch die Wahlen zu den Gemeinde- und Stadträten, Kreistagen sowie die Wahl der Bürger- und Oberbürgermeister statt. In Brandenburg hatte es in Verbindung mit den vorgezogenen Landtagswahlen bereits am 5. Dezember 1993 Kommunalwahlen gegeben.

Die Wahlergebnisse verdeutlichen, daß nach wie vor einige Bürger in Ostdeutschland Schwierigkeiten bei der *Ausübung des neuen Wahlrechtes* haben. So waren in Sachsen 5,3% der Stimmen ungültig (*Hausmann* 1995: 10).

Die Wahlbeteiligung lag bei den Kommunalwahlen 1994 überall niedriger als bei den ersten freien Kommunalwahlen in der DDR 1990. Damit gingen Hoffnungen auf eine signifikant höhere Bürgerbeteiligung nicht auf. Relativ

Gültige Stimmen und Wahlbeteiligung

niedrig lag die Beteiligungsrate vor allem in Mecklenburg-Vorpommern mit 65,5% und in Thüringen mit 72,5%. Ähnlich wie in Westdeutschland zeichnete sich aber auch im Osten die Tendenz ab, daß bei gleichzeitiger Terminierung von Europa- und Kommunalwahlen, die Wahlbeteiligungen bei der Kommunalwahl leicht höher lag.

Tabelle 10: Kommunalwahlen in Sachsen 1990 und 1994 (vorläufige amtliche Endergebnisse)

	Kommunalwahl 6.5.1990 absolut	Kommunalwahl 6.5.1990 in v.H.	Kommunalwahl 12.6.1994 absolut	Kommunalwahl 12.6.1994 in v.H.
Wahlberechtigte	3.232.514		3.746.79	
Wahlbeteiligung	2.332.989	72,2	2.846.213	76,0
Gültige Stimmen	2.206.609		2.688.675	
CDU	2.345.553	38,1	3.476.493	44,6
SPD	1.330.891	21,6	1.149.126	14,7
FDP	387.567	6,3	585.618	7,5
B 90/Grüne	472.266	7,7	349.650	4,5
PDS	1.001.526	16,3	908.504	11,6
Sonstige	621.668	10,1	1.330.247	17,1

Quelle: FAZ vom 17.6.1994

Tabelle 11: Kommunalwahlen in Thüringen 1990 und 1994 (vorläufige amtliche Endergebnisse)

	Kommunalwahl 6.5.1990 absolut	Kommunalwahl 6.5.1990 in v.H.	Kommunalwahl 12.6.1994 absolut	Kommunalwahl 12.6.1994 in v.H.
Wahlberechtigte	1.949.343		2.030.120	
Wahlbeteiligung	1.335.248	72,5	1.595.411	78,6
Gültige Stimmen	3.915398		4.329.257	
CDU	1.450.701	37,1	1.813.243	41,9
SPD	1.023.294	26,1	846.212	19,6
FDP	240.889	6,2	333.454	7,7
Freie Wähler	58.152	1,5	-	-
B 90/Grüne	249.735	6,4	285.674	6,6
PDS	613.143	15,7	452.275	10,5
Sonstige	279.484	7,1	594.399	13,7

Quelle: FAZ vom 17.6.1994

Tabelle 12: Kommunalwahlen in Sachsen-Anhalt (vorläufige amtliche Endergebnisse)

	Kommunalwahl 6.5.1990 absolut	Kommunalwahl 6.5.1990 in v.H.	Kommunalwahl 12.6.1994 absolut	Kommunalwahl 12.6.1994 in. v.H.
Wahlberechtigte	2.144.340		2.259.792	
Wahlbeteiligung	1.427.598	66,6	1.667.656	73,8
Gültige Stimmen	1.368.944		1.549.984	
CDU	1.240.224	31,2	1.385.725	30,6
SPD	1.179.404	29,7	1.033.928	22,8
FDP	313.030	7,9	483.548	10,7
Freie Wähler	155.423	3,9	-	-
B 90/Grüne	250.909	6,3		
PDS	722.058	18,2	573.823	12,7
Sonstige	96.416	2,4	1.049.629	23,2

Quelle: FAZ vom 17.6.1994

Tabelle 13: Kommunalwahl in Mecklenburg-Vorpommern 1990 und 1994
(vorläufige amtliche Endergebnisse)

	Kommunalwahl 6.5.1990 absolut[1]	Kommunalwahl 6.5.1990 in v.H.	Kommunalwahl 12.6.1994 absolut	Kommunalwahl 12.6.1994 in. v.H.
Wahlberechtigte	1.381.116		1.428.287	
Wahlbeteiligung	904.929	65,5	1.034.641	72,4
Gültige Stimmen	870.123		2.813.137	
CDU		30,6	783.182	27,8
SPD		25,6	578.275	20,6
FDP		5,4	179.152	6,4
B 90/Grüne		4,2	62.708	2,2
PDS		24,3	535.194	19,0
Sonstige		9,9	674.626	24,0

Quelle: FAZ vom 17.6.1994
1) Die absoluten Zahlen der für die einzelnen Parteien abgegebenen Stimmen wurde von der Landes-
wahlteilung (noch) nicht mitgeteilt.

Tabelle 14: Kommunalwahlen in Brandenburg 1990 und 1993

	Kommunalwahl 6.5.1990 absolut	Kommunalwahl 6.5.1990 in v.H.	Kommunalwahl 5.12.1993 absolut	Kommunalwahl 5.12.1993 in. v.H.
Wahlberechtigte	1.979.671		1.931.789	
Wahlbeteiligung		74,6		59,9
Gültige Stimmen	4.001.239		3.158.750	
CDU		24,2		20,6
SPD		27,7		34,5
FDP		0,3		7,1
BFD		5,5		-
B 90/Grüne		-		4,2
PDS		16,6		21,2
Sonstige		25,7		12,4

Quelle: Landesamt DV und Statistik BB, BTX-Seite 47474115200a v. 5.2.95

Die Kommunalwahlen in der DDR 1990 und die Kommunalwahlen 1993/1994 lassen sich insofern nicht unmittelbar miteinander vergleichen, als in der Zwischenzeit die neuen Bundesländer eigene kommunale Wahlgesetze im Rahmen ihrer neuen Gemeindeordnungen geschaffen hatten. Zudem hatten sich zwischen 1990, also der Endphase der DDR, und 1993/1994 die politischen, sozialen und ökonomischen Randbedingungen in Ostdeutschland gravierend verändert. Auch wurden die territorialen Grenzen der kommunalen Gebietskörperschaften in diesen Jahren stark verändert, d.h. entweder im räumlichen Maßstab vergrößert oder zum Teil auch neu geschaffen. Insbesondere nahm die Zahl der Kreise ab und dehnten sich die kreisfreien Städte auf Kosten ihrer Umlandgemeinden aus. *(Probleme beim Vergleich der Wahlen von 1990 und 1994)*

Bei den Kommunalwahlen in allen vier Ländern im Juni 1994 hatten die Wahlberechtigten drei Stimmen, die kumuliert oder panachiert werden konnten. Zudem sahen die neuen Bestimmungen der Gemeindeordnungen vor, daß es bei Bürgermeisterwahlen zwei Wochen später, d.h. am 26. Juni 1994, zu Stichwahlen kam, wenn im ersten Wahlgang keiner der Bewerber die erforderliche absolute Mehrheit erreicht hatte.

Hausmann sieht im Vergleich der Kommunalwahlergebnisse von 1990 und 1993/1994 vor allem drei allgemeine Entwicklungstrends, die er vornehmlich auf das „Super-Wahljahr" 1994 bezieht: *(Vergleich der Wahlen und Entwicklungstrends)*

329

- Innerhalb des Wahljahres 1994 hat die Wahlbeteiligung bei den Kommunalwahlen und auch gegenüber 1990 deutlich abgenommen; auch in Ostdeutschland hat die „Partei der Nichtwähler" zwischen vier und sieben Prozent im Vergleich zu den Wahlen 1990 zugenommen.
- In Ostdeutschland scheint sich sowohl auf der Landes- wie auf der Kommunalebene ein spezifisches Drei-Parteien-System aus CDU, SPD und PDS zu etablieren; die relative Stärke der drei großen ostdeutschen Parteien gleicht sich zur Zeit noch an; im regionalen Vergleich bleiben die Kräfteverhältnisse ähnlich wie bei den Kommunalwahlen 1990, d.h. der Norden Ostdeutschlands bleibt eher „rot", der Süden stärker „schwarz" eingefärbt; die PDS ist in den sechs größten Städten Mecklenburg-Vorpommerns zur stärksten Partei geworden, in Sachsen-Anhalt stellt sie in Halle die stärkste Partei und in Sachsen wird sie in Hoyerswerda und weiteren fünf Städten den Bürgermeister stellen.
- Herausragendes Ergebnis der Kommunalwahlen war die Festigung der Rolle der PDS als ostdeutsche Protest- und Regionalpartei; die PDS kann als die eigentliche Gewinnerin der Kommunalwahlen 1993/1994 in Ostdeutschland bezeichnet werden; ihren höchsten Anteil erzielte sie in Mecklenburg-Vorpommern mit 24,3% und erreichte dort fast die Stärke der SPD; relativ schwach ist die PDS nach wie vor in Thüringen und Sachsen mit 15,7 bzw. 16,3% verankert; eine dominierende Position nimmt die PDS vor allem nach wie vor in den ehemaligen Bezirkshauptstädten der DDR ein.

Entwicklung der einzelnen Parteien – CDU

Schaut man sich die Parteienstärke der Parteien bei den Kommunalwahlen des Jahres 1994 an, so bleibt die CDU in allen vier Ländern die stärkste politische Kraft, obgleich sie mehr oder weniger deutliche Verluste in all diesen Ländern hinnehmen müßte. Verluste erlitt die CDU vor allen Dingen in ihren bisherigen Hochburgen Sachsen und Thüringen (- 6,5 bzw. – 4,8%). Einen leichten Zugewinn erzielte sie in Sachsen-Anhalt (+ 0,6%), wo die Kommunalwahlen gleichzeitig als Testwahl für die wenig später am 26. Juni stattgefundenen Landtagswahlen galten. Mit deutlichem Abstand stärkste politische Kraft bleibt die CDU in den Gemeinden Sachsens (38,1%), nach wie vor am schwächsten ist sie in Mecklenburg-Vorpommern vertreten (30,6%). Schaut man sich die Vertretung der CDU in den Gemeinden nach Gemeindegrößenklassen und besonderen Strukturmerkmalen an, so liegen die CDU-Hochburgen in ostdeutschen Kommunen vor allen Dingen in kleineren Städten und Gemeinden sowie in den Landkreisen.

– SPD

Die SPD war in Brandenburg im Dezember 1993 wie erwartet die politisch stärkste Kraft im Lande geblieben. Bei den vier Kommunalwahlen im Juni 1994 konnte die SPD ebenfalls überall Gewinne verbuchen, allerdings fielen diese nicht so spektakulär aus, wie dies im Vorfeld erwartet worden war. Das Wachstum fiel in Mecklenburg-Vorpommern mit 5% am geringsten und in Sachsen mit 6,9% am stärksten aus. Außer in Brandenburg ist die SPD in Sachsen-Anhalt mit 29,7% der Wählerstimmen am stärksten auf kommunaler Ebene vertreten. Die SPD-Gewinne wurden vor allem auf der Ebene der Gemeinden und der größeren Städte realisiert, ihre Position bei Landkreiswahlen ist nach wie vor sehr viel schwächer. Regional haben sich für die SPD die Gewichte seit 1990 insofern verschoben, als das der Süden nicht länger mehr eine Art „SPD-Diaspora" ist. So ist die SPD in Thüringen inzwischen auf kommunaler Ebene mit einem besseren Wahlergebnis vertreten als in Mecklenburg-Vorpommern. Auch gelang es der SPD in allen vier Wahlen im Juni 1994 den Abstand zur CDU zu verringern, wenngleich der Gesamtanteil der beiden großen Parteien in den ostdeutschen Gemeinden noch weit unter dem in Westdeutschland üblichen Niveau liegt.

Die PDS konnte bei den Kommunalwahlen in Ostdeutschland ihr Ergebnis – PDS im Vergleich zu den Bundestagswahlen 1990 in Ostdeutschland um rund 50% verbessern. Dabei konnte die SED-Nachfolgepartei sowohl ihr großes stabiles Stammwählerpotential mobilisieren als auch Stimmen von anderen Parteien gewinnen. Zudem profitierte die PDS von der niedrigeren Wahlbeteiligung und der im Vergleich zu anderen Parteien aktiveren Stammwählerschaft. Die relative Stärke der PDS verdeutlicht ein Blick auf ihre Mitglieder. Insgesamt verfügt die PDS in Ostdeutschland derzeit über rund 120.000 Mitglieder. 30.000 Beitragszahler hat die PDS allein in Sachsen. Zum Vergleich: In Sachsen hat die SPD zur Zeit etwa 5.000 Mitglieder, dies entspricht dem Mitgliederanteil der PDS allein in der Stadt Chemnitz. Von den SPD-Mitgliedern in Sachsen waren nur 5% während der DDR-Zeiten Mitglieder der SED. Auch verfügt z.B. die sächsische PDS über ein Finanzbudget von rund 6 Mio. DM jährlich, das immerhin doppelt so groß ist wie das Budget der sächsischen SPD. Großer Vorteil der PDS in Ostdeutschland ist, daß sie beinahe flächendeckend, d.h. nicht nur in den größeren Städten, sondern auch in ländlichen Räumen aktiv und präsent ist. Gerade dort spielt ihre aktive Mitgliederschaft eine mobilisierende Rolle durch Beratungsleistungen gegenüber Rentnern, Arbeitslosen, Mietschuldern. Es sind gerade derartige Serviceleistungen, die innerhalb der ostdeutschen Bevölkerung nicht nur bei den sog. Wendeverlierern gut ankommen. Zudem verfügt die PDS in ihren Kadern über Teile der ehemaligen DDR-Elite, die über eine entsprechende Verwaltungs- und Politikerfahrung verfügen. Das Wachstum der SPD als Mitgliederpartei wird nach wie vor durch den Unvereinbarkeitsbeschluß mit einer SED-Mitgliedschaft erheblich eingeschränkt. Es sind dort die Ortsgruppen, die über Neuaufnahmeanträge entscheiden.

In Berlin erzielte die PDS bei den Kommunalwahlen im Mai 1992 übrigens in den elf Ostberliner Bezirken im Durchschnitt 29,9% der Wählerstimmen. Bei der Europawahl im Juni 1994, als in den übrigen neuen Bundesländern, aber nicht in Ost-Berlin Kommunalwahlen stattfanden, legte die PDS in Ost-Berlin noch einmal mit 29.000 Stimmen zu. Immerhin konnte die PDS bei der Europa-Wahl auch in West-Berlin rund 11.000 Stimmen gewinnen, so daß sie im Juni 1994 in Gesamtberlin mit 15,9% zur drittstärksten Kraft hinter der CDU mit 28,4% und der SPD mit 28,1% wurde. Im Lande Brandenburg erzielte die PDS bei den Europa-Wahlen im Juni 1994 22,6% und fiel damit hinter der SPD mit 36,9% und der CDU mit 23,4% wieder auf den dritten Platz zurück. Allerdings lag die Wahlbeteiligung bei der Europa-Wahl in Brandenburg bei nur 41,4% und war damit die niedrigste in allen ostdeutschen Bundesländern. Für die Wahlerfolge der PDS spielt schließlich auch eine Rolle, daß sie sich am weitesten für Kandidaturen von parteilosen „linken" Bürgern öffnete, die als Repräsentanten spezifischer ostdeutscher Interessen gelten. Das reicht von Vertretern des Arbeitslosenverbandes und der Mietervereine über Rentner, Genossenschaftsbauern, Kleingärtner, ehemalige Angehörige der nationalen Volksarmee, Behinderte, Frauen bis zu den Anglern. Zudem wächst der Stimmenanteil der PDS-Wähler in Abhängigkeit von ihrem Bildungsgrad, d.h. wer zu DDR-Zeiten zur Elite gehörte, seinem beruflichen Aufstieg der SED verdankte, jetzt aber aus Führungspositionen gedrängt wurde, gibt seine Stimme vorzugsweise der PDS. Dies gilt auch für diejenigen Rentner, deren Renten wegen nachgewiesener oder vermuteter „Staatsnähe" pauschal gekürzt worden sind. Die PDS-Stimmenanteile sind besonders hoch in Ost-Berlin und in den anderen großen Städten Ostdeutschlands. Dort konzentrierten sich jene Bevölkerungsgruppen, die Funktionen in Partei und Staat, in Massenorganisationen und in der Armee hatten. Die relative Stärke der PDS in Mecklenburg-Vorpommern und Brandenburg erklärt sich zudem daraus, daß dort viele der einstigen LPG-Bauern durch die Politik der Bundesregierung sich bedroht fühlen und insbesondere fürchten, daß die Bodenreform der DDR im Zeitraum zwischen 1945 – 1994 teilweise wieder rückgängig gemacht werden und sie dadurch gegenüber enteigneten Grundeigentümern und deren Erben benachteiligt werden.

Die PDS-Erfolge in ostdeutschen Rathäusern hängen nicht nur damit zusammen, daß es ihr gelungen ist, sich das Image einer ostdeutschen Regional- und Protestpartei zu verschaffen, sondern es gelang ihr insbesondere auch, sich auf kommunaler Ebene als die Partei zu profilieren, die die wende- und vereinigungsbedingten Nöte der Menschen artikuliert und aufgreift. Damit hat sich die PDS den Ruf einer bürgernahen Partei erwerben können. Zudem verfügt die PDS über den bei weitem größten Mitgliederstamm aller ostdeutschen Parteien und ist in der Lage, auch einen funktionsfähigen Parteiapparat in den meisten Städten und Gemeinden der neuen Länder aufrechtzuhalten. Ob angesichts dieser relativen Stärke der PDS sich die in der Zeit zwischen 1990 und 1994 zu beobachtende Isolierung der PDS durch die anderen Rathausparteien aufrechterhalten läßt oder ob Formen der Tolerierung (wie auf Landesebene in Sachsen-Anhalt) bzw. Koalitionen (wie in einigen Städten erwogen) zustande kommen, kann zu diesem Zeitpunkt noch nicht mit abschließender Sicherheit beurteilt werden, da diese politisch stark aufgeladene Diskussion in ihren Effekten in hohem Maße unkalkulierbar ist.

– Übrige Parteien

Mit Ausnahme der PDS hat der Anteil der übrigen Parteien bei den Kommunalwahlen 1993/94 in Ostdeutschland relativ deutlich abgenommen. So minderte sich ihr Anteil bei dem Kommunalwahlergebnis in Sachsen-Anhalt z.B. von 23,2% auf 6,7%. Die neugegründeten Wendeparteien DSU oder Neues Forum spielen inzwischen kommunalpolitisch keine größere Rolle mehr. Hier haben die beiden großen Parteien CDU, SPD und PDS die Wähler der Bürgerbewegungen der DDR inzwischen mehr oder weniger beerbt. Durch die Verluste der aus den Bürgerbewegungen hervorgegangenen Parteien und durch die geringe Resonanz, die Republikaner und andere rechtsextremistische Parteien bei den Kommunalwahlen 1994 spielten, läßt sich für das ostdeutsche Parteiensystem in der Gesamtschau ein deutlicher Trend zur Konzentration auch auf kommunaler Ebene beobachten (*Hausmann* 1995: 10). Auch spielen die im Westen bekannten freien Wählergruppen bei der Artikulation von Protest im Osten bei dem dort erst gerade aufgebauten Parteiensystem noch keine größere Rolle.

Auf kommunaler Ebene spielen auch FDP und Bündnis 90/GRÜNE nur eine vergleichsweise untergeordnete Rolle. Der Wähleranteil der FDP ist auch in den Kommunen bei den Wahlen 1994 stark rückläufig gewesen, besonders drastisch fielen ihre Verluste in Sachsen-Anhalt aus. Allerdings gelang es ihr in allen vier anderen Bundesländern noch einmal landesweit mehr als 5% zu erzielen. Eine gewisse Stabilisierung war auch bei den Bündnis/GRÜNEN zu beobachten, allerdings auf einem für sie selbst eher enttäuschend niedrigem Niveau. Ähnlich wie in einigen westdeutschen Bundesländern erscheinen auch – zumindest in Sachsen – Möglichkeiten für künftige schwarz-grüne Bündnisse in einzelnen Gemeinden nicht länger ausgeschlossen.

Brandenburg war das erste ostdeutsche Bundesland, das nach der Vereinigung Kommunalwahlen durchführte. Analysen dieser vielbeachteten Kommunalwahlen interpretierten die Brandenburger Ergebnisse als Anti-Bonn- und Anti-System-Wahl. Die SPD konnte sich im Vergleich zu den Kommunalwahlen 1990 im Landesdurchschnitt um 6,4 auf 34,5% steigern. Als Sensation wurde die Tatsache registriert, daß die PDS in Brandenburg vor der CDU zur zweitstärksten Partei wurde. Mit einem Zuwachs von 4,7% erreichte die PDS landesweit 21,2% der Wählerstimmen. Hingegen mußte die CDU, die auf 20,5% kam, mit 11,3% sehr große Verluste hinnehmen. Die FDP konnte ihr Wahlergebnis in Brandenburg um 1,1% auf 7,1% noch leicht steigern, ebenso wie Bündnis 90/Grüne, die ihren Stimmenanteil um 0,4% auf 4,2% erhöhten. Drastisch war die Wahlbeteiligung im Vergleich zu 1990 gesunken und lag mit 59,2% mehr als 15% unter dem damaligen Ergebnis. In Kommentaren und Analysen riefen naturgemäß die starken PDS-Erfolge den größten Interpretationsbedarf hervor. Beobachter verwiesen darauf, daß es der PDS offenbar gelungen ist, Wähler aus den ehemals DDR-systemtragenden-Schichten in größerem Umfang für sich zu gewinnen und zudem von der derzeitigen Oppositionshaltung in der ostdeutschen Bevölkerung am nachhaltigsten zu profitieren. Regional gesehen, hat die PDS ihre Wählerhochburgen in dem Städte- und Gemeindegürtel um Berlin herum. Dort profitierte die PDS nicht nur von der ehemaligen Verwaltungselite der DDR, sondern vor allem auch von Ängsten in der Bevölkerung, was die Rückgabe von Grundstücken anbetraf. Auch gelang es der PDS in der brandenburgischen Bevölkerung ein hohes Maß an sozialer Kompetenz zu erwerben. So gaben ihr 28% der Arbeitslosen ihre Stimme (im Vergleich erzielte die SPD mit 34% in dieser Gruppe nur geringfügig mehr Stimmen). Schon bei der Kommunalwahl in Brandenburg zeigte sich, daß Kandidaten rechtsradikaler und rechtsextremer Parteien und Gruppierungen keine Rolle spielten, da es ihnen nicht einmal gelang, in nennenswertem Umfang Kandidaten für diese Wahl aufzustellen. Zur Erklärung der hohen CDU-Verluste wird darauf verwiesen, daß ein Viertel aller CDU-Wähler 1993 nicht zur Wahl gegangen ist, zudem verlor die CDU weitere 14% ihrer Wähler an die SPD. Stichwahlen fanden in Brandenburg in 48 der insgesamt 1.310 Gemeinden sowie in den drei kreisfreien Städten Potsdam, Cottbus und Brandenburg statt. Insbesondere in der Landeshauptstadt Brandenburg wurde das Rennen um die Entscheidung des Oberbürgermeisteramtes mit besonderer Spannung verfolgt, da hier der PDS-Kandidat in ersten Wahlgang 43,5% der Stimmen und damit mehr als der amtierende Oberbürgermeister der SPD mit 30% gewinnen konnte. Erst im zweiten Wahlgang setzte sich dort der SPD-Kandidat in einer Art Großen Koalition gegen den PDS-Vertreter durch.

Bei den Stadt- und Gemeinderatswahlen in Sachsen im Juni 1994 konnte die CDU mit 34,9% ihre führende Rolle behaupten, obgleich sie gegenüber 1990 hier 5% Punkte verlor. Die SPD verdoppelte ihren Stimmenanteil gegenüber 1990 und kam auf 17,6%, wo hingegen die PDS zumindest in Sachsen leichte

Ergebnisse in einzelnen Bundesländern

– Brandenburg

– Sachsen

Verluste erlitt und auf 14,5% kam. Die FDP erreichte mit 6,3% sowie Bündnis 90/GRÜNE mit 5% noch gerade landesweit mehr als 5% der Stimmen. Die übrigen Parteien und Wählervereinigungen in Sachsen kamen zusammen auf mehr als 21%. In Dresden, Zwickau, Görlitz und Plauen wurde die CDU zur stärksten Rathausfraktion, die SPD in Leipzig und Chemnitz, die PDS schließlich in Hoyerswerda.

Noch stärker konnte die CDU ihre Stellung bei den Kreistagswahlen in Sachsen ausbauen, wo sie 42,8% erhielt gegenüber 20,0% SPD- und 13,2% PDS-Stimmen. Die Wahlbeteiligung bei den Kreistagswahlen lag mit 73,7% noch höher als bei den Gemeinderatswahlen (70,3%). In elf der 23 Kreise Sachsens setzten sich CDU-Bewerber bereits in der ersten Runde bei der Wahl zum Landrat durch. In 10 weiteren Landkreisen erreichten sie im ersten Wahlgang die relative Mehrheit. In Sachsen gab es in allen kreisfreien Städten, außer Chemnitz, einen zweiten Wahlgang, da die Kandidaten jeweils nur eine relative Mehrheit erzielten. Insgesamt mußte am 26. Juni 1994 noch in 135 Orten ein zweites Mal gewählt werden. Nach dem ersten Wahlgang stellte die CDU 316 Bürgermeister, die FDP stellt immerhin 62 Bürgermeister, die SPD 32, die PDS fünf sowie Bündnis 90/GRÜNE zwei Bürgermeister. Insgesamt in 418 Gemeinden werden die Bürgermeister jedoch von parteilosen oder sonstigen Bewerbern gestellt (FAZ vom 17.6.1994, S. 5).

In Sachsen erzielte die SPD im Leipziger Raum, wo ihr Bürgermeister-Kandidat mit 73% bereits im ersten Anlauf gewählt wurde, daß bei weitem beste Ergebnis. In Dresden hingegen erzielte die SPD nicht einmal 15% und landete in der Wählergunst noch hinter der PDS, die mit 22% in Dresden zur zweitstärksten Kraft wurde. Grüne Hochburgen finden sich in Sachsen nur in den Städten, vor allem in Leipzig. Im zweiten Wahlgang setzte sich in Hoyerswerda der PDS-Kandidat durch, in Leipzig regierte der amtierende SPD-Bürgermeister weiter, während in den anderen vier kreisfreien Städten Sachsen CDU-Bewerber jeweils das Rennen machten.

– Thüringen
Bei den Kommunalwahlen in Thüringen erreichte die CDU im Juni 1994 mehr als 37% und damit eine klare Führungsrolle im Land. Die SPD legte 7% zu und kam mit 26% der Stimmen als zweitstärkste Kraft auf den Kommunalwahlen hervor, während die PDS mit rund 15% und klarem Abstand zu den übrigen Parteien dritte Kraft geworden ist. Hochburg der PDS bleibt die ehemalige Bezirkshauptstadt Suhl, wo die PDS stärkste Fraktion wurde. In Gera liefert sich die PDS mit der CDU im ersten Wahlgang immerhin ein Kopf-an-Kopf-Rennen. CDU-Verluste waren besonders in Weimar in dramatischem Ausmaß zu beobachten, wo die meisten Stimmen bei der Oberbürgermeister-Direktwahl im ersten und zweiten Wahlgang ein unabhängiger Kandidat erhielt, der in der DDR als SED-Mitglied stellvertretender Oberbürgermeister gewesen war und sich seinen Wahlkampf durch mehrere Firmen hatte sponsern lassen. In Thüringen verloren sowohl die freien Demokraten als auch die freien Wählervereinigungen erheblich im Vergleich zu den Kommunalwahlen 1990, wobei sich der Stimmenanteil mehr als halbiert hat. Da innerhalb der meisten Thüringer Kommunen Fraktionen nicht über eine absolute Mehrheit erfolgen, beherrschte die Suche nach Bündnispartnern die Strategie vieler Kommunalparteien, nachdem schon in der vergangenen Legislaturperiode parteiübergreifende Koalitionen regelmäßig in Gemeindevertretungen anzutreffen waren. Insbesondere die SPD wurde dabei

vor die Entscheidung gestellt, ob sie weiterhin an Großen Koalitionen unter Ausschluß der PDS oder an einem Bündnis auch mit der PDS beteiligt sein wollte. Hier scheinen zwischen der SPD-Landespartei und den örtlichen Parteivertretern mitunter Divergenzen zu bestehen. In Thüringen waren in allen kreisfreien Städten Stichwahlen um das Amt des Oberbürgermeisters notwendig geworden. Bei diesen Stichwahlen gingen überwiegend die Kandidaten der CDU als Sieger hervor. Danach stellt die CDU in zwei der fünf kreisfreien Städte Oberbürgermeister und in 14 von 17 Landkreisen den Landrat. Allerdings ist festzuhalten, daß Spitzenkandidaten der CDU, die aus Westdeutschland stammten, in der Stichwahl regelmäßig ihrem politischen Mitbewerber unterlagen. Sowohl in Gera als auch in Weimar setzten sich unabhängige Kandidaten durch. Auch nach dem zweiten Wahlgang und dem Sieg der CDU-Kandidaten verfügt die CDU in zahlreichen Kreistagen, Gemeinde- und Stadträten über keine zuverlässige Mehrheit zusammen mit der FDP, so daß die Koalitionsbildung weiterhin ein politisch heißes Eisen darstellen wird.

Eigentlicher Wahlsieger in Mecklenburg-Vorpommern war bei der Kommunalwahl 1994 die PDS. Bei der gleichzeitig abgehaltenen Volksabstimmung über die neue Landesverfassung stimmten immerhin knapp 40% der Wähler im nördlichsten der ostdeutschen Bundesländer gemäß der PDS-Empfehlung mit Nein. Bei den Kommunalwahlen erhielt die PDS in den Großstädten Rostock, Schwerin und Neu-Brandenburg jeweils mehr als 30% der Stimmen. Die Stärke der PDS in vielen Städten und Gemeinden Mecklenburg-Vorpommerns wird dort die Bildung stabiler Mehrheiten erschweren, insofern CDU und SPD eine Zusammenarbeit mit der PDS im Sinne eines festen Koalitionsbündnisses ablehnen. So strebte der Rostocker SPD-Oberbürgermeister im Stadtparlament bereits unmittelbar nach der Wahl eine Fortsetzung der Koalition mit der CDU an, was auf die auch später im Lande erfolgte Große Koalition in Mecklenburg-Vorpommern als einzig möglicher Alternative unter Ausschluß der PDS hinwies. Aber auch aus der SPD-Landespartei war zu hören, daß es eher unwahrscheinlich sei, daß sich die Sozialdemokraten der Zusammenarbeit mit der PDS zukünftig in allen Kommunen generell verschließen würden. In den Städten Rostock, Schwerin und Wismar verlor die CDU so viele Stimmen, daß sie dort überall nur einen Stimmenanteil von unter 20% erreichte. Am stärksten war die CDU in Mecklenburg-Vorpommern in Stralsund mit rund 37% und in Greifswald mit rund 40% der Wählerstimmen. Zur stärksten Partei wurde die SPD in Mecklenburg-Vorpommern in Wismar mit rund 48% der Stimmen und in den Kreisen Nord-West-Mecklenburg und Ludwigslust mit jeweils rund 30%. Der FDP gelang es nicht, in den kreisfreien Städten sowie in zwei Kreisen in die Stadt- und Kreisparlamente einzuziehen. Stimmenverluste mußten auch das Bündnis 90/Die Grünen hinnehmen, allerdings blieb diese Partei in den Städten, mit Ausnahme von Wismar, in den Stadtparlamenten weiter vertreten.

Auch in Sachsen-Anhalt verlor die CDU leicht bei den Kommunalwahlen 1994, blieb jedoch stärkste Kraft im Lande mit 33%. Die SPD konnte ihr Wahlergebnis um 6,2% verbessern und lag im Bundesdurchschnitt mit 29% der Wählerstimmen nur noch knapp hinter der CDU. Die PDS schließlich gewann noch stärker (7,3%) und erhielt insgesamt 20% der Stimmen bei den Kommunalwahlen. FDP und Grüne landeten jeweils abgeschlagen bei 6,5% der Wählerstimmen. Herausragend war allein der Sieg des FDP-Landesvorsitzenden in

– Mecklenburg-Vorpommern

– Sachsen-Anhalt

Querfurt, der dort bei den Bürgermeisterwahlen 66,8% im ersten Wahlgang erreichte. In den beiden Großstädten des Landes, Magdeburg und Halle, konnte kein Kandidat die absolute Mehrheit im ersten Wahlgang erringen, und es kam zu einer Stichwahl um das Oberbürgermeisteramt zwischen den bisherigen Amtsinhabern von SPD und CDU sowie jeweils einem PDS-Kandidaten. In Stichwahlen setzten sich dann die Amtsinhaber durch. Bei den Stichwahlen zu den Landkreisen gelang es der SPD, in die bisherige exklusive Domäne der CDU-Landräte einzudringen. Von insgesamt 21 Landkreisen werden nach den Stichwahlen neun Ländräte von der SPD gestellt. Allerdings wird die Vergleichbarkeit der Ergebnisse gerade bei den Landkreiswahlen dadurch geschmälert, daß die CDU 1990 Listenverbindung mit anderen Parteien und Gruppierungen eingegangen war. Regionale Hochburg der PDS war Halle, wo die Partei mit rund 32% die meisten Stimmen im Lande erhielt. Bündnis 90/Die Grünen erreichten ihr bestes Ergebnis in Magdeburg mit 10,5%.

4.8 Kommunale Sozialpolitik in den neuen Bundesländern

Die deutsche Einigung hat in Ostdeutschland gewaltige politische, ökonomische und sozialkulturelle Umbrüche hervorgerufen und dabei zugleich die Lebensbedingungen der ostdeutschen Bevölkerung einschneidend und irreversibel verändert. Eine leistungsfähige und ortsbezogene kommunale Sozialpolitik spielt eine wichtige Rolle bei der Bewältigung transformationsbedingter Probleme und Anforderungen (hier soll im Rahmen dieses Beitrages im wesentlichen auf die Bereiche Altenhilfe, Jugendhilfe, Sozialhilfe eingegangen werden, während z.B. die Betreuung körperlich und geistig Behinderter außen vor bleiben muß).

4.8.1 Übernahme/Übertragung neuer Aufgaben der Kommunen in der Wendephase

In der unmittelbaren Wendephase 1989/90 nahmen die kommunalen Sozialverwaltungen der DDR eine de facto Monopolstellung in der kommunalen Sozialpolitik ein, insofern sie schlichtweg die einzigen existenten und damit auch entscheidenden Akteure waren (*Backhaus-Maul/Olk* 1993: 304). Diese gegenüber dem westdeutschen Modell außerordentlich exponierte Stellung der lokalen Sozialverwaltungen wuchs im Vereinigungsprozeß noch einmal weiter an. Zum einen wurden bisher DDR-spezifisch betrieblich wahrgenommene Sozialaufgaben auf die hierzu eigentlich nicht eingerichteten Kommunen übertragen, während zum anderen die Vereinigung die Übernahme völlig neuartiger, westdeutscher Aufgabenbereiche, wie z.B. die Sozialhilfe, mit sich brachte.
  Aus dieser neuartigen Aufgabenfülle und dem damit verbundenen massiven Handlungs- und Problemdruck erklären sich auch – vor dem allgemeinen Hintergrund des Fortbestands der lokalen Verwaltungsebene –, die auffälligen personellen Kontinuitäten im kommunalen Sozialbereich sowie eine Art neuer „Zwei-Klassen-Gesellschaft": Während Mitarbeitern, die bislang schon Leitungsfunktionen innehatten, externe, vorwiegend sozialrechtliche Qualifizierungs- und Wei-

terbildungsmaßnahmen angeboten wurden, blieb den Sachbearbeitern günstigstenfalls amtsinterne, selbstorganisierte Schulungen vorbehalten (*Backhaus-
Maul/Olk* 1993: 304).

Für die Gemeinden in Ostdeutschland bedeutete die Übernahme und Anwendung des westdeutschen Modells kommunaler Zuständigkeiten in der Sozialpolitik gleichermaßen einen „Paradigmenwechsel" in konzeptioneller, organisatorischer, personeller und finanzieller Dimension. Zwischen den sozialpolitischen Aufgaben, die den Kreisen und Gemeinden der DDR durch Gesetz oder
SED-Beschlüsse zugewiesen waren und dem sozialpolitischen Aufgabenmodell
der Kommunen in Westdeutschland bestehen nur ansatzhaft Ähnlichkeiten und
Überschneidungen, aber kaum sinnvoll nutzbare Anknüpfungspunkte (*Wollmann*
1991: 250). Der abrupte Systemwechsel wird exemplarisch verdeutlicht im Bereich der Sozialhilfe, wo mit dem Inkrafttreten des Staatsvertrages über die Wirt-
schafts-, Währungs- und Sozialunion die ostdeutschen Städte seit dem 1.7.1990
Sozialhilfe auszahlen mußten, „ohne daß bis dahin irgendein Mitarbeiter mit der
teilweise recht komplizierten Materie des Sozialhilferechts vertraut war" (*Scheytt*
1991a: 78).

4.8.2 Neue sozialpolitische Aufgabenverteilung zwischen Gemeinden und freien Trägern

Ein fundamentaler konzeptioneller Kurswechsel im Bereich der Sozialpolitik
und insbesondere des kommunalen Handlungsverständnisses bezog sich auf das
aus dem Subsidiaritätsprinzip abgeleitete Prinzip der prioritären Zuweisung von
Gestaltungskompetenzen an dezentrale Sozialverwaltungen sowie auf das Prinzip des staatlich geschützten und zu fördernden Pluralismus von freien Trägern
der Wohlfahrtspflege. Hierdurch erfuhr die Institution der Freien Wohlfahrtspflege auch in den neuen Bundesländern eine deutliche Aufwertung (vgl zur
Entwicklung seit 1989 u.a. *Backhaus-Maul* 1993; *Schmid* 1994), zumal Artikel
32 des Einigungsvertrages auf Druck der Wohlfahrtsverbände (*Schmid* 1994:
188) festschrieb, daß die Bundesregierung die Verantwortung für die Entwicklung der freien Wohlfahrtspflege und der freien Jugendhilfe begleitet, finanziert
und unterstützt (vor allem in Form des Bundesprogramms zur Förderung der
Wohlfahrtsverbände, für die 1991 insgesamt 30 und 1992 noch einmal 17 Mio.
DM bereitgestellt wurden). Darüber hinaus haben auch die neuen Länder eigene
Programme zur Förderung des institutionellen Aufbaus der Wohlfahrtsverbände
aufgelegt. Schließlich leisteten in nicht unerheblichen Maße auch die jeweiligen
westdeutschen „Mutterorganisationen" Aufbauhilfen (insbesondere Personal-
und Finanzhilfen).

Das neu entstehende pluralistische Spektrum freier Träger im Bereich der
ostdeutschen Altenhilfe unterscheidet sich noch relativ deutlich von den gewachsenen Strukturen in Westdeutschland. Eine Novität für deutsche Verhältnisse
bildet die ehemalige DDR-Massenorganisation „Volkssolidarität", die sich als
erster auf den Bereich der Altenhilfe spezialisierender Verband unter dem Dach
des Paritätischen Wohlfahrtsverbandes transformiert hat. Der „Volkssolidarität"
ist es im übrigen als einer der ganz wenigen ehemaligen DDR-Verbände gelungen, ihren Platz in der neuen Bundesrepublik – zumindest was die städtischen

Entwicklung der
Wohlfahrtsverbände

Versorgungsregionen in den neuen Bundesländer anbetrifft – einigermaßen zu stabilisieren (für die Entwicklung organisierter Interessen in Ostdeutschland vgl. ausführlich *Eichener* u.a. 1992; *Schmid* u.a. 1994). Aber auch für die übrigen in der ostdeutschen Altenhilfe tätigen Wohlfahrtsverbände gilt, daß sich ihr Leistungsprofil und ihr sozialpolitischer Stellenwert noch stark vom westdeutschen Vorbild deutlich unterscheidet, insofern diese Verbände weder über eine größere soziale Basis verfügen, noch die aus Westdeutschland bekannten sozialintegrativen Funktionen schon erfüllen (*Backhaus-Maul* 1993: 374ff.; *Wohlfahrt* 1992: 387ff.):

– *Caritas* und *Diakonisches Werk* verfügten als konfessionelle Organisationen bereits in der DDR über eigene soziale Einrichtungen und Dienste (u.a. rd. 90 Krankenhäuser mit 25.000 Beschäftigte), spielten in der DDR aber mehr eine „geduldete" und untergeordnete Rolle (*Wohlfahrt* 1992: 388) vor allem im Bereich der Betreuung körperlich und geistig Behinderter. Ihre kirchliche Anbindung verschaffte ihnen nach der Wende eine finanzielle Unterstützung der Kirchen (ca. 10 Prozent der Kirchensteuer) und damit eine gewisse Autonomie von staatlichen und kommunalen Zuweisungen. Allerdings setzt der hohe Anteil nicht-konfessionell gebundener BürgerInnen in Ostdeutschland ihnen Grenzen bei der Einwerbung von Finanzmittel und freiwilligen Helfern. Ebenso begrenzt war die Unterstützung durch die isolierten und relativ kleinen Gemeinden in Ostdeutschland. Mit Blick auf den relativ kleinen Bevölkerungsteil, der ihren konfessionellen Bindungen nahesteht, stehen sie zudem unter Legitimierungsdruck bei der Verteilung westlicher Finanzmittel nach dem dort üblichen Verteilungsschlüssel (so erscheint ihre Leistungskapazität angesichts der konfessionellen Bevölkerungsanteile im Osten als zu hoch und im Westen wiederum als zu niedrig; *Schmid* 1994: 189).

– Das *Deutsche Rote Kreuz* gehörte zu den DDR-Massenorganisationen zentralistischer Prägung mit z.T. paramilitärischen Organisationsformen (rd. 600.000 Mitglieder in Orts- und Betriebsgruppen sowie rund 9.000 Verbands-Beschäftigte), hatte aber ein eng begrenztes Aufgabenfeld (Blutspenden, Krankentransporte und Rettungsdienste, Ausbildung von Gesundheitshelfern). Nach der Wende mußte der Umbau zu einem Wohlfahrtsverband westdeutscher Prägung vorgenommen werden, was sowohl auf der Personal-, Ressourcen-, Organisations- und Aufgabenebene zu erheblichen Veränderungen führte. *Wohlfahrt* (1992: 387) sieht diese Transformation als weitgehend gelungen an, insofern es dem DRK gelungen ist, traditionelle Domänen zu behaupten und die eigenen Arbeitsbereiche darüber hinaus auszudehnen.

– Der *Paritätische Wohlfahrtsverband* verfügte in der DDR über kein Pendant. Im Gegenteil: Weder existierten Formen der sozialen Selbstorganisation als anschlußfähige Organisationen, noch erleichterte das Selbstverständnis eines „Dachverbandes der sozialen Initiativen" eine zentral gesteuerte Ausdehnung des Verbandes nach Ostdeutschland. Durch den 1990 erfolgten Beitritt der „Volkssolidarität" als ehemaliger DDR-Massenorganisation (mit Schwerpunkten im Bereich der ambulanten Dienste und rd. 2 Mio. Mitgliedern, 200.000 ehrenamtlichen Helfern, 15.000 Ortsgruppen und rd. 1.000 Klubs und Treffs zu DDR-Zeiten; *Ronge* 1993) gewann der DPWV zwar erheblich an Terrain, allerdings handelt es sich um eine Organisation, die selbst um ihr politisches Überleben kämpft und zudem einen nicht nur latenten Widerspruch zwischen Selbsthilfegruppen und Initiativen aus dem Umfeld der Bürgerbewegungen einerseits und Vertretern einer ehemaligen DDR-Massenorganisation andererseits in den Verband hineinträgt. Verglichen mit DDR-Zeiten hat die Volkssolidarität nicht nur an Mitgliedern (Reduzierung auf die Hälfte bis 1992; *Priller* 1993) und Ressourcen verloren, sondern nimmt auch nur noch einen Teil ihrer früheren umfassenden sozialen Funktionen wahr.

– Die der sozialdemokratischen Arbeiterbewegung nahestehende *„Arbeiterwohlfahrt"* schließlich war seit 1933 und bis zum Ende der DDR in Ostdeutschland verboten gewesen. Die AWO mußte als Verband also mit völlig neuer Verwaltungs-, Unternehmens- und Mitgliederstruktur aufgebaut werden, wobei weder traditionelle sozialdemokratische Milieus noch ein funktionierendes SPD-Netzwerk hilfreich zur Verfügung standen. Programmatisch-ideologisch erwies sich zumindest in der Anfangszeit die Orientierung der westdeutschen „Arbeiterwohlfahrt" am Prinzip des „demokratischen Sozialismus" für Ostdeutschland nicht unbedingt als werbungsträchtiges Image (*Schmid* 1994: 194). Am weitesten ist ihr der Organisationsaufbau bisher in einigen Großstädten gelungen, wo sie auch ein relativ breites Angebot sozialer Dienstleistungen vorhält (vgl. *Heltzig* 1993). Bis 1991 verfügte die AWO in Ostdeutschland über rd. 20.000 Mitglieder und etwa 3.000 hauptamtliche Mitarbeiter, die fast ausnahmslos über AB-Maßnahmen finanziert wurden; Zahlen bei *Schmid* 1994: 189).

Subsidiaritäts- und Pluralismusprinzipien standen zu den Zentralisations- und Monopolisierungsprozessen in der ehemaligen DDR-Gesellschaft in einem diametralen Gegensatz. Schwierig erwies sich – auch wenn auf Bundes- und Landesebene zwischen Wohlfahrtsverbänden und Ministerien sich schon relativ schnell auf die neuen Länder bezogene korporatistische Handlungsformen herausgebildet haben (*Gutschick* 1992) – gerade auf örtlicher Ebene die Einführung bzw. günstigstenfalls Wiederherstellung administrativer, fachlicher und politischer Strukturen und Kompetenzen im Bereich der Wohlfahrtspflege:

> „Gerade für dezentrale Politik- und Verwaltungsstrukturen gilt, daß ihr Wirksamwerden von sozialen und kulturellen Bedingungen, wie der Existenz gesellschaftlicher Vereinigungen, Gruppen und Verbände, sowie von der Engagementbereitschaft der Bürger und den Fähigkeiten des Fach- und Verwaltungspersonals abhängt. Zudem gilt insbesondere auf kommunaler Ebene, daß sich institutionelle Regelungen und Formen sozialer Hilfe- und Unterstützungsleistungen dem tatsächlichen Bedarf und damit örtlichen Besonderheiten flexibel anpassen müssen" (*Backhaus-Maul/Olk* 1993: 300).

Wo es um die Aufgaben- und Zuständigkeitsverteilung zwischen öffentlichen und nicht-öffentlichen Trägern der kommunalen Sozialpolitik geht, sind zwar die Kommunen aus Finanzgründen häufig zur Übergabe von sozialen Einrichtungen bereit, allerdings erfolgte dies in den ersten Jahren zumindest nicht unbedingt entsprechend dem in Westdeutschland in solchen Fällen praktizierten Vorrangprinzip für die Wohlfahrtsverbände, sondern häufig als Übertragung auf andere privatgewerbliche Träger (*Backhaus-Maul* 1993: 376). Zudem traten in der Anfangsphase einige in Westdeutschland nicht dem „Kartell" der großen Wohlfahrtsverbände angehörende Verbände wie der Arbeitersamariterbund (ASB) als neue Konkurrenten auf den Plan und versuchten, durch Ausbreitung ihrer Do-

Probleme der Verankerung des „dualen" westdeutschen Systems kommunaler Sozialpolitik

mänen und durch eine flächendeckende Präsenz in Ostdeutschland Startvorteile zu erlangen, die ihnen eine stärkere Verhandlungsmacht auch im Westen einräumen konnte (*Wohlfahrt* 1992: 388). Gerade hinsichtlich des Regelungsbereichs kommunaler Sozialpolitik erweist sich also die Annahme, daß es beim Transitionsprozeß in Ostdeutschland primär bloß um die Durchsetzung und Anwendung geltenden bundesdeutschen Rechts geht als zu kurz greifend. *Backhaus-Maul* und *Olk* (1993) verweisen zurecht darauf, daß die einschlägigen Sozialgesetze (Bundessozialhilfegesetz, Kinder- und Jugendhilfegesetz z.B.) Leistungsgesetze mit rahmensetzenden Charakter sind, deren Anwendung also relativ interpretationsoffen ist, und die mit ihrem inhaltlichen Schwerpunkt (Unterstützung, Förderung und Entwicklung einer ermöglichenden sozialen Infrastruktur) Raum lassen für fachliche Ausgestaltungsspielräume, die durch die Vereinigung tendenziell sogar noch größer geworden sind:

> „Um wirksam werden zu können, müssen diese Gesetze vom Verwaltungs- und Fachpersonal inhaltlich ausgelegt und situativ angewandt werden. Im Sozialbereich ist somit nicht ein schlichter ‚buchstabengetreuer‘ Gesetzesvollzug, sondern die soziale und politische Anwendung von Leistungsgesetzen auf soziale Tatbestände erforderlich (*Backhaus-Maul/Olk* 1993: 328)“.

Hinzu kommt, daß aus der gemeinsamen Sachlogik von Leistungsgesetzen und den normativen Prämissen des Subsidiaritäts- und Pluralismusprinzips heraus, gerade das Bundessozialhilfegesetz (BSHG) und das Kinder- und Jugendhilfegesetz (KJHG) von freien Trägern und ihren Organisationen implementiert werden, die selbst wiederum die sozialen und politischen Vorstellungen und Interessen unterschiedlicher gesellschaftlicher Gruppen repräsentieren. Allerdings standen unmittelbar nach der Wende in Ostdeutschland im gesamten Bereich des Sozialwesens nur rund 6.000 Gesundheitsfürsorgerinnen, 1.800 Jugendfürsorger/innen sowie knapp 1.000 Fürsorger, Diakone und Sozialpädagoginnen konfessioneller Träger zur Verfügung.

Übertragung auf freie Träger als Entlastungseffekt der Kommunen

Massiver gesellschaftlicher Problemdruck, strukturelle Unsicherheiten innerhalb der öffentlichen Verwaltungen sowie der desolate Finanzzustand der meisten Kommunen bilden eigentlich einen äußerst günstigen Nährboden für Strategien einer Beschränkung der „Reichweite des Staates“ in der kommunalen Sozialpolitik (Beschränkung auf gesetzliche Pflichtaufgaben und einige selbstgesetzte, sozialpolitisch prioritäre Aufgaben) sowie einem auch kommunalen Eigeninteresse an einer Aufgabenentlastung durch Dritte. Hier erscheinen gerade frei-gemeinnützige Träger insoweit interessant, wie sie über eigene personelle, materielle und finanzielle Ressourcen verfügen und damit einen Beitrag zur Entlastung der kommunalen Finanz- und Sozialpolitik leisten. Allerdings bestand das sozialpolitische Dilemma aus Sicht der ostdeutschen Kommunen darin, daß frei-gemeinnützige Träger anfangs weder flächendeckend präsent waren, noch über größere eigene Ressourcen verfügten und zudem für bestimmte Problemlagen keine westdeutschen Lösungen zur Verfügung standen. Somit mußten die öffentlichen Sozialverwaltungen in Ostdeutschland zunächst eine politische Grundsatzentscheidung der Art treffen, ob sie kurzfristig bereit sein wollten, den Aufbau freier Träger politisch und finanziell zu fördern, um sich in mittelfristiger Perspektive eine finanzielle und organisatorische Entlastung bei der Erbringung kommunaler Sozialaufgaben zu erhoffen (*Backhaus-Maul/Olk* 1993: 304).

Wohlfahrt (1992: 393) spricht von einer „funktionalen Handhabung" des Subsidiaritätsprinzips, wobei viele Kommunen in den Verbänden eher in kurzfristiger Perspektive eine finanzpolitische Entlastung sahen und die Übernahme als kostensparendes „Abstoßen" empfanden.

Dort, wo ostdeutsche Kommunen eine aktive Rolle in der Implementation kommunaler Sozialpolitik spielten (sei es auch nur, um sich so eine Entlastung ihres Hauhaltes zu erhoffen), entstanden auch relativ schnell die aus Westdeutschland bekannten Formen der Koordinierung und Abstimmung örtlicher Arbeitsgemeinschaften der Freien Wohlfahrtspflege, wenngleich die Voraussetzungen für eine derartige Kooperation und Arbeitsteilung in vielen Fällen noch nicht gegeben ist. Vielmehr konkurrierten die Verbände vielerorts untereinander um die Absteckung von „Claims" und die Sicherung exklusiver Domänen sowie um die Etablierung einer möglichst ausdifferenzierten Angebotspalette. Gerade dort, wo örtlich übernahmefähige Einrichtungen zur Disposition standen, entfaltete sich ein zum Teil intensiver zwischenverbandlicher Wettbewerb bis hin zum Aufbau eines Überangebots von Dienstleistungen, das dann wiederum nur dadurch finanzierbar blieb, indem vorhandene soziale Infrastruktur abgebaut wurde (*Wohlfahrt* 1992: 391).

4.8.3 Sozialhilfe

Das westdeutsche Bundessozialhilfegesetz (BSHG) trat auf dem Gebiet der neuen Bundesländer gemäß den Regelungen im Einigungsvertrag am 1.1.1991 in Kraft. Dabei nahm der Einigungsvertrag bei den Regelungen zur sozialen Versorgung von Sozialhilfeempfängern zum Teil erhebliche Einschränkungen vor. Zuvor hatte Artikel 24 des am 30.6.1990 unterzeichneten „Vertrages über die Schaffung einer Währungs-, Wirtschafts- und Sozialunion zwischen der Bundesrepublik Deutschland und der DDR" die neue DDR-Regierung verpflichtet, ein eigenes Sozialhilfegesetz zu erlassen, das einen Tag später, am 1.7.1990 in Kraft trat und inhaltlich die weitgehende Übernahme der BSHG-Regelungen über die „laufende Hilfe zum Lebensunterhalt", allerdings in einer Art „light"-Version umfaßte, wobei der Mehrbedarf für Personen über 60 Jahre entfiel und das Taschengeld für Sozialhilfeempfänger in Seniorenheime (noch) niedriger angesetzt wurde. Finanzielle und organisatorische Gründe wurden dafür angeführt, daß die Ausführung des BSHG nicht als kommunale Aufgabe wahrgenommen werden konnte, sondern auf die neuen Bundesländer übertragen wurde (*Backhaus-Maul/Olk* 1993: 309).

Befristet bis zum 31.12.1996 wurde zum 1.7.1990 ein sog. Sozialzuschlag in Höhe von monatlich 495 Mark für die Bezieher niedriger Einkommen, wie z.B. Erwerbslose und Rentner, eingeführt, der im Falle von Erwerbslosen konstant blieb, für sonstige Rentner aber schrittweise angehoben wurde und am 1.7.1992 bereits zwischen 668 DM und 1.054 DM lag. Dies geschah vornehmlich, um einen allzu abrupt-dramatischen Anstieg der Zahl der Sozialhilfeempfänger zu verhindern (*Backhaus-Maul/Olk* 1993: 309). Dennoch ist die Zahl der Sozialhilfeempfänger bereits in der einjährigen Zeitspanne zwischen Ende 1990 und 1991 von mehr als 134.000 auf knapp 489.000 Personen gestiegen und weist eine seither ununterbrochen steigende Tendenz auf. Hauptgrund für den Bezug von

Sozialhilfe bildet in Ostdeutschland Erwerbslosigkeit. Dies schlägt sich auch in der Altersstruktur der Sozialhilfeempfänger nieder. Im Vergleich zu Westdeutschland ist vor allem der Anteil der unter 25jährigen und der über 45jährigen Leistungsempfänger überdurchschnittlich hoch.

Inzwischen hat sich das Niveau der Geldleistungen in den neuen und alten Bundesländern weitgehend angeglichen. Auch haben sich erste Verwaltungsroutinen herausgebildet, wenngleich beim administrativen Vollzug des BSHG in Ostdeutschland auf seiten der Verwaltungsmitarbeiter noch immer spürbare, transitionsbedingte Probleme auftreten. Gerade der Entwicklungsstand von sozialen Einrichtungen und Diensten in Ostdeutschland bleibt nach wie vor besorglich defizitär, zumal die Kostenträgerschaft mehrheitlich bei den finanzschwachen und damit von Zuweisungen des Bundes abhängigen Kommunen liegt (*Backhaus-Maul/Olk* 1993: 310).

4.8.4 Altenhilfe

Auch für den Um- und Aufbau des Altenhilfesystems in den neuen Bundesländern sind die sozial- und ordnungspolitischen Grundstrukturen des westdeutschen Modells übernommen worden – und damit auch die von Fachleuten dort beklagten Strukturmängel (leistungsartenbezogene Fragmentierung des Versorgungssystems, Nichtkoordination der verschiedenen Trägerorganisationen). Grundpfeiler dieses Systems ist der Vorrang der ambulanten, familienunterstützenden sozialen Dienste gegenüber stationären Versorgungsformen. Dies bedeutete einen erheblichen Umstrukturierungs- und Aufbaubedarf, insofern in der DDR eine flächendeckende und ausreichende ambulante Versorgung in diesem Bereich nicht gegeben war.

Der Um- und Aufbau des Versorgungssystems für alte Menschen in Ostdeutschland wurde seit der Vereinigung primär durch den Einsatz von Bundesmitteln finanziert. Zu nennen sind das „Soforthilfeprogramm der Bundesregierung für das Gesundheitswesen", das „Gemeinschaftswerk Aufschwung Ost", das „Kommunalkreditprogramm" sowie ein Beratungsangebot in Investitions-, Organisations- und Fortbildungsfragen, das in Zusammenarbeit mit dem „Kuratorium Deutsche Altershilfe" bereitgestellt wird. Gerade am Einsatz der Mittel des Kommunalinvestitionsprogramms durch die ostdeutschen Gemeinden wurde Kritik geübt. Da das Programm den Kommunen die Mittel pauschal zuwies und über ihre Verwendung nur unzureichende Kontrollen vorsah, haben viele ostdeutschen Kommunen das Geld nach Angaben von *Backhaus-Maul/Olk* (1993: 314) nicht zuweisungsgebunden für die Instandsetzung von sozialen Einrichtungen verwendet, sondern z.B. zur Finanzierung des kommunalen Straßen- und Kanalisationsbaus.

Altenhilfe und Wohlfahrtsverbände

Die Wohlfahrtsverbände als freigemeinnnützige Träger von Alteneinrichtungen beklagten sich ihrerseits darüber, daß sie bei der Verteilung der vom Bund bereitgestellten Finanzmittel in den Kommunen gegenüber öffentlichen Trägern regelmäßig benachteiligt würden (Ebd. S. 314, FN 45). Für die Wohlfahrtsverbände hat gerade der Bereich der Altenhilfe eine vorrangige Bedeutung. Insofern die Wohlfahrtsverbände in den neuen Bundesländern nur über unzureichende eigene Ressourcen verfügten, waren sie für die Wahrnehmung ihrer Aufgaben und für die Ausdehnung ihres aus Westdeutschland gewohnten Aktionsradius entscheidend auf öffentliche Fördermittel angewiesen. Hierzu zählen neben der leistungsbezogenen Förderung auch die vom Bund zur institutionellen Förderung der Freien Wohlfahrtspflege bereitgestellten öffentlichen Mittel. Da der Bund in den ersten Jahren nach der Vereinigung von allen Aufgabenbereichen, in denen Wohlfahrtsverbände in der Bundesrepublik tätig sind, die Altenhilfe als Leistungsbereich am stärksten gefördert hat, haben sich diese Organisationen in Ostdeutschland dann auch bislang schwerpunktmäßig in der Altenhilfe betätigt, wo es nicht nur einen offenkundlichen Bedarf (Rentnerarmut in der DDR), sondern auch die meisten westlichen Födermittel gab. Entsprechend rangierte – angesichts chronisch defizitärer Eigenmittel – bei der Frage nach der Übernahme bestimmter Einrichtungen und Dienste durch einen Wohlfahrtsverband häufig die Frage in den Mittelpunkt, „ob die zu übernehmende Immobilie dem Verband auf dem Geldmarkt günstige Chancen bei der Kreditbewilligung eröffnet" (*Backhaus-Maul* 1993: 377f.).

Gerade älteren Menschen fällt es schwer, den gravierenden Strukturumbruch seit der Wende zu verarbeiten. So fällt auf, daß nach wie vor die Kenntnisse älterer Menschen über das „neue" Altenhilfeangebot stark durch DDR-Traditionen geprägt wird. Als erstverantwortliche Instanz im Falle von Krankheit, Erwerbslosigkeit und Pflegebedürftigkeit wird überwiegend „der Staat" genannt. Als Folge des in der DDR unbekannten Vorranges frei-gemeinnütziger Träger wird auch die Rolle der Wohlfahrtsverbände in der Einschätzung der ostdeutschen Senioren noch stark unterschätzt. Daraus resultiert wiederum als Folge, daß die differenzierte Angebotspalette der freien Träger bei den potentiellen Klienten noch relativ unbekannt ist (vgl. *Schwitzer* 1992).

Nichtindentierte Aufgabenbreite der Sozialstationen

Ende 1992 waren bereits fast tausend Sozialstationen mit weit auseinanderlaufender Größe und Qualität in den neuen Bundesländern entstanden, deren Träger alle großen Wohlfahrtsverbände einschließlich der Volkssolidarität sind. Ihr breit gefächertes Aufgabenspektrum unterscheidet sich allerdings erheblich von dem vergleichbarer Sozialstationen in Westdeutschland. *Backhaus-Maul* und *Olk* (1993: 316) sehen den Grund für diese eher nichtintendierte Aufgabenerweiterung im Fehlen orts- und bürgernaher Verwaltungs-, Beratungs- und Dienstleistungseinrichtungen als Erblast der zentralistischen Staatsorganisationen der DDR.

Auch in der Altenhilfe bilden Personalfragen eine erhebliche Problem- und Spannungsquelle. Hauptursache bildet – wie allgemein in Ostdeutschland – die Kombination aus Qualifikations- und Finanzierungsproblemen. Unmittelbar nach der Wende wurde das Problem durch relativ groß dimensionierte Arbeitsbeschaffungsmaßnahmen (*Wohlfahrt* 1992: 385) kaschiert, in denen die Mehrzahl der bislang hauptamtlich Beschäftigten untergebracht waren. Inzwischen ist jedoch die Zahl der ABM-Stellen in Altenhilfeeinrichtungen sowohl der öffentlichen als der freien Trägern deutlich gekürzt worden. Hinzu kommt als ostdeutsche Besonderheit, daß nach Jahrzehnten „freiwilliger Zwangsverpflichtung" zur Übernahme von Ehrenämter in der DDR gerade die Gewinnung von Personen für die Übernahme eines freiwilligen sozialen Engagements im Sozialbereich nur schwer und eher selten gelingt.

4.8.5 Jugendhilfe

Komplizierte rechtliche
Ausgestaltung der
Übergangszeit
Die Vereinigung brachte für das Gebiet der ehemaligen DDR die rechtliche, organisatorische und fachliche Übernahme des westdeutschen Systems der Jugendhilfe. Damit ging ein Um- und Aufbauprozeß größeren Ausmaßes einher, da eine Anknüpfung an das Jugendhilfesystem der DDR wegen dessen grundsätzlich anders gelagerten Aufgabenverständnisses sich nicht anbot. In der Folge kam es in den ostdeutschen Kommunen zu einer erheblichen Ausweitung des Zuständigkeitsbereichs der Jugendhilfe.

Zunächst wurde bald nach Abschluß des ersten Einigungsvertrages ein *„Jugendhilfeorganisationsgesetz"* verabschiedet, das am 29.7.1990 in Kraft trat. Seine Funktion bestand in der kurzfristigen Sicherung des Umbauprozesses. Es sah insbesondere drei Ziele vor: die Referate Jugendhilfe der DDR-Kommunen sollten in Jugendämter umgewandelt werden, die vorhandene Einrichtungen für Kinder und Jugendliche (Clubhäuser, Ferienheime und Kindergärten) sollten nach Möglichkeit gesichert werden, und schließlich sollte das Gesetz als Rechtsgrundlage für die Entwicklung eines pluralistischen Systems freier Träger dienen (*Backhaus-Maul/Olk* 1993: 321).

Die Wende in der DDR fiel zeitlich mit der Reform des Kinder- und Jugendhilfegesetz (KJHG) in der alten Bundesrepublik zusammen, die zum 1.1. 1991 in Kraft treten sollte. Gesetzgebungstechnisch war eine schwierige Situation entstanden. Entweder konnte man nach dem Beitritt der fünf neuen Länder zur Bundesrepublik am 3.10.1990 das neue DDR-Jugendhilfegesetz dort zunächst noch weitergelten lassen oder den Geltungsbereich der auslaufenden alten gesetzlichen Regelung auf das Beitrittsgebiet ausdehnen. Stattdessen entschied man sich dafür, das neue KJHG mit zahlreichen Übergangsregelungen in den neuen Bundesländern drei Monate früher in Kraft treten zu lassen als im Westen.

Obwohl das KJHG in den alten Bundesländern von Experten eher als gesetzlicher Nachvollzug einer in der Praxis der Jugendhilfe bereits erfolgten Weiterentwicklung verstanden und kaum als grundlegendes Reformwerk interpretiert wird, erschien eine sofortige Anwendung der in dem neuen KJHG festgelegten Leistungsstandards für die neuen Bundesländern kaum realisierbar. Aus diesem Grund billigt das Gesetz den neuen Bundesländern eine längere Übergangsphase zur Anpassung an die neuen Vorgaben zu. Dies kommt in zahlreichen länger geltenden Übergangsvorschriften ebenso zum Ausdruck wie in der vorläufigen Absenkung des Verbindlichkeitsgrades vieler Leistungen von Soll- in Kann-Leistungen (*Lingelbach* 1992: 39; *Backhaus-Maul/Olk* 1993: 321).

Kleinkindbetreuung
Besondere politische Aufmerksamkeit hat im Bereich der Kinder- und Jugendhilfe die weitere Entwicklung der institutionalisierten Kleinkindbetreuung erfahren, da es sich hierbei um einen Bereich handelt, in dem die DDR – auch im internationalen Vergleich – in quantitativer Dimension einen Spitzenplatz einnahm. Die Versorgungsquote erreichte im letzten DDR-Jahr 1989 bei den Kinderkrippen (0-3jährige) über 80%, bei Kindergartenplätzen (3-6jährige) rund 95% sowie bei den Kinderhorten ebenfalls über 80%. Gerade diese Einrichtungen des DDR-Sozialsystems waren von der Bevölkerung in besonders hohem Maße akzeptiert und nachgefragt worden. Sie stellten eine entscheidende Voraussetzung für das Erreichen einer hohen Erwerbstätigkeitsquote von Frauen in der DDR dar, die wiederum aufgrund der ungünstigen Zusammensetzung der

Struktur der Berufstätigen in der DDR („Republikflucht") eine volkswirtschaftliche Notwendigkeit war.

Die Beibehaltung dieser „DDR-Errungenschaft" unter den Bedingungen der neuen Bundesrepublik scheint in Ostdeutschland mittel- und langfristig stark gefährdet. Die flächendeckende Bereitstellung dieser Einrichtungen ist nach der Wende von den Betrieben auf die Kommunen übergegangen und verursacht dort erhebliche Kosten, die die Finanzkraft der Städte und Gemeinden allein übersteigt. Außerdem hat die stark gewachsene Arbeitslosigkeit unter Frauen sowie der starke Geburtenrückgang nach der Wende die Nachfrage gemindert und zur Unterauslastung einiger Einrichtungen geführt. Die Bereitstellung von zusätzlichen finanziellen Mitteln aus westdeutschen Töpfen dürfte erschwert sein, da viele der westdeutschen Länder Schwierigkeiten haben, ihrer eigenen Bevölkerung einen gesetzlich garantierten Anspruch auf einen Kindergartenplatz einzuräumen. Einen derartigen Rechtsanspruch wollten zwar alle Länder zugunsten von drei- bis sechsjährigen Kindern bis 1996 festschreiben, allerdings wurde Anfang 1995 eine erneute Verschiebung dieses Termins bis zum Jahre 1999 erwogen. Fraglich ist auch, inwieweit freie Träger – einmal abgesehen von zum Teil anders gelagerten normativ-ideologischen Präferenzen – sich in diesem Bereich zu engagieren bereit sind, in dem Fördermittel nicht im gleichen Maße fließen wie z.B. im Bereich der Altenhilfe. In diesem Fall dürfte künftig eine massive Schließungswelle zahlreiche dieser Einrichtungen bedrohen (*Backhaus-Maul/ Olk* 1993: 325).

Der Aufbau kommunaler Jugendämter in Ostdeutschland begann wie erwähnt mit dem Inkrafttreten des Jugendhilfeorganisationsgesetzes am 29.7.1990. Die neu eingerichteten Jugendämter im Osten weisen bislang noch einige Besonderheiten auf und haben mit Problemen zu kämpfen, die in Westdeutschland unbekannt sind. Markanteste und sichtbarste Abweichung vom westdeutschen Modell war die zunächst auch im Bereich der Jugendhilfe nur sehr langsam anlaufende Übertragung von sozialen Einrichtungen und Diensten auf freie Träger. Ende 1991 lag in den neuen Bundesländern (einschl. Ost-Berlin) der Anteil öffentlicher Träger an Einrichtungen der Jugendhilfe noch immer bei 94%, während in Westdeutschland sich immerhin mehr als zwei Drittel derartiger Einrichtungen in freier Trägerschaft befanden (*Deininger* 1993).

Anders ausgedrückt waren die kommunalen Jugendämter Anfang der 90er Jahre in Ostdeutschland für einige Zeit zum Monopolanbieter von Leistungen der Jugendhilfe geworden, nachdem einerseits die bisher in der DDR von den Kombinaten und VEBs wahrgenommenen betrieblichen Einrichtungen und Leistungen der Jugendhilfe auf öffentliche Sozialverwaltungen übertragen worden waren und sich die Freie Deutsche Jugend (FDJ) als allesbeherrschende DDR-Massenjugendorganisation schon kurz nach der Wende zu einer beinahe mitgliederlosen, aber immer noch kapital- und immobilienstarken Splitterorganisation – in Analogie zu den astronomischen Größenklassen von Sternen könnte man hier vom Übergang eines „roten Riesen" in den Zustand eines „roten Zwerges" sprechen – zurückentwickelt hatte. In dieser Situation nahmen die kommunalen Jugendämter im Osten im Vergleich zur westdeutschen Situation „überdimensionale Größenordnungen" an (*Backhaus-Maul/Olk* 1993: 322). In einem Artikel von Gisela *Ulrich* (1992) über die Situation der Jugendhilfe in Leipzig wird beispielsweise davon berichtet, daß beim Jugendamt der Stadt 1992 rund 5.000 Be-

Aufbau kommunaler Jugendämter

schäftigte tätig waren, obwohl für dessen eigentliche Kernaufgaben nur 297 Planstellen existierten.

Die Stärke der kommunalen Jugendämter und die gleichzeitige Schwäche der freien Träger der Jugendhilfe zog als Konsequenz in Ostdeutschland auch eine entsprechende Einschränkung der Entwicklung und Handlungsmöglichkeiten der örtlichen Jugendhilfeausschüsse nach sich. In dieser Situation förderte der Bund mit eigenen Mitteln den Aufbau freier Jugendhilfeträger. Schon 1991 wurden im Bundesjugendplan zusätzlich 48 Mio. DM für die neuen Bundesländer bereitgestellt. Ein Jahr später wurde anläßlich der rechtsextremistischen Jugendkrawalle von Hoyerswerda und anderenorts ein neues „Jugendpolitisches Programm des Bundes für den Aus- und Aufbau von Trägern der freien Jugendhilfe in den neuen Bundesländern" (AFT) in Höhe von 50 Mio. DM aufgelegt. Dieses Programm war unter den Beteiligten und Betroffenen von Anbeginn an stark umstritten. Die Kritik der beteiligten Träger und ihrer Dach- und Fachverbände war insofern erfolgreich, als das Programm – mit Abstrichen – bis zum Jahr 1994 verlängert wurde.

Auch bei der Entwicklung und Absicherung von Freizeit- und politischen Bildungsangeboten spielen Initiativen, Gruppen und Jugendverbände eine zentrale Rolle. Angesichts der Erfahrung mit der FDJ als Quasi-Staatsjugend sowie der starken Verunsicherung von Jugendlichen im Transitionsprozeß fällt es offensichtlich den Jugendgruppen und -verbänden besonders schwer, sich in den neuen Bundesländern als neue Organisationsform zu etablieren. Ihre Einrichtung und Entwicklung bleibt zunächst weiterhin weitgehend von staatlich finanzierten Förderprogrammen abhängig. Abgesehen von dem Sonderfall kirchlicher Gruppen, in denen Jugendliche eine größere Rolle spielten, sowie den auch schon zu DDR-Zeiten existenten konfessionellen Jugendverbänden gibt es bislang weder eine flächendeckende Präsenz von Jugendverbänden noch eine größere Zahl funktionierender Kreis- und Stadtjugendringe, die von den Jugendverbänden getragen werden, wobei die Situation in den Städten sich vergleichsweise noch günstiger darstellt als in ländlichen Gebieten.

Auch im Bereich der Jugendhilfe existiert ein Personalengpaß in quantitativer und qualitativer Dimension, obgleich in mittelfristiger Perspektive recht günstige Chancen zur Deckung des Nachholbedarfs an Fachkräften im Jugend- und Sozialbereich bestehen. Ob in diesem Zusammenhang das bisher in Ostdeutschland in diesen Bereichen tätige Fachpersonal zum Zuge kommt, steht noch auf einem anderen Blatt. Diese Gruppe bleibt mit erheblichen Unklarheiten und Risiken konfrontiert, sei es aufgrund ihrer Stellung im DDR-Staatsapparat, sei es aufgrund nicht-einschlägiger schulischer und beruflicher Qualifikation nach westdeutschem Standard (*Backhaus-Maul/Olk* 1993: 324).

Der Bereich der Straßensozialarbeit ist angesichts der besonderen Problemlagen von Jugendlichen im Vereinigungsprozeß (neu entstandenes und virulentes Potential an gefährdeten bzw. gewaltbereiten sowie rechtsextremistischen Jugendlichen) in den neuen Bundesländern schon bald nach der Vereinigung besonders stark ausgebaut worden. Ostdeutsche Jugendämter erhielten für die Streetworker-Arbeit mit gewaltbereiten Jugendlichen mehr Planstellen als vergleichbare westdeutsche Städte. Die hierzu benötigten Finanzmitteln wurden den Kommunen nach den Vorfällen von Hoyerswerda und Rostock für die Jahre 1992 bis 1994 vom Bund – der hierzu ein spezielles „Aktionsprogramm des

Bundes gegen Aggression und Gewalt in den neuen Bundesländern" (AgAG) auflegte – zusätzlich zu den sonstigen Fördermitteln zur Verfügung gestellt. Das Finanzvolumen des Programms lag im ersten Jahr bei 20 Mio. Hiermit konnten in 30 Projektregionen etwa 140 Projekte unterstützt werden, die in der Mehrzahl der Fälle (65%) von freien Trägern getragen wurden (*Backhaus-Maul/Olk* 1993: 327).

4.8.6 Gleichstellungspolitik

Auch nach der Vereinigung existieren nicht nur gemeinsame Formen der Benachteilung in einer noch immer von Männern dominierten Gesellschaft, sondern tritt die gesellschaftliche Benachteiligung von Frauen in West- und Ostdeutschland in durchaus unterschiedlicher Ausprägung auf: Westdeutsche Frauen konnten noch am ehesten – zumindest in einigen Branchen und zeitweilig – von den vereinigungsbedingt entstandenen neuen Arbeitsplätzen profitieren, während ihnen – soweit sie Mütter sind – aber die Inanspruchnahme dieser Jobs gleichzeitig durch fehlende Kindertagesstätten erschwert wird. Demgegenüber verhindert in Ostdeutschland der gerade Frauen am stärksten treffende massive Abbau von Arbeitsplätze (2/3 aller Frauen waren 1991 dort bereits arbeitslos, aber nur 1/3 von ihnen befand sich zur gleichen Zeit in Weiterbildungs- oder Umschulungsmaßnahmen; vgl. *Radtke* 1991: 4) die Vereinbarkeit von Beruf und Familie, trotz eines hier noch immer bestehenden flächendeckenden Angebots an Kindertagesstätten und anderen Kinderbetreuungsformen. Der neue Widerspruch ostdeutscher Frauen besteht darin, daß sie zwar einerseits einen enormen Zuwachs an Freiheitsrechten erfuhren, gleichzeitig aber zunehmend aus ehemals selbstverständlichen Lebensbereichen verdrängt wurden (vgl. *Stolterfoth/Rhiemeier* 1994: 552).

Schon bald nach der Wende wurden – nachdem die neue Kommunalverfassung der DDR vom Mai 1990 die Gleichstellung von Mann und Frau zur kommunalen Pflichtaufgabe gemacht hatte – in den Gemeinden Ostdeutschlands erste Gleichstellungsstellen eingerichtet, deren Vertreterinnen sich ähnlich wie in Westdeutschland in Landesarbeitsgemeinschaften zusammenschlossen, die wiederum teilnehmen an Bundesarbeitsgemeinschaften und neben dem eher nach innen gerichteten Erfahrungsaustausch auch explizite Lobbyfunktionen übernehmen (u.a. als Sachverständige bei öffentlichen Anhörungen). Im Gegensatz zu den Gleichstellungsstellen auf Landes- und Bundesebene kämpfen aber gerade die zumeist ehren- oder nebenamtlich arbeitenden kommunalen Gleichstellungsstellen in Ostdeutschland mit einigen besonderen Problemen, die *Stolterfoth/Rhiemeier* (1994: 552) so zusammenfassen:

- mangelnde Organisations- und Arbeitserfahrung;
- unzureichende personelle und finanzielle Ausstattung;
- hoher Erwartungsdruck von seiten der ostdeutschen Bürgerinnen bei gleichzeitg nur schwach ausgeprägtem Engagement;
- Überlastung und Überlagerung der Gleichstellungsarbeit durch frauenspezifische Sozialarbeit.

4.9 Statt eines Fazits...

Nach dieser ausführlichen Darstellung und Erörterung von Entwicklungsprozessen in der ostdeutschen Kommunalpolitik soll an dieser Stelle darauf verzichtet werden, die hoffentlich deutlich gewordene besondere Situation der Kommunen in Ostdeutschland und ihrer ereignis- und konfliktreichen Entwicklung seit 1989 noch einmal zusammenzufassen. Stattdessen möchte ich diesen Beitrag mit drei nachdenkenswerten Zitaten beschließen:

> „Keine westdeutsche Stadt hat gleichzeitig eine solche Fülle von komplexen Problemen zu bewältigen wie derzeit die ostdeutschen Kommunen" (*Scheytt* 1992: 71).

> „Durch den Beitritt der alten DDR zur Bundesrepublik haben 16 Millionen Menschen – gewissermaßen kollektiv – ihre Identität verloren. Das ist nichts, was zu bedauern wäre. Bei der großen Mehrheit der westdeutschen Bürger, bei Otto Normalverbraucher ebenso wie bei Politiker, Ministerialen und Journalisten aller Farben ist noch gar nicht begriffen, was dieser Identitätsverlust bei 16 Millionen Ostdeutschen... bedeutet" (Oberbürgermeister Hinrich *Lehmann-Grube* am 3.9.1992 bei einem Vortrag in Leipzig; zit nach *Scheytt* 1992: 69).

In einem Beitrag stellte Oliver *Scheytt* (1992: 70ff.), Beauftragter des Deutschen Städtetages für die ostdeutschen Städte und Leiter der Berlin-Vertretung des DST, die – seiner Meinung nach – zehn wichtigsten Fehleinschätzungen in Bezug auf die deutsche Einheit zusammen:

1. Der Einigungsprozeß geht schnell.
2. Die Berater werden es schon richten.
3. Die Wiedervereinigung ist ohne Steuererhöhungen zu bewältigen.
4. Die Überleitung bundesdeutschen Rechts löst die Probleme.
5. Nur die SED und die DDR sind an allem schuld.
6. Vermögensfragen lassen sich durch Prinzipien lösen.
7. Der Föderalismus fördert den Prozeß der Deutschen Einheit.
8. Die neuen Länder sind aufzubauen, Kommunen gibt es bereits.
9. Wir sind ein Volk.
10. Die Mauer ist weg
    (Tatsächlich ist die Mauer in den Köpfen der Menschen noch vorhanden).

Literaturverzeichnis

Abel-Lorenz, Eckart/Tobias *Brönneke*/Thomas *Schiller* 1994: Abfallvermeidung. Handlungspotentiale der Kommunen. Rechtliche Möglichkeiten und Grenzen. (Schriften des Instituts für Umweltrecht). Taunusstein

Abromeit, Heidrun 1993: Interessenvermittlung zwischen Konkurrenz und Konkordanz. Studienbuch zur Vergleichenden Lehre politischer Regime. Opladen

Adam, Klaus 1988: Stadtökologie in Stichworten. Unterägeri

Albers, Gerd 1994: Stadtentwicklungsplanung. In: Roland *Roth* und Helmut *Wollmann* (Hrsg.), Kommunalpolitik. Opladen, S. 398-410

Alemann, Ulrich von 1992: Grundlagen der Politikwissenschaft. Hagen (FernUniversität-Kurs Nr. 3201, KE 1-2)

Almond, Gabriel A. 1956: Comparative Political Systems. In: Journal of Politics, S. 391-409

Almond, Gabriel A./Sidney *Verba* 1965: The Civic Culture. Political Attitudes and Democracy in Five Nations. Boston

Almond, Gabriel A./Sidney *Verba* (Hrsg.) 1980: The Civic Culture Revisited. An Analytic Study. Boston

Amely, Lorenz 1984: Gemeinsame kommunale Interessen und kommunale Interessenvertretung. In: Uwe *Andersen* (Hrsg.), Kommunale Selbstverwaltung und Kommunalpolitik in Nordrhein-Westfalen. Köln u.a., S. 132-143

Andersen, Uwe (Hrsg.) 1987: Kommunale Selbstverwaltung und Kommunalpolitik in Nordrhein-Westfalen. Köln u.a.

Andersen, Uwe (Hrsg.) 1989: Kommunalpolitik und Kommunalwahlen in Nordrhein-Westfalen. 2. Auflage. Düsseldorf (Landeszentrale für politische Bildung)

Andersen, Uwe 1992: Stichwort „Gemeinden". In: ders. und Wichard *Woyke* (Hrsg.), Handwörterbuch des politischen Systems der Bundesrepublik Deutschland. Opladen, S. 163-171

Andree, Ulrich F.H. 1994: Möglichkeiten und Grenzen des Controlling in Kommunalverwaltungen. Göttingen

Andritzky, M./K. *Spitzer* (Hrsg.) 1981: Grün in der Stadt. Reinbek

Angst, Dieter 1993: Aufbau und Struktur der Umweltverwaltung in den neuen Bundesländern am Beispiel des Freistaat Sachsens. In: Wolfgang *Seibel* und Arthur *Benz* (Hrsg.), Verwaltungsreform und Verwaltungspolitik im Prozeß der deutschen Einigung. Baden-Baden, S. 421-428

Apel, Dieter 1994: Kommunale Verkehrspolitik. In: Roland *Roth* und Helmut *Wollmann* (Hrsg.), Kommunalpolitik. Opladen, S. 411-423

Arzberger, Klaus 1980: Bürger und Eliten in der Kommunalpolitik. Stuttgart u.a.

Bachrach, Peter/Morton S. *Baratz* 1977: Macht und Armut. Eine theoretisch-empirische Untersuchung. Einleitung von Claus *Offe*. Frankfurt/M. (engl. 1970)

Backhaus-Maul, Holger 1992: Wohlfahrtsverbände in den neuen Bundesländern. Anmerkungen zum Stand der Wohlfahrtsverbändeforschung im deutschen Einigungsprozeß. In: Volker *Eichener* u.a. (Hrsg.): Organisierte Interessen in Ostdeutschland. Marburg, S. 359-380

Backhaus-Maul, Holger 1994: Kommunale Sozialpolitik. In: Roland *Roth* und Helmut *Wollmann* (Hrsg.), Kommunalpolitik. Opladen, S. 527-537

Backhaus-Maul, Holger/Gudrun *Prengler*/Klaus-Peter *Schwitzer* 1991: Transformationsprozesse. In: Blätter der Wohlfahrtspflege – Deutsche Zeitschrift für Sozialarbeit, S. 238ff.

Backhaus-Maul, Holger/Thomas *Olk* 1993: Von der „staatssozialistischen" zur kommunalen Sozialpolitik. Gestaltungsspielräume und -probleme bei der Entwicklung der Sozial-, Alten- und Jugendhilfe in den neuen Bundesländern. In: Archiv für Kommunalwissenschaften, II. Halbjahresband, S. 300-330

Baestlein, Angelika et al. 1970: Der „Goldene Zügel" und die Kommunen. Ein Rückblick auf die These vom staatlichen „Durchgriff" am Beispiel der Standortplanung in Nordrhein-Westfalen. In: Hellmut *Wollmann* (Hrsg.), Politik im Dickicht der Bürokratie. Opladen, S. 103ff.

Bahrdt, Hans Paul 1961: Die moderne Großstadt. Soziologische Überlegungen zum Städtebau. Reinbek

Baldersheim, H. 1993: Die „Free Commune Experiments" in Skandinavien: Ein vergleichender Überblick. In: Gerhard *Banner* und Christoph *Reichard* (Hrsg.), Kommunale Managementkonzepte in Europa. Anregungen für die deutsche Reformdiskussion. Köln, S. 27-41

Banner, Gerhard 1972: Politische Willensbildung und Führung in Großstädten mit Oberstadtdirektorverfassung. In: Rolf-Richard *Grauhan* (Hrsg.), Großstadt-Politik. Gütersloh, S. 162-180

Banner, Gerhard 1982: Zur politsch-administrativen Steuerung in der Kommune. In: Archiv für Kommunalwissenschaften I. Halbjahresband, S. 26-47

Banner, Gerhard 1983: Haushaltssteuerung in der Krise. In: Städte- und Gemeindebund, S. 163-166

Banner, Gerhard 1984: Kommunale Steuerung zwischen Gemeindeordnung und Parteipolitik. In: DÖV Heft 9, S. 364-372

Banner, Gerhard 1985: Haushaltspolitik und Haushaltskonsolidierung. In: Günther *Püttner* (Hrsg.), Handbuch der kommunalen Wissenschaft und Praxis. Band 6, 2. Auflage. Berlin u.a., S. 423-440

Banner, Gerhard 1987: Haushaltssteuerung und Haushaltskonsolidierung auf kommunaler Ebene – ein politisches Problem. In: Zeitschrift für Kommunalfinanzen, S. 50-56

Banner, Gerhard 1999: Kommunalverfassungen. In. Dieter *Schimanke* (Hrsg.), Stadtdirektor oder Bürgermeister. Basel u.a., S. 37-61

Banner, Gerhard 1994: Steuerung kommunalen Handelns. In: Dieter *Roth* und Hellmut *Wollmann* (Hrsg.), Kommunalpolitik. Opladen, S. 350-361

Banner, Gerhard/*Reichard*, Christoph (Hrsg.) 1993: Kommunale Managementkonzepte in Europa. Anregungen für die deutsche Reformdiskussion. Köln

Barthel, Christian 1994: Innovationsmanagement für die Verwaltungsreform in der Stadtverwaltung Offenbach. In: Die Verwaltung, S. 546-556

Baumheier, Ralph 1988: Altlasten als aktuelle Herausforderung der Kommunalpolitik. München

Baumheier, Ralph 1993: Kommunale Umweltversorgung. Chancen und Probleme präventiver Umweltpolitik auf der kommunalen Ebene am Beispiel der Energie- und Verkehrspolitik. (Stadtforschung aktuell, 43). Basel u.a.

Baumheier, Ralph: Regionale Strukturpolitik in den neuen Bundesländern: Raumordnerische Gesichtspunkte. In: Wolfgang *Seibel* und Arthur *Benz* (Hrsg.), Verwaltungsreform und Verwaltungspolitik im Prozeß der deutschen Einigung. Baden-Baden, S. 345-358

Beckers, Peter 1991: Die Stadtbezirksverwaltung in Berlin (Ost) im Kontext des deutsch-deutschen Vereinigungsprozesses, am Beispiel des Stadtbezirks Friedrichshain. Berlin: Diplomarbeit FU

Beckhof, Heiner/Engelbert *Münstermann* 1993: Finanzwirtschaft und Rechnungswesen in der Kommunalverwaltung I. Einnahmen, Haushalts- und Prüfungswesen, wirtschaftliche Betätigung. (Verwaltung in Praxis und Wissenschaft, 19/1). Köln

Beer, Rüdiger Robert/Eberhard *Laux* 1977: Die Gemeinde. Einführung in die Kommunalpolitik. 2. durchges. Auflage. München-Wien

Beger, Bernhard 1991: Handbuch der kommunalen Sitzungspraxis. (Schriftenreihe fortschrittliche Kommunalverwaltung, 43). Köln

Benevolo, Leonardo 1990: Die Geschichte der Stadt. 5. Auflage. Frankfurt-New York

350

Benz, Arthur 1984: Zur Dynamik der föderativen Staatsorganisation. In: PVS, Heft 1, S. 53-73

Benz, Arthur 1985: Föderalismus als dynamisches System. Opladen

Benz, Arthur 1993a: Reformbedarf und Reformchancen des kooperativen Föderalismus nach der Vereinigung Deutschlands. In: Wolfgang *Seibel* und Arthur *Benz* (Hrsg.), Verwaltungsreform und Verwaltungspolitik im Prozeß der deutschen Einigung. Baden-Baden, S. 454-474

Benz, Arthur 1993b: Regionen als Machtfaktor in Europa? In: VerwArchiv III 26, S. 328-348

Benzler, Susanne/Hubert *Heinelt* 1991: Stadt und Arbeitslosigkeit. Örtliche Arbeitsmarktpolitik im Vergleich. Opladen

Berg-Schlosser, Dirk/Jakob *Schissler* (Hrsg.) 1987: Politische Kultur in Deutschland. Bilanz und Perspektiven der Forschung. PVS-Sonderheft 18. Opladen

Berger, Rainer: SPD und Grüne. Eine vergleichende Studie ihrer kommunalen Politik: sozialstrukturelle Basis-programmatische Ziele-Verhältnis zueinander. Opladen

Berkemeyer, Karl-Heinz 1994: Kommunalpolitisches Engagement: Zwischen Ehrenamt und Profession. In: Roland *Roth* und Helmut *Wollmann* (Hrsg.), Kommunalpolitik. Opladen, S. 271-280

Berkenhoff, Hans Albert/Siegfried *Wenig* 1986: Das Haushaltswesen der Gemeinden. Herford

Berlo, Kurt/Hartmut *Murschall* 1994: Kommunale Einflußmöglichkeiten auf die Gestaltung der Energieversorgungswirtschaft. (NZ); Eine Untersuchung zur Rekommunalisierung und Entkommunalisierung der Energieversorgung am Beispiel der Städte und Gemeinden im Versorgungsgebiet der Vereinigten Elektrizitätswerke Westfalen AG. Bremen

Bernet, Wolfgang 1993: Gemeinden und Gemeinderecht im Regimewandel. Von der DDR zu den neuen Bundesländern. In: Aus Politik und Zeitgeschichte. B-36, S. 27-38

Bernet, Wolfgang/Helmut *Lecheler* 1991: Die DDR-Verwaltung im Umbau. Regensburg

Beyer, Lothar/Hans *Brinckmann* 1990: Kommunalverwaltung im Umbruch (Band 2 der Reihe „Zukunft durch öffentliche Dienste", hrsg. von Monika Wulf-Mathies). Köln

Beyer, Werner/Jürgen *Gornas* 1993: Finanzwirtschaft und Rechnungswesen in der Kommunalverwaltung II. Rechnungswesen und Controlling. (Verwaltung in Praxis und Wissenschaft, 19/2). Köln

Beyerlein, Ulrich 1988: Rechtsprobleme der lokalen grenzüberschreitenden Zusammenarbeit. Berlin

Beyme, Klaus von 1987: Architektur und Städtebaupolitik in beiden deutschen Staaten. München

Beyme, Klaus von 1988: Der Vergleich in der Politikwissenschaft. München

Bick, Ulrike 1989: Die Ratsfraktion. Berlin

Biege, Hans-Peter et al. 1978: Zwischen Persöhnlichkeitswahl und Parteienentscheidung. Kommunales Wahlverhalten im Lichte einer Oberbürgermeisterwahl. Königstein/Ts.

Blanke, Bernhard/Adalbert *Evers*/Hellmut *Wollmann* (Hrsg.) 1986: Die Zweite Stadt. Neue Formen lokaler Arbeits- und Sozialpolitik. Leviathan-Sonderheft 7. Opladen

Blanke, Bernhard/Hubert *Heinelt*/C.W. *Macke* (Hrsg.) 1987: Großstadt und Arbeitslosigkeit. Opladen

Blanke, Bernhard/Susanne *Benzler (Hrsg.) 1991:* Stadt und Staat. PVS-Sonderheft 22. Opladen

Blanke, Bernhard/Susanne *Benzler* 1991: Horizonte der lokalen Politikforschung. Einleitung. In: Dieselben (Hrsg.), Stadt und Staat. PVS-Sonderheft 22. Opladen, S. 9-32

Blanke, Hedwig/Brigitte *Hovenga*/Silvia *Wawrziczny* (Hrsg.) 1993: Handbuch kommunale Kinderpolitik. Ansätze, Anregungen und Erfahrungen konkreter Kinderpolitik. Münster

Blume, Michael 1992: Führung und Steuerung großer Verwaltungen: Kontraktmanagement in den Niederlanden. In: Die Gemeindekasse, Bd. 5 u. 6

Blume, Michael 1993: Zur Diskussion um ein neues Steuerungsmodell für Kommunalverwaltungen-Argumente und Einwände. In: Peter *Mombaur* und Jochen *Dieckmann* (Hrsg.), Gemeindeordnung für das Land Nordrhein-Westfalen. Köln

Blümel, Willi 1978: Gemeinden und Kreise vor den öffentlichen Aufgaben der Gegenwart. In: VVDStRL 36, S. 245ff.

Blümel, Willi/Hermann *Hill* (Hrsg.) 1991: Die Zukunft der kommunalen Selbstverwaltung. (Vorträge und Diskussionsbeiträge der 58. Fortbildungstagung 1990 der Hochschule für Verwaltungswissenschaften Speyer). Berlin

351

BMBau-Bundesministerium für Raumordnung, Bauwesen und Städtebau 1990: Raumordnungsbericht 1990. Bonn

BMU-Bundesministerium für Umwelt, Naturschutz und Reaktorsicherheit 1990: Eckwerte für einen ökologischen Sanierungs- und Entwicklungsplan in den neuen Bundesländern. Bonn

Bodanowitz, Jan 1993: Organisationsformen für die kommunale Abwasserbeseitigung. (Schriftenreihe des Freiherr-vom-Stein-Institutes, 21). Köln

Bogumil, Jörg/Leo *Kissler* 1994: Der Bürger als Kunde? Zur Problematik von „Kundenorientierung" in kommunalen Gestaltungsvorhaben. Beitrag für die Sitzung „Kommunalverwaltung im Modernisierungsschub, Reaktivierung und Entpolitisierung der Kommunalpolitik? des „AK-Lokale Politikforschung" auf dem DVPW-Kongreß am 27.8.1994 in Potsdam. Hagen, Ms.

Bogumil, Jörg/Leo *Kissler*/Elke *Wiechmann* 1993: Kundenorientierung der Stadtverwaltung. Ergebnisse einer repräsentativen Bevölkerungsumfrage in Hagen. Hagen (polis Arbeitspapiere aus der Fernuniversität Hagen Nr. 27)

Böhm, Monika/Gudrun *Both*/Martin *Führ* 1992: Müllvermeidung, Müllverwertung. Möglichkeiten und Grenzen kommunalen Handelns. Heidelberg

Böhn, Siegfried/Hans-Jürgen *Liese* 1991: Die sozialen Aufgaben der Kommunen und Landkreise. Praxisorientierter Ratgeber zu den sozialen Aufgaben. (Recht in der modernen Verwaltung). Regensburg

Böhret, Carl 1990: Folgen. Entwurf für eine aktive Politik gegen schleichende Katastrophen. Opladen

Böhret, Carl/Rainer *Frey* 1981: Staatspolitik und Kommunalpolitik. In: Günter *Püttner* (Hrsg.): Handbuch der kommunalen Wissenschaft und Praxis, Bd. 2, 2. Aufl. Berlin u.a., S. 11ff.

Böhret, Carl/Werner *Jann*/Eva *Kronenwett* 1988: Innenpolitik und Politische Theorie. 3. Auflage. Opladen

Borchmann Michael 1981: Literatur und andere Hilfsmittel. In: Handbuch der kommunalen Wissenschaft und Praxis. Bd. 1, 2. Auflage. Berlin u.a., S. 48ff.

Borchmann Michael 1993: Ausschuß der Regionen und kommunale Mitwirkung. In: DVP Heft 4, S. 135-136

Bormann, Martin 1993: Stadt und Gemeinde. Kommunalpolitik in den neuen Bundesländern (Thema im Unterricht Lehrerheft I/93). Bonn (Bundeszentrale für politische Bildung)

Bothe, Klaus 1991: Wie liest man den Haushaltsplan einer Gemeinde?. Göttingen

Braun, Günther E./Karlheinz *Bozem* (Hrsg.) 1990: Controlling im kommunalen Bereich. Moderne Managementkonzepte zwischen öffentlichem Auftrag und Wirtschaftlichkeit. München

Braun, Günther, E./Armin *Töpfer* (Hrsg.) 1989: Marketing im kommunalen Bereich. Der Bürger als ‚Kunde‘ seiner Gemeinde. München

Bretschneider, Michael/Wolfgang *Bick* 1989a: Kommunale Umfrageforschung. Erfahrungsberichte aus zehn Städten. Berlin

Bretschneider, Michael/Wolfgang *Bick* 1989b: Kommunale Bürgerbefragungen auf dem Wege zum Stadt- und Regionalvergleich. In: ZA-Information 25, S. 90-94

Bretzinger, Otto N./Willi *Büchner-Uhder* 1991: Kommunalverfassung. Handbuch für die kommunale Praxis in den neuen Bundesländern. Brandenburg. Mecklenburg-Vorpommern. Sachsen. Sachsen-Anhalt. Thüringen. Baden-Baden

Brewer, G.D./*deLeon*, P., 1983: The Foundations of Policy Analysis. Homewood

Brinckmann, Hans 1994: Strategien für eine effektivere und effizientere Verwaltung. In: Frieder *Naschold* und Marga *Pröhl* (Hrsg.) 1994: Produktivität öffentlicher Dienstleistungen. Gütersloh, S. 167-243

Brinkmeier, Hermann Josef 1990: Kommunale Finanzwirtschaft. Köln

Bucksteg, Mathias/Volker *Eichener*/Rolf G. *Heinze*/Helmut *Voelzkow* 1993: Auswirkungen der Vollendung des EG-Binnenmarktes auf das Ruhrgebiet. Ökonomische Effekte, kommunale Selbstverwaltung und Perspektiven regionaler Interessenvertretung gegenüber der EG (Ruhr-Universität Bochum SIT-wp-1-93). Bochum

Bühler, Walter/Horst *Kanitz*/Hans-Jörg *Siewert* 1978: Lokale Freizeitvereine. Entwicklung-Aufgaben-Tendenzen. St. Augustin (Institut für Kommunalwissenschaften der Konrad-Adenauer-Stiftung)

352

Bullmann, Udo 1986: Neokonservative Modernisierung und lokale Alternativen. In: Derselbe et al. (Hrsg.), Lokale Beschäftigungsinitiativen. Marburg, S. 10ff.

Bullmann, Udo 1991: Kommunale Strategien gegen Massenarbeitslosigkeit. Ein Einstieg in die sozialökologische Erneuerung. Opladen

Bullmann, Udo/Peter *Gitschmann* (Hrsg.) 1985: Kommune als Gegenmacht. Alternative Politik in Städten und Gemeinden. Hamburg

Bunz, Axel R./Uwe *Roth* 1992: EG-Kommunal. Handbuch zu europäischen Themen für Kommunalpolitiker und lokale Medien. 2. Aufl. Hrsg.: Vertretung der EG-Kommission in der Bundesrepublik Deutschland. Bonn

Burghart, Heinz 1990: Rathaus. Umwelt. Bürgernähe. Die Kommunalpolitik der 80er Jahre. Pfaffenhofen

Burghof, Ansgar 1991b: EG-Kommission. Bonner Büro entdeckt die Kommunen. In: Demokratische Gemeinde Heft 10, S. 18-19

Burmeister, Joachim (Hrsg.) 1988: Sport im kommunalen Wirkungskreis. (Recht, und Sport, 9). Heidelberg

Buse, Michael J. et al. 1978: Determinanten politischer Partizipation. Theorieansatz und empirische Überprüfung am Beispiel der Stadt Andernach. Meisenheim am Glan

Castells, Manuel 1983: The City and the Grassroots. London

Cockburn, C. 1977: The Local State, Management of Cities and People. London

Cronauge, Ulrich 1992: Kommunale Unternehmen. Eigenbetriebe-Kapitalgesellschaften-Zweckverbände. (Finanzwesen der Gemeinden, 3). Bielefeld

Dehn, Klaus-Dieter 1994: Grundlagen des Kommunalverfassungsrechts in Schleswig-Holstein. Grundriß für die Ausbildung und Fortbildung. (dgv-Studienreihe Öffentliche Verwaltung). Köln

Deininger, Dieter 1993: Einrichtungen der Jugendhilfe in den neuen Bundesländern. In: Wirtschaft und Statistik, Heft 4, S. 292-300

Denzler, Günther 1988: Der Einfluß alternativer Zeitungen auf die Kommunalpolitik. Eine empirische Untersuchung aus der Sicht städtischer Pressestellen, dargestellt vor dem Hintergrund der geschichtlichen und begrifflichen Entwicklung der Alternativzeitungen und des kommunalen Kommunikationsraumes. Diss. Bamberg

Derenbach, Rolf 1990: Der europäische Dienstweg: Neue politische Dimension europäischen Handelns für die kommunale Ebene. In: Der Landkreis. Heft 5, S. 229-231

Derlien, Hans-Ulrich 1993: Integration der Staatsfunktionäre der DDR in das Berufsbeamtentum: Professionalisierung und Säuberung. In: Wolfgang *Seibel* und Arthur *Benz* (Hrsg.), Verwaltungsreform und Verwaltungspolitik im Prozeß der deutschen Einigung. Baden-Baden, S. 190-206

Derlien, Hans-Ulrich 1994: Kommunalverfassungen zwischen Reform und Revolution. In: Oscar W. *Gabriel* und Rüdiger *Voigt* (Hrsg.) Kommunalwissenschaftliche Analysen. Bochum, S. 47-78

Derlien, Hans-Ulrich et al. 1976: Kommunalverfassung und kommunales Entscheidungssystem. Eine vergleichende Untersuchung in vier Gemeinden. Meisenheim am Glan

Derlien, Hans-Ulrich/Dyprand von *Queis* 1986: Kommunalpolitik im geplanten Wandel. Auswirkungen der Gebietsreform auf das kommunale Entscheidungssystem. Baden-Baden

Dettmer, Harald/Walter *Prophete*/Klaus *Wegmeyer* 1993: Kommunales Haushalts- und Kassenrecht. 2., neubearb. u. erw. Auflage. Bad Homburg

Deubert, Michael 1992: Kommunale Kompetenzen im Bereich der Abfallwirtschaft. Unter besonderer Berücksichtigung der Einweg-Problematik. (Schriften zur öffentlichen Verwaltung, 38) Berlin

Deubert, Michael/Gabriele *Liegmann* 1989: Rechtsgrundlagen kommunaler Selbstverwaltung und kommunale Strukturen in Europa. Köln

Deutscher Städtetag 1989: Der europäische Binnenmarkt und die Städte (DST-Beiträge zur städtischen Europaarbeit. Reihe K, Heft 1) Köln

Deutsches Institut für Urbanistik (Hrsg.) 1989: Kommunale „Außenpolitik" – Zur Auslandsarbeit der Gemeinden und zu den internationalen Städtepartnerschaften. Berlin

Die Gemeindeordnung für Baden-Württemberg 1994: Textausgabe mit Durchführungsverordnung, Verwaltungsvorschrift des Innenministeriums zur Gemeindeordnung für Baden-Württemberg, Einführung und Sachregister. Bearb.: Richard Kunze. Stuttgart

Dieckmann, Jochen/Eva Maria *König* (Hrsg.) 1993: Handbuch für Standortsicherung und -entwicklung in Stadt, Gemeinde und Kreis. Köln

Dierkes, Mathias 1991: Gemeindliche Satzungen als Instrumente der Stadterhaltung und -gestaltung. Berlin

Dols, Heinz/Klaus *Plate* 1994: Gemeinderecht. (Recht und Verwaltung). 4., überarb. Auflage. Stuttgart

Donges, J. B. et al. 1991: Reform der öffentlichen Verwaltung. Mehr Wirtschaftlichkeit beim Management staatlicher Einrichtungen. Bad Homburg (Schriftenreihe des Kronberger Kreises Bd. 23)

DuBois, Wolfgang von/Konrad *Otto-Zimmermann* (Hrsg.) 1992: Umweltdaten in der kommunalen Praxis. Datenbeschaffung und Datenverarbeitung für die Umweltplanung, Umweltüberwachung und UVP. Kommunale Umweltinformationssysteme. Taunusstein

Duckworth, Robert P./Robert H. *McNulty*/John M. *Simmons* 1987: Die Stadt als Unternehmer. Stuttgart

Duncan, S./M. *Goodwin*/S. *Halford* 1987: Politikmuster im lokalen Staat. Ungleiche Entwicklung und lokale soziale Verhältnisse. In: Prokla Nr. 68, S. 8-29

Duncan, Simon/Mark *Goodwin* 1988: The Local State and Uneven Development. Behind the Local Government Crisis. Cambridge

Duve, Freimut (Hrsg.) 1979: Verkehr in der Sackgasse. Reinbek

Ebbe, Kirsten/Peter *Friese* 1989: Milieuarbeit. Grundlage präventiver Sozialarbeit im lokalen Gemeinwesen. (Neue Kommunale Schriften, 63). Köln

Edelmann, Maurice 1976: Politik als Ritual. Die symbolische Funktion staatlicher Institutionen und politischen Handelns. Frankfurt-New York

Edlinger, Rudolf/Hugo *Potyka* 1989: Bürgerbeteiligung und Planungsrealität. Erfahrungen, Methoden und Perspektiven. Wien

Ehlert, Wiking/Heinz-Dieter *Kantel* 1990: Das technisierte Sozialamt. Sozialverträgliche Technikgestaltung in der kommunalen Sozialverwaltung. Opladen

Eichener, Volker/Ralf *Kleinfeld* et al. (Hrsg.) 1992: Organisierte Interessen in Ostdeutschland, 2 Bde. Marburg

Eichhorn, P./H. J. *Hegelau* 1993: Zur zukünftigen Struktur von Bundesregierung und Bundesverwaltung. Gutachten für die Friedrich-Ebert-Stiftung. Bonn

Ellwein, Thomas 1971: Politische Parteien und kommunale Öffentlichkeit. In: Archiv für Kommunalwissenschaften

Ellwein, Thomas 1974: Einführung. In: Ralf *Zoll*: Wertheim III. Politik und Machtstruktur. München

Ellwein, Thomas 1993: Tradition-Anpassung-Reform. Über die Besonderheit der Verwaltungsentwicklung in den neuen Bundesländern. In: Wolfgang *Seibel* und Arthur *Benz* (Hrsg.), Verwaltungsreform und Verwaltungspolitik im Prozeß der deutschen Einigung. Baden-Baden, S. 30-40

Ellwein, Thomas/Joachim Jens *Hesse* 1993: Das Regierungssystem der Bundesrepublik Deutschland. 2 Bde. 7. Auflage. Opladen (6. Auflage: 1987)

Elverfeld, Dirk Johannes 1992: Europäisches Recht und kommunales öffentliches Auftragswesen. (Studien zum öffentlichen Wirtschaftsrecht, 23). Köln

Endres, Alfred 1990: Strategien kommunaler Öffentlichkeitsarbeit. Mit Bürger und Presse im Gespräch. 2. Auflage. Stuttgart

Engel, S. Christoph 1991: Regionen in der Europäischen Gemeinschaft – eine integrationspolitische Rollensuche. In: Integration 9ff.

Erichsen, Hans-Uwe (Hrsg.) 1989: Kommunalverfassung heute und morgen-Bilanz und Ausblick. Symposium aus Anlaß des 50-jährigen Bestehens des Kommunalwissenschaftlichen Instituts der Westfälischen Wilhelms-Universität zu Münster. Köln u.a.

Erny, Richard/Wilhelm *Godde*/Karl *Richter* (Hrsg.) 1988: Handbuch Kultur 90. Modelle und Handlungsbedarf für die kommunale Kulturarbeit. Köln

Evans, P.B./D. *Rueschemeyer*/Th. *Scopol* (Hrsg.) 1985: Bringing the State Back In: Cambridge u.a.

354

Evers, Adalbert 1975: Agglomerationsprozeß und Staatsfunktionen. In: Rolf Richard *Grauhan* (Hrsg.), Lokale Politikforschung. 2 Bde. Frankfurt/M., S. 41-100

Evers, Adalbert/H.G. *Lange*/H. *Wollmann* (Hrsg.) 1983: Kommunale Wohnungspolitik. Basel u.a.

Evers, Adalbert/Michael *Lehmann* 1972: Politisch-ökonomische Determinanten für Planung und Politik in den Kommunen der BRD. Offenbach

Faber, Angela 1991: Die Zukunft kommunaler Selbstverwaltung und der Gedanke der Subsidiarität in den Europäischen Gemeinschaften. In: DVBl, S. 1126ff.

Faber, Angelika 1992: Europarechtliche Grenzen kommunaler Wirtschaftsförderung. Die Bedeutung der Art. 92-94 EWGV für die kommunale Selbstverwaltung. (Schriftenreihe des Freiherr-vom-Stein-Instituts, 19). Köln

Feldhoff, Jürgen/Thomas *Scheffer* 1994: AusländerInnen. Asylsuchende und ausländische Wohnbevölkerung. In: R. *Roth* und Helmut *Wollmann* (Hrsg.), Kommunalpolitik. Opladen, S. 584-605

Fiedler, Klaus (Hrsg.) 1991: Kommunales Umweltmanagement. Handbuch für praxisorientierte Umweltpolitik und Umweltverwaltung in Städten, Kreisen und Gemeinden. Köln

Filsinger, Dieter 1992: Ausländer im kommunalen Handlungskontext. Eine empirische Fallstudie zur Bearbeitung des „Ausländerproblems". Berlin

Forth, Thomas P./Norbert *Wohlfahrt* 1993: Lokale Beratungsinstitutionen als Bezugspunkte regionaler EG-Politik. Zur Funktion europabezogener Einrichtungen im Intermediären Bereich. In: Rudolf *Bauer* (Hrsg.): Intermediäre Nonprofit-Organisationen in einem neuen Europa. Berlin, S. 57-68

Frank 1990: Innovation in Politik und Verwaltung. In: Demokratische Gemeinde, Heft 12, S. 12ff.

Franz, Eberhard 1991: Machen Institutionen einen Unterschied? Zur Frage der Efekte unterschiedlicher Kommunalverfassungen in den Bereichen lokaler Arbeitsmarkt- und Sozialpolitik. Diskussionen und Materialien aus dem Forschungsschwerpunkt Sozialpolitik. Hannover

Frey, Rainer/Gerhard *Wittkämper*/Jürgen *Bellers* (Hrsg.) 1988: Die Zukunft unserer Städte. Politikwissenschaftliche Analysen. Münster

Friedrichs, Jürgen (Hrsg.) 1985: Die Städte in den 80er Jahren. Demographische, ökonomische und technologische Entwicklungen. Opladen

Friedrichs, Jürgen (Hrsg.) 1988: Soziologische Stadtforschung. Sonderheft der Kölner Zeitschrift für Soziologie und Sozialpsychologie. Opladen

Friedrichs, Jürgen 1977: Stadtanalyse. Soziale und räumliche Organisation der Gesellschaft. Reinbek

Fürst, Dietrich (Hrsg.) 1977: Stadtökonomie. Stuttgart u.a.

Fürst, Dietrich 1975: Kommunale Entscheidungsprozesse. Ein Beitrag zur Selektivität politisch-administrativer Prozesse. Baden-Baden

Fürst, Dietrich/Joachim Jens *Hesse* 1981: Landesplanung. Düsseldorf

Fürst, Dietrich/Joachim Jens *Hesse*/Hartmut *Richter* (Hrsg.) 1984: Stadt und Staat. Verdichtungsräume im Prozeß der föderalistischen Problemverarbeitung. Baden-Baden

Gabriel, Oscar W. (Hrsg.) 1983: Bürgerbeteiligung und kommunale Demokratie. München

Gabriel, Oscar W. (Hrsg.) 1989: Kommunale Demokratie zwischen Politik und Verwaltung. München

Gabriel, Oscar W. 1975: Einleitung: Strukturprobleme des lokalen Parteiensystems. In: Oscar W. *Gabriel* et al. (Hrsg.), Strukturprobleme des lokalen Parteiensystems. Bonn, S. 1-64

Gabriel, Oscar W. 1979: Mängelanalyse des politischen Willensbildungsprozesses in der Gemeinde. Ein Beitrag zur ,institutionellen Krise' der kommunalen Selbstverwaltung. In: Lothar *Albertin* et al. (Hrsg.), Politische Beteiligung im repräsentativen System. Bonn, S. 79-212

Gabriel, Oscar W. 1990b: Das lokale Parteiensystem zwischen Wettbewerbs- und Konsensdemokratie. Eine empirische Analyse am Beispiel von 49 Städten in Rheinland-Pfalz. In: Gerd *Mielke*, Dieter *Oberndörfer*, Karl *Schmitt* (Hrsg.), Parteien und regionale politische Kultur. Berlin

355

Gabriel, Oscar W. 1991: Wertewandel, Protestbewegung und Zufriedenheit mit der Kommunalverwaltung in Westeuropa. In: Rüdiger *Voigt* (Hrsg.), Perspektiven der Kommunalwissenschaft. München

Gabriel, Oscar W. 1992: Die EG-Staaten im Vergleich. Strukturen, Prozesse, Politikinhalte. Opladen

Gabriel, Oscar W. et àl. 1992: Neue Prioritäten für die kommunale Finanzpolitik? Ergebnisse einer vergleichenden Städtestudie. In: Aus Politik und Zeitgeschichte. B-22/23, S. 23-35

Gabriel, Oscar W./Peter *Haungs*/Matthias *Zender* 1984: Opposition in Großstadtparlamenten. Melle

Gabriel, Oscar W./Volker *Kunz*/T. *Zapf-Schram* 1990: Bestimmungsfaktoren des kommunalen Investitionsverhaltens. München

Gans, Herbert J. 1984: American Urban Theories and Urban Areas: Some Observations on Contemporary Ecological and Marxist Paradigms. In: Ivan *Szelenyi* (Hrsg.), Cities in Recession. London, S. 278-308

Gau, Doris 1983: Politische Führungsgruppen auf kommunaler Ebene. Eine empirische Untersuchung zum Sozialprofil und den politischen Karrieren der Mitglieder des Rates der Stadt Köln. München

Geisler, Klaus/Horst *Eichelhardt* 1991: ABC der Kommunalverwaltung. Einführung in das Kommunalrecht: Kommunalverfassungsrecht, Kommunales Haushaltsrecht, Öffentliches Dienstrecht. (Recht in der modernen Verwaltung). Regensburg

Geissler, Rainer 1992: Die ostdeutsche Sozialstruktur unter Modernisierungsdruck. In: Aus Politik und Zeitgeschichte. B-29/30, S. 15-28

Geisselmann, Friedrich 1975: Die kommunalen Spitzenverbände. Interessenvertretung und Verwaltungsreform. Berlin

Gelfort, P./H. *Müller*/Hellmut *Wollmann* 1987: Evaluierung städtebaulicher Instrumente der Gewerbestandortsicherung in Gemengelagen. Berlin

Gemeindetag Baden-Württemberg 1987: Kommunaler Umweltschutz in der Praxis. In: Die Gemeinde. Heft vom 15.01.1987

Gensior, Walter 1994: Kommunalwahlrecht Nordrhein-Westfalen 1994. Kommunalwahlgesetz und Kommunalwahlordnung mit einer Einführung in die Rechtsgrundlagen. Köln

Giesen, Karl 1994: Kostenrechnung in der kommunalen Hauswirtschaft. Handbuch für Praxis und Studium. Köln

Gisevius, Wolfgang 1992: Leitfaden durch die Kommunalpolitik. 2. Auflage. Bonn

Gitschmann, Peter/Udo *Bullmann* 1994: Kommunale Altenpolitik. In: Roland *Roth* und Helmut *Wollmann* (Hrsg.), Kommunalpolitik. Opladen, S. 555-574

Glaessner, Gert-Joachim 1993: Vom „demokratischen Zentralismus" zur demokratischen Verwaltung? Probleme des Umbaus einer Kaderverwaltung. In: Wolfgang *Seibel* und Arthur *Benz* (Hrsg.), Verwaltungsreform und Verwaltungspolitik im Prozeß der deutschen Einigung. Baden-Baden, S. 67-79

Glaser, Hermann 1985: Kommunale Kulturpolitik. Bürgernahe Kultur in der Gemeinde. Bonn

Glaser, Hermann 1994: Kommunale Kulturpolitik. In: Roland *Roth* und Helmut *Wollmann* (Hrsg.), Kommunalpolitik. Opladen, S. 606-616

Goericke, Lisa-Lene 1989: Kommunale Frauengleichstellungsstellen-der gebremste Fortschritt. Eine empirische Untersuchung der Handlungsmöglichkeiten und -grenzen kommunaler Frauengleichstellungsstellen und Frauenbüros. Oldenburg

Gornig, Martin/Hartmut *Häussermann* 1994: Regionen im Süd/Nord- und West/Ost-Gefälle. In: Roland *Roth* und Helmut *Wollmann* (Hrsg.), Kommunalpolitik. Opladen, S. 155-175

Grabow, Busso/Dietrich *Heckel* 1994: Kommunale Wirtschaftspolitik. In: Roland *Roth* und Helmut *Wollmann* (Hrsg.), Kommunalpolitik. Opladen, S. 424-439

Grandke, Gerhard 1993: Der lange Weg zu einem modernen Dienstleistungsbetrieb. Das Modell Offenbach – wie sich eine hochverschuldete Stadt am eigenen Schopf aus dem Finanzsumpf zieht. In: Frankfurter Rundschau vom 22.07.1993, S. 12

Grant, Malcolm 1989: Central-Local-Relations. The Balance of Power. In: Jeffrey *Jowell* und Oliver *Dawn* (Hrsg.), The Changing Constitution. Oxford, S. 247-272

Grauhan, Rolf-Richard (Hrsg.) 1972: Großstadtpolitik. Gütersloh

Grauhan, Rolf-Richard (Hrsg.) 1975: Lokale Politikforschung. 2 Bde., Frankfurt-New York

Grauhan, Rolf-Richard 1970: Politik und Verwaltung-Auswahl und Stellung der Bürgermeister als Verwaltungschefs deutscher Großstädte. Freiburg

Grauhan, Rolf-Richard 1971: Der politische Willensbildungsprozeß in der Großstadt. In: Der Bürger im Staat, Heft 3, S. 106-111

Grauhan, Rolf-Richard 1975: Einleitung: in: Derselbe (Hrsg.), Lokale Politikforschung, 2 Bde. Frankfurt-New York

Grauhan, Rolf-Richard 1978: Kommune als Strukturtypus politischer Produktion. In: Derselbe und R. *Hickel* (Hrsg.), Krise des Steuerstaates. Leviathan-Sonderheft 1. Opladen; S. 229-247

Grauhan, Rolf-Richard/Wolf *Lindner* 1974: Politik der Verstädterung. Frankfurt/M.

Grawert, Rolf 1989: Die Kommunen im Länderfinanzausgleich (Schriften zum Öffentlichen Recht, 566). Berlin

Greese, Dieter 1994: Kommunale Kinder- und Jugendpolitik. In: Roland *Roth* und Helmut *Wollmann* (Hrsg.), Kommunalpolitik. Opladen, S. 570-583

Greiffenhagen, Sylvia 1987: Auf den Spuren einer ehemaligen Reichsstadt-Zur Politischen Kultur der Gemeinde Isny im Allgäu. In: Dirk *Berg-Schlosser* und Jakob *Schissler* (Hrsg.), Politische Kultur in Deutschland. Bilanz und Perspektiven der Forschung. PVS-Sonderheft 18. Opladen, S. 267-274

Grottian, Peter/Wolfgang *Nelles* (Hrsg.) 1983: Großstadt und neue soziale Bewegungen. Basel u.a.

Grüner, H./Wolfgang *Jaedicke*/K. *Ruhland* 1988: Rote Politik im schwarzen Rathaus? Bestimmungsfaktoren der wohnungspolitischen Ausgaben bundesdeutscher Großstädte. In: PVS, Heft 1, S. 42-57

Grunow, Dieter (Hrsg.) 1979: Bürgernahe Sozialpolitik. Planung, Organisation und Vermittlung sozialer Leistungen auf lokaler Ebene, Frankfurt-New York

Grunow, Dieter 1978: Alltagskontakte mit der Verwaltung. Frankfurt-New York

Grunow, Dieter 1982: Bürgernähe der Verwaltung als Qualitätsmaßstab und Zielbezug alltäglichen Verwaltungshandelns. In: Joachim Jens *Hesse* (Hrsg.), Politikwissenschaft und Verwaltungswissenschaften. PVS-Sonderheft 13. Opladen, S. 237-253

Grunow, Dieter 1988: Bürgernahe Verwaltung. Theorie, Empirie, Praxismodelle. Frankfurt-New York

Grunow, Dieter 1991: Kommunale Dienstleistungen. In: Bernhard *Blanke* und Susanne *Benzler* (Hrsg.), Staat und Stadt. PVS-Sonderheft. 22, Opladen

Grunow, Dieter 1994: Kommunale Leistungsverwaltung: Bürgernähe und Effizienz. In: Roland *Roth* und Helmut *Wollmann* (Hrsg.), Kommunalpolitik. Opladen, S. 362-379

Grunow, Dieter/Friedhart *Hegner*/Franz-Xaver *Kaufmann* 1978: Steuerzahler und Finanzamt. Frankfurt-New York

Grunow, Dieter/Norbert *Wohlfahrt* 1993: Verwaltungshilfe für die neuen Bundesländer – von Reform zur kollektiven Selbstschädigung. In: Wolfgang *Seibel* und Arthur *Benz* (Hrsg.), Verwaltungsreform und Verwaltungspolitik im Prozeß der deutschen Einigung. Baden-Baden, S. 162-176

Gunlicks, Arthur B. 1986: Local Government in the German Federal System Durham. Mass

Gunlicks, Arthur B./Rüdiger *Voigt* (Hrsg.) 1991: Föderalismus in der Bewährungsprobe. Die Bundesrepublik Deutschland in den 90er Jahren. Bochum

Gutschik, Dieter 1992: Freie Wohlfahrtspflege in den neuen Bundesländern. In: Soziale Arbeit, Heft 1, S. 9-17

Haasis, Hans-Arthur 1978: Kommunalpolitik und Machtstruktur. Eine Sekundäranalyse deutscher empirischer Gemeindestudien. Frankfurt/M.

Haasis, Hans-Arthur 1979: Entscheidungsstrukturen in der Kommunalpolitik. Eine Bestandsaufnahme der politikwissenschaftlichen Forschung in der Bundesrepublik. In: Helmut *Köser* (Hrsg.), Der Bürger in der Gemeinde. Kommunalpolitik und politische Bildung. Bonn (Bundeszentrale für Politische Bildung), S. 175-199

Haass, Bernhard 1992: Handlungsspielräume gemeindlicher Umweltpolitik am Beispiel des Abfallrechts. (Schriften zum Umweltrecht, 27). Berlin

357

Haller, Hans Martin 1979: Die Freien Wähler in der Kommunalpolitik. In: Helmut *Köser* (Hrsg.), Der Bürger in der Gemeinde. Kommunalpolitik und politische Bildung. Bonn (Bundeszentrale für Politische Bildung), S. 335-368

Hampele, Anne u.a. 1992: Zwischen Anspruch, Realpolitik und Verklärung. Zum Wandel der organisationspolitischen Vorstellungen und der Organisationsstrukturen in der ostdeutschen Bürgerbewegung. In: Forschungsjournal NSB, Heft 1, S. 24-33

Handbuch Kommunales Altlastenmanagement 1994: Orientierungshilfe zum verträglichen Umgang mit Altlasten. (Umweltbundesamt Berichte, 3/94). Bielefeld

Harte, Ruth/Knut *Schüürmann* 1993: Europäischer Binnenmarkt und kommunale Selbstverwaltung. Überlegungen zum Aufgabenfeld eines kommunalen Europabeauftragten. In: Stadt und Gemeinde Heft 5, S. 178-185

Hartmann, Jürgen 1990: Interessenverbände: in: Oskar W. Gabriel (Hrsg.), Die Länder der Europäischen Gemeinschaft. Opladen

Hartwich, Hans-Hermann (Hrsg.) 1985: Policy-Forschung in der Bundesrepublik Deutschland. Opladen

Hartwich, Hans-Hermann 1983: Gesellschaftliche Probleme als Anstoß und Folge von Politik. Tagungsbericht des wissenschaftlichen Kongresses der DVPW 1982. Opladen

Hartwich, Hans-Hermann 1985: Einführung. In: Derselbe (Hrsg.), Policy-Forschung in der Bundesrepublik Deutschland. Opladen

Hartwich, Hans-Hermann/Göttrick *Wewer* 1990ff.: Regieren in der Bundesrepublik. Opladen (bisher 5 Bände)

Hättich, Manfred 1977: Kommunalpolitik-ein politisches Seitengebiet? In: Heinz *Rausch*, und Theo *Stammen* (Hrsg.), Aspekte und Probleme der Kommunalpolitik. 3. Auflage. München, S. 342-354

Haus, Wolfgang (Hrsg.) 1966: Kommunalwissenschaftliche Forschung. Stuttgart u.a.

Haus, Wolfgang (Hrsg.) 1989: Kommunalwissenschaften in der Bundesrepublik Deutschland. Baden-Baden

Haus, Wolfgang 1970: Art. „Kommunalwissenschaften". In: Handwörterbuch der Raumforschung und Raumordnung. Bd. 2, Hannover

Hauschild, Christoph 1991a: DDR: Vom sozialistischen Einheitsstaat in die föderale und kommunale Demokratie. In: Bernhard *Blanke* (Hrsg.), Stadt und Staat. Opladen, S. 213-236

Hauschild, Christoph 1991b: Die örtliche Verwaltung im Staats- und Verwaltungsapparat der DDR. Baden-Baden

Hausmann, Christopher 1995: Die Kommunalwahlen in den neuen Bundesländern. Spezifisches Dreiparteiensystem gefestigt. In: Das Parlament Nr. 3-4 vom 13./20.1.1995, S. 10

Häussermann, Hartmut 1978: Die Politik der Bürokratie. Frankfurt/M.

Häussermann, Hartmut 1991: Die Bedeutung „lokaler Politik" – neue Forschung zu einem „alten" Thema. In: Bernhard *Blanke* und Susanne *Benzler* (Hrsg), Stadt und Staat. PVS-Sonderheft 22. Opladen, S. 35-50

Häussermann, Hartmut 1991: Lokale Politik und Zentralstaat. Ist auf kommunale Ebene „alternative Politik" möglich? In: Hubert *Heinelt* und Hellmut *Wollmann* (Hrsg.), Brennpunkt Stadt. Basel u.a., S. 52-92

Häussermann, Hartmut/Walter *Siebel* 1987: Neue Urbanität. Frankfurt/M.

Häussermann, Hartmut/Walter *Siebel* 1994: Neue Formen der Stadt- und Regionalpolitik. In: Archiv für Kommunalwissenschaften, 1. Halbjahresband, S. 32-45

Hayes, M. 1984: Lobbyists and Legislators. New Brunswick. Rutgers

Heberlein, Horst Christoph 1989: Kommunale Außenpolitik als Rechtsproblem. Köln

Heberlein, Horst Christoph 1992: Kommunale Europapolitik. In: BayVbl., S. 417ff.

Heberlein, Horst Christoph 1993: Aktuelle Rechtsprobleme „Kommunaler Außenpolitik". In: Die Verwaltung 2, S. 211-234

Hegner, Friedhart 1978: Das bürokratische Dilemma. Zu einigen unauflöslichen Widersprüchen in den Beziehungen zwischen Organisation, Personal und Publikum. Frankfurt-New York

Heide, Hans Jürgen von der 1991: Die kommunalen Spitzenverbände. In: Praxis der Gemeindeverwaltung, Ausgabe Nordrhein-Westfalen, Loseblattsammlung Wiesbaden, 175. Nachlieferung 9/91, Bd. A1, Nr. A5

Heide, Hans-Jürgen von der 1994: Stellung und Funktion der Kreise. In: Roland *Roth* und Helmut *Wollmann* (Hrsg.), Kommunalpolitik. Opladen, S. 109-121

Heinelt, Hubert 1994: Kommunale Beschäftigungspolitik. In: Roland *Roth* und Helmut *Wollmann* (Hrsg.), Kommunalpolitik. Opladen, S. 451-463

Heinelt, Hubert/Hellmut *Wollmann* (Hrsg.) 1991: Brennpunkt Stadt. Stadtpolitik und lokale Politikforschung in den 80er und 90er Jahren. Basel u.a.

Heinelt, Hubert/Margit *Mayer* (Hrsg.) 1992: Politik in europäischen Städten. Fallstudien zur Bedeutung lokaler Politik. Basel u.a.

Heinze, Rolf G./Helmut *Voelzkow* 1994: Verbände und „Neokorporatismus". In: Roland *Roth* und Helmut *Wollmann* (Hrsg.), Kommunalpolitik. Opladen, S. 245-255

Heinze, Thomas 1994 (Hrsg.): Kulturmanagement. Professionalisierung kommunaler Kulturarbeit. Opladen

Hellstern, Günther/*Wollmann*, Hellmut (Hrsg.), 1984: Handbuch zur Evaluierungsforschung. Opladen

Heltzig, Frank 1994: AWO im Osten Deutschlands – zwischen 1989 und 1993. In: Josef *Schmid* u.a. (Hrsg.), Organisationsstrukturen und Probleme von Parteien und Verbände. Marburg, S. 171-180

Henneke, Hans-Günter 1994: Möglichkeiten zur Stärkung der kommunalen Selbstverantwortung. In: DÖV Heft 17, S. 705-715

Henkel, Michael J. et al. 1991: Altlasten – ein kommunales Problem. Analysen und Handlungsempfehlungen. Berlin

Heritier, Adrienne (Hrsg.), 1993: Policy-Analyse: Kritik und Neuorientierung. PVS-Sonderheft 24. Opladen

Herlyn, Ulfert 1989: Der Beitrag der Stadtsoziologie. Ein Rückblick auf die Forschungsentwicklung. In: Joachim Jens *Hesse* (Hrsg.), Kommunalwissenschaften in der Bundesrepublik Deutschland. Baden-Baden, S. 359-385 .

Hesse, Joachim Jens (Hrsg.) 1978: Politikverflechtung im föderativen Staat. Studien zum Planungs- und Finanzierungsverbund zwischen Bund, Ländern und Gemeinden. Baden-Baden

Hesse, Joachim Jens (Hrsg.) 1982: Politikwissenschaft und Verwaltungswissenschaft. PVS-Sonderheft 13. Opladen

Hesse, Joachim Jens (Hrsg.) 1987: Zur Situation der kommunalen Selbstverwaltung heute. Stadtpolitik und kommunale Selbstverwaltung im Umbruch. Baden-Baden

Hesse, Joachim Jens (Hrsg.) 1989: Kommunalwissenschaften in der Bundesrepublik Deutschland. Baden-Baden .

Hesse, Joachim Jens 1976: Organisation der kommunalen Entwicklungsplanung. Anspruch, Inhalt und Reichweite von Reorganisationsvorstellungen für das kommunale politisch-administrative System. Stuttgart u.a.

Hesse, Joachim Jens 1982: Stadtpolitik. In: Joachim Jens *Hesse* (Hrsg.), Politikwissenschaft und Verwaltungswissenschaft PVS-Sonderheft 13. Opladen, S. 431-446

Hesse, Joachim Jens 1986: Erneuerung der Politik „von unten"? Stadtpolitik und kommunale Selbstverwaltung im Umbruch. Opladen.

Hesse, Joachim Jens 1989a: Kommunalwissenschaften in der Bundesrepublik Deutschland-eine Einführung. In: Derselbe (Hrsg.), Kommunalwissenschaften in der Bundesrepublik Deutschland, S. 11-20

Hesse, Joachim Jens 1989b: Politik und Verwaltung als Gegenstand der Kommunalwissenschaften. In: Derselbe (Hrsg.), Kommunalwissenschaften in der Bundesrepublik Deutschland, S. 117-137

Hesse, Joachim Jens 1993: Das föderative System der Bundesrepublik vor den Herausforderungen der deutschen Einigung. In: Wolfgang *Seibel* und Arthur *Benz* (Hrsg.), Verwaltungsreform und Verwaltungspolitik im Prozeß der deutschen Einigung. Baden-Baden, S. 429-430

Hesse, Joachim Jens et al. (Hrsg.) 1983: Staat und Gemeinden zwischen Konflikt und Kooperation. Baden-Baden

Hesse, Joachim Jens/Angelika *Benz*/Arthur *Benz*/Holger *Backhaus-Maul* 1991: Regionalisierte Wirtschaftspolitik. Baden-Baden

Hesse, Joachim Jens/Richard R. *Klein* 1980: Der Lohnsummensteuer-Konflikt. Anlaß zu einer Neuinterpretation der Beziehungen zwischen Bund, Land und Gemeinden. In: ZfParl 1, S. 53-72

Hesse, Joachim Jens/Wolfgang *Renzsch* (Hrsg.) 1991: Föderalstaatliche Entwicklungen in Europa. Baden-Baden

Hesse, Joachim Jens/Arthur *Benz* 1990: Die Modernisierung der Staatsorganisation. Baden-Baden

Hesse, Joachim Jens/Hellmut *Wollmann* (Hrsg.) 1983: Probleme der Stadtpolitik in den 80er Jahren. Frankfurt-New York

Heuer, Hans 1985: Instrumente kommunaler Gewerbepolitik. Stuttgart u.a.

Heuer, Hans 1985: Instrumente kommunaler Wirtschaftspolitik. Ergebnisse empirischer Erhebungen. (Schriften des Deutschen Instituts für Urbanistik, 73). Stuttgart u.a.

Hey, Christian 1991: Weißbuch der Umweltschutzverbände: Konzepte für eine Umweltgemeinschaft. Zeitschrift Politische Ökologie, Sonderheft 3. München

Hill, Hermann 1987: Die politisch-demokratische Funktion der kommunalen Selbstverwaltung nach der Reform. Baden-Baden

Hill, Hermann 1993a: Strategische Erfolgsfaktoren in der öffentlichen Verwaltung. In: Die Verwaltung, Heft 2, S. 167-181

Hill, Hermann 1993b: Integratives Verwaltungshandeln-Neue Formen von Kommunikation und Bürgermitwirkung. In: Deutsches Verwaltungsblatt, Heft 18, S. 973-982

Hirsch, Joachim/Roland *Roth* 1986: Das neue Gesicht des Kapitalismus. Vom Fordismus zum Post-Fordismus. Hamburg

Hirschman, Albert O. 1974: Abwanderung und Widerspruch. Tübingen

Hock, Günther/Rolf *Krähmer* 1989: Die Finanzierung kommunaler Umweltschutzinvestitionen. In: WSI-Mitteilungen, S. 444-453

Hoffschulte, Heinrich 1992: Länderegoismus gegen 16000 Kommunen. In: Kommunalpolitische Blätter, S. 458-469

Hoffschulte, Heinrich 1994: Das Europa der Gemeinden. In: Stadt und Gemeinde Heft 8, S. 350-352

Hofmann, Wolfgang 1966: Städtetag und Verfassungsordnung. Position und Politik der Hauptgeschäftsführer eines kommunalen Spitzenverbandes. Stuttgart

Hollihn, Frank 1978: Partizipation und Demokratie. Bürgerbeteiligung am kommunalen Planungsprozeß. Baden-Baden

Holtmann, Everhard 1989: Politik und Nichtpolitik. Lokale Erscheinungsformen Politischer Kultur im frühen Nachkriegsdeutschland. Das Beispiel Unna und Kamen. Opladen

Holtmann, Everhard 1990: Kommunalpolitik im politischen System der Bundesrepublik. In: Aus Politik und Zeitgeschichte, B-25, S. 3-14

Holtmann, Everhard 1992: Politisierung der Kommunalpolitik und Wandlungen im lokalen Parteisystem. In: Aus Politik und Zeitgeschichte. B-22/23, S.13-22

Holtmann, Everhard 1994: Parteien in der lokalen Politik. In: Roland *Roth* und Helmut *Wollmann* (Hrsg.), Kommunalpolitik. Opladen, S. 256-270

Holtmann, Everhard/Winfried *Killisch* 1989: Gemeindegebietsreform und politische Partizipation. Einstellungen in der fränkischen „Rebellengemeinde" Ermershausen. In: Aus Politik und Zeitgeschichte, B-30/31, S. 32-39

Holzapfel, H./K. *Traube*/O. *Ullrich* 1985: Autoverkehr 2000. Karlsruhe

Hoppe, Werner/Hans-Uwe *Erichsen*/Adalbert *Leidinger* (Hrsg.) 1991: Aktuelle Probleme der kommunalen Selbstverwaltung. Zehn Jahre Freiherr-vom-Stein-Institut. (Schriftenreihe des Freiherr-vom-Stein-Institutes, 17). Köln

Horstkötter, Marianne 1990: Frauen in der Kommunalpolitik. Einflußfaktoren auf die politische Partizipation von Frauen in kommunalen Räten. Eine Regionalstudie. Frankfurt u.a.

Hrbek, Rudolf/Uwe Thaysen 1986: Die deutschen Länder und die europäischen Gemeinschaften. Baden-Baden

Hübler, Karl-Hermann/Kurt *Otto-Zimmermann* 1989: Bewertung der Umweltverträglichkeit. Taunusstein

Hucke, Jochen 1991: Umweltpolitik in der Bundesrepublik. Hagen. (Fernuniversität-Kurs-Nr. 4663)

Hucke, Jochen 1994: Kommunale Umweltpolitik. In: Roland *Roth* und Helmut *Wollmann* (Hrsg.), Kommunalpolitik. Opladen, S. 474-489

Hucke, Jochen/A. *Müller*/P. *Wassen* 1980: Implementation kommunaler Umweltpolitik. Frankfurt/M.

Hucke, Jochen/Hellmut *Wollmann* (Hrsg.) 1989: Dezentrale Technologiepolitik? Technikförderung durch Bundesländer und Kommunen. Basel u.a.

Hucke, Jochen/Hellmut *Wollmann* 1989: Altlasten im Gewirr administrativer (Un-)Zuständigkeiten. Basel u.a.

Hucke, Jochen/Reinhard *Ueberhorst* (Hrsg.) 1983: Kommunale Umweltpolitik. Basel u.a.

Hummel, Konrad 1991: Freiheit statt Fürsorge. Vernetzung als Instrument zur Reform kommunaler Altenhilfe. Hannover

Humes, Samuel 1991: Local Governance and National Power. A Worldwide Comparison of Tradition and Change in Local Government. New York u.a.

Hupe, Peter L./Theo A. J. *Toonen* 1991: Die Gemeinde als Co-Staat. Dezentralisierung in den Niederlanden. In: Bernhard *Blanke* (Hrsg.), Staat und Politik, Staat und Stadt. PVS-Sonderheft 22. Opladen, S. 337-354

Icks, Annette 1994: Kommunale Wirtschaftspolitik in den neuen Bundesländern. Unter besonderer Berücksichtigung des Gewerbeflächenmarktes. (Schriften zur Mittelstandsforschung, NF 59). Stuttgart

Informations- und Kommunikationstechniken in der kommunalen Praxis 1992: Handbuch für Rat und Verwaltung. (Aufgaben der Kommunalpolitik, 1). 2. Auflage. Köln

Ministerium des Inneren der Niederlande 1989: Die Verfassung des Königreichs der Niederlande. Ministerium des Innern, Stabsabteilung Verfassungsangelegenheiten und Gesetzgebung in Zusammenarbeit mit dem Sprachendienst des Ministeriums für Auswärtige Angelegenheiten. Den Haag

Ministerium des Innern der Niederlande 1990: „Dutch Municipality Act" (Proposal as it passed the Lower House of the States-General in november 1990). Den Haag

Institut für Landes- und Stadtentwicklungsforschung (Hrsg.) 1992: Regionale Politik und regionales Handeln. Dortmund

Jaedicke, Wolfgang u.a. 1990: Lokale Politik im Wohlfahrtsstaat. Zur Sozialpolitik der Gemeinden und ihrer Verbände in der Beschäftigungskrise. Opladen

Jaedicke, Wolfgang/Kristine *Kern*/Hellmut *Wollmann* 1990: Kommunale Aktionsverwaltung in Stadterneuerung und Umweltschutz. (Zukunft durch öffentliche Dienste, 4). Köln

Jann, Werner 1981: Kategorien der Policy-Forschung. Speyer (Hochschule für Verwaltungswissenschaft Speyer, Speyerer Arbeitshefte 37)

Jann, Werner 1982: Staatliche Programme und ‚Verwaltungskultur'. Opladen

Jann, Werner 1983: Policy-Forschung – ein sinnvoller Schwerpunkt der Politikwissenschaft. In: Aus Politik und Zeitgeschichte, B-47, S.26-38.

Janning, H. (Hrsg.) 1994: Das Modell Soest. Der Umbau der Kommunalverwaltung auf Kreisebene. Stuttgart

Jarren, Otfried 1984: Kommunale Kommunikation. Eine theoretische und empirische Untersuchung kommunaler Kommunikationsstrukturen unter besonderer Berücksichtigung lokaler und sublokaler Medien. München

Jarren, Otfried et al. 1989: Lokale Medien und politische Kultur in Dortmund. Band 10: Begleitforschung des Landes Nordrhein-Westfalen zum Kabelpilotprojekt Dortmund. Düsseldorf (Presse- und Informationsamt der Landesregierung Nordrhein-Westfalen)

Jauch, Dieter 1975: Auswirkungen der Verwaltungsreform in ländlichen Gemeinden. Stuttgart u.a.

Jogschies, Rainer B. 1984: Bürgerbeteiligung an der Stadtplanung. Untersuchungen zur Bürgerinitiativen-Bewegung und der Legitimationskrise des Parlamentarismus aus forschungsmethodischer Sicht. Frankfurt u.a.

Jürgenliemk, R. 1990: Finanzielle Instrumente der gemeindlichen Entsorgungswirtschaft. In: Der Städtetag, S. 319-322 und 382-387

Karrenberg, Hanns 1993: Die Finanzausstattung der Kommunen in den neuen Bundesländern. In: Wolfgang *Seibel* und Arthur *Benz* (Hrsg.), Verwaltungsreform und Verwaltungspolitik im Prozeß der deutschen Einigung. Baden-Baden, S. 288-308

Karrenberg, Hanns/Engelbert *Münstermann* 1993: Gemeindefinanzbericht 1993. In: Der Städtetag Heft 2, S. 60-153

Karrenberg, Hanns/Engelbert *Münstermann* 1994a: Kommunale Finanzen 1994. In: Roland *Roth* und Helmut *Wollmann* (Hrsg.), Kommunalpolitik. Opladen, S. 194-210

Karrenberg, Hanns/Engelbert *Münstermann* 1994b: Gemeindefinanzbericht 1994. Kurzfassung. In: Der Städtetag Heft 2, S. 134-142

Katzenstein, Peter 1987: Policy and Politics in West Germany. Philadelphia

Kaufmann, Franz-Xaver (Hrsg.) 1977: Bürgernahe Gestaltung der sozialen Umwelt. Probleme und theoretische Perspektiven eines Forschungsverbundes Meisenheim am Glan

Kaufmann, Franz-Xaver (Hrsg.) 1979: Bürgernahe Sozialpolitik. Planung, Organisation und Vermittlung sozialer Leistungen auf lokaler Ebene. Frankfurt-New York

Kaufmann, Franz-Xaver (Hrsg.) 1987: Staat. Intermediäre Instanzen und Selbsthilfe. Bedingungsanalysen sozialpolitischer Interventionen. München

Keller, Berndt/Fred *Henneberger* 1993: Beschäftigung und Arbeitsbeziehungen im öffentlichen Dienst der neuen Bundesländer. In: Wolfgang *Seibel* und Arthur *Benz* (Hrsg.), Verwaltungsreform und Verwaltungspolitik im Prozeß der deutschen Einigung. Baden-Baden, S. 177-189

Keman, Hans 1993: Die Politik der Mitte in den Niederlanden. Konsens und Kooperation ohne Politikproduktion. In: Ralf *Kleinfeld* und Wolfgang *Luthardt* (Hrsg.), Westliche Demokratien und Interessenvermittlung. Zur aktuellen Entwicklung nationaler Parteien- und Verbändesysteme. Marburg, S. 144-158

Kevenhörster, Paul (Hrsg.) 1977: Lokale Politik unter exekutiver Führerschaft. Meisenheim am Glan

Kevenhörster, Paul/Hellmut *Wollmann* (Hrsg.) 1978: Kommunalpolitische Praxis und Lokale Politikforschung. Berlin

Kevenhörster, Paul/Herbert *Uppendahl* 1987: Gemeindedemokratie in Gefahr? Zentralisierung und Dezentralisierung als Herausforderungen lokaler Demokratie in Japan und der Bundesrepublik Deutschland. Baden-Baden

KGSt 1992: Kommunale Gemeinschaftsstelle für Verwaltungsvereinfachung (Hrsg.), Wege zum Dienstleistungsunternehmen Kommunalverwaltung. Fallstudie Tilburg. Bericht Nr. 19/1992. Köln

KGSt 1993a: Das Neue Steuerungsmodell. Begründung, Konturen, Umsetzung. Bericht Nr. 5/1993. Köln

KGSt 1993b: Budgetierung: Ein neues Verfahren zur Steuerung kommunaler Haushalte. Bericht Nr. 6/1993. Köln

KGSt 1994: Mitteilungen der KGSt. Köln

Kirchner, Joachim/Heinz *Sautter 1994*: Kommunale Wohnungspolitik. In: Roland *Roth* und Helmut *Wollmann* (Hrsg.), Kommunalpolitik. Opladen, S. 505-526

Kißler, Leo 1992: Kommunalverwaltung im Umbruch. Aufgabenintegration und Verwaltungsdezentralisierung am Beispiel des Hagener „Bürgerladens". In: perspektiven ds, Heft 1, S. 42-52

Kißler, Leo/Jörg *Bogumil* 1994: Der Bürgerladen Hagen: Kundenorientierung und Produktivitätssteigerung durch mehr Arbeitsqualität. Hagen, Ms.

Kißler, Leo/Jörg *Bogumil*/Elke *Wiechmann* (Hrsg.) 1993: Anders verwalten. Erfahrungen und Perspektiven kommunaler Gestaltungsprojekte. Marburg

Kißler, Leo/Jörg *Bogumil*/Elke *Wiechmann* 1994: Das kleine Rathaus. Kundenorientierung und Produktivitätssteigerung durch den Bürgerladen Hagen. Baden-Baden

Kistenmacher, Hans/Thomas *Geyer*/Petra *Hartmann* 1994: Regionalisierung in der kommunalen Wirtschaftsförderung. (Aufgaben der Kommunalpolitik, 10). Köln

Klages, Helmut 1979: Soziologie und Planung. In: Günther *Lüschen* (Hrsg.), Deutsche Soziologie nach 1945. KZSS-Sonderheft 21. Opladen, S. 343-357

Klages, Helmut 1984: Wertorientierungen im Wandel. Rückblick, Gegenwartsanalysen, Prognosen. Frankfurt-New York

Klages, Helmut/Willi *Herbert* 1983: Wertorientierungen und Staatsbezug. Untersuchungen zur politischen Kultur in der Bundesrepublik Deutschland. Frankfurt-New York

362

Klaus, Manfred/Uwe-Jens *Roessel*/Joachim *Bischoff* (Hrsg.) 1994: Bürgernahe Kommunalpolitik. Handreichungen für aktive BürgerInnen. Hamburg
Klein, Armin 1993: Kinder. Kultur. Politik. Perspektiven kommunaler Kinderkulturarbeit. (Studien zur Jugendforschung, 12). Opladen
Klein, Peter/Ursula *Clauditz* (Hrsg.) 1990: Ein Arbeitsbuch zur Kommunalpolitik. Bonn
Kleinfeld, Ralf 1990: Mesokorporatismus in den Niederlanden. Entwicklung eines politikbereichs- und politikebenenspezifischen Modells zur Analyse institutionalisierter Staat-Verbände-Beziehungen und seine Anwendung auf regionale wirtschaftspolitische Beratungs- und Verhandlungsgremien in den niederländischen Provinzen. Frankfurt/M.
Kleinfeld, Ralf 1992: Zwischen Rundem Tisch und Konzertierter Aktion. Korporatistische Formen der Interessenvermittlung in den neuen Bundesländern. In: Volker *Eichener* u.a. (Hrsg.), Organisierte Interessen in Ostdeutschland. Marburg; S. 73-134
Kleinfeld, Ralf 1993: Interessenvermittlung in der niederländischen Verhandlungsdemokratie. In: Derselbe und Wolfgang *Luthardt* (Hrsg.), Westliche Demokratien und Interessenvermittlung. Zur aktuellen Entwicklung nationaler Parteien- und Verbändesysteme. Marburg, S. 223-260
Kleinfeld, Ralf 1994: Die mittlere Verwaltungsebene in den Niederlanden – Entwicklungen und Reformkonzepte. Studie im Auftrag des Instituts Arbeit und Technik im Wissenschaftszentrum Nordrhein-Westfalen. Gelsenkirchen
Kleinfeld, Ralf/Frank *Löbler* 1993: Verbände in Nordrhein-Westfalen. Eine Vorstudie zu Empirie und Theorie von Verbänden in der Landespolitik. Polis-Sonderheft. Hagen
Klepsch, Thomas/Hans-Josef *Legrand*/Axel *Sanne* (Hrsg.) 1994: Integrierte Strukturpolitik. Eine Herausforderung für Politik, Wirtschaft und Kommunen. Köln
Knemeyer, Franz-Ludwig 1989: Kommunalrechtliche Forschung in der Bundesrepublik Deutschland. In: Joachim-Jens *Hesse* (Hrsg.), Kommunalwissenschaften in der Bundesrepublik Deutschland, S. 71-91
Knemeyer, Franz-Ludwig 1990a: Die Europäische Charta der kommunalen Selbstverwaltung. Entstehung und Bedeutung – Länderberichte und Analysen, Baden-Baden
Knemeyer, Franz-Ludwig 1990b: Subsidiarität-Förderalismus-Dezentralisation. In: DVBl v. 1.5.90
Knemeyer, Franz-Ludwig 1994: Die Kommunalverfassungen in der Bundesrepublik Deutschland. In: Roland *Roth* und Helmut *Wollmann* (Hrsg.), Kommunalpolitik. Opladen, S. 81-94
Knemeyer, Franz-Ludwig/Katrin *Jahndel* 1991: Parteien in der kommunalen Selbstverwaltung. Stuttgart u.a.
Knoke, David 1990: Political Networks. The Structural Perspective. Cambridge u.a.
Knöpfle, Franz 1974: Organisierte Einwirkungen auf die Verwaltung. In: DVBL, S. 707ff.
Knöpfle, Franz 1978: Krise der repräsentativen Demokratie. In: Politische Studien 240, S. 341ff.
Kodolitsch, Paul von 1980: Kommunale Beteiligungspolitik. Berlin
Köhler, Heinz 1991: Zukünftige Stellung der Kommunen im institutionellen Gefüge der EG. In: Der Landkreis Heft 11, S. 599-601
Kommunale Umweltpolitik 1992: Reihe „Bürger im Staat" Mit Beiträgen von Ralph Baumheiner u.a. Stuttgart u.a.
Kommunalpolitik in Baden-Württemberg 1991 (Schriften zur politischen Landeskunde Baden-Württembergs, 11). 2., durchges. u. erw. Auflage. Stuttgart u.a.
Kommunalpolitik in Europa 1994 (Reihe „Bürger im Staat"). Stuttgart u.a.
Kommunalverband Ruhrgebiet (Hrsg.) 1993: Handbuch Ruhrgebiet-Europa. Redaktion: Susanne Scholz; Bernhard Skrodzki-Rösemann. Essen
Kommunalverfassung 1990: Gesetz über die Selbstverwaltung der Gemeinden und Landkreise in der DDR. Textausgabe der Gemeindeordnung und Landkreisordnung. Stuttgart
Konegen, Norbert 1984: Das Sozialprofil von Nordrhein-Westfalen. In: Landeszentrale für politische Bildung NRW (Hrsg.), Nordrhein-Westfalen. Eine politische Landeskunde. Stuttgart u. a., S. 277-299
König, Klaus *1991:* Verwaltung im Übergang – Vom zentralen Verwaltungsstaat in die dezentrale Demokratie. In: DÖV, S. 177f.

König, Klaus (Hrsg.) *1991:* Verwaltungsstrukturen der DDR. Baden-Baden

König, Klaus 1993: Transformation einer real-sozialistischen Verwaltung in eine klassisch-europäische Verwaltung. In: Wolfgang *Seibel* und Arthur *Benz* (Hrsg.), Verwaltungsreform und Verwaltungspolitik im Prozeß der deutschen Einigung. Baden-Baden, S. 80-97

König, René 1958: Grundformen der Gesellschaft: Die Gemeinde. Reinbek

Konrad-Adenauer-Stiftung (Hrsg.) 1993: Erneuerung als Herausforderung. Aufbau der Städte und Gemeinden in den neuen Ländern. Eine Dokumentation der STÄDTEBAU-KONFERENZ der Konrad-Adenauer-Stiftung e.V. am 7./8. Mai 1992 im Kronprinzenpalais, Unter den Linden, Berlin. Köln

Kormann, Joachim (Hrsg.) 1993: Kommunen und Verkehrsplanung. Selbstverwaltung als Chance und Last. (Umwelt- und Planungsrecht Special, 2). München

Korte, Hermann 1972: Soziologie der Stadt-Entwicklungen und Perspektiven. In: Derselbe (Hrsg.), Soziologie der Stadt. München

Korte, Hermann 1986: Stadtsoziologie. Forschungsprobleme und Forschungsergebnisse der 70er Jahre. Darmstadt

Köser, Helmut (Hrsg.), Der Bürger in der Gemeinde. Kommunalpolitik und politische Bildung. (Bundeszentrale für Politische Bildung) Bonn

Köser, Helmut/Marion *Caspers-Merk* 1989: Einfluß und Steuerungspotential kommunaler Mandatsträger in Baden-Württemberg. In: Dieter *Schimanke* (Hrsg.), Stadtdirektor oder Bürgermeister. Beiträge zu einer aktuellen Kontroverse. Basel u.a., S. 97-120

Köttgen, Arnold 1968: Die Krise der kommunalen Selbstverwaltung (zuerst 1931). In: Derselbe, Kommunale Selbstverwaltung zwischen Krise und Reform. Stuttgart u.a., S. 1-36

Krage, Carsten 1990: Einführung in das schwedische Kommunalrecht. Ein Vergleich zur Bundesrepublik Deutschland. Stuttgart u.a.

Krähmer, Rolf 1992: Das Tilburger Modell der Verwaltungsorganisation und Verwaltungsführung. (SGK-Argumente Nr. 8). Düsseldorf

Krähmer, Rolf 1993: Die Verwaltungsreform in der niederländischen Stadt Tilburg. 2 Teile. In: Zeitschrift für Kommunalfinanzen, Nr. 3 und 4, S. 50-55 und 78-83

Krätke, Stefan 1994: Stadtsystem im internationalen Kontext und Vergleich. In: Roland *Roth* und Helmut *Wollmann* (Hrsg.), Kommunalpolitik. Opladen, S. 176-193

Krätke, Stefan/Fritz *Schmoll* 1987: Der lokale Staat – „Ausführungsorgan" oder „Gegenmacht". In: Prokla Nr. 68, S. 30-72

Krauss-Pötz, Renate (Hrsg.) 1993: Einbruch in die Polis. Erfahrungen und Erfolge kommunaler Frauenpolitik. Frankfurt u.a.

Krautzberger, Michael 1994: Kommunale Stadterneuerung. In: Roland *Roth* und Helmut *Wollmann* (Hrsg.), Kommunalpolitik. Opladen, S. 490-504

Kreile, Michael (Hrsg.) 1992: Die Integration Europas. PVS-Sonderheft 29. Opladen

Krell, Dieter/Norbert *Wesseler* 1994: Das neue kommunale Verfassungsrecht in Nordrhein-Westfalen. Das neue Recht und seine Hintergründe. Eine systematische Darstellung für Politik und Verwaltung. Köln

Kress, Gisela/Dieter *Senghaas* (Hrsg.) 1969: Politikwissenschaft. Eine Einführung in ihre Probleme. Frankfurt/M. (Taschenbuchausgabe 1972)

Kröll, Friedhelm 1987: Vereine im Lebensalltag einer Großstadt am Beispiel Nürnberg. Eine kultursoziologische Studie. Marburg

Kroll, Ilona 1991: Vereine und Bürgerinitiativen heute. Zur sozialen und individuellen Funktion der Vereine und Bürgerinitiativen – dargestellt am Beispiel Marburg. Pfaffenweiler

Kronisch, Joachim 1993: Aufgabenverlagerung und gemeindliche Aufgabengarantie. (Kommunalrecht-Kommunalverwaltung, 10). Baden-Baden

Krüger, Jürgen/Eckart *Pankoke* (Hrsg.) 1985: Kommunale Sozialpolitik. München-Wien

Kuban, Monika 1993: Abschied vom Rasenmäher? Neue Strategien der Haushaltskonsolidierung durch Budgetierung. In: ZKF, S. 147ff.

Kuban, Monika 1994: Haushaltspolitik. In: Roland *Roth* und Helmut *Wollmann* (Hrsg.), Kommunalpolitik. Opladen, S. 328-340

Kuhlmann, Stefan 1986: Formalisierung und Technisierung des Handelns öffentlicher Verwaltung am Beispiel der Interaktion von Verwaltung und Bürger. Diss. Kassel

Kühne, Jörg-Detlef/Friedrich *Meissner* 1977: Züge unmittelbarer Demokratie in der Gemeindeverfassung. Bürgerentscheid, Bürgerbegehren, Bürgerversammlung u.a. Göttingen

Kühnel, Wolfgang 1993: Zwischen ethischem Rigorismus und reformorientiertem Pragmatismus. Soziale Bewegungen bei der Transformation von Verwaltungsstrukturen. In: Wolfgang *Seibel* und Arthur *Benz* (Hrsg.), Verwaltungsreform und Verwaltungspolitik im Prozeß der deutschen Einigung. Baden-Baden, S. 146-154

Kühnlein, Günther/Norbert *Wohlfahrt* 1994: Lean Administration/Lean Government – ein neues Leitbild für die öffentlichen Verwaltungen? In: Arbeit Heft 1

Kühr, Herbert/Klaus *Simon* 1982: Lokalpartei und vorpolitischer Raum. Melle

Küppers, Joachim/Harald *Müller* 1994: Kommunale Rechtssetzung im Kulturbereich (Kulturpraxis und Recht, 3). Köln

Kurp, Matthias 1994: Lokale Medien und kommunale Eliten. Partizipatorische Potentiale des Lokaljournalismus bei Printmedien und Hörfunk in Nordrhein- Westfalen. Opladen

Landtag NRW (Hrsg.) 1989: Das Land und seine Gemeinden – eine erfolgreiche Partnerschaft. Antwort der Landesregierung auf die große Anfrage 37 der Fraktion der SPD vom 29.6.1989 (Drucksache 10/4523). Düsseldorf

Lange, Hans-Georg 1992: Auswirkungen der EG auf die kommunale Selbstverwaltung. In: Demokratische Gemeinde: Europa. Kommunale Selbstverwaltung in Gefahr. Sondernummer Mai 1992, S. 11-19

Lärmminderungspläne 1993: Eine neue Aufgabe für Städte und Gemeinden. (Forum für Stadtentwicklungs- und Kommunalpraxis, 14) Stuttgart

Laumann, Edward O./Franz *Pappi* 1976: Networks of Collectice Action: A Perspective on Community Influence Systems. New York

Laux, Eberhard (Hrsg.) 1983: Kommunale Selbstverwaltung. Überprüfung einer politischen Idee. Ein Cappenberger Gespräch. Köln

Laux, Eberhard 1968: Führungsorganisation und Führungsstil in der Kommunalverwaltung. Berlin

Laux, Eberhard 1987: Nachdenken über Kommunalwissenschaften. In: Der Städtetag, S. 719-721

Laux, Eberhard 1993: Unternehmen Stadt? In: DÖV, S. 523-524

Laux, Eberhard 1994: Erfahrungen und Perspektiven der kommunalen Gebiets- und Funktionalreformen. In: Roland *Roth* und Helmut *Wollmann* (Hrsg.), Kommunalpolitik. Opladen, S. 136-155

Lazarus, Rosemarie/Friedrich *Kur* 1989: Wirksam in die Kommunalpolitik eingreifen! Frankfurt/M.

Leder, Gottfried/Wolfgang-Uwe *Friedrich* 1988: Kommunalpolitik und Kommunalwahlen in Niedersachsen. Hildesheim u.a.

Lee, Ki-Wu 1990: Kommunalaufsicht in der Bundesrepublik Deutschland und in Korea (Münsterische Beiträge zur Rechtswissenschaft, 44). Berlin

Lehmbruch, Gerhard 1979: Der Januskopf der Ortsparteien. Kommunalpolitik und das lokale Parteiensystem. In: Helmut *Köser* (Hrsg.), Der Bürger in der Gemeinde. Kommunalpolitik und politische Bildung. (Bundeszentrale für Politische Bildung) Bonn, S. 320-334

Lehmbruch, Gerhard 1993: Institutionentransfer. Zur politischen Logik der Verwaltungsintegration in Deutschland. In: Wolfgang *Seibel* und Arthur *Benz* (Hrsg.), Verwaltungsreform und Verwaltungspolitik im Prozeß der deutschen Einigung. Baden-Baden, S. 41-66

Lehnberger, Gudrun 1990: Kommunale Entwicklungshilfe. Frankfurt/M.

Lehner, Franz 1985: Vergleichende Regierungslehre. Opladen

Leidinger, Adalbert 1991: Entwicklungstendenzen und Anforderungen an die kommunale Selbstverwaltung. In: Willi *Blümel* und Hermann *Hill* (Hrsg.), Die Zukunft der kommunalen Selbstverwaltung. Berlin, S. 59ff.

Leitermann, Walter 1994: Stadt und Region im Europarat. Reform der Ständigen Konferenz zum Kongreß der Gemeinden und Regionen Europas – ein Rückblick. In: Der Städtetag Heft 4, S. 273-278

Lennep, Hans-Gerd von 1992a: Europa fordert die Kommunen heraus. In: Demokratische Gemeinde 3, S. 14-15

Lennep, Hans-Gerd von 1992b: Europäischer Einigungsprozeß und kommunale Lobby. In: Demokratische Gemeinde: Europa. Kommunale Selbstverwaltung in Gefahr. Sondernummer Mai 1992, S. 20-24

Lennep, Hans-Gerd von 1993: Kommunale Mitsprache im Europarat gefährdet? In: Stadt und Gemeinde Heft 5, S. 163-166

Leonhardt, Willy/Reinhard *Klopfleisch*/Gerhard *Jochum* (Hrsg.) 1991: Kommunales Energie-Handbuch. Vom Saarbrücker Energiekonzept zur kommunalen Handlungsstrategie. Heidelberg

Liepitz, Alain 1987: Mirages and Miracles. The crisis of global fordism. London

Liesenfeld, Joachim/Kay *Loss* 1993: Die Modernisierung von Stadt- und Gemeindeverwaltungen in den 80er Jahren. In: WSI-Mitteilungen, Heft 7, S. 448-455

Lindblom, Charles E. 1975: Inkrementalismus: Die Lehre von „Sich-Durchwursteln". In: Wolf-Dieter *Narr* und Claus *Offe* (Hrsg.), Wohlfahrtsstaat und Massenloyalität. Köln, S. 161ff.

Lingelbach, Petra 1992: Das Kinder- und Jugendhilfegesetz in den neuen Bundesländern. In: Landes- und Kommunalverwaltung, Heft 2, S. 39f.

Llowski, Harald 1993: „Europa-Beauftragte" für die Städte? In: Der Städtetag, Heft 12, S. 778-782

Lölhöffel, Dieter /Dieter *Schimanke* (Hrsg.) 1983: Kommunalplanung vor neuen Aufgaben. Basel u.a.

Loughlin, Martin 1986: Local Government in the Modern State. London

Lowi, T. J. 1972: Four Systems of Policy, Politics, and Choice. In: Public Administration Review, S. 298-310

Lübking, Uwe 1992: Datenschutz in der Kommunalverwaltung. Rechtsgrundlagen, Organisation, Datensicherung. Bielefeld

Lüder, K. 1993: Verwaltungscontrolling. In: DÖV, S. 265-272

Luhmann, Niklas 1981: Politische Theorie im Wohlfahrtsstaat. München-Wien

Lukner, Christian (Hrsg.) 1994: Umweltverträgliche Verkehrskonzepte in Kommunen. (Verkehrsplanung in der Praxis, 1). Bonn

Mäding, Heinrich 1991: Finanzielle Restriktionen kommunalen Handelns. In: Hubert *Heinelt* und Hellmut *Wollmann* (Hrsg.), Brennpunkt Stadt. Stadtpolitik und lokale Politikforschung in den 80er und 90er Jahren. Basel u.a., S. 92-108

Mäding, Heinrich 1993: Die föderativen Finanzbeziehungen im Prozeß der deutschen Einigung – Erfahrungen und Perspektiven. In: Wolfgang *Seibel* und Arthur *Benz* (Hrsg.), Verwaltungsreform und Verwaltungspolitik im Prozeß der deutschen Einigung. Baden-Baden, S. 309-342

Mäding, Heinrich 1994: Kommunale Finanzplanung. In: Roland *Roth* und Helmut *Wollmann* (Hrsg.), Kommunalpolitik. Opladen, S. 341-349

MAGS-Ministerium für Arbeit, Gesundheit und Soziales Nordrhein-Westfalen 1983: Luftreinhalteplan Rheinschiene Süd-1. Fortschreibung 1982-1986. Düsseldorf

Maier, Hans E./Hellmut *Wollmann* (Hrsg.) 1986: Lokale Beschäftigungspolitik. Basel u.a.

Martini, Alexander 1992: Gemeinden in Europa. Köln

Martini, Alexander/Wolfgang *Müller* 1993: Der Schutz der kommunalen Selbstverwaltung in der europäischen Integration durch nationales Verfassungsrecht und gemeinschaftsrechtliche allgemeine Rechtsgrundsätze. In: Bay. Vbl. Heft 6, S. 161-169

Mayer, Ernst Georg 1986: Auslandsbeziehungen deutscher Gemeinden. Bestandsaufnahme und rechtliche Probleme. Diss. Bonn

Mayer, Margit 1990: Lokale Politik in der unternehmerischen Stadt. In: R. *Borst* u.a. (Hrsg.), Das neue Gesicht der Städte. Theoretische Ansätze und empirische Befunde aus der internationalen Debatte. Basel

Mayer, Margit 1991: „Postfordismus" und „lokaler Staat". In: Hubert *Heinelt* und Hellmut *Wollmann* (Hrsg.), Brennpunkt Stadt. Basel, S. 31-51

Mayer, Margit 1994: Public-Private Partnership – eine neue Option und Chance für kommunale Wirtschaftspolitik. In: Roland *Roth* und Helmut *Wollmann* (Hrsg.), Kommunalpolitik. Opladen, S. 440-450

Mayntz, Renate (Hrsg.) 1980: Implementation politischer Programme. Meisenheim

Mayntz, Renate (Hrsg.) 1981: Kommunale Wirtschaftsförderung. Ein Vergleich Bundesrepublik Deutschland-Großbritannien. Stuttgart u.a.

Mayntz, Renate 1958: Soziale Schichtung und sozialer Wandel in einer Industriegemeinde. Stuttgart

Mayntz, Renate 1959: Parteigruppen in der Großstadt. Untersuchungen in einem Berliner Kreisverband der CDU. Köln/Opladen

366

Mayntz, Renate 1981: Kommunale Handlungsspielräume und kommunale Praxis. In: Dies. (Hrsg.), Kommunale Wirtschaftsförderung. Ein Vergleich Bundesrepublik-Großbritannien. Stuttgart u.a., S. 154-179

Mayntz, Renate et al. 1978: Vollzugsprobleme der Umweltpolitik. Empirische Untersuchung der Implementation von Gesetzen im Bereich der Luftreinhaltung und des Gewässerschutzes. Stuttgart

Mengert, Friedrich 1994: Kommunalhaushalt in Schlagworten. Systematische Darstellung der Haushaltsplangliederung und -gruppierung mit einem Schlagwortkatalog und Erläuterungen zur Finanzstatistik. 6., überarb. Auflage.

Metzen, H. 1994: Schlankheitskur für den Staat. Lean Management in der öffentlichen Verwaltung. Frankfurt-New York

Meyer, Gert 1990: Beschlüsse kommunaler Vertretungskörperschaften. Analyse einer am Demokratieprinzip orientierten Handlungsform der Verwaltung. Diss. Marburg

Mielke, Gerd/Dieter *Oberndörfer*/Karl *Schmitt* (Hrsg.) 1990: Parteien und regionale politische Kultur. Berlin

Milnradt, Georg 1993: Die Finanzausstattung der neuen Bundesländer. In: Wolfgang *Seibel* und Arthur *Benz* (Hrsg.), Verwaltungsreform und Verwaltungspolitik im Prozeß der deutschen Einigung. Baden-Baden, S. 271-287

Minister für Umwelt, Raumordnung und Landwirtschaft Nordrhein-Westfalen 1989: Luftreinhaltung in Nordrhein-Westfalen, Düsseldorf

Ministerium für Auswärtige Angelegenheiten (Hrsg.) o.J.: The Constitution. Reihe: ‚The Kingdom of the Netherlands. Facts and Figures‘. Den Haag

Ministerium für Wirtschaft, Mittelstand und Technologie des Landes NRW (Hrsg.) 1991: Wegweiser zur Beratung in EG-Angelegenheiten. Düsseldorf

Mitschang, Stephan 1993: Die Belange von Natur und Landschaft in der kommunalen Bauleitplanung. Rechtsgrundlagen, Planungserfordernisse, Darstellungs- und Festsetzungsmöglichkeiten. Bielefeld

MLS-Minister für Landes- und Stadtentwicklung Nordrhein-Westfalen 1984: Freiraumbericht. Düsseldorf

Mohr, Arno 1987: Die Entstehung der Verfassung für Rheinland-Pfalz. Frankfurt/M.

Möller, Barbara 1993: Kommunale Parteientwicklung seit der Wende – dargestellt am Beispiel Frankfurt (Oder). In: Sowi Heft 2, S. 88-96

Möller, Thomas 1981: Die kommunalen Wählergemeinschaften in der Bundesrepublik Deutschland. München

Mombauer, Peter Michael 1987: Mitwirkung kommunaler Spitzenverbände an der Gesetzgebung des Bundes – Beispiel Baugesetzbuch. In: Städte und Gemeindebund 1, S. 7-11

Mombauer, Peter Michael 1989: Europäischer Binnenmarkt: Kommunalpolitik und Wirtschaftsförderung im Wettbewerb der Standorte. In: DÖV H. 6, S. 243-249

Mombauer, Peter Michael 1992: Kommunalpolitik in der Europäischen Union. Göttingen

Mombauer, Peter Michael/Hans Gerd von *Lennep* 1988: Deutsche kommunale Selbstverwaltung und Europäische Gemeinschaften. In: St&GB 5, S. 7-15

Mombaur, Peter Michael (Hrsg.) 1994: Gemeindeordnung Nordrhein-Westfalen. Textausgabe mit Anmerkungen, Durchführungsbestimmungen und ergänzenden Rechts- und Verwaltungsvorschriften. (Kommunale Schriften für Nordrhein-Westfalen, 1). 34., neubearb. Auflage. Köln

Mombaur, Peter Michael/Jochen *Dieckmann* 1994: Gemeindeordnung für das Land Nordrhein-Westfalen. Kommentar. (Kommunale Schriften für Nordrhein-Westfalen). Köln

Morath, Konrad (Hrsg.) 1994: Wirtschaftlichkeit der öffentlichen Verwaltung. Reformkonzepte, Reformpraxis. Bad Homburg

Müller, Wolfgang 1992: Die Entscheidung des Grundgesetzes für die gemeindliche Selbstverwaltung im Rahmen der europäischen Integration. Baden-Baden

Müschen, Klaus 1994: Kommunale Energiepolitik. In: Roland *Roth* und Helmut *Wollmann* (Hrsg.), Kommunalpolitik. Opladen, S. 463-473

Narr, Wolf-Dieter 1972: Logik der Politikwissenschaft-eine propädeutische Skizze. In: Gisela *Kress* und Dieter *Senghaas* (Hrsg.), Politikwissenschaft. Eine Einführung in ihre Probleme. Frankfurt/M., S. 3-36

367

Naschold, Frieder 1993: Modernisierung des Staates. Zur Ordnungs- und Innovationspolitik des öffentlichen Sektors. Berlin

Naschold, Frieder 1994a: Modernisierung des öffentlichen Sektors. Haushaltskonsolidierung, Leistungstiefe, Binnenmodernisierung. In: Produktivität öffentlicher Dienstleistungen II. Symposium der Bertelsmann Stiftung Gütersloh, Ms.

Naschold, Frieder 1994b: Produktivität öffentlicher Dienstleistungen. In: *ders.* und M. *Pröhl* (Hrsg.), Produktivität öffentlicher Dienstleistungen. Gütersloh, S. 363-413

Nassmacher, Hiltrud 1987a: Möglichkeiten und Formen der Bürgerbeteiligung. In: Uwe *Andersen* (Hrsg.), Kommunale Selbstverwaltung und Kommunalpolitik in Nordrhein-Westfalen. Köln, S. 94-108

Nassmacher, Hiltrud 1987b: Wirtschaftspolitik ,von unten'. Ansätze und Praxis der kommunalen Gewerbebestandspflege und Wirtschaftsförderung. Stuttgart

Nassmacher, Hiltrud 1991: Vergleichende Politikforschung. Eine Einführung in Probleme und Methoden. Opladen

Nassmacher, Hiltrud/Karl-Heinz *Nassmacher* 1979: Kommunalpolitik in der Bundesrepublik. Möglichkeiten und Grenzen. Opladen

Nassmacher, Karl-Heinz 1977: Kommunalpolitik und Sozialdemokratie. Bonn

Nassmacher, Karl-Heinz 1983: Kommunalpolitik. In: Wolfgang W. *Mickel* (Hrsg, Handwörterbuch der Politikwissenschaft. München, S. 244-249

Nassmacher, Karl-Heinz 1987: Einflußfaktoren in der kommunalpolitischen Willensbildung. In: Uwe *Andersen* (Hrsg.), Kommunale Selbstverwaltung und Kommunalpolitik in Nordrhein-Westfalen. Köln S. 87-93

Naturschutz in der Gemeinde. 1988: Praktischer Ratgeber für Jedermann. Stuttgart

Neckel, Sighard 1992: Das lokale Staatsorgan. Kommunale Herrschaft im Staatssozialismus der DDR. In: ZfS, S. 252-268

Neckel, Sighard 1993: Ostdeutscher Populismus. Analyse eines Kommunalpolitikers. In: Derselbe, Die Macht der Unterscheidung. Beutezüge durch den modernen Alltag. Frankfurt/M., S. 195-210

Nohlen, Dieter 1977: Wahlsysteme und Wahlen in den Gemeinden. In: Heinz *Rausch* und Theo *Stammen* (Hrsg.), Aspekte und Probleme der Kommunalpolitik. 3. veränderte Auflage. München S. 149-186

Obenhaus, Werner/Sven *Alber* 1991: Leitfaden zum kommunalen Haushaltsrecht. Praktische Arbeitshilfe zur Bewältigung von Aufgaben der Planung, Steuerung und Kontrolle in der kommunalen Haushaltswirtschaft. (Recht in der modernen Verwaltung). Regensburg

Oel, Peter 1972: Die Gemeinde im Blickfeld ihrer Bürger. Eine empirisch-soziologische Studie. Stuttgart u.a.

Offe, Claus 1975: Zur Frage der „Identität der kommunalen Ebene". In: Rolf Richard *Grauhan* (Hrsg.), Lokale Politikforschung, 2 Bde., Frankfurt-New York, S. 303-309

Ökologische Altlasten in der kommunalen Praxis: 1994 (Aufgaben der Kommunalpolitik, 11) Köln

Olk, Thomas/Hans-Uwe *Otto* (Hrsg.) 1989: Soziale Dienste im Wandel. 3: Lokale Sozialpolitik und Selbsthilfe. Neuwied-Frankfurt

Opp, Karl-Dieter 1992: Wie erklärt man die Revolution in der DDR? In: Forschungsjournal NSB, Heft 1, S. 16-23

Oswald, Hans 1966: Ergebnisse der deutschen Gemeindesoziologie nach 1950. In: Archiv für Kommunalwissenschaft, Band 5, S. 93-111

Otto-Zimmermann, Konrad (Hrsg.) 1990: Umweltverträglichkeitsprüfung in der Kommunalverwaltung. Organisation, Einführung und Durchführung in der Praxis. (Handbücher zum Umweltschutz) Köln

Page, Edward C. 1991: Localism and Centralism in Europe. The Political and Legal Bases of Local Self-Government. Oxford

Pappermann, Ernst 1984: Die kommunale Selbstverwaltung in Nordrhein-Westfalen. In: Landeszentrale für politische Bildung NRW (Hrsg.), Nordrhein-Westfalen. Eine politische Landeskunde. Stuttgart u. a., S. 180-209

Pappermann, Ernst/Michael *Mombaur* (Hrsg.) 1993: Kulturarbeit in der kommunalen Praxis. Bearb. von Jürgen Grabbe. Köln

368

Pappi, Franz Urban/Christian *Melbeck* 1984: Das Machtpotential von Organisationen in der Gemeindepolitik. In: Kölner Zeitschrift für Soziologie und Sozialpsychologie, S. 557-584

Pappi, Franz Urban/Peter *Kappelhoff* 1984: Abhängigkeit, Tausch und kollektive Entscheidung in einer Gemeindeelite. In: Zeitschrift für Soziologie, S. 87-177

Pappi, Franz-Urban 1970: Wahlverhalten und politische Kultur. Eine soziologische Analyse der politischen Kultur in Deutschland unter besonderer Berücksichtigung des Stadt-Land-Unterschiedes. Meisenheim

Pehle, H. 1990: Umweltschutz vor Ort. In: Aus Politik und Zeitgeschichte, B-6, S. 24-34

Peters, Hans 1956: Kommunalwissenschaften und Kommunalpolitik. In: Handbuch der kommunalen Wissenschaft und Praxis. Bd. 1, hrsg. von Hans *Peters*. Berlin u.a., S. 1-17

Petersen, Ulrich 1991: Zur Rolle der Regionen im künftigen Europa. In: DÖV 7, S. 278-285

Petzold, Siegfried 1994: Zur Entwicklung und Funktion der kommunalen Selbstverwaltung in den neuen Bundesländern. In: R. *Roth* und H. *Wollmann* (Hrsg.), Kommunalpolitik. Opladen, S. 34-51

Petzold, Siegfried/Hans-Jürgen von der *Heide* (Hrsg.) 1991: Handbuch zur kommunalen Selbstverwaltung. Praxisnahe Informationen, Arbeitshilfe und Beratung. (Recht in der modernen Verwaltung). Regensburg

Pfeiffer, Ulrich et al. 1992: Modernisierung des Staates als politische Daueraufgabe. Managerkreis der Friedrich-Ebert-Stiftung. Bonn

Pfeil, Elisabeth 1950: Großstadtforschung. Bremen (2. Auflage 1972: Hannover)

Pfetsch, Frank R. (Hrsg.) 1986: Verfassungsreden und Verfassungsentwürfe. Länderverfassungen 1946-1953. Frankfurt/M.

Pickvance, C./E. *Preteceille* 1991: Towards a comparative analysis of state restructuring and local power. In: C. *Pickvance* und E. *Preteceille* (Hrsg.), State Restructuring and Local Power. London/New York, S. 196-224

Pielow, Johann-Christian 1993: Autonomia local in Spanien und kommunale Selbstverwaltung in Deutschland. Eine rechtsvergleichende Untersuchung mit Blick auf Grundstrukturen und aktuelle Probleme. (Studien zum öffentlichen Recht und zur Verwaltungslehre, 53). München

Pitschas, Rainer 1993: Verwaltungsreform in den neuen Bundesländern und technische Infrastruktur. In: Wolfgang *Seibel* und Arthur *Benz* (Hrsg.), Verwaltungsreform und Verwaltungspolitik im Prozeß der deutschen Einigung. Baden-Baden, S. 392-406

Pitschas, Rainer 1994: Jugendhilfe im „Unternehmen Stadt". In: VOP, S. 13-15

Pollack, Detlef 1992: Zwischen alten Verhaltensdispositionen und neuen Anforderungsprofilen. Bemerkungen zu den mentalitätsspezifischen Voraussetzungen des Operierens von Interessenverbänden und Organisationen in den neuen Bundesländern, in: Volker Eichener u.a. (Hrsg.), Organisierte Interessen in Ostdeutschland. 2. Halbband. Marburg, S. 490-508

Posse, Achim Ulrich 1986: Föderative Politikverflechtung in der Umweltpolitik. München

Pramann, Regina (Hrsg.) 1994: Hexenverfolgung und Frauengeschichte. Beiträge aus der kommunalen Kulturarbeit. 2. Auflage. Bielefeld

Preuss, Ulrich 1973: Kommunale Selbstverwaltung im Strukturwandel der politischen Verfassung. In: Stadtbauwelt, S. 202-205

Priller, Eckhard 1993: Zum entstehenden Nonprofit-Sektor in den neuen Bundesländern. In: Wolfgang *Seibel* und Arthur *Benz* (Hrsg.), Verwaltungsreform und Verwaltungspolitik im Prozeß der deutschen Einigung. Baden-Baden, S. 257-268

Prünte, Veronika 1987: Kommunalpolitik. Hagen (FernUniversität-Kurs Nr. 3212, KE 1-3)

Püttner, Günter 1994: Kommunale Betriebe und Mixed Economy. In: Roland *Roth* und Helmut *Wollmann* (Hrsg.), Kommunalpolitik. Opladen, S. 211-222

Radtke, H. 1991: Erwerbsarbeit von Frauen im Gebiet der ehemaligen DDR. In: A. *Sachs*/C. *Lindecke* (Hrsg.), Frauen zwischen Ost und West. Kassel

Raschke, Jochen 1985: Soziale Bewegungen. Ein historisch-systematischer Grundriß. Frankfurt/M.

Rat von Sachverständigen für Umweltfragen 1989: Sondergutachten Altlasten. Wiesbaden

Rau, Thomas 1994: Betriebswirtschaftslehre für Städte und Gemeinden. München

Rausch, Heinz/Theo *Stammen* (Hrsg.) 1977: Aspekte und Probleme der Kommunalpolitik. 3. Auflage. München

369

Recker, Engelbert 1994: Kreisfinanzen 1994. In: Der Gemeindehaushalt Heft 4, S. 80-85

Rehm, Hannes 1991: Zur Zukunft der Kommunalfinanzen. In: Bernhard *Blanke* und Susanne *Benzler* (Hrsg.), Staat und Stadt. PVS-Sonderheft 22, Opladen, S. 126-150

Reichard, Christoph 1987: Betriebswirtschaftslehre der öffentlichen Verwaltung, 2. Aufl.. Berlin-New York

Reichard, Christoph 1992: Kommunales Management im internationalen Vergleich. In: Der Deutsche Städtetag, S. 843-848

Reichard, Christoph 1993: Internationale Entwicklungstrends im kommunalen Management. In: G. *Banner* und Ch. *Reichard* (Hrsg.), Kommunale Managementkonzepte in Europa, Köln, S. 3-24

Reichard, Christoph 1994a: Umdenken im Rathaus. Neue Steuerungsmodelle in der deutschen Kommunalverwaltung. Berlin

Reichard, Christoph 1994b: Internationale Ansätze eines „New Public Managements". In: M. *Hoffmann* (Hrsg.), Neue Entwicklungen in der Managementslehre. Heidelberg

Reichard, Christoph 1994c: Aus- und Fortbildung in der Kommunalverwaltung. In: Roland *Roth* und Helmut *Wollmann* (Hrsg.), Kommunalpolitik. Opladen, S. 380

Reichard, Christoph/Eckhard *Schröter* 1993: Berliner Verwaltungseliten. Rollenverhalten und Einstellungen von Führungskräften in der (Ost- und West-)Berliner Verwaltung. In: Wolfgang *Seibel* und Arthur *Benz* (Hrsg.), Verwaltungsreform und Verwaltungspolitik im Prozeß der deutschen Einigung. Baden-Baden, S. 207-217

Reidenbach, M. 1990: Finanzierung von kommunalen Umweltschutzinvestitionen. Beitrag zum Seminar des IKU, Institut für kommunale Wirtschaft und Umweltplanung, Darmstadt am 26.11.1990

Reinermann, Heinrich 1992: Marktwirtschaftliches Verhalten in der öffentlichen Verwaltung. Ein Beitrag aus der Sicht der Verwaltungsinformatik. In: Die öffentliche Verwaltung, Heft 4, S. 133-144

Reiners, Theo 1991: Kommunalverfassungsrecht in den neuen Bundesländern. (Leitfäden für die Rechtspraxis). München

Reiners, Theo 1993: Einführung in das Kommunale Haushaltsrecht. Unter besonderer Berücksichtigung der neuen Bundesländer. (Jura-Skripten) München

Reis, Claus von /Jutta von der Brelie *Braun* (Bearbeiter) 1994: Sicherung eines Grundrechts auf Wohnen durch kommunale Sozialpolitik. (Schriften vom Deutschen Landesausschuß des ICSW im Deutschen Verein, 15). Stuttgart u.a.

Remke, Anton 1979: Probleme der kommunalen Selbstverwaltung. Eine Bibliographie. Königstein/Ts.

Rengeling, Hans-Werner 1990: Die Garantie der kommunalen Selbstverwaltung im Zeichen der europäischen Integration. In: DVBl Heft 17, S. 893-903

Reuter, Ulrich/Jürgen *Baumüller*/Ulrich *Hoffmann* 1991: Luft und Klima als Planungsfaktor im Umweltschutz. Grundlagen für die kommunale Planungs- und Entscheidungspraxis. Renningen

Rhodes, R. A. W. 1986: The National World of Local Government. London

Ribhegge, Wilhelm 1976: Kommunale Selbstverwaltung im Verfassungsstaat. In: Rainer *Frey* (Hrsg.), Kommunale Demokratie. Beiträge für die Praxis der kommunalen Selbstverwaltung. Bonn-Bad Godesberg, S. 28-65

Richter, Bodo 1987: Die nordrhein-westfälische Gemeindeordnung – Entwicklung und Vergleich mit anderen deutschen Gemeindeverfassungen. In: Uwe *Andersen* (Hrsg.), Kommunale Selbstverwaltung und Kommunalpolitik in Nordrhein-Westfalen. Köln, S. 53-77

Richthofen, Dieprand von/Gerd *Bollermann* (Hrsg.) 1989: Eine neue Gemeindeverfassung für Nordrhein-Westfalen? Dokumentation des Symposiums der Fachhochschule für öffentliche Verwaltung Nordrhein-Westfalen in Hilden am 28. Oktober 1988. (Fachhochschule für öffentliche Verwaltung NW) Gelsenkirchen

Rickards, R. C. 1985: Ursachen für die nichtinkrementale Bildung von Haushaltsprioritäten in bundesdeutschen Städten. In: Archiv für Kommunalwissenschaften, S. 295-309

Rink, D. 1992: Bürgerbewegungen im Übergang. Entwicklungslinien der Leipziger Bürgerbewegungen. In: Forschungsjournal Neue Soziale Bewegungen, Heft 1, S. 61-69

370

Ritter, Ernst-Hasse 1979: Der kooperative Staat. Bemerkungen zum Verhältnis von Staat und Wirtschaft. In: Archiv des öffentlichen Rechts, S. 389-413

Roemheld, Regine 1994: Frauenarbeit in der Kommune. Weinheim

Roggemann, Herwig 1993: Die deutsche Einigung als rechts- und verfassungspolitische Herausforderung. 10 Thesen. In: Wolfgang *Seibel* und Arthur *Benz* (Hrsg.), Verwaltungsreform und Verwaltungspolitik im Prozeß der deutschen Einigung. Baden-Baden, S. 117-138

Rommel, Manfred 1993: Kommunalpolitik im Zeichen der Wiedervereinigung. Vortrag vom 19. Mai 1993. (Juristische Studiengesellschaft Karlsruhe/Schriftenreihe, 207). Heidelberg

Ronge, Volker 1992: Zur Transformation der „DDR" – aus der Perspektive des Dritten Sektors. In: Volker *Eichener* u.a. (Hrsg.), Organisierte Interessen in Ostdeutschland. Marburg, S. 53-72

Roters, Wolfgang 1975: Kommunale Mitwirkung an höherstufigen Entscheidungsprozessen. Köln

Roters, Wolfgang 1984: Stichwort: Spitzenverbände, kommunale. In: Rüdiger *Voigt* (Hrsg), Handwörterbuch zur Kommunalpolitik. Opladen

Roth, Roland 1994: Lokale Demokratie „von unten". In: Roland *Roth* und Helmut *Wollmann* (Hrsg.), Kommunalpolitik. Opladen, S. 228-244

Roth, Roland/Hellmut *Wollmann* (Hrsg.) 1994: Kommunalpolitik. Politisches Handeln in den Gemeinden. Opladen

Rothe, Karl-Heinz 1989: Die Fraktion in den kommunalen Vertretungskörperschaften. Eine praxisbezogene Gesamtdarstellung. Köln

Rucht, Dieter 1982: Planung und Partizipation. Bürgerinitiativen als Reaktion und Herausforderung politisch-administrativer Planung. München

Rudzio, Wolfgang 1977: Erneuerung gesellschaftsverändernder Kommunalpolitik?. In: Karl-Heinz *Nassmacher* (Hrsg.), Kommunalpolitik und Sozialdemokratie. Bonn 1977, S. 78ff.

Rudzio, Wolfgang 1987: Das politische System der Bundesrepublik Deutschland. Eine Einführung. 2., aktual. Auflage. Opladen

Rudzio, Wolfgang 1991: Das politische System der Bundesrepublik Deutschland. 3. Auflage. Opladen (textidentisch mit dem Kurs 3205 der FernUniversität Hagen)

Ryll, Stefan/Michael *Stelte* 1993: Die Beteiligungsvermögen von Bund und Ländern. Eine empirische Analyse der Unternehmensbeteiligungen und ihre Verflechtungen im Jahre 1985. Baden-Baden

Sauberzweig, Dieter 1991: Entwicklungstendenzen und Anforderungen an die kommunale Selbstverwaltung. In: Willi *Blümel* und Hermann *Hill* (Hrsg.), Die Zukunft der kommunalen Selbstverwaltung. Berlin, S. 51-59

Sauberzweig, Dieter 1993: Handlungsbedarf und Handlungszwänge des kommunalen Umweltschutzes in den neuen Bundesländern. In: Wolfgang *Seibel* und Arthur *Benz* (Hrsg.), Verwaltungsreform und Verwaltungspolitik im Prozeß der deutschen Einigung. Baden-Baden, S. 407-420

Schacht, Konrad 1986: Wahlentscheidung im Dienstleistungszentrum. Analysen zur Frankfurter Kommunalwahl vom Hannover. März 1981. Opladen

Schacht, Konrad 1987: Politische Kultur, sozialer Wandel und Wahlverhalten im Dienstleistungszentrum Frankfurt/M. In: Dirk *Berg-Schlosser* und Jakob *Schissler* (Hrsg.), Politische Kultur in Deutschland. Bilanz und Perspektiven der Forschung. PVS-Sonderheft 18. Opladen, S. 275-281

Schacht, Martin 1988: Örtliche und regionale Energieversorgungskonzepte. Zu den ökonomischen und interessenbedingten Hemmnissen einer rationellen Energieversorgung auf dem Wärmemarkt. (Beiträge zur angewandten Wirtschaftsforschung, 17). Berlin

Schäfer, Peter 1982: Bürgerbefragung Philippsburg 1980. Ein Beitrag zur kommunalen Befragungsforschung. Speyer (Hochschule für Verwaltungswissenschaften Speyer; Speyerer Arbeitshefte 65)

Schäfer, Ralf 1988: Mitbestimmung in kommunalen Eigengesellschaften. Die rechtsgeschäftliche Einführung und Erweiterung von Beteiligungsrechten der Arbeitnehmer im Aufsichtsrat aus verfassungsrechtlicher und kommunalrechtlicher Sicht. (Schriften zum Öffentlichen Recht, 538). Berlin

Schaller, Thomas 1993: Kommunale Verkehrskonzepte. Wege aus dem Infarkt der Städte und Gemeinden. Köln

Scharfstädt, Thomas 1993: Duisburger Europaamt: EG-Mittel umgeleitet. In: Demokratische Gemeinde Heft 7, S. 26-27

Scharpf, Fritz W./Bernd *Reissert*/Fritz *Schnabel* 1976: Politikverflechtung: Theorie und Empirie des kooperativen Föderalismus in der Bundesrepublik Deutschland. Kronberg

Scharpf, Fritz W./Bernd *Reissert*/Fritz *Schnabel* (Hrsg.) 1977: Politikverflechtung II. Kritik und Berichte aus der Praxis. Beiträge zu einer Arbeitstagung des Wissenschaftszentrums Berlin. Kronberg/Ts.

Scherer, Adelheid 1991: Großvorhaben im Außenbereich und die Planungshoheit der Gemeinden. (Schriften zur Öffentlichen Verwaltung, 36). Köln

Scheytt, Oliver *1991*: Kommunen im Umbruch. In: Das Rathaus, Heft 2, S. 76ff.

Scheytt, Oliver 1994: Rechtsgrundlagen der kommunalen Kulturarbeit. (Kulturpraxis und Recht, 1). Köln

Schiefer, Bernd 1989: Kommunale Wirtschaftsförderungsgesellschaften. Entwicklung, Praxis und rechtliche Problematik. (Studien zum öffentlichen Wirtschaftsrecht, 10). Köln

Schiller-Dickhut, Rainer 1993: Konzern Stadt Tilburg. Die Übertragung betriebswirtschaftlicher Rezepte auf die öffentliche Verwaltung. In: AKP, Heft 2, S. 53-58

Schiller-Dickhut, Reiner 1994: Konzepte und Strategien „alternativer" Kommunalpolitik. In: Roland *Roth* und Helmut *Wollmann* (Hrsg.), Kommunalpolitik. Opladen, S. 314-327

Schimanke, Dieter (Hrsg.) 1989: Stadtdirektor oder Bürgermeister. Beiträge zu einer aktuellen Kontroverse. Basel

Schmals, Klaus M./Rüdiger *Voigt* (Hrsg.) 1986: Krise ländlicher Lebenswelten. Frankfurt/M.

Schmals, Klaus/Hans-Jörg *Siewert* 1982: Kommunale Macht- und Entscheidungsstrukturen. München

Schmid, Günther 1974: Funktionsanalyse und politische Theorie. Funktionalismuskritik, Faktorenanalyse, Systemtheorie. Düsseldorf

Schmid, Josef *1994*: Der Aufbau von Wohlfahrtsverbänden in den neuen Bundesländern: Gesellschaftliche Selbsthilfebewegung oder quasistaatliche Veranstaltung. In: Josef *Schmid* u.a. (Hrsg.), Organisationsstrukturen und Probleme von Parteien und Verbänden. Marburg, S. 181-200

Schmid Josef/Frank *Löbler*/Heinrich *Tiemann* (Hrsg.) 1994: Organisationsstrukturen und Probleme von Parteien und Verbänden. Berichte aus den neuen Ländern. Marburg

Schmidt, H. 1990: Der Haushaltsplan – Kein Buch mit sieben Siegeln. 2. Auflage. Schwäbisch-Hall

Schmidt, Manfred G. 1991: Regieren in der Bundesrepublik Deutschland. Opladen

Schmidt, Manfred G. 1993: Die politische Verarbeitung der deutschen Vereinigung im Bund-Länder-Verhältnis. In: Wolfgang *Seibel* und Arthur *Benz* (Hrsg.), Verwaltungsreform und Verwaltungspolitik im Prozeß der deutschen Einigung. Baden-Baden, S. 448-453

Schmidt-Eichenstaedt, Gerd 1993: Kommunale Gebietsreform in den neuen Bundesländern. In: Aus Politik und Zeitgeschichte, B-36, S. 3-17.

Schmidt-Jortzig, Edzard/Jürgen *Makswit* 1991: Handbuch des kommunalen Finanz- und Haushaltsrechts (Aschendorffs Juristische Handbücher, 92). Münster

Schmitter, Philippe C. 1981: Interessenvermittlung und Regierbarkeit. In: Ulrich von Alemann und Rolf G. Heinze (Hrsg.), Verbände und Staat. 2. Auflage. Opladen, S. 92-114

Schneider, Erich (Hrsg.) 1989: Der Landtag – Standort und Entwicklungen. Baden-Baden

Schneider, Herbert 1991: Kommunalpolitik auf dem Lande (Beiträge zur Kommunalwissenschaft 35). München

Schneider, Herbert 1979: Lokalpolitik in einer Landgemeinde. In: Helmut *Köser* (Hrsg.), Der Bürger in der Gemeinde. Kommunalpolitik und politische Bildung. Bonn (Bundeszentrale für Politische Bildung), S. 17-47

Schneider, Herbert 1993: Der Aufbau der Kommunalverwaltung und der kommunalen Selbstverwaltung in den neuen Bundesländern. In: Aus Politik und Zeitgeschichte, B-36. S. 18-26

Schneider, Herbert 1994: Dorfpolitik. In: Roland *Roth* und Helmut *Wollmann* (Hrsg.), Kommunalpolitik. Opladen, S. 122-135

372

Schneider, Karl-Heinz 1989: Die Auswirkungen des europäischen Binnenmarktes auf die Kommunen. Ein Überblick über die wichtigsten kommunalrelevanten Politik-Bereiche und ihre Problemfelder. In: das rathaus 4, S. 197-223

Schöber, Peter 1991: Kommunale Selbstverwaltung. Die Idee der modernen Gemeinde. Stuttgart u.a.

Scholler, Heinrich 1990: Grundzüge des Kommunalrechts in der Bundesrepublik Deutschland. Unter Mitarb. von Barbara Wagner. 4., neubearb. u. erw. Auflage. München

Scholz, Rupert 1992: Grundgesetz und europäische Einigung. In NJW, S. 2593ff.

Schrapper, Ludger 1992: Kommunale Selbstverwaltungsgarantie und staatliches Genehmigungsrecht. Zur zulässigen Kontrolldichte bei der staatlichen Genehmigung kommunalen Verwaltungshandelns nach Maßgabe der Genehmigungsvorbehalte der nordrhein-westfälischen Gemeindeordnung. (Kommunalwissenschaftliche Forschung und kommunale Praxis, 3). Köln

Schrötter, Gertrud von 1969: Kommunaler Pluralismus und Führungsprozeß. Untersuchung an zwei städtebaulichen Projekten einer Großstadt. Stuttgart

Schubert, Klaus 1991: Politikfeldanalyse. Eine Einführung. Opladen

Schultze, Rainer-Olaf 1993: Staat Subsidiarität und Entscheidungsautonomie – Politikverflechtung und kein Ende: Der deutsche Föderalismus nach der Vereinigung. In: Jahrbuch für Staatswissenschaften und Staatspraxis, S. 225-255

Schulz, Peter 1993: Verwaltungsintegration und Verwaltungskultur im Prozeß der deutschen Einheit. Eindrücke einer teilnehmenden Beobachtung. In: Wolfgang *Seibel* und Arthur *Benz* (Hrsg.), Verwaltungsreform und Verwaltungspolitik im Prozeß der deutschen Einigung. Baden-Baden, S. 139-145

Schulze, Christa 1989: Akteure im Umweltschutz: Umweltschutzvollzug zwischen Industrie und staatlicher Verwaltung am Beispiel altindustrialisierter Standorte des Nordharzes. Wiesbaden

Schulze-Fielitz, Helmuth 1984: Der informale Verfassungsstaat – Aktuelle Beobachtungen des Verfassungslebens des Bundesrepublik Deutschland im Lichte der Verfassungstheorie. Berlin

Schuster, Falko/Joachim *Siemens* 1986: Die Organisation des kommunalen Verwaltungsbetriebs. Berlin

Schuster, Franz (Hrsg.) 1991: Der schwierige Abstieg vom Müllberg. Ein Leitfaden für die kommunale Abfallwirtschaft. (Aufgaben der Kommunalpolitik, 8). Köln

Schuster, Franz 1992 (Hrsg.): Kommunale Abwasserpolitik als vorbeugender Grundwasserschutz. (Aufgaben der Kommunalpolitik, 9). Köln

Schüttemeyer, Suzanne S. 1986: Bundestag und Bürger im Spiegel der Demoskopie. Eine Sekundäranalyse zur Parlamentarismusperzeption in der Bundesrepublik. (Beiträge zur sozialwissenschaftlichen Forschung, Bd. 87) Opladen

Schwanenflügel, Matthias von 1993: Entwicklungszusammenarbeit als Aufgabe der Gemeinden und Kreise. (Schriften zum Öffentlichen Recht, 631). Berlin

Schwiderowski, Peter 1989: Entscheidungsprozesse und Öffentlichkeit auf der kommunalen Ebene. Erweiterte Bürgerbeteiligung durch die Nutzung neuer lokaler Massenmedien? München

Schwitzer, Klaus-Peter 1992: Ältere Menschen in den neuen Bundesländern. In: Aus Politik und Zeitgeschichte. B-29/30, S. 44-54

See, Hans 1975: Grundwissen einer kritischen Kommunalpolitik. Köln

See, Hans 1985: Kommunalpolitik. In: Iring *Fetscher* und Herfried *Münkler* (Hrsg.), Politikwissenschaften. Ein Grundkurs. Reinbek, S. 583-606

Seeger, Richard 1988: Die kommunalen Spitzenverbände in der Bundesrepublik Deutschland. Strukturen, Funktionen, Effizienz. In: Archiv für Kommunalwissenschaften. II. Halbjahresband, S. 177-199

Seele, Günter 1990: Die Kreise in der Bundesrepublik Deutschland. Verfassung, Organisation und Aufgabenstellung einer Institution. Köln

Seele, Günter 1991a: Grundstrukturen der deutschen Kreise im europäischen Vergleich. In: Der Landkreis Heft 10, S. 518-527

Seele, Günter 1991b: Die übergemeindliche Kommunalverwaltung im Organisationsgefüge der europäischen Staaten. In: Der Landkreis Heft 10, S. 528-540

373

Seele, Günter 1991c: Der Kreis aus europäischer Sicht. Die übergemeindliche Kommunalverwaltung im Spiegel der nationalstaatlichen Verwaltungsstrukturen und der europäischen Gemeinschaftspolitik (Kommunalwissenschaftliche Schriftenreihe des Deutschen
Landkreistages, Bd. 8). Köln

Seibel, Wolfgang 1993a: Verwaltungsintegration im vereinigten Deutschland: Ein Problemaufriß
für die Verwaltungswissenschaft. In: Wolfgang *Seibel* und Arthur *Benz* (Hrsg.), Verwaltungsreform und Verwaltungspolitik im Prozeß der deutschen Einigung. Baden-Baden, S. 15-29

Seibel, Wolfgang 1993b: Zur Situation der öffentlichen Verwaltung in den neuen Bundesländern. Ein vorläufiges Resümee. In: Wolfgang *Seibel* und Arthur *Benz* (Hrsg.), Verwaltungsreform und Verwaltungspolitik im Prozeß der deutschen Einigung. Baden-
Baden, S. 477-498

Seibel, Wolfgang/Arthur *Benz* (Hrsg.) 1993: Verwaltungsreform und Verwaltungspolitik im
Prozeß der deutschen Einigung. Baden-Baden

Sharpe, Lawrence J./Kenneth *Newton* 1984: Does politics matter? The determinants of public
policy. Oxford

Siedentopf, Heinrich 1988: Europäische Gemeinschaft und kommunale Beteiligung. In: DÖV
Heft 23, S. 981-988

Siedentopf, Heinrich 1989: Europäischer Binnenmarkt: Kommunalpolitik und Wirtschaftsförderung im Wettbewerb der Standorte. In: DÖV Heft 6, S. 243-249

Siedentopf, Heinrich/Christoph *Hauenschild* 1990: Europäische Integration und die öffentlichen Verwaltungen der Mitgliedstaaten. In: DÖV, S. 446ff.

Siemer, Stephen 1993: Die kommunale Wirtschaftsförderung und die Regionalpolitik der Europäischen Gemeinschaften. Eine Untersuchung der Stellung der Kommunen in der Regionalpolitik der Europäischen Gemeinschaften und der Grenzen der kommunalen Wirtschaftsförderung. (Osnabrücker Rechtswissenschaftliche Abhandlungen, 38) Köln

Siepmann, Heinrich 1981: Wissenschaftliche Beratung der Kommunen. In: Handbuch der
kommunalen Wissenschaft und Praxis, Bd. 1, 2. Auflage. Berlin u.a., S. 37-47

Siewert, Hans-Jorg 1979: Lokale Elitensysteme. Ein Beitrag zur Theoriediskussion in der community power-Forschung und ein Versuch zur empirischen Überprüfung. Meisenheim

Simon, Klaus 1988: Repräsentative Demokratie in großen Städten. Melle

Sönnichsen, Niko 1993: ECU für Kommunales. EG-Programme für Städte und Gemeinden.
In: AKP Heft 4, S. 47-55

Sontheimer, Kurt 1985: Grundzüge des politischen Systems der Bundesrepublik Deutschland.
10. Auflage. München

Spiegel, Erika 1981: Die Kommunalwissenschaften und ihre Pflege. In: Günter *Püttner* (Hrsg.),
Handbuch der kommunalen Wissenschaft und Praxis. Bd. 1, Berlin u.a., S. 24-36

Spiegel, Erika 1994: Kommunalforschung – zwischen Kommunalwissenschaft und empirischer Sozialforschung. In: Roland *Roth* und Hellmut *Wollmann* (Hrsg.), Kommunalpolitik. Politisches Handeln in der Gemeinde. Opladen, S. 52-62

Spit, T. J. M. 1993: Strangled in Structures. An Institutional Analysis of Innovative Policy by
Dutch Municipalities. Utrecht. Diss.

Spitzley, Helmut 1989: Die andere Energiezukunft. Stuttgart

Stadt Hagen 1990: Pilotprojekt Bürgerladen. Organisationskonzept zur Einrichtung eines
Bürgerladens. Hagen

Stadt Herten 1993: Der Konzern Stadt Herten – Einführung eines neuen Steuerungsmodells in
einer Mittelstadt im Ruhrgebiet. Herten

Stadt Oberhausen 1993: Rathaus ohne Ämter – Schlagwort oder Wegweiser zu einer neuen
Verwaltungsstruktur. Oberhausen

Stammen, Theo 1977: Die Erneuerung der kommunalen Selbstverwaltung in Deutschland
nach 1945. In: Heinz *Rausch* und Theo *Stammen* (Hrsg.), Aspekte und Probleme der
Kommunalpolitik, 3. Auflage. München, S. 10-32

Stammen, Theo 1990: Die Bedeutung der Region in Europa. In: *Fischer/Frey/Kuhr* (Hrsg.)
Die Zukunft Westfalens in der Europäischen Gemeinschaft. Münster

Stargardt, Hans-Joachim 1994a: Mittelbare und unmittelbare Formen der Bürgerbeteiligung
in den Gemeinden und Kreisen. In: Deutsche Verwaltungs-Praxis, Heft 10, S. 407-418

374

Stargardt, Hans-Joachim 1994b: Die neue kommunale Verfassungslandschaft in Deutschland. In: Deutsche Verwaltungs-Praxis, Heft 7, S. 271-278

Stargardt, Hans-Joachim 1994c: Stadtverwaltungen gehen neue Wege – Organisationsmodelle weisen in die Zukunft. In: Der Gemeindehaushalt, Heft 4, S. 86-95

Steinheuer, Wilfried 1991: Privatisierung kommunaler Leistungen. Theoretische Grundlagen und praktische Erfahrungen nordrhein-westfälischer Städte. Köln

Stichting BBI (Hrsg.) 1994: Der BBI-Prozeß. Leusden (Niederlande)

Stichting BBI (Hrsg.) 1994: Was macht die Stiftung BBI? Leusden (Niederlande)

Sticker, Johannes 1982: Kommunale Außenpolitik. 2. Aufl. Köln

Stober, Rolf 1992: Kommunalrecht in der Bundesrepublik Deutschland. 2. Auflage. Stuttgart u.a.

Stoker, Gerry 1988: The Politics of Local Government. London

Stolterfoht, Barbara/Dorothée *Rhiemeier* 1994: Kommunale Frauenpolitik. In: Roland *Roth* und Helmut *Wollmann* (Hrsg.), Kommunalpolitik. Opladen, S. 538-554

Struwe, Jochen 1995: Lean Administration und Verwaltungscontrolling. Das Instrumentarium. In: Aus Politik und Zeitgeschichte B 5/95, S. 20-32

Szabados, Dagmar 1993: Verwaltungspraxis in den neuen Ländern aus kommunaler Sicht. In: Wolfgang *Seibel* und Arthur *Benz* (Hrsg.), Verwaltungsreform und Verwaltungspolitik im Prozeß der deutschen Einigung. Baden-Baden, S. 157-161

Thaysen Uwe *1990:* Der Runde Tisch. Oder: Wo blieb das Volk: Der Weg der DDR in die Diktatur. Opladen

Thiel, Wolfgang 1994: Selbsthilfe und „informeller Sektor" auf der lokalen Ebene. In: Roland *Roth* und Helmut *Wollmann* (Hrsg.), Kommunalpolitik. Opladen, S. 281-295

Thieme, Werner 1978: Zur Situation der Forschung im Bereich der Kommunalwissenschaften. In: Archiv für Kommunalwissenschaften, S. 234-247

Thränhardt, Dietrich/Herbert *Uppendahl* (Hrsg.) 1981: Alternativen lokaler Demokratie. Kommunalverfassung als politisches Problem. Königstein/Ts.

Thürer, Daniel 1986: Bund und Gemeinden. Berlin u.a.

Tiedeken, Hans, 1981: Der Deutsche Landkreistag. In: Günter *Püttner* (Hrsg.): Handbuch der kommunalen Wissenschaft und Praxis, Bd. 2, 2. Aufl. Berlin u.a., S. 484-490

Tigges, Hans 1988: Das Staatsoberhaupt. Porträts im Wandel der Zeit. Baden-Baden

Tomuschat, Christian 1992: Die Vertretung lokaler Gebietskörperschaften im Ausschuß der Regionen nach Art. 198a EGV. Gutachten im Auftrage des Deutschen Städtetages vom 22.10.1992

Toonen, T. A. J. 1991: Change in Continuity: Local Government and Urban Affairs in The Netherlands. In: Joachim Jens *Hesse* (Hrsg.), Local Government and Urban Affairs in International Perspective. Analyses of Twenty Western Industrialised Countries. Baden-Baden, S. 291-332

Tops, P.W./P. *Depla* 1993: Vernieuwing van de lokale democratie: Een ordening van de discussie. In: Acta politica, Nr. 3, S. 327-361

Tränhardt, Dietrich 1989: Kommunalverfassung in einer Welt des Wandels. In: Dieter *Schimanke* (Hrsg.), Stadtdirektor oder Bürgermeister. Basel, S. 15-36

Tränhardt, Dietrich 1994: Die Kommunen und die Europäische Gemeinschaft. In: Roland *Roth* und Helmut *Wollmann* (Hrsg.), Kommunalpolitik. Opladen, S. 66-80

Treffer, Gerd 1980: Kommunalpolitik. Einführung in die Praxis. Ein Lehrbuch. Bamberg

Ulrich, Gisela 1992: Zur Situation der Jugendhilfe in Leipzig. In: Aus Politik und Zeitgeschichte. B-38, S. 29-35

Unruh, Georg-Christoph von 1989: Die kommunale Selbstverwaltung, Recht und Realität. In: Aus Politik und Zeitgeschichte, B-30/31, S. 3-13

VNG-Vereniging van Nederlandse Gemeenten (Hrsg.) 1991: Municipalities in Dutch public administration. Den Haag

Vogelsang, Klaus/Uwe *Lübking*/Helga *Jahn* 1991: Kommunale Selbstverwaltung. Rechtsgrundlagen-Organisation-Aufgaben. Berlin.

Voigt, Rüdiger 1977: Kommunale Partizipation an staatlichen Entscheidungsprozessen. Würzburg

Voigt, Rüdiger 1992: Kommunalpolitik zwischen exekutiver Führerschaft und legislatorischer Programmsteuerung. In: Aus Politik und Zeitgeschichte, B-22/23, S. 3-12

Wagener, Frido 1966: Unbeantwortete Fragen der Kommunalverwaltung an die Verwaltungs-wissenschaft. Baden-Baden

Wagener, Frido 1969: Der Neubau der Verwaltung. Gliederung der öffentlichen Aufgaben und ihrer Träger nach Effektivität und Integrationswert. Berlin

Waigel, Theo 1984: Vereine in den Kommunen. In: Politische Studien 273, S. 37ff.

Warren, Roland L. 1957: Bürgerschaftliche Tätigkeiten in einer deutschen Großstadt. In: KZfSS Nr. 9, 424-446

Wehling, Hans-Georg (Hrsg.) 1975: Kommunalpolitik. Hamburg

Wehling, Hans-Georg (Hrsg.) 1994: Kommunalpolitik. Bonn (Informationen zur politischen Bildung, Nr. 242)

Wehling, Hans-Georg 1983: Kommunalpolitik. In: Manfred G. *Schmidt* (Hrsg.), Westliche Industriegesellschaften (Pipers Wörterbuch zur Politik, Band 2). München, S. 174-183

Wehling, Hans-Georg 1986: Kommunalpolitik in der Bundesrepublik Deutschland. Berlin

Wehling, Hans-Georg 1987: Die Bedeutung regionaler politischer Kulturforschung unter besonderer Berücksichtigung Württembergs. In: Dirk *Berg-Schlosser* und Jakob *Schissler* (Hrsg.), Politische Kultur in Deutschland. Bilanz und Perspektiven der Forschung. PVS-Sonderheft 18. Opladen, S. 259-266

Wehling, Hans-Georg. 1989: Kommunalpolitik und Regierungslehre. In: Stephan von *Bandemer* und Göttrik *Wewer* (Hrsg.), Regierungssystem und Regierungslehre. Opladen, S. 193-206

Wehling, Hans-Georg/Hans-Jörg *Siewert* 1987: Der Bürgermeister in Baden-Württemberg. Eine Monographie, 2. Auflage. Stuttgart u.a.

Weinmann, Gerhard 1993: Kollegiale Formen kommunaler Verwaltungsführung? Zur Reformdiskussion um die innere Gemeindeverfassung. (Schriften zur öffentlichen Verwaltung, 40). Köln

Weis, Hubert 1980: Regierungswechsel in den Bundesländern. Verfassungspraxis und geltendes Recht. Berlin

Wey, Kurt-G. 1982: Umweltpolitik in Deutschland. Opladen

Weyl, T. 1904: Zur Geschichte der sozialen Hygiene. Jena

Wicke, Lutz 1989: Umweltökonomie. 2. Auflage. München

Wie funktioniert das? Städte, Kreise und Gemeinden. 1986: Redaktion: Werner Digel; Bearb. von Wolfgang Haus, Gerd Schmidt-Eichstaedt und Rudolf Schäfer. Mannheim

Wielgohs, Jürgen 1993: Auflösung und Transformation der ostdeutschen Bürgerbewegung. In: Deutschland-Archiv, Heft 4, S. 426-434

Windhoff-Héritier, Adrienne, 1980: Politikimplementation. Ziel und Wirklichkeit politischer Entscheidungen. Königstein

Windhoff-Héritier, Adrienne, 1983: ‚Policy' und ‚Politics' – Wege und Irrwege einer politikwissenschaftlichen Policy-Theorie. In: Politische Vierteljahresschrift, S. 347-360

Windhoff-Héritier, Adrienne, 1987: Policy-Analyse: Eine Einführung. Frankfurt-New York

Windhoff-Héritier, Adrienne 1991: Stadt der Reichen, Stadt der Armen. Politik in New York City. Frankfurt-New York

Wittkämper, Gerhard W. 1984: Die Landesverwaltung. in: Landeszentrale für politische Bildung NRW (Hrsg.), Nordrhein-Westfalen. Eine politische Landeskunde. Stuttgart u. a., S. 139-158

Wittkämper, Gerhard W. 1991: Die Region als Verwaltungsraum in Deutschland und Europa. In: Stadt und Gemeinde 8, S. 283-293

Wöhe, Günter 1976: Einführung in die Allgemeine Betriebswirtschaftslehre. 12. Auflage. München

Wohlfahrt, Norbert 1992: Kommunale Sozialpolitik zwischen Bürokratie, Verbänden und Selbsthilfe. In: Volker *Eichener* u.a. (Hrsg.) 1993: Organisierte Interessen in Ostdeutschland. Marburg, S. 383-396

Wollmann, Hellmut (Hrsg) 1980: Politik im Dickicht der Bürokratie. Beiträge zur Implementationsforschung. Leviathan-Sonderheft 3. Opladen

Wollmann, Hellmut 1982: Implementation durch Gegenimplementation von unten? Zur sozialen und räumlichen Selektivität der Wohnungspolitik und ihrer Implementation. In: Renate *Mayntz* (Hrsg.), Implementation politischer Programme II. Opladen.

376

Wollmann, Hellmut 1984: Policy Analysis. Some Observations on the West German Scene. In: Policy Sciences, S. 27 ff

Wollmann, Hellmut 1985: Kommunalpolitik. In: Dieter *Nohlen* und Rainer-Olaf *Schultze* (Hrsg.), Politikwissenschaft (Pipers Wörterbuch zur Politik, Band 1). München, S. 434-439

Wollmann, Hellmut, 1986: Stadtpolitik-Erosion oder Erneuerung des Sozialstaats „von unten"?. In: Bernhard *Blanke*/Adalbert *Evers*/Hellmut *Wollmann* (Hrsg.), Die zweite Stadt. Neue Formen lokaler Arbeits- und Sozialpolitik. Leviathan-Sonderheft 7. Opladen, S. *79-101*

Wollmann, Hellmut 1990: Politik- und Verwaltungsinnovationen durch die Kommunen? Eine Bilanz. In: Thomas *Ellwein* et al. (Hrsg.), Jahrbuch für Staats- und Verwaltungswissenschaften 1990. Baden-Baden

Wollmann, Hellmut 1991a: Entwicklungslinien lokaler Politikforschung-Reaktionen auf oder Antizipation von sozio-ökonomischen Entwicklungen. In: Hubert *Heinelt* und Hellmut *Wollmann* (Hrsg.), Brennpunkt Stadt. Stadtpolitik und lokale Politikforschung in den 80er und 90er Jahren. Basel u.a., S. 15-30

Wollmann, Hellmut 1991b: Lokale Politikforschung und politisch-gesellschaftlicher Kontext. Eine Entwicklungsskizze am Beispiel des Arbeitskreises Lokale Politikforschung. In: Hubert *Heinelt* und Hellmut *Wollmann* (Hrsg.), Brennpunkt Stadt. Basel u.a., S. 15-30

Wollmann, Hellmut 1991c: Kommunalpolitik und -verwaltung in Ostdeutschland: Institutionen und Handlungsmuster im „paradigmatischen" Umbruch. Eine empirische Skizze. in: Bernhard *Blanke* (Hrsg.), Stadt und Staat. Opladen, S. 236-259

Wollmann, Hellmut 1994: Kommunalpolitik und -verwaltung in Ostdeutschland im Umbruch und Übergang. In: Roland *Roth* und Helmut *Wollmann* (Hrsg.), Kommunalpolitik. Opladen, S. 20-33

Wollmann, Hellmut/Gerd Michael *Hellstern* (Hrsg.) 1983: Erfolgskontrolle und Wirkungsanalysen auf der kommunalen Ebene. Basel u.a.

Wollmann, Hellmut/Wolfgang Jaedicke 1993: Neubau der Kommunalverwaltung in Ostdeutschland – zwischen Kontinuität und Umbruch. In: Wolfgang *Seibel* und Arthur *Benz* (Hrsg.), Verwaltungsreform und Verwaltungspolitik im Prozeß der deutschen Einigung. Baden-Baden, S. 98-116

Wolters, Menno 1993: Babylonische Spraakverwarring rond containerbegerip „zelfbeheer". In: Binnenlands Bestuur Management vom 29.1.1993, S. 18-22

Wulf-Mathies, Monika von (Hrsg.) 1994: Vernetzung lokaler Initiativen. Eine Zwischenbilanz. (Zukunft durch öffentliche Dienste, 7). Köln

Zahn, Hans-Hermann 1982: Die Einstellungen der Bürger zu ihrer Gemeinde – dargestellt am Beispiel Brackwede-Bielefeld. Baden-Baden

Zalewski, Christine 1993: Altlasten als kommunale Aufgabe. (Umweltschutz in der Gemeinde). Köln

Zeuner, Bodo von et al. 1994: Rot-Grün in der Kommunalpolitik. Konfliktpotentiale und Reformperspektiven. Ergebnisse einer Kommunalpolitiker- Befragung. Opladen

Ziebill, Otto 1972: Politische Parteien und kommunale Selbstverwaltung. 2. Auflage. Stuttgart u.a.

Zielke, Beate 1991: Zwischengemeindliche Zusammenarbeit. Rechtliche, organisatorische und finanzielle Gestaltungsmöglichkeiten. Berlin

Zipfel, Horst C. 1979: Gemeindeklüngel oder lokale Demokratie? Zur Bestätigung und Widerlegung zweier Klischees. In: Helmut *Köser* (Hrsg.), Der Bürger in der Gemeinde. Kommunalpolitik und politische Bildung. (Bundeszentrale für Politische Bildung) Bonn, S. 139-174

Zoll, Ralf 1972: Gemeinde als Alibi: Materialien zur politischen Soziologie der Gemeinde. München

Zörner, Hendrik 1992: Das Modell Tilburg. Klienten geben ihrem Konzern beste Noten. In: Demokratische Gemeinde, Heft 6, S. 13ff

Tabellen- und Abbildungsverzeichnis